U0143162

A STUDY OF THE LITERATI-OFFICIALS DURING
THE MING-QING TRANSITION

明清之际士大夫研究

赵 园 著

北京大学出版社

PEKING UNIVERSITY PRESS

图书在版编目(CIP)数据

明清之际士大夫研究/赵园著. — 2版. —北京：北京大学出版社，2014.6
（博雅英华）

ISBN 978 - 7 - 301 - 23917 - 9

Ⅰ.①明… Ⅱ.①赵… Ⅲ.①士—研究—中国—明清时代　②大夫—研究—中国—明清时代　Ⅳ.①D691.2②K248.03

中国版本图书馆 CIP 数据核字（2014）第 022546 号

书　　　名	明清之际士大夫研究
	MINGQING ZHIJI SHIDAFU YANJIU
著作责任者	赵　园　著
责 任 编 辑	张凤珠　艾　英
标 准 书 号	ISBN 978 - 7 - 301 - 23917 - 9
出 版 发 行	北京大学出版社
地　　　址	北京市海淀区成府路 205 号　100871
网　　　址	http://www.pup.cn　新浪微博：@北京大学出版社
电 子 邮 箱	编辑部 wsz@pup.cn　总编室 zpup@pup.cn
电　　　话	邮购部 010 - 62752015　发行部 010 - 62750672
	编辑部 010 - 62756467
印 刷 者	北京汇林印务有限公司
经 销 者	新华书店
	965 毫米 × 1300 毫米　16 开本　29.25 印张　465 千字
	1999 年 1 月第 1 版
	2014 年 6 月第 2 版　2023 年 12 月第 8 次印刷
定　　　价	99.00 元

目　录

上　编
明清之际士人话题研究

下 编
明遗民研究

上　编

明清之际士人话题研究

第一章　易代之际士人经验反省

第一节　"戾气"

明代的政治暴虐，已是一个常识性话题，且已获得某种象喻资格——常常被人因特定情景而提到，如在 20 世纪三四十年代。丁易那本《明代特务政治》，就是当时的讽喻之作。一时的左翼史学家，很少不利用这现成的题材的。我以为，较早而有力地运用了这象喻的，仍然是鲁迅。这是后话。在本节中，我更关心亲历过那时代的士大夫的反应和反应方式，尤其他们对其所处时代的批判及其所达到的深度，以及他们对其所置身其间的时代氛围——也即他们本人的生存情境的感觉与描述。明代学术虽以"荒陋"为人诟病，明代士人却不缺乏对自己时代的批判能力，尤其在明清之交，在经历了劫难的那一代人，在其中的思想家。那一代士人中的优秀者所显示的认识能力，为此后相当一段时间的士大夫所不能逾越。

我注意到了王夫之对"戾气"以及对士的"躁竞"、"气矜"、"气激"的反复批评。以"戾气"概括明代尤其是明末的时代氛围，有它异常的准确性。而"躁竞"等等，则是士处此时代的普遍姿态，又参与构成着"时代氛围"。

我还注意到同处此时代的著名文人，与如王夫之这样的大儒经验的相通：对上文所说"时代氛围"的感受，以至于救病之方；尽管他们完全可能是经由不同的途径而在某一点上相遇的。但这决不像是偶尔的邂逅。事实与认识的积累，使得有识之士在不止一个重大问题上默契、暗合。就本节所论的问题而言，我注意到的，就有钱谦益的有关议论。

钱谦益以其文人的敏感,也一再提到了弥漫着的戾气。他在《募刻大藏方册圆满疏》中描述他对于世态人心的体察:"劫末之后,怨对相寻。拈草树为刀兵,指骨肉为仇敌。虫以二口自啮,鸟以两首相残。"(《牧斋有学集》卷四一第 1399 页)他说到普遍的"杀气",说到"刀途血路",说到毁灭人性的怨毒和仇恨。他另由一时诗文,读出了那个残酷时代的时代病。"兵兴以来,海内之诗弥盛,要皆角声多,宫声寡;阴律多,阳律寡;嗷杀恚怒之音多,顺成啴缓之音寡。繁声入破,君子有余忧焉。"(《施愚山诗集序》,同书卷一七第 760 页)"嗷杀"是他常用的字面。以降清者作此诗论(所论且多为遗民诗),你得承认,是需要点勇气的。由此不也可见钱氏的气魄?无论开的是何种药方,钱谦益是明明白白提到了"救世"的。他所欲救的,也正是王夫之顾炎武们认为病势深重的人性、人心。①

一时的有识者对时代氛围有感受的相通。朱鹤龄说:"今也举国之人皆若饿豺狼焉,有猛于虎者矣。"(《获虎说》,《愚庵小集》卷一四第 658 页)张尔岐《广戒杀牛文》极言"杀人之惨",曰:"杀牛之惨,戒惧迫蹙,血肉淋漓而已;杀人之惨,则有战惧而不暇,迫蹙而无地,血肉淋漓充满世间而莫测其际者;何也?杀牛者,刀砧而已;杀人者,不止一刀砧也。"说"使天下之人无生路可移,相率委沟壑而死,即为杀人"(《蒿庵集》卷三第 144 页)。方以智写于丧乱中的文字,亦颇有血的意象,如曰"弥天皆血"、"古今皆血"(参看《浮山文集后编》,《清史资料》,中华书局,1985)。王夫之的《蚁斗赋》(《船山全书》第十五册)也可读作有关其时时代空气、历史氛围的寓言。明末刘宗周致书其时首辅温体

---

① 钱氏在《徐季重诗稿叙》中引师旷语("南风不竞,多死声"云云),说:"何谓死声?怨怒哀思,怗懘嗷杀之音是也",其与夏声皆"生于人心,命乎律吕,而著见于国运之存亡废兴、兵家之胜败"(《牧斋有学集》卷一八第 796 页)。在《题纪伯紫诗》中,说"愿伯紫少阔之","如其流传歌咏,广赉焦杀之音,感人而动物,则将如师旷援琴而鼓最悲之音,风雨至而廊瓦飞,平公恐惧,伏于廊屋之间,而晋国有大旱赤地之凶。可不慎乎! 可不惧乎!"(同书卷四七第 1549 页)但钱氏非全用此一标准,如《题燕市酒人篇》,即有对时调的理解。《牧斋有学集》,上海古籍出版社,1996。本书所引用原文,只在第一次注明版本或出版社、出版日期。

仁曰:"乃者嚣讼起于釁臣,格斗出于妇女,官评操于市井,讹言横于道路,清平世宙,成何法纪,又何问国家扰攘!"(《上温员峤相公》,《刘子全书》卷二〇)吴伟业、陈维崧也说戾气、杀气,甚至也用"嘤杀"的字面,当然也不是偶然的思路相遇。①

王夫之等所提供的以上描述,并不足以标明"深度"。由儒家之徒与受儒家思想熏陶的士人说出上述明显事实,是不会令人惊讶的。明清之际有识之士的深刻处,更在于他们由此而对明代政治文化、明代士文化的批判,比如对暴政所造成的精神后果的分析。在这方面,王夫之的有关评论具有更为犀利的性质。

暴政—对抗

不消说,明末上述民情士风,是整个明代政治的结果。王夫之借诸史论(亦政论)对于暴政的批判,有着无可置疑的针对性。

士所谈论的政治暴虐,首先系于士群体的经验,也即施之于士的暴政。明太祖的杀戮士人,对于有明二百余年间"人主"与士的关系,是含义严重的象征。明初的士人,就已由此敏感到其生存的极端严峻性。苏伯衡比较了元明当道之对于士,以为元之于诸生,"取之难,进之难,用之难者,无他,不贵之也。不贵之,以故困折之也"。明之于诸生则不然,"取之易,进之易,用之易者,无他,贵之也。贵之,以故假借之也"。苏氏不便明言的是,与其"假借之",不如"困折之":"夫困折之,则其求之也不全,而责之也不备。假借之,则其求之也必全,而责之也必备。"(《苏平仲文集》,四部丛刊)到明清之交,士人对其命运的表达,已无须如此含蓄。黄宗羲就径直说明代皇帝对士以"奴婢"蓄之,怨愤

---

① 《愚庵小集》,上海古籍出版社,1979。《蒿庵集》,齐鲁书社,1991。吴伟业说戾气、杀气,见吴伟业《太仓州学记》《观始诗集序》《扶轮集序》等篇,均见《吴梅村全集》。《吴梅村全集》,上海古籍出版社,1990。陈维崧《王阮亭诗集序》说:"胜国盛时,彬彬乎有雅颂之遗焉。五六十年以来,先民之比兴尽矣,幼眇者调既杂于商角,而亢戾者声直中夫罍铎,淫哇嘤杀,弹之而不成声。夫青丝白马之祸,岂侯景任约诸人为之乎?抑王褒庾信之徒兆之矣?"(《湖海楼全集》文集卷一)与钱、吴等人思路相接。《湖海楼全集》,乾隆乙卯浩然堂刊本。顾炎武也曾批评"北鄙杀伐之声"(参看《日知录》卷三"孔子删诗"条)。

之情溢于言表。①

明代士人对施之于士的暴政的批判，在"厂卫"及"廷杖"、"诏狱"上尤为集中。据《明史·刑法志》，明代的廷杖之刑自太祖始；到正统时，"殿陛行杖"已"习为故事"。诏狱始于汉武帝，"明锦衣卫狱近之，幽系惨酷，害无甚于此者"。"廷杖""诏狱"是士人蒙受耻辱的标记，透露着明代"人主"面对士人时的复杂心态，包括隐秘的仇恨。王夫之在其史论中说到廷杖、诏狱之为对臣的污辱（"北寺之狱，残掠狼藉，廷杖之辱，号呼市朝"），以之为"为人君者毁裂纲常之大恶"。② 王氏更关心三代以下对于士的戮辱的后果："身为士大夫，俄加诸膝，俄坠诸渊，习于诃斥，历于桎梏，褫衣以受隶校之凌践"，隐忍偷生，又怎能指望他们"上忧君国之休戚，下畏小民之怨蘺"（《读通鉴论》卷二第 106 页）呢！王夫之无疑以为弥漫天下的"戾气"，正由人君所激成（参看同书卷二四）。③

处此时代，士人的命运之感，其精神创伤是不待言的。王夫之说宋太祖的"盛德"（其对立物即"凉德"），即不免是一种命运感的表达，充满了遗憾与无奈。"易代"固然是痛苦，但如王夫之、黄宗羲的大胆言

---

① 参见《明夷待访录·奄宦上》，《黄宗羲全集》第一册，浙江古籍出版社，1985。黄宗羲还借阐发师说（按师即刘宗周），曰："顾后来元明之开创者，不可称不嗜杀人，而天下为威势所劫，亦就于一，与秦隋无异……盖至此天道一变矣……""然后世君骄臣谄，习而成故，大略视臣如犬马，视君如国人者，居其七八。顾亦有视之如土芥，而视君如腹心者，君子多出于是，如黄石斋、成元升之类……"（《孟子师说》，同上第 51、105 页。按，黄石斋，黄道周；成元升，成德）

② 《读通鉴论》卷三〇第 1137 页。《读通鉴论》，《船山全书》第十册，岳麓书社，1988。因此册仅载有《读通鉴论》，以下引用时即略去"《船山全书》第十册"字样。祁彪佳也说过："盖当血溅玉阶，肉飞金陛，班行削色，气短神摇。即恤录随颁，已魂惊骨削矣。"语见《明季南略》卷二第 79 页。《明季南略》，中华书局，1984。

③ 同卷王氏说："习气之熏蒸，天地之和气销烁无余。推原祸始，其咎将谁归邪？习气之所由成，人君之刑赏为之也。"（第 929 页）万斯同《读洪武实录》也说明太祖"杀戮之惨一何甚也"，"盖自暴秦以后所绝无而仅有者"（《石园文集》卷五，《石园文集》，四明丛书）。孟森说崇祯"茫无主宰，而好作聪明，果于诛杀"（《明本兵梁廷栋请斩袁崇焕原疏附跋》，《明清史论著集刊》第 27 页，中华书局，1959）。钱穆《晚学盲言》四一"帝王与士人"："在中国历史上，开国之君与其同时之士最疏隔者，在前为汉高祖，在后为明太祖。而明太祖尤甚。"（《晚学盲言》，台北东大图书股份有限公司版）

论又使人想到易代的某种"解放意义"——那种批判以及怨愤表达，也只有在明亡之后才能成为可能；尽管即使激烈如黄宗羲，也并未发挥其"君"论、"公私"论的逻辑可能性，比如对其自身社会角色、其与"明"的政治关系，做出不同于他人的描述。

历史文本关于廷杖、诏狱以及其他肉刑的记述中，往往即有创伤感，比如由明遗臣或亲历过明末政治的士人参与撰稿的《明史》。有明二百余年间，关于廷杖、诏狱以及明代刑法的其他弊端，屡有批评。① 即如廷杖，批评者所强调的，几乎从来不是肉体的痛楚，而是其对于士的侮辱。明代人主似乎特别有侮辱臣下的兴致。太祖朝即有大臣"镣足治事"（《明史》卷一三九茹太素传）；成祖则在"巡幸"时，令"下诏狱者率舆以从，谓之随驾重囚"（《明史》卷一六二尹昌隆传）；正德朝"杖毕"了公卿即"趣治事"（《明史》卷九五），也就不能不说合于祖宗的家法了。②

王夫之在其《宋论》中，说宋代人主的宽仁（"不杀士大夫"，"以宽大养士人之正气"，"文臣无欧刀之辟"，"其于士大夫也……诛夷不加也，鞭笞愈不敢施也"）③，无疑有甚深的感慨在其间。但王氏不同于常人的思路，更在对士大夫反应方式的关注。堪称怪论的是，他以为正是士的隐忍偷生，鼓励了暴政。士处廷杖诏狱之辱的对应方式，应是如高攀龙似的以自杀保全尊严（《读通鉴论》卷二第 107 页）。④ 这里姑且不

---

① 洪武朝刘基、叶伯巨，嘉靖朝霍韬，万历朝李沂，南明弘光朝祁彪佳对廷杖诏狱的批评，均载在《明史》（分别见《明史》卷一三六、卷一三九、卷九五、卷二三四、卷二七五）。赵翼《廿二史劄记》卷三四"擅挞品官"条，也记有明代"违例肆威""擅挞品官"的事例。

② 其他如武宗的剥光臣子衣服，与景帝的命中官掷钱于地，令经筵讲官遍拾，均为辱。见《明史》卷一八八刘士元传、卷一五二仪铭传。

③ 分别见《船山全书》第十一册《宋论》卷一第 23、24 页，卷一○第 227 页。《船山全书》第十一册，岳麓书社，1992。因《宋论》在本书中引用率较高，以下引用时只注出卷数、页码，省略"《船山全书》第十一册"字样。

④ 王夫之说："臣之于君，可贵、可贱、可生、可杀，而不可辱。""至于辱，则臣自处于非礼，君不可以为君；臣不知愧而顺承之，臣不可以为臣也。""使诏狱廷杖而有能自裁者，人君之辱士大夫，尚可惩也。高忠宪曰：'辱大臣，是辱国也。'大哉言乎！故沈水而逮问之祸息……"（同书卷二第 107 页）

论责人以死的是否正当，不妨认为，王氏在此所论"臣道"（即不辱身），更出于某种对朝廷政治的深刻的失望。

由王夫之的著述看，似乎"竞"、"争"等字样，更能概括他所以为的明代的政治文化性格，与他所感受到的时代氛围。君臣"相撄相激"，"尊卑陵夷，相矫相讦"，主上刻核而臣下苛察，浮躁激切，少雍容，少坦易，少宏远规模恢阔气度，君臣相激，士民相激，鼓励对抗，鼓励轻生，鼓励奇节，鼓励激烈之言仡直之论，轻视常度恒性，以致"天地之和气销烁"，更由"习气之熏染"，"天下相杀于无已"（参看《读通鉴论》卷八、卷六、卷二四等）——可由明清之交种种酷虐景象证明。王夫之之谓"戾气"，首先即指此相争相激的时代风气。在他看来，人之有邪正，政之有善恶，均属"固然"；"尤恶其相激相反而交为已甚也"（同书卷二一第818页）。明亡于此种"争"。对此，那些一味与小人"竞气"的君子，"使气而矜名"的正人，是不得辞其咎的。这意思他也不厌重复地说过，可见感慨之深。

上下交争，构成了明代政治文化的特有景观，有关的历史文本，令人看到的，是极度扰攘动荡的图画。正德、嘉靖朝诸臣的群起而争，人主对群臣的大批杖杀、逮系，足称古代中国政治史上的奇特一幕。"诸臣晨入暮出，纍纍若重囚，道途观者无不泣下。而廷臣自大学士杨廷和、户部尚书石玠疏救外，莫有言者。士民咸愤，争掷瓦砾诟詈之。"（《明史》卷一八九）这场面在正德朝。至若嘉靖朝，则"笞罚廷臣，动至数百，乃祖宗来所未有者"（《明史》卷一九○）。两朝诸臣之争，都声势浩大。史称"抗言极论，窜谪接踵，而来者愈多；死相枕籍，而赴蹈恐后"（《明史》卷一八九）。至于景帝时，且有廷臣群殴，当场捶杀政敌，"血渍廷陛"者。清议也参与了争持。"居官有所执争，则清议翕然归之"（《明史》卷二五四）；"朝所为缧辱摈弃不少爱之人，又野所为推重忾叹不可少之人。上与下异心，朝与野异议"（《明史》卷二五八）。至于"草民"，则以"罢市"、"诉冤"、"遮道号哭"或"诟詈"，以至登屋飞瓦，来干预政治。这里还没有说到其他的形式多样的对抗，以及规模愈来愈大的民变、奴变。梁启超在其《中国近三百年学术史》中，说明代"士习甚嚣"，印象即应得自有关的历史文本。不妨认为，明末士人的前仆后继的赴死,也应因这个蔑视生命的时代,和无休止的对抗所激发的意气。

以布衣参与明史局的万斯同,所见也正是这样的戾气充溢的时代。他说嘉靖朝"……至大礼议定,天子视旧臣元老真如寇雠。于是诏书每下,必怀忿疾,戾气填胸,怨言溢口。而新进好事之徒,复以乖戾之性佐之。君臣上下,莫非乖戾之气……"(《书杨文忠传后》,《石园文集》卷五)"人主略假以恩宠,遂人人咆哮跳踉,若猘犬之狂噬"(《书霍韬传后》,同上)。黄宗羲《子刘子学言》录刘宗周语,谓"上积疑其臣而蓄以奴隶,下积畏其君而视同秦越,则君臣之情离矣,此'否'之象也;卿大夫不谋于士庶而独断独行,士庶不谋于卿大夫而人趋人诺,则寮采之情离矣,此'睽'之象也"(《黄宗羲全集》第一册第276—277页)。黄宗羲描述明末政治,也引陆贽"上下交战于影响鬼魅之途"为言。① 儒家之徒从来不乏此种政治敏感。

乖戾、睽、否,已属共识。王夫之持论的特出处,在于他所说"戾气",不止由人主的暴虐,也由"争"之不已的士民所造成。这里的"士"的、"民"的批评角度,才更是他特具的。

王夫之不斤斤于辨别正义与否,他更注重"争"这一行为的破坏性,近期与长期效应,尤其于士本身的精神损害,自与俗见时论不同。他一再批评明代士人的"气矜"、"气激"、"任气"、"躁竞","激昂好为已甚",好大言"天下",好干"民誉","褊躁操切","矫为奇行而不经";批评他们所恃不过"一往之意气"、"一时之气矜","有闻则起,有言必诤"(参看《读通鉴论》卷五、卷八等);说"争"中的君子小人,因其"术"近(即争之不以其道),相去不过"寻丈之间而已"(《宋论》卷三第103页),适足以贻害世道人心;真正的"社稷之臣"不如此,他们"夷然坦然","雅量冲怀","持志定"而不失"安土之仁",是"不待引亢爽之气自激其必死之心"的(《读通鉴论》卷八第332页)。这意思,他也不厌其烦地一再说过。

明代士习之嚣,不止表现于朝堂之上。黄宗羲以及钱谦益、吴伟业等人都说到过士人的好攻讦,后进晚生的好妄评前辈诋毁先贤(黄宗

① 《黄宗羲全集》第十册第239页,浙江古籍出版社,1993。

羲比之为"里妇市儿之骂");钱谦益本人亦蒙好骂之讥。至于王夫之所说士大夫的"诋讦"、"歌谣讽刺",则仍属政治斗争的手段,是廷上之争的继续。

然而王夫之所开的药方也未必恰对症候。"正人"不与争锋,使小人"自敝",代价若何?王氏的"非对抗"(不相激,不启衅,守义俟命)的原则,其实践意义是大可怀疑的。可以确信的是,到启祯朝,"交争"之势已无可改变,虽然争亦亡不争亦亡,其间得失仍有事后不可轻论的。且"不争"说亦嫌笼统。"争"也有种种。陈垣论明清之交法门纷争,说:"纷争在法门为不幸,而在考史者视之,则可见法门之盛。嘉隆以前,法门阒寂,求纷争而不得。"(《明季滇黔佛教考》卷二第48页,中华书局,1962)至于王氏本人的史论,其锋锐犀利,也正是明人作风,在王氏,不消说出诸"不容已"——不也可据此理解明代士人之争?

施虐与自虐

我到现在为止,还只谈到了明代士人对暴政反应之一种——对抗姿态,还未及于这种反应之于他们本身的作用,以致他们与暴政的更深刻的联系。我将逐步涉笔这一层面。

不妨认为,明代的政治暴虐,非但培养了士人的坚忍,而且培养了他们对残酷的欣赏态度,助成了他们极端的道德主义,鼓励了他们以"酷"(包括自虐)为道德的自我完成——畸形政治下的病态激情。即如明代士人对于"薄俸"的反应。

"薄俸"较之廷杖、诏狱,是动机更为隐蔽的虐待。《明史》中所描述的士人(且是其"仕"者)之贫多出乎常情,"贫不能葬"、"殁不能具棺殓"、"贫不能归"、"贫不能给朝夕"、"贫不能举火"、"炊烟屡绝"、"所居不蔽风雨"等等。曾秉正"以忤旨罢","贫不能归,鬻其四岁女。帝闻大怒,置腐刑,不知所终"(卷一三九),是洪武朝的事。宣德皇帝也不禁叹曰:"朝臣贫如此。"(卷一五八)

薄俸鼓励"贪墨",也鼓励极端化的"砥砺节操"。士以"苦节"作为对虐待的回应,"士论"、"民誉"则有效地参与了这一塑造"士"的工程。轩𫐐,"寒暑一青布袍,补缀殆遍,居常蔬食,妻子亲操井臼"(《明史》卷一五八）；秦纮"廉介绝俗,妻孥菜羹麦饭常不饱"（同上卷一七八），均号称廉吏；陈有年"两世膴仕,无宅居其妻孥,至以油幔障漏。其归自江西,故庐火,乃僦一楼居妻孥,而身栖僧舍",时人许为"风节高天下"（卷二二四）；陈道亨"穷冬无帏,妻御葛裳,与子拾遗薪蓺以御寒",与邓以赞、衷贞吉号"江右三清"（卷二四一）。然而终明之世,对薄俸的批评,较之对廷杖、诏狱的批评,声音要微弱得多。因而王夫之对薄俸的人性后果的分析就尤为难得,对此,我将在下文中谈到。

平居贫,临难死,且是可不贫之贫,非必死之死——似与生命有仇,非自戕其生即不足以成贤成圣。这里有传统儒家的"造人"神话；但在如明代这样严酷的历史时代,儒家道德仍不可避免地被极端化了。一种显然的政治虐待,被作为了士人被造就的必要条件；被强加的政治处境,倒像是成全了苦修者。这种准宗教精神,开脱了暴政,将施虐转化为受虐者的自虐（且以"甘之若饴"为高境界）。明儒相信"紧随身不可须臾离者,贫贱也"（朱得之《语录》,《明儒学案》卷二五第589页,中华书局,1985）；相信"苟不能甘至贫至贱,不可以为圣人"（王阳明语,同上卷一九第443页）。至于王艮的说尊生,以为"人有困于贫而冻馁其身者,则亦失其本而非学也"（《心斋语录》,同上卷三二第715页）,在道学中人,真乃空谷足音。

"砥砺"至于极端,即是自虐；有关的清议、士论,欣赏、赞美苦行,则属帮同肆虐。明人的自虐并非只在宗教修行的场合。你读徐渭、李贽的传记材料,会震惊于其人的自戕所用方式的残酷——施之于自身的暴力。宋、明儒者好说"气象",如说"王道如春风和气,披拂万物,墨者之憔劳瘠骸,纯是一团阴气"（《孟子师说》,《黄宗羲全集》第一册第82页）。而明代士人的提倡坚忍颂扬苦行,其气象正有近墨处。从朝堂上的争持,到明亡之际的"赴义",凡知其不可而为的,有不少即出于自虐以至自杀（死是最甚的虐待）的冲动,其"从容"与"慷慨"（王夫之对这二者又有精细的辨析）,常常正源于绝望的惨烈激情。

《小腆纪传》（中华书局,1958）卷五六记姜埰事："……与熊开元同下诏狱,逮至午门,杖一百,几死,复系刑部狱。甲申,正月,谪戍宣州卫。"明亡,姜氏自称"宣州老兵","病革,语其子曰：'敬亭,吾戍所也,未闻后命,吾犹罪人也,敢以异代背吾死君哉!'卒葬宣城"(第615页)。吴伟业"脾肉犹为旧君痛"句(《东莱行》)即记此事。姜埰事,黄宗羲也曾记及,作为明臣不记旧怨尽忠于明的例子。归庄《敬亭山房记》记姜、熊之狱,说崇祯"始不知辅臣之奸,故罪言者,然刑亦已滥矣";到"劾者之言既验","而犹久锢之狱,烈皇帝毋乃成见未化而吝于改过欤!"同案的熊开元"每言及先朝,不能无恨",姜氏的"绝无怨怼君父之心","可谓厚矣"(《归庄集》卷六第361页,上海古籍出版社,1984)。在有关姜埰的记述中,确也是将其作为对待政治不公正的范例表彰的。

明儒好谈处患难,也因"患难"是他们的经常处境。① 《明儒学案》中屡见明代士人以廷杖、诏狱为修炼的记述。"周子被罪下狱,手有梏,足有镣,坐卧有桎,日有数人监之,喟然曰:'余今而始知检也……'"(周怡《囚对》,《明儒学案》卷二五第593页)聂豹系诏狱,慨然曰:"嗟乎! 不履斯境,疑安得尽释乎!"(罗洪先《杂著》,同书卷一八第419页)杨爵久处狱中,以为"今日患难,安知非皇天玉我进修之地乎?"(杨爵《漫录》,同书卷九第170页)而狱中讲学论道,更被传为佳话。吴伟业撰谢泰宗墓志铭,其中所记黄道周事,有令人不忍卒读者。"……予杖下诏狱,万死南还,余与冯司马遇之唐栖舟中,出所注《易》读之,十指困拷掠,血渗漉楮墨间,余两人睚眦叹服,不敢复出一语相劳苦,以彼其所学,死生患难岂足以动其中哉!"(《吴梅村全集》卷四五第941页)但你毕竟不是吴伟业。你由此类记述中,读出的就不只是明儒的坚忍,还有他们心性的"残"与"畸",他们的以受虐(亦自虐)为政治摧残下痛苦的宣泄;你甚至疑心这种嗜酷,掩蔽着弱者式的复仇:以血肉淋漓、以死为对施虐的报复。当然黄道周、刘宗周之类的大儒或应除

① 但也必须说明,苦行仍然只是一部分士人的生存方式。明人(尤其江南文人)的豪奢,也屡见于记述,且被作为"江左风流"而为人所乐道。如黄宗羲所记陈继儒、吴伟业所记冒襄。吴氏《冒辟疆五十寿序》中有"青溪、白石之盛,名姬骏马之游,百万缠头,十千置酒"等句(《吴梅村全集》卷三六第774页)。即遗民中亦有另一种生活:不但不废吟咏,且依然置酒高会,声伎满前,虽诗中例有愁苦之句,日常生活却颇不寂寞。如清初吴中诗人的社集、文酒之会,豪兴即不减明亡之前。

外。明代学术或无足夸炫,令明人骄傲的,或许即此一种"刀锯鼎镬学问"的吧。

患难之大,莫过于死,关于处生死的谈论自是士人的常课——并非到明亡之际才如此。王守仁居龙场时,"历试诸艰,惟死生心未了,遂置石棺,卧以自炼"(《明儒学案》卷二二第 527 页)。可知士人于明亡之际的处生死,亦渐也,非一朝一夕使然。明代士论不仅鼓励难进易退,且鼓励难生易死。"平日袖手谈心性,临难一死报君王。"谈心性固可议,而不惜一死,确可认为是一种"士风"。

自虐式的苦行以及自我戕害,更是明遗民的生存方式。受虐与自虐,在许多时候难以再行区分。至于遗民的"苦节",甚至在形式上都与节妇烈女如出一辙,其自虐且竟为"不情"极其相像;有关"节操"表达式的匮乏。顾炎武的"饵沙苑蒺藜",尚可言"恢复"的准备,而其他著名遗民(如徐枋,如李确)的苦节,则更像蓄意的自惩。全祖望记周元初明亡后与友唱和,其诗"务期僻思涩句,不类世间人所作",其行之奇僻亦类此:"黄虀脱粟,麻衣草履,极人间未有之困,方陶然自得也。"(《周监军传》,《鲒埼亭集》卷二七)方以智以贵公子、朝臣(崇祯朝)一旦披缁,即如苦行头陀,"披坏色衣,作除馑男",亦像刻意为之。厉风节而趋极端,一向为明代士风所鼓励。辞受取与不苟,必至绝粒如沈兰先(沈昀),"风节"才堪称"殊绝"(同书卷一三《沈华甸先生墓碣铭》)①——时人及后人,乐道的即此"殊绝";在这一点上,"雅""俗"文化正有同好。遗民中更有自戕以祈死者。周元懋狂饮成疾,全祖望说:"其四年中巧戕酷贼以自盅,其宋皇甫东生之流与?"(《周思南传》,同书卷二七)这里尚未说到遗民群体的自我监督,其较之平世尤为苛酷的道德标准(竟少有人能"确然免于疑论"),遗民在此士风时论之下用心之苦、守节之难。在我看来,明遗民的自我惩创也正因于创伤感;这也是明清之交时代病之一种。不妨认为,明遗民行为的极端性,是有明

① 李确(蚕园先生)的穷饿而死更是显例。关于其事,魏禧记之甚详,参看《魏叔子文集》卷六《与周青士》。《宁都三魏文集·魏叔子文集》,道光二十五年谢庭绶重刊。全祖望《蚕园先生神道表》(《鲒埼亭集》卷一三)亦有记述。《鲒埼亭集》,四部丛刊。

二百余年间士风的延展;但因有此极致,其不合理,其为对生命的戕害,也更清楚地呈露出来,启发了士之有识者的批判意识。

自虐而为人所激赏的自然还有节妇烈女,亦乱世不可或缺的角色。本来,苦节而不死的贞妇也是一种"遗民",其夫所"遗",倒不为乱世、末世所特有,也证明了女性生存的特殊艰难。① 失节者则另有其自虐。读吴伟业文集,你不难感知那自审的严酷,与自我救赎的艰难。这一种罪与罚,也令人想到宗教情景。

处"酷"固属不得不然,但将处酷的经验普遍化(也即合理化),不可避免地会导致道德主义;更大的危险,还在于模糊了"仁"、"暴"之辨,使"酷虐"这一种政治文化内化,造成对士人精神品质的损伤。这种更隐蔽也更深远的后果,是要待如王夫之这样的大儒才能发现的。

仁暴之辨

道德化是儒家文化的一部分,自虐式的"砥砺"仍可认为是反应过当。更令有识之士为士风民俗忧的,是远为凶险且不易救治的精神疾患:普遍的残忍(包括士的嗜杀)与刻核。这类时代病的发现与救治要求,才出诸更深入的人性体察,也更能见出儒家之徒的本色。张履祥说"乱世残酷之迹",曰:"后代史书有最不忍读者,如'屠城'、'坑卒'、'尽杀之'之类,又如'夷其族'、'族其家'、'下狱论死,天下惜之'、'皆弃市,天下冤之'之类,不能不使人唏嘘流涕也。……春秋而后,不仁之势,若火之燎于原,若水之滔于天……"(《备忘[二]》,《杨园先生全集》卷四〇,道光庚子刊本)至于如王夫之的将上述精神病象归因于明王朝的政治性格对于士人的塑造,出自独见,亦其史论及政论的深度所在。他的政治文化批判,同时指向朝廷政治的苛酷与士人的刻核,同时指向施之于自身的与施之于他人的暴力——尤其其间的逻辑联系,于此而论病态政治下士人人性的斫丧,于此而论"仁""暴"之辨,尤令人

---

① 明清之际的文献,记烈妇贞女,其死亦有至惨者,时论之嗜"奇"嗜"酷",更甚于对男子。论男子之死,尚顾及所谓的"经",对妇人女子,则更称许其"过"(过情之举)。那些出诸男性手笔的节烈事状,正透露着男性的自私与偏见。

惊心动魄。

郑晓《今言》卷二第 167 条记刘瑾"坐谋反凌迟","诸被害者争拾其肉嚼之,须臾而尽"。袁崇焕之死在崇祯三年。据《明季北略》(中华书局,1984),袁崇焕被磔时,京都百姓"将银一钱,买肉一块,如手指大,啖之。食时必骂一声,须臾,崇焕肉悉卖尽"(卷五第 119 页)。前于此,另一名将熊廷弼亦死于人主的苛察与朝臣的党争。其人被逮后,每遇朝审,行道之人必以瓦砾掷熊流血满面(此亦草民干政的情景)——如此人主,如此百姓! 这才可称末世景象。食人在明代已有先例,但明末的杀袁崇焕与杀郑鄤,仍然是杀戮士人(且残酷到令人发指)的突出例子。在这方面,明王朝也有始有终,完成了其政治性格。

鲁迅在《忽然想到》中说:"试将记五代,南宋,明末的事情的,和现今的状况一比较,就当惊心动魄于何其相似之甚,仿佛时间的流驶,独与我们中国无关。现在的中华民国还是五代,是宋末,是明季。"(《鲁迅全集》第 3 卷第 17 页,人民文学出版社,1981)此时乃 1925 年。鲁迅以为可比的,首先即"凶酷残虐"。他另在《偶成》中提到剥人皮的永乐皇帝与流贼张献忠(《鲁迅全集》第 4 卷)。在《晨凉漫记》里,又说到张献忠的"为杀人而杀人"(《鲁迅全集》第 5 卷第 235 页)。写《病后杂谈》时,他再次谈到记述张献忠暴行的那本《蜀碧》以及《蜀龟鉴》,仔细录出其中记剥皮的文字,由张献忠之剥皮说到孙可望之剥皮,更上溯到永乐的剥皮,说"大明一朝,以剥皮始,以剥皮终,可谓始终不变"(《鲁迅全集》第 6 卷第 167 页)。关于永乐的残忍,还在《病后杂谈之余》中说起过。但鲁迅以为"酷的教育,使人们见酷而不再觉其酷","所以又会踏着残酷前进"(《偶成》,《鲁迅全集》第 4 卷第 584、585 页)①,仍是那个革命年代的趣味,与下面将要谈及的王夫之,思路容或不同。

---

① 鲁迅此说,倒可用明清之际士人的言论注释。魏禧即说过:"民习榜掠,视斧锧若末耜,不护其生。"(《平论[四]》,《魏叔子文集》卷一)同卷《地狱论(上)》说"门诛"、"赤族"的效果,曰:"今夫刚狠之人,愍不畏死;残忍之人,则立视其父母子姓之死,不以动其心。"

为鲁迅所痛疾的剥皮,确也更是明代人主的嗜好:由太祖朝的剥皮囊草,到武宗(正德)的剥流贼皮制鞍镫,"每骑乘之"(《明史》卷九四《刑法志二》),到熹宗朝厂卫的剥皮、刲舌。至若张献忠、孙可望的剥皮,师承有自,所谓上有所好,下必甚焉。①

在当时的士人、尤其儒家之徒,更可怕的,是士论、人心普遍的嗜酷。② 顾炎武为人所陷,令他震撼的,是倾陷者"不但陷黄坦,陷顾宁人,而并欲陷此刻本有名之三百余人也"。"其与不识面之顾宁人,刻本有名之三百余人何雠何隙? 而必欲与黄氏之十二君者一网而尽杀之。"③明清之际杀机四伏,其时的告讦,多属借刀(清人之刀)杀人(仇人)之类;顾炎武更发现了上述莫名其所自的仇恨。

半个世纪之后,你更由当时的文字读出了对残酷的陶醉——不止由野史所记围观自虐的场面,而且由野史的文字本身。那种对暴行的刻意渲染,正令人想到鲁迅所一再描述过的"看客"神情。这里有压抑着的肆虐、施暴愿望。在这方面,士文化与俗文化亦常合致。你由此类文字间,察觉了看客与受虐者的相互激发,那种涕泣号呼中的快感。这里有作为大众文化品性的对"暴力"、"暴行"的嗜好——弱者的隐蔽着的暴力倾向。嗜杀也即嗜血。在这类书的作者,似乎唯血色方可作为那一时代的标记,也唯血色才足作为士人激情的符号。"二十四史"固是"相斫书",但有关明史的记述,仍有其特殊的残忍性。

在为风尚所鼓励的普遍的复仇中,士人的复仇之举,仍然更为怵目惊心。如《清史稿》所载王馀佑、馀严的复仇。顺治初,其父"为仇家所陷,执赴京。馀佑挥两弟出,为复仇计,独身赴难,父子死燕市。馀严夜

<hr />

① 参见《明史》卷三〇九及卷二七九有关张献忠、孙可望剥人皮的记述。

② 其时人的嗜暴、嗜酷,见诸记载,如钱谦益所详记的路振飞对"叛人"、"伪将"的虐杀(《牧斋有学集》卷三四第1221页)。《南渡录》说易代之际"……或假忠义名荼毒从逆诸姓,苏、松、常、镇为最"(卷一第7页)。同书卷三:"可程,督辅可法弟。南归后,子蔚、青,弟可遵与妇父韩大忠六人皆被杀。"(第117页)

③ 《与人书》,《顾亭林诗文集》第233页。《顾亭林诗文集》,中华书局,1959。该书收入《亭林文集》、《亭林馀集》、《蒋山佣残稿》、《亭林佚文辑补》、《亭林诗集》、《熹庙谅阴记事》六种,以下仅注明页码,上述诸书即不一一注出。

率壮士入仇家,歼其老弱三十口"。如此血腥的复仇,仍有上官"知其枉"而"力解"使"免",亦可见时论对于"复仇"行为的态度(《清史稿》卷四八〇王馀佑传)。至于黄宗羲的袖锥刺仇,顾炎武的处死叛奴,则更非承平之世的学人、儒家之徒所能想见(王夫之则有自创行为)。①对这类行为,其同时人不但不以为异,且不吝称许。三大儒中,王夫之对于那个暴力充斥的时代,持更清醒而严峻的批判态度,其议论也更能代表那个时代及士人的反省深度。

洞见了"嗜杀"对于人心的戕害的,不止于王夫之。钱谦益在《冯亮工六十序》中说:"杀者非他也,杀吾之心而已矣,杀天地之心而已矣。杀一生,即自杀一心。杀两生,即自杀两心。杀百千万亿生,即自杀百千万亿心……"(《牧斋有学集》卷二二第907页)另在《募刻大藏方册圆满疏》里说:"但谓此人杀彼人,不知自心杀自心"(同书卷四一第1399页)。被明代士人奉为宗师的方正学(孝孺)说过:"仁者阳之属,天之道也,生之类也;暴者阴之属,地之道也,杀之类也。"(《侯城杂诫》,《明儒学案》卷四三第1049页)到明亡之时,此义已不为士人所愿知了。但儒家之徒中的敏感者,仍未失去他们的警戒。据《清史稿》:"山阳祁彪佳以御史按江东,一日,杖杀大憝数人,适国模至,欣然述之。国模瞠目字祁曰:'世培,尔亦曾闻曾子曰"如得其情,则哀矜而勿喜"乎?'后彪佳尝语人曰:'吾每虑囚,必念求如言。恐仓促喜怒过差,负此良友也。'"(《清史稿》卷四八〇沈国模传。按,求如,沈国模字)但到了杀声四起之时,士人的"不杀"说,也的确像是迂论。如唐枢所说须有"一片不忍生民之意","只有不杀倭子之心,便可万全"云云,迂则迂矣,但其所谓"若唯以杀为事,乃是倚靠宇宙间戾气"(唐枢《语录》,《明儒学案》卷四〇第966—967页),与王夫之所说"嗜杀者非嗜杀敌,而实嗜杀其人"(《读通鉴论》卷一三第498页),都确属洞见了世

---

① 黄宗羲《思旧录·周延祚》自述"会审对簿","因以长锥锥彼仇人,血流被体"及"锤死"狱卒颜咨等(《黄宗羲全集》第一册第346页)。王夫之自记其"劚面刺腕"(《石崖先生传略》,《船山全书》第十五册卷二第103页)"残毁支体"(《家世节录》,同书卷一〇第222页)。《船山全书》第十五册,岳麓书社,1995。

情人心的清醒之论。顾炎武《日知录》卷一三"正始"条那段著名的话——"有亡国有亡天下","易姓改号,谓之亡国;仁义充塞,而至于率兽食人,人将相食,谓之亡天下"(《日知录集释》,中州古籍出版社,1990),也非得置诸明清易代之际的历史情境中,才便于解释。

王夫之论"仁""暴"之辨,最精彩处,我以为在其对张巡、许远这一历史公案的诠释。张、许的守睢阳而至于人食人,也如"窃负而逃"、"证父攘羊"之类,是对儒家之徒伦理论辩能力的考验。这里的难点似更在"忠"与"仁"孰轻孰重上。王夫之在《读通鉴论》中说:"若巡者,知不可守,自刭以徇城可也。"最不可谅的是食人。"至不仁而何义之足云?孟子曰:'仁义充塞,人将相食。'"(卷九第 353 页)同书卷二三还说:"无论城之存亡也,无论身之生死也,所必不可者,人相食也。"张巡"捐生殉国",功固不可没,但"其食人也,不谓之不仁也不可"(第870 页)。人相食,"必不可",这是一条绝对界限,守此,是无条件的。正是在此一"必"上,才足以见出儒者面目。

王氏之论,当然绝非出自纯粹的史学兴趣。王夫之的批判激情正由于,明清之交,一再重演着张巡、许远故事。李坧守贵阳,围城中人"食糠核草木败革皆尽,食死人肉,后乃生食人,至亲属相啖。彦芳、运清部卒公屠人市肆,斤易银一两"。"城中户十万,围困三百日,仅存者千余人。"(《明史》卷二四九)南明金声桓等守南昌,"城中饥甚",杀人为食,"呼人为'鸡'","有孤行者,辄攫去烹食,弃骸于道,颅骨皆无完者,食脑故也"。① 但你也会感到,这里的"重演",更少道义支撑。王夫之曾说攻城之为"嗜杀其人",这样的守城何尝不为"嗜杀"?只不过人

---

① 黄宗羲《行朝录》(《黄宗羲全集》第二册,浙江古籍出版社,1986)。《张苍水集》附录全祖望《年谱》:"顺治九年壬辰,公三十三岁。"注:"是年郑成功围漳,属邑俱下,独郡城以援至,不克。成功防镇门山以水之,堤坏不浸,城中食尽,人相食,枕藉死亡者七十余万。时又遭派垛索饷之惨,夜敲瘦骨如龙瓦声。千门万户,莫不洞开,落落如游墟墓,馋鼠饥鸟,白昼充斥。围解,百姓存者,数而指沟中白骨,非其父兄,即其子弟;历数告人,然气息仅相属,言虽悲,不能下一泪也。时有一人素慷慨,率妻子闭户,一炕而绝。邻舍儿窃煮啖之,见腹中累累皆故纸,字画隐然,邻舍儿亦废箸死。延平陆梁海上以来,沿海居民,受荼毒亦至矣,然莫暴于漳州之师……"(第 216 页,中华书局,1959)

们惑于狭隘的节义论，于此不觉罢了。①

或许自明太祖一度罢祀孟子，刘三吾奉旨为《孟子节文》，明代士人就多少冷落了孟子的有关思路。心性之学也像是对现实政治尖锐性的回避。明清之交刘宗周、王夫之的说孟子，说仁暴，均提示了某些重要的原则。仁暴之辨，也即人兽之辨。在如王夫之这样的儒者，明清之交最严重的危机，即此施暴嗜杀以至受虐自戕中"人道"的沦丧。"人道不存"是较之亡国更为绝望的情境。有识者于此看到了比经济残破更可怕的人心的荒芜。在此，王夫之一类大儒，以存人道（也即所以存天下）为己任，就是顺理成章的了。②

王夫之的犀利，尤在他对于隐蔽的暴力倾向的察知，如已成风尚的苛酷刻核。"苛"几可视为明代士人（包括明儒）的性格。这本是一个苛刻的时代，人主用重典，士人为苛论，儒者苛于责己，清议苛于论人。虽有"名士风流"点缀其间，有文人以至狂徒式的通脱、放荡不羁，不过"似"魏晋而已，细细看去，总能由士人的夸张姿态，看出压抑下的紧张，生存的缺少余裕，进而感到戾气的弥漫，政治文化以至整个社会生活的畸与病。"苛"，即常为人从道德意义上肯定的不觉其为"病"的病。

黄宗羲说刘宗周"门墙高峻，不特小人避其辞色，君子亦未尝不望崖而返"（《子刘子行状》，《黄宗羲全集》第一册第 259 页）。此亦时人乐道的"儒者气象"。文人亦然。有人批评陈子龙"标榜太高，门墙过峻，遂使汝南之月旦，几同释之之爱书"（徐世祯《丙戌遗草序》，《陈子

---

① 王夫之在其史论中，一再谈到"民之生"之为原则，即对所谓"篡"、"弑"亦区以别之，若"止于上"，"下之生""不惊"，则"天下"犹存（《读通鉴论》卷一七第 668 页）；还说："圣人之所甚贵者，民之生也"（同书卷一九第 723 页）；以为当"君非君而社稷亦非社稷"之时，能"贵重其民""顺民物之欲者"，"许之以为民主可也"（卷二七第 1049 页）。

② 此种忧惧亦不唯儒者才有。钱谦益在《太原王氏始祖祠堂记》（《牧斋有学集》卷二七）中表达的忧虑亦与此相通，如对于"宗法之亡"，人之为禽兽，文化荒芜等的忧虑。吴伟业《太仓州学记》则描绘了礼崩乐坏的景象："天下靡然，皆以阴谋秘策、长枪大刀，足以适于世达于用，而鄙先儒之言为迂阔……其牧守师傅亦因循苟且，无守先崇圣之心，无讲道论德之事，即使过阙里，登其堂，摩挲植柏，观俎豆与礼器，恐无足以感发其志思者……"（《吴梅村全集》卷六〇第 1220 页）

龙诗集》第772页,上海古籍出版社,1983)。非但不苟且,不假借,且有严格的道德自律,近于宗教苦行,如此才足称士仪世范。至于东林、复社中人的严于疾恶,务求"是非"了了分明,更酿成风尚。你不难注意到那个时代随处必辨的善恶邪正(以及君子小人、善类非善类、正人非正人等等)。"苛察"从来更施之于士类自身。全祖望论庄㫤,以陈献章、黄宗羲对庄氏的批评为非"中庸":"二先生之言高矣。然则定山之仕竟为晚节之玷乎? 全子曰:殆非也……必谓当以不仕为高,圣贤中庸之道不然也。"(《鲒埼亭集》卷二九《庄定山论》)

士风的苛酷刻核,正与"朝廷政治性格"互为因果。王夫之的"循吏论"批评有关的政治性格,也与其对明士风的批判相表里。在《读通鉴论》中,他说:"有宋诸大儒疾败类之贪残,念民生之困瘁,率尚威严,纠虔吏治,其持论既然,而临官驭吏,亦以扶贫弱、锄豪猾为己任,甚则醉饱之愆,帏帟之失,书簏之馈,无所不用其举劾,用快舆论之心……听惰民无已之怨讟,信士大夫不平之指摘,辱荐绅以难全之名节,责中材以下以不可忍之清贫,矜纤芥之聪明,立难缨之威武……当世之有全人者,其能几也? ……后世之为君子者,十九而为申、韩,鉴于此,而其失不可掩已。"(卷二二第827—828页)这番议论,痛快之至! 王氏屡次说到"申韩之惨核",他以为虐风淫刑不但自小人始,更须推究"君子"因"狷疾"(亦一种心理疾患)而用申韩的政治责任。于此,他已经指出了道学君子的残忍性(亦"贼仁")。由士论"民誉"所称许的清官循吏看出"申韩",看出残忍,看出人性的畸与病,是要有锋锐的洞察力的。

海瑞或可置诸明代循吏之首,王夫之以其与包拯为"弗足道",以为"褊躁以徇流俗之好恶,效在一时,而害中于人心"(《读通鉴论》卷四第168页)①。其所谓"害",即应指使得草民习暴与嗜酷。《明史》海瑞传记海瑞"下令飙发凌厉,所司惴惴奉行……而奸民多乘机告讦,故家大姓时有被诬负屈者",还记其曾"举太祖法剥皮囊草""论绞"等"劝帝虐刑"以"惩贪";"有御史偶陈戏乐",他即"欲遵太祖法予之

---

① 在同书卷七、卷二二,均提到包拯、海瑞的"狷疾"、"狷急",以为"不足论"。

杖"，他本人的清贫，则"有寒士所不堪者"（卷二二六）——正合为王氏之论作注。海瑞之为"现象"当然不是孤立的。吴伟业记张采，说其"敢为激发之行，数以古法治乡党间左，铢两之奸，辄诵言诛之，若惟恐其人弗闻知者"（《复社纪事》，《吴梅村全集》卷二四第602页）。本节已谈到廷杖、诏狱，这里则让人看到了其"社会基础"，虽然这基础也应由廷杖、诏狱所造成。至于海瑞式的"刚"与人主及时代空气的"戾"的一致性，更是赖王夫之这样的大儒才能洞见的。

正如暴力到明亡之际发展到了极致，士论之苛当此际也达到了极致。如对于迟死者的苛评，如遗民施之于同类的苛论。全祖望传状明遗民，常慨叹于明人的"过于责备贤者"，以为"必谓"遗民"当穷饿而死，不交一人，则持论太过，天下无完节矣"（《春酒堂文集序》，《鲒埼亭集》外编卷二五）。全氏一再为明末忠义辩诬，"呜呼！忠义之名之难居也"（同书卷一〇《王评事状》）。"长逝者之屈，其有穷乎！"（同书同卷《屠董二君子合状》）士人留给同类的生存空间何其狭窄！①

王夫之看出了明代士风的偏执、黯刻——不但殊乏宽裕，且舆论常含杀气，少的正是儒家所珍视的中和气象。他更由政治暴虐，追索造成上述人性缺损之深因。王氏关于忧患之于人性、"坎坷""疢疾"之戕贼性情的论说，或更足作为其人性洞察力的证明。其间尤为深刻者，我以为是关于忧患影响于"正人"的分析。王夫之将有关后果归结为"德孤"：摧残之余的正人，不复有"先正光昭俊伟之遗风"，"含弘广大之道"，其性情心性的残缺，其"隘"其"苛"，注定了其器使之途的不能广，体道的不能弘，"正"则正矣，终不能成"天下士"、"社稷臣"。我从中读出了明代士大夫最深刻的"命运"表达。屡为摧折的明代士人中，确

---

① 刘宗周亦明末大儒，其在南明朝廷弹劾路振飞，以及主张"凡系逃臣皆可斩"，均可作为"苛"的例子（参看黄宗羲《行朝录》卷三，《海外恸哭记》，均见《黄宗羲全集》第二册）。黄宗羲批评钱谦益好骂，他本人论及时人，苛刻决不逊于钱氏，笔下常不免愤愤。如说"余见今之亡国大夫，大略三等，或醒龈治生，或丐贷诸侯，或法乳济、洞，要皆胸中扰扰，不胜富贵利达之想，分床同梦，此曹岂复有性情……"即大有骂倒一切的气概（《宪副郑平子先生七十寿序》，《黄宗羲全集》第十册第671页）。

不乏"正人",他们"婞婞"而"硁硁",强毅而未能弘通,节亢而"过于绝物",多属苦节之士、诤谏之臣,却终不能称王夫之所谓"君子之器"、"天下之才"。这又可读作对贫贱忧戚"玉成"非常之人的政治神话的有力质疑。所谓"劫运",被王夫之视为对人性的劫夺。这使他的流品论虽有强烈的等级偏见,却仍含有洞察人事的特殊智慧,其言未必"当",却自有警策(参见《读通鉴论》卷一一、卷二二)。至于黄宗羲归结政治压抑的精神文化后果,为"一世之人心学术为奴婢之归"(《明夷待访录·奄宦上》,《黄宗羲全集》第1册第45页),则属另一思路,也另有其深刻性。

不妨认为,明代政治的暴虐,其间特殊的政治文化现象,引发了富于深度的怀疑与批判;而"易代"提供了契机,使对于一个历史时代的反顾、审视成为可能。活在当代的人们,仍不免惊叹于明清之交的思想家关于"政治—人性"批评的深度,甚至可以从中读出有关人被造就的条件、涵养健全人性的社会政治环境的思考。这里也有明清之交的士人所提供的重要的思想史材料。

论　余

同样显示着儒者本色的是,像是无可比拟的残酷,反而鼓励了明清之际的士人对于理想政治、理想人格的向往,甚至可能正是这种残酷,使有关的向往及其表达明晰化了。王夫之所向往的理想人格、理想政治性格,自然是"戾气"、"躁竞"、"气激"等等的对立物,如"守正"、"坦夷"、"雅量冲怀"、"熙熙和易"等等。他一再说"中和"之境(如"先王中和之极"),说"太和之气",说"中和涵养之化",说人主以其仁养天地间和气。他称许宋初守令之"日事游宴","率吏民以嬉",以为可静民气,平民志,消"嚣凌之戾气"①,故对申韩远较对老氏严厉。他的"中和",自然不止于政治关系,而且是社会生活的全局,大至朝政,细微至

---

① 《宋论》:"禾黍既登,风日和美,率其士民游泳天物之休畅,则民气以静,民志以平。里巷佻达之子弟,消其嚣凌之戾气于恬愉之下,而不皇皇然逐锥刀于无厌,怀利以事其父兄,斯亦平情之善术也。"(卷三第95页)他还据此论到诗赋取士的优长(同书卷四)。

于个体人生的境界。他几乎是醉心于有关的意境、气象。宽仁，规模宏远，雍容和戢，涵泳从容，是政治情景，又是风俗，是朝臣（"社稷臣"）风度，也是士风——气象说本来就通常是整体论。为此，非但不可为矫激，也不可为苛察曲廉小谨。但以王夫之的政治经历，他又警戒无条件的退守。明代道学中有人说，"端居无事时，且不要留心世事，遇不平有动于中，则失自家中和气象"（徐问《读书札记》，《明儒学案》卷五二第1242页），王氏不可能持此论。他倒是批评佛老"皆托损以鸣修，而岂知所谓损者……并其清明之嗜欲，强固之气质，概衰替之，以游惰为否塞之归也哉"，以为一味用"惩"用"窒"，适足以斫伤元气，而"损者，衰世之变也"（《周易外传》，《船山全书》第一册第924—925页，岳麓书社，1980）。

本节开头提到文人（如钱谦益）对时代病的察知和"救世"愿望。其人或许可议，其议论却仍能证明处同一时空的士人在历史文化批评中的契合，尽管文人另有其表述方式。即如钱氏，对于他意识到的畸与病，即希望救之以温柔敦厚，救之以"鸿朗庄严""富有日新"。[①] 在大劫难之后，在士夫穷乏蹇困之时鄙弃"寒乞之气"，以光华富丽的贵族气象为追求，也仍然需要大气魄的吧。文化有其史，诗亦有其史，不因明亡而文化亡、诗亡；非但不亡，而且正当此际，呼唤文化复兴（包括"诗道中兴"）；其中不但有信念，而且有反抗命运的意志。活在那个严酷的时代，有识之士力求超越历史限囿，超脱时代氛围，走出死境，再造文化盛期——我将在以下章节谈到这里所显示的不同于某些遗民的生命理解，并不因其人的"可议"即失去了价值。

---

① 钱谦益在《施愚山诗集序》中说："诗人之志在救世，归本于温柔敦厚，一也。"同文中还说："《诗》有之：'神之听之，终和且平。'和平而神听，天地神人之和气所由接也。"（《牧斋有学集》卷一七第760—761页）在《答杜苍略论文书》中说："故吾于当世之文，欲其进而为元和，不欲其退而为天复。"（同书卷三八第1308页）吴伟业也说过："尝语同志，欲取惠泉百斛，洗天下伧楚心肠，归诸大雅。"（《扶轮集序》，《吴梅村全集》卷六〇第1205页）

第二节　生　死

明清之际的死亡相藉，已是人们熟知的历史情境，在其后被一再地描述以至渲染过。在本节中我更关心的是士人于生死之际的选择以及所据以选择的，他们有关"死"的谈论，谈论中的理论旨趣，于无意间透露出的心理内容，明人以及后人有关"明人之死"的意义赋予、价值论证等等。宋明儒学以及明人所处的历史情境，使得"死"作为政治伦理以及人生一大主题，成为士人的重要话题之一；而就我所读到的，明清之际的有关谈论，尤其其中对于通行价值观的质疑，有其特殊的研究价值。

还应当承认，有关明清之际"死"的材料之丰富，也多少因于史学趣味。史家使得明末作为一个朝代的尾声显得如此凸出，似乎"明代"作为历史时代，其道义力量及伦理价值即系于其灭亡之际的巨量的死，所谓"忠义之盛"。有关明代的史述，无论官修的正史还是稗史野乘，均于"明亡之际"更着力也更见精彩，虽然"明亡之际"无疑应由明代的全部历史、明代士人的全部历史来说明。

"死社稷""死封疆""主辱臣死""城亡与亡"

有明一代"政治性"的死虽几于无时无之，但明亡之际的大量的死，仍不妨认为以崇祯之死为揭幕。崇祯之死即使不是此后一系列的死的直接诱因，也是其鼓舞，是道义启导、激发，是示范、垂训，是人主施之于臣子的最后命令。"君亡与亡"，是为一时士人认可的道德律令；"主忧臣辱，主辱臣死"——况"主"已死！死的必要性，几乎已是无需论证的。却仍有论证，非但在"主"死之前有死否的论证，且于主上既死后有其死于"义理"合否、于时局有益否的论证。你惊异于明代士人、明儒对于"义理"的迂执；也正是这份执著，使有关"死"的讨论获得了某种深度。

明亡前夕朝廷有关迁都、南幸的激烈争论，是明亡之际的戏剧性事件，其间的极为丰富的心理内容，是可供"历史心理学"研究的材料。我这里关心的仍主要是"议论"及与议论有关的情境。《明史》以及记述明亡的私家史著中,有大量有关当时朝堂辩论的叙述——或者竟不能称"辩论",因为"迁都"、"南幸"以至"太子监国"作为话题,在巨大的道德压力下,几乎是无法展开的;它们往往只能是密疏或窃窃私议。此番议论,在明亡之后变化了的历史环境中得以公开。就我所见及的,有关朝臣的史实,于记述的详略间并无太大的出入;唯与"人主"有关的叙述版本不一,昭示着事件在事后依然的敏感性。

《明史》卷二四:"左都御史李邦华、右庶子李明睿请南迁及太子抚军江南,皆不许。""辛卯,李建泰疏请南迁。壬辰,召廷臣于平台,示建泰疏,曰:'国君死社稷,朕将焉往?'李邦华等复请太子抚军南京,不听。"卷二五一:"陈演以少詹事项煜东宫南迁议对,帝取视默然。德璟从旁力赞,帝不答。"此为崇祯十七年二月。卷二五二记帝的一系列举措:"盖欲出太子南京,裨先清道路也。"此事的不果行,据说是"有言百官不可令出,出即潜遁者,遂止不行"。事情的转折岂不有点蹊跷?李清《三垣笔记上·崇祯》(中华书局,1982)的记述更有耐人寻味者:"上因杨嗣昌请勉从款议,然犹欲隐其名。会黄翰林道周疏驳,中寝。及北兵入犯,上抚膺叹曰:'大事几成,为几个黄口书生所误,以至于此。'道周之逮肇此。"(第14页)《明史》卷二六五李邦华传述李氏密疏太子监国,较卷二四为详。"十七年二月,李自成陷山西。邦华密疏请帝固守京师,仿永乐朝故事,太子监国南都。居数日未得命,又请定、永二王分封太平、宁国二府,拱护两京。帝得疏意动,绕殿行,且读且叹,将行其言。会帝召群臣,中允李明睿疏言南迁便,给事中光时亨以倡言泄密纠之。帝曰:'国君死社稷,正也,朕志定矣。'遂罢邦华策不议。"其间更有耐人寻味处。至于南明弘光朝的追论此事,载在《明史》的,则有万元吉的著名章奏(卷二七八)。

《明季北略》所录有关记述,如卷二〇记李建泰请驾南迁,范景文、李邦华等请先奉太子抚军江南,时光时亨大声曰:"奉太子往南,诸臣意欲何为?将欲为唐肃宗灵武故事乎?"范景文等"遂不敢言"(第437

页)。有光时亨一语,当时论辩气氛之凶险全出。至于同书同卷"李明睿议南迁"一节,"上四顾无人"云云(第416页),则似小说家言,或可供考察社会心理之用。

黄宗羲曾说过文集的史料价值(参看黄宗羲《陆石溪先生文集序》,《黄宗羲全集》第十册),首先当指一时文集中的碑传文字。我所见那一时期文集中有关南迁、太子监国等议论(包括朝野)的记述,就有钱谦益的《徐女廉遗集序》(《牧斋有学集》卷一八)、冯元飏墓志铭(同书卷二八)、李邦华神道碑(同书卷三四)、《与吉水李文孙书》(同书卷三八)等篇。其中冯元飏墓志铭、李邦华神道碑均记及崇祯反应,如"上袖其疏累日,咨嗟太息。群臣请迁者蜂起,斗诤沸腾。上怒,并寝李公议"(第1059页);"先帝袖公疏,绕殿巡行,且读且叹。疏稿衔袖,袖已复出,纸牒漫烂,犹不去手"(第1206页)。或有渲染,却不至全无所据。① 至于吴伟业所撰刘明翰墓志铭,记刘氏以小臣拜疏请东宫二王南迁事,正史未载;其中"又京师自二月后,邸抄断绝,其《国变纪略》诸书,皆矫诬错误,即南迁一事,召对诸语,言人人殊,公小臣孤忠,无所考信"(《吴梅村全集》卷四四第926页)云云,使你相信为史书

---

① 关于崇祯其时的动向,黄宗羲《子刘子行状》卷上:"上自闻警,不出视朝,章奏皆留中不报。中旨办布囊八百,官奴竞献马骡。又敕大小臣工,各进马一疋。"(《黄宗羲全集》第一册第217页)《三垣笔记附识中·崇祯》记崇祯于皇后、贵人等先后投缳,断长平公主臂后,"又唤内官王承恩着靴,带同内官数十人,绕城夺门不得,归,遂同承恩对缢煤山古树下"(第227页)。陈瑚辑《离忧集》卷下《雪峰》录叶奕苞(九来)《悲哉行》,记崇祯意欲南幸及被沮经过,有"至尊之意犹南巡,自拥京营八十骑。不忍宣敕惊万民,乃号上传檄援使。吁嗟锁钥皆御封,门门叱止回六辔"云云。《离忧集》,峭帆楼丛书。弘光朝覆亡时的景象尤有戏剧性。李清《南渡录》卷五记弘光元年五月,"初,北兵南侵,保国公朱国弼等屏人密奏。上慨然曰:'太祖陵寝在此,走安往,惟死守耳。'至是早,北兵渡江信至,中外大震。上薄暮间,开通济门仓皇出狩,百官犹不知,但夜闻甲马声。次早犹有入朝者,见内臣纷纷四窜,始知驾已出宫。先是四月中,督辅可法屡疏告急,士英惟票旨下部,故金陵寂然。及扬州破,大江中无一舟渡,南北声绝,迟至二十九日,兵部始得报,民间犹未知也……至是城无守备,一朝狼狈,通国恨之。时士英见事迫,亦恨阮大铖、张孙振误己。孙振往见,叱不纳,然无及矣"(第274页,浙江古籍出版社,1988)。君较臣更急于逃,又见于永历朝。崇祯之死社稷,无宁说为臣所迫。

不载者尚多,即载入史籍的亦难以确证。①

　　不唯南幸,且战守剿抚作为问题,也同样敏感而微妙。并非偶然地,迁都南幸战守剿抚一类军事战略问题,于此均化为道义、道德问题,且更简化为生死问题,亦即当时的语境中所不可讨论的问题。更不必说"和议"。在这最称敏感的题目上,明人所特别好说的宋代,已预先提供了全部答案,任何讨论的企图,都有汉奸嫌疑。即使迁都、南幸可议,和也必不可议。卢象升"责数"被遣媾和的周元忠:"子不闻城下盟《春秋》耻之,而日为媾。长安口舌如锋,袁崇焕之祸其能免乎?"载在《明史》卷二六一。《明史》卷二九一张春传记清有议和意,"春为言之于朝,朝中哗然诋春"。被卢象升引为前车之鉴的名将袁崇焕就死在和议上。梁启超《袁崇焕传》曰:"盖崇焕议和之故,敌军知之,而明之君臣懵焉。明之为明,殆难言哉!"(《饮冰室合集》专集七第 12 页,中华书局,1989)但朝廷也仍有所"议",只是其事更诡秘暧昧而已。《明史》卷二五七陈新甲传记谢陞、陈新甲与和议事:"陞进曰:'倘肯议和,和亦可恃。'帝默然,寻谕新甲密图之,而外廷不知也。"后因泄漏,"帝愠甚",终杀新甲。你在这里所感到的与其说是崇祯的反复无常,不如说更是人主也不能幸免的道义、道德重负与舆论压力。

　　甲申之后,追究亡国责任,南幸、监国等议被重新审查,而借口为先帝复仇的光时亨之诛(参看《明季南略》卷三、《弘光实录钞》等),即证明了问题依旧不可争辩。或许可以说,只是在明亡终成无可更改的事实,士人脱出了当时的历史氛围(尤其朝堂的政治氛围)之后,才使得

<hr>

① 　其他有关的文献、记述,如《刘子全书》(吴杰等校刻,无休董氏重订本)卷一八《明国是以正人心疏》(未上):"当贼势之汹汹也,廷臣有倡为南幸之说者,先帝曰:'吁! 陵寝为重。'烈哉王言! 论是非不论利害,于是君死社稷,大夫死封疆,士死制,想见一代人心风俗,自是度越古今……"《明史》卷二五五记刘宗周的阻"迁幸"。《刘子全书》卷四○《年谱》:"始,先生伏阙归,即草疏极言南幸之非,欲补牍谏,已而议渐寝,遂中止(疏稿逸)。"伏阙在崇祯二年十一月二十三日。但刘氏是主张太子监国、分封二王的(见同谱)。傅山亦不以南迁为然(参看《喻都赋》,《霜红龛集》卷一)。在野士人的议论,正与朝臣相应和。《日知录》卷二"惟彼陶唐有此冀方"条:"古之天子失其故都,未有能国者也。"亦可知"失其故都"被认为的严重性。也有相反的主张,如《夏峰先生集》(畿辅丛书)卷五《金忠节公传》记金铉:"铉闻冯殉难,拟抗疏请圣驾南迁,以时迫不果。"

不可、不便言说的得以言说,使有关话题成其为真正的"话题"。这是后话。

与"死社稷"同样无可争论且作为"死社稷"的逻辑延伸的,是"死封疆"、"死城守"("城亡与亡")。"死社稷"至少像是出诸人主的主动,"死封疆"、"死城守"者则更有不得不死的情势,即事后为人所诟病的"杀封疆失事"、"杀失城"——亦明王朝最后的虐政之一种。王夫之所谓"去亦死,守亦死",无往而非死地。[1] 不必讳言,甲申之际"失节"者之多与此后死事之众(亦"忠义之盛"),均与这一虐政有关。当时为士夫认同的"死封疆"、"死城守",也只是到了明亡之后,其合理性(即于义理合否)才得以讨论。由此看来,明亡之际的大量的死,竟像只是导致了对于某些道德命题的质疑,使人们习焉不察的似是而非之论得以澄清似的。

迁都,从来都具有政治的敏感性,被认为国家气运所系,作为政治行为,有时竟俨若含义严重的象喻以至凶险的预言。永乐时的迁都,正统朝的迁都议,或当时即激出异论,或事后不免于批评[2],况在王朝本身已丧失道义力量的末世!人主当此际的他幸,其含义之严重,被认为不下于迁都。人主与士夫对于"意谓"(即既有的语义积累、意义暗示)的注重,本可由其学养、尤其历史知识解释,然而发生在明末的,仍可作为实际政治设想阻于道德议论、格于道义考虑的例子:即以迁、幸为避敌畏死。崇祯及其后大量的死,其实际意义像是只用于对"不畏"的

---

[1] 王夫之语见《读通鉴论》卷二二第857页。关于无往而非死地,参看《明季北略》卷八所记徐兆麟事;《明史》卷二九一刘廷训等传、卷二九四王孙兰传等。王夫之本人也说:"为国大臣,不幸而值丧亡,虽归休林下,亦止有一死字……留生以有待,非大臣之道也。"(《搔首问》,《船山全书》第十二册第626—627页)屈大均言死节死义,亦辞情激烈。"夫今日者,三遭大变,不惟有位,凡天下之人,具有五常之性者,皆宜尽为君父以死也,有一人而独生,即非具有五常之性者矣。""夫君父之仇一日不报,即一日不可以生,一日之生,即一日之死也……"(《顺康给事岩野陈公传》,《翁山佚文辑》卷上。《翁山佚文辑》,商务印书馆,1946。)《弘光实录钞》卷一录刘宗周章奏,中曰:"当此国破君亡之际,普天臣子皆当致死。"(《黄宗羲全集》第二册第19页)然其时也有对"杀封疆失事"的批评。参见黄宗羲《子刘子行状》卷上录刘宗周劾张凤翼疏。

[2] 参看许浩《复斋日记》、《明史》卷一〇英宗前记、卷一六九胡淡传、卷一七〇于谦传等。

证明。

明亡之后相当长的一段时间，遗民故老仍在叹息南迁之议的不行，而对于"死社稷"却少疑论。因而王夫之的论"死社稷"、"死封疆"、"死城守"才可称警策。王夫之之论的有力，在其指出"死社稷"、"死封疆"、"死城守"均为对经典的误读，并由此归结为明人的不学——未必是蓄意将政治问题(亦道德问题)化为学术问题，无宁说这种追究出自学者本色。他说："《春秋传》曰：'国君死社稷，正也。'国君者，诸侯之谓也……非天子之谓也。自宋李纲始倡误国之说，为君子者，喜其词之正，而不察《春秋传》大义微言之旨，欲陷天子于一城而弃天下，乃以终灭其宗庙之血食。""天子抚天下而为之主，京师者，其择便而安居者尔。九州莫非其土，率土莫非其人，一邑未亡，则犹奉宗祧于一邑，臣民之望犹系焉，弗难改图以光复也。而以匹夫硁硁之节，轻一死以瓦解天下乎？"王氏所未论到的是，所以"误读"，正在节义说的肤浅，与此节义说的深中于人心。接下来即论死封疆、城守："非徒天子然也。郡县之天下，守令为天子牧民，民其所司也，土非其世守也。"(《读通鉴论》卷二二第856页)这种似乎以中人之智即不难知的道理，不为士人所知，也只有置诸当时的政治、道德氛围中才能解释。王夫之更反复借唐宋史实说明末之事。"唯唐之君臣，不倡死社稷之邪说，沮卷土重来之计……"(同书卷二四第913页)"唐玄宗走蜀，而太子北走朔方，犹太子也。玄宗犹隐系东南人心，而人知有主。太子虽立，而置身事外，以收西北之心，故可卷土重来以收京阙。""徽宗南奔以避寇，势迫而不容弗避，避之尚未足以亡也。"还说："以势言之，头不轵者命不倾；以理言者，死社稷者，诸侯之道也，非天子之道也。诸侯弃其国而无国，天子弃都城而固有天下，未丧其世守也，故未大失也。"(《宋论》卷八第202页)至于说"天下无君，则后立之君必不固；小人有党，则君子之志必不行"(《读通鉴论》卷二四第914页)，则分明是有鉴于南明之事而云然。

此义黄宗羲也说到过。如在冯元飏神道碑铭中说："史表曰：诸侯王始封者，必受土于天子之社，归立之为国社，以岁时祠之。死社稷者，诸侯守土之职，非天子事也。恨其时小儒不能通知大道，执李纲之一言,不敢力争,乃使其出于此也。"(《黄宗羲全集》第十册第226页)可怪者,黄氏仍以"死社稷"为"亡国而不失其正者"①,不免囿于成说,未能进而质疑有关"死"的道德判断的权威性。这多少因于上文所说过的宋人故事入人之深。明人当明亡之际,将所亲历的,直接看做宋末事件的重演了。

　　鉴于明亡之际大量的屠城事件,王夫之的批评"死城守"更着力于仁暴之辨。"城亡与亡",倘若出诸士人的自主选择("自尽"、"自靖"),无可厚非;如张巡、许远式的死守,则属不仁。"若巡者,知不可守,自刎以徇城可也。""⋯⋯至不仁而何义之足云?孟子曰:'仁义充塞,人将相食。'"(《读通鉴论》卷九第353页)"守孤城,绝外救,粮尽而馁,君子于此,唯一死而志事毕矣。"(同书卷二三第870页)此处说的是官员一人之死。接下来,他说:"无论城之存亡也,无论身之生死也,所必不可者,人相食也。"(同页)明亡之际以死殉封疆、殉城,不死守而全民命,在史述中也普遍受到肯定。② 其间的区别在于,即使对于官员的死,王夫之也更以"自靖"为原则——是"原则",而非止于"经""权"处置;以此多少区别于"居其位死其官"的常谈(参看《读通鉴论》卷三〇)。

　　至于明末朝廷于战和剿抚上的失计,则属较小风险性的题目。批评通常集中在对清可和而不和,对"流寇"当剿而用抚上。批评朝廷议论之失,万元吉在南明朝的那篇章奏通篇精彩(见《明史》卷二七八万元吉传)。王氏史论则由论宋,说到清议的不足恃,据"大义"以"相胜"(而非"贞胜")的不足以定是非。"宋自南渡以后,所争者和与战耳。当秦桧之世,言战者以雪仇复宇为大义,则以胜桧之邪也有余。当韩侂胄之世,言和守者,以固本保邦为本计,则以胜侂胄之邪也有余⋯⋯其言也,至于胜桧与侂胄而止,而既胜之后,茫然未有胜之实也。"(《宋

① 语见《行朝录》卷二,《黄宗羲全集》第二册第125页。且黄宗羲对"不失其正"的崇祯也仍有苛论。《弘光实录钞》卷二曰:"毅宗为社稷而死,其于晋宋蒙尘之耻,可谓一洒矣!当是时乃不召群臣俱入,而与内监自经,尽美未尽善也!"(同书第45页)
② 参看《明史》卷二六三杨家龙传,卷二七七王佐才传,同卷郑为虹传、王士和传,卷二九四薛闻礼传,卷二九五徐道兴传等。

论》卷一三第303—304页)亦精彩之论。虽不同于此后凌廷堪的有意翻案,王夫之也一反旧说,论及秦桧和议的非无可取(参看《读通鉴论》卷二〇)。然而无论万元吉还是王夫之,均未追究及于道德论凌驾于明智的政治考虑终占上风的深因,追究及于导致败亡的大语境。

　　至少表面看起来似乎是,"存亡之际"将诸种问题化简了,终至于使一切具体的"战略战术"选择均简化为生死抉择,亦一种更简便的抉择。《明季北略》卷五记"巡方董瀛初,见潮县斗大空城,而县令沈域举动安详,问曰:'情景若此,贵县何恃而不恐?'沈域从容拱手曰:'以身殉之。'瀛初为改容以谢"(第122页)云。钱澄之《闽粤死事偶纪》记严起恒在永历朝,"终日与故人门生,诙谐小饮。予尝问公何恃而暇,公笑曰:'更何恃哉,直办一死耳,焉得不暇!"(《藏山阁文存》卷五,龙潭室丛书)明亡后随处可闻如下讥评,"平日袖手谈心性,临难一死报君王",却少有对何以然的由明代政治文化、政治语境方面的说明。似乎只是到了如王夫之晚年写史论之时,才有可能从容谈论多种选择的可能性。仅由言论看,那是一个何等褊狭固陋的时代!

　　明亡之际,事多令人啼笑皆非者。如下文将要提到的周钟一案,"失节"也要"连坐",诛及从兄;如上文提到过的诛"驾阻南迁"的光时亨——崇祯"死社稷",光时亨则死崇祯之死。非但"忠义"被归结于死,"失节"亦必以死惩之。"节义"问题简化为死的问题。死成为最终解决。实在痛快之至,也荒谬之至。但这还非有关死的议论的全部。死否之外,更有死早死迟的议论;即死,而又有"以一死塞责"的批评。明代士人议论之苛于此为"极"。无需特殊的敏感,你不也发现了"死"之为主题在这一特定时期的笼盖性?

"不济,以死继之""有死无贰"
"我久办一死矣""吾此心安者死耳"

　　"不济,以死继之",乃钱肃乐语;"有死无贰",见诸张煌言文集;"我久办一死矣",为陈子龙所说;"吾此心安者死耳",则为瞿式耜临难时言。① 四人均为明末的著名忠义。

置诸上文所述情境、语境中，才便于解释明亡之际士的自杀性"赴义"，知不可而为的惨烈激情，遗民的"祈死"——明亡之后仍不能止的生殉与死殉。

读有关史料与明人文集，明末事之不可为，南明事之不可为，即使亲与南明朝事者也多洞若观火。至于明人说明末事，以至清人说明末事的好说"若然"、"倘然"，只合读作愿望表达，不可过于当真的。实则有关明的正史野史，对明末之为绝境，都不吝形容。事后看来尤为惊心动魄的，是毅然死义者的分明知道"不可为"。刘宗周早在万历时，即已见事之不可为："嗟乎！时事日非，斯道阻丧。亟争之而败，缓调之而亦败。虽有子房，无从借今日之箸，直眼见铜驼荆棘而已。"（《与周生》，《刘子全书》卷二〇）陈子龙在其自撰年谱中，说及他对弘光时的形势估量："予私念时事必不可为"，"海内无智愚，皆知颠覆不远矣"（《陈子龙年谱》卷中，《陈子龙诗集》第702页）。

当此际，一切认真的经世主张均如讽刺，如大言欺世，庄严适成滑稽，足令志士心死；且像是冥冥中已有定数，无论战守抑逃，都在劫难逃。顾炎武记吴志葵："所不克者，大势已去，公固无如之何耳。天下势而已矣。"（《蒋山佣都督吴公死事略》，《顾亭林诗文集》第222页）也真到了说"无如之何"的"势"、"数"、"时命"的时候。记明末忠义遗民的文字，正以情境的绝望而动人。其中很有一些人与其说死于清死于"贼"，不如说死于"残明"；他们更是为绝望所杀，为"残明"所杀，是有明二百余年间政治死难的继续——作为明代政治的最后一批牺牲，也是这种意义上的"殉"。这"绝望"与"殉"使其死有特殊残忍的意味。钱谦益的记路振飞，以其为"有力无时，有时无命"，说明朝"自亡"，志士之必不可生，"终天而已矣，终古而已矣"（《牧斋有学集》卷

---

① "不济，以死继之"，见黄宗羲《钱忠介公传》，《黄宗羲全集》第十册第557页；"有死贰"，见张煌言《答赵安抚书》，《张苍水集》第一编第34页；"我久办一死矣"，见王沄续《陈子龙年谱》卷下（《陈子龙诗集》第719页）；"吾此心安者死耳"，语见王夫之《永历实录》卷二，《船山全书》第十一册第375页。

三四第 1223 页）。

清人回头看此大势，自然更加分明。戴名世《弘光朝伪东宫伪后及党祸纪略》（《戴名世集》，中华书局，1986）劈头一句就是："呜呼！自古南渡灭亡之速，未有如明之弘光者也。"（卷一三第 363 页）全祖望亦以明与唐宋比较，说"天亦厌明，不佑其成"，"明亦自绝于天，群策总屈而不施"。令后人如全祖望者震惊的，是明末士人之处"绝境"，明末士人当此无可为之时的反应方式。全氏述及忠义之士的可不死而死，常似惋似叹，殊非史家态度，亦应有所不能已于言的吧。"天既厌明，人力莫可如何。评事以朝不坐燕不与之身，洁己不出，其亦足以报国矣；冠裳不改，终身缟素，其亦足以见先人矣。而充其意，似乎必欲挥鲁阳之戈，返西崦之日，如醉如梦，以相从于危机……""豪杰之士，不过存一穴胸断腔之念，以求不愧于君臣大义而已，不然远扬而去，又何不可，而必以身殉之乎！"①全氏以为"可不必然"的，明人或正以为"不可不然"；但全祖望毕竟以其敏感，指出了赴义者的并非期其成功，不过以杀身求"不愧"而已。对明末忠义，全祖望屡比之以"鲁阳挥戈"。康有为序《袁督师集》，也用此喻。张煌言本人，于临难前亦以此自拟（见《张苍水集》），着实贴切。

全祖望引钱士骐语："乙酉之夏，江南已无君矣，止亭弟尚与孙、熊诸公画江求君而事之；丙戌之夏，浙东已无君矣，止亭尚与诸公航海求君而事之……吾岂不知天南之乱已极，非特小朝抑乱朝也，其不能为净土在旦夕间，顾吾但求毕吾之志而已。"（《鲒埼亭集》外编卷五《明嵩明州牧房仲钱公两世窆域志铭》，按，止亭即钱肃乐）《小腆纪传》卷四三记吴钟峦："丁亥，郑彩奉监国鲁王至中左所，用钱肃乐荐，召为通政使，不起。肃乐贻以书曰……钟峦亦翻然曰：'出固无益，然不出则人心遂涣。济不济，以死继之。'乃就职。"（第 427—428 页）黄宗羲《弘光实录钞》也记了黄道周的"不欲出山"而终不能出。此时之出，确非

---

① 以上见全祖望《明户部右侍郎都察院右佥都御史赠户部尚书崇明沈公神道碑铭》（《鲒埼亭集》外编卷四）、《朋鹤草堂集序》（同书卷二五）、《明晦溪汪参军墓碣》（同书卷六）等。《鲒埼亭集》、《鲒埼亭集》外编，四部丛刊。

有必死之志则不能办。无怪乎吴钟峦以"见危授命"为"当此之时"的"天下第一等事"。吴伟业记吴志衍的知不可为而蹈死地，更有一份出自文人体察的细腻。

其至因降清而为人所不齿的钱谦益，于明亡之际即说过事之不可为的，竟在既降之后为之，即使是一种纯粹姿态，亦令人见出其必要——不但作为士公开呈示的一种语言，而且作为一种自语的必要。这种呈示甚至可谓生存所需，即以冒险犯难为"不可为"为生存依据：于此不也令人见出问题的极端严峻性？

尚有仅"生""死"不足以尽之者，即遗民的以生为死。这是明清之际漫长的死亡仪式的延续；于"忠义"死后，继之以死。叶燮《徐俟斋先生墓志铭》(罗振玉辑《徐俟斋先生年谱·附录》)记徐枋"以死志未遂，于是形存而志等于死，生平戚友俱绝，操作勤苦"。《碑传集》卷一二四《李逸民魁春墓志铭》，亦说李"死志未遂，故身虽存心等于死"。此虽生犹死，似也是遗民中的时尚，非如此不足以明志似的。另有以绝粒以坚不医病以纵饮以"醇酒妇人"求死者。①

不消说，士人的轻于一死，也因如上文所说，到了明末，已"无往而非死地"，不唯有"守土之责"的官员拼则死节、退则死"三尺法"，且其他崇祯朝及南明朝臣亦"死多门"——死于"飞箝"、"流言"，死于党争，死于讦奏诬告；忠义之士不但"建义"之时与夫搏战之中可死，于"江上烟消，海上潮落"之后仍无时无处不可死。记述明末忠义的文字，以记像是无可逃遁的告密、叛卖，最惊心动魄。甚至劫余者(尤其江南士人)，也非即可以逃死。清初"科场"、"奏销"、"哭庙"诸案，牵连之广，死者之众，已是人们熟知的故事；这里还未提到"庄氏史狱"及其他文字狱：是如此荒谬的时代！士人所可选择的无宁说只是死法。如瞿式耜遗表所谓"死于一室，不若死于大庭"(语见黄宗羲《行朝录》卷五，《黄宗羲全集》第二册第156页)。"死"既是定数，死事、死义、死

---

① 其他有关事例，参看《鲒埼亭集》卷二七《庄太常传》、卷三五《记范孝子事》，《明史》卷二七四高弘图传、卷二七五张慎言传等。本书所引《碑传集》、《碑传集补》，上海古籍出版社，1987。

于法、死于刑更属价值论，有时真无关乎宜与非宜。

应当说，知不可而为，亦士人本色，且非止儒家之徒为然。义之所在，必也赴之，"道之不行，已知之矣"。还应当说，明末事的"不可为"，与士人的"知不可而为"，亦非明清之际的特殊现象。明亡之际的自杀性赴义，亦如正德、嘉靖朝的自杀性言事，自分必死，求得死所而已。明人正相信"平时有犯颜敢谏之士，则临难必有杖节死义之臣"。可以认为，"死"的主题贯穿了有明始终。但于"王纲解纽"之时的主动趋死，且以"穴胸断脰"以死为"期"为"必"，仍与承平之世有不同。且正是到了明亡之际，问题进一步化简：只生死两途，只有生者与死者。正史野乘的"忠义"、"遗民"之目，全由死与未死。《明季北略》卷二一、卷二二"殉难"、"诛戮"、"刑辱"、"幸免"、"从逆"诸名目，囊括了士夫（尤其为人臣者）所有可能的选择、出路、境遇，以及由此而来的优劣、荣辱。这里还未说及小民的死（参看黄宗羲《钱忠介公传》所录钱氏语）。

古代中国人也自有不斤斤于"成败"、"功效"的通脱，所谓"明其道不计其功"。但明人之死，亦确有难以为清人所深知者。在我看来，有明二百余年间及明亡之际的死，固可看做道德实践、士人的自我完成，亦不妨视为激情发抒，一种表达方式。尤其明亡之际。明亡是对士的摧抑，同时又是解放。举义与死，是士展示其意志的方式，表达激情的方式，证明其存在其意志其力量的方式——部分地可由明代的政治压抑来解释。赴死的动因自有种种：有蓄意忘却（其所遭逢的不公），有澄清（其非罪），有自明（其忠忱、其志行），等等。明清之际为后人所乐道的悲壮色彩，正是为"绝望"也为"死亡意志"渲染而成的。

上文已提到，士到为不可为且以死为期，必有不可不为且必期以死的情势。在明末，这情势即包括了以节义说为主要话语的大语境。这大语境被宋明儒学亦为明儒、明代士人的常谈营造已久，作为道德律令亦作为士人的世界观，在明亡之际"规定"了士人的行为方式，他们的选择。对此，我在下文中将续有说明。明代士人的"心史"固与王朝史帝王史相关联（部分地也是后者的结果），也有其自身的内在逻辑，比如"节义说"之积累，"忠义之气"之由郁结到勃发。这要由整个明代历史来说明，非本节为自己提出的任务。

到得明亡已成定局,如王夫之的论"可不死",一再地说"退",说"去",说"守",说全生(自然是有条件有原则的),虽其说法也并不统一,但说"去"等,仍可认为肯定了"知不可而不为";不同于常论之处,即将士人的选择"具体情境"化了。论史,王氏极其注重条件(也即具体情境),于此也仍如一贯地不取"一概之论"。黄宗羲在其晚年文字中,则与"知不可而为"一并肯定了"见几"而退。明末士论固苛,但也仍有缝隙。北方大儒孙奇逢不应荐征,虽参与容城城守,而不为死守之计,有率宗族乡党大规模避地之举(是当时成功演出的"桃源"故事),与孙承宗、鹿善继等的死义,同为时人所乐道。古代中国的士文化于士人的选择(所谓"进退出处辞受取予"),向来许诺了较大的自由度,更素有评价上的双重以至多重标准。或可认为,王夫之等不过提示了为明代士人所有意无意忽略的方面,将有关的"义理"澄清了。

"不能死节,觍颜苟活""恨其不能死"

由后世看去,明清之际"不死"之为话题,几与"死"同样重要,且其意思正互为补充。"不死"指当死不死。其情况又有种种:降附、逃以及"不即死"、遗民式的生等等;上述每一种又可做更细致的情境、情节区分。"论人于生死之际,亦难矣哉!"其时士人却常易论之。尤其论人的"不死"。然而由本节的题旨看,当时人的评论"不死",更足以证明"节义"论的复杂性。

虽明清之交及其后有明末"忠义之盛"的说法,一时仍不乏关于明代士人风节的苛论——出诸明人及其子遗之口,或见诸清初史家的文字。《明季南略》卷二录弘光朝史可法请恢复疏,中有"先帝待臣以礼,驭将以恩,一旦变出非常,在北诸臣死节者寥寥,在南诸臣讨贼者寥寥,此千古以来所未有之耻也"(第110页)等语。明清之交士论之苛,或也有此种耻辱感作为背景?熊开元也说其"观近日殉难诸公,其数不及宋万之一,其人亦大不侔矣"(《宋陆君实先生遗迹序》,《鱼山剩稿》卷五第438页,上海古籍出版社,1986)。归庄《保定张氏殉难录序》比明末于中唐、五季:"崇祯之末,风俗陵夷,廉耻道丧,其亦天宝、五代之时乎?自流贼发难,十五年间,以至甲申之祸,内外诸臣之为哥舒翰、段凝、冯道者何其多也!"归氏形容为"波靡澜倒"(《归庄集》卷三第175页)。

曾身在京师、亲历甲申之变的杨士聪,著《甲申核真略》,针对其时有关"陷贼官员"的苛论(如所谓"刑辱"之目,如"逃"等),一一驳斥,曰:"商周之际,仅得首阳两饿夫。北都殉节,几二十人,可谓盛矣。自开辟以至于今,兴亡代有,万无举朝尽死之理。"(第9页,浙江古籍出版社,1985)邱维屏也以为明末节义"自唐虞以来未有盛于此者"(《蔡公防河奏疏后序》,《邱邦士文钞》卷一,《易堂九子文钞》,道光丙申刊本)。朱彝尊亦指出上述时论之失实。朱氏记当日情事,说:"方贼兵之陷京师也,大学士范公景文以下,死者二十三人。事闻江南,江南草野士,交填膺扼腕,谓三百年养士之报,尽节者不宜寥寥若是,遂持论书义误国,科举可废。彝尊时尚少,亦助之愤惋不平。久而游四方,历战争故垒,访问耆老,则甲申前后,士大夫殉难者,不下数百人,大都半出科第;而新城王氏,科第最盛,尽节死者亦最多。然后知报国未尝无人,而往时草野之论,特一时过激,未得其平也。"(《曝书亭集》卷七二第829—830页,国学整理社,1937)

尤可怪者,是对于"失节"持论严厉决不宽贷的,首推清朝皇帝。乾隆命史馆编明降臣刘良臣等百二十余人为"贰臣传"且"圣谕"至二至三,倒真的像是在代"亡明"复仇;至于以金堡、屈大均、钱谦益并提,将"遁迹缁流"与"身事两朝"一例看待,均斥之为"不能死节靦颜苟活",则真不知何所据而云然。屈氏诗文之"悖逆"或属事实,而罪其"不能死节",实在是别出心裁,持论较士夫更苛,且苛到莫名所以。①

惩处"失节"决不手软的,自然还有南明小朝廷;与其说因了拥有怎样的道义力量,倒不如说为了显示"正统"所在,且证明尚握有生杀人的权力——当然也赖明人的道德论之为语境。《南渡录》卷五记弘光"命封疆失事诸臣不分存殁,俱着法司分别议罪"(第235页)。黄宗

---

① 褒扬前朝忠义,亦历来"兴朝"故事;羞辱降臣,亦不鲜见,明初亦然。但"国史"设"贰臣传"且以甲乙等差之,如《小腆纪年附考》(中华书局,1957)所说,"创史家未有之例"(该书卷一九第741页)。

羲所师从的刘宗周,亦有"逃则可诛"的严厉主张。① 崇祯颁"罪己诏",尚有"即陷没胁从之流,能舍逆反正,率众来归,准许赦罪立功;若能擒斩闯、献,仍予通侯之赏"等语(参见《明季北略》卷二〇第447页),到弘光小朝廷朝不保夕之时,偏有对"从逆"者声罪致惩的似严正之举。对于弘光朝的周钟一案,黄宗羲、吴伟业于明亡之后,仍议论不止,说周钟死于阮大铖等的借大义为报复。② 党争政争,导致极端的道德化,也导致道德命题的虚伪。阮大铖之能"借名",亦因道德之为名义的易于为人所"借"。

---

① 刘宗周主张"逃则可诛",参看《子刘子行状》,《黄宗羲全集》第一册第240—241、245页;《弘光实录钞》卷一,《黄宗羲全集》第二册第19页;《刘子全书》卷一八《恸哭时艰立伸讨贼之义疏》等。黄宗羲《行朝录》卷三:"阁人屈尚志逃至越,遵谦箠杀之,曰:'吾闻诸刘先生(即宗周)曰,凡系逃官,皆可诛也。'"(《黄宗羲全集》第二册第127页)《刘子全书》卷四〇《刘子年谱录遗》,记刘氏在南宪,"有凌骎者,旧以职方监阁臣李建泰军从征逆闯,甫出国门而建泰师降贼,骎遁走山东。后传收拾残疆,颇著劳绩。史可法疏荐之,请授山东巡按。奉旨下部,先生谓国破君亡,监军义无生理……移咨吏部,力言其不可"。由此也可知刘氏本人之死,确无可逃。刘宗周的彻底确也在于,不但论人苛,待己也苛。遗民对于他遗民持论也苛。即以傅山拒征召的顽强,顾炎武仍说"即青主中书一授,反觉多此一番辛苦也"(《与苏易公》,《顾亭林诗文集》第207页)。其时颇有正人而持苛论者,如夏允彝《降贼大义》。恽日初《逊庵先生稿·明文学董质明墓志铭》记董氏以诸生"驳从逆六等定罪","著为私议",主张从严惩处。《逊庵先生稿》,清末恽氏家刻本。即死节者亦蒙苛评。《三垣笔记下·弘光》记许琰甲申"恸哭投水死",尚有人谓其"非忧贫则忧病,假此为名"者(第95页)。关于祝渊之死,也有类似疑论。魏禧《明右副都御史忠襄蔡公传》记蔡懋德死后,弘光朝"至有谓死节不足惜,当问失守罪以媚士英者"(《魏叔子文集》卷一七)。《南渡录》卷三记吴适疏纠已故兵部尚书冯元飙,疏言:"若已故枢臣冯元飙,身膺殊简,特晋中枢,徒事贪惏,寸筹莫展,昨见部疏,徇其陈请,议予祭葬,是使误国之臣,死生皆可得志……"(第144页)政权越弱,越不能行宽大。同书卷五记弘光元年三月"命封疆失事诸臣不分存殁,俱着法司分别议罪"(第235页)。其时亦有持论不苛者,如同书卷一所录张慎言中兴十议、卷三所录李维樾言。至于平情之论为党论所借,如弘光朝刘孔炤疏劾张慎言(参看《黄宗羲全集》第二册第20页)。实则杀逃太祖即有先例,参看赵翼《廿二史劄记》卷三六《明祖用法最严》条。《廿二史劄记》,中国书店,1987。

② 参见黄宗羲《思旧录·周镳》(《黄宗羲全集》第一册)、《弘光实录钞》。吴伟业说周钟事,见《复社纪事》、《梅村诗话》(《吴梅村全集》卷二四、卷五八)。计东《改亭集》卷一〇《上太仓吴祭酒书》,言及吴氏为周讼冤事。《改亭文集》,康熙癸酉序刊本。

亦可怪者,是失节者言及"忠义",照样一派激昂慷慨,不像是只为了洗刷;且在下文将要谈到的"不即死"的话题上,与时论并无二致。①倒是著名忠义之臣张煌言的"李陵论",在当时更像是怪论:"夫陵之罪在不能死耳,与弃师辱国者稍有间,与事仇噬主者更有间矣,而汉连坐之不少贷,则安望陵之能为朱序哉!"(《李陵论》,《张苍水集》第44页)

"失节"问题,向具极端的敏感性;黄宗羲、吴伟业等为周钟诉冤于其既死之后,固因当时的处境,也应因其时语境吧。在当时,不惟男性世界,女性世界对其内部的失节者亦严苛不贷,毫不宽假(参看黄宗羲《桐城方烈妇墓志铭》等)。

更微妙也更为明人所热中于辨析的,是"不即死";士论之苛也在这种题目上发挥到了极致。也是黄宗羲,为周钟辩外,还为因死迟而为时论所不满的魏学濂辩,且所对付的,像是一种更艰难的话题。黄氏反复说魏的不即死,是欲有所为,这是较为有力且较有可能为时论所接受的解释。② 但即使极力为魏氏辩诬的黄宗羲,对魏学濂的不即死,也不能无微词。如说盛名之累,说"功利误之"——其以迟死为可议,与时论原无不同。那篇《翰林院庶吉士子一魏先生墓志铭》,文意曲折,用心良苦,实在是一篇难作的文字。黄氏之述魏氏末路,亦多属推测之词,却不免回避了某种更致命的推测。"道德化"不能不使人性理解肤浅——即使如黄氏者,已显示了高出于时人的对精神现象的分析能力。且同是黄宗羲,主张对魏学濂"谅其志"的,说及陈子龙被追捕时的"望门投止",仍强调其牵连之广,借时人之口,比之于东汉的张俭(《思旧录·陈子龙》,《黄宗羲全集》第一册);虽有门派偏见掺杂其间,亦可见

---

① 参看钱氏《王侍御遗诗赞》(《牧斋有学集》卷四二)等。《梅村诗话》述及瞿式耜殉明,"钱宗伯为诗哭之,得百二十韵,其叙《浩气吟》,文词伉烈,绝可传"(《吴梅村全集》卷五八第1147页)。

② 黄氏说魏学濂事,见《思旧录·魏学濂》、《前乡进士泽望黄君圹志》(《黄宗羲全集》第十册,下同)、《前翰林院庶吉士韦庵鲁先生墓志铭》、《翰林院庶吉士子一魏先生墓志铭》、《顾玉书墓志铭》等篇。《明季北略》卷二二所录有关魏氏之死的诸种议论,亦令人可知"时论"。同卷尚录有魏氏遗诗,其中"但恨有书报老亲,云儿不死休酸辛。儿今羞惶活不得,为娘爱此全归身"(第611页)等句,对于探究魏氏内心隐微尤有价值。

"苟"正是"时论"的性格。到全祖望为明忠义作传，即对明代士论屡致批评。如言及"清议"以冯元飏等的"临难不死加责备"，即说倘冯氏等不死以申其志，更有益于时。"故论者惜二公之死稍晚，而予反嫌二公之死稍遽。"(《明故太仆寺少卿眉仙冯公神道阙铭》，《鲒埼亭集》外编卷五)然而即使全祖望之论，也终未出有关"早""迟"的语境。张煌言临难诗中有"叠山迟死文山早，青史他年任是非"之句，可见此"早""迟"在当时情境中被赋予的严重性。

魏学濂不同于周钟，是自缢了的，死后余波尚且如此。在此情势下，"不死"之可议，也就是必然的了——包括遗民的"不死"。失节者的自说"不死"，以"不死"代"失节"，是有意的语义模糊，姑置不论。更值得注意的，是遗民的说"不死"。

被乾隆指为"不能死节靦颜苟活"的屈大均就说过："君父之仇一日不报，即一日不可以生；一日之生，即一日之死也"；他本人倒确是以"隐忍偷生"自责的(《顺德给事岩野陈公传》，《翁山佚文辑》卷上，此为屈氏发挥陈邦彦语)。遗民之以"不死"为耻，见诸大量的有关传状。自郑思肖临终嘱书位牌"大宋不忠不孝郑思肖"(程敏政辑《宋遗民录》)，此类表达即为遗民所因袭。金廷韶自经未遂，题其庐曰："不忠不孝靦颜天地一大罪人，良可耻也"，因自号曰"耻庐"(王源《金主事传》，《居业堂文集》卷三，道光辛卯读雪山房刊)。高宇泰为遗民后尝自序曰："……予靦颜视息，虽键户屏绝人事……然以视亡友，则可耻也。"(《明故兵部员外郎蘖庵高公墓石表》，《鲒埼亭集》卷一四)彭士望所谓"耻躬堂"所"耻"也在此。遗民的以生为耻、为罪孽，出于道德的自我审判，与佛与老均无甚干系。

"不死"既如此可议，遗民式的"生"，其意义、价值之尤需论证，就是不待言说的了。为此而有生难死易之说；由明清之交到有清一代，论此者不厌其重复。自居遗民者亦须解释其未死、后死、犹存，为其生存的必要性取证，诸如养亲，抚遗孤，存遗文，存国史，以至图恢复(是其意义之尤大者)，待后王，等等。清代史家如全祖望等，则针对以死与未死对忠义、遗民妄加轩轾的舆论，一再说"何必死乃足重"，说"士之报国原自各有分限，未尝概以一死期之"(《鲒埼亭集》卷二四《子刘子祠堂配享碑》、《鲒埼亭集》外编卷四二《移明史馆帖子五》）。诸福坤《高士戴耘野先生祠堂记》也说"捐躯湛族"与"远引高蹈"二者"未易言轻重矣"（《碑传集补》卷三六）。

至于女子之"当死"而不死，更人人得而唾弃之。曾批评女子未嫁守节、持论通达的归庄，也说："吾见江南女子之奉巾栉营垒之中，及为所掠卖而流离道路者，恨其不能死。"（《归氏二烈妇传》，《归庄集》卷七第 407 页）此亦解释了无论"忠义"、"贼"、"寇"均于失败之际杀其妻孥。这类暴行，在"忠义"传状里，向来是被作为风节的明证的。

只有置此情境中，才更有可能解释那大量的"可不死而死"——像是与生命有仇；也才便于解释期他人死的正当，助他人死之被视为义举①；也才更能解释本节开头所及的"死封疆"、"死社稷"等等命题，及明亡之际"忠义之盛"、死者之多；也才更能感知明遗民生存的特殊艰难性。

"以死为道""所以处死之道"
"义所当死，死贤于生；义所当生，生贤于死"

明代士人好辩，热中于立言——即使在明亡之际也不乏证明。在记述明末"忠义""遗民"的碑传文字中，传主有关"死"的话语，几乎与其"死"的行为一样为人所乐道。其中自然也包括了"绝命诗"之类。这类话语，可以看做有明二百余年间有关表达的继续。这也是明代士人自觉的形象制作大工程的一部分；也正因在明末，制作更其求工，殊不草草。士人的生存本赖有不断的反省与取证，无"意义证明"的人生是虚妄的。

程颢曰："能尽饮食言语之道，则可以尽去就之道；能尽去就之道，则可以尽死生之道。饮食、言语、去就、死生，小大之势一也。"（《二程集》）程氏此语，常为明代士人称引。明人于"死"，首先关心的，自然是

---

① 龚鼎孳《丹阳舟中值顾赤方，是夜复别去，纪赠四首》有"多难感君期我死"句。至于王毓蓍请其师刘宗周"早自决"，更是传颂一时的故事。忠臣也将劝君死作为义务。《明史》卷二八〇记瞿式耜阻永明王西走，"王曰：'卿不过欲予死社稷尔。'"

"道",用了王夫之的话说,即"以死为道"与"所以处死之道"(《读通鉴论》卷二三)。王氏对此二者都另有解释,兹暂不论。明人对此"道"有极细致的辨析,即对公认的"忠义"也不肯苟且。如对于著名的东林之士高攀龙之死。王夫之借高氏之死以论"臣道"——尊严原则,认为高攀龙以死避免了"亏体辱亲""君臣道丧",由此一方面肯定了其死的合于道。黄宗羲则一再述及其师刘宗周语,谓高氏的"正命之语"(即"心如太虚,本无生死")之为"阑入禅门"。① 在此一话题上,也呈现出各自的理论旨趣。此"高攀龙论"不妨作为盖棺尚不能论定的例子。或许可以认为,较之死否,明人有时更关心其"处死"合于道否。

对于明儒、明代士人作为重要话题的"死",明末之士的动人话语,究其实,不过是"接着说",并未提供更高的理论价值。如张煌言所谓"义所当死,死贤于生;义所当生,生贤于死"云云(《贻赵廷臣书》,《张苍水集》第41页),不过士人的常谈。吴钟峦为人所称引的"见危临难,大节所在,惟有一死","当此之时,惟见危授命,是天下第一等事,不死以徇社稷,成败尚听诸天,非立命之学也"等等(《霞舟随笔》,《明儒学案》卷六一第1495页),也更是士人的豪语。只是到得此时,理论问题亦一并化简——吴钟峦语或最足证明:"问:'朝闻道,所闻何道?'答:'只看下句。'"(同上第1496页)

倒是儒释学理之争,于明亡之际仍是推进有关思考的动力,一时大儒如刘宗周、黄宗羲等对此各有发明。② 《明儒学案》记刘氏语:"人生末后一著,极是紧要。尽有平日高谈性命,临岐往往失之。其受病有二:一是伪学,饰名欺世,原无必为圣贤之志,利害当前,全体尽露。又有一种是禅学,禅家以无善无恶为宗旨,凡纲常名教,忠孝节义,都属善一边,指为事障、理障,一切扫除,而归之空。故惑世害道,莫甚于禅。"(《会语》,《明儒学案》卷六二第1546页)刘氏还说:"禅家以了生死为第一义,故自私自利,留住灵明,不还造化。当是其果验,看来只是弄精魂伎俩。吾儒既云万物皆备于我,如何自私自利得?生既私不得,死如

---

① 参看黄宗羲《与顾梁汾书》(《黄宗羲全集》第十册)、《明儒学案》卷六二蕺山学案。

② 参看《明儒学案》卷四一冯从吾《辨学录》、卷五九钱一本《龟记》、卷二〇王时槐《语录》。

何私得?"(《来学问答》,同书第1557页)

并非到了明亡,才有关于王学、禅学的由节义方面的批评。这里值得注意的是,到易代之际,在王学中人、禅悦之士已有大批殉明之后,这种批评态度仍被坚持了下来,且以为更应有一份警戒。黄宗羲就说过虽明末士大夫之学道而"类入宗门"者,尽有"以忠义垂名天壤",然而仍不能以此而模糊了儒佛分际。"夫宗门无善无不善,事理双遣,有无不著,故万事瓦裂。恶名埋没之夫,一入其中,逍遥而便无愧怍。诸公之忠义,总是血心,未能融化宗风,未许谓之知性。后人见学佛之徒,忠义出焉,遂以此为佛学中所有,儒者亦遂谓佛学无碍于忠孝,不知此血性不可埋没之处,诚之不可掩。吾儒真种子,切勿因诸公而误认也。"(《明儒学案》卷五七第1369页)陈确记其友病毁且死,"与群季从容言笑,谈道不辍,不一及家人事"。对此种世俗所艳称之事,陈氏不以为然,以为"释氏死生之说微有以中之也"(《禅障》,《陈确集》第445页,中华书局,1979)。同篇对宋儒所乐道的"曾子易箦"的辨析,亦见出儒者的学派敏感。

佛学与节义的关系不易讨论。"节义"不属佛学的概念系统。但明代士人对"死"的态度受佛学影响之深,却是毋庸讳言的事实。方以智《东西均·生死格》(中华书局,1962)曰:"世有白刃可蹈,而富贵贫贱见不破者;有富贵贫贱可破,而爱憎不破者,此非真知生死之故也。'故'也者,生本不生、死本不死之'故'也。知其故,有何生死,有何富贵贫贱,有何爱憎乎?"(第59页)此"本无生死",如上文所说,正儒者所大不以为然者,却不妨承认,明人处患难的态度,多少正得力于上述佛学概念。不惟此,士人对于"生死"之为问题的准哲学兴趣,也是由佛学启示的。《明季北略》卷一三钟谭传,记钟惺"以为读书不读内典,如乞丐食,终非自爨;男子住世数十年,不明生死大事,贸贸而去,一妄庸人耳"(第223页)。同书卷二〇记蔡懋德:"公称汉月师入室弟子,故在危城中语人曰:'吾学道多年,已勘了生死,今日正吾致命时也。'"(第429页)《明季滇黔佛教考》卷三引王锡衮自述从觉浪问道因缘:"亲不知亲之去处,我不知我之始终,此真亘古今所共之生死大疑情也,安得不疑!"于是有"问道"之举(第136—137页)。明代士人处生死的那份洒脱，非止表现在亡国之际。李慈铭《越缦堂日记》甲集评论《碧血录》所载死于天启年间"阉祸"的顾大中的《别同志绝笔》："首云'云阳市告了假，才十日耳'，辞涉戏笑，尤非常情所能测"，"录称顾公佞佛，于生死之际了无畏怖，不虚也"（参看谢国桢《增订晚明史籍考》卷四第194页，上海古籍出版社，1981）。明人好说"勘了生死"；其轻于一掷及临难之际的从容，确也得力于"本无生死"的佛说。关于明末忠义、遗民与佛学的"缘"，陈垣先生的《明季滇黔佛教考》是权威著作，其中有极丰富的有关史料。不妨说，明亡之际儒者与学佛者的殊途同归，虽所依据者不同（如儒者的杀身成仁舍生取义与学佛者的"本无生死"），均可由有明一代的思想学术来诠释。

至于王学误国、败坏风节诸说，清人固有矫正者，明清之交的儒者亦有异论。宗门偏见不论，明人在多数场合，是将气节与学术作统一观的。《明儒学案》卷四三说："下卷多同时之人，半归忠义，所以证明此学也，否则为伪而已。"（第1044页）这也是士人的一种传统信念。记述"忠义"而归因于宗门师门（通常还有家门），亦题中应有之义。

于"道"于"学"之外，明末士人据以估量节操的，尚有"义"与"当"。"义当生则生，义当死则死"，也属一时士人的常谈；至于这似不言自明的"义"，以及何者为"当"，却要赖王夫之等思想家于明亡之后重予厘定。

到得漫长的"死亡仪式"终于告一段落，即有人来谈论死者死得"当"否，死之为"正"即合于"义"否。明人的所长，不在理念，而在这类极具体的辨析。而对于后人，耐寻味处无宁说更在此种话语背后的心理内容。"仕"与"未仕"被作为一条重要界限。明人（以至清人）说某人"可不死"，因其无官守，是布衣之士，是诸生，即同时说了"当死"以至"必不可生"。即使后来持异见者，也并未出此语境，他们不过放宽了尺度而已。较之"节"否"义"否，"当"否是更难言的。《读通鉴论》几于通篇说士处乱世的行为范式，仍不能免于扞格。即如不当死而死，就可能有多种情况：非封疆大吏、无城守之责，或死而未得其所、非适其时等等。这也是当痛定之后，才有可能细细衡度的方面。即使黄宗羲、王夫之等人之论不能彻底，亦不妨认为明清之际极端发展了的道德论,引出了对其的省思;那种极敏感细腻的区分(诸如"分"与过分、"度"与逾度),毕竟是有关"死"的合理性思考,包含了对公认的基于君臣伦理规范的道德律令的怀疑。

关于王夫之,还应当说,其对于"死"的辨析,尚不止于"当"否、合于"义"否。他之谓"所以处死之道",甚至及于"死"之为意境、境界,即如为他所激赏的"从容就义者大雅之风裁"(《读通鉴论》卷二三)。他于"慷慨"、"从容蹈义"间不取"慷慨",而取其人的持守、不"丧己",取神情姿态之"怡然"、"端凝尊重"(同书卷一七)。士人于明亡之际对于"死"之语义丰富性的追求,对于"死"之为表达式的完满性的追求,还表现在忠义尤其遗民对其葬仪的精心设计上。对此,我将在本书第六章再予说明。

一时的大儒,其死其处死,确也有非关于"当"、"义"的常谈所能尽之者。

明人的"义理"趣味,及在某些命题上析义之精,在刘宗周之死上,有十足戏剧性的表现。刘氏之自杀,同时是这一以讲学论道为职志的大儒探讨、讲解学理的过程——即死亦不失明儒面目。正史、年谱及刘氏弟子如黄宗羲有关刘宗周之死的记述,因其过程之长之艰难,别有一种残忍意味,几令人不能卒读。刘氏与门生的往复论难,涉及"宜"与非"宜"、生难死难、"有益"与"守正"、处死的"合义否",兼以辟佛批"良知"说,几于包括了一时有关"死"的诸种谈论;其自杀手段及过程,迹近自虐,又有明代士人的苦行习癖,即以死为最后的修炼,以及以死"风仪天下"的名儒自觉(参看黄宗羲《子刘子行状》)。在刘宗周,死亦传道、传学;其论"死"或并无哲学意义上的深刻性,其"处死"却为典型的明儒态度与方式。黄宗羲说国亡与圣学亡孰为轻重,是道学命题,可与顾炎武的论亡国亡天下并读。"学"之系"天下"之重,儒者去就的关系世道人心,亦明儒的信念与价值观。不如说刘宗周死在其使命承当其角色意识上。倘自信能以死维持一种精神于不坠,切近功利的"有益无益"之论自不足以动之。

明儒有关"死"的谈论,其"恶趣味",在我看来,也在那种意义、价值辨析中。读明人文集及有关传记,令你感到异样的,正是那些"当"

否之类的谈论,是他人的生死以至"可"否"当"否的可资谈论。"士论"从来是一种权力,为"士流"认可的权力。决他人的生死,在士人,是极自然的事,是他们熟悉的一套话语。只是在数百年之后,你才会惊异于"士论"之作为道德力量,其实施道德判决的自信;你才不适应于那种有关"苦节"、"死"的不厌其细的辨析、品味,反感于其间的冷静——那确是一种冷静到残忍的理性。①

黄宗羲《赠刑部侍郎振华郑公神道碑》中说:"《纲目》书死之例有三:曰死之,曰战死,曰败没。死之者,节之也;战死者,功罪半也;败没,则直败之耳。"又说:"其死操之己者,是志在于死者也,方可曰死之;其死操之人者,原无欲死之心,亦曰遇难而已。"此系史法,又包含价值评估,所谓"同一死也,差之毫厘,相去若天渊矣"(《黄宗羲全集》第十册第250页)。联系近事,主动死与被动死,自主的死与非自主的死,如甲申之际的"君亡与亡"与死于"贼"的刑求,是必得严格区分,切不可混为一谈的。此外还有死难死易之辨:以难为贵。以布衣、诸生、"末秩"死,被认为"难"。一时士风,颇不乏竞为其难、竞为"尤难"者。太平之世,褒扬"难进易退",乱世如明末,则以此"难"与"尤难"之死为可风——历史演进至明末,士早已锻造出一套极其严整的行为规范与价值系统,而由士人书写的历史文本,又参与了士在特殊时世的生死抉择:道德传统相当程度上又由史学规范、史述方式所助成。上文已说到"无往而非死地"。"民"之生死,只能委之于天;而士的生死,在似可选择之时,由于历史情境也由于上述语境,却陷于无可选择的境地。

更足以见出儒者趣味的迂陋腐恶的,是对如下一类场面的津津乐道。《明季北略》记汪伟夫妇同缢:"……乃为两环于梁间,公以便就右,耿氏就左。既皆缢,耿氏复挥曰:'止,止!我辈虽在颠沛,夫妇之

① 宋徵舆《夏瑷公私谥说》记其因夏允彝之死而与人详论处死之道(见《陈子龙诗集》附录二)。一时史著有关"节义"体例之严,可以查继佐《罪惟录》为例,其"抗运"、"致命"诸传之设,虽同一"节义"而仍作区分而等差之,以"死国"、"死职"、"死事"、"死志"为"降死运者一等"(卷一二上《致命诸臣列传总论》);对"建文忠臣"则依其死的情境、条件再作区分、甄别,辨析不厌其细,可见其时论者的旨趣、时尚的眼界。《罪惟录》,浙江古籍出版社,1986。

序不可失也。'复解环,正左右序而死,人比之'结缨易箦'云。"(卷二一第532页)全祖望撰张肯堂神道碑,记张氏诸姬投水,"毕姬先登,姜姬止之曰:'死亦当以序,莫匆匆也。'公曰:'善。'乃以序而上"(《鲒埼亭集》卷一〇)。

上文已说到,正是在明清之际,已可闻不同于上述"士论"的关于死的谈论。王夫之外,如顾炎武,即在《与李中孚书》中谈及"天下之事,有杀身以成仁者;有可以死,可以无死,而死之不足以成我仁者"。他还说:"时止则止,时行则行,而不胶于一",批评"执一不移"者。他的劝阻李自蹈"危地"(《顾亭林诗文集》第82页),见识极明通。张自烈则以为"明道者不必贪其身不死,不必轻其身必死,顾死所何如耳。概谓'饿死何伤',必有不当死、不必死而死者"(《复陆县圃书》,《芑山文集》卷九,豫章丛书)。孙奇逢也说:"窃意古来纯忠大义不一途,应死而死,则死有攸当;应遁而遁,则遁有攸当——此微、箕、比干所以同归于仁也。"(《寄王生洲》,《夏峰先生集》卷二)守经用权,毋固毋必,亦儒家原则。

正是在此时,对于明人极之崇仰的文天祥,不止一人有不以为然的评论。孙奇逢即说:"忠孝节义,道中之一节一目,文山以箕子自处,便不亟亟求毕旦夕之命。此身一日不死,便是大宋一日不灭,生贵乎顺,不以生自嫌,死贵乎安,不以死塞责。"(《岁寒集》,《明儒学案》卷五七第1372页)同为异议,与王夫之持论又不尽同(可比较《读通鉴论》卷三〇、《宋论》卷一四有关文氏的批评)。

甚至关于妇人的节烈,也有持论通达者。上文提到过的归庄,确也说过女子未嫁从夫为"过情非礼",死"不出于礼之正";以为妇人"苟笃于情而得其正"即可称,"不必烈也"(《书顾贞女传后》、《书柴集勋顾孺人传后》,《归庄集》卷四第301、302页)。

也是在此时,有对"死事"者由"尊身"方面的批评(参看《明儒学案》卷三二第725页)。另有提示未可以"死"概其全人者,如顾炎武《读宋史陈遘》说"剥民"之为大恶,虽死义而不能偿其罪(《顾亭林诗文集》第112页)。黄宗羲《思旧录·陆培》记陈玄倩因"无乡里之行"为士人所攻,至"无以自容,而以死节自洒之",亦可作为虽死仍不免于非议，"士论"严于斧钺之诛的例子（《黄宗羲全集》第一册第 377 页）。黄氏对著名忠义倪元璐，径说其"不学无术之过"（《明夷待访录》，《黄宗羲全集》第一册第 27 页），对另一著名忠义夏允彝，亦不肯以其"死难"、以其"人品将存千秋"而不辨其言（《汰存录》，《黄宗羲全集》第一册）。至于同出刘宗周之门的陈确不满于"奸盗优倡，同登节义"，虽属道学偏见，但其批评"今人动称末后一著"，仍可谓一针见血（参看附录《陈确的"节义"论》）。至于王夫之所说"士之不幸，天所弗求全也"，"欧阳永叔伤五代无死节之臣，而不念所事之何君也，亦过矣"（《读通鉴论》卷一〇第 409 页），尤为通达之论。通达之论也非到了明末才有。因"阑入禅门"为"粹儒"所不满的高攀龙，就说过："……然即死是尽道而死，非立岩墙而死也。大抵现前道理极平常，不可著一份怕死意思，以害世教；不可著一份不怕死意思，以害世事。"（《论学书》，《明儒学案》卷五八第 1421 页）析义可谓已入精微。高氏如下意思，更为刘宗周反复称引，以之为"金针见血语"，即："吾辈有一毫逃死之心固害道，有一毫求死之心亦害道。"（《书高景逸先生帖后》，《刘子全书》卷二一）另一东林中人黄尊素，亦有极精辟之论。[①] 可惜此后的一段时间，士论囿于风气，上述思想未得阐发。不妨承认，明代士人处虐政下，其究极生死，思理确有透辟处，即使不具备哲学意义上的深刻性。

对失节者的非一味峻厉，则如上述黄宗羲的说周钟、魏学濂，他的说侯朝宗，以至归庄、朱鹤龄等老牌遗民的说钱谦益（参看《余论〔二〕》），凡此，均可见出明末士论的"通脱"一面。而如吴伟业有应召之举，自以为终身之玷，对周钟事仍能为持平之论，不如说尤其难能；这里或又有士的"成熟性"的证明？

另一可注意处是，明儒于节操上持论特严，然而有明一代直至明清之际，正是在此大题目上，偏多怪论、看似极其"不庄"之论，像是蓄意

---

① 黄宗羲《黄氏家录·忠端公黄尊素》述黄尊素语："进退以礼，身名俱全者，上也；身死名存者，次之"，"君子社稷之心，重于名节"；东林中人似少有知此义者（《黄宗羲全集》第一册第 412、413 页）。孙奇逢说"全生全归"，曰："吾见有为生计者矣，未见有为死计者也；为死计则必思所以全而归之矣。吾见有为子孙计者矣，未见有为身计者也；为身计则必思所以全而生之矣。"（《语录》，《夏峰先生集》卷一四）

嘲弄、蓄意挑起论争。如李贽的冯道论(《藏书》卷六八冯道传)。王夫之《噩梦》说邱濬,"乐道秦桧者也"(《船山全书》第十二册第582页)。[①] 道学中人亦有见解的差异。以风节见称的邹元标,据说"晚年讲学,喜通融而轻节义"(《明儒学案》卷六〇第1469页)。而批评邱濬"乐道秦桧"的王夫之,也说秦桧之和无妨于岳飞之战,"战与和,两用则成,偏用则败","秦桧之谋,与岳飞可相辅以制女直"(《读通鉴论》卷二〇第742页)。入清后,则有毛奇龄被士论认为"乖张已极"的"忠臣不死节辨"。由此看来,凌廷堪后来的某些怪论,也非凭空而生。上述有关节义的怪论,可视为有明一代"异端"思想活跃,反主流、反正统、反官方哲学的重要征象,可感其时浮躁扰攘的时代氛围。就明代而言,"节义论"中的歧见,不如说也由人主启之。洪武褒奖元降臣,那说法是:"天下分争,所谓豪杰有三。易乱为治者,上也。保民达变、知所归者,次也。负固偷安,身死不悔,斯其下矣。"而以"输诚纳土,不逆颜行"为"识时务"(《明史》卷一三〇)。

至于到明亡之后,不唯清人如全祖望等,对明人风节别有见解[②],明遗民中,也渐生另一种"偏至"。如黄宗羲传王鸿业,即比"鼎革"为昼夜、四季,晦明寒暑,以为士亦"各尽其分而已",宜处乱如处常,不失其故步。黄氏晚年议论有因人因事设辞,与前论不免扞格者;此或系一时感慨(如有感于人物的流散、衣冠鼎族的衰败、文化的荒芜),但由其思路的流转,亦隐约可见易代后的生存环境的影响。[③] 顾、黄、王三大

---

① 明末有关节义的怪论,王夫之《搔首问》曰:"自龙溪窃释中峰之说,以贪嗔痴治戒定慧,惑世诬民;李贽益其邪焰,奖谯周、冯道而诋毁方正之士……有以书劝张文烈公剃发出降者,曰:'杨子拔一毛而利天下不为,轲也讥之。'狂悖之言,出口时不顾人讪笑如此。更有作诗者曰:'豫让何当称国士,李陵原不愧家声。'至此,则虽舜为天子,皋陶为士,亦末如之何矣。"(《船山全书》第十二册第648页)

② 颜元以明末死节之臣为"闺中义妇",见《颜元年谱》第34页,中华书局,1992。收入李塨撰、王源订《颜习斋先生年谱》。

③ 黄宗羲《千秋王府君墓志铭》中说:"古今来治日少而乱日多,我生不辰,天地幽闭,挚杀移人,犹昼之不能无夜,春夏之不能无秋冬……晦明寒暑,无落吾裘葛卧起之事。故钟石之迁改,在天地间,不过黍稌之播于原隰,刈获之或铚或镈也,亦各尽其分而已矣。"(《黄宗羲全集》第十册第459页)

儒中,黄氏最后死,这或也可作为他"进入"清世的一证明? 至于将"争死"将故为其难视为"为人"、"徇外",原是儒教、道学命题,只是有待于重提罢了。有待于重提的,还有"道平易"、"庸言"、"庸行"之类:你于此听到的,确也非止一种声音。不妨如实地认为,即使在道学盛行的明代,有关"节义"有关"死"的话语,也未全失其丰富性。至于极端的道德论,势必导向其反面,确也是有些明儒所见未及的。

附录

陈确的"节义"论

在以"节义"为自我界定的遗民中,陈确应属见识极明通者。

明末节义之至重,固应由宋明理学来解释,但有关见识的通脱,也同样得之于明代士风的鼓励。明代士人言论的活跃,毕竟鼓励了方向互异的思考。江南、尤其东南的名士文化,对儒者亦有浸润。刘宗周的门弟子中,陈确是较有名士气的一个,每有出常的思路,颇为同门的张履祥所不满。耐人寻味的是,黄宗羲三易其稿的《陈乾初先生墓志铭》,初稿说其人"未免信心太过",修改稿即删去。实则刘门诸高弟中,陈氏应是在思想能力方面与黄宗羲相近的一位。黄氏所撰墓志铭,《思旧录》中有关陈氏的文字,确也流露了惺惺相惜之意。其所撰陈确墓志铭的第二、三、四稿,均引了陈氏对明亡之际士人死节的如下批评:"非义之义,大人弗为。人之贤不肖,生平具在,故孔子谓:'未知生,焉知死。'今人动称末后一著,遂使奸盗优倡,同登节义,浊乱无纪。死节一案,真可痛也。"以为"乾初之论,未有不补名教者"(《黄宗羲全集》第十册)。

上述陈氏语出自其《死节论》(《陈确集》第 154 页;以下引陈氏文字,均见《陈确集》,只注明页码)。此论是陈氏论节义的力作。文章开头即说:"嗟乎! 死节岂易言哉! 死合于义之为节,不然,则罔死耳,非节也。人不可罔生,亦不可罔死。"(第 152 页)篇中说及"三代以后"的争以死节为标榜,下了一"市"字。所"市"者何?"死节"之名而已。

论虽不免于苛，仍不能不认为是对于时代病的针砭。以下说"不必"死，可读作有关死的条件论。死的条件，亦"节"的条件；不即以死等同于"节"。至于以"奸盗优倡，同登节义"为"浊乱无纪"，固出于士人有关等级、流品的偏见，却也强调了为时人所普遍忽略的文化—价值观的连续性；黄氏所谓有补名教者，或也以此。

"末后一著"的为时所特重，自然因了那个国亡家破的时代。其时大儒也在流行思想的视野中。陈确所师事的刘宗周，即以为"人生末后一著，极是紧要"（参看上文）。孙奇逢有关节义见识较明达，却也说："临了一著脱然无累，方是圣贤真实学问。"（《语录》，《夏峰先生集》卷一三）倒是与陈氏同门却议论常有扞格的张履祥，在这一命题上与陈确有见解之合。他说："吾人……岂若释氏只以不贪生、不怖死为了生死大事，而终日以末后一著为念哉！夫吾儒所谓'末后一著'者，得正而毙，全而归之而已，故曰：'朝闻道，夕死可矣。'又曰：'尽其道而死者，正命也。'"（《与沈子相》，《杨园先生全集》卷九）——这里略可见出其时儒者思路的参差。

陈氏节义论的深度，不止来自反流俗、时尚，而且来自对被宋儒"道学化"的经典的质疑。如他以为"曾子易箦"未尝不正，程、朱"独取"此一事，正以佛氏之教的浸淫为背景（《禅障》）。清理"时论"、"时尚"的学术背景，无疑是个艰难的工程。如以"死社稷"为经典的误读，如对夷、齐之饿的重新辨析——士之有识者的确在进行着这一工作，只是有关的思想材料尚不免于零碎罢了。

陈氏对流行的节义论的批评，基于对"常"对"经"的理解。批评者每以"庸"（"庸言"、"庸德"）对抗世俗之于奇行奇节的狂嗜。在此种时机提示"中庸"、提示"道平易"，均因了特殊的针对性而意味深长。遗民的重提"中庸"，即提示基本义理，以至提示常识（所谓"常识"，有时即常人所知、而士有所不知者），在一个狂热的时代，力图走出畸、病的历史氛围与言论环境，返回"布帛菽粟"的日常情境，返回"道"与"学"所赖、所在的基本生存与基本命题。校正极端化了的道德论，儒家的"中"这一概念，确也显示了其适用性。

陈确说生死，屡说不取"贤知之过"。其《答萅化疑问》曰："……愚夫闳识,乐生恶死……而贤知之过,又欲反之:生期速死,死期速朽。不知欲迟欲速,俱违自然之理。""若夫不怖死,亦不求速死;不辞朽,亦不求速朽:斯则情顺自然,圣王之教。"(第373页)顺乎"自然"、"适情循理",也即其所以为的"中"。批评时尚之"失中"者颇有其人。孙奇逢答客问"人生最吃紧者何事?"曰:"知学。不知学即志士求危身以著节,义士乐奋勇以立声,介士甘遁迹以遂高,退士务匿名以避咎——其行不同,失中一也。"(《语录》,《夏峰先生集》卷一三)孙奇逢强调"忠"、"节"因于"势会",曰"夫人臣何乐乎以忠见哉"(《代成有终卷序》,同书卷三),"士大夫何乐乎以节见也"(卷四《畿辅人物考序》)。以"求危身以著节义"为"失中"(《语录》),无不针砭着时代病。杜濬复屈大均书,曰:"夫士贵有骨耳,然无识之骨,刚不得中。不当刚而刚,与当刚而不刚,均之于世无益也。"(《复屈翁山》,《变雅堂遗集》文集卷四,光绪二十年黄冈沈氏刊本)徐枋说:"夫守节者,守其所以死也。因时致宜,从容中道,不后时而忍濡,不先时而伤勇。不得死所而不随,得死所而不去。正如饥之于食,渴之于饮,日出而起,日晦而息也。"(《与葛瑞五书》,《居易堂集》卷二,1919年上虞罗氏刻)

一时遗民之有识者相与力戒浮华与夸张,力图恢复正常的价值感:也可作为士人反省能力的证明。陈确《与陆冰修书》对陆氏行"义"的规劝,即与时论牴牾。儒者于此,也正依据了其久经训练的道德敏感。在当时的历史氛围中不阿时好,不邀民誉,非但要有相当的道德勇气,也要更有儒者的道德原则与信念。当然,陈确处易代之后的姿态,固然出于反省后的选择,又可以由另外的一面,作为士人的激情易于流泻的例子。陈氏早年曾有"举幡号众"的壮举(参看黄宗羲《陈乾初先生墓志铭》),其《上闵辰生先生书》提及当年"公击奸生之举",曰:"由今思之,真是浮气害道,未足以云义愤也。"(第66页)孙奇逢记其友鹿善继,也说其"榆关三年,动忍已极,举从前以名节义气出人头地者,至此浑归于全体大用"(《祭鹿伯顺文》,《夏峰先生集》卷一〇)。至于此种"觉悟"的意义,又何尝易于测定!

陈氏有关节义的议论,不止针对某种士论,且有对时尚的更广泛的针对性。对情伪的洞察力,使陈氏对诸种矫作、"戏剧性"均具敏感。

《禅障》一篇曰其友病毁且死,"与群季从容言笑,谈道不辍,不一及家人事"。此等事一向为世俗艳称,许之为"达",陈氏却以为其人受释氏之说的影响,其行为违反自然,乃"贤者之过":"生死　也,喜怒哀乐中节之谓和,何以于死时独有喜乐而不当有怒哀耶!故笑而死可也,虽哭而死,亦无不可也;曳杖逍遥可也,虽反侧不安,亦无不可也:惟其时而已矣。"(第445页)陈确毕竟忠厚,还不曾说到此类行为可能的表演性。脱俗与媚俗,有时只一纸之隔。

有上述思路的陈确,自不会欣赏世俗伦理实践中的其他"过"举(如世俗乐道的"割股、寝冰、十年庐墓","未嫁之女望门投节"等),批评中也表现出对"分"、"度"的把握。你于此看到了上述节义论的思路在陈氏那里的一贯性。其《养生送死论》(文集卷五)说"庸德之行",以丧葬上的"不能为而为之"谓之"愚",同样出于对"合理性"的关心。其说世俗所谓"孝"之为"求名",亦如说节义之为求名,虽不免于苛,却也是洞见情伪之言,未必不中于世俗、士风之病的。"诚"系于精微的限度感。这里的诚,其意义已不止于不欺。这一类有关条件、情境的细致区分,本儒者所长。儒者通常也赖有此种辨析,拒绝媚俗,维持其精英品性。在陈确,注重常道,不"远慕高远难行之事"(《答沈朗思书》),正其所以"用独",亦所以去伪存诚。惟其"信心",方能"用独",不但不附清,也不附他遗民,不苟同遗民社会通行的某种价值观。

尤可贵者,是其论女子"节烈",与其节义论(通常适用于男性)同一逻辑,而不为女性另设标准。他不满于世儒的一味猎奇而忽视"恒德",谓"此吾夫子所以致叹于白刃可蹈,而中庸不可能者也"(《祭查母朱硕人文》第325页)。《书潘烈妇碑文后》一文径指烈妇之死为"非正",说:"确尝怪三代以后,学不切实,好为节烈之行,浸失古风"(第395页),暗示烈妇乃为风尚(即"好异"之"人心")所杀——极端的节义论之为语境,从来有生杀人的力量。

说"节义",亦即说生存,说对生命的态度。与其节义论相辅,陈氏一再提到"养身",如在《与吴裒仲书》中,说"养身即是道,道又岂有急于养身者邪?"(第144页)他还说:"惟君子而后能有私";"故君子之爱天下也,必不如其爱国也,爱国必不如其爱家与身也"(《私说》第257页)——亦道他人所不能道或不敢道。尽管那是个严酷的时代,你由其时通达之士(包括儒者)说"生",说"欲",均可察知活跃生动的生命意识,对(社会、文化)生机的渴求,不为流行的"节义论"所囿的对"生命"、"生死"的体验与思考。在陈氏那里,不轻生,不轻"一身",也应是其所谓"素位之行"的应有之义。由此似乎可以推想其不大可能以"国"、"天下"为无条件的、绝对的意义源泉,不大会以殉"国"、"天下"为最高道德。

劫难之余,士人渐能欣赏那种自我保全的智慧。朱鹤龄的《陶潜论》分析陶氏心迹甚悉,着力处就在陶渊明的这一种智慧(《愚庵小集》卷一一,上海古籍出版社,1979)。《孙夏峰先生年谱》(《夏峰先生集》)卷下记其疾革"手书《日谱》云:'学问以了达生死为极诣。然世之所谓了达生死者,轻生轻死,非真能达生达死也。真能达生死者,则生不徒生而生足取重于世,死不徒死而死足取重于世……若以轻生死为达生死,则荆聂一流人皆称闻道者矣。'"清初的唐甄论高攀龙,说:"子谓高君之贤,是也;以其不畏死也而贤之,则非也。君子之道,先爱其身,不立乱朝,不事暗君。"(《潜书》上篇《有为》第51页)这里的"爱身",也可以理解为士的自我尊视,对自身价值的强调。

唐甄所论尚不止于此。《潜书》下篇《利才》说"君子不死"的诸种情境,如曰:"兴废用舍,非所以安危者则不争;抗言争之,或以激怒。当是之时,君子不死也。大命既倾,人不能支。君死矣,国亡矣,非其股肱之佐,守疆之重臣,而委身徇之,则过矣。当是之时,君子不死也。"上述场合,正是明人认为当义无反顾者。陈确等人斟酌"当"否,合理否,仍属义理论,唐氏更着眼于有效用否,是一种公然的功利论。唐氏还说:"君子有三死:身死而大乱定,则死之;身死而国存,则死之;身死而君安,则死之。"(第191页)——令人可感士人思想、言论空间因历史情境而发生的变动。

陈确有关节义的条件论中包含了他的"牺牲论"。《死节论》正论到"牺牲"的条件与限度。陈氏以为夷齐之"义""止在穷饿,节如是止矣,不必沾沾一死之为快也"(第153页)。数百年后,鲁迅在《我之节烈观》中说条件、限度("自他两利固好，至少也得有益本身")，在《牺牲谟》里揭露"牺牲主义"者的虚伪狡诈，其彻底自非陈确辈可比，却也仍依稀可辨与先贤议论的遥相应和。至于陈确对于"死"，不止问"忠"乎，而且问"可谓仁乎"（《节义论》），亦问世儒所不问，极警醒而有力。王夫之即曾以此问张巡、许远（参看本章第一节）。陈确在思考的广博方面不能比诸王夫之，但他思想的犀利，不蹈袭故常，其"节义论"已足资证明。

陈确说"一节之士，君子不居"（《祭陆伯母裘太孺人文》第342页）。他不欲人以"一节"注其友祝渊（开美），曰"开美亦惟兢兢无负其本心，以庶几寡过之学者，而非徒争此区区之节者也"（《辑祝子遗书序》第240页）。此"一节"之"一"，不消说言其境界之狭。不以"一节"取代日常的道德实践，在其时，已近于一些士人的共识。黄宗羲《孟子师说》曰："世人多以一节概人生平，人亦多以一节自恃。"（《黄宗羲全集》第一册第116页）王夫之也说："未能自尽而矜一至之节以为名，惭之惭者也。"（《船山经义》，《船山全书》第十三册第649页）孙奇逢《读金忠节文集书后》说金铉不欲以"一节"自见（《夏峰先生集》卷九）。与陈确同门而议论常不合的张履祥也说："如近代张二无、王元公诸公，迹其平生，操履名节，非不可称，究其归，特亦一节之士，不知理道者也。士君子修身力学，不知求为全德，而只以一节概其生平，亦可惜矣。"（《与沈丹曙》，《杨园先生全集》卷八）徐枋说："而生平耻语气节，实以气节非吾人归宿之地"，"且人之能有所建明于世，不与草木共腐者，岂独共可见者乎？必潜德内行确乎不拔，砥于所不见，守乎所不闻……"（《与葛瑞五书》，《居易堂集》卷三）魏禧《李忠毅公年谱序》曰："是以论人者必先大节，而其不徒以节见者为尤贤。"（《魏叔子文集》卷八）王夫之则认为："杀愈惨而人愈激，激以为义，非必出于伪，而义终不固。""无激也，斯无随也。"（《读通鉴论》卷二一第817页）而陈确的说"一节"，确可自注其明亡之后的选择：其自期之高，其所以处生、所以大其生，其积极的人生态度。

然而金铉不欲以节义著却终以死节名，却又提示了使人不能自主的情势，由此也可感"节义"之为问题的复杂性。即孙奇逢的议论，又何尝都"通脱"！其人好说"忠到足色"（《麟书钞序》，《夏峰先生集》卷四），以为"善处死"，"方得淋漓足色"（同书卷五《贺公景瞻传》）。此"足色"即"粹"（"粹儒"之"粹"），仍未出"时论"。

在当时更其敏感的，仍在出处之际。陈确身为遗民，并不一般地否定"出"，甚至说"当吾世而有以斯世斯民为己事者，吾拜而祷之"（《送谢浮弟北上序》，第 242 页）。他的不以出处论"道—俗"，与孙奇逢不以出处为两途，均出于校正成见的动机。他说："出处不同，同乎道。故虽今之出者，未可遽谓之俗也。而士恒侈然自以处为道而出为俗，乌知处之未离乎俗也。"（《道俗论》[上]第 169 页）又说"幼安虽出，而其所不出者固在也"（《哭孙幼安文》第 320 页）。以为倘以其道，出处均无损于"吾之为吾"（参看《出处同异议》第 173 页）。凡此，在其时的语境中几近怪论。他本人自不欲以世俗所谓的"节"自限，所设境界力求高远。其《寄陆丽京书》曰："闻顷过宁城，遇友人之出试者，每相非诋。意者仁有余而知未足乎！""弟近痛戒同志，谓一衿之弃，何关名节，力须勉之大道，以无愧古贤。"（第 68 页）他仅以世俗认为的遗民标准（如不出试、不仕清等）作为道德底线，其自期不限于"遗民"可知。

陈确的有关思路似乎经历了一个演变过程。其人不曾有过如其师刘宗周那样的政治经历，甚至不曾像同门的黄宗羲那样于明亡之际举义、于鲁王监国时从亡海上。明亡之初，他也曾表示自愧不能死（参看《祭山阴刘先生文》）。他屡以"母在"为由解释其不死；对被迫剃发也怀着愧恶（《告先府君文》）。人必自信方能取信于人。在惯于推究义理的儒者、学人，必先说服自己，才能生存。这不能不是艰难的论证。予岂好辩哉，予不得已也。明乎此，对陈确的反复论节义，或者可以有更深一层的理解？

第三节　"用独"

明清易代，结束了一个纷扰喧嚣的时代，使一批习于热闹的士人，由绚烂而平淡以至堕入枯寂。其间有对命运的顺受，也有基于反思的主动选择。为后世所推重的大学人、大遗民中，王夫之的处境像是更有人所不能堪者。他的《船山记》，描写其已历十七寒暑并将"毕命"于斯的栖居之地，曰："其冈童，其溪渴，其靳有之木不给于荣，其草瘅靡纷披而恒若凋……"（《姜斋文集》卷二，《船山全书》第十五册第 128 页）下文将要谈到的"独"，正是其所身历之境，其主动选择的生存之境。他得到的，是生前的大寂寞。当世对王夫之学术活动的关注，似仅见于刘献廷的《广阳杂记》（中华书局，1985）。该书卷二曰："洞庭之南，天地元气，圣贤学脉，仅此一线耳。"（第 57 页）

"易代"这一大事件，将士人强行拉出明代文化氛围、历史情境。其时的有识者，各依其所学所事回应时势。刘宗周及其门下从事"闇然之学"；即在讲学、会社中始终活跃的黄宗羲，也说过："元气不寄于众而寄于独，不寄于繁华而寄于岑寂，盖知之者鲜矣。"（《吕胜千诗集题辞》，《黄宗羲全集》第十册第 103 页）顾炎武自说不"徇众人之好"、"枉道以从人"（《与友人论门人书》，《顾亭林诗文集》第 47 页），"为跲跲踽踽之人"（《与友人辞往教书》，同书第 136 页）。① 北方遗民傅山则曰："幽独始有美人，澹泊乃见豪杰。热闹人毕竟俗气。"（《佛经训》，《霜红龛集》卷二五第 686 页，山西人民出版社，1985）但由士的政治实践、士于易代之际的姿态反思士的选择，确认士的处境与命运，从而使其孤独具有了哲学意味的，我以为首推王夫之。

王夫之说"用众不如用独"（详见下文）。同时东南儒者刘宗周所提撕的"慎独"，属哲学范畴，未出"理学—心学"框架。刘氏所谓"独体"之"独"，乃"心"或"良知"的别称（参看衷尔钜《蕺山学派哲学思想》，山东教育出版社，1993）。王夫之所谓"用独"的"独"，固非近代思想中的"个人"、"个体"，但以"用众"与"用独"对举，无疑出于对易代之际某种群体行为、取向的反省。当着晚年作史论之时，王夫之所肯

---

① 顾氏的挚友归庄则说其"僻"，议论"迂怪之甚"，劝其"抑贤智之过，以就中庸"（《与顾宁人》，《归庄集》卷五第 324 页）。顾炎武的选择，无疑也源于他本人的性情。他自说"胸中磊磊，绝无闇然媚世之习"（《与人书》，《顾亭林诗文集》第 94 页）。北游不归，不妨视为顾氏选择的个人象征，也令人读出了其人的悲凉情怀。

定的,还应包括"独"作为遗民生存原则。他所谓"用独",与他好说的"自靖"、"自尽",也有逻辑的贯通。在《家世节录》中,他引其先君语说,"以身殉他人之道"不如"以身殉己之道"(《船山全书》第十五册第219页)。包含在"自靖"、"自尽"中的士的尊严原则、自我保存的原则,将士的选择的自主性、个人性,在一种尚不明确的形式中强调了。在规模空前的讲学、党社运动之后,在"举义"、"与义"(亦一种"用众")之后,对"用独"的论说,其严重性,是不言自明的。当然,选择"独",未必就意味着对"群"的价值目标的否定,却出于对"群"中个人的无力性的体验与确认,这在下文将要谈到的其有关"与义"的反省中尤为显明。这种反省还间接地指向了士大夫对其所拥有的道义力量的自信,对其教化民众的角色的自信。

王夫之的"用独"非即"独善";即使僻处穷居,他也仍以著述活动承担着他所意识到的儒者使命。"用独"正是王夫之作为儒者所认可的从事社会政治实践的原则与行为范式。写作本节,我更关心的,是王夫之达到"用众不如用独"这一命题的逻辑,它主要包含在王氏对易代之际士的某些重要经验的分析中,如关于"士气",关于"义军",以及关于"民誉"、"流俗"等。经了如王夫之这样的反思,有关的士的经验才获得了其深刻性。

说"士气"

清人或称羡明代"士气之盛",或批评其时"士气过张",扬抑之际,无不基于对其自身处境的认识。而明清之交的王夫之,则将其所论"士气",与其反复批评的明代士人的"气矜"、"气激"、"一往之意气",归入同一题目,是其明亡后士文化反省的有机部分。《宋论》如下所说,即着眼于倡士气的政治后果:"世降道衰,有士气之说焉。谁为倡之?相率以趋而不知戒。于天下无裨也,于风俗无善也,反激以启祸于士,或死或辱,而辱且甚于死。"同书还说:"战国之士气张,而来嬴政之坑;东汉之士气竞,而致奄人之害;南宋之士气嚣,而招蒙古之辱……"(《宋论》卷一四第324—325、327页)

倡士气之启祸,自属"利害"说。可贵在王氏非止着眼于利害。

他说:"所谓士气者,合众人之气以为气。"而众人(及其气)是非理性的:"岂有合众气以为气而得其理者哉?"(同卷第325页)他看穿了躲在"众人"身后的"个人"的怯懦:"乃忧其独之不足以胜,贷于众以袭义而矜其群,是先馁也。"(同页)正是在这里(以及在论及义军时),他发挥了"用独"这一命题。"故气者,用独者也。"也如对义军,他看到了群的不足恃;其中固然有杰出之士,但无妨于群之为乌合。"倡之者,或庶几焉。而闻风而起,见影而驰,如鹜如奔,逐行随队者之不可保,十且八九也。"(第326页)王氏对宋明历史上士的"哄然"而起(且一起再起)的批评,与顾炎武的论"人聚",根据与着眼处不同,却又与顾氏之论同源于"精英意识"——可以其"流品"论佐证。王夫之主张独立不倚,守义俟命,也因在他看来无可倚恃;到这关头,唯"自尽"而已。王氏于此表达了其基于清明理性的对士的孤独命运的承当。

至于王夫之所论"士气"之"倡"的实际政治后果,令人不期然地想到了鲁迅的"牺牲论",鲁迅关于请愿之类行动的评论。[①] 王夫之所未能、也不便明言的是,使得士为"士气"支付巨大代价的,是以"群"的形式出现的"士"的不为制度所容忍,"士群体"注定了的被疾视。王氏的"代价论"虽不及此,仍然表达了对士的政治处境严峻性的认识。[②]

具有讽刺意味的是,到得王夫之作《读通鉴论》、《宋论》,明人式的士气早已被摧残殆尽。明代士风士习是由"新主"凭借暴力来"校正"的——这使得我们在面对王夫之式的深刻时,不免心情复杂。黄宗羲晚年写明末到清初士风的变迁,曰:"年运而往,突兀不平之气,已为饥

① 参见鲁迅《牺牲谟》、《"死地"》(《鲁迅全集》第3卷)、《关于知识阶级》(《鲁迅全集》第8卷)、《两地书》(《鲁迅全集》第11卷)等。

② 陈确也说"浮气害道"(《上闵辰生先生书》,《陈确集》文集卷一)。凡此,也出于士人的挫折、失败感,证明着"一往之意气"、"气激"的不能持久。在当时,士气凋丧是更其严峻的事实。关于士气,王夫之也有另外的说法。如说"……薰莸并御之朝廷,不如水火交争之士气"(《读通鉴论》卷二三第882页)——补足了有关"士气"的意思,使不至于偏至,也证明了人的难于出离其时语境。

火之所销铄……落落寰宇，守其异时之面目者，复有几人?"(《寿徐掖青六十序》,《黄宗羲全集》第十一册第64页)"销铄"士气的，当然不止于"饥火"。倘由后世看过去，确也无怪乎清人在言及明人士气时，竟会怀一份艳羡之情了。①

说"义军"

"举义"或"与义"，是明清之际士人的一份特殊经验。关于其时"义军"的鱼龙混杂、局面的混乱，当时及事后颇有记述。曾在事局中的黄宗羲，记其所知充当义军的"陆寇"、"水寇""桀骜不听节制，白昼杀人市中，悬其肠于官府之门，莫敢向问"(《行朝录》卷二,《黄宗羲全集》第二册第124页);说"时乡壮皆民间无赖子弟，闻义旗起，皆相率团聚，以图富贵。乡村坊落，凡有富名，辄借名索饷，恣啖酒食"(卷一二第204页)。同书卷九《四明山寨》，记有"义师"因"取粮近地"而被山民击杀事;同文还谓啸聚此山者"皆偷驴摸犊之贼，徒为民害，其父杀人报仇，其子行劫"(《黄宗羲全集》第二册第189页):是如此的"义师"与"民"!陈确《东溟寺异人记》，径说其地"民寨"称"大明兵"者"皆贼耳"(《陈确集》第214页)。钱澄之《与开少御史书》说所召募者"所至焚掠，鸡犬俱尽，赣人畏其来甚于畏虏。昨一哄而毁曾给谏之宅，以其主召募之议也"(《藏山阁文存》卷二)。张自烈《上论左兵横暴书》(《芑山文集》卷三)以身历目击事例说左良玉兵残民虐民种种，令人发指。吴应箕则说:"故自左良玉渡江之后，江南已无完邑;自高杰渡河之后，河南北卒无遗民。"——"义军"之为患，有甚于"贼"、"虏"者(《客问·原用兵》,《楼山堂集》卷一九)。处此"乱民"中，与义的士夫心情可知。瞿式耜《与顾玉书手札》慨叹道:"两年来不困于虏，反困于寇，忠臣之报，固宜如此，复夫何言!"(《瞿式耜集》卷三第276

---

① 有明一代，"言路"尤被作为"士气"的体现者，言官(以及其他建言于朝廷者)也常常以激扬士气为己任。言官为建言而前仆后继，被视为明代历史中的悲壮一幕，可媲美于士人当明亡之际的壮烈行为。到清代，也有对明代由"言路"所体现的士气极尽讥嘲者，如李慈铭(参看李氏《越缦堂日记·孟学斋日记》，上海商务印书馆影印手稿本,1920)。

页,上海古籍出版社,1981)①

我所关心的,更是士人事后对其"与义"这一选择本身的叙述态度。黄宗羲在《某官雨垯叶君墓志铭》中说:"丧乱之中,余滨于十死,雨垯不以为非是,然余自以为迷轮乱辙,每劝雨垯入山自放……"(《黄宗羲全集》第十册第 502 页)其子黄百家《先遗献文孝公梨洲府君行略》记黄氏当日心情,则曰:"……张俭、魏齐,遂倚箭山为复壁;文成、五利,共指竹浦为蓬莱。府君乃幡然曰:'我乃以侠名江湖耶?'遂奉王母避之山中,大发箧衍,默体遍勘,始悟师门之学,为集儒先之大成。"(《黄宗羲全集》第十一册第 422 页)②由黄宗会《亡弟司舆黄君权厝志》可知黄宗羲之四弟黄宗辕(司舆)当时即主张"力耕供母",不以与义为然。其曰:"……屡动则多失,不创则祸随之;至于蒙祸,而又生术以弭之,则上蔽而内障,并其初心亦失之矣。于是愤胀溃裂,倒行逆施

---

① 《明末忠烈纪实·凡例》曰:"丧乱以来,江湖游手之徒,假造符玺,贩鬻官爵。偃仰邱园而云联师齐楚,保守妻子而云聚兵百千,假此通山海闽粤,空言以谋利者,屡被发觉。亦有倚傍深山大泽,如太湖、天目、巫峡、九疑之类,假称故国,公行劫掠……"其中"假造符玺"云云,原为吴钟峦章奏中语(见黄宗羲《行朝录》卷四、《海外恸哭记》)。黄道周说:"漳南自去秋而后,无复净土。浦、安、和、靖四邑邻壤,啸聚之群,动至千万,度其为患甚于南安。"(《与蒋八公书》,《黄漳浦集》卷一五,道光八年刻本)彭士望对其时的举义者也持论严厉,曰其人"以'义'为声,出没草窃,习屠伯刈人如草菅,事败辄孥戮瓜蔓乡土……"(《送熊鱼及叙》,《树庐文钞》卷六;《树庐文钞》,道光甲申刊本)魏禧对宁都一带"举义"者肆行杀戮劫掠,也屡有谈论。凡此,可用以解释易堂九子当易代之际的选择。黄宗会《亡弟司舆黄君权厝志》(《缩斋文集》)记其地"寨兵"情状,亦可资考浙东反清民间武装,及士民当明亡之际的动向。所记清兵对诸寨清剿手段之残忍,尤可补黄宗羲有关记述之阙略。

② 在这一种叙述中,黄氏的避乱治学,被解释为其"幡然"而悟其使命的过程。黄氏本人"不落事局中"的说法,也像是一种事后的觉悟。可为上述反省注脚的,是一时有关"不出"的记述方式。如黄氏《郑兰皋先生八十寿序》(《黄宗羲全集》第十册)。李清《三垣笔记下·弘光》:"陈仪曹龙正既升今任,竟不赴,因赋诗云:'京华歌舞新南极,野哭汍澜旧帝星。'日闭门耽读,人服其高。时姜给谏应甲、李侍御模见时事日非,俱坚辞不出。"(第 98 页)陆世仪当南朝时说张采(受先),曰"此时而犹欲以一木支大厦,虽先生之德力下学所不敢窥,亦窃有所未解"(《论学酬答》卷一·《与张受先先生论出处书》)。《论学酬答》,小石山房丛书)。如王夫之的悔当时(即当南明朝时)之出,自有痛苦的经验为根据。

之患生焉。"——着眼不全在避祸全生，更在对"吾丧我"（自我丧失）的忧惧，与下述王夫之等事后的反思亦有思路的交叉。黄宗会服其亡弟的先几之识，到其写作此文时，已认同黄宗辕的主张，曰其"静而能综事之变也"（《缩斋文集》第119、121页，上海古籍出版社，1983）。至于同文所记清兵清剿与黄宗炎被逮之时，"伯太冲氏于是外拒患祸，内犍门户，焦然欲丧其生，不得不一切权宜以纾险"（第120—121页），背后还应有更多的故事，可注黄宗辕"生术以弭之"云云，作为考察黄宗羲处明亡之际的重要参考。

参与永历朝事的王夫之，自注其《章灵赋》，追述与义过程，由"孤掌之拊，自鸣自和"，举兵不利，"至于败绩"，到其于永历朝"一意事主，不随众狂，而孤立无援"（《船山全书》第十五册第186—187页），是士人反思其有关经历而极富心理深度的文献。篇中说："使以皓素之姿，聊且受染于淄黄，而中变其故，则终至暮年，不可复改。是则素抱清虚之志者，安能妄投于一试耶？"（第189页）其《家世节录》则说："先君之训，如日在天，使夫之能率若不忘，当不致与匪人力争，拂衣以遁，或得披草凌危，以颈血溅御衣效稚侍中，何至栖迟歧路，至于今日，求一片干净土以死而不得哉！"（《姜斋文集》卷一○，《船山全书》第十五册第219页）他的史论将此意说得更显豁："当世之安危，生民之疾苦，心念之而不尝试与谋"（《读通鉴论》卷八第338页）；"怀忠而愤宗国之倾没，闻有义声者欣然而就之，其不为乱贼所陷者鲜矣"（同书卷一三第469页）。孙枝蔚也自悔其易代之际举动之孟浪，曰："吾少年遭闯寇乱，见张良潜身下邳故事，心窃奇之，遂朝友屠狗，夕客鸡鸣，短衣匹马入北山中，谓当尽射猛虎，然后归见妻子，何其雄也！既而几蹈不测，潜遁行间，幸彼时无秦人十日之索耳，万一危及阃门，忠孝两失，永为罪人矣。吾至今每思之，犹可寒心也。"（《溉堂集》第1172—1173页，上海古籍出版社，1979）但也应当说，此类表述，多少也出于暮年心境。

关于南明朝十余年间"与义"的士人所体验的孤绝，黄宗羲《兵部左侍郎苍水张公墓志铭》（《黄宗羲全集》第十册）、张煌言《罗子木诗序》（《张苍水集》第一编）有生动的记述。鲁王监国时曾从亡海上的黄宗羲，乱后忆及当日景象，曰："落日狂涛，君臣相对，乱礁穷岛，衣冠聚谈。是故金鳌橘火，零丁飘絮，未罄其形容也……"（《行朝录》卷四，《黄宗羲全集》第二册第 141 页）身任隆武朝大臣的黄道周，致书杨廷麟，说："不肖以孤掌荡山，得则为众所睨，失则为众所痴。"（《与杨机部书》，《黄漳浦集》卷一五）仕永历朝、僻处西南的瞿式耜，处境之绝望尚不止于此。其《留守之担难弛疏》，草于永历不顾瞿氏留守桂林的建议，仓促"移跸"之后，疏曰："臣草疏方毕，见辅臣贻臣手书，知皇上于十五日即已移跸武岗。又蒙皇上赐臣敕书二道，勉臣努力图粤。臣捧读再四，涕泪交颐，皇上其竟舍粤而去乎？竟舍臣而去乎？臣前疏留驾，实从封疆起见，字字血泪，岂知臣疏未入御览，圣驾先已启行。臣自此渐远天颜，楚、粤遥隔，呼应不灵……"（《瞿式耜集》卷一第 67—68 页）未死于"虏"，先为"主上"所弃——忠臣的尴尬，莫此为甚。此疏及《变起仓促疏》均备极沉痛，将孤臣孽子的心境，抒写得淋漓尽致。情势如此，其人的末路即不难想见。瞿氏的《临难遗表》自写其被逮前的情境："时臣之童仆散尽，止一老兵尚在身旁。夜雨淙淙，遥见城外火光烛天，满城中寂无声响。坐至鸡唱……""大厦倾圮，固非一木所能支也。"（同卷第 153 页）

　　士人的孤独体验，他们的受辱、被戏弄之感，还因了事件本身的非庄严性。李清《三垣笔记下·弘光》由弘光朝仪，说"一时草率气象，殊可想见"（第 97 页）。至永明朝，朝事之令人啼笑皆非，几近儿戏。《明季南略》卷一一记永明朝"章服"之"错乱"，曰"文武错佩，大小倒置，满朝皆无等威。攘臂脱肩，牛襟马裾，新创朝廷遂成墟市……"（第 368 页）事有更不堪者，永历竟被郝永忠（即李自成麾下之郝摇旗）所劫，"裸体置之城外"（参看黄氏《行朝录》卷五第 146 页）。钱澄之《又寄留守书》曰："国事至此，无可复言，传之异时，徒资笑柄。"（《藏山阁文存》卷二）情境愈益荒谬，"与义"的道义根据也愈益薄弱。一时传状文字好说的"忠臣末路"的凄凉，其深因，也应更在此吧。

　　士夫与所谓"义军"的联系，为时势所迫成，一开始即预伏了深刻的危机。张煌言在举义的当时就对同志者说："新莽僭号，河北群盗，皆以兴复汉室为名；今日山中义师，大率类此，故足下得以折简招之。不孝本来面目何如？亦欲以此术相笼络矣。"（《复田提督雄张镇杰王道尔禄书》,《张苍水集》第一编第 3 页)到"义军"之掳掠更甚于"贼"与"虏",与义的士夫深切地体验到那双书生之手的软弱。在此"乌合"中,士的举动不能不显出滑稽。黄宗羲记冯京第,说其"即在山寨,尚欲以朝典绳其乌合"(《御史中丞冯公墓志铭》,《黄宗羲全集》第十一册第 88 页)。如冯氏者,也可算作明清之际的堂吉诃德吧;当然也如吉诃德先生,明代士人所醉心的"庄严",正于"滑稽"中见出。三百年后,你仍不难想见义士处此境的尴尬,其道义感的被戏弄。

其实在当时,认识到"义军不足恃"的,已不乏其人。陈子龙说夏允彝:"各郡义兵起,同志之士纷纷建旗鼓,足下断其不可恃……"(《报夏考功书》,《陈忠裕全集》卷二七)黄毓祺遗诗中则有"最无根蒂是人群,会合真成偶然文"(《明季南略》卷四第 252 页)等句。

明代士人"说宋"成癖。明亡之际的说"宋",有时直是说"明",说明人明事,说无可奈何的"势"与"命"。王夫之的《宋论》即是适例。关于义军的神话,更是宋元间人的作品。王夫之论宋,就论到了此神话中尤为人所乐道的岳飞与所谓"两河忠义",而与成说大异。王夫之说:"岳侯恃两河忠义以伐金,使无金牌之撤,亦莫保其不与俱溃也。"(《读通鉴论》卷一〇第 382 页)而义军之不足恃,也因"群"的不足恃——又与其士气说相通。"义军之兴也,痛故国之沦亡,悲衣冠之灭裂,念生民之涂炭,恻怛发中而不惜九族之肝脑者,数人而已。有闻义之名,而羡之以起者焉;有希功之成,而几幸其得者焉。其次,则有好动之民,喜于有事,而蹞踔以兴者焉。其次,则有徼幸掠获,而乘之以规利者焉。又其次,则有弱不能自主,为众所迫,不能自已者焉。又其次,则佃客厮养,听命于主伯,弗能自免焉。其名曰万,而实不得半也。即其实有万,而可战者不得千也……""揭竿以为帜,挥锄以为兵,野食鹑栖以为屯聚,此群羊距虎之形也,而安可恃也?""文信国无可恃而后恃之,不得已之极思,非有可恃者之所宜恃也。"(《宋论》卷一〇第 246—248 页)——得之于直接的政治经验,口吻严峻而近于冷酷。《读通鉴论》中也说了相似的意思:"……其果怀忠愤者,一二人耳,其他皆徼利无恒,相聚而不相摄者也。"(卷一〇第 382 页)这样的义军论,意味着放弃遗民式的期待,承认明亡作为过程的不可逆转,无疑需要绝大的勇气。王夫之不乏说出——即使仅仅对自己——事实的勇气。

　　"用众"、"用独"的命题自然也在这里出现了："夫用众不如用独久矣。"(《宋论》卷一〇第247页)[1]我在下文中还将说到明末忠义、遗民对世道人心的严酷性的体验。经验了严酷的,能如王夫之似的直言非但士气不足恃,而且义军不足恃,慷慨之意气不足恃,"琅琅"的谠论不足恃的,能有几人!尽管上述义军论非即空谷足音,但王夫之似的"彻底"仍罕有其匹。顾炎武曾以学者的方式读民间传说,有时不免发为迂论[2];王氏以学者方式读历史神话,则出于清醒的现实感。放弃遗民式的期待,无所用其自欺,因而这不能不是一派岑寂中的独语,在时人听来,必类枭鸣的吧。

　　问题尚不止于此。"进退出处"本是士人的常课;置身明清之际特定的历史情境中,士人不能不体验着选择的艰难。王夫之的深刻处也在于,他承认并不存在"必美无恶"的选择。其《章灵赋》自注说天理迁移无定,"昔之所可,今或否矣",出与不出均不能无弊:"留则河山非有,往则逆顺无垠,求以洁身而报主者,如凿秕求精,亦已难矣。"(《船山全书》第十五册第195页。按,此"留"即不出,"往"即出仕南明朝。)同篇说"悔"亦语意曲折(参看第192页)。他还在其《姜斋六十自定稿·自叙》中说:"楚人之谓叶公子高,一曰君胡胄,一曰君胡不胄,云胄云不胄,皆情之至者也。叶公子高处此,殆有难言者。甲寅以还,不期身遇之,或谓予胡胄,或谓予胡不胄,皆爱我者,谁知予情。予且不能自言,况望知者哉!"(同书第331页)王夫之晚年史论中反复讨论"进退出处",辨析不厌其细,且一再强调"尊严原则",都令人感知"与义"的经历对其人刺激之深。

――――――

① 　王氏将其所谓"用独",提升为更普遍的原则、规范。他说"大臣之道","惟爱身乃以体国,惟独立不受人之推戴,乃可为众正之依归"(《读通鉴论》卷二五第969页)。不但大臣立朝,当"不倚人为援"、"独立不惧"、"孤立自任"(参看《读通鉴论》卷四),而且在野之士亦应取类似的姿态。王氏在《读通鉴论》中反复谈出处去就,反复说"去",说"退",说"安"(如"安土之仁"),是有极其个人的经验依据的。

② 　参看《日知录》卷二五"湘君"、"介子推"、"杞梁妻"等条。

说"民誉"、"流俗"

如果说"士气"论是"士论"，"义军"论即已包含了"民论"。也正是在明亡之际，士人议论中常不免于抽象的"民"，顿时变得具体。明末蜂起的"民变"、"奴变"，鼎革中民情的顺逆、人心的向背，无疑给了士夫前所未有其深刻痛切的教训。戴名世《刘孔晖传》记刘氏守新郑，"县人皆走，孔晖大呼百姓巷战杀贼，莫有应者"（《戴名世集》卷六第164页，中华书局，1986）。《明史》卷二六三记朱之冯守宣府，命左右发炮，"默无应者。自起爇火，则炮孔丁塞，或从后掣其肘。之冯抚膺叹曰：'不意人心至此！'仰天大哭"。《明季北略》卷一一记尹梦鳌事："……百姓见势不支，咸奔避，梦鳌长跪求固守，百姓不从，竟溃散……贼大队毕登，梦鳌四顾，竟无一人共事者，即投乌龙潭淹死。"（第172页）黄宗羲《弘光实录钞》卷二记王家彦："贼入，家彦欲战，而士卒无应者，乃望阙叩头哭曰：'臣无以报皇上矣！'从城上掷身而下……"（《黄宗羲全集》第二册第38页）同卷所记施邦耀处境之绝望，更有甚于是者："邦耀守城，贼入，道梗不得还寓，入民舍自缢。居民恐累之，解其悬；入他舍又缢，他舍民又解之。邦耀取砒投烧酒饮之，乃死……当邦耀求死不得时，叹曰：'忠臣固不易做！'"（第39页）这也是明亡之际事之极沉痛、令人不忍言者。[①]

情境的严酷及讽刺性还在于，到得大局已定，南明王朝及其臣子的命运，似已与多数人漠不相关。孤臣孽子，形影相吊。[②] 散落在"民间"

---

① 《刘子全书》卷四〇《年谱》：崇祯十七年甲申，"夏四月辛卯（初四日）大会绅士于城隍庙，倡义勤王"。"诸绅会者寥寥，各书数十缙而去。越次日，再传单未至诸绅，而应者如前。先生叹曰：'人心如此，天下事可知矣。'乃以己所输金遗抚军，又致书趣其启行。抚军竟不成一旅。"

② 徐孚远序张煌言《奇零草》，曰丁亥秋初识张氏，"其时以为中兴大业，指顾可定。既而玄箸与诸勋偕至南海，亦以为播竿北发，神州豪杰，必有响应者"。其后有己亥之败，"于今又二年。江之南北，尚同寂寂，四七之谶，为有为无。玄箸虽复枕戈，将何所待！"（《张煌言集》第328页）王夫之记永历朝事，说其时"北方久陷，寂不知有岭海立国事。吴、浙阻远，旧臣或潜避山谷，略闻音息，终莫能起，唯南望忾叹，或赋诗寄意而已"（《永历实录》，《船山全书》第十一册第515页，岳麓书社，1992）。

者,则被敌意所包围。① 张煌言集中多处提到的张名振("张侯"),正是吴伟业文集中指为海贼的张氏。当此国破家亡寂寞萧条之际,有志恢复的士人,无不体味着登高大呼而无人应和的滋味。"因笃走塞上访求勇敢士,招集亡命,歼贼以报国,无有应者。"(江藩著《国朝宋学渊源记》卷上第 158 页,中华书局,1983)

明清之交及其后记忠义、遗民的碑传文字,以表彰节义为指归,不免有所讳饰;忠义、遗民们对乱世人心、世情的惨痛记忆,他们在党争、在兵燹、在"义军"崩散走投无路、在告讦与仇杀中所感受的孤独与荒凉,是平世的士大夫所不能想见的。黄氏的碑铭文字即屡及于此,所谓"衣冠道尽",所谓"草摇风动,百毒齐起"。② 黄氏说"怨毒",说"报复",在在可见世途之险、生路之窄。在张煌言墓志铭中,黄宗羲说:"间尝以公与文山并提而论,皆吹冷焰于灰烬之中,无尺地一民可据,止凭此一线未死之人心以为鼓荡。然而形势昭然者也,人心莫测者也。其昭然者不足以制,其莫测则亦从而转矣。"(《兵部左侍郎苍水张公墓志铭》,《黄宗羲全集》第十册第 286 页)明末忠义、遗民体验尤深者,即应是这"人心"之"莫测"且易"转"的吧。《弘光实录钞》卷二所录陈良谟诗,即有"载舟亦覆舟,古今同一辙。顺民即逆民,参观非一日"(《黄宗羲全集》第二册第 42 页)等句。士大夫当此际知其不可而为的绝望反抗,与人心之易转,适成对比。

经验的深刻性,有助于达到反思深度。傅山屡写"士在众人中":

---

① 有关"忠义"、遗民的文字,对其时的告讦、报复,多有记述。刘城《吴次尾先生传》记"忠义"末运:"乡人怨家,咸为耳目,侦伺百辈,战败遂不得脱。"魏禧《一品恩荫太学徐君桂臣墓志铭》:"不逞之徒,动以义士顽民相诮让,撼君于风波者垂三十年始定。凡盗贼水火狱讼相连及,几灭门者再,丧身者四……"(《魏叔子文集》卷一八)全祖望在《南岳和尚退翁第二碑》中说:"丙戌以后,东南之士濡首没顶于焦原,相寻无已,而吴中为最冲。"(《鲒埼亭集》卷一四)罗振玉辑《徐俟斋先生年谱》,记徐枋病"至于呕血沉疴八十日,绝食者六十日,家族无至者",是年却尚有"以逋赋陷先生者"——也要这样才更像人间。

② 黄氏一再说"草摇风动,百毒齐起",如在《查逸远墓志铭》(《黄宗羲全集》第十册)、《赠编修弁玉吴君墓志铭》(同上书)、《按察使副使郑平子先生六十寿叙》(同上书第十一册)等篇中——可见在黄宗羲,当时情事惟此可形容。

士之不合于时,不谐于俗。道学处末世、末俗,尤其是其所善写的讽刺性情境(参看《霜红龛集》卷一五《巡抚蔡公传》)。这也是傅氏关注的"主题"之一。其《汾二子传》记王、薛二子为众人所讥:"汾俗缮樕枢,自搢绅以至诸生皆习计子钱、惜费用,二子者独喜交游,豁达,耻琐碎米盐计,日费殆数倍过诸财房家,而日益贫。汾之人皆笑之。"至二子"与义"而"不知所终,或传王中两箭,晋祠南城楼火发,见薛上投烈焰中;或又曰未也。而汾之人皆益笑之"(卷一五第447、450页)。他还用了调侃的态度说:"吾尝笑僧家动言佛为众生,似矣,却不知佛为众生,众生全不为佛,教佛独自一个忙乱个整死,临了不知骂佛者尚有多多大少也。我此语近于沮溺一流,背孔孟之教矣。"(同书卷二五《仕训》第680—681页)无非出于对"众生"的深刻失望。黄宗会《记刘瑞当所藏平津侯印》所记刘氏之"不通时变"、不徇流俗,为邑之人所非笑,也正如傅氏笔下的"汾二子"。

　　"众人"(即如上述"汾之人")既如此,其毁誉之不足恃即不待言。傅山一再表达了对"众人"之言的深刻怀疑。王夫之在说及岳飞与两河忠义时,更提到了"民誉"之足以杀人,也如倡"士气"的足以杀士,所谓"誉岳侯者之适以杀岳侯也","悠悠之歌诵,毒于谤讪"(《宋论》卷一〇第245页)——似乎有点危言耸听;鲁迅所说的"捧杀",与此却略有点意思相近。王夫之在他的《俟解》一篇中径说"翕然而为人所推奖,乃大不幸事"(《船山全书》第十二册第488页)。王氏在论及清官、循吏时,也一再谈到民誉的鼓励苛政。这里的深刻处在于,王氏不止于真伪之辨(即民誉的可靠与否),他注重的更是舆论的政治功能。①

　　敏感的士人在明亡过程中,一再察觉"众论"的盲目与虚妄。王夫之以其"民誉"论,将有关经验提升了。他在《读通鉴论》卷三、卷四中,

---

① 但他也确有颇为犀利的辨伪之论。如他的循吏论,以"持德而以之化民"为"持券取偿",为"取美誉、弋大官"之资(《读通鉴论》卷一九)。当然对循吏、清官也不便作"一概之论",但不妨承认王氏洞见人性的识力。王夫之一再以不恤毁誉为言,如说"毋以妇人稚子之啼笑、田夫市贩之毁誉为得失"(《俟解》,《船山全书》第十二册第483页)。

一反成说，把李广、赵广汉的得令誉，归因于"流俗之簧鼓"、"流俗之毁誉"；指出酷吏以刻核而得民誉，"效在一时，而害中于人心"（参看第161—162、168页）。在此，他也如顾炎武，较之那些"哗众取宠"的文士和浅见的大臣，是更能虑及深远与根本的，也是更彻底的儒家之徒。出于儒者的秩序意识，也出于对"中和"之为境界的向慕，他以为不但不可启（下之）争，而且不可启（下之）怨，而"干声誉"的酷吏与"邀民誉"的文士则反是。在《读通鉴论》卷末的"叙论"（二）中，他以不苟同"流俗"、"定论"为治史的原则，尤其不苟同"匹夫匹妇已有定论之褒贬"。他本人的这番议论，就已出于流俗与定论之外。

上述民誉论，也更得自乱世的政治经验。明清之际的士人，好谈明末的两大冤狱：袁崇焕之狱与郑鄤之狱。两大狱均可见"舆论"之为生杀的力量。《明季北略》卷二记王化贞、熊廷弼事："……化贞匹马就逮，百姓遮道而哭，呐喊三声；廷弼回京听勘，单骑夜行，百姓若罔闻知，绝无一送。"（第35页）其他如"朝野内外，万口同声"斥周延儒①，弘光朝所谓"假太子"一案的群言汹汹，均足令士人体验乱世人心的狂躁、"众论"的盲目性。

王夫之所谓"民誉"之"民"，主要应指"草民"，但也应包括了无"官守"的士。王氏曾说到"学士大夫的称说"的不可为据（《读通鉴论》卷七）。陈确也谈到士论之失"是非之公"（参看《陈确集》文集卷五《柳柳州论》）。事实上，俗众的舆论，往往因于"士论"、"清议"，甚至俗文化、民间文化，也往往是俗化的士文化。有明二百余年间，草民、俗众以传统的形式（如伏阙申诉、制作谣谚等）干预朝政，无不与士论、清议相呼应。苏州市民的反阉则是显例。因而清议作为一种"众论"，其功能是更值得讨论的。这也应是"群"论的题中应有之义（明清之际士人有关清议的反省，参看本书第四章《关于"言论"的言论》）。

"民誉"亦"流俗"之一种。王夫之引褚无量语"俗情肤浅"，曰："天下之锢人心、悖天理者，莫甚于俗，莫恶于肤浅。"（《读通鉴论》卷二

---

① 参看赵翼《廿二史劄记》卷三一"周延儒之入奸臣传"条。李清《三垣笔记》即不以"奸臣"说为然。

二第 836 页）他还说："流俗之所非,而大美存焉。"（同书卷末第 1176
页）至于其曰"凡但异于流俗,为流俗所惊叹而艳称者,皆皮肤上一重
粗迹,立志深远者不屑以此自见"（《俟解》,《船山全书》第十二册第
485 页）,不啻自道。

王氏论流俗,表达的无宁说正是他关于"民性"的看法。他说："人
之所以异于禽兽者,君子存之,则小人去之矣。不言'小人'而言'庶
民',害不在小人而在庶民也。"此"庶民"即"民众"——着眼仍在人之
为"群"；"流俗"也因"众"而成。王氏接下来说："小人之为禽兽,人得
而诛之。庶民之为禽兽,不但不可胜诛,且无能知其为恶者……学者但
取十姓百家之言行而勘之,其异于禽兽者,百不得一也。""求食、求匹
偶、求安居。不则相斗已而；不则畏死而震慑已而。庶民之终日营营,
有不如此者乎?""庶民者,流俗也。流俗者,禽兽也。"（《俟解》,同上
第 478 页）以上议论正可与其"义军"等论相互发明。如果说义军是
乱世的庶民,这里所论,也包括了平世之庶民。而"君子"（优秀而孤
独的个人）与"庶民"（无理性的众人）,则是其特设的对立两项。至
于其说"小民之无知也,贫疾富,弱疾强,忌人之盈而乐其祸,古者谓
之罢民"（《读通鉴论》卷四第 161 页）——在"贫"、"富"冲突中读
"民性",不消说是以易代之际遍及南北的"贫"者对"富"者的劫掠为
背景的。而一时盛行于民间的"告讦"、"报复",更不难加深民众嗜
血的印象。

在王学流行之后,上述关于"庶民"的认识,无疑像是有意的反拨。
明末东南大儒刘宗周说："世人无日不在禽兽中生活,彼不自觉,不堪
当道眼观,并不堪当冷眼观。今以市井人观市井人,彼此不觉耳。"
（《会语》,《明儒学案》卷六二第 1539 页）其门人张履祥亦说："天下无
足有为,众人而已。鸡鸣而起,孳孳为善,孳孳为利,深心猛力,俱有不
极不止之势……夫跖之徒惜溺于利耳,以之为善,抑亦可称豪杰之士
矣,视众人虚生虚死,何啻什百与千万耶!"（《问目》,《杨园先生全集》
卷二五）或均联系于明末士人的特殊经验,其偏至是一望可知的,"警
策"却正在"偏至"中。王夫之说"朴",说"直",由此论"君子—野人"、

"人—禽",论成见之为偏蔽,也见出析义之精。① 他说人之为人,当于"饥不可得而食"、"寒不可得而衣"处求之,亦自注了其"庶民"、"流俗"等论(参看《俟解》)。② 因而王夫之的反"流俗",与辨仁暴、辨人禽,又有逻辑的贯通。正是此等处使你感到,明清之际大儒思想的彻底性,也多少因于那"偏至"。戴震《原善》卷下的如下议论,较为持平却也更是常谈:"凡此非民性然也,职由于贪暴以贼其民所致。乱之本鲜不成于上,然后民受转移于下,莫之或觉也。乃曰民之所为不善,用是而雠民,亦大惑矣。"③

　　明清之交士人由士之为"群"中走出,由"义军"之为"群"中走出,"遗民"处境也鼓励了"精英意识",此种自觉同时又成对"孤独"的慰藉与补偿——士也从来需要此类补偿。一时如王夫之的激切之论,固宜置诸此种情境中读解。其他如顾炎武对讲学、党社的批评,张履祥对当世"声气之习"的批评,孙奇逢辨析"隐"、"潜"、"闇",以及陈确发挥师说的"慎独",均可置诸同一语境认识。④ 考虑到明代士风的喧嚣浮躁,讲学、党社的每如"一哄之市",你不难知道上述反思的严峻性质。

----

① 《俟解》中有对"朴实"、"率真"、"善于处世"、"灵利"、"勤俭传家"等一系列世俗标准的辨析,直是一篇愤世疾邪的文字,其对世俗社会的规范,对多数人的成见、偏见的批判,亦可诠释王氏的姿态选择。

② 王氏在其他处也屡说"民性",如说"若民私心之恩怨,则祁寒暑雨之怨咨,徇耳目之利害以与天相忤,理所不在,君子勿恤。故流放窜殛,不避其怨而逢其欲,己私不可徇,民之私亦不可徇也"(《张子正蒙注》卷二,《船山全书》第十二册第71页)。儒家之徒面对这世情、民性的本能反应即"化俗"。恰在这一点上王氏与顾炎武思路有别。王夫之既以循吏的"以德化民"为虚伪,他的主张"相因而动"、"感动"(同上书卷二八),就是顺理成章的。

③ 戴震《孟子字义疏证》第78页。《孟子字义疏证》,中华书局,1961。

④ 张履祥批评"声气之习"非自明亡始,参看《杨园先生全集》。孙奇逢说"潜"、"闇",见《夏峰先生集》卷一四《语录》。陈确《与张考夫书》称:"独者对众之称,非离众之称。"语见《陈确集》第583页。其声称"虽一家非之不顾,一国非之不顾,天下非之不顾,千秋万岁共非之亦不顾也",说:"众人之诺诺,果理之必不可夺者哉!"(《答张考夫书》,同书第593页)在这里,"用独"又系学术态度,与王夫之、黄宗羲等人对"一概之论"、"一先生之言"等的批评有逻辑联系。

"遗民"的角色选择,原即选择孤独——无论遗世(当世),还是为世所遗。然而当遗民人数众多时(即共同的遗),真正孤子的,只是其中的优秀者:既拒绝"顺民"身份,又不全然认同"遗民社会"的那一套概念、观念,孤独于此才出于士对其所以为"士"的角色体认,而非止于被动的命运承受。至于王夫之,他不但以其"士气"、"义军"、"民誉"、"流俗"诸论,诠释其所谓"用独",更将这一种孤独之为境界诉诸诗意的描述:"是以笃实之光辉,如泰山乔岳屹立群峰之表,当世之是非、毁誉、去就、恩怨漠然于己无与,而后俯临乎流俗污世而物莫能撄。"(《俟解》第 481 页)赋有上述境界者,自非具体历史时空所能限圃,非"当世"所能范围。当其说"求诸己而无待于物"时,其所谓"物"也应包括了"遗民社会"通行的规范。你因而又不难想到,如王夫之这样的遗民,何尝能仅用"遗民"这一名目指称!

　　王夫之"用独"说的深刻之处,在于它非由官方意识形态或前在命题(如"群而不党")出发,其中更有士对其存在的认知;还在于它显系得自明亡之际的政治观察与直接的政治实践,命题中有依然生动的"活的历史"。"用独"说所包含的对明代士风的反省,则显示了士的自我批评的严肃性,士的有关的反省能力及反省深度,亦可视为士的成熟性的一份证明。[1] 当有关"士气"、"义军"等的神话破损之后,在幻灭与绝望之余,那目标的选择与使命承当,才更有根柢,也更足作为一代大儒的人生境界吧。

　　王夫之自叙其《九昭》,曰:"仆以为抱独心者,岂复存于形埒之知哉!"(《船山全书》第十五册第 147 页)同篇还说:"悲孤绪之独萦兮,旷千秋而无与。晋谋古而不获兮,奚凡今之可诉?"(第 154 页)本节开头说到王夫之处境之"独"。到这里可以知道,其"用独"乃一种精神品性,略近于"信心",可注以他所好说的"自靖"、"自尽";由其说"待访"(参看本书第五章第二节)可知,其"用独"的更深的根柢,在儒者所谓

---

[1]　如黄宗羲《王义士传》(《黄宗羲全集》第十册)记一僧批评王义士不应以死"弥街绝里眩曜于人";《碑传集补》卷三六《王岩传》,记王岩规劝某欲隐而"遍乞天下名人为送行之文"者以"息交游,远名誉"——死亦宜独,隐亦宜独。

的"为己之学"。以其穷居荒山为"用独",不免拘于形迹,将其义说浅了。但那童冈、渴溪毕竟是一种象征。正如顾炎武选择漂泊是选择自我象征,王夫之对近于孤绝的处境的选择,亦选择自我象征。由王夫之的躬行其所主张,你也可以感到湘人的倔强沉毅,相信那一种居蛮荒处茕独的坦然:"居今之日,抱独之情,奚为而不可也?"(《船山记》,《船山全书》第十五册第128页)

第二章 易代之际文化现象论说

第一节 南 北

南北区分与肤色等区分同其古老,属于造物为人类设置的生存情境。但南北之为话题,在古代中国的语境中,却向有模糊影响之病——即圣贤也未必能外。经典表述中的南、北,是缺乏明确界定的。到本书所论的这一时期,模糊影响或更有甚者。本节意在对有关话题的背景进行分析,对所涉及的地域概念就不一一辨析了。

南北与朝廷政治

关于明代朝廷中的南北之争,陈纶绪《记明天顺成化间大臣南北之争》一文有细致的分疏。[①] 朝廷政治中的南北争持,自然不是唯明代政治中才有的特殊景观;士人论人(这里是政治人物)的"南北"眼光也其来有自——与古代中国政治史的演进形势密切相关。至于明代士人的好说南北,自与明代政治中的"南北"主题关系匪浅。朝议影响士论,也是古代政治生活中的寻常情景。

明代皇帝直接干预朝中南北之争,以天顺、成化朝为突出,陈纶绪文对此已有详尽的叙述。这也是帝王个人好恶影响朝廷政治的例子。此种事例虽非仅见于明史,但明代如英宗,其干预方式之直率任性,仍有十足的戏剧性。《明史》卷一七六岳正传记英宗对岳语:"尔年正强仕,吾北人,又吾所取士,今用尔内阁,其尽力辅朕。"同卷彭时传曰:

---

① 陈纶绪文收入包遵彭主编的《明史论丛》之四《明代政治》,台湾:学生书局,1968。

"帝爱时风度,选庶吉士。命贤尽用北人,南人必若时者方可。"同书卷一七七王翱传记翱"性不喜南士。英宗尝言:'北人文雅不及南人,顾质直雄伟,缓急当得力。'翱由是益多引北人"。亦所谓上有所好,下必甚焉。主上以其好恶用人行政,大臣自可无所忌惮。

英宗此种表现,并不有违于"祖宗法"。人主强行干预南北朝臣的权力分配,并由此人为地制造和加剧朝中南北之争,正由"二祖"发端。在明代政争党争中,以下事件应如实地看做含义严重的象征。"初制,礼闱取士,不分南北。自洪武丁丑,考官刘三吾、白信蹈所取宋琮等五十二人,皆南士。三月,廷试,擢陈䢺为第一。帝怒所取之偏,命侍读张信等十二人覆阅,䢺亦与焉。帝犹怒不已,悉诛信蹈及信、䢺等,戍三吾于边,亲自阅卷,取任伯安等六十一人。六月复廷试,以韩克忠为第一。皆北士也。"(《明史》卷七〇)时谓之"南北榜"。此后的以南北定取士之额,科试分南、北、中卷,即由此始;其间还有权相巨珰自为增减、"各徇其私"的情况。至于成祖,则因起家北地,虽在"革除"之际不得不任用南士,亦"思得北士用之"(《明史》卷一七七王翱传)。但在成祖、尤其太祖,又不便简单地以个人好恶视之,那更像是出于人主权力制衡的谋略。

上述政治行为不只是提示,且是示范,其效应也不止于权力、利益分配,还在经由用人行政,影响南北的人文面貌、文化生态——王朝的铨政一向具有此种功能。由此也可以看到明代帝王性情的突出表现,尤其明太祖作为"布衣天子"夸张的权力意志。人主的"南人"或"北人"心态,则又与其本人经历有关。陈纶绪文说仁宗"居南京时,日与南方诸大臣处,俨然南人";而"宣宗尤然"。上引英宗的自居"北人",自然因了成祖迁都后的情势。至于因"革除"所引起的南北政治的倾斜(屡为士人所批评的"御史以南北为限,显分轻重"、科道之以南北都而分轻重、国学的南北监分轻重等,尚非大端),规定了明代政治的基本面貌。当年燕王的"靖难"之举影响于明代历史之巨,仅由这一具体方面也可以见出。

在任人行政上,明代政治中引人注目的,还有对官员所"官"之地的某些特殊规定。"南北更调",应属祖制;不得官乡邦,也算不得独出心裁。较耐人寻味的,是某些针对东南人士的限制性规定,如苏浙人不得官户部以至余姚人不得为京官等,这里既有可供明言的根据,又有人主复杂的心理背景,这是后话。直至明亡之际,人主命将,尚以"南北"为说。《三垣笔记附识中·崇祯》记贼陷平阳,崇祯欲督师,"陈辅演请代,上曰:'南人不可。'……至李建泰请代,上曰:'卿以西人平西地,朕愿也'"(《三垣笔记》第221—222页)。而陈演、李建泰,均为事后被追论不已者。同样耐人寻味的还有东南士民于明亡之际的态度。论者好说明代养士之恩,作为"明末忠义之盛"的解释,这至少不足以解释东南(比如浙东)的忠义迭出:如果考虑到终明之世东南财赋之重,及朝廷政治中对东南士人的某种抑制的话。至于明清之交士人对明代"东南政策"的批评,其态度之激切,亦可认为属压抑既久的反弹。

党争也非为明代所特有,但党争之激烈、严酷,可与明末比拟的,唯有东汉。明代党争,其因非止一端;除政见(如嘉靖朝的"大礼议")、政治关系(如廷臣与中官)外,铨选(甲乙科,以至与科试有关的座主、门生关系等)、学术(门派等)、其人所属地域,无不为党争所凭藉。甚至朝臣的语音也为党论所援据。《明史》卷一九七黄绾传,记杨一清以绾"南音"而"不令与经筵"事(杨一清,云南安宁人,徙巴陵;黄绾,黄岩人)。更为人所歧视的"南音",当是开化迟于江浙的闽粤等处的语音。同卷霍韬传,记"韬自以南音力辞日讲"(韬南海人),可资佐证。同书卷二一七李廷机传谓"闽人入阁,自杨荣、陈山后,以语言难晓,垂二百年无人,廷机始与叶向高并命"云云,亦"语音"影响于仕途之一例。①

党争往往由人主直接干预或推动。"大礼议"是显例。上文提到的南北之争亦其例。这里尚未说到明末极之活跃的党社运动。《日知录》卷一三"宋世风俗"条录陆游岁暮感怀诗:"在昔祖宗时,风俗极粹

---

① 语音问题在文化价值论者,一向具有敏感性。语音歧视也属古老的文化歧视。《日知录》卷二九"方音"、"国语"条,提供了南北间与语音有关的文化歧视的事例。这种歧视尤为政治史(如南北政权分立)所强化。《颜氏家训·音辞》中说,自魏以后,"音韵锋出,各有土风,递相非笑"。颜氏本人的南北语音比较,很见精彩(参看同篇)。至于宋、明,情况不能不有其特殊性。宋路德章的诗《盱眙旅舍》云:"道旁草屋两三家,见客搥麻旋点茶。渐近中原语音好,不知淮水是天涯!"以"中原语音"为南渡士人情怀所寄,与下文将提到的郑思肖对北音的厌恶,同属政治影响于人的语音感觉的例子。

美。人材兼南北，议论忘彼此。谁令各植党，更仆而迭起。中更金源祸，此风犹未已……""南北"之为植党的依据，也应是政治史、尤其宋元以还的政治史的结果。如明末那样的激烈对抗，足以搜集历史过程中既经积累的诸种对立形式且加以强化。《明史》卷一六八万安传："而安为首辅，与南人相党附，玥与尚书尹旻、王越又以北人为党，互相倾轧。"这是成化年间的事。到天顺朝，"王翱为吏部，专抑南人，北人喜之。至夔，颇右南人……"（同书卷一七七姚夔传）可以认为，这种对抗，参与准备了天启朝远为残酷的党争。党同伐异必不止于笼统的"南北"。弘治朝，焦芳因谢迁、彭华故恨及余姚、江西人，每言及，即"肆口诋詈"，至"榜逐余姚人之为京官者"，以"王安石祸宋，吴澄仕元"为由，排摈江西人（参看《明史》卷三〇六焦芳传）。[1] 俞正燮《癸巳存稿》补遗《熊廷弼狱论》，论及邹元标对于熊廷弼狱及杨涟之死的责任，也归结为邹氏对湖广人的恶感（商务印书馆，1957）。明末党争中的所谓齐、楚、浙党，自有这种日益细致的地域排异倾向为基础。焦芳在《明史》中，是"阉党传"中人物。王夫之于明亡后作《读通鉴论》，以"石敬瑭割土于契丹，宋人弃地于女直，冀州尧、舜之余民，化为禽俗"，解释北人的所谓"党邪丑正，与宫奄比以乱天下"（卷三第 139 页），足证南北成见之深固。[2] 就"程度"言，明代政治史中的南北对峙，又确可称特殊。

　　最深刻的文化歧视，通常是由"政治"表达的。明清之际最激烈的南北论，即王夫之的"夷夏—南北"，所论也是某种地缘政治视野中的南北。王夫之处明清之际，也如南渡后的宋人，现实政治影响到其对北部中国（即大河以北）的文化感情。他说"三代以上，华、夷之分在燕山，三代以后在大河"（《读通鉴论》卷一二第 454 页），说"大河以北，人狃于羯胡"（同书卷一七第 638 页）；甚至以其地而"夷"之，以其人而"兽"、"禽"之，径说河北"数千里之区，士民无清醒之气，凡背君父、戴

---

[1] 《明史》同卷记杨廷和语："宋、元人物，亦欲并案耶？"同卷还记焦芳"深恶南人，每退一南人，辄喜。虽论古人，亦必诋南而誉北，尝作《南人不可为相图》进瑾"。

[2] 陈纶绪《记明天顺成化间大臣南北之争》一文中说，天顺成化年间，南北之争中大臣结交奄竖外戚佞幸小人"不独北党为然，南党之彭华、万安、尹直等，皆以此得势者也，而万安又其最"（《明代政治》第 268 页）。

夷盗、结宫闱、事奄宦、争权利、夸武觌者，皆其相尚以雄，恬不知耻之习也"（卷二六第 974 页）——表达的情绪化，只能置诸党争的氛围中解释。王夫之上述议论，确也是其时南北论中最可称极端的例子。民族情绪借诸地域概念寻求表达，其时黄宗会论"南北—夷夏"，与王夫之若合符契。黄氏认为"幽冀两河之地"，"自春秋时已有慕夷即戎之风，由唐而后，则离中国而入夷戎者日多，故其言语、赘币、服用，习之恬不为怪，视畔君父如置弈然……"（《地气》，《缩斋文集》第 8—9 页）尽管达到相似判断的前提并不一致。①

于天启年间大爆发的党争，到南明朝犹未息，由清初政坛与士人言论间仍可得其消息。明清之际的情势非但不足以消弭南北成见，倒像是为对峙提供了新的条件与根据似的。王夫之上述"夷夏—南北"论，所依据的正是近事。被其时南北论者引为证据的，尚有甲申、乙酉之际与节操有关的事实。《明季北略》卷二一记施邦曜："先帝升遐，九列中最先自尽者倪文正与公，皆越人。后又得一周文节。二十有一人之中，而绍兴乃三人。其后则刘都宪、祁金都、余庶子等，不绝书也。盖浙东诸郡中，绍兴士大夫尤以文章气节自负云。建文死难诸臣多出江西，数年来亦复然，而越州次之，吴及闽又次之。呜呼，盛矣！"（第 511 页）同卷还有对甲申北京文臣死难而得赠谥者所"籍"的统计。明清之际江南（尤其东南）抵抗之力，清廷于清初对江南士人的报复之举，都足以使"北人"这字眼在南人那里有更复杂的意味。这一点倒确可比拟于南宋末年。郑元祐《遂昌山人杂录》记郑思肖自宋亡，"矢不与北人交接；于友朋坐间见语音异者辄引起"（括苍丛书）。《宋诗纪事》记汪元

① 在史论中，王夫之一再以其所谓"天情""地气"，说夷夏之分之为天意，参看《读通鉴论》卷三第 127 页、卷一二第 454—455 页、卷一三第 485—486 页等。《黄书·离合》（《船山全书》第十二册）也说大地理。同时钱谦益也说"大地理"，以之为夷狄入主不合天意的根据。参看《牧斋有学集》卷二二《赠愚山子序》、遂汉斋校印《钱牧斋全集·有学集》补遗卷下《一匡辨》下，等等。黄宗会则不以"地气"说为然，以为"风气"系于"时"与"人"，其《地气》一文说："自俎豆冠裳之气盛，则南劲，南劲则兼北"；"毡裘骑射之气盛，则北劲，北劲则兼南"（第 8 页）。借诸"夷夏—南北"这一题目，黄氏也如王夫之，恣意表达了南人对于北人的偏见，与遗民的悲愤。

量当元兵入城后所赋诗中有"南人堕泪北人笑"（第 1888 页，上海古籍出版社，1983）句。"南—北"，被"历史"作成了何等严重的题目！

都燕批评·东南—西北

明清之际士人（尤其遗民）的南北论，往往借诸明代政治历史批评而展开；其中有过一些较为集中的话题。如对成祖迁都北京的重议。这曾经是一个极其敏感的话题。永乐十八年"以殿灾诏求直言，群臣多言都北京非便。帝怒，杀主事萧仪"（《明史》卷一四九夏原吉传）。永乐十五年陈祚与周文褒、王文振"合疏言建都北京非便，并谪均州太和山佃户"（同书卷一六二陈祚传）。到永乐十九年，却仍有邹缉其人上疏说迁都之害，主张"还都南京"（同书卷一六四邹缉传）。直至仁宗即位，胡濙尚"力言建都北京非便，请还南都"，理由是与明清之际的论者一致的，即"省南北转运供亿之烦"（卷一六九胡濙传）。至于嘉靖朝靳学颜应诏陈理财，所发虽非都燕论，其关于北地人文条件的说法，则与其后批评都燕者合致："国家建都幽燕，北无郡国之卫，所恃为腹心股肱者，河南、山东、江北及畿内八府之人心耳。其人率骛悍而轻生，易动而难戢，游食而寡积者也。一不如意，则轻去其乡；往往一夫作难，千人响应……"（卷二一四靳学颜传）凡此，均可见士论之顽强，士人在此问题上的坚执。这一话题终因明亡这一事实，失去了其所曾有过的风险性质。只是到明清之际旧话重提时，语境已大为复杂；读有关文献，清晰可感明代士人尤其江南、东南士人积久的怨愤：既是对于话语禁忌的，更是对于我们下面将要谈到的政治、经济事实的。还不止于此；其间还有士人对于他们所以为的决定了明代"世运升降"的燕王之篡的认识与情感态度，对于士人命运所倚的明王朝政治的深刻失望。不妨认为，有明二百余年间被禁锢的思想，在借诸明清之交的士人寻求表达。

明清之际士人对"都燕"的批评，首先由经济事实、其次由人文环境立论。这两种思路均非开启于此时，只不过有关问题被赋予了时势的严重性而已——尤其在推究明亡原因的场合。黄宗羲《明夷待访录·建都》即将"建都失算"列为"亡之道"之一，并明确地以都金陵为"王者"的明智选择。这里"始谋之不善"、"建都失算"等等的主语均系成祖；与顾炎武以洪武、永乐之间为"世道升降之一会"（《日知录》卷一八"书传会选"条），其思路当不无衔接。①

论者的有关批评，或也因了对明代国初文献的失考。潘柽章《国史考异》卷三《高皇帝下（五）》："郑晓《今言》云：国朝定鼎金陵，本兴王之地，然江南形势，终不能控制西北，故高皇时，有都汴都关中之意。方希古懿文太子挽诗曰：'相宅图方献，还京疾遽侵。关中诸父老，犹望翠华临！'盖有都关中之议，以东宫薨而中止也。姚福《青溪暇笔》亦云：国初欲都关中，尝命懿文太子往相其地，不果迁也。考《实录》洪武九年六月，监察御史胡子祺请都关中，上览奏称善。则圣心之欲迁长安，非一日矣，顾时未可耳……朱国祯《大政记》谓：太祖将徙都关中，秦王闻之，有怨言，召入京锢之。命太子巡抚，父老欢迎曰：山河百二，复见汉官威仪矣！太子悦，还奏，上亦甚喜。计定，赦秦王，将改封，仅五阅月，太子薨……太祖末年，大政大议，悉付太子，暨太孙参决，国史概削不纪，即迁都之议，亦几于湮没，可叹也！"（《国史考异》收入包遵彭主编《明史考证抉微》，台湾学生书局，1968；上引文字见该

① 对都燕的批评，明亡前即有。如于慎行《谷山笔麈》卷一二《形势》："唐都长安，每有盗寇，辄为出奔之举，恃有蜀也，所以再奔再北而未至亡国，亦幸有蜀也。长安之地，天府四塞，辟如堂之有室，蜀以膏沃之土处其闺阃，辟如室之有奥，风雨晦明有所依而蔽焉。盖自秦、汉以来，巴、蜀为外府，而唐卒赖以不亡，斯其效矣。今日燕京之形，辟如负扆端拱坐于堂皇之上，南面而临天下，形胜则甚伟矣，然而形有所不足者，有堂而无室，况奥窔之间耶？"（第136页，中华书局，1984）只不过明亡之后，有关议论更无忌惮而已。陈子龙《吴问》："余惟古之君王都江左者，或得或失，强弱异观。要之，高皇之泽伟矣！虽功德遐被，神明洋溢，推所浸大，实惟有吴风教固殊焉……"（《陈忠裕全集》卷二八）《南渡录》卷一记崇祯十七年五月袁继咸疏陈致治足国大计，中谓："自昔论建都者，右西北而左东南，以西北之势足起东南，东南之势不足以起西北，亦据六朝、五代、弱宋之成迹论耳。我高皇帝龙飞淮甸，定鼎金陵，卒能芟群雄，驱胡虏，取中原，安在东南不可起西北哉？"（第18页）此种议论中似有批评成祖都燕的潜在语义。陆世仪《思辨录辑要》（正谊堂全书）卷一五议论建都，以洛邑为上。其说建都北平之弊，与时论一致。王夫之批评都燕，参看《读通鉴论》卷三第131页。但王夫之对都燕的议论不尽一致。参看《黄书·后序》（《船山全书》第十二册）、《噩梦》（同书第590页）、《识小录》（同书第608页）等。而土木之沮南迁者，到明亡仍为人追慕。如查继佐《罪惟录》帝纪卷一《帝纪总论》所谓"南迁之议一概不行，不审时要"。

书第 97 页)①不妨设想一下，若懿文太子未薨于此时，明代历史该会如何书写。仅由上述材料也可知，以"西北"为枢轴，曾经是何等顽强的信念！

批评都燕，"转运供亿之烦"始终被作为重要理由；与此相关的，则是"东南赋税之重"。这也是有明一代朝野议论中的一个敏感话题。万历朝工科给事中徐贞明在其所上水利、军班二议中即谓："神京雄据上游，兵食宜取之畿甸，今皆仰给东南。岂西北古称富强地，不足以食廪而练卒乎……东南之力竭矣。"其《潞水客谈》发挥此义，说："以国家之全盛独待哺于东南，岂计之得哉？"(《明史》卷二二三徐贞明传) 虽非对于都燕的直接批评，仍可令人见出一种认识的积累过程，士人的有关对策的形成过程，士的明亡追究的思路在明代政治中形成的过程。在万历朝，即使徐贞明开发西北水利的主张，也不免沮于南北"党见"。② 但这仍不妨碍"西北水利"成为士人不惜重复论说的题目。③ 到明清之

---

① 仅由郑晓的《今言》，也可知此前与都燕有关的思路，如："南京城大抵视江流为曲折，以故广袤不相称，似非体国经野辨方正位之意。大内又迫东城，且偏坡卑洼，太子、太孙宜皆不禄，江流去而不留，山形散而不聚，恐非帝王都也。以故孝陵欲徙大梁，关中，长陵竟迁北平。"(该书卷三第 221 条) "国朝定鼎金陵，本兴王之地。然江南形势，终不能控制西北。故高皇时已有都汴、都关中之意。观洪武元年诏曰：'江左开基，立四海永清之本；中原图治，广一视同仁之心。其以金陵、大梁为南、北京。'" (卷四第 274 条) "南都水军胜于陆卒，营马壮于江舟。然战守皆不得地利，孝陵再三欲徙都不果，成祖决迁北平，万世之虑也"(同卷第 297 条)。王锜《寓圃杂记》卷一《建都》："是则都燕之志，太祖实启之，太宗克成之矣。"(第 1 页，中华书局，1984)

② 《明史》卷二二三徐贞明传，记徐氏经营京东水田，因"北人惧东南漕储派于西北"，"事初兴而即为浮议所挠"事。

③ 朱鹤龄《禹贡长笺序》："今夫天下之大患……又孰有过于中原土旷，弥望蒿莱，竭东南一隅以养西北者乎？"(《愚庵小集》卷七第 285 页) 同书卷一三《读吴越世家》也说东南赋重。吴伟业《封中书舍人石公乾篆墓志铭》即称扬"石氏之先"与西北水利有关的贡献，言及"汉、唐虽转漕河、渭，而秦人务稼穑，土之所入，衣食京师，不专取足于江、淮，故天下不困"(《吴梅村全集》卷四四第 928 页)。王夫之则说东南为立国根本由来已久(参看《读通鉴论》卷二六第 1022 页)。《广阳杂记》卷四："北方为二帝三王之旧都，二千余年，未闻仰给于东南，何则？沟洫通而水利修也。自五湖云扰以迄金元，沦于夷狄者千有余年，人皆草草偷生，不暇远虑，相习成风，不知水利为何事。故西北非无水也，有水而不能用也。""予谓有圣人出，经理天下，必自西北水利始。水利兴而后天下可平，外患可息，而教化可兴矣。"(第 197 页)

际,刘献廷还在其《广阳杂记》中畅论开发西北水利之为"经理天下"之始。正是这类话题,使"东南—西北"比较获得了通常南北文化比较所不曾具有的严重性。

"东南之力竭矣",亦叹亦怨,终明之世,时时可闻。《日知录》卷一〇"苏松二府田赋之重"条录邱濬《大学衍义补》语曰:"韩愈谓赋出天下,而江南居十九。以今观之,浙东西又居江南十九,而苏松常嘉湖五府,又居两浙之十九也。"此种议论,见诸文献,几不胜例举。上文所引黄宗羲论"都燕之为害",也以"江南之民命竭于输挽,大府之金钱靡于河道"为说。王夫之史论更追溯至于唐,以之为千年弊政,并以他所认为的西北民风之恶,作为"竭三吴以奉西北,而西北坐食之"的结果(《读通鉴论》卷二三),愤愤之情,溢于字行间。[1] 也如对"西北水利",相关的"东南赋重",到清代,仍为士人议论不已。

国家政治—经济生活中的上述倾斜,由来已久,此中亦有人主以个人好恶(或者说"恩怨")影响政事的例子。《魏源集·书明史稿二》中说到明初之政:"且明太祖平张士诚,恶苏民为士诚守城不下,命苏、松田亩悉照私租起赋,凡淮张文武亲戚及后日籍没富民之田,悉为官田。"[2]在明代政治中,这或也算一种"公开的秘密"。到清初,江南士人命运似又经历了一度轮回。具有讽刺性的是,清初人主的惩创东南士

---

[1] 王氏追溯此倾斜之始,说:"自唐以上,财赋所自出,皆取之豫、兖、冀而已足,未尝求足于江、淮也。恃江、淮以为资,自第五琦始。"(《读通鉴论》卷二三第 861 页)"唐立国于西北,而植根本于东南";到宣宗时,即已"视东南为噬肤不知痛、沥血不知号之圈豚池鹜也"(同书卷二六第 1022、1023 页)。

[2] 魏氏接着说:"建文二年,降诏减免,每亩止输一斗,可谓干蛊之仁政。乃成祖篡立,仍复洪武旧额,至今流毒数百年未已。此事建文是而永乐非,比户皆知。"(《魏源集》第 223 页,中华书局,1976)《明史》卷七八食货志记太祖初政,"惟苏、松、嘉、湖,怒其为张士诚守,乃籍诸豪族及富民田以为官田,按私租簿为税额"。"大抵苏最重,松、嘉、湖次之,常、杭又次之。"也有持异见者。朱彝尊《国子监生钱君行状》曰:"江浙赋凤重,吴俗相传,明太祖恶张士诚拒守,故重敛其民……君所论辨其非是,谓祸始于贾似道经界推排之役。当日原有官田民田,官田输租,民田输税。其后知府事赵瀛,取而均摊之。嘉兴官田不及二千顷,而民田五千八百余顷,故其赋最轻。嘉善民田止三千一百余顷,而官田二千七百余顷,故其赋于三县中最重。轻重由官民田数不均,非因嵌田之故。著论万言,推衍事始,更端诘难,其言旨悉与予合。"(《曝书亭集》卷八〇第 899 页)

人，竟也因其抵抗之顽强，即大局已定后仍迟迟不肯归附。使江南士人大吃其苦头的"科场"、"奏销"、"哭庙"三案及庄氏史狱，无不宣示着人主的报复欲——也是所谓"公开的秘密"。梁启超《中国近三百年学术史》(十二)说到雍正之恨浙人："雍正因晚村之故痛恨浙江人，说道：'朕向来谓浙江风俗浇漓，人怀不逞，如汪景祺、查嗣庭之流，皆谤讪悖逆，甚至民间氓庶，亦喜造言生事，皆吕留良之遗害也。'"(《梁启超论清学史二种》第 292 页，复旦大学出版社，1985）吴伟业则以清初铨选、制科提供了佐证："溯国家天造之初，遭风云致公辅者，多在大河以北，我东南之人由制科进者，先后哀然为举首，然及其亲之存者，不过一二人而已。"(秦重采神道碑铭，《吴梅村全集》卷四二第 886 页）"余窃慨吾郡旧门少俊，比年渐惰窳于学，甚有弃而从它业者。""盖国家选众大半近于唐制，吾南士又为科徭所累，志气沮退，学殖日荒……"(徐开法墓志铭，《吴梅村全集》卷四五第 945 页）

西北—东南·西北

"东南—西北"的政经倾斜，自然是在漫长的历史过程中形成的。据《日知录》，"春秋之于楚吴"，尚"斤斤焉不欲以其名与之也"（参看该书卷四"楚吴书君书大夫"条）。东汉葛洪著《抱朴子》时，吴人尚有不但"学中国之书"，且"效北语"甚而"学中国哭"者(《抱朴子》外篇《讥惑》)。但就该书因"东南儒业，衰于在昔"而发为不平之鸣看，彼时江表确已相当开化。① 到了明清之际，北方的衰落早已成不争的事实。顾炎武由世族兴衰说南北世道升降，感慨系之："今日中原北方虽号甲族，无有至千丁者，户口之寡，族姓之衰，与江南相去复绝。其一登科第，则为一方之雄长，而同谱之人，至为之仆役，此又风俗之敝，自金元以来，凌夷至今，非一日矣。"(《日知录》卷二三"北方门族"条）而西北

---

① 《抱朴子》外篇《审举》："江表虽远，密迩海隅，然染道化，率礼教，亦既千余载矣……惟以其土宇褊于中州，故人士之数，不得钧其多少耳。及其德行才学之高者，子游仲任之徒，亦未谢上国也。昔吴土初附，其贡士见偃以不试。今太平已近四十年矣，犹复不试，所以使东南儒业，衰于昔也。此乃见同于左衽之类，非所以别之也。"

之衰落则殊甚。同书卷二二"九州"条,追原"天地之气"何以"自西北而趋东南,日荒日辟,而今犹未已"。顾氏卜居华下,所见到的就是这番景象:"关辅荒凉,非复十年以前风景"(《答徐甥公肃书》,《顾亭林诗文集》第138页);"此中荒凉特甚"(《与人书》,同书第99页)。这使他于卜居时不能不有游移:"三峰之下,弟所愿栖迟以卒岁者,而土瘠差烦,地冲民贫,非所以为后人计。"(《与熊耐荼》,同书第192页)其时的梁份、阎尔梅均亲历西北以至边陲,有极生动的记述,可注顾氏上述感慨。

顾氏同时之人谈论起同一事实,态度有时更为激烈。黄宗羲在断言当"都金陵"时,即以"东南—西北"比较为论据:"或曰:古之言形胜者,以关中为上,金陵不与焉,何也? 曰:时不同也。秦、汉之时,关中风气会聚,田野开辟,人物殷盛;吴、楚方脱蛮夷之号,风气朴略,故金陵不能与之争胜。今关中人物不及吴、会久矣,又经流寇之乱,烟火聚落,十无二三,生聚教训,故非一日之所能移也。"(《明夷待访录·建都》,《黄宗羲全集》第一册第21页)[①]这里的比较不止着眼于经济("粟帛"),更着眼于文化("人物"一向被士人作为文化衡度的重要指标)。吴伟业有"秦、豫土疏民慢"的说法(《崇祯九年湖广乡试程录·第三问》,《吴梅村全集》卷五六第1121页),到清人皮锡瑞由经学历史,说到北方以政治"统一",南方则以文化"统一"("尤可异者,隋平陈而南并于北,经学乃北反并于南;元平宋而南并于北,经学亦北反并于南。论兵力之强,北常胜南;论学力之盛,南乃胜北。隋、元前后遥遥一辙,是岂优胜劣败之理然欤? 抑报复循环之道如是欤?"语见《经学历史》第282页,中华书局,1959),南人的文化优越感已不假掩饰。前于此,王夫之即曾说:"长安自汉以来,芜旷而不可为奥区久矣。"(《读通鉴论》卷一二第457页)他甚至不惜过甚其词,以状此"芜旷":"其野人恶舌喑哑,

---

① 《谷山笔麈》卷一二《形势》:"唐开元、天宝间,中国强盛,自长安西门,西尽唐境,万二千里,闾阎相望,桑麻蔽野,天下言富庶者,无如陇右。所谓万二千里,盖包西域属国而言,陇右则会之临、巩二府也。萧条千里,旷无人烟,视古之富庶,殆如异域,何地利相悬之甚也?"(第135页)

以胁羸懦之驯民；其士大夫气涌胆张，恫喝以凌衣冠之雅士"（同书卷二三第 862 页）——江南士人俨然受害者。上述十足情绪性的表达，亦源于问题本身的激情性质。

但这仍然只是一部分事实。对于"西北"的历史文化感情，即使到此时也仍深植于士人之心。钱谦益说："生平恩门良友，多在关中。"（《复李叔则书》，《牧斋有学集》卷三九第 1346 页）对座师孙承宗更备极敬慕，其所作孙氏行状云："公生长北方，游学塞下，钟嵂峒戴斗之气，负燕、赵悲歌之节。"（《牧斋初学集》卷四七第 1235 页）傅山说所谓"西北之文"，曰"其文沈郁，不肤脆利口耳。读者率侜侜之，以为非文……"文末自署"西北之西北老人傅山题"（《序西北之文》，《霜红龛集》卷一六第 465 页）。

傅山晋人，其说西北宜有此论。更值得注意的，是其时南方、东南人士对西北的情感态度。即使有上文说到的政经倾斜，也未使历史文化意义上的"西北"失去魅力。这一时期士人以其对"西北"之为文化性格、气象的刻画，表达的更是对一种精神价值的坚持，当此特殊时世，也是民族认同感的表达。南方士人、遗民中，对西北情有独钟的，就有屈大均。作为粤人，屈大均一再表达其对于西北文化的倾慕。他说："盖星有北辰，岳有太华，皇都有关中，皆天之枢地之纽，国家之根蒂也。天以北辰为心，地以太华为腹，王者建京，当上法北辰，下师太华，以居天地之心腹也。"篇末议论，对西北形胜的历史文化含义的阐发，亦足见其西北情结："……是则盈天下皆太华之所磅礴矣！故自天地初辟，太华定而天下之形势以定，太华诚天下名山之大宗，而四岳皆其支庶者也。然则君子居之以立天下之正位，舍此其又何之焉？"（《登华记》，《翁山文钞》卷二，商务印书馆，1946）还说："予曩至关中，于华阴、三原、富平留连颇久……二十年来，神思之所注，梦寐之所之，未尝不营营于二华之麓，漆沮之墟，慈峨清峪之际。其地土厚水深，风俗刚厉，人鲜骄惰，国易富强，为可畏而可爱也。"说其人"强毅果敢，为山东诸国所不及也"（《关中王子诗集序》，《翁山文外》卷二，宣统二年上海国学扶轮社校刊发行），与下面将要谈到的顾炎武所见有合。屈大均的西北情结，有极其个人的理由：为他所钟爱的继室王华姜即秦人；同文中说:"且吾尝娶于榆林,吾虽非板屋之君子,而室人则小戎之女子也。"

陈维崧以吴人序孙枝蔚诗集,在"秦风"这一题目上回旋不已,归旨于对吴中人文的省思。他说:"余少读诗,则喜秦风。每当困顿无聊时,辄歌《驷铁》以自豪也。继又自悲,悲而至于罢酒。""余世家吴中,吴中诸里儿第能歌《西曲》、《寻阳》诸乐府耳。乌衣、青溪之地,被轻纨而讴房中曲者,其声靡靡不足听也。"(《孙豹人诗集序》,《湖海楼全集》文集卷一)魏禧曰曾畹(庭闻)"近二十年则出入西北塞外,尝独身携美人骑马行万余里。最好秦中风土,至以宁夏为家。而庭闻名在西北,其文又一变。庭闻间归,相见予于山中,毛衣革鞳,杂佩帨带刀砺,面目色黄黯,须眉苍凉,俨然边塞外人。回视向者与予咿唔笔研间,及细服缓带为三吴名士时,若隔世人物。呜呼!庭闻之文多秦气,何足异也"(《曾庭闻文集序》,《魏叔子文集》卷八)。曾氏乃江右人,随所居而其人其文一变,可见"秦中风土"的感染力。

顾炎武是更为人所知的例子。他说:"关中故多豪杰之士,其起家商贾为权利者,大抵崇孝义,尚节概,有古君子之风,而士人独循循守先儒之说不敢倍。"(《富平李君墓志铭》,《顾亭林诗文集》第 118 页)又说"秦人慕经学,重处士,持清议,实与他省不同"(《与三侄书》,同书第 87 页)。顾炎武与其时"关中三李"中的李因笃、李颙(中孚)均有交往。其访李颙,作长诗《梓潼篇》以赠,比李于《后汉书》独行传中的李业。即使亲见了西北的"荒凉",也不妨碍顾炎武在"建都"这题目上,依然坚持其所认为的关中的重要性。他自说与黄宗羲持论之异同:"炎武以管见为《日知录》一书,窃自幸其中所论,同于先生者十之六七。惟奉春一策必在关中,而秣陵仅足偏方之业,非身历者不能知也。"(语见黄宗羲《思旧录·顾炎武》,《黄宗羲全集》第一册第 391页)南方人士有关"西北"的信念确非唯顾氏才有。由刘献廷、顾祖禹、梁份到魏源的治西北史地之学,或隐或显,无不根于此种信念。虽然此前《焦氏笔乘》即已引陈仁子言,以司马迁的"作事者必于东南,收功实者常在西北"为"非笃论矣"。①

东南:吴越

在文化比较中设为与西北对照的另一极的,如上文所见,通常正是东南,即吴越。奇特的是,东南的优势在明代甚至不止于经济、文化;素称"柔脆"的吴越之人,竟在明代军事史上也有过辉煌的纪录,比如戚继光的浙军。《明史》卷二二二谭纶传录谭氏章疏,中有"燕、赵之士锐气尽于防边,非募吴、越习战卒万二千人杂教之,事必无成"等语。卷九一《兵志三》记有戚继光总理蓟、辽军事时"请调浙兵三千人以倡勇敢"事。《谷山笔麈》即表达了对此一事实的讶异:"光武战王郎子于钜野,景丹以上谷、渔阳突骑大败郎兵,光武曰:'吾闻突骑天下精兵,今见其战,乐可言耶?'遂以二郡突骑击灭王郎,立成大业。古人动称幽、并恶少,其精如此。渔阳即今京师,上谷即今宣府。宣府之兵,正不知何状,即如禁旅十万,皆渔阳突骑之余,何乃柔脆绵弱不任刀铠?渔阳甲不可用,至调南兵代守,岂越之君子反出突骑上耶?"(卷一二《形势》第135—136页)明代朝论中"吴民喜乱"的说法,不止为天启年间苏州市民大规模的反阉行动、也为明末蜂起于东南的

---

① 《焦氏笔乘》续集卷五《东南西北》,引《史记·六国表》语"作事者必于东南,收功实者常在西北",谓"此亦自迁以前论之耳";又引陈仁子语,说"王气"由东而西,"转而河朔","转而南夏";以为"自南自北,盛衰有时,迁谓起事专在东南,成功专在西北,非笃论矣"(第343—344页,上海古籍出版社,1986)。明清之际亦有为此论者。魏礼《儿世傚游燕楚序》:"虽然,汉兴以来,发难者多由楚,而荆州、襄阳为川陕之要枢,尝关天下兴亡,其风尚剽劲,南之楚,犹西之秦,然强弱递迁焉。盖不特由夫地,亦由夫时与人也。太史公表六国,谓作事者必于东南,收功实者常于西北。呜呼!由今观之,岂通论哉!"该文说"王气"之转徙,由东,而西,而河朔,而南。"太史公特取征于汉兴以前云然耳"(《魏季子文集》卷七)。黄宗会《地气》篇也说:"有为形势之论者,则曰:帝南者,不能北。有尺地一天下,能一之者,皆自北而南也。'有为习俗之论者,则曰:'南方风气柔弱,北方风气刚劲。'有为运数之学者,则曰:'天下将治,地气自北而南;将乱,自南而北。'是三说者,其不足以知学而达变则一。"(《缩斋文集》第7—8页)以下即在基于道德论(节操论)的对比中评价南北人文。

民变、奴变所证明。① 东南人士反清中支付的巨大牺牲，也足以鼓励一种乡邦的自豪感。黄宗会言及江左忠义，激情洋溢，在与"中原"、"王都帝畿"的对比中，表达的也是一种文化自豪。其曰："当中原衣冠胥靡、礼崩乐弛之时，江左以沮洳一苇可杭之地，留既毁之彝伦，且也金鳌厓山败亡沤沫之余，其忠愤挟风涛以壮于千古，视夫王都帝畿、风雨所会、民物财货所聚、金汤天险百二之雄，叛臣降将之所衽甲而投戈……宜其地亦与有耻焉。"（《地气》，《缩斋文集》第9—10页）万斯同《石园文集》、全祖望《鲒埼亭集》等明清之际东南人士的著作中，此种自豪感即随处溢出。朱彝尊诗云"此地由来多烈士，千秋哀怨浙江东"，也确非溢美。直至残明大势已去，吴越仍久久未靖，以至钱谦益不耐其地的"风波鼓怒，鱼龙搅扰"、"羽书旁午"，自说如杜甫一样"垂老恶闻战鼓悲"了（《黄子羽六十寿序》，《牧斋有学集》卷二三第924页）。

士人的"文化自豪"从来基于认知（包括对其个人、对其与其地的联系）、出于文化自觉。不妨承认，由魏晋、南宋到明代，江左士人日益发展了的文化自豪，地域文化论中"江左文化论"的尤有精彩，是一个引人注目的现象。清初开明史馆，所撰稿（如王鸿绪史稿）"于吴人每得佳传，于太仓人尤甚，而于他省人辄多否少可"，曾为人所诟病。但你仍不妨承认，万斯同回答方苞类似批评时所强调的吴地的人文优势，确不失为有力的解释。②

---

① 《明史》卷二五七熊明遇传记熊氏疏称"吴民喜乱，冠履倒置"。卷二六五凌义渠传记明末"宜兴、溧阳及遂安、寿昌民乱，焚掠巨室"。卷二七五祁彪佳传记甲申后苏州、常熟士民焚劫事。《祁彪佳集》（中华书局，1960）卷一《驰报安抚苏州情形疏》（甲申六月）："窃照震泽之区，其人多慷慨好义，然而一呼群集向前，所称易动难安者也。自国家惨变惊传，青衿者流，念先帝教养之德，一时痛愤，于是朝廷哀诏未颁，先为聚哭之举；臣子逆状未确，先为追讨之文；不知忠愤义激，稍一过当，便开小民抢攘之流弊，此吴中士习民风所以有大可忧者在也。""如奸民焚抢一事，发于苏郡，延于常熟。"（第18—19页）

② 方苞《明史无任丘李少师传》："康熙辛未，余始至京师。华亭王司农承修《明史》。四明万季野馆焉，每质余以所疑。初定列传目录，余诧焉，曰：'史者，宇宙公器也。子于吴、会间，三江五湖之所环，凡行身循谨、名实无甚异人者多列传，而他省远方，灼灼在人耳目者反阙焉，毋乃资后世以口实乎？'季野瞿然曰：'吾非敢然也。吴、会之人，尚文藻，重声气，士大夫之终，鲜不具状家传。自开史馆，牵引传致，旬日无虚，重人多为之言。他省远方，百不一二致……'"（《方苞集》卷一八第520—521页，上海古籍出版社，1983）

这种表述、诠释上的南北倾斜，到明清之际似已难以逆转。江南、尤其东南人文的繁盛，鼓励了东南文化的自我描述；自我描述的积累，复成为文化优越感的依据："倾斜"不但在经济过程中，也是经由表述行为实现的。

江南人士、尤其东南人士的善谈乡邦，好说"吾吴"、"吾越"，可资证明的材料甚多。林时对《荷牐丛谈》说"两浙人物"，即毫不客气地道："本朝一代伟人，皆吾浙产也。"（卷二）以下胪列称美，不吝形容。黄宗羲更关心学术文化，其说"吾越自来不为时风众势所染"，即以王守仁、徐渭、杨珂为例（《姜山启彭山诗稿序》，《黄宗羲全集》第十册）；说词曲，以为"正法眼藏，似在吾越中"（《胡子藏院本序》，《黄宗羲全集》第十一册）；说"姚江学校之盛衰，关系天下之盛衰"，说姚江人才之盛，"吾姚江学校之功"（《余姚县重修儒学记》，《黄宗羲全集》第十册）；说"向无姚江，则学脉中绝；向无蕺山，则流弊充塞。凡海内之知学者，要皆东浙之所衣被也"（同书《移史馆论不宜立理学传书》），更是一派自豪。虽辞气间不无夸张，且由一地论一世的学术文化，眼光亦不免于偏，但这也是一种学术史的描述；在黄宗羲这样的人物，亦可读作其自我诠释，其学养、其所承学脉的自我告白的。

关于吴中风雅，朱彝尊一再证之以诗史。如《张君诗序》中说："昔之采风者，不遗邶、鄘、曹、桧，而吴楚大邦，不见录于輶轩之使。后百六十年，屈、宋、唐、景，楚风代兴。若夫吴以延州来季子之知乐，子言子之文学，宜其有诗，而无诗，岂非山川清淑之气，以时而发，后先固不可强邪？汉之五噫，晋之吴声十曲，迨宋而益以新歌三十六。当时至为之语曰：江南音，一唱直千金，盖非列国之所能拟矣。汴宋南渡，莲社之集，江湖之编，传颂于士林；其后顾瑛、偶桓、徐庸所采，大半吴人之作。至于北郭十友、中吴四杰，以能诗雄视一世。降而徐迪功颉颃于何、李，四皇甫藉甚七子之前。海内之言诗者，于吴独盛焉。"（《曝书亭集》卷三八第471页）吴伟业、钱谦益也各自提供了关于"吾吴"的文化史描述。如吴氏说"三吴阛阓诗书，人物都丽"（《白林九古柏堂诗序》，《吴梅村全集》卷二九第690页），说"吾吴诗人，以元末为最盛"（《宋辕生诗序》，同卷第686页）；以"吾吴如泰山出云，不崇朝而雨天下，命世名贤,接踵林立"与"吾吴如霜降水涸,落实取材,高门式微,宿素凋谢"说世运之盛衰(《申少观六十序》卷三七第 783 页);其他说太仓、云间人文之处尚多。明清之际钱谦益也有"自万历末造迄今五十年,吴中士大夫相率薄文藻、厉名行,蕴义生风,坛埠相望"的回溯(《郑士敬孝廉六十寿序》,《牧斋有学集》卷二四第 958 页)。①

其中特具文献价值的,我以为是江左著名文人对于"江左风流"的状写。吴伟业记当日交游,陈子龙、吴志衍等志节之士,侯方域、陈贞慧等复社才子,无不情态毕见;点缀其间的,尚有柳敬亭、王紫稼、苏昆生辈技艺中人,及卞玉京、黄媛介等一时名媛:无需拼缀,即是明末江左文人生活的长卷。而元末、明末江左人文之盛,又是文化"风会"与政治情势相参差的例子②,可据以考察文化(尤其文人文化)盛衰的条件。

吴越士人的上述文化自豪自有充分的根据。有明二百余年间直至明亡之际,东南士夫忠义而"不废风雅",非但将名士与才媛间的风流故事演得有声有色,且节义故事亦有声有色,甚至遗民故事以至失节者的故事也无不有声有色。其间丰富的情境、意境创造,丰富的人生创造,较之明代诗文,或更有光彩。至于吴越"忠义之盛"和其遗民社会的素质之高,也应如实地作为士文化发达的证明:明清之际江南的反清,就其基本动力而言,是士的运动,出诸士的政治选择与意志,体现着该地士人的精神品质与文化水准。明清之际这一台史家所乐道的大戏,是赖江左士夫的出色表演,才能有其持久的魅力的。

---

① 非吴越籍的士人论吴越、江左风流亦有精彩。王夫之论两晋,说"或以江左风流为乱阶,而谓此中之无人,亦皮相而已矣";进而论"江左风流":"自西晋以来,风会之趋固然矣,其失也,浮诞而不适于用;其得也,则孔子之所谓狂简也。狂者不屑为乡愿之暖姝,简固可以南面者也。"(《读通鉴论》卷一三第 490 页)"晋南渡而衣冠移于江左,贤不肖之不齐,而风范廉隅养其耻心者,非暴君篡主之能销铄也。"(同书卷一八第 695 页)

② 吴伟业《宋子建诗序》等文记当日南中文人荟萃的情景颇精彩。吴氏还于《宋辕生诗序》、《太仓十子诗序》等文中,追溯了元末吴中人文之盛。此种人文并非因易代而即衰落;明清之际的私学、文社,经史之学及诗、古文复兴之势,都证明了一种文化史的连续性——虽其间士人亦屡遭重挫。对有明一代吴中文坛的盛况,正史亦有记述。如《明史》卷二八七"文苑"三:"吴中自吴宽、王鏊以文章领袖馆阁,一时名士沈周、祝允明辈与并驰骋,文风极盛。""而征明主风雅数十年。"

吴越人士的说吴说越，也包括了对吴越文化之负面价值的批评。其负面批评，或许更足以作为其地人文精神发达的证明。如钱谦益说吴中文人的乏特操，"好随俗尚同，不能踔厉特出"（《孙子长诗引》，《牧斋初学集》卷四〇第1086页）；如黄宗羲说江南士人的热衷仕进，即明亡之际亦不忘"乘时猎取名位"（《万悔庵先生墓志铭》，《黄宗羲全集》第十册）。说浙中风俗，黄宗羲更有激切之论，如谓"风俗颓弊，浙中为尤甚，大率习软美之态，依阿之言，而以不分是非、不辨曲直为得计，不复知有忠义、名节之可贵"①。关于江南人文性格，钱谦益所谓"吴中人士轻心务华，文质无所根柢"（《张子石六十寿序》，《牧斋有学集》卷二三第929页），已近常谈。张履祥说其弟子"生于东南，地不娴弓马，天不授膂力"（《祭张言雅文》，《杨园先生全集》卷二二），还说："南方之学，终是文胜其质，亦风气使然，虽有贤者，亦不能免。先之以笃行，乃无流失之患。"（《愿学记二》，同书卷二七）至于吴中风俗之奢，更素为士论所不满。《颜氏家训·治家》即以"北土风俗"的"躬俭节用"为"江南奢侈"的对比。明初，太祖曾以"吴俗奢僭，欲重绳以法"（《明史》卷一四二姚善传）。万历年间，孟一脉也曾疏陈"东南财赋之区，靡于淫巧"，"民间习为丽侈"（同书卷二三五孟一脉传）。袁宏道曾为吴令，其《锦帆集·岁时纪异》说："余偶阅旧志，见范、王二公书吴中岁时，未尝不叹俗之侈靡，日渐而月盛也"，以为"司世道者，不能无隐忧矣"（《袁宏道集笺校》第182、184页，上海古籍出版社，1981）。到明

---

① 同文还说："万历以来，排摈诋辱，出而杀君子者，多自浙人，盖由宋至今，沿之为俗。故朝廷之上，成之为党，遂使草野之间，讲之为学。"（《子刘子行状》卷下，《黄宗羲全集》第一册第260页）这无疑得自党争尤其"阉祸"中的经验。黄氏屡说"我乡阉党"之横恣（如《重建先忠端公祠堂记》，《黄宗羲全集》第十册）。朱彝尊的说法与此不同。其《静志居诗话·施邦曜》："浙人不幸，万历以来，执政者前有四明，后有乌程德清，以是朝士不附'东林'者，概目之曰'浙党'，此指一时阿比执政者而言，则可尔。'东林'诸君子，全倚浙人助之，人品盖棺论定，试观建文壬午，崇祯甲申，杀身成仁，洁己自靖者，惟浙为多。顺治九年，定谥甲申殉难文臣，计二十人，而浙居其六，继此授命者，更难悉数，浙党之目，庶几可以一洒矣。"（第614页）至于北人对南人的成见也仍不可免。全祖望《阳曲傅先生事略》记傅山："先生少长晋中，得其山川雄深之气，思以济世自见，而不屑为空言。""又雅不喜欧公以后之文，曰：是所谓江南之文也。"（《鲒埼亭集》卷二六）

清之际,归庄犹慨叹"今日吴风汰侈已甚"(《太仓顾氏宅记》,《归庄集》卷六第 351 页)。朱彝尊《送汤潜庵先生巡抚江南序》所说"大江之南",无疑是包括了吴地的:"大江之南,职四民之业者,十仅得五,而游民居其半焉。安歌便舞,褕衣甘食,山遨而水嬉,经过者指为繁华佳丽之地,不知四民敝劫劫,有糠籺不充者。"(《曝书亭集》卷四一第 497页)我将在其他处说到,"汰侈"也是应如实地看做维持"江左风流"、维持如明清之际那一种江南文人文化的基本条件的。

明清之际吴越士人的批评吴越,出诸复杂的情怀。黄宗羲所谓"江东衣冠道尽"云云,说的还是江南士人的处境,亦即人情之倾险;至于他与吴伟业等人所沉痛言之的江南文化衰落,虽不免囿于个人经验,其间也仍见出江左士人极其细腻的文化敏感,如对于气象、品味、格调、境界的,对于流品、气类的。这也正是由魏晋、两宋到明代江南经济发达、衣冠鼎族繁盛与文人文化的精致化所训练的一种文化眼光。这种细腻且"审美"的文化感觉,势必令黄、吴等人对于鼎革之际的文化迁流,多感受一层痛苦。而如黄宗羲等人的创伤感、文化忧虑,又基于东南人士的使命自觉:不但以存东南为存"明",更以其为存"斯文"、存汉族士大夫文化,以至存华夏文明——忧虑正与文化自豪相表里。他们的以东南士文化为华夏文明存亡所系,也自有其根据,尽管正是这种"士文化"眼界,导致了长期以来文化史认识的"偏"与"畸"。

至于宋元之交与明清之交,东南文人文化于兵戈扰攘的乱世中的繁荣,自是一种值得研究的现象。发生于明清之交的,又是这种文化于古代社会的最后一度繁荣。几十年后,就有人慨叹盛况不再。金埴《不下带编》卷一说吴门谈筵:"卅载前,吴门此风,以竹垞、秋谷二太史先后游践之久,向盛好客……今则谈筵之设,虽吴门盛地,亦就衰歇,暖客且为冷客矣。甚有扃户以拒者。噫!初不意世风之变至此。有题诗以慨之云:'谈筵今亦罢苏州,暖客常稀冷客稠。茗进一杯旋取别,不知若个晋风流。'斯固风会之盛衰,亦微吾道之益穷矣!"(第 9 页,中华书局,1982)

南：吴越之外

南北，是古老的空间—方位概念。到本节所论这一时期，人们对自己生存空间的感知，赖有经验也赖有知识的积累，已极大地丰富了。士人素所关心的，又往往是"地域"在人文塑造中的作用、在人格构成中的作用——有关认识是在对于人的观察中达到的。山川史地之学，以及旅行家的记述，通常是士人有关人文地理的经验借以表达的形式。

由上文所说到的语音歧视的例子可知，其时南北比较中的"东南"，往往沿用旧有的地理概念，并未将闽、粤等地包括在内。不唯"南北"，即同是南人，其地开发的早迟、开化的程度、文明发展的水准，也仍被作为"差等"的依据。① 更深刻的地域偏见与歧视仍然在"政治"中。洪武十三年，朱元璋即"亲自把全国裁定为地方官任用三大互调区域……考核不称及降谪者，不分南北，悉于广东西、福建汀州、江西龙南安远、湖广郴州之地任用，以示劝惩"（关文发、颜广文著《明代政治制度研究》第214页，中国社会科学出版社，1995）。但人们的地理概念毕竟在变动中。当《广阳杂记》说"极西北与极东南，豪杰皆为时出"（卷三第147页）时，其所谓"极西北"与"极东南"，即分别指秦、闽。实则到本书所论这一时期，吴越湖湘之外，闽粤滇黔等处的开发，很有可观。早在此之前，士大夫的夷夏论，即不再以"南蛮"与"北狄"等量齐观。《今言》说："自古南蛮与北狄不同。四夷经见者，自三苗始，干羽两阶，今可鉴也。"（卷三第193条）明清之际，王夫之以其所谓的"天地之势"证明北狄西夷的"不可合于中国"，同时肯定"贵筑、昆明垂及于今而为冠带之国"（《读通鉴论》卷三第138页），八闽、东粤"化为文教之邦"（同书卷二一第793页），"江、浙、闽、楚文教日兴，迄于南海之滨、滇云之壤，理学节义文章事功之选，肩踵相望"（同书卷三第138—

---

① 如吴越之于楚。张履祥《言行见闻录一》："丙申冬，湖广尼者慧辩知书，自言出楚名族，某和尚尝付以法。"在嘉兴颇倾动，"嘉善沈德甫（元）闻之，谓其友曰：'嘉禾东南名郡，士大夫甚众，竟不能一言去之，而任妖尼惑乱若此乎？'"（《杨园先生全集》卷三一）乃投诗逐去：既有士大夫对尼（女）的，又有东南名郡对湖广（楚）的优越感。

139 页)——将有关地区作为了"用夏变夷"的标本。

明清之际的政治斗争固有大破坏,却也仍有建设。陈垣《明季滇黔佛教考》,对明季僧侣开发西南的贡献,颂扬备至。永历朝的短暂存在,影响于滇、黔两地人文堪称深远。治舆地之学,曾踏勘至其地的梁份说:"滇自宋而后,风气渐开。又先是四五十年间,事变之大,极四方万国千百世所未有者,滇皆有之。"(《滇游诗序》,《怀葛堂集》卷二,民国胡思敬校刊本)

明清之际的一段历史对于其地发展的良性刺激与持久影响,除滇、黔外尚可以东南——陈寅恪所说的"闽海东南"——为例。陈寅恪说:"自飞黄大木父子之后,闽海东南之地,至今三百余年,虽累经人事之迁易,然实以一隅系全国之轻重。"(《柳如是别传》第727页,上海古籍出版社,1982。按,飞黄,郑芝龙;大木,郑成功)《广阳杂记》卷四曰:"天下有四聚:北则京师,南则佛山,东则苏州,西则汉口。然东海之滨,苏州而外,更有芜湖、扬州、江宁、杭州以分其势,西则惟汉口耳。"(第193页)你不难注意到这张地图上的佛山。魏礼《为门人杨京游惠州至广州序》:"然而今之岭南,非昔之所谓岭南矣。愈之贬潮州也,凛然有愁迫死亡之忧,而今之士大夫营为而乐得其地者矣。轼之贬,犹在惠州,今惠州亦为善土矣。然则地与时迁,人从地变,又恶可测哉!"(《魏季子文集》卷七)王源《颍上风物纪序》则曰:"江左古属荒徼,东晋衣冠南渡,人文始盛。闽、粤尤僻远,南宋来与吴、蜀争衡",以此证明"四方风气变迁,固由世运,要其转移在人"(《居业堂文集》卷一三)。黄宗会《地气》篇也说:"风气之开阖通塞,盖随于时,而其厘弊改俗,实因人以驱之。"(《缩斋文集》第7页)

在这一时期,粤人如屈大均等,表现出强烈的乡邦意识。他说:"广东者,吾之乡也。不能述吾之乡,不可以述天下。文在于吾之乡,斯在于天下矣。"(《广东文选自序》,《翁山文外》卷二)又说:"噫嘻!百粤之文献,自汉以来,其盛遂有如此,而昔人猥谓祝融之墟、日南之地,其阳德之所炳耀,炎精之所孕含,多钟于珠玑、丹砂、石乳、伽偏诸物,而罕钟于人,夫岂其然乎哉!"(同卷《广东文选序[代]》)其《岭南诗纪序》则说:"以父母之邦为天下之本,此《春秋》之所以因乎鲁史、而

《费誓》之所以殿乎《书》、鲁颂之所以殿乎《诗》也。"（同卷）屈大均的乡邦感情在其所著《广东新语》中，有尤为集中的表达。他所说"吾粤"，亦如黄宗羲说"吾越"，地域文化自豪、人文关怀时时形诸笔墨。其《广东文集》之纂辑、《广东文选》之刊刻，均有明确的文化建设的动机。①

屈氏更记述及于寻常士人经验之外的海南。其《吴端烈先生哀辞》一文，述宋末以来至明琼州的人文化成，曰："明兴，人才大起。丘文庄、海忠介以文章道德嘉谟嘉猷，郁为名卿大夫之冠。当成化二年秋，薛公远进户部尚书，邢公宥进都御史，而文庄进翰林学士，皆在一月之内，虽天下望郡亦罕有衣冠胜事如琼者。琼本海中一大洲，去畿辅绝远。自孝陵称为南溟奇甸，未百年而人贤奋兴，肩背相望，环五指之山三千余里，遂为名臣之渊薮……"（同书卷一四）易堂诸子中，彭士望、魏礼游踪曾至岭南、琼州。彭士望由琼州的开发，说到"山川以国运升降"，遗民旨趣显然可见："窃按琼自汉、隋时，叛服不常，时勤战伐，旋复弃捐，了不为中国轻重。逮唐、宋诸名臣遭摈斥，迁谪兹土，而其名始大著于天下。南宋崖门之役，张、陆同时，主臣及溺，无一人降者，中原正气高于五指，遂为古今楷柱……"（《琼岛行诗序》，《树庐文钞》卷六）

至于仍不免于吴越人士歧视的"楚"地，在本书所论这一时期，则有了如王夫之这样的人物。王夫之与同时大儒文理思路的差异，可由其楚文化背景得一解释（王氏曾自说学诗时受竟陵派的影响，参看《述病枕忆得》，《船山全书》第十五册第 681 页）。其子王敔《大行府君行述》曰其父"又以文章之变化莫妙于南华，词赋之源流莫高于屈宋，南华去其《外篇》、《杂篇》诃斥圣门之讹妄，其见道尚在狂简之列；屈子以哀怨沉湘，抱今古忠贞之恸，其隐情莫有传者。因俱为之注，名曰《庄子衍》、《楚词通释》。更别作《庄子通》，以引漆园之旨于正。自作《九

---

① 《翁山文钞》卷一《陈议郎集序》说"吾粤"人文，追溯至汉，陈议郎（陈元）即其时人物（经师）。卷三《侯王庙碑》述秦将军任嚣、汉南越王赵佗，亦说粤之历史。说任嚣："自公之来，而蛮方一变而为秦，再变而为汉，至于今日，诗书礼乐之盛，声名文物之华，居然海滨邹鲁。"《陈文恭集序》曰："念台知阳明而不知白沙，岂未尝读其书乎？念台生于浙，故知阳明；予生于南海，亦惟知白沙，——岂皆有私其乡之心乎？"（《翁山文外》卷二）屈氏文集中，记粤中人文风物者多有，如《大庙峡虞夫人碑》亦粤地文献，可资考察。

昭》以旌三闾之志"(《船山全书》第十三册第 484 页)。王氏本人思想的活泼,语言材料的丰富(亦可曰"驳杂"),与行文的不拘格套,自与上述背景有关——尽管其论《庄》,仍在其时儒学语境中。① 至于其对"楚"、"湘"的咏叹,见诸诗作,尤不胜例举。杜濬(于皇)楚人,虽流寓金陵,久客不归,仍好说楚。其《跋袁中郎遗墨后》曰:"二百年来,海内之诗,大都视吾楚为转移,始之为长沙,继之为公安,又继之为竟陵;虽各出手眼,互有异同,然能拘束天下豪杰之士,受我驰驱,岂非极一时之盛哉!"(《变雅堂遗集》文集卷三)《楚游草序》曰:"楚,筚路蓝缕之乡也,然而骚有屈、宋,诗有杜、孟,称古今之冠,国朝之诗代兴者四,而楚居其三;其开何、李之先者,又长沙也,即亦可称'诗国'耶?……而忌者至于诅楚,抑中人以下之人情宜然也。"(同书文集卷一)以下则慨叹其地人文乱后之衰。

　　士人有关地域的经验,缘于开阔了的文化视野。吴伟业《程昆仑文集序》说山右人物,曰:"吾闻山右风气完密,人材之挺生者坚良廉悍,譬之北山之异材,冀野之上驷,严霜零不易其柯,修坂骋不失其步……抑何其壮也!"(《吴梅村全集》卷二九第 683 页)其时著名的山右人物傅山的文集中,随处可感其作为晋人的骄傲。② 据说傅氏有"寒骨",其对于"冰雪气味"确也像是情有独钟(参看《霜红龛集》卷一四傅庚《冷云斋冰灯诗序》、卷一六《叙枫林一枝》)。刘献廷比较江西与

---

① 王夫之思想的犀利,似也可由此得一解释。其与《庄》、《骚》非止于文字缘,还应有思想缘。王夫之的释《庄》,甚至多少基于身世之感。参看其《庄子通·叙》,《船山全书》第十三册第 493 页。其文曰:"凡庄子之述,皆可因以通君子之道,类如此。"因而其释《庄》,也包含自我诠释——于一时知名儒者中可谓特殊。然而阎若璩《潜邱劄记》卷五《与石企斋》引归有光《五岳山人前集序》"荆楚自昔多文人,左氏之传,荀卿之论,屈子之骚,庄周之篇"云云,曰:"按荀卿赵人,但晚为楚兰陵令耳。庄周,刘向曰:'宋之蒙人也。'蒙城在商邱城外,正宋地,于楚何涉? 太仆尚如此,于他人何尤? 朱子曰:'庄子自是楚人',亦误。大抵考据,文人不甚讲,理学尤不讲。"《潜邱劄记》,乾隆十年眷西堂刊本。

② 傅山《明户部员外止庵戴先生传》曰:"夫然后知先生与曹皆山西人,无老少皆不畏强御,而风裁乃大略相当如此。"(《霜红龛集》卷一五第 435 页。曹,曹良直。李清《三垣笔记》记其人颇不堪。)傅氏好说乡邦,如说"余晋人",彼"山西人"。同书同卷《太原三先生传》:"傅山曰:王先生晋人也。今之人何足以知之。"(第 440 页)

江南风土,曰:"江西风土,与江南迥异。江南山水树木虽美丽而有富贵闺阁气,与吾辈性情不相浃洽,江西则皆森秀竦插,有超然远举之致。"(《广阳杂记》卷四第 188 页)读江右山水中的一段精神,亦寓有对江南的文化批评。钱谦益也一再说"江右士大夫"、"江右人物"、"江右之声气"、"江右之士气"(如《云南按察司佥事陈君墓表》,《牧斋有学集》卷三五)。据《今言》卷一第 53 条对明初至嘉靖朝阁臣省籍的统计,即不难知江右人物与有明一代政治的关系。至于戴名世以徽人说徽地风习及徽商,也自有其亲切。①

百里不同风,千里不同俗。因开发的迟早之别与土客并存,南中国文化融合与特化的过程同时推进,较之北中国有更细碎的区域分割。这一时期南方士人对南方人文的诠释中,也表现出愈益细致的地域意识、士人"人文地理"经验的积累。士人地域意识的细致化,固然是经济发展、政治沿革以至行政区划的结果,也与士人重地望的传统有关。上述因素不消说又都在"乡土社会"的结构内发生作用,依据于这一更基本的事实。舆地之学当此际的兴起,亦夤缘时会。仅据顾炎武《天下郡国利病书》所辑录"天下郡国"山川形势、物候风土、人文地理方面的文献,也不难约略窥见与其时"南北论"有关的知识背景。

学人之于南北

魏晋以还的南北学术文化比较,较之通常的南北论,即往往更出自学者态度,有为学者所赋予的"客观性"。比如那已具经典性的"北人学问渊综广博"、"南人学问清通简要","自中人以还,北人看书如显处视月,南人学问如牖中窥日"(《世说新语·文学》),"南人约简,得其精华;北人深芜,穷其枝叶"(《隋书·儒林传》)等等——虽如早经人指

① 他说:"徽人善为生,多能货殖致素封,其家子弟皆习纤啬,鲜能读书亲师友。而吴中之俗侈靡,士习于儇薄,多以虚声相炫耀。"(《邵生家传》,《戴名世集》卷七第 204 页)同书卷九《郑允惠墓志铭》写徽商:"凡善为生者,客游徒手致素封,往往而是,大抵用纤啬起家:一缕一丝,一粒一粟,弗敢轻费。其有以缓急告,虽义不可已,亦忍而弗之割。其居货也,雠过其值,犹不以为慊也。其道务求赢余,而俯拾仰取,低昂盈缩,皆有术数,而忠信之说用之于货殖,则以为立穷。"(第 249 页)

出的,这类说法中的"南""北"所指,几于代各不同。这一时期顾炎武关于北方之学者"饱食终日,无所用心",南方之学者"群居终日,言不及义,好行小慧"(《日知录》卷一三《南北学者之病》)的说法,也被作为南北比较中的经典之论。梁启超《中国近三百年学术史》所谓"北尊实诂,南尚空谈",说的是六朝经学的南北;其在《清代学术概论》中所说"南人明敏多条理,故向著作方面发展。北人朴悫坚卓,故向力行方面发展",明末即见端倪。至于说"地方的学风之养成,实学界一坚实之基础",所依据的,主要也即明清之际及其后的事实①,证明着到明清,士人地域文化自觉的强化。

令我尤其感兴趣的,是党争激烈、文化偏见深刻化的明清之际,南方人士对北方气象的倾慕,和北方学人所受南方学术文化的吸引——这或许更足以作为不为普遍文化偏见所囿的学者态度的例子。《五灯会元》(中华书局,1984)卷一记五祖弘忍大满禅师与卢慧能问答:"祖问曰:'汝自何来?'卢曰:'岭南。'祖曰:'欲须何事?'卢曰:'唯求作佛。'祖曰:'岭南人无佛性,若为得佛?'卢曰:'人即有南北,佛性岂然?'"(第51页)自属敏对。佛性无南北,无疑是通达之论,可移用说"学"。学人即有南北,学术则无南北,评价学术的眼光更不可限以南北。作为地域文化性格的发现与阐说者的士人,本应拥有开阔的文化眼光。

到此一时期,南方士人理想中的"北方气象",仍清楚可感有关"南方之强"、"北方之强"的经典话语的影响。《中庸》:"子路问强。子曰:'南方之强与? 北方之强与? 抑而强与? 宽柔以教,不报无道,南方之强也,君子居之。衽金革,死而不厌,北方之强也,而强者居之。'"朱熹注云:"南方风气柔弱,故以含忍之力胜人为强,君子之道也。""北方风气刚劲,故以果敢之力胜人为强,强者之事也。"这无疑应视为古代中国比较文化学的滥觞。顾炎武对"南方之强"的下述评论,可注释

---

① 梁启超《中国近三百年学术史》十五:"地方的学风之养成,实学界一坚实之基础也。彼全谢山之极力提倡浙东学派,李穆堂之极力提倡江右学派,邓湘皋之极力提倡沅湘学派,其直接影响于其乡后辈者何若? 间接影响于全国者何若? 斯其非明效大验耶?"(《梁启超论清学史二种》第456页)

他本人在南北间的选择。他在《答张稷若书》中说:"孔子曰:'以直报怨,而不报无道,止于南方之强,非君子之中也。'使虞、芮之君一让一不让,而文王许之,是长乱而施夺也。"(《顾亭林诗文集》第184页)李塨则"思北人多忮,忮,强象也,然散而不一,其势常弱。南人善求,求,弱象也,然集而为党,其势常强"①。这又是李氏所读之南北—强弱,其中有北方士人对明清之际南方党社运动的反应。

　　古代中国人相信自然条件严酷、物质生活匮乏对于人性人格铸造的积极作用;上述"严酷"与"匮乏"被认为有助于人性的纯净强韧。这一时期的北方学者,令南方人士倾倒的,确也更在其德行与践履(而未必在其才智),在其人的性格魅力(而未必在其学术造诣),在其实践能力(而未必在其理论贡献)。《明儒学案·三原学案》评论"关学",曰:"关学大概宗薛氏,三原又其别派也。其门下多以气节著,风土之厚,而又加之学问者也。"(卷九第158页。按,王恕,陕之三原人。)论孙奇逢,曰:"逆奄之焰,如火之燎原,先生焦头烂额,赴之不顾也。燕、赵悲歌慷慨之风久湮,人谓自先生而再见……北方之学者,大概出于其门。"(卷五七第1371页)李塨年谱录有费密复李氏书,以为"古之名儒,多在北方,以诚实有力,能任圣道也"(《李塨年谱》第39页)。生当乱世,"北方"令人向慕的,不能不是其"豪杰"式的"强"。②

---

① 参见冯辰、刘调赞撰《李恕谷先生年谱》,收入《李塨年谱》,中华书局,1988。引文见该书第121页。

② 谈迁幸他人说其类北人,自以为与北方有宿缘(参看其《北游录·自序》,中华书局,1981)。陈确的《东溟寺异人记》(《陈确集》文集卷九)类小说家言,所写无宁说是易代之际东南遗民对"北方义士"的期待。篇中"异人"的沉毅果决,则有陈氏想象中的"北方"形象。清人以至近人,也仍以此眼光,看明清之际的北方学人。江藩《国朝宋学渊源记》卷上:"记者曰:自孙奇逢以下诸君,皆北方之学者也。北人质直好义,身体力行;南人习尚浮夸,好腾口说,其蔽流于释、老,甚至援儒入佛,较之陆、王之说,变本加厉矣。"(第164页)梁启超《中国近三百年学术史》五:"夏峰二曲,都是极结实的王学家。他们倔强坚苦的人格,正孔子所谓'北方之强'。"(第142页)钱穆《中国近三百年学术史》第五章论颜元,说"习斋北方之学者也……其气魄之深沉,识解之毅决,盖有非南方学者如梨洲船山亭林诸人所及者"。"盖习斋论学,始终不脱高亢之气……当时北方学者气象率如此。""习斋,北方之学者也,其强不可及,亦不失为一种北方之强也。"(第159、183、199页,中华书局,1986)都表达了对其所认为的北方气象、北方文化性格的理解。

与此相应的，则是北方人士对"北方气象"的自觉寻求与刻意营造。傅山说"英雄之情，磊砢不常"（《钞高士传题辞》，《霜红龛集》卷一六第 473 页）。颜元更由"易代"这一重大事实所启示，以复兴古学的射、御等，为重铸士人性格的入手处。其《哭汤阴李宁居》，自说所期待者"惟圣贤与豪杰耳"。与孙奇逢、颜元均有交往的北方著名遗民王馀佑，就是其时的豪杰之士。王源《五公山人传》（《居业堂文集》卷四）记王馀佑其人："甲申国变，归隐，更与征君往来讲学，究经史，授生徒，教以忠孝，务实学，兼文武，远近从游至数百人……""与人和易，从容简谅，至论忠孝大节，谈兵述往事，目炯炯如电，声若洪钟。或持兵指画，须戟张，蹲身一跃丈许，驰马弯弓，矢无虚发，观者莫不震栗色动……"这种人文环境，也正提供了颜、李之学兴起的条件。① 至于颜元、王源的记述北方儒者、学人，不吝笔墨，自然也目的明确。王源《李孝悫先生传》曰："北方学者多闇晦，寡交游，著述亦不传于天下。以予所闻，孙征君而外，不过山右傅青主、关中李中孚数先生而已。""然则燕赵之士之持高节、抱经世大略、负绝学、不愧通儒而名不出乡里者固多也，岂遂湮没而无传乎？"（《居业堂文集》卷四）

孙奇逢、颜元、李颙等，更表现出振兴北方学术的自觉。孙奇逢、颜元一再感慨于北方学术的荒芜，自任以振兴"北学"的使命。②《孙夏峰先生年谱》记魏一鳌受孙奇逢命辑《北学编》；从孙氏受业的汤斌，著

① 李塨之父李明性，亦颜元所仪型者。《习斋记馀》卷七《公奠李隐君谥孝悫先生文》说其人"至若始衰之年，犹率及门弯弓拈矢，习射不解；以瓮牖贫儒，齑粮三石，妆饰莫邪；豪壮之气，震耀千古，岂宋、明诸儒所得般流者哉！"（《颜元集》，中华书局，1987。引文见该书第 531 页。另参看王源撰《李孝悫先生传》，《居业堂文集》卷四）颜元笔下，当时的北方似颇有此等人物。同书同卷《哭涿州陈国镇先生》记其夜宿陈家，"夜赐陪榻，呼童进弓刃曰：'近严戒小辈'，遂关弓鸣弦。曾七旬老叟而雄壮若是乎！不禁叹服曰：'近世道学未有不腐，先生杰哉！'"（第 536 页）

② 《夏峰先生集》卷九《跋郝涿川手书后》："北方学人最少。"同书卷二《寄王五修》亦说："大河南北二千里，声气之人不乏，而真实向学者，指未敢轻屈也。"颜元也慨叹"大河以北，吾属声气相关者，曾有几人！"（《祭友人王五修文》，《习斋记馀》卷七，《颜元集》第 528 页）王夫之将北方学术的衰落，归因于夷狄，谓到五代，北方学士已"简质有余，而讲习不夙"，博雅之儒舍江东、西蜀即无人了（《宋论》卷二第 61 页）。

《洛学编》，综述中州学派；与其同门的耿介则撰《中州道学编》——孙氏及其门人的意向可知。① 而畿辅明遗民亦师亦友，从学于孙奇逢、王馀佑等人者甚众，孙氏门下更号称多人，确可称北学重镇。关中学人李颙的好称道吕柟（泾野）、冯从吾（少墟），亦如孙氏之称杨继盛（椒山）、刘因（静修）等，无非以为先正典型关系地方人文的兴衰——冯从吾万历年间曾讲学关中书院，著有《关学编》。李氏说"关学一脉"，张载开先，吕柟接武，至冯从吾而集其成，"宗风赖以大振"（《答董郡伯》，《二曲集》卷一七，光绪三年信述堂刊本）。他本人的不辞关中书院讲学，也为尽其对地方人文复兴的责任。

南北之间的学术交流早已有之。孙奇逢《元儒赵江汉太极书院考》（《夏峰先生集》卷九）曰："北人知有学，则枢得复之力也。呜呼！江汉之学不独有造于姚、许，而开北方之草昧。"（按，枢，姚枢；许，许衡；复，赵复，即江汉）当明清之际，顾炎武与李塨，则是沟通、融合南北学术文化的人物。钱穆《中国近三百年学术史》第四章："是亭林学侣，在南者多尚藻采而贵通今，在北者多重质实而务博古。亭林自四十五北游，往来鲁燕秦晋二十五年。尝自谓性不能舟行食稻而喜餐麦跨鞍（见《汉学师承记》）。然岂止舟鞍稻麦之辨哉，其学亦北学也。虽其天性所喜，亦交游濡染有以助之矣。"（第 152 页）同章又说："亭林渡江而北，历交蒿庵、宛斯诸人，乃一变往昔诗文华藻之习，而转归于考索。则无宁谓亭林之熏染于北学者深也。"（第 156 页）② 顾炎武的《广师》

① 见《孙夏峰先生年谱》卷下。命汤斌辑《洛学编》成，孙氏序云："宋兴伊洛，元大苏门，至有明而两河八郡，识大识小各有传人。余移家夏峰，每怀思往哲，怅微言之未泯，念绝学之当传。"孙氏每强调"北"这一地域概念，如曰"北学"、"北方之学者"等。

② 顾炎武作为思理清晰而缜密的学人，其以南北选择为人生选择，为其"自我象征"的选择，自以学者式的文化评价为根据，其间思路，颇堪玩味。全祖望说"先生虽世籍江南，顾其姿秉，颇不类吴会人"，"而先生亦甚厌群屐浮华之习"（《亭林先生神道表》，《鲒埼亭集》卷一二）。江藩《国朝汉学师承记》（中华书局，1983）卷八记顾氏，也以性情为说："炎武生性兀傲，不谐于世。身本南人，好居北土，尝谓人曰：'性不能舟行食稻，而喜餐麦跨鞍。'"（第 132 页）顾氏则自说："褊性幽栖，遂来华下。"（《答陈亮工》，《顾亭林诗文集》第 188 页）但性情的契合无疑是较为表层的方面；且正是顾氏的性情使你相信，他的北游正出于学者式深思熟虑的姿态、形象设计。

(《亭林文集》卷六）一篇，所说自以为有所不及的北方学人中，就有张尔岐（稷若）、傅山（青主）、李颙（中孚）、路泽农（安卿）、王弘撰（山史）。以顾氏的资秉而为清学开山，其时清学中的南北融合也可想见。

同一时期，李塨提供了北方学人为南方学术文化吸引之一例。李氏乙亥年南行，是年与王复礼（草堂）论学，思路已与其时南方经学相接，其说《太极图》，正在当时"疑经"风气中，非其师颜元所能梦见。其后更与毛奇龄往复论学。在此期间，李氏的以"学习"与"考订"并重，已在师门宗旨之外。李氏的学术文化选择，自然根于他本人的气质；其以颜元高弟而接通南方考据之学的依据，也在其最初的为学路向中。①

在此时期李颙曾讲道东南，留毗陵十有八载。由《霜红龛集》可知，傅山清初所交游，颇有南方知名之士。至于士人的南北问学，如南方士人费密的问学于孙奇逢，刘宗周门人姜希辙（定庵）遣其子问学于孙氏（参看孙氏年谱卷下），李塨在京中与万斯同交流论学，均可见南北学人的交流、互动。"融合"与"地方学风"的形成，似相反而实相成：学术演进的逻辑毕竟不同于政治史与一般历史。

由上文可知，尽管文化偏见多出自士人的表达，但超越此种偏见的眼光，也从来更属于士人，或曰更属于学人，每一时期的博学之士。"学术"固有地域性格，但学术也从来更是突破地区限囿的力量。而所谓"南学"、"北学"，主要以学言而非尽以人言，这也可以作为学人不为地域所限之一证。生活中随处发生着人为居留地所改造、同时改造着居留地的过程，却只有士人更有能力作自主选择，有对于文化性格的主动寻求与塑造——即使不免是因其地的塑造。至于他们的所学，也往往更系于"时"而非"地"。即如明清之交，北学固然自有其传统，但

---

① 《李恕谷先生年谱》由乙亥年起，记有李氏南行与南方学人广泛交流的情况，令人可窥其学术演变之迹。《年谱》丁丑年所载《上颜先生书》，说辨伪、考辩，已在南方经学语境中。李氏自说其与其师立身处世之不同（见《年谱》庚辰年），亦可见江南名士文化的影响。戴望《颜氏学记》卷四《学正李先生》曰："恕谷少游浙东西，乐江介士风，南中人士亦闻其风而慕之。"（《李塨年谱》第239页）《年谱》记李氏以为"北人侨野"（同书第97页），"东省、北省人之横诈，不如江南人之和平"（第177页）。

一时著名的北方学人孙奇逢、李颙,都属王学一派。方苞说过:"……自明之季以至于今,燕南、河北、关西之学者,能自竖立,而以志节事功振拔于一时,大抵闻阳明氏之风而兴起者也。"(《鹿忠节公神堂记》,《方苞集》卷一四第413页)虽然如梁启超所说,正是王学,被北方学者赋予了与"北方"有关的人格色彩。

在上述现象的背后,作为隐约可见的背景的,是发生在漫长时间中的南北(以至夷夏)融合的过程;排异、文化比较中的偏见以及人事中与地域有关的偏党,在一个更为开阔的视野中,无不可看做对"融合"这一实际进程的反应。《今言》曰:"昔也夷人入中华,今也华人入外夷也。"(卷四第338条)《日知录》卷五"乐章"条说:"……降及魏晋,羌戎杂扰,方音递变,南北各殊,故文人之作,多不可以协之音……"前于此,颜之推就已经说过音辞的纯粹性久已丧失:"南染吴越,北杂夷虏,皆有深弊,不可具论。"(《颜氏家训·音辞》)至于明清之际如《广阳杂记》所说,"越王句践,本禹之后。盖吴越在夏皆中国地,其后习于用夷,故商周之间,变而为夷,岂真夷狄也哉!六合之大,自开辟以来,迭为华夷,不知其几变。如幽燕故壤,沦陷不满二百年,已不复名为中国矣。而闽、广、陇、蜀,列为郡县者,亦安知秦汉之间皆夷狄耶!"(卷五第233页)亦其时的通达之论。

这一过程不可避免地影响于士人的空间经验,导致文化视野的开拓。孙奇逢有诗云:"大道无南北,吾徒浑异同。"(参看《孙夏峰先生年谱》卷下)朱彝尊《报李天生书》中说:"文章之本,期于载道而已。道无不同,则文章何殊之有!足下乃云:南北分镳,各行其志。岂非以于麟为北,而道思、应德、熙甫数子为南乎?""足下试取古人而神明之,勿规仿其字句,抗言持论,期大裨于世道人心,而不为虚发,将足下所谓分者,未始不合也。道一而已,何南北之殊途哉!"(《曝书亭集》卷三一第396页)朱氏还在《鱼计庄词序》中说到文学中的地域现象:"在昔鄱阳姜石帚、张东泽,弁阳周草窗,西秦张玉田,皆非浙产,然言浙词者必称焉。是则浙词之盛,亦由侨居者为之助,犹夫豫章诗派,不必皆江西人,亦取其同调焉尔矣。"(同书卷四○第490页)

到本书所论这一时期，士人客居南北而不赋归，与乡土疏离，对客居地文化认同者，所在多有。杜濬以楚人久居金陵；张自烈亦以江右人"侨金陵二十年"（《芑山自传》，《芑山文集》卷一七）；刘献廷则以顺天大兴人，居吴三十年，"垂老始北归，竟反吴卒焉"（《鲒埼亭集》卷二八《刘继庄传》）。孙枝蔚久居扬州，对其乡土竟有陌生之感。① 至于李塨的意欲南迁，更属强烈的文化向往的表达；其南迁未果，竟痛哭道："天意不使南也，已矣！"（《李塨年谱》第 177 页）张自烈声称"疾夫世之以地论人"，其撰《芑山说》释其别号"芑山"，曰"非实有其地"，所以不称袁州（张氏袁人）而称芑山者，即为此（《芑山文集》卷二〇）。我在其他场合还将说到，易代中的"播迁"，有主动的文化选择，是不可笼统地作"负面"观的。

关于北方少数民族"入主"与内徙造成的民族融合及其文化后果，孙隆基《中国区域发展的差异：南与北》（刊《二十一世纪》总第 10 期，香港中文大学中国文化研究所）一文引述了近代中外的大量议论。如日本人桑原骘藏所论中国南北差异，王夫之在其史论中早已涉及，尽管两者的论旨与"用心"不同。明亡之后，遗民追究明政之失，对北方少数民族的内徙良用耿耿，正由于意识到"融合"之为过程的难以阻遏，及其后果的深刻性。② 到明清之际，"夷夏"大防已失去了其事实基础，上文所及如王夫之、钱谦益等人的"夷夏—南北论"，只合作为以当时的"人文地理"知识助其政论（反清论）的例子。

发生在明清两代的，不但有"徙戎"，且有其他由官方组织的迁徙，如明初的以南北富民、工匠实京师，以及后来的鼓励南人巨贾开垦边地。上述过程不消说均有其文化后果。富于流动性的工商业活动，是乡土社会中实现文化交流的积极力量。王夫之说永嘉南渡以后事，以为"中原南徙之众，尤多磊落英多之士，重用之，以较楚人之慓而可荡

---

① 孙枝蔚《与王西樵考功》说其由扬州返乡（陕西）之行："一过太行，土风椎鲁，不知诗酒唱和为何事，惟弟兄相对古箦中，差免胸怀作恶耳。"（《溉堂集》文集卷二第 1096 页）

② 参看《日知录》卷二九"徙戎"条。《读通鉴论》卷一二说"汉魏徙戎于塞内"以至"婚宦相杂，无与辨之"（第 436 页）；同书卷六还论及汉的内徙南单于。

者相什百也"(《读通鉴论》卷一四第513页);明代北徙的南人,其在开发北方中的作用,也是不待论证可知的。

值得一提的是,即使在此明清易代之际,学者谈及"夷俗",也有正是由文化比较出发的平允之论,如《日知录》卷一〇"后魏田制"条的以为后魏"垦田均田之制有足为后世法者";至于卷二九"外国风俗"条说夷俗的"简易"、"朴厚"、"政情清简"等,显然属于由"比较"追究明亡原因的思路。即论夷夏之辨态度最激烈的王夫之,也说过"蛮夷之长有知道者"(《读通鉴论》卷一五第554页)。吴伟业疏论军事,则以"彼饮食长技,皆与兵合;我之饮食长技,皆与兵反"(《国榷》卷九七第5831页,中华书局,1958)为说:既然明代政治是所谓"战时体制",上述差异即非同小可。明清之际政治经济情势推动下的北部少数民族研究,虽有显然的文化偏见与民族情绪,其中仍包含有敏锐的洞察与反省。而推广其文化比较于夷夏、中外,最能见出明清之际士人文化视野的扩张,空间意识的变化,世界、人类感的积累;这也应属于古代中国士人那里"世界图像"缓慢的生成过程的。

钱穆曾致憾于北方之学的终失其"纯粹"(参看《中国近三百年学术史》第五章)。时代、潮流、风尚,毕竟具有更大的力量。以最具地域文化自觉的学人而从事于南北沟通,也更足以证明"融合"之势所必至。在更广阔的文化视野中,上述趋向的积极意义,也应是不待证明的吧。

第二节　世　族

到明清之际士人谈论作为制度构件的"世族"时,严格意义上的世族已寥若晨星。取代世族地位的,是豪门势家、官宦之家,是当代富民。因而对一时碑版文字所谓的"望族"、"世家",是须考其实的。但世族衰落的事实并无妨于士人论"制度"意义上的世族。或许倒应当认为,当"世族"失去其存在条件之时的世族论,更别有深意。士人的"世族论",通常即其宗法论的一种形式,与诸如"封建论"、"宗室论"等,有逻辑的一致性。世族论者于此,着眼在制度基础的重建——这尤其是如顾炎武等儒者的关怀所在。如顾炎武《裴村记》(《亭林文集》卷五)所强调的"强宗"之于"立国"。其世族论也如封建论,旨趣与其说在"实践性",不如说更在"理论原则",因而与北方的李塨思路不接。在古代史的后期重建制度基础,在明清易代之后的"夷狄"之世存制度基础(亦所以"存天下")——问题于此有了十足的严重性。

乱世世族

制度史的事实是,"世族"之为制度,自隋唐遭遇重大破坏之后,到明代更形式微。对这一事实,一时的士大夫多有谈论。在《近鉴》的题目下,张履祥记述了近世故家旧族富室缙绅势要之家败亡的大量事实,令人约略窥见发生在明清之际历史过程中的社会财富的再分配。其中说:"崇祯间,松江风俗最豪奢。寒畯初举进士,即有田数十顷,宅数区,家僮数百指,饮食起处动拟王侯,其宦成及世禄者毋论,三吴诸郡俱弗及也。乙酉以后,盗贼横行,大狱数起,亦惟松江为甚。二十余年,兵戈涂炭,赋役繁苛,向之贵室巨家,无不覆败,不忍言矣。"(《杨园先生全集》卷三八)刘宗周由"宗法"与"封建"相表里,说及上述过程,曰:"世之降也,封建废而天下无善治,宗法亡而天下无世家久矣!代不乏名卿硕辅应运而起,犹得列五等之封,食租衣税,而建制既殊,抖以文网,或及身而废矣,或及子孙一再传而废矣,若房杜之仅立门户者何限!"世家之稍著者,"在唐为公艺氏,在宋为陈氏,在我明为郑氏"。此数家亦"仅表风义而已"(《石吴公家庙记》,《刘子全书》卷二一)。钱谦益以为"宗法之亡也,以近世士大夫不讲先王大宗小宗之义,有家祠而无宗庙"(《王氏秋荫楼祠堂记》,《牧斋有学集》卷二七第 1029 页)。黄宗羲将此一过程归因于科举之为制度,曰:"盖流风善政,存于故家,不可忽也。晋之王谢,尚有此风。唐虽重氏族,然不能胜科举,而此意荡然矣。"(《孟子师说》,《黄宗羲全集》第一册第 91 页)陈子龙则以"国无世家"为明代的特殊事实。"六季以前无论矣。唐、宋以科举取士,而世家鼎族相望于朝,家集宗功藏之祖庙。今者贵仕多寒畯,公卿鲜贤裔,至有给简册于灶婢,易绨素于市儿者……"(《经世编序》,《陈忠裕全集》卷二六）与黄宗羲的说法有别。[①]

　　宗法制的凌迟衰蜕与有关文化的荒芜，仅谱学之荒，即透露了此中消息。吴伟业撰荆文端墓志铭，曰："宗法之不行于天下久矣……兵兴以来，谱牒散失，数传之后，将视其祖、父不知谁何之人，此可为叹息者也。"（荆文端墓志铭，《吴梅村全集》卷四三第 900 页）[②]即使在普遍的衰落中，也仍然有南北之别。《谷山笔麈》卷一二《赋币》："元平江南，政令疏阔，赋税宽简，其民止输地税，他无征发，以故富家大族役使小民，动至千百，至今佃户、苍头有至千百者，其来非一朝夕也。江北士族为至卿相，臧获厮养不盈数人，产至千金以上，百里比肩，地瘠利尟，民惰差烦，致此非一道也。"（第 139 页）《日知录》卷二三"北方门族"条，比照文献（杜氏《通典》、《北史》），也指出北方世族较之南方尤甚的衰落："今日中原，北方虽号甲族，无有至千丁者。户口之寡，族姓之衰，与江南相去复绝。其一登科第，则为一方之雄长，而同谱之人，至为之

---

① 韦伯以为中国"氏族发展的程度，是世界其他各地，甚至是印度，所不能及的"（《儒教与道教》第 104 页，江苏人民出版社，1995）。但韦伯所写那种理想形态的氏族，到本书所写这一时期已罕有存留。王夫之说："君子之泽五世而斩，小人之泽五世而斩，或且不及五世而无余，君子深悲其后也。"（《读通鉴论》卷一四第 519 页）世家巨族的衰落，是在普遍的伦理破坏的背景上发生的。熊开元形容其时情境，曰："丧乱以来，昭穆不分，丘陇不辩者何限！子以父为赘，弟以兄为赘，妻以夫为赘者又何限！至君臣朋友，路人视焉，遍国中皆是矣。"（《李氏族谱序》，《鱼山剩稿》卷五第 441 页）赵翼《廿二史劄记》卷二《汉初布衣将相之局》，以为战国"已开后世布衣将相之例"，秦汉间则为"天地一大变局"，"于是三代世侯世卿之遗法，始荡然净尽，而成后世征辟、选举、科目、杂流之天下矣"（第 21—22 页）。

② 参看顾炎武《日知录》卷二三与"姓"、"氏族"有关诸条，及《亭林文集》卷一的《原姓》等篇。吴伟业《郁静岩家谱序》说家谱与宗法相表里，谱学亦与宗法为盛衰；谱学中有一部宗法史："综而论之：南北重门第，凡仕宦之家必有谱，达其簿状于铨曹，以为选举之格，九品中正之登下，皆从谱是问，故其权在上而常合；李唐以还，官方混淆，谱之废兴不一，有能修明其门绪者，藏之寝室，以备遗忘，故其权在下而常散；此大较已。"（《吴梅村全集》卷六〇第 1202—1203 页）同书同卷《仝氏族谱序》亦论此。朱彝尊《云氏族谱序》："鸣呼！氏族之紊久矣。以唐之盛，撰述衣冠房从齿序者，不下数十家，而国姓迄无定论；元和姓纂，作自林宝，而不知己姓之所由来；若是其难也。"（《曝书亭集》卷四〇第 494 页）黄宗羲关于当世谱学也多有批评（参看其《唐氏家谱序》、《淮安戴氏家谱序》等，均见《黄宗羲全集》第十册），可读作对氏族状况、家族文化的批评。

仆役,此又风俗之敝,自金元以来,陵夷至今,非一日矣。"这又是发生在漫长时间中的经济倾斜的后果。① 明清之际论世族最有力者,确也多为南方人士。但一时遗民说及劫余的东南人文,亦有不胜寥落之感。黄宗羲说谱学之废的现实背景,即曰"公卿降为皂隶,读书种绝"(《曹氏家录续略序》,《黄宗羲全集》第十册第 99 页)。

已成定论的是,世族的衰落在明代,部分地是剥夺富民(史称"右贫抑富")政策的后果。② 王夫之《黄书·大正第六》对纵"鹰鸷"(墨吏)攫猎富民有尖锐的批评。但无论"循吏"抑或"墨吏"的锄豪右,均不如明末小民的"焚掠",打击来得更直接也更致命。《明季南略》:"黟县与休宁俱属徽州府。乙酉四月,清兵犹未至也,邑之奴仆结十二寨,索家主文书,稍拂其意,即焚杀之,皆云:'皇帝已换,家主亦应作仆事我辈矣。'主仆俱兄弟相称。"(卷四第 270 页)杜濬《瘗老仆骨志铭》记其家主仆,曰:"甲申、乙酉间,国破家毁,余兄弟随侍先君、先夫人,尽室居金陵。僮仆十余辈,多挈妻子叛去,走部落营伍,窜入兵籍中。不数日,立马主人门,举鞭指画,放言无忌,以明得意,甚者拔刀斫庭柱,叫呼索酒食,不得则恣意大骂,极快畅然后驰去。"(《变雅堂遗集》文集卷六)吴伟业所记张溥家族与其仆的冲突,亦可读作其时主奴冲突的典型个案(见《吴梅村全集》卷二四《清河家法述》。文中所记对张氏之仆

---

① 《广阳杂记》说"东吴犹重世家。宜兴推徐、吴、曹、万,溧阳推彭、马、史、狄,皆数百年旧家也"(卷一第 43 页)。《鲒埼亭集》外编卷七《学正董笔云先生墓表》,说世家于六朝后"日凌日替","新秦之门户狼犹无状矣,其犹有六朝之遗者,吾甬上为最"。

② 围绕此政策直至明末仍有争持。《明史》卷二五一钱士升传,记崇祯时"武生李璡请括江南富户,报名输官,行首实籍没之法",钱氏疏争:"其曰缙绅豪右之家,大者千百万,中者百十万,以万计者不能枚举。臣不知其所指何地。就江南论之,富家数亩以对,百计者什六七,千计者什三四,万计者千百中一二耳。江南如此,何况他省。且郡邑有富家,固贫民衣食之源也……"对缙绅豪右财产状况的估计竟有如此的不同!祁彪佳《救荒全书小序·当机章》:"周书:救荒要在安富。富民者,国之元气也……则富者尽而贫者益何所赖哉!……辑劝富第十七。"(《祁彪佳集》卷五第 90 页)颜元论"井田"即以夺富民田为合理(参看其《存治编·井田》。但其持论的更直接的根据应是清初的事实,即"国朝之圈占,几半京辅")。张履祥的《赁耕末议》(《杨园先生全集》卷一九)论租佃关系,亦与其时保护富民的主张不同。

的处置方式,亦可作为东南主奴关系及缙绅权限之显例)。吴氏此文文体庄严,语意沉痛,似杀鸡而用牛刀。但看篇中所记为惩戒一奴仆而排出的阵容,即可知关系形势的严峻性:其时"世族—流品论"的极现实的根据。当祁彪佳呼吁"安富"时,富民已难有宁日。甚至祁氏家族也要乞请当局的保护。至于东南,由易代中的"焚掠",到清初"奏销"等案,是连续的破坏过程。其间士夫、世族地位的丧失,是相当一个时期士人的话题。①

鼎革之际右姓大族"毁家纾难",及因"与义"因"告讦"而遭摧败,被一时论者作为"故家"与"故国"共存亡的明证。《娄水文征》卷六三唐孙华《敕授文林郎广东增城县知县书城王公墓志铭》说其时"告讦之祸","凡郡邑中丰屋高赀,多诬以通叛而攫取其财,所摧败者数十百家"(道光十一年闲有余斋刊本)。张履祥撰《邱平叔传》曰:"戎马之后,睚眦相贼杀。平日衣冠之族,胥豺虎噬也。"(《杨园先生全集》卷二一)黄宗羲所记陆汝和"板荡之际,曾参人军事","徒手归来,尽丧其田土,五载间关,成一窭人"(《陆汝和七十寿序》,《黄宗羲全集》第十册第658页),则是"与义"的代价。而富室因乱民惩"附逆"、因"义军"之勒输,被攘夺以致"刑死",则是更具讽刺性的严酷事实(参见黄宗羲《钱忠介公传》所引钱肃乐于弘光朝奏疏中语)。《明季北略》卷一九记其时之"藉口恢复者,沿途则散行杀掠,遇衣冠则火围之,即得全,必支解"(第407页)。——明末江南士夫的"举义",有的即为奴变所激成。

---

① 吴伟业《顾母施太恭人七十序》曰:"自租调更徭之日急,则有虎吏市魁,乘意气以陵出衣冠之上,士大夫杜门谦退,苦身自约者,渐不为闾巷之所尊礼,至与黔首无异,有识伤之。"(《吴梅村全集》卷三八第812页)"下陵上替",由来已久。万历年间贺灿然《救荒议·议禁》中即说:"浙以西,有富室狼跋而贫户草靡者,亦多有富室株守而贫户鸥张者;有士大夫往往渔猎其民而民率吞饮,若不为怪者,亦多有士大夫往往自爱羽毛而民反群噪而侮之者。"(崇祯《嘉庆县志》卷二三《艺文》五)缙绅之厄因清初"奏销"、"科场"等案而愈加深重。张履祥《书改田碑后》(甲申后)曰:"予因叹近数年间,水旱接至,民之死于赋役者不可胜计,其势家子弟被缧绁而转沟壑者相踵也。"(《杨园先生全集》卷二〇)

另有为这一时期的世族论者所有意忽略的事实,如有明一代成为严重社会问题的土地兼并、势家侵占民田、东南豪族的蓄奴(亦明末"奴变"的条件)等。豪族势家与朝廷争利(分"利权"),是明代经济生活中的严重事实,亦应视为制度基础的剥蚀,显示了"宗法—世族"之为制度痼疾。东南董氏的激成民变自是显例。著名东林人士高攀龙家谱,记其时"道学"黄绾"居乡豪横"(参看《明儒学案》卷一三)。如王夫之所说,"故家名族、公卿勋旧之子孙"所招致的"贼害怨咨之气偏结凝滞"(《黄书·大正第六》,《船山全书》第十二册第528页),正构成了其自身命运的背景。

　　至于世家巨族内部的败坏,则是由来已久的事实。罗振玉撰吴中名宿徐枋年谱(《徐俟斋先生年谱》),即对其家族关系感慨不置。明清之际论宗法最有力的顾炎武,言及其家族,也不胜痛切(参看《答再从兄书》,《蒋山佣残稿》卷一)。而如丁元荐所见明代粮长的前后变化,也由一个方面揭出了"大家巨室"的精神品质愈趋愈下的事实。[①] 膏粱子弟的自败其家,是虽平世亦不少见的故事,只不过"末世"更足以作为此种情节的舞台罢了。张履祥《与周鸣皋》曰:"十余年来,里中子弟,或衣冠之后,或素封之余,祖父所遗非不丰也,未几室庐田亩,尽属他人,并妻子非其有,以身陷于刑戮者,多见矣!"(《杨园先生全集》卷七)《研堂见闻杂录》即说及娄东世家子弟"习为侈汰,恣声色,先世业荡尽无余",至有司寇后人为优"以歌舞自活"者,"而司寇之德泽尽矣"(收入《烈皇小识》第299页,中国书店,1982)。刘宗周《宜兴堵氏家乘序》则径说:"德之凉,公卿不如舆隶,虽百世而后,子孙有不敢居其氏族者矣。世家岂在门第乎!"(《刘子全书》卷二一)"胚胎前光"、"必复其始",谈何容易。倒是君子之泽,五世而斩,被反复证明了。

　　明清之际士人所面对的,即上述情景。归庄曰:"自陵谷变迁以

---

① 丁元荐《西山日记》卷下《日课》:"吴兴诸大家,强半起自粮长。昔之富翁,挺身于户役中,千磨百炼,出来成一大家。今之富翁,皆巧为规避躲闪。体面气魄,较前十不及一……先大人尝言:大家巨室,一方元气。元气各处萧索,国运从之矣。"《西山日记》,中国书店据康熙己巳先醒斋刊本抄录。

来,世家巨族,破者十六七。"(《王奉常烟客先生七十寿序》,《归庄集》卷三第 251 页)张履祥说:"予维丧乱以来,远近士大夫家,栋宇崇深,墉垣宽邃,昔为歌舞燕乐夸耀里间之观者,概已废为荒榛野砾,间有存者,姓已一易再易,子孙多不可问。"(《《杨园先生全集》卷一七《遗安堂记》)夏完淳《狱中上母书》说:"会稽大望,至今而零极矣……"(《夏完淳集笺校》卷九第 413—414 页,上海古籍出版社,1991)惯于由世家大族觇国运世运的士人,焉能不生地老天荒之感!①

世族—宗法重建

亡国之祸,使士大夫的思考回到一个古老的命题上,即宗法与国运的关系。顾炎武说:"自治道愈下而国无强宗,无强宗,是以无立国,无立国,是以内溃外畔而卒至于亡。然则宗法之存,非所以扶人纪而张国势者乎?"其更说明"重氏族"是在"封建不可复"的历史情境中立国的重要条件。至于其所说"保甲亢宗","以自卫于一旦仓黄之际",也应得自易代之际切近的经验(以上见《裴村记》,《顾亭林诗文集》第 100—102 页)。② 在这种历史情境中,"祠堂"、"家谱"诸种实物,不但

---

① "其时殉国难,累累多荐绅。"(《读心史七十韵》,《归庄集》卷一第 2 页)又是其时文献中与世族的衰落同被强调的另一面的事实。黄宗羲有关其时"忠义"、遗民的碑版文字,每称其郡望族姓。清人如全祖望记明末忠义,亦以此为其人行为的重要注释。《鲒埼亭集》外编卷二五《历朝人物世表序》曰:"予友郑筼谷检讨尝语予:科举既盛,世家将替,即有明一代可见。予于宰相传中枚举如崑山之顾,合门仗节;禾中之钱,兄弟死事者凡十数家,欲为胜国系望生色。"《陆雪樵传》更致慨于其乡世家忠义之盛,曰:"前代故家遗俗之盛莫有过于吾乡者也。星移物换之际,其为乔木增重者,一姓之中,大率四五人不止,高曾规矩可以想见。""呜呼! 百六之厄,乃反为王谢世谱之光。悲夫!"(同书卷一二)全氏说此,是不但以之为世族且以之为士夫所拥有的道德、道义力量的证明的。此类史迹,应属明清之际士人宗法重建主张的一部分事实根据。

② 同文说"不能复封建之治,而欲藉士大夫之势以立其国者,其在重氏族哉! 其在重氏族哉!"(《顾亭林诗文集》第 102 页)张履祥《沈氏族谱序》:"古者建国必先立宗,宗子法行,自朝廷逮里巷,无一人不知所自……后世教不修,人情涣散,其事已不能望诸朝廷,而萃涣之责,专于家族。"(《杨园先生全集》卷一六)

作为象征被反复诠释,且被视为"收族"的具体手段。①

当此之时,论者不约而同地,将其关切集注在"宗族—权力"上。黄宗羲《子刘子行状》卷下详细记述了刘宗周对其宗族的整顿:"初,刘氏家庙所行,皆世俗之礼。先生一一正之,置祀田,辑宗谱。乃立宗长一人,总宗教,宗翼二人佐之,宗老一人以齿,宗干一人司钱谷,宗纠一人司赏罚。举宗之事,皆质成于宗长。宗长未听,而投牒于官者,罪之……"(《黄宗羲全集》第一册第 257 页)刘氏乃明末名臣,即以行政方式经营其宗族。刘氏亦有所本。其《石吴公家庙记》说"吾越"世家州山吴氏,曰:"予尝闻之长老,言吴世有家法,以宗老一人董家政,又立宗理二人以惩不法。子孙有犯,则告庙伐鼓而杖之,俟其悛也;不悛则不齿于宗,死不入庙,非有大故,终不致于官,至为邑长吏所诧,曰:他姓治以官法而不足,独吴氏治以家法而有余。里中至今称之。"(《刘子全书》卷二一)刘宗周于此强调的,是宗族作为基层权力机构的功能;甚至有立法、执法机构,代行官府职权,俨然组织完善的自足的小社会(同文中说:"历唐宋迄今,州山之墟若建国然")。他在另文中说陈氏、郑氏等巨族,"其家积七八百口,而可一人使"(《刘氏义田权舆说》,同书卷二五)。治权之一,是维持巨族存在的条件——家族政治也正是缩微的国家政治。刘宗周阐发上述"制度实践"的意义,甚至以行"三代"、"井田"于一家一族为说:"……先王之教,虽不复行于后世,而世

---

① 一时士人有关祠堂、家谱的文字,每有相近题旨,如本节所引顾炎武诸记,如《牧斋有学集》卷二七诸记祠堂、义庄记等。钱氏《王氏南轩世祠记》即表彰王氏"尊祖敬宗收族"于"沉灰劫火漂零焚荡之余"(《牧斋有学集》卷二七第 1032 页)。王夫之说:"礼之不可以已也,合者别之,别者合之。合其别,以别合也;别其合,以合别也。""继别为宗,合食于庙之礼也。"(《邵阳宁氏台上祠堂记》,《船山全书》第十五册第 971 页)又说修谱以"合族"为目的(《太平曾氏族谱序》,同书第 992 页)。其他如陈确说墓祭之为"重宗"、"合族"(《南北坟祭议》,《陈确集》文集卷七);黄宗羲说"自宗法亡,所以收族属者,止有谱系一事"(《淮安戴氏家谱序》,《黄宗羲全集》第十册第 67 页);张履祥《丧祭杂说》所谓"今欲萃人心,莫大于敦本收族;欲敦本收族,莫急于建祠堂"(《杨园先生全集》卷一八);《沈氏族谱序》说"立宗","其道莫先于明谱系"(卷一六)等。王源也说:"吾尝谓井田废,无恒产,宗法废,无人纪。屯政可以存井田,族谱可以存宗法。"(《马氏族谱序》,《居业堂文集》卷一五)

族大家之中，苟有行古之道者，不难法先王之意，以经纪其氏族，使人不失业，暇修其诗书礼乐，传之长久，亦一家之三代也。"（同上）在儒者，这几乎是最高的意义标置。

魏禧对宗族组织的上述政治功能，也有积极评价。他说："禧尝以为天下之治必兴小学而重族法，所谓'族法'者，非徒别其昭穆尊卑、收其散、合其疏也。盖族必有师，而宗必有长，长以齿与行，而师以贤。族之子姓毕听命于一二人。其或有争，必听断于族，族不能断，然后讼于官。大不率至败伦伤化者，则族师声众而杀之，无罪。吾宁之北乡，姓聚族而居，其族法尚有存者。子弟为盗，则族长鸣鼓于宗庙，众执而纳诸笼中，以投于河。"他于此肯定的，也是宗法之为权力，以为可填补基层权力的空缺，"小可以简郡县之讼，大可渐次行乡举里选之政"（《万氏宗谱序》，《魏叔子文集》卷八）。刘献廷也提供了类似的实例。《广阳杂记》卷四记镇江府巨族赵氏的家族组织："……有总祠一人，族长八人职之。举族人之聪明正直者四人为评事。复有职勾摄、行杖之役者，亦八人。祠有祠长，房有房长。族人有讼，不鸣之官而鸣之祠，评事议之，族长判之，行杖者决之。有干名教、犯伦理者，缚而沉之江中以呈官……"（第215页）

《日知录》卷八《乡亭之职》："今代县门之前，多有榜曰：'诬告加三等，越诉笞五十。'……今人谓不经县官，而上诉司府，谓之越诉，是不然。《太祖实录》：洪武二十七年，四月壬午，命有司择民间高年老人，公正可任事者，理其乡之词讼……若不由里老处分，而径诉县官，此之谓越诉也。"可知上述儒者的主张，非止依据于习俗，而是有制度根据的。在宗法制乡村，所谓"民间高年老人"，往往即宗族领袖。家长所行使的，无宁说是朝廷给予的权力。在这个意义上，宗族组织也类似"基层政权"。①

---

① 宗族作为"基本单位"与中央、地方官方权力机构的关系，是个复杂的问题，非"补充"、"抗衡"等所能简单地概括，其功能也难以作一概之论。韦伯在论及中国的氏族时，说个别的氏族，"要求有权独立处罚其成员，并能贯彻此一要求，尽管近代的国家统治权对此不予正式承认。只有皇族对其成员的司法权与家内权（Hausgewalt）才受到官方的承认"（《儒教与道教》第105页）。而在事实上，氏族内部的处罚，直到晚近仍未绝迹。

你不难想到上述"自足"在鼎革之际的重要性。此一时期的宗法论者，强调家族的相对独立性，其自足，其作为准政治实体，自有深意，即在夷狄之世存华夏文明。刘宗周即明确地将此表述为"国坏而家弗坏"，成其为"磐石之宗"（《刘氏义田权舆说》）。① 至于孙奇逢在易州五公山所建，张履祥《保聚事宜》所设计，以及同时其他避世者所建的桃源式的封闭、半封闭小社会，虽多出于权宜之计，在上述意义上，也可看做宗法重建的实践——确也像国中之国。张履祥甚至有"保聚既行，相与守之，百年不变"的期待（语见《保聚附论》，《杨园先生全集》卷一九）——尽管清一旦定鼎，"保聚"即存在，也不免变了性质。

明清之际士人的上述世族论，所论乃"后封建"社会的制度基础问题，是有关"封建之后"的制度缺陷弥补问题——发生在古代史后期的上述重建基础的要求，正明确无误地揭示了基础破坏的程度。宗法重建，是儒者所开出的疗救制度的药方。宗族于此，非但被作为社会政治稳定的条件，且被视为具体而微（与中央权力互补）的权力机构。这自然赖有前此有关的制度实践及思想资源，包括"乡约"、"族规"，朱子的"社仓法"等。《日知录》卷六"爱百姓故刑罚中"条说其所谓的"众治"（与数百年后梁启超所说"群治"，自属不同的概念系统），曰："人君之于天下，不能以独治也……天下之宗子各治其族，以辅人君之治……"所说即制度基础、以家族为本位的宗法社会结构模型。顾氏以其"宗藩"论、"世官"说（参看其《郡县论》）及上述世族、宗族论，提供了完整的结构设计，证明了其宗法思想的彻底性。士在这类场合，一再证明了其较之君主，是更自觉的现存秩序、既成制度的维护者，证明了其为王朝的根本利益，计虑之深远。只不过在宗法制弊窦百出之时复宗法，不能不带有空想性质；以宗法治宗法制度病，亦见出其时士人制度思考的限度。

---

① 该文说其所期"义田"的效果："能令刘氏子孙尽夺其怀利之见而趋于义，因令刘氏土田渐撤其一己之私而归于公。异日者，刘氏之族享于斯，赡于斯，政教于斯。虽有豪强不能兼并，虽有贪暴不能多取，则亦所谓磐石之宗也。"

儒者尤以礼制的修复为传统职任。易代之际的"三礼之学"于此获得了最现实的动力——"遗民经学"与清学根据之不同,于此可见。顾炎武说"亡国"、"亡天下",存天下的重要途径即推行礼教。"国乱于上而教明于下。《易》曰:'改邑不改井。'言经常之道,赖君子而存也。"(《华阴王氏宗祠记》,《顾亭林诗文集》第 109 页)经由仪式行为(尤其丧葬仪式)实现"敬族收宗",从而收拾人心,恢复宗法秩序,亦一种儒者践履。陈元龙《陈氏理学乾初先生传》曰陈确"表章家学,酌立族规,讲明宗法",仿古族葬之法,"以为支分本一,血脉相联,生则聚庐而处,没则共域而葬"(《陈确集》第 10 页)。而在"化民成俗"上,世族仍被认为有其特殊的文化功能。

世族与文化传承

在象征层面上,"世族"的意义首在历史文化的延续——更何况如明清易代之际!"国藉十世之基,家承百年之业,士食旧德之名氏,农服先畴之畎亩":"延续"即赖以实现。此一时期如方以智、傅山,均世家子弟承家学而称博雅者。全祖望《阳曲傅先生事略》以为傅氏之家学,"大河以北,莫能窥其藩者"。方、傅的学养,是一份特殊的家族文化财产,且为世族的文化功能继续提供着证明。东南遗民陈确为黄宗羲所称道的资禀才艺(参看黄氏所撰陈乾初墓志铭),无疑也得自其早年生活环境。在大破坏中,"故家遗俗、流风善政"之犹存,被作为了故国犹在的一份证明。

"自古公侯之子孙,涵濡教泽,敦《诗》习《礼》,为天下先,而后遐陬蓬蔚之儒,始得奋其智能以鸣跃乎当世。"(《苏小眉山水音序》,《吴梅村全集》卷二九第 692 页)但经历了漫长的剥蚀,到这一时期,世族已在失去其为学术、文化渊薮。世族文化地位的丧失,通常被论者归结为科举之为制度的后果。由此种"平等"导致的"平均化"("平等"、"平均"在此均系借用),其文化意义虽未被充分阐释,但士大夫从不缺乏有关敏感。黄宗羲即由馆阁体与一代文事,描述了"文章之权"下移,贵族文化精神失坠的情景。①

　　世族的衰落令有识者尤感痛切的,正是"贵族"之为"文化精神"的失坠。上文引过的黄宗羲《曹氏家录续略序》说世家于有明一代的衰落,"以余所见言之,陆氏世家,其后人当麦熟之时,则张祖宗影像于中田,乌纱绛袍以驱鹿豕。应平仲者,明初文人也,数传之后,文集零落。子姓以为留之不敬,杂纸钱焚之"(《黄宗羲全集》第十册第99页)。王夫之则以"华胄之子弟皆移志于耕商"、"故家大族,夷为野人"为一大变局,从中看出了世族及其文化衰败的消息(参看《周易内传》卷三,《船山全书》第一册第391页)。易代之际世家大族的被摧败,使上述事实进一步普遍化了。于丧乱中流失着的,正有被认为赖世家大族而维系的文化品质与文化意境。黄宗羲屡次慨叹于这一种流失,如说"丧乱以来,民生日蹙,其细已甚。士大夫有忧色,无宽言,朝会广众之中,所道者不过委巷牙郎灶妇之语,觍然不以为异,而名士之风流、王孙之故态,两者不可复见矣"(《黄复仲墓表》,《黄宗羲全集》第十册第262页)。方以智于乱离中回顾其家族生活情景,不胜眷念:"天伦师友,群居丽泽,一室自娱,诗书交古,山川适性,笔墨唱酬……"②作为一时士人话题的"载籍之厄",直接映照着士的、世族的命运。黄氏《天一阁藏书记》慨叹乱离中士的贫困化的后果:"近来书籍之厄不必兵火,无力者既不能聚,聚者亦以无力而散",以致"所在空虚"(《黄宗羲全集》第十册第114页)。全祖望《祁六公子墓碣铭》,记祁彪佳后代(祁理孙、班孙),曰:"呜呼!自公子兄弟死,淡生堂书星散,岂特梅墅一门之衰,抑亦江东文献大厄运也。"(《鲒埼亭集》卷一三)

　　一时士人(尤其遗民)以"礼失"为重大危机。陈确《道俗论》(《陈确集》文集卷五)由凶礼言及"乡俗"的力量,士人的"溷俗"、"惟俗是从",表达的正是"礼失"、士丧失其文化品格的深刻焦虑。以"礼"为

----

① 其《范母李太夫人七旬寿序》曰:"夫文章之权,自宋、元以来,尽归馆阁;其僻固而狭陋者,散在江湖。明初馆阁之体,趋于枯淡,然体裁不失,天下犹莫之不宗。成、弘之后,散而之于缙绅各操其权,而馆阁始为空名矣。嘉、隆间,缙绅亦不能尽收,散而入于韦布……自万历至崇祯,举世陷溺于场屋,缙绅之为读书种子者绝……"(《黄宗羲全集》第十册第668页)

② 《通雅》卷首之二《读书类略》。《通雅》,方以智手辑,姚文燮校订,康熙丙午立教馆校镌。

"教",移风易俗,亦士重建其文化优势的工程。"士服旧德"。保存华夏文明于夷狄之世,藉"故家旧德"存"诗书礼乐冠裳文物",世族自被作为实施"教化"的民间基地。其时如吴伟业,屡记江南巨姓的礼仪场面,以记述的庄严性,强调此种行为仪型一方的功能。他说:"世家大族,邦之祯干,里之仪型,其有嘉好燕乐,国人于此观礼焉,四方于此问俗焉。"(《顾母施太恭人七十序》,《吴梅村全集》卷三八第 811 页)陆世仪也说:"夫风俗之淳厚,非必尽由在上之人有以风厉之也;一邑之中有一二世家大族,以礼义廉耻治其家,则相观而善磨励而兴起者多矣。"(《龙城郝氏宗谱序》,《桴亭先生遗书》卷四,光绪乙亥刊本)"礼"于此,功效已不限于"收族";那一套仪式行为,具有了较平世远为复杂的语义内容。

还应当提到,儒者回避"财富—道德"这一种关系的正面阐述,而他们的世族论,正提示着财富之于人才的造就、人性的完善、文化的传承。即上文所说"载籍之厄",不也是士的经济地位丧失的直接后果?王夫之所说贫贱疢疾与人性残畸的关系,黄宗羲关于世家子弟文化风貌的描述,无不隐含着有关"物质前提"的命题,应读作儒者安贫论的重要补充。

由世族文化功能之一的"人才造就",自然通向了下一节将要讨论的其时士人的"流品"论。孙奇逢就说过:"闻之王谢子弟,他氏不敢轻与之议婚论交,盖门庭清贵,举世所宗。又如唐《世族志》雅重士流,为天下荣。则祖德之为后人倚庇也,从古然矣。然亦为后人者能世其德,冷然于世故物情之外,提维风易俗之权,则贤子弟之撑持世运,为士人留羞恶一脉,而判清浊之途,其关系原非浅鲜。"(《赠杨郎念祖序》,《夏峰先生集》卷三)"门风"的道德、精神维系力,亦属一种基于经验的士人信念,只是到得此时,上述信念所依据的经验,已日见稀薄罢了。

缙绅与民间政治

有明一代士的利益经由其民间集团(党社)以"清议"等形式表达,鼓励了士依其角色意识,实施政治干预、从事朝外政治的热情。明遗民在民间事务中如下文所述的积极姿态,正应由其所承的"士风"来解释。

本节开头就已说到,在汉魏六朝式的"世族"衰落、世族之为制度性的存在渐为唐宋以还的历史过程否定之时的"世族论",可略比于"井田"、"封建"论,是制度讨论借以展开的形式。循名责实,本节谈论的多系"准世族"、"类世族",更宜于用"豪族"、"右姓"、"巨族"、"甲族"等指称。当世族之为制度衰落后,取代了其位置的,是官僚与缙绅。因而这里的"世族论"在其作为"士论"的层面上,包含了有关"士"在社会政治生活中的地位的思考。这种思考中,"士"往往是由"缙绅"代表的,尤其在如明清易代这样的情势下。士的民间角色尚有所谓"乡先生",阎若璩《潜邱劄记》卷二:"乡先生,乡大夫致仕者也。"其时的世族论用意深刻处正在于此:宗法—世族重建,即士的地位确认,士文化重建。对宗法重建中缙绅作用的强调,是包含深远谋虑的。

当着儒者由风教兴衰看世运升降时,一定程度上将"历史"看做了儒者伦理实践的历史。这里包含了儒者的自我期许与使命承当。此一时期上述大儒责之于缙绅者,正有儒者职能、士的职志的重新体认。儒者既以为天下兴亡系于名教,有功于名教即所以存天下——个人行为于此获得了充分的意义确认。基于此,即使国亡,无君可事,仍不失其为"士"为"儒"。魏禧就说过:"士时位有不同,天下民生则自唐虞三代以迄于今,一也。"(《赠宋员外榷关赣州叙》,《魏叔子文集》卷十)而借诸宗法—家族的制度形式,因"人伦"而作用及于"风俗"、"政事",被认定为"儒者之效","教化"乃是其实现的条件。顾炎武在《华阴王氏宗祠记》中,说"教化之权常不在上而在下。两汉以来,儒者之效亦可得而考"(《顾亭林诗文集》第109页),他本人即在关中"略仿横渠蓝田之意,以礼为教"(《与毛锦衔》,同书第141页)。经宋、元至明道学的训练,儒者对其所握"教化之权",更有一份自信。孙奇逢说:"一家仁,一国兴仁;一家让,一国兴让。人人亲长而天下平。"(《与杜君异》,《夏峰先生集》卷二)

而易代之际缙绅凭借宗族的自治、自卫,虽所承担者为士绅当此际的传统职任,在特定历史情势下,也具有了"制度实践"的意义。张履祥《保聚附论》曰:"聚人民,无非朝廷赤子,保土田,无非朝廷财赋,其与出而有为者,其义一也。"(《杨园先生全集》卷一九)陈瑚居蔚村,亦"以孝弟、力田、为善三章约其村人"(参看《离忧集》卷上《滇南先生》)。缙绅的民间政治,自有"利益关系"为背景。社仓、义仓等,在通常的设计中,是以安定秩序、预防动乱为目标的;而"乡约"、"保甲"在乱世,更是缙绅所谓的"固圉之策"。缙绅在此等举措中,所扮演的不但是执行者、而且是立法者的角色,如刘宗周的《保民训要》、《乡约事宜》(《刘子全书》卷二四),上述张履祥的《保聚附论》。但在明清之际特殊的历史情境中,缙绅与小民,亦有利害之同。至于以"保聚"为有"井田遗意",则属儒者特有的意义期待。①

　　至于孙奇逢率"数县累数千人"避地迁徙的成功之举,确可比之于田畴(《三国志》卷一一)、祖逖(《晋书》卷六二),是易代之际成功地搬演的桃源故事、具体而微的"建国神话",证明了其时民间人物的领袖才能、民间社会所达到的组织水准。由上述末世传奇,足见其时豪杰之士卓越的政治才能与道义感召力。就组织的严密而言,可媲美于此的,是宁都易堂九子金精山的小社会(参看魏禧《翠微峰记》,《魏叔子文集》卷一六;彭士望《翠微峰易堂记》,《树庐文集》卷八。彭文述易堂始末甚详,可资考察易代之际士人的聚居形式)。陆世仪亦曾欲邀集同志者于江村。上述遗民、准遗民群体,与前此的士人会社有形式、性质之别,兼具生活、防卫功能,一定意义上可以视为制度实践。不妨认为,正是"鼎革"这一严重事件,使士人在有明一代受到鼓励的政治参与热情,及儒者的实践精神,发挥到了极致。

　　值得为上述孙奇逢的故事再花费一点笔墨。本节开头已说到南北世族的不同状况。但世族的陵替非即宗法的衰微。陈子龙《江南乡兵议》曰:"北方旷野,常百里民聚族于一村,非其同姓,即其亲戚,故相结易亲,相助必力。江南之民,散居于野,或一村不及数家,而比邻乃不相识……"(《陈忠裕全集》卷二二)此种情况由来已久。或许可以认为,如孙奇逢所领袖的大规模迁徙与"社会重建",只有在宗法社会保存较

---

① 张氏全集卷二〇《书徐子保甲论后》:"保甲之法,即管敬仲内政遗意,内政犹不失井田遗意,行其道不独设险守国为第一义,虽选贤与能、讲信修睦亦存乎此。"其时颇有士人为此种组织者。彭士望《李元仲七十序》记李世熊(元仲)于易代之际"家居,会土贼发祖屋,尽焚,乃相地筑土堡、浚壕,坚深闳壮,聚族人居之"(《树庐文集》卷七)。彭氏说李有经世才,而徒见之于"泉上土堡经营保障、楼墙庐井门巷之区画"。

为完好的北方才有可能。上述故事发生在明亡之前，证明了当时原有社会组织的破坏程度（帝力并畿辅也不能及），这也正提供了豪杰之士、缙绅从事民间政治的适宜舞台。上文所提到的"桃源"，于此只有有限的象喻意义；如孙奇逢及其同志者在易州五公山所建的礼乐社会，为明儒的作品无疑。孙氏及其同志者非但不曾忘却其作为"士"的社会承当，也不曾稍忘其作为"儒者"的职任。①

至于平世缙绅对"荒政"的参与，也并非只能如吴晗那样描述为缙绅与官府间"分润"（参看吴晗《论绅权》，收入《皇权与绅权》，天津人民出版社，1988），其间确可感士人尤其儒者"民胞物与"的仁者情怀。张履祥记祁彪佳赈饥，"寅而出，酉而入，以粥担医生自随。郡中既设法赈济，穷乡深谷无不至，遇饥者先与之粥，病者与之药，因与之米、麦、银钱有差，死者为之棺，日行数十里不知倦，虽污秽臭恶死人之旁必躬亲，力有不及，以门人子弟分任之……"（《杨园先生全集》卷三一《言行见闻录[一]》）祁彪佳本人所撰《施药缘起》，则有不忍"推同胞于膜外"，"昔止忧荒，今乃忧乱"等语（《祁彪佳集》卷二第 32 页）。其他如崇祯八年、十年刘宗周遣诸生赈饥，崇祯三年嘉善县陈龙正父子的救荒。② 冒襄

① 孙氏崇祯十一年率亲友人五公山、顺治六年率族党亲友南徙，规模均可观。茅坤《扫盟馀话序》谓从孙氏人双峰山者"多衣冠礼乐之士"，"多豪杰之士"（见孙奇逢年谱）。孙氏所记鹿太公（参看《夏峰先生集》卷八《乙丙记事》等）及孙氏本人，均为民间领袖且"古色照人"，一时南方传奇中似不多见，或也可证其时北方的宗族状况。

② 刘宗周、祁彪佳等人赈越中饥，见黄宗羲《子刘子行状》卷下、《刘子全书》卷二〇与王雪肝诸书，卷二一《赈嵊缘起》、《赈越缘起》，刘氏年谱——非但救乡土之饥，且救他邑之饥，亦所谓"一体之谊"。祁氏施药，参看《祁彪佳集》卷二《施药缘起》等文。陈子龙自撰年谱（《陈子龙诗集》附录一），亦有赈灾记述。张履祥《言行见闻录（三）》记陈确贷米于富室以救荒（《杨园先生全集》卷三三）。周亮工《因树屋书影》卷二记茅元仪："万历戊申，江南大饥，时湖郡守陈筠塘，以义劝借士大夫；茅止生十四岁，方举秀才，慨然输谷万石。郡守讶之，对曰：'此先人遗意也。'罄家之藏，未敷其数，质凑三千以足之。义侠之名满天下，而妒者之口亦以起。"（《因树屋书影》，中华书局，1958）屈大均《河南死节大臣传》记吕维祺"三年间，凡四大赈七小赈，全活二万四千三百余人"（《翁山佚文辑》卷上）。《西山日记》卷上《德量》："丁司空宾当万历戊子大水，米石至一两八钱，公捐岁积四万斛广赈之。远近饥者麇集，公部署有方，人得实惠……至戊申，公为南操院，遣官归赈如前数，更有法。"其时财富之集中可见一斑。缙绅的"民间力量"正赖有其财富。

于明亡前后屡次佐赈，其《答丁菡生询回生书》(《巢民文集》卷三，如皋冒氏丛书)详细记述了其于乙酉后从事赈饥，因劳累而致病的经过，对考察其时缙绅赈荒的实际操作，应有文献价值。如刘宗周、祁彪佳等人主持的施药、赈灾，见诸文字而给人印象深刻的，均为其组织之严密、筹划之周详，于此所显示的娴熟的政治技术。救荒本是士人的一种常课；"救荒策"每每见诸士人文集。如魏禧的《救荒策》(《魏叔子文集》卷三)，以在野之士设计荒政，务求见诸施行，也表现出某种制度设计的能力。士夫、缙绅的代行政府职能，是为当局特许的。当然，东南缙绅对地方政治的有效干预，正以其经济实力为依托，即经由支配财富而支配权力。日本学者谈到明代江南乡绅、士夫在赈灾问题上对"国家直接介入地主佃户关系"的抵制①，也证明了士夫乡绅维护其自身利益及其功能地位的自觉。但仍不妨承认，在上述场合，缙绅充当了权力机构与基层小民间的中介，儒者、士人的民间政治，实现了对官方政治、权力机构功能的有效补充。

不止于此。如明代后期士人(尤其东林一派人物)有关"均田"(当然不同于农民所谓"均"；这里指"均"出役之田)、"均役"的主张，均见出超越"私利"的立场，这也正是"仁以为己任"、自任以天下兴亡之重的士人本色。② 张履祥更有公平租佃的呼吁，以至放遣仆隶的举动；考

---

① 〔日〕森正夫《十六至十八世纪的荒政和地主佃户关系》一文认为，"十六世纪中期以来明末的江南乡绅、士大夫的救荒论，特别是'田主赈佃户论'等"，以"对灾害发生时国家权力直接介入地主佃户关系进行批判"为特征之一。语见《日本学者研究中国史论著选译》第51页，《日本学者研究中国史论著选译》，中华书局，1993。

② 参看〔日〕滨岛敦俊《围绕均田均役的实施》。滨岛该文特别强调"王学左派的乡绅"及"东林等'正义派'官僚"的此种境界。文中引高攀龙语："居庙堂之上则忧其民，处江湖之远则忧其君，此士大夫实念也。居庙堂之上无事不为吾君，处江湖之远随事必为吾民，此士大夫实事也。"语出《高子遗书》卷八上《答朱平涵》。上述引文见《日本学者研究中国史论著选译》第214页。关于该文所及丁元荐事，刘宗周《正学名臣丁长孺先生墓表》有如下记述："吴俗善逋赋。以乡绅家悉免徭，而富民复事诡寄，独累贫丁卖妻鬻子女以供追呼，有毙命箠楚者。时朱元宁以司成家居，倡均徭之议，大为梓里哗。谋之先生，先生曰：'是殆难以口舌争也。'因先自计田占役与编户等，哗者口塞。吴中役法自此少变。"(《刘子全书》卷二二)

虑到江南蓄奴的严重事实，不能不令人感动于儒者践履的庄严与切实。① 当然也不宜夸大上述"民间政治"的作用。刘宗周曾指出即如"蓝田吕氏、关中横渠氏"，亦不免"示人以不广"，因"其私而难继也"（《昌安社仓记》，《刘子全书》卷二四），虽属因人设论，仍然提示了"民间政治"的限度及成事的条件。

至于致仕、居乡官员干预地方行政，更是每每见诸"正人"传状的事实②，而这与被目为其时一大公害的缙绅为害地方——通常的表现，即交结官府、把持词讼、侵夺民田、纵容豪仆健奴为恶乡里等——实则是同一事的两面。③ 明代江南财富高度集中，东南更风习奢靡，如倪元璐、祁彪佳等著名"忠义"，明亡前"宫室皆甲于天下"（《董太夫人七十

---

① 参看《杨园先生全集》卷一九《赁耕末议》、《义男妇》等篇。《赁耕末议》所议乃对土地所有者的约束。《义男妇》曰："自吾之身不复收买男女，其旧所服役者放遣之……则庶乎得以独行其志尔。"卷二〇《书改田碑后》说明代湖州归安税额之不均，亦表现出对社会不平等、对"民之病"的熟知与关切。张履祥、陈确所论所为，正合于师门宗旨。刘宗周即有均役的主张。参看《刘子全书》卷四〇《刘子年谱录遗》。

② 致仕、居乡官员干预政事，几成传统，且往往被由积极的方面评价。《刘子全书》卷四〇《刘子年谱录遗》："先生里居，不与户外事。自京兆归，谢绝当途如故。然遇地方风教，民生休戚，不避嫌怨任之。""郡守杜其初渔食富民，先生致书切责之，至他日不敢过门。山阴令某以私加南粮，先生持之，竟去官。近而邻里，远而乡邑，再远而通郡，无日不踵门质平，得一言为心折去。"但也就有另一面的事实。钱澄之《皖髦事实》曰阮大铖"列名钦定逆案"后，"……虽里居，凡巡方使者出都，必有为之先容，到皖即式其庐，地方利弊，或相谘访，大铖随以夸张于众，门庭气焰，依然熏灼"（《藏山阁文存》卷六）。清初的唐甄对此类现象持严厉的批评态度，曰："若夫身退而去，寓书京师，制黜陟之权；处士巷居，公卿就而决是非，访贤不肖。此道学之大贼，法所必诛者也。"（《潜书》下篇《除党》，第164页）

③ 《刘子全书》卷一七《责成巡方职掌以振扬天下风纪立奏化成之效疏》（未上）："最可恨者，如臣乡江南，冠盖辐辏之地，无一事无缙绅孝廉把持，无一时无缙绅孝廉嘱托。有司惟力是视……"钱谦益说甲科在乡"凭藉高华，倚恃气势，布桀黠为爪牙，修竿牍为锋刃"（《湖广行都司断事蒋君墓志铭》，《牧斋初学集》卷六一第1466页）。其时对钱谦益本人也正有此类指控；《常熟县民张汉儒控钱谦益、瞿式耜呈辞》所列钱、瞿"罪款"，竟至有五十八款之多。张自烈《与省直同学乡绅书》列举"乡先生"、"乡官"、"乡宦"、"乡绅"（均指乡居的前官员）的诸种过恶（参看《芑山文集》卷七）。山根幸夫《明及清初华北的市集与绅士豪民》（《日本学者研究中国史论著选译》）则考察了豪劣、衿役及其家仆掌握市集、垄断市场的情况。

寿序》,《黄宗羲全集》第十一册),"缙绅政治"的正、负效用均基于此。

还应指出,有明一代最称活跃的朝外、民间政治,是以讲学、党社的形式展开的。"学统"、"道统"一类概念,一向为儒者、有识之士信念所寄。尽管如东林那样经由讲学、清议影响朝政,于鼎革之后已不可能,但以"习礼"、"省过"等为宗旨的会社(张履祥等人尚有"葬亲社"),以挽回世道人心为诉求,于清初之世仍一度活跃。因限于篇幅及题旨,即不在此讨论了。

第三节　流　品

《周礼》的要义在"区分";"区分"亦其时文明程度的标志。"流品"是士类用于区分的概念。士的流品论包含着等级论,但士所谓"流品"又较"等第"为模糊。士以其流品论为自我界定。严别流品的要求,在如明清易代这样特殊的情势下,是士保存其精英品性的呼吁,被赋予了语义的严重性。

流品—阶级、等级论

儒家之徒对秩序的破坏——其具体表现即等级的"陵夷"——向有特殊的敏感。王夫之即以"同、异、贵、贱、差、辨",为"圣王所以正天下之性,效阴阳之位"(《黄书》,《船山全书》第十二册第 520 页)。儒者的流品论通常即归指于"秩序"的维护或重建,使"上下之分相绝而无能陵"(《读通鉴论》卷七第 288 页),"上下有其大辨,君子小人有其大闲"(同书卷八第 314 页)。明清之际士人的流品论中包含的"秩序"概念,在特定场合,也表达着由集团利益出发对政治纯洁性的要求。也是王夫之,将"流品"归为"天秩",曰:"秀者必士,朴者必农,而慓悍者必兵,天与之才,习成其性,不可移也,此之谓天秩,此之谓人官"(同书卷二二第 853 页),主张"士之子恒为士,农之子恒为农"(卷一〇第 375 页)。颜元也以"非类相从"为"失身"(《颜习斋先生言行录》卷上,《颜元集》第 622 页)——尽管论旨不同,但以别流品为"士类"存亡所系,则属士人的共识。至于王氏认为朝廷用人,应取之"华胄之子、清流之

上编　明清之际士人话题研究

123

士"(《读通鉴论》卷一〇第 375 页),则又涉及"士类"本身的等级区分;此种区分与下文将要说到的明代极其发达的"君子小人"区分虽尺码不同,却都被认为关系权力机构的品质,是士人的"流品—政治"论,而由明代政治赋予了尤其严重的意味。

涉及商贾,向属"流品"区分上的敏感区域。即使在商业及有关文化已拥有相当力量的明代,王朝政治、朝野之士"困辱商贾"的要求,仍令人可感传统观念的强固。王夫之说:"高帝初定天下,禁贾人衣锦绮、操兵、乘马,可谓知政本矣。"(《读通鉴论》卷二第 89 页)"人主移于贾而国本凋,士大夫移于贾而廉耻丧。"(同书卷三第 123 页)

与"农"、"商"有关的等级论,固有社会史及思想史的根据,但所谓"四民"并非法律意义上的等级身份规定。这在事实上,为有关的价值观念调整预先准备了条件。[①] 到宋明,参与调整的,除道学式的"平等论"(即在"道"面前人人平等),更有商业经济所引出的价值冲击,商人社会文化地位的缓慢变化(参看余英时《士与中国文化》八《中国近世宗教伦理与商人精神》,上海人民出版社,1987)。但也须指出,此一时期尚无足以导致等级观念颠覆的社会基础及思想资源。梁启超以戴震《孟子字义疏证》为"三百年间最有价值之奇书",说"其论尊卑顺逆一段,实以平等精神,作伦理学上一大革命",却也指出了"戴氏学派虽披

① 王守仁《节庵方公墓表》说:"古者四民异业而同道,其尽心焉,一也"(《王阳明全集》卷二五第 941 页,上海古籍出版社,1992)。归有光则说:"古者四民异业,至于后世,而士与农、商常相混。"(《白庵程翁八十寿序》,《震川先生集》卷一三第 319 页,上海古籍出版社,1981)清人沈垚更试图叙述导致"四民不分"的历史过程:"宋太宗乃尽收天下之利权归于官,于是士大夫始必兼农桑之业,方得赡家,一切与古异矣。仕土既与小民争利,未仕者又必先有农桑之业,方得给朝夕,以专事进取,于是货殖之事益急,商贾之势益重,非父兄先营事业于前,子弟即无由读书以致身通显。是故古者四民分,后世四民不分。古者士之子恒为士,后世商之子方能为士。此宋、元、明以来变迁之大较也。"同文更说及由此"世道风俗"之变,即"为士者转益纤啬,为商者转敦古谊"(《费席山先生七十双寿序》,《落帆楼文集》卷二四,民国戊午嘉业堂刊本)。本书所论这一时期,张履祥说:"户籍分军、民、官、匠甚无谓。《管子·内政》'定民之居,成民之事',尚不能使士之子终为士,农之子终为农,况后世并无此法。天之生人,贤愚巧拙,万有不齐,人之执业,去彼就此,祖父子孙世守其传者,不几家也,至军与官世世相袭,尤为不可。"(《杨园先生全集》卷四〇《备忘[二]》)。

靡一世,独此书影响极小"的事实(《清代学术概论》,《梁启超论清学史二种》第 35 页)——这里又有"思想"的命运。

但宋明理学对"道平易"的阐发,毕竟复杂化了有关的思想逻辑。士人处交接的不为过"峻"(以过峻为"绝物"),"不立崖岸","与人无町畦",作为文化姿态受到肯定。王学一派更发挥了道学的平等论,以其实践(如讲学)将有关姿态象征化了。①《传习录(下)》曰:"与愚夫愚妇同的,是谓同德。与愚夫愚妇异的,是谓异端。"此种姿态,与高峻门墙、严别流品,系于儒者不同的职任承当。前一种姿态者更以传道自任,可约略比之于"传教士"(而非宗教哲学家)。这里的"平等",以"道"之同为前提。这也是道学平等的限度:虽平易而并不即废"等威",所谓"贵可同贱,贱不可拟贵"是也。颜元《佣者彭朝彦传》记其与佣者的一段问答:"彦曰:'我佣夫也,何道之同儒?'某曰:'非士农谓也,志善同耳,奚有于迹!……'"(《习斋记馀》卷五,《颜元集》第 479 页。同卷有《笔工王学诗传》,所称许者,亦其人不以"工"而"丧品"——"佣"、"工"亦自有"品"。)

这一时期,也有思路不为上述道学平等论所限者。东南儒者如陈确、张履祥论主仆、豪家佃户的关系,为"贫户"吁请公道,即更见出"一体万物"的仁者情怀。陈确的《仆说》(《陈确集》文集卷一一),张履祥论租佃关系的《赁耕末议》、论处置主仆关系的《义男妇》(《杨园先生全集》卷一九),显示为对社会不平等的犀利洞察。其作为儒者,在上述关系中求"是",求有当于"理",所道为王夫之、顾炎武等人所不能道。张履祥的两篇,尤属一时奇文。《赁耕末议》说"赁耕"无非"相贸","贫者"与"豪家"非可拟于"君民臣庶之义";说"孰宜劳而耕于野,孰宜逸而享于家,特以幸而有产不幸无产之故,使劳者不免饥寒,逸

---

① 《明儒学案》记王襞"随机指点农工商贾,从之游者千余"(卷三二第 720 页)。刘宗周《证人会约·会仪》:"是会也,专以讲学明道,故衿绅骈集,不矜势分,虽诸色人不禁焉。"(《刘子全书》卷一三)魏裔介撰《夏峰先生本传》(《夏峰先生集》):"公乐易近人,见者皆服其诚信……上自公卿大夫,以暨田氓野老,有就公相质者,公披衷相告,无所吝也……卿贰韦布,不作岐观;即悍夫武弁,闻之倾心悦服,自勉于善。'"孙氏此姿态,易代前后一贯。

者肆其衍乐,义乎不义乎? 矧德未必果能过之,恶能享而弗怍也!""有土不能垦,贫户为之垦,垦则赋役足供,衣食足给,不垦赋役不能供,衣食不能给。赋役阙则刑戮加,衣食匮则寒饿至。则是豪家之命,悬于贫户也。"①与黄宗羲的《原君》、《学校》(《明夷待访录》)等,均是应作为思想史的重要材料的。

至于名士或有名士气者,以和光同尘、不别析为洒脱,更有庄禅思想的背景,其文化姿态直接间接地联系于士的平民化、宗教世俗化的进程。宋、元以还儒者、道学与文人、名士,甚至不免有姿态的趋近。②邹元标《会语》就有"奴仆就是朋友"、"疲癃皆我同胞"、"渔樵耕牧,均是觉世之人"一类说法(《会语》,《明儒学案》卷二三第 536、542 页),袁宏道甚至以与"市井屠沽,山鹿野獐,街谈市语,皆同得去,然尚不能合污"为"病",径说"盖同只见得净不妨秽,魔不碍佛,若合则活将个袁中郎抛入东洋大海,大家浑沦作一团去"(《解脱集》之四《尺牍·朱司理》,《袁宏道集笺校》第 508 页)。明代尤其明末,世衰而"文人文化"盛。黄宗羲批评吴伟业为园艺家张涟、艺人柳敬亭所撰传,批评王世贞记刻工章简(《柳敬亭传》、《论文管见》,均见《黄宗羲全集》第十册),即出于儒者对文人文化的批评态度。甚至陈子龙也不满于"近世缀文不别流品",以致"西蜀富人、阳翟贾客,玄黄所至,缃素斐然"(《应本序》,《陈忠裕全集》卷二五)。"易代"这一大事件对士人生存条件的强行变更,与恢复愿望,更鼓励了文人、名士式的通脱。志在复明的彭士望、魏禧,不惜向"浆博屠沽、下走厮养"搜寻人才;全祖望《祁六公子

①《义男妇》则历数所见"主人之于仆隶","非复以人道处之"种种,以仆隶"世世子孙不齿于乡党,齐民耻与通昏姻,虽有贤知无能自别",为不合于"理":"夫子孙之于祖父,五世而服绝。以一日之贫穷患难,俯首屈辱以丐其生,遂为世世子孙羞,岂理也哉!"同书卷三二《言行见闻录(二)》录陈确《仆说》,记周我公(鸣皋)说"士庶之家"处主,佃关系"失义甚矣"。《二曲集》卷四五《历年纪略》记李颙老仆病亡,李氏"念其自幼同受艰难,哭之甚恸,葬日出户,率二子泣奠,躬送下窆"。

②参看《宋史》苏轼、邵雍等传。道学与文人之所谓"和"、"同",思想根柢应有不同,但与其时的宗教取向均有关联。苏轼《虔州崇庆禅院新经藏记》:"如来与舍利弗若是同乎?曰:何独舍利弗,至于百工贱技,承蜩意钩,履狶画墁,未有不同者也。"(《苏轼文集》卷一二第 390 页,《苏轼文集》,中华书局,1986)

墓碣铭》记祁彪佳之二子,也说其"自任以故国之乔木,而屠沽市贩之流亦兼收并蓄"(《鲒埼亭集》卷一三)。明清之际士人的流品论,作为对上述事态的反应,不能不含义严重。

王夫之对于为时论所称美的"和易"的批评(参看其《搔首问》),可读作其人对士文化的纯洁性、精英品性的关注。而他对"伊尹之耕"、"舜生畎亩之中"一类历史神话的诠释,则提示了经典的误读。他说:"伊尹之耕,傅说之筑,胶鬲之贾,托以隐耳。"(《读通鉴论》卷一〇第375页)而通常的释读于此将"等级"(亦王氏所谓"天秩")与"所事"混淆了。至于他所说"以躬稼为禹稷之所自兴,则躬稼亦欲张固翕之术也"(《船山全书》第十三册第656页),尤出于对政治的犀利洞察。

流品问题在权力机构中,向有特殊的尖锐性。士流对吏胥的不齿,即影响到明代的政治运作。而与宦官、嬖幸有关的流品问题,更包藏了士人最深切的屈辱之感。宦竖嬖幸,秽乱宫廷,以致陵轹大臣,固无代无之;以画、弈、琴、医、卜等技艺得官爵,也非自明代始。但明代政治的特殊性,尤其所谓"阉祸",仍然深刻化了士人的有关经验。士人以名器之轻为轻士,为对士的公然的轻蔑;而流品混淆的后果,固在败坏政事,更在破坏等级秩序与败坏士人品质。有识者对所谓"阉祸"中士风败坏的批评,也较之攻"阉"更具深度。表达最有力者,如黄宗羲所谓"一世之人心学术为奴婢之归"(《明夷待访录·奄宦上》,《黄宗羲全集》第一册第45页)。《日知录》卷一三"流品"条则曰:"自万历季年,搢绅之士,不知以礼饬躬,而声气及于宵人,诗字颁于舆皂,至于公卿上寿,宰执称儿,而神州陆沈,中原涂炭,夫有以致之矣。"

自明代中叶朝廷公行的"贩鬻",被指为导致流品之淆的一大弊政。《明史》卷六九选举志曰:"迨开纳粟之例,则流品渐淆。"[1]王夫之《噩梦》(《船山全书》第十二册)则严斥有明之"鬻官"以至于"鬻士"

① 《明史》卷六九选举志,记成化朝礼部尚书姚夔批评"纳粟纳马",以为"使天下以货为贤,士风日陋"。卷一八〇王瑞传记瑞说"纳粟"之弊,曰"今倖门大开,鬻贩如市……以至斯养贱夫、市井童稚,皆得攀援,妄窃名器,逾滥至此,有识寒心"。

（"纳马、纳粟而入太学"，"天子自鬻国子生"，"下之鬻乡会试，鬻弟子员"）。此种贩鬻作为准商业行为，虽属一时行权，士之有识者更关心其长期效应：如王氏所谓的"贱士"，以致"灭裂人廉耻以败国之纲维"。[①] 到南明朝，事更有不堪者。据其时记载，士之乘时猎功名者，纷纷而起，封官命爵，形同攘夺，臧获厮养，横金腰玉。《明季北略》卷一九说左良玉军："健奴悍仆，一窜名其中，即辖制其主；市井无赖，拥黄盖、持铁锁者遍郊野。"（第407页）说永历朝名器之滥，钱澄之则得诸直接的见闻，他说："有门客而授御史者，有胥役而跻卿寺者，甚有不知来历、诡称闽中旧僚，即授以其职。满朝半是子虚，铨司等诸儿戏。"（《端州拟上第二疏》，《藏山阁文存》卷一）非但贩鬻公行，并士人亦怜亦鄙的优伶，也粉墨登场如儿戏。柳敬亭辈"黄金横带"而"典兵"，吴伟业以为不值一笑（参看《冒辟疆五十寿序》，《吴梅村全集》卷三六）。

王夫之、顾炎武等大儒，将上述流品问题，置于秩序破坏、权柄下移的政治史过程中，不能不发现制度性危机。《读通鉴论》曰："三代之盛，大权在天子也。已而在诸侯矣，已而在大夫矣，已而在陪臣矣，浸而下移而在庶人矣。郡县之天下，诸侯无土，大夫不世，天子与庶人密迩……"（卷七第288页）"封建废而权下移，天子之下至于庶人，无堂陛之差也，于是乎庶人可凌躐乎天子，而盗贼起"（卷八第328页）。士人从来不难由此看出危兆乱征。万历朝金继登即指出："陵谷变迁，高卑易位，是为阴乘阳、邪干正、下叛上之象。"（《明史》卷二一六）上述预感被明末民变、奴变的大量事实所证实，虽然秩序的最终颠覆还只是远景。

却也是"易代"这一大事件，使有关流品的通常思路为"事实"所摇撼——如中官殉人主及其他"奴"殉主、救主的事实，"伶人厮养"之流

① 王夫之说："古之天子虽极尊也，而与公侯卿大夫士受秩于天者均。故车服礼秩有所增加，而无所殊异……故贵士大夫以自贵，尊士大夫以自尊，统士大夫而上有同于天子，重天之秩，而国纪以昭。秦、汉以下，卿士大夫车服礼秩绝于天子矣，而犹不使之绝也。"（《读通鉴论》卷八第313页）

"节义"的事实。或可认为,名士式的"平等论",正借此而得以大声表达。《鲒埼亭集》卷二七《毛户部传》,记毛聚奎作"赴义"之"舆人、皂人、丐人"传,录毛氏语:"则亦有人而不'舆人'、'皂人'、'丐人'者乎?夫人而不舆人、皂人、丐人者多矣,不舆人、皂人、丐人而'人'者,吾未数数见也。予之为三人者立传,拟曰'舆公、皂公、丐公三先生传',既而思之,今所谓'公'之、'先生'之者,皆其不舆人、皂人、丐人者,举舆人、皂人、丐人而'公'之、'先生'之,是不以人目之也,故从而'人'之。'人'之者,'人'之也……"文人本不难于为此种议论。钱谦益《石义士哀辞》说其所以称"丐"为"义士",亦感慨淋漓:"丐名于朝,丐利于市,人尽丐也",而此丐"生不丐半通之绂,死不丐七尺之躯",人不得以其丐而贱之(《牧斋初学集》卷七八第 1684—1685 页)。[①] 但文人式的通脱自有限度。"丐"固可因义举而得"义士"之名,并无妨于"丐"之为贱民。钱氏同篇说:"蒙古分民为十户,所谓丐户者,吴人至今尤贱之,里巷伍伯,莫与之接席而坐。"娼妓亦然。《鲒埼亭集》外编卷一二《沈隐传》,说及"南中、吴中以及淮扬之歌妓"之节烈者,引钱光绣诗,曰:"谁谓臣能忠,乃在樵与牧;谁谓妇能贞,乃在桑与濮。"此类愤世嫉俗者之言,用意从来更在对士类的策励。

　　流品问题每为"易代"一类事件所激化。从龙(兴王)者固杂;败亡的一方,卑贱者激于"义",成分亦不免于杂。至于明亡之际"流品"之为问题,部分地可视为有明一代儒者对文人、名士文化的批判的继续。陈确所谓"今士动称末后一著,遂使奸盗优倡同登节义,浊乱无纪未有若死节一案者"(《死节论》,《陈确集》第 154 页),被认作对时论之偏蔽的提示与校正——黄宗羲即以其论为有补于"名教"(参看其所撰《陈乾初先生墓志铭》,《黄宗羲全集》第十册)。但一时大儒对同类现象也仍反应不一。孙奇逢颇颂"内臣"之"殉义",至以"纯忠大义"称之。甚至顾炎武,其《复庵记》也记了以"中涓"为遗民,"贤士大夫多与

---

① 陆世仪《石敬岩传》曰:"太史海虞钱公为之作《石义士哀词》,并序其事焉。公常熟人,名电,先世为元大臣,国初抑之为贫户;太史谓元时丐户者,误也。"(《桴亭先生遗书》卷六)

之游"者(《顾亭林诗文集》第 106 页),尽管那用意,也无非"为忠臣义士者劝"。①

流品—道德论·论"君子、小人"

为士素所注重的一种流品甄别,即别君子小人。"士类"从来以其自身传统、道德律为生存条件。澄汰流品也即在这种意义上被认为于士生死攸关,与别夷夏同为"天下之大防"(参看《读通鉴论》卷一四)。

王夫之以"种"、"质"、"习"为别流品的根据,所谓"所生异种","所产殊类"(同上)。他所说"小人",更近于其原始语义,即"非君子无以治小人,非小人无以养君子"之"小人",不但包括了商贾②,且包括了"农圃"。王夫之不苟同于通常士人有关"农"的价值态度,他以"农圃"为小人之拙者、商贾为小人之巧者,曰"汉等力田于孝弟以取士,而

---

① 孙奇逢《司礼监掌印云峰高公墓表》记甲申"内臣"之"殉义"者,谓高氏"纯忠大义",曰:"余尝读史传,至汉之吕强、唐之张承业,未尝不咨嗟叹赏,以为士大夫之所难。今公之烈烈而死也,则益难矣;而十二人俱从公烈烈而死也,则益难之难矣。""或谓余曰:'张茂则宋元间宦官之贤者也,借程正叔一顾不可得。子为云峰表墓,不亦甚乎?'余曰:'凡为臣子,官有内外,义无偏全。忠君一念,总以淋漓足色为极诣。公之阖门殉义,得之中官一流,更为奇绝。正叔在而,当急为搦管以扬休美,余尚愧衰年软笔,不能传公……'"(《夏峰先生集》卷七)魏礼《书梁公狄义仆杨材范鉴传后》也说:"每怪世之占哗小儒,至吕强、张承业诸人之贤,辄曰:'刑余之人亦能如此!'予甚恨之,叹贤者何厄,遭此辈称论……夫义所在则贵,去义则贱,岂惟人哉!""鹢林公之传义仆也,与卿相同其叙次,一禀古人之法,而微察其情,若恻恻隐痛而引愧者,其真知义者与?"(《魏季子文集》卷一一。《魏季子文集》,《宁都三魏文集》,见前注)王源《司礼监高时明传》也说奄固有贤者,"人之贤不肖,固不必以其伦欤? 时明忠荩为国,仗节守死,而士大夫之论何其沾沾也!"(《居业堂文集》卷二)

② 其时士人对商贾的态度,是一个复杂的问题,不唯文人对商贾向有持通达态度者,即儒者见识也并非均如王夫之。如黄宗羲所谓工商"皆本"(《明夷待访录·财计三》,《黄宗羲全集》第一册第 41 页)。其《国勋倪君墓志铭》(《黄宗羲全集》第十册)有四民各有其"义"、"利","易士为商,业虽异名",不妨其道之一的说法。但其所关心者,亦在"道"(如"孝友"),并不即有职业平等思想。归庄《传砚斋记》记一人而兼士商者,劝其"专力于商,而戒子弟勿为士"(《归庄集》卷六第 360 页),固属愤言,亦可知对商不鄙。一时士人对商较为通达的见识,着眼处多在其人的治生能力(参看第六章第四节),也有以货殖通于"经世"(治家—兴邦)的一种思路。

礼教凌迟"(《读通鉴论》卷一四第 503 页);以"力耕"为"皇皇求利之事",以为"君子与小人义利之畛域,不可乱也",以"官田"、"学田"、"藩王勋戚之庄田"为制度病(同书卷一九第 712 页);在《俟解》中,亦以"销磨岁月精力于农圃箪豆之中,而荒废其与生俱生之理",为"鄙者"行径(《船山全书》第十二册第 484 页)。凡此,无疑是其时的"异议可怪之论"。偏见固然显而易见,却也正见出王夫之为保存士人品性,思路之特异与着想之缜密。不唯"农",即对"医",其时的儒家之徒亦有坚持区分者(参看本书第六章第四节)。一时论者看似极端化的"精英意识",似可视为对长时期宗教入世转向、道学平等论、士夫世俗化、"平民化"潮流的反拨;发生在易代之际,更基于严峻的危机感——对士以至华夏文明沦落的深重忧虑,其偏至中包含有儒家之徒特有的文化敏感与预见。

　　"四民"中"士"之于"农",有关系的复杂性。上述为王夫之所批评的汉的"孝弟力田",确如王氏所说,施极大影响于士人的价值态度。有明大儒吴与弼"雨中被蓑笠,负耒耜,与诸生并耕,谈乾坤及坎离艮震兑巽于所耕之耒耜可见"(参看《明儒学案》卷一第 15 页)。陈确尚不止于"悯农",更有对于"农"的价值评估。他以为"三代以还,频遇大乱,有生之伦,胥为禽兽,而人类犹未尽灭绝者,农之所留也。此天所特钟之元气也"(《古农说》,《陈确集》第 269 页)。[①] 儒者的以"耕"为"学"为道德实践,也势必影响到士人的生活方式与人生选择。《明史》卷一七九记章懋"生三子,兼令业农。县令过之,诸子释耒跪迎,人不知其贵公子也"。至于卷二○九所记宋邦辅"罢归"后的"躬耕养亲,妻操井臼,子樵牧。岁时与田夫会饮,醉即作歌相和",则又属准名士行为,略近于以"耕"为"风雅"。诸人即使效法陶潜的"隐"于农,仍应基于有关"力田"的价值感情吧。到明清易代之际,"力田"更成遗民普遍选择的生活方式与自我象征。而"力田"的被作为政

---

① 钱谦益对夫子以樊迟为"小人"有别解,说樊迟本"孔门高明广大英伟之儒",其"请学农圃,收敛其精华果锐之气象,归于真实。夫子目为小人,犹佛家之所谓小乘云尔。而儒者以粗鄙近利呵之,岂不陋哉!"(《题丁菡生自家话》,《牧斋有学集》卷五○第 1636 页)

治表达，也由来已久；只不过其语义尤严重于易代之际而已。死于天启"奄祸"的李应昇"遗书诫其子"，就有"寄语儿曹焚笔砚，好将犁犊听黄鹂"等语(见《明季北略》卷二第 66 页)。只有如张履祥等辨析精微的儒者，尚保存有如下思路："读"优于"耕"，即"力田"也不可失"士"的品性。①

"君子""小人"之目，亦用于其他区分流品的场合。《日知录》卷二四"翰林"条曰："唐制乘舆所在，必有文辞经学之士，下至卜医伎术之流，皆直于别院，以备燕见。""旧书言翰林院，有合练僧道卜祝，术艺术弈，各别院以廪之。"但仍有"待诏"的名目以资区分。该条录赵璘《因话录》云："文宗赐翰林学士章服，续有待诏欲先赐，本司以名上，上曰：'赐君子小人不同日，且待别日。'"上文已经提到，慎名器，向被士人作为重大政治原则。此种权力机构内的君子、小人之分，直接关乎士大夫的政治尊严，在明代尤有十足的敏感性。其他如以武人为小人，则属文人政治下的特殊偏见。《明夷待访录·兵制二》即说"安国家，全社稷，君子之事也；供指使，用气力，小人之事也"(《黄宗羲全集》第一册第 33 页)。

在廷臣—中官的政治关系中，此种别白被认为士人所以自重者。《读通鉴论》曰："为君子者，清品类，慎交游，远挟策趋风之贱士，以使人主知所重轻焉。"(卷三第 122 页)"君子""小人"到明末，几被用为党争中的特殊指称，即"君子"指东林之属，"小人"指"阉党"。用于上述现实政治的"流品论"，被赋予了极端的尖锐性。本来士人所谓"君子""小人""正人""邪慝"，道德之谓也，非即政见之谓也；个人品质之谓，非即政治作为之谓。至此则以道德系于政见，以政治归属为别白邪正的唯一标准。其时大儒兼名臣刘宗周所说"乃今之攻人，往往不于流品而于其意见。以意见分门户，即以门户分流品，如意见而已"(《修

---

① 张履祥《与严颖生》说令子"勤习耕事"固可，"但箕裘之任，终以诗书为主，前哲如吴康斋、刘忠宣之风可为师法也。若一意重农，恐遂至于废读，带经之事日疏，俚鄙之情日长，一传再传，将忧礼义之弗克世其家也"(《杨园先生全集》卷四)。此意张氏一再谈到。同书卷八《答姚林友》也说："然耕田、钓鱼、卖药、卜筮之属，古人于此不过借以藏身，至于修身读书济时行道之怀，未尝须臾忘也，是以天下后世不敢以农夫市井目之。"

正学以淑人心以培国家元气疏》,《刘子全书》卷一四),是切中要害的批评。刘氏所谓"官人之要,职掌为主,流品合之"(《学言》上,同书卷一〇),亦极清醒之论,惜未充分发挥。

到易代之际,此种"君子"、"小人"竟也有流品之淆。"周公之夔,则故苏推官,旧与东林有隙者。至是,家居起兵,报国甚勇。"(《鲒埼亭集》卷一〇《明太傅吏部尚书文渊阁大学士华亭张公神道碑铭》)《明史》忠义传,也记有曾"附奄"而终殉国者(如宋学朱、杨所修等)。

或也部分地基于上述事实,士人于易代之际的明代政治文化批评,对明人所特重的别君子小人有普遍的反省。批评集中于"别白"作为政治策略之失。《日知录》卷一七"通经为吏"条曰:"陆子静尝言:古者无流品之分,而贤不肖之辨严;后世有流品之分,而贤不肖之辨略。能于分别之中,而寓作成之意,庶乎其得之矣。"方以智的下述"体—用"论,亦关于政术。《东西均·颠倒》曰:"重体贱用,而无不用之体;重阳贱阴,而必用阴;君尊臣卑,而必使臣;重善贱恶,而必用恶,犹重君子贱小人,而必用小人。不统而用之,则恶既为恶,而善亦为恶,以用救用,道岂可少哉?"(第53页)一时的策略论者所见多不出此。

但当其时,确也另有批评角度。王夫之《宋论》径说:"其君子,气而已矣。其小人,毒而已矣。气之与毒,相去几何?君子小人之相去,亦寻丈之间而已矣。"(卷三第103页)更批评及于导致上述现象的士风时尚:"其所争者正也,乃以正而争者成乎风尚,而以争为正。"处同一风气中的"君子小人遂杂糅而莫能致诘"(卷六第171—172页)。不止关心所争者何,且关心争的手段,由此而关注"争"的长期效应,以为争之不以其道,将贻害世道人心:亦出自儒者特殊的文化敏感。王氏论宋朝党争,说绍圣反元祐而实效元祐,元祐则矫熙、丰而未尝不效熙、丰(卷七),同书卷一三更说"相胜"不同于"贞胜","相胜"中的彼此可能在同一系统中(是"一事之两端"的相胜),"贞胜"则不因于彼之非而成是,不依赖于"对抗"这一条件——均赖有直接的政治经验;不但显示出对现实政治的锋锐洞察,且有认识论的意义,足以标志明清之际士人在这一具体方面所达到的反省深度。① 基于此,王氏的避争(即其所以为的避乱、避亡)的原则,就非止于策略权衡,是其人明代政治文化批判的重要内容(参看第一章第一节)。

与"君子小人"有关的流品论,是以有明一代政治与士风(严疾恶、重别白、极端同异)为背景的。在这一方面,"东林"可称重要象征。朱彝尊《史馆上总裁第六书》(《曝书亭集》卷三二)中的"东林批评",即明士风批评。明亡并未结束"君子小人"之为重要话题。有关夏允彝《幸存录》的议论②,有关东林、阉党的议论,证明着问题依然的尖锐性,"明代问题"在清初言论以至政治中的延伸。③ 清代史著之以明人的是非为是非,其似置身局中的情绪性,是一个有趣的现象,既证明了明代士论的感染力,也证明了士的思维逻辑的沿袭。有关明史的议论的"党派倾向",明代历史情境、语境的"后延",由清代官修正史、私家著述,由清代以至于今的大量文字证明着——这一文化现象岂非尤其耐人寻味?

流品—人性论·流品与政治、文化品位

这无疑是一种更精致的流品论,亦一种特殊的"士"论。

上文已说到了王夫之有关士类的流品论。"流品"系其史论(亦政论)的重要纬度;其"流品—政治"、"流品—政治人物"论,依据了

---

① 王氏的君子小人论,其值得注意之点还在于,着眼于政治运作的条件,而不囿于道德论。《搔首问》以为明末朝廷非"无人",但与其"一贤一奸,倏兴倏废","反不如使碌碌庸人安于其位"之有利于延国命,即出乎常谈之外,虽其党争亡国论亦属时论。王夫之也以为君子小人之流品不当淆(参看《黄书》,《船山全书》第十二册第521—522页)。

② 参看黄宗羲《汰存录》、李清《三垣笔记》等。黄宗羲主张"天下之议论不可专一,而天下之流品不可不专一"(《汰存录》,《黄宗羲全集》第一册第328页),又有对矫弊之论的针对性。不妨承认,事后的"不争"说,也应因了情势的变易,当其时固有不容已、势所不能已者。有关其时人物的碑传文字,对党争中人的处境、"从容正中道"之难,屡有记述。一时论君子小人者,自难以追究至当代政治文化的症结,及其制度根源。

③ 黄宗羲《留书》说:"虏设伪朝,其相冯铨,故逆案人也,颇引用其类。及陈名夏亡命入虏,其酋听之,而汉人之仕于虏者,以为东林云",此亦黄氏所谓"本朝国统中绝,而朋党尚一胜一负,浸淫而不已,直可为一笑者也"(《黄宗羲全集》第十一册第10、8—9页)。

明末复杂的政治经验,因涉"兴亡"而成严重的政治话题。王氏由"寒微"的崛起,看出的是尊卑秩序紊乱、"权移于下"的历史。他以为"士大夫之流品与帝王之统绪并行,而自为兴废"(《读通鉴论》卷一五第 565 页);依此线索,在其史论中,画出了一部与世族兴衰相关的政治史(参看同书同卷)。"流品论"于此在最为严重的意义上接通了"世族论"。

　　王氏论汉高祖、汉光武帝、宋太祖,尤其意味深长。如其说"汉高起自田间,萧、曹拔于掾吏,上意移而下俗乱"(同书卷一五第 566 页);说光武"起于学士大夫……故其设施与英雄之起于草泽者有异"(卷六第 229 页)——明亡未久,有谁听不出此中的弦外之音呢![1] 你甚至可以认为,鼎革之际士人对有明"国初史"的兴趣,其动机即不无可疑。如钱谦益那种对太祖历史的追究,以掩盖为发露,其中何尝没有文人式的狡狯! 此种特殊的流品论中,寓有士夫深刻的命运之感。那"布衣天子"以其对士夫的戮辱、士夫则以其上述言论(虽其发出在明亡前后),曲折地表达了各自的内心隐微。这里有明代君臣所不便明言的一份秘密。

　　特识中往往有特殊的偏见。王氏史论,于显然的偏见中,寓有犀利的人性洞察。《读通鉴论》卷二三即说:"士起孤寒之族,际荒乱之世,与炎寒之流俗相周旋,冻馁飘摇,激而特起,念平生之坎坷,怀恩怨以不忘。主父偃曰:'日暮途远,倒行而逆施之。'一饭千金,睚眦必报。苏秦、刘穆之、元载身陷大恶,为千古戮,皆疢疾之深,反激而益增其狂戾也。"(第 877 页)以此,"世禄之子"自优于起于田间之士。同书卷二二曰:"呜呼! 士起田间,食淡衣粗,固其所素然矣。若其为世禄之子,则抑有旧德之可食,而无交谪之忧;读先圣之书,登四民之上,则不屑以身心陷锥刀膻膻穢秽之中……"(第 832 页)在王夫之的上述议论中,"世族"与"流品"是一个问题互为因果的两个方面。他将其流品考察置于

----

[1]　其大臣论,亦有同一思路。如以起田间之士与"世禄之子"比较,以为前者的狷急孤介好争好竞其"厉"其"戾","固其所素然",养成大臣之器之量,尚需"世禄"之家(参看《读通鉴论》卷二二)。

世族解体的背景上，并将"流品状况"视为那一解体过程的后果。黄宗羲论政治人物清浊，可视为上述王氏之论的补充："六朝以门第相高，人物最为近古。盖父兄之渊源，师友之讲说，朝典国故，是非邪正，皆有成案具于胸中……单门寒士，所识不过朱墨几案间事，一当责任，网罗衣钵之下，不觉东西易置。"（《五军都督府都事佩于李君墓志铭》，《黄宗羲全集》第十册第298页）上述流品论，即出身论，亦一种极端的等级论。但你仍可由此读出其人关于造成理想人格的条件的探究。于古代史后期重建贵族政治、文化的主张虽然并无实践意义，但一时大儒基于实际政治经验的人性洞察，别有其价值。何况王夫之并未将"家世"—"士人品质"绝对化，其流品论正包含了对有关"关系"的复杂性的认知呢。①

上述理路决非原始儒家文献所固有。倒是《孟子·告子下》的如下议论，一向被用作寒士、忧患中士人的鼓舞，即"舜发于畎亩之中，傅说举于版筑之间……故天将降大任于是人也，必先苦其心志，劳其筋骨，饿其体肤，空乏其身……"更可视为王夫之上述理路的直接对立物的，则如"人之有德慧术知者，恒存乎疢疾。独孤臣孽子，其操心也危，其虑患也深，故达"（《孟子·尽心上》）。先秦以下，虽有过魏晋的九品中正制，血统论一再遭遇强有力的挑战。仲长统《昌言》指"选士而论族姓阀阅"为"俗"，王符《潜夫论》亦以"以族举德，以位命贤"为"俗士之论"（见该书《论荣》篇）。隋唐以还的科举制，更破坏了世族政治的制度基础。王夫之就曾说到"科举孤行，门阀不择"的弊害（参看《读通

---

① 其《俟解》亦说"未有小人而仁者"，"卑下之必生于惨刻也"（《船山全书》第十二册第483页），对从政者的心性表现出一贯的关心。但王夫之也曾说到魏晋的九品中正制"摧抑"寒士"使习于污下"，"虽有才智不能自拔"的弊病（参看《读通鉴论》卷一五第582页）。同书卷一六说"出自寒门"而有特操者，"其视王、谢、徐、江世胄华门清流文苑之选……果谁清而谁浊也？""……在大位者，若有衣钵以相传，擅大位以为私门传家之物，君屡易，社屡屋，而磐石之家自若；于是以苟保官位为令图，而视改姓易服为浮云之聚散。唯是寒门武吏，无世业之可凭依，得以孤致其恻隐羞恶之天良。"（第615页）卷一〇也说及"宋、齐以降，君屡易而士大夫之族望自若"者，其人"视国之亡、君之死，漠然而不动于心"（第409页）——可补其本人有关世族、流品议论之偏。

鉴论》卷一五）。陈子龙也说："我观今世,介重科名,羞称荫藉,氏族无等,清浊混升……立贤无方,莫今为盛。"（《江南氏族论》,《陈忠裕全集》卷二二）

古代中国的官僚制为人才流动提供了一定的条件,已近于常谈,但王夫之所谓"以族用人者,其途隘;舍此而博求之,其道广;然而古帝王终不以广易隘者,人心之所趋,即天叙天秩之所显也"（《读通鉴论》卷一五第 565 页）,毕竟提供了对制度利病的另一角度的审视。作为王氏上述逻辑延伸的"人才论"（涉及制度的"人性方面"）,出自文化系统内的体察,也决非局外者所能深知。

古代中国政治的"初期早熟",先秦所提供的思想资源的丰富性,不同价值取向的并存,造成了意识形态的诸种空隙,使得不同利益要求得以表达。重建"贵族政治"、"贵族文化",非即一时士人的共识。北方儒者李塨,持论即大不同（参看李氏颜元《存治编·书后》）。这自然也与北方世族衰落、儒者贫困化有关。

如王夫之、顾炎武等的"世族—流品"论,须与其"封建—郡县"论并读,宗旨方可把握。王夫之说："天地既命我为人,寸心未死,亦必于饥不可得而食、寒不可得而衣者留吾意焉"（《俟解》,《船山全书》第十二册第 488 页）,即士当由不可食、不可衣处求所以立。陈确则说："故士有所以为士,农有所以为农,商有所以为商。而士之所以为士者,又非止读书作家而已也。"（《与吴仲木书》,《陈确集》第 83 页）均令人可感其时士的宗教精神——不同于民间信仰与世俗宗教,或曰正是对宗教世俗化、士的"平民化"之为潮流的反拨。在王氏,亦如"定论"非因彼之谬而成立,"吾"也非仅由与世俗的异同来界定："吾之生也而仅异于彼乎!"（《俟解》第 493 页）于此也可感王氏议论之警策。其他如顾炎武对语录文字"鄙倍"的不满（《日知录》卷一九"修辞"条）,黄宗羲对佛教文字的"粗野"、"鄙俚凡近"、"雅俗相乱"的指摘（参见《天岳禅师七十寿序》、《山翁禅师文集序》,《黄宗羲全集》第十册）,对丧乱中士人委琐卑俗化的慨叹,陈确之宣称不为"调停道俗"（《致查静生书》,

文集卷一）①,警戒"俗"（"习俗"、"俗学"等）之为"蔽",不惜违俗以致忤友,钱谦益之以"楚人之诗"为"世间大妖孽"（语见《南雷诗文集附录·交游尺牍》,《黄宗羲全集》第十一册）,均可由这一方面读解,即对于文化的精英品性的流失、士终丧其"品"的忧惧,以及挽狂澜于既倒的意志:虽然"趋向"非言论所能逆转。至于如上文说到的陈确的批评"奸盗倡优,同登节义",也着眼在其长远后果,当剧烈动荡之时,提示经—权、常—变,注重价值观的连续性,略补时论之偏蔽;这亦更是"士文化"、某种"贵族文化"较为发达的东南地区士人的态度。

至于以"气类"以至"风味"辨流品,则属更细腻也更个人化的辨析,其着眼处在性情、资秉等方面。明清之际大儒中,较富文人气味的黄宗羲,其碑版文字尤重这类辨析。此种辨析,赖有士类在其历史中形成的关于人的知觉、审美能力。士人于此感受历史变迁,把握人文变动中士的命运。如黄宗羲即一再致慨于士人于丧乱中原有风味的丧失、人的"气象"的变易,痛惜于此种文化流失。当"公卿皂隶,俄顷易位"（《旌表节孝冯母郑太安人墓志铭》,《黄宗羲全集》第十册）之时,强调这类区分,尤赖有士人特具的文化敏感吧。不妨以这类区分为上述诸种区分的更为内在的依据。

由上文可知,这一时期士人的流品论,在其较为深刻的意义上,是"士"论,包含着士对于自身生存及历史处境的感知,与士基于自我保存要求的自我界定。其固然可读作士在特定历史环境中的反应,所依据的逻辑又深植于历史文化中。

---

① "道"、"俗"亦其文化坐标上之两极（参看其《寄张元岵书》,《陈确集》文集卷一;《道俗论》文集卷五）,每以严区分为说,于此见思路的一贯。这里有其自我定位,与文化批判的出发点。其可贵者,尤在对伦理行为的"过"之为世俗趣味的敏感（不但由"过"见"俗",且以"过"见"伪"）,于此显示了纯正的儒者品味。

第三章 作为话题的"建文事件"

第一节 借诸事件的言说

段玉裁《明史十二论》(昭代丛书)之一,为《三大案论》。此"三大案"非《三朝要典》所论"红丸"、"梃击"、"移宫"等,而是"靖难"、"夺门"及"大礼议"。这有明历史大案中,又以建文"逊国"一事以史料湮没、事涉恍惚而最称疑案,部分地也因此,长期刺激着谈论的热情。

自燕王举兵"靖难"、建文帝"逊国",到弘光朝追上建文谥、庙号,这一发生于有明国初的事件,经历了漫长的时间;而事件在"言论"中经历的时间则更其漫长。本章即讨论作为话题、尤其作为明清之际话题的建文事件,讨论有关的言论行为中的动机、旨趣,及有关的心理内容。

话题的解禁

郑晓所著《吾学编·逊国臣记》,详述了有关建文话题的"解禁"过程,也即自永乐到嘉靖朝廷有关态度的变化过程。其中引人注目者,如:"嘉靖十四年,给事中云南杨僎请表扬建文诸忠臣,下礼部议,未上。今皇帝因召对礼官问曰:'昨给事中言建文诸臣事云何?'夏言对曰:'诸臣误君乱国,先朝诛殛,岂宜褒录!'今皇帝色变,曰:'言官得无诮朕?'言对曰:'言官本书生,初入仕,闻人言建文诸臣死事甚烈,以故辄为陈说耳。'今皇帝色霁。明日上议亦不罪僎。"潘柽章《国史考异》以郑晓《逊国记》、《逊国臣记》为不足征信,但上述记述所呈示的有关言论环境及心理氛围,如上自君主下至诸臣在此话题上的心理紧张程度，当与事实相去不远。《西山日记》卷上《相业》，也有"世庙初年，有意恤录革除死节诸臣，夏桂溪阴阻之，事遂寝"的说法（按，夏桂溪，即夏言）。不妨认为，正是这一类言论禁制所造成的压抑，内在化也尖锐化了明代士人的痛楚。钱谦益《朱鹭传》曰："鹭为诸生，当万历全盛之世，每谭建文朝事，辄泣下汍澜，悲不自胜，不知其何谓也?"（《牧斋初学集》卷七一第1593页）陈确记明亡之际北方义士："遍观佛像，不拜。见建文君像，拜而泣。"（《东溟寺异人记》，《陈确集》第213页）

正史关于上述过程，提供了零星记述。《明史》曰"建文忠臣之有录"，自成化十七年进士宋端仪为《革除录》始（卷一六一）；弘治朝吴世忠"请恤建文朝殉难诸臣，乞赐爵谥，崇庙食，且录其子孙，复其族属，为忠义劝。章下礼官，寝不行"（卷一八五吴世忠传），杨循吉于弘治朝"驰疏请复建文帝尊号，格不行"（卷二八六文苑列传二）；世宗朝沈鲤"请复建文年号，重定《景帝实录》，勿称郕戾王……"（卷二一七沈鲤传）

朝廷态度的趋于明朗，始于万历一朝。《明史》卷九四刑法志二，记万历十二年"御史屠叔明请释革除忠臣外亲。命自齐、黄外，方孝孺等连及者俱勘豁"。"录建文忠臣，庙祀南都"，也在万历一朝（见同书卷一二五徐辉祖传、卷一四一方孝孺传、卷二二七宋仪望传等）。其时另有吴道南"请追谥建文朝忠臣"（卷二一七吴道南传）、杨时乔"请议建文帝谥"（卷二二四杨时乔传）、萧廪"请祀建文朝忠臣十二人，从祀王守仁于文庙"（卷二二七萧廪传）、万象春"请复建文年号，加景帝庙谥"（同卷万象春传）、杨天民"请复建文年号"（卷二三三杨天民传）。《明实录》卷二八九《明神宗实录》于万历二十三年九月，录礼科给事中杨天民"请改正革除建文年号"一疏，及御史牛应元、礼官范谦等有关奏疏，"诏以建文事迹附太祖高皇帝之末而存其年号"。但追上建文谥、追谥忠臣等，却仍要等到朝不保夕的弘光朝。① 李清记崇祯时事，

① 参看《明史》卷二一六顾锡畴传、卷二七八万元吉传，《弘光实录钞》卷一。可怪的是，直到此时尚有不知建文年号已复者。《南渡录》卷一记弘光朝曰"请复建文年号，允之。不知万历时先题复矣"（第44页）。前此亦有不知者。黄宗羲《子刘子行状》卷上记光宗朝刘宗周"'……请复建文、景泰年号、庙号，宗庙之礼，庶几无憾。'不听"（《黄宗羲全集》第一册第213页）——似乎不唯刘宗周，为刘氏撰写行状的黄宗羲亦不知年号已复事。

颇能见出崇祯心理之复杂微妙:"巩驸马永固上疏请补建文谥,上与诸辅臣议,皆恧愚吴甡更奏,曰:'建文无过。'上曰:'不然。渠变祖制,戕亲藩,皆过也。'又曰:'此事列圣皆未行,朕可行否?'既而曰:'毕竟是一家。'会兵事迫,遂已。"(《三垣笔记附识上·崇祯》第 173 页)

由李清的《三垣笔记》、《南渡录》,黄宗羲的《弘光实录钞》均不难感到,弘光朝臣议赠官赠谥的急切,如恐不及。《三垣笔记下·弘光》:"或疑此案太滥,宜稍裁,予曰:'……且此案郁勃已久,与其靳也宁滥。'遂止。"(第 103 页)①

明自中叶以后,士人每好谈逊国时事。此后颇为史家抱怨为足致淆乱的大量野史之出,即在此时。谈迁似不具良史才,但《国榷》卷一一、卷一二所辑录的有关言论,却提供了正史为体例所限未能提供的建文事件之为"话题"的历史,亦事件的"后史"的重要部分。谈氏所辑言论几乎涉及了事件的各个方面,你由此看到了论者的诸种视野、视角,诸种判断尺度,以及人们在同一话题上的重复,他们有关思考与议论的边界、限度。到明亡之前,不但批评建文削藩已成常谈,且相反的议论,如以为削藩乃势不得不然、南北对抗不可避免者也已有其人(朱国桢);其他说"革除"非文皇意者(朱鹭),说并未"革除"(建文年号)者(王世贞),均有其人;甚至如钱谦益的推论建文、成祖之心,袁懋谦、顾起元辈亦先已言之。清初明史局中人直至近人的争持,无不在某些方面,重复着已有议论。而由王世贞直到钱谦益的辨伪之论,多系据"情理"推断;"情理"固然使得传说暴露其夸诞,却终难以论定。此类考辨无宁说证明了文献缺失的致命后果。

但也正是到了明亡之际,士夫与民间有关建文事件的谈论,非但打上了时势的印记,且有了眼光、识见与所取角度的不同。这部分地因了论者所据位置(一个朝代的终结),也因了其时杰出之士的识力(如对

---

① 魏禧《李映碧先生七十寿序》:"当乙酉间厘正革除时祀典,禧与先君子踊跃私议:南都之立,天若为此一事设耳。然疑盈庭中谁复能发此言者,久之得先生疏,乃叹贤者以一言释三百年之憾。过此则不及为。"(《魏叔子文集》卷一一)可作为朝外反应之一例。顾炎武《圣安本纪》卷一记追上建文帝谥及庙号,亦曰:"海内望此典几百余年矣……"(《荆驼逸史》)

成祖的"历史作用"的评价）。当然还赖有王纲解纽所造成的言论环境。其时的有关议论，主要见诸私家史著及文集。前者如查继佐的《罪惟录》与谈迁的《国榷》。《罪惟录》列传部分的"荒节"之目，几专为"建文降臣"而设。以永乐名臣解缙、三杨、夏原吉、金幼孜、蹇义等入"荒节列传"，确可谓独出心裁。《国榷》作者的用心更有深于是者。吴晗《谈迁和〈国榷〉》一文，强调"《国榷》不但恢复了建文年号，而且纪事也站在建文的立场上，在永乐起兵以前，称永乐为燕王，到起兵以后，建文帝削除燕王位号，便直称永乐为燕庶人了"。吴晗提醒人们注意"从明仁宗一直到崇祯帝都是永乐的子孙"，谈迁以明遗民而用上述书法，系对"现实政治"的"不满和失望"的曲折表达（《明清人物论集》第412页，四川人民出版社，1983）。所谓"现实政治"，即明代政治。谈迁的选择"建文立场"，即选择对有明历史的批判态度。明遗民的政治文化批判的深刻处，确也尤其集中在对"故国"的批判上。

"翻案"工程中，较之赠官赠谥远为艰苦的，是史实的清理。这也是以宣泄为目的的"士论"、"时论"所不能完成的。有明二百余年间，朝廷大事中因皇族争斗而最称敏感者，无非所谓"靖难"及"夺门"。但后一事件的清理素未遭遇太大的阻力，尽管到明亡之时士人中仍有不同议论。官修《明史》于此事件的处理也颇为人所称善。[①] 建文"逊国"事件的清理，却注定了要备经曲折（参看《明神宗实录》所录杨天民奏疏。有明诸臣议建文事，每与景泰事并论，足见前者的敏感性及阻力之大）。因而毫不奇怪的是，作为"话题"的建文事件，其最富戏剧性的情节竟演出在清初的明史馆中。

到康熙十八年史馆重开（参看李晋华《明史纂修考》三《纂修中之三时期》），建文事件中的疑窦如故。就当时及事后的情况看，非但朱彝尊不足以折服徐嘉炎辈，以万斯同的史才与声望，也决不能服史馆中

---

① 钱大昕《十驾斋养新录》卷九《明史》，说官修《明史》，"其例有创前史所未有者。如《英宗实录》附景泰七年事，称郕戾王，而削其帝号，此当时史臣曲笔。今分英宗为前后两纪，而列景帝纪于中，斟酌最为尽善"。《十驾斋养新录》，1876年浙江书局重刊。

的异议者,自然更不能敌当道出诸现实考虑的诸种权衡。①包遵彭《明史编纂考导论》据王晋华等人所考,概括了《明史》有关建文帝部分的编撰经过,略为"徐嘉炎撰惠帝本纪时,原曾力主逊国之说,朱彝尊因求与文皇本纪书法一致,曾极力反对。万斯同似不致同意后说,故王鸿绪第一次进呈之明史稿列传尚有程济等传,置此事于疑似之间。迨雍正元年第二次进明史稿三百十卷本时,始删削。至张廷玉等撰定本明史时,又再复旧观。礼亲王昭梿,因极称誉'史臣留程济一传以存疑'的得体。然定本明史,还只是'存疑'。到乾隆四十二年诏改明史本纪时,更率直的予以重定云:'据遣中使出后尸于火,诡云帝尸。'惠帝逊国之说,到此才算大定"(《明史编纂考》第6页)。这就是孟森氏所说的四库本与通行殿本之别。②——就其间的曲折反复而言,倒可媲美于永乐朝《太祖实录》之再修三修了。

有趣的是,清人以至近人有关建文事件的言论态度,有时与明人几无二致。如本章开头提到的段玉裁的《明史十二论·三大案论》,及孟森的《万季野明史稿辨诬》。从来不乏隔代(甚至隔若干世代)认同的事。就建文事件而言,有时问题还在于旧事重提的时机与其时的接受期待:由此决定了述说的方式。

魏源《书明史稿二》中的下述文字,颇为攻驳王鸿绪者所引用:"尝读故礼亲王《啸亭杂录》曰:'康熙中,王鸿绪、揆叙辈党于廉亲王而力陷故理邸,故其所撰《明史稿》,于建文君臣指摘无完肤,而于永乐及靖难诸臣每多恕辞。盖心所阴蓄,不觉流于笔端。从古金壬不可修史,王

---

① 李晋华《明史纂修考》曰:"朱氏文皇帝本纪,今无存稿,不知如何叙述(然亦可知其不信逊国之事);王鸿绪明史稿,则云'帝崩于火',但张廷玉等改定明史,则云'宫中火起,帝不知所终',是以帝出亡事,犹留余地。尤侗亦以五十鸿博司任纂修者,其所著拟明史乐府有逊国怨一首,言之凿凿,且信'牢落西南四十秋'之诗,及正统时建文帝回朝之事,是则当时同馆中,亦多与朱氏异议者。"(包遵彭主编之《明史编纂考》第69页,台湾学生书局,1968)

② 孟森《万季野明史稿辨诬》说乾隆四十二年诏改明史本纪,重定建文书法,"是清一代最后《明史》定本","今四库本之《明史》与殿本通行者不同。世多未见四库本,尚拘守通行之殿本。赖有故宫单行之乾隆重修《明史》本纪,可以证建文书法之归结"(孟森《明清史论著集刊》第16页,中华书局,1959)。

司徒言未可非也。'"(《魏源集》第222页。按,"理郏"即废太子理密亲王;王司徒,王允)①明清人士以至近人由建文事件,考及有关的叙述行为、动机(尤其"动机";即如对王鸿绪的"发奸摘伏")——不妨看做建文事件之为"故事"之外的故事,关于"故事"的故事。事件本身之为故事,叙述、考证之为事件、故事(如有关王鸿绪、万斯同的故事),这层层叠加的故事,足以造成有关谈论的丰富性。提供了如此有趣的话题,激起了如此持久不衰的兴趣,是无论被难的建文帝还是加害的燕王,均始料不能及的。

你在本节还将看到,甚至到了近代,成祖之"篡",仍能激起如清礼亲王、魏源似的愤怒。孟森《建文逊国事考》驳王鸿绪说不遗余力,即出诸此种道义感情。对有关建文出亡的传说,张廷玉本《明史》尚止于存疑,孟氏《万季野明史稿辨诬》直断之曰"建文实未死",其"成见"之"横梗",实有甚于史馆中人。也如礼亲王,孟氏已不止于辨史实,且因"建文书法"而辨史馆中人之邪正。② 商鸿逵批评其业师孟森《明清史

---

① 魏源引语见昭梿《啸亭续录》卷三《王鸿绪》,原文为:"王尚书(鸿绪)之左祖廉王,余已详载矣。近读其《明史稿》,于永乐篡逆及姚广孝、茹瑺诸传,每多恕辞,而于惠帝则指摘无完肤状。盖其心有所阴蓄,不觉流露于书。故古人不使奸人著史以此,王司徒之言未可厚非也。"(宣统元年中国图书公司印行)近人朱希祖《康熙本明史列传稿跋》曰:"王鸿绪明史稿有二刻本,其一为清康熙五十三年所进明史列传稿二百八卷,其二为清雍正元年所进明史稿三百十卷本……案康熙本明史列传稿有程济传尚未删削,其他逊国事,若河西佣、补锅匠、冯翁、东湖樵夫等传亦未删去;不特此也,康熙本诸王传中,尚有建文帝太子文奎、少子文圭二传,雍正本则已删削矣,使清礼亲王得见康熙本明史列传稿,则其所谓'王鸿绪党廉亲王而抑废太子理密亲王,故作明史稿,往往恕永乐而抑建文',不又增一证据乎?"(《明史编纂考》第269页)

② 孟森《万季野明史稿辨诬》以"清国史馆先生传"所记万斯同断逊国一案为"词意甚悖",曰:"明二百余年间桑为成祖之子孙臣庶者,从未以此恶声加诸建文,至欲夺其逊国之称,以正建文削夺亲藩之罪。""建文之书法定自馆臣,必非先生意,故曰诬先生也。"(第13、15页)实则当时以建文为焚死者,史馆中尚有朱彝尊。到乾嘉时,此说更为人所信,段玉裁《明史十二论·三大案论》即以"谓建文未死"为惑于燕王之说。况万斯同本黄宗羲高弟,《石园文集》中,批评明代君主的文字,倘依孟氏的标准,较上述为"悖"者尚多。由此也可见"后人"对明代事,其倾向每有较之明人更"鲜明"者,确不失为值得研究的现象。孟氏所驳记万斯同论建文事,见诸《清史列传》卷六八儒林传下一万斯大传附万斯同传。

讲义》的"靖难"一章,以为"其对朱棣指责夺位之过,杀戮之惨,更谓其王征漠北为黩武,并以为派郑和出洋的使命为寻迹建文。此于今日论之,先生实存有偏见,设使无永乐之经营,明代尚难达成统一之局"(《述孟森先生》,孟森《明清史论著集刊续编》,中华书局,1986),应为平情之论吧。

成祖批评

建文事件之为"话题"的兴奋点之一,在对燕王即成祖的追论。

有明士人口中的"二祖列宗"的"二祖",足以提示明代史的特殊性。太宗改称"成祖"始自嘉靖。①《明史》卷四八礼志二,载嘉靖九年给事中夏言奏疏说郊祀配位,尚曰"太祖、太宗并配,父子同列,稽之经旨,不能无疑"。这类"疑"此后即再无表达余地。清代官修《明史》虽对成祖多所批评,本纪仍以成祖的"雄武之略"为"同符高祖",也基于对"二祖"之说的认定。

成祖最为后世士夫所诟病者,其一即在篡改历史。而其最令人不能容忍的篡改,还不在改修太祖实录,而在杨士奇辈的"改修"所依据的"革除"(革除建文年号)这一事实。②顾炎武曾辨"革除",以为非成祖所为:"夫建文不革于成祖,而革于传闻,不革于诏书,而革于臣下奉行者之文。"(《革除辨》,《顾亭林诗文集》第 10 页;另见《日知录》卷二〇"史书一年两号"条)潘柽章《国史考异》以顾氏的"革除"说为"辨

---

① 《明史》卷四八礼志二谓嘉靖"既排正议,崇私亲,心念太宗永无配享,无以谢廷臣,乃定献皇配帝称宗,而改称太宗号曰成祖"。

② 《曝书亭集》卷四四《书高丽史后·又》曰:"靖难君臣,改修明太祖实录,因方孝孺,而其父克勤,循吏也,乃没其实;黄观景清,修书传会选,而削其名;且诬方先生叩头乞哀。观于郑麟趾高丽史,梦周图李成桂,不克,为芳远所杀,芳远犹知赠官易名,麟趾等亦直书其事。是篡窃之芳远,贤于长陵;而下国之史官,胜于杨士奇辈多矣。可叹也夫!"(第 537 页)同卷卷四五《姜氏秘史跋》也说:"王莽之闰汉,朱全忠之篡唐,其罪贯盈,而纪年仍书于史。燕王取天下于兄子,非有积怨深怒,乃革除建文君之五年,毋亦太忍也乎!"(第 548 页)明史馆中,朱彝尊是"不欲于燕王多所责难"(《明史纂修考》中语)者,持论尚如此。在其他论者,正是"篡改"这一事实,坐实了"靖难"的不义,属于经由掩盖的自我发露。士夫也即由说此"掩盖"、"篡改",为说"不义"的特殊方式。

博"，却说"谓成祖未尝有革除之名可也，谓未尝有追改之实，不可也"。① 令士人愤愤不已的，正是这"追改"（即"革除"）之实。

"篡改"甚至不止于此。到易代之际已成公开之秘密的是，燕王当起兵之时，篡改了自己为嫔妃（而非他本人声称的马皇后）所生这一事实。到清初，甚至被认为对成祖有所回护的朱彝尊，也轻蔑地说："汉之文帝，自言朕高皇帝侧室之子，于义何伤！而奉天靖难记，每载长陵上阙下书，及宣谕臣民曰：朕太祖高皇帝孝慈高皇后嫡子。考妣必并举，壶浆欲掩，而迹反露矣。"（《南京太常寺志跋》，《曝书亭集》卷四四第541页）其实此事无论在靖难当时抑或其后，都决非如朱氏所说的那般轻松。问题的严重性，在于那个每每为史家所强调的事实，即成祖之后的明代帝王，均为成祖子孙：靖难的后果之一，即"修改"了有明帝王世系。②

潘柽章等人有关成祖的温和之论，无疑提示了"遗民史学"的特殊语境。生当国破家亡之际，明人言及其所谓"二祖"之一的成祖，心情

---

① 《国史考异》卷四："然则革除之名何自起耶？曰靖难之后，法禁甚严，士大夫既不忘建文之旧，而又不敢察察言故。口传笔记，或称革除朝，或称革除君，所谓名以义起者耳。至弘治中，修会典，始俨然以革除纪年，要其所缘起者旧矣。故谓成祖未尝有革除之名可也，谓未尝有追改之实，不可也。"（《明史考证攈逸》第135页）《南渡录》说"革除"，所见又有不同。该书卷三录崇祯十七年十月李清疏云："察建文元年，立子文奎为皇太子，嗣后革除事兴，所革者年号耳，原未革及帝号，则亦未革及皇太子号。"（第137页）

② 死于庄氏史狱的潘柽章，对同一事实，以成祖"大不得已"说之（参看《国史考异》卷四）——或也多少出于为故国之君讳的良苦用心。至于钱谦益《书致身录考后》曰："今之君子，夫谁非戴天履地，服事成祖之圣子神孙者钦？其亦弗思而已矣。"（《牧斋初学集》卷二二第760页）则无疑是重大提示。吴晗论《国榷》，困惑于谈迁念念不忘建文帝而又哭祭崇祯者，像是不知"从明仁宗一直到崇祯都是永乐的子孙"（《谈迁和〈国榷〉》）。由此看似"矛盾"处倒令人得知，明代士人决不肯因了燕王之"篡"而否定其子孙，亦即否定永乐以还的明代历史，更不因此即稍减其亡国之痛、故国之思。"帝王世系"在这一话题中，又不像迂拘的宗法论者所设想的那样严重。前于此焦竑就说过，成祖"以高帝之子，缵承高帝之绪"，"新命旧邦，非逐鹿之可拟"，"其与更二姓、事二君者，当异日谈也"（参看《国榷》卷一二第861页）。同出遗民史家的《罪惟录》帝纪卷一《帝纪总论》有"独实镛、宸濠之律不可以加靖难之师，北平功可补过"（第1页）云云。"性质"与"后果"兼重，亦一种政治判断中的"现实主义"。

的复杂自不难想见。① 但也因际此王纲解纽,积久的愤懑终得一舒。

顾炎武指"洪武、永乐之间"为"世道升降之会"(《日知录》卷一八"书传会选"条),此意几为其时有识者的共识,并被多所发挥。国运"升降"(亦即世之盛衰),其根据尤集中于如下方面:人才之衰,即道德(忠义)之衰,与文化学术之衰。前一方面,即顾氏所谓"十族诛而臣节变"。孙奇逢曰:"忆逊国时,文皇以叔代侄,势成于相激,而一时靖节之臣,死者死,遁者遁,不下数百人。逆闯犯顺,至尊龙驭,祸惨于黄巢,而殉义之臣,不及逊国一二,岂前此尽忠良,而后此尽顽冥与! 盖有所以作之也。逊国当高皇培植之日,人人思所以报高皇,况值国运初开,未经斫丧。嗣是而后,几番玷祸,几番摧折,人之云亡,邦国殄瘁……"(《大难录序》,《夏峰先生集》卷四)同时南方大儒刘宗周则将节义之衰,径归因于"靖难"(参看《刘子全书》卷一四《修正学以淑人心以培国家元气疏》等)。《南渡录》记弘光朝万元吉请复懿文太子故号,及靖难诸臣谥,曰:"羡逊国之君臣何厚,愧此时之忠义多亏!""靖难以正气渐削,故酿为今日狯猾之徒屈膝拜伪。"(第 28 页)这类议论到此时几成常谈。《明季北略》曰:"余谓文皇怒方正学不肯草诏,而夷其十族。至是而周钟与杨廷鉴争草诏,是成祖杀戮忠臣之报也。天心亦巧矣、微矣……"(卷二二第 607 页)我在下文中还将谈到,上述报应、轮回说,竟成对有明亡国的一种解释。

至于文化、学术之衰,又与节义之衰相表里,更为关心学术文化存亡绝续如顾炎武者所痛心疾首。顾氏所说"八股行而古学弃"、"大全出而经说亡",其后果,无不在败坏"人才"。顾氏还说:"岂非骨鲠之

---

① 钱谦益的《建文年谱序》(《牧斋有学集》卷一四)说"文皇帝之心事",备极体贴,较之下文将谈到的清人段玉裁的有关心理揣测,着想之不同,有大可玩味者。同文说"让皇帝之至德",想象太过,亦有穿凿之嫌。但钱氏不彰君恶、为"国体"讳的态度,易代前后有其一贯。其万历年间制科文字即不满于"泥滓君父而自为高"(《策·第三问》,《牧斋初学集》卷八九第 1852 页),以为对"逊国诸臣"的"旌别赐谥",应以"述文皇帝之隐志,而杜后世之议端"为指归(《第四问》,同上第 1854 页)。至于《书致身录考后》篇末批评对成祖的追论不已,曰:"且夫少帝之事往矣,忠臣义士,不可谓不多矣。若子之言,其必人挟射天之矢,家畜吠尧之犬,使成祖无所容于天地而后快与?"倒不如说揭出了追论者的用心。

臣,已空于建文之代,而制义初行,一时人士,尽弃宋元以来所得之实学,上下相蒙,以饕禄利,而莫之问也。呜呼!经学之废,实自此始。"(《日知录》卷一八"四书五经大全"条)你由此不妨认为,明中叶以后对制义、时文的批评,对有明一代经学的批评,以至如王夫之、黄宗羲有关"一概之论"、"一定之说"、"一先生之言"的批评,无不隐含着关于洪武、永乐及"世道升降"的主题。无论所据者为何,这毕竟是对一段历史的走向、一个朝代的命运的大判断。这种以有明二百余年为历史视野的判断,如上文所说,赖有时势也赖有相应的识力才能做出。

此外如魏禧《变法(下)》曰:"昔明太祖皇帝于宦官,法制训诫,诚尽美尽善,及成祖之身而其法大坏。"(《魏叔子文集》卷三)恽日初批评成祖之弃三卫(见本书第 160 页注①);王夫之指斥"永乐谋国之臣""割版图以贻覆亡之祸"(《读通鉴论》卷二四第 925 页)。张自烈也说:"窃痛文皇帝初政未可为后世法也。"(《书让纪后》,《芑山文集》卷二一)上述判断,又经由明清之际士人参与编撰的《明史》而加以认定。"初,太祖禁中官预政,自永乐后,渐加委寄"(卷三〇四宦官列传一);而"中官四出,实始永乐时"(卷七四职官志三);"盖明世宦官出使、专征、监军、分镇、刺臣民隐事诸大权,皆自永乐间始"(卷三〇四);洪武二十年"诏内外狱咸归三法司,罢锦衣狱。成祖时复置。寻增北镇抚司,专治诏狱"(卷七六职官志五);"东厂之设,始于成祖。锦衣卫之狱,太祖尝用之,后已禁止,其复用亦自永乐时"(卷九五刑法志三)。阉宦用事、厂卫、诏狱,素为士大夫所痛疾,被认为明代失政之尤大、为祸尤烈者。明清之际的成祖批评,还集中于如下两个相关的主题(这尤其是东南人士热中的话题),即都燕与东南赋重。前者因被认为关系明亡,而被追论不已;后者则虽至清代,仍足以激起南方人士的义愤(对有关言论的分析见本书第二章第一节)。

在明清之际士人的议论中,"靖难"是作为明亡的前因来推究的。那事件也即获得了其所可能有的最称"严重"的意义。你又由此读出了明代士人深刻的命运之感。学术文化气运与国运、世道升降为盛衰,士的命运即在其中——在国初史中,在如建文事件这样的大转折中。

对于士人，此即"前定"，是其无可奈何的"命"、"数"。而士人经由考辨国初史追究"命运"（国运、世运、士的命运），寻求对此后事态的解释，与此一时期言论界所热中的追原"祸始"、寻绎因果在同一语境。南明朝的补谥、追夺，除证明"治统"所在、显示道义力量外，也是对"历史"发言，与"补谥开国文臣"，均可部分地视为直接凭借"权力"的史述。① 上述考辨与追论发生在明亡之际，由事后看过去，恰恰构成明王朝历史的一段特殊的尾声。

　　当此际有关成祖的议论中，隐含着的最惊心动魄的字样，即那个"篡"。这也应是二百多年蓄于士大夫心中、只待一旦说出的字。② 尽管建文帝的优容文臣文士颇被称道，但士人持久的愤慨，与其说出于对那个据有皇位仅四年的天子的倾心，不如说基于对燕王之篡的愤慨。这一事件的巨大阴影，覆盖了其后的几乎全部有明一代历史，被认为具有根源性意义。它不止作为一个朝代的"早期历史"决定了此后的事势，而且因其反常性以及士大夫不便明言的邪恶性质，楔入了士人对当代史的思考与判断，影响了他们对当代史的感觉方式。

　　孟森以为"谓建文为逊国，正是为燕讳其篡弑之恶"，"南都尊谥曰让皇帝，正为文皇留余地耳"（《建文逊国事考》，《明清史论著集刊》第7页）。其实当人们使用"建文忠臣"一类名目，进而将"靖难"与"明亡"两个事件中的行为（从而也将"靖难"与"明亡"）以类相从，以建文

① 弘光朝即夺靖难功臣谥或予恶谥（参看《弘光实录钞》卷二），隆武对成祖的评价要直截了当得多。黄宗羲《行朝录》卷一《隆武纪年》："上谓国家元气之削由于靖难。命礼臣追复建文年号，立忠臣方孝孺祠，设姚广孝像跪于阶前。"（《黄宗羲全集》第二册第119页）这应是有明一代由"上"做出的最激烈的表态。隆武即所谓思文皇帝，太祖高皇帝九世孙——是否也因此，比之成祖之后、神宗之孙的弘光在追论成祖时更无顾忌？

② 据史载，建文忠臣当时即直斥其"篡"。《明史》卷一二八记刘基之子刘璟云："殿下百世后，逃不得一'篡'字。"卷一四一卓敬传记敬语，有"一旦横行篡夺"云。此后也有曲折地说"篡"的方式。如郑晓《今言》卷一第73条："成祖于建文己卯七月起兵靖难，宸濠亦以正德己卯六月反湖广。"王世贞曰："文皇靖难师在己卯秋，宁庶人作难亦在己卯秋，相去正得二甲子。文皇之起，以都督三司谢宴，伏兵僇系之，宁庶人亦然。岂偶合耶，抑有所借袭耶？"（《皇明奇事述三·己卯壬午之际》，《弇山堂别集》卷一八第325页，中华书局，1985）不妨看做以类比的方式说"篡"。

忠臣遗臣与明末忠义对举，由燕王发动的那次政变，即被赋予了类似于"亡人之国"的严重意味——只不过论者不深究或有意避免推究罢了。[①] 但也正是易代之际言论禁忌的解除，使得不能言不敢言者得以言说。于是士人尝试着说"篡"。《罪惟录》方孝孺传论曰："燕与子汉煦，虽成败分，要是父子间相授受，两不洗管蔡之名哉！"（列传卷九第1470页）张履祥说："燕王是成事之管、蔡，管、蔡是不成之燕王。"（《愿学记[三]》，《杨园先生全集》卷二八）那"篡"字直欲脱口而出——却仍未出口。

当此之际，说"篡"之难，障碍不在官方禁制，而在士大夫自己。一个"篡"字，足以引出对政权"合法性"的质疑，而士的立身、出处，又是赖有这"合法"与否（在此亦即合"道"与否）为前提的，所谓"邦有道则仕，无道则隐"。兹事至大至重，不容回避，而又不容不回避。为有明二百四十年历史（自燕王即帝位至甲申）寻求道义的解释，为士夫在篡位之君及其后代治下二百余年的生存寻求道德的解释，不能不是绝大的难题。因而有关话题，隐蔽着士夫深刻的屈辱之感。这屈辱也半由士夫自己造成——由他们积久的道义感、道德感，由他们有关"篡"、"弑"的精致的思想。却也是这一欲出口未出口的"篡"字，阻碍了由政治方面对成祖的评价。道义的尺度永远像是绝对尺度。

但也在其时，黄宗羲对成祖之篡，别有见解。《明儒学案》卷四三《文正方正学先生孝孺》曰："夫分封太过，七国之反，汉高祖酿之，成祖之天下，高皇帝授之，一成一败。成祖之智勇十倍吴王濞，此不可以成败而誉咎王室也。"（第1045页）与顾炎武之论分封似同，而旨趣及态度又有别。黄宗羲此论，可以其人《明夷待访录》之《原君》篇为注脚。王夫之史论对"篡""弑"的反复辨析，也不妨读入其时有关的认识

---

① 陈子龙《皇明成祖功臣年表序》比较靖难臣与开国臣之"隆替"，曰："独尝纵历二都，涉览记籍，蝉冠横玉，胤是从龙，东第棘门，功多靖难。而高帝布衣起事之人，存者无几，失其氏望，子孙死为转尸，邱墓鞠为茂草——方之于此，不可同年而语矣。若云纵敛各情，仁猜异德，岂淮颍群英皆触网之夫，北平诸将尽保家之主？"（《陈忠裕全集》卷二五）也曲折地表达了如下印象，即"靖难"几同易代。

论背景的。① 倘若想到近人述建文事,那个"篡"字也往往可见,而在三百年前的明遗民学者,有关"篡"已有了别种思路:是否可以理解为思想史上常见的"轮回"?

你于"成祖评价"这一题目下也发现,清人倾向之鲜明,态度之激切,有过于明人者。《明史》即已明言其"篡"(参看卷三〇八奸臣列传)。魏源《书明史稿二》清算成祖,不但谓其"篡立",且由苏松田赋直说到"屠戮忠臣"、"株连夷灭",义愤形诸辞气之间。前于魏氏,段玉裁《明史十二论·三大案论》断有明史案,亦辞情慷慨。"或问于段子曰:明燕王篡位,在《春秋》当何以笔之?曰:当书六月乙丑,燕王棣入都城弑帝,己巳遂自立。以《春秋经》求之,当如是也。曰:篡国无可辞,弑帝似未然也。曰:宫中之火,谁则为之?非燕王而何?燕王逆计城之必破,位之必可篡也,而独何以处建文君也?辅之则有所不及待,杀之则不免于弑君。弑君者,天下之所集矢也。于是与交通之逆臣逆奄谋为此举。有兴问罪之师者,则彼自火而已矣。此其奸谋盖预定而后行之……"段氏对燕王的心理猜测之细致,有明清间人所未及者。如此大胆假设,殊非学者态度。但世易时移而语境不易,也证明了明代历史持久的震撼力。且清代人主钳制舆论,说本朝事动触禁忌,而将胜国事说得如此斩截痛快,也应当有某种宣泄的快感吧。

同文记段氏有关"夺门"一事的裁断:"问者曰:夺门之是非何居?曰:谓之篡可也。"以下的议论也痛快淋漓。这里的"篡"字也是明人纵然如此想也未必即如此说的。这是太令人难堪的话题。倘如段氏所

① 如《读通鉴论》卷一四论刘裕之"篡",即以其"公私"论、"天下一国"论为逻辑前提。这也是其时大儒的眼界。王氏并不仅据"篡"之名作一概之论,即对"篡"亦有辨析。他肯定刘裕的"为功于天下",说:"天子受土于天而宰制之于己,亦非私也"(卷一四第523页),不以"举大义而私之一家"为然(卷五),与黄宗羲《原君》的思路不无相近。王氏于此还强调"民生"的原则。如谓"以在下之义而言之,则寇贼之扰为小,而篡弑之逆为大;以在上之仁而言之,则一姓之兴亡,私也,而生民之生死,公也"(卷一七第669页)。至于其所谓"中国主"的标准,不止在是否一姓世袭之正统(治统),更在存夏灭夷之道统,又可见明清易代之际遗民的历史视野。王夫之说"篡""弑",非可直接援之以说燕王,却仍可归入其时有关言论的大语境,尽管黄宗羲、王夫之作为杰出之士,并不能代表其时普遍的认识水准。

说,有明二百余年间,竟有两度行"篡"的事实①,处此朝代,士人何以为情!你由此又不难推想,明亡之际出诸遗民的尖锐痛切的明代政治批判,其背后隐蔽着怎样深刻的屈辱感与自我命运感怀!

说方孝孺

也如说于谦即直接间接地论"夺门",说方正学,是士人说"逊国"、"靖难"的常用方式。士人经由"方孝孺之死"所说还不止于此。方氏在其身后,被奉为有明一代儒者仪型。"王安石之于谊,似矣,而谊正。谊之于方正学,似矣,而正学醇。"(《读通鉴论》卷二第101页。按谊即贾谊)如此"正"而"醇"的人物,自合作为士夫、儒者命运的象征。至于成祖因方氏"十族之诛"而开罪士大夫,是不消说的。尽管此前太祖已行杀戮,却像是都不及这一次来得血腥。因此明代士人的说方孝孺,也即自我述说,是他们说士的命运与国运的相关性的方式。王夫之叹道:"呜呼!方正学死,而读书之种绝于天下。"(同书同卷第93页)这里的"读书之种"云云,显系由姚广孝语来。《明史》卷一四一方孝孺传:"先是,成祖发北平,姚广孝以孝孺为托,曰:'城下之日,彼必不降,幸勿杀之。杀孝孺,天下读书种子绝矣。'"发生于"国初"的方氏之死,以绝大的阴影,影响了明代士人的自我命运体认。②

作为明初大儒、一代宗师的方氏之死,其象征意义甚至不止于此。方氏之处死,提供了此后士人处患难的经典样式。有人比方氏的处境于魏徵,无论其时其势均有不同。作为明儒的方孝孺,其姿态就注定了不同于唐之才臣魏徵(《读通鉴论》:"唐多才臣,而清贞者不少概见,贞观虽称多士,未有与焉。"卷二二第830页)。方氏遭际的惨酷,是外内

---

① 按段氏同文所说尚不止于此。"问者曰:世宗之大礼其是非何若?曰:燕王弑而篡者也,英宗不免乎篡者也,世宗非篡而以篡自居者也。"在清人如段氏眼里,明代何"篡"之多也!

② 据《明史》,为方孝孺"平反"也颇费周章。弘治中陈仁"请复建文忠臣方孝孺等官",即"格不行"(卷一八六陈仁传)。嘉靖朝,有任台州知府而"建忠节祠,祀方孝孺"者(见卷一八九罗侨传)。天启二年"录方孝孺遗嗣,寻予祭葬及谥"(卷二二熹宗本纪)。黄宗羲《弘光实录钞》卷三记"录逊国方孝孺后澍节为五经博士"事。

两面的条件预先决定了的。此外士人往往借诸方氏之死,展开若干政治性话题,如政治关系中的君臣(尤其儒臣),如政权结构中的文、武。建文史称"右文之主",因而文臣、儒士尤感创巨痛深。

明亡之际,士人有关方孝孺之死,也有了议论的不同。《明儒学案》卷四三曰:"庸人之论先生者有二:以先生得君而无救于其亡……又以先生激烈已甚,致十族之酷。"黄氏但说"成祖天性刻薄",方氏必死,"不关先生之甚不甚也"(第1045页)。孙奇逢却径说方氏之"过":"予谓正学亦有过焉。明主可与忠言,正学以大义责之,势必不能从。请早赐一剑,不食而死,何至以一身累及八百余人也。白刃可蹈,中庸不可能。处死之道,岂容悻悻!"(《尚论篇下》,《夏峰先生集》卷八)孙氏着眼在"处死之道";用了高攀龙的说法,即"有一毫逃死之心固害道,有一毫求死之心亦害道"(语见《明儒学案·蕺山学案》、《刘子全书》等)——与庸人式的保全,境界不同。① 张自烈《逊志斋集序》也说:"虽然,公之死烈矣,以为善道则未也。"(《芑山文集》卷一二)其《祀黄公述略》则说方孝孺"不草诏可也,且哭且骂,置文皇何地!……虽毅然就磔,忠耿非不著,岂有毫发补哉!"(同上卷二二)以方氏为"忠之过"者,前此也已有其人②,但孙奇逢式的异议,显然以易代之际士人对"臣道"对"节义"的反省为背景。《罪惟录》如下议论亦属平情之论:"幸而生正学靖难之年,而孝孺不死。上曰老其才,将使雍容礼乐之间耳。倘辄受事,势必议井田不合,投劾去。即否,诸周官纷更,去新莽几何?然则北平不起,势亦未能成太平,独宜事君臣为万世作则

---

① 刘宗周所见与孙奇逢不同,其《方逊志先生正学录序》曰:"忠臣之事君也,服勤至死已耳。甚者殉以妻子。若乃死而殉以十族者,千古以来,自本朝方逊志先生始。""惟先生以十族为一身,而后能以一身易天下,使天下尽化而为忠臣、为孝子……"(《刘子全书》卷二一)同书同卷《方正学先生逊志斋集序》:"……无乃忠而过者与?《易》曰:大者过也。又曰:大过之时,大矣哉! 独立不惧,遁世无闷。先生有焉。过而大也。矫枉过正,所以中也。故曰正学也。"

② 如王廷相。《国榷》卷一二录王廷相语,谓"方逊学忠之过者与? ……激而至于覆宗,义固得矣,如仁孝何哉? 轻重失宜,圣人岂为之!"(第858—859页)但在这种意义上,方氏亦足仪型一代——明人所激赏的,正是此种不惜断脰穴胸、覆宗灭祖的"节义"。为王廷相所提示的"义"与"仁孝"之孰为轻重,确属常被有意忽略、搁置的问题。

耳。"(列传卷九方孝孺传,第1470页)王夫之对方孝孺于建文朝的"名法综核",也不以为然(参看《读通鉴论》卷一三)。魏禧则由晁错论及齐泰、黄子澄,以为"误国爱身","前后如出一辙"(《晁错论》,《魏叔子文集》卷一)。

至于方孝孺与燕王的那一段著名的对话,确有十足的戏剧性。"召至,悲恸声彻殿陛。成祖降榻劳曰:'先生毋自苦,予欲法周公辅成王耳。'孝孺曰:'成王安在?'成祖曰:'彼自焚死。'孝孺曰:'何不立成王之子?'成祖曰:'国赖长君。'孝孺曰:'何不立成王之弟?'成祖曰:'此朕家事。'"(《明史》卷一四一方孝孺传)这里正用得着黄宗羲、王夫之的思想及论辩能力,而王、黄则要到二百余年后才会出现。当方氏之时,"此朕家事",透彻而毋庸置辩。只这一句,情境的讽刺意味全出。鲁迅说到的方孝孺的"迂",即须于此处领会。方孝孺一类士人的不智,在其责专制君主以存天下之"公",且自以为存此大"公",士夫与有责焉。①

也是在明清之际,史家说建文之为"帝",渐取更"客观"的态度。宗室政策,是明清之际遗民的明代政治批评的重要方面。易代之际如顾炎武等人的宗室论,与太祖时代谏阻分封者,思路已有不同,其关注更在一姓之国存亡的条件,亦即"宗子维城"之为推迟亡国的条件——在亡国之余的士人那里,如此明显的"利",使弊害变得不足道了。这也构成了批评"削藩"的更直接的背景。至于以通常伦理原则批评"第一家族",士人也利用了建文事件所提供的可能性。顾炎武《日知录》卷九"宗室"条曰:"闻管、蔡之失道,而作《常棣》之诗,以亲兄弟,此周之所以兴。"王夫之《宋论》则曰:"天伦为重,大位为轻。"(卷二第54页)据此,建文、成祖均不能逃其咎。而有关事件的起因,一时言论反而并无新意。如归庄诗所说"廷臣谋国效晁错,囚逼诸藩真大误,北平只惧为之续,白头举事不反顾。……"(《读国史至建文壬午有作》),不

---

① 朱彝尊即对文皇表示理解,其《高太常嵒庵遗稿序》曰:"呜呼!逊国之际,盖难言之。当方先生杖缳经入见,文皇谓曰:'此朕家事。'其然哉!殆于易姓则有间矣。"(《曝书亭集》卷三六第449页)也不妨认为代表了一种看法。

过沿袭通常的说法。甚至《明史纪事本末》卷一五谷应泰的下述议论，也不过是另一种常谈："……论者以建文之失，在于削诸藩。而予则以诸藩者，削亦反，不削亦反。论者又以建文之失，在于削强藩。而予则以不削强藩者，燕王最强最先反，宁王次强必次反。"（第229页，中华书局，1977）至于太祖当年分封的动机，可否由王夫之对贾谊"众建诸侯而少其力"为"阳予阴夺之术"（参看《读通鉴论》卷二）的分析得一点启示？

对与方孝孺有关的史述也有质疑。刘宗周即质疑郑晓关于方氏死事的记述（见《方逊志先生死事存疑》，《刘子全书》卷二一）；尽管刘氏以为可疑的，正史（《明史》）及学术史（《明儒学案》）均载之不疑。至于朱彝尊，甚至不以盛传的诛十族——有关方氏的传说中最激动人心处——之说为然。朱彝尊《逊志斋文钞序》曰："公既死，朝廷严文字之禁，而郑氏所辑，凡四、五册，余皆叔丰补完之，公之文卒赖以传。然则诸君子或为公友，或在公之门，当日咸不及于难，吾是以知合门人故友为十族之说，亦传之者过也。"（《曝书亭集》卷三六第449页）其《史馆上总裁第四书》也以其说为"不足信"，曰："世之言九族者，名为九，其实本宗一族尔。迨秦、汉诛及三族，则兼逮母、妻之党。村夫子不知九族尚轻，三族为最酷，而造为是说。使文皇果用是刑，无舍母、妻之族，而遽株及于弟子友朋者。"（同书卷三二第405页）以下亦以方氏"最莫逆"之友与"及门高弟""当日咸不及于难"为证。虽因史料湮没，终属猜测推论，也可见出清初士人意欲剔除传说、小说家言，还原"历史"，脱出激情状态，恢复常识态度的努力。

如上文所说，有关方氏事件的质疑，属于此一时期士人"节义论"的大语境。异议纵然微弱，也仍然是异议。有关建文，有关成祖，有关方孝孺的不同声音，透露了其时思想、言论的活跃。这些言论与同时其他言论，点点滴滴地汇入了思想史的变动之中。

第二节 "革除"后史

有关建文君臣的故事制作，是"革除"历史的后史。民间与士夫对此事件的不断演绎、重述，是持续的意义赋予过程。在这类场合，齐东野语，士夫所鄙的"委巷不经之说"，亦自有其严肃性。野史，民间创作，从来被士、民作为说禁忌性话题的方式，是他们处禁制下的叙事策略——与其说意在以此存"史"，倒不如说更在以此存"人心"。乱世，有其对想象活动的特殊刺激。明清之际如南明朝的假太子、假王妃，以至假弘光等案，均可作为其时人们的故事兴趣、想象力的明证。而前此有关建文事件的记述，则提供了士夫与民间的叙述活动相互影响、传统史述（以正史为代表）与民间创作相互作用的突出例证。

"大抵革除事迹，既无实录可考，而野史真赝错出，莫可辨证。"（《书致身录考后》，《牧斋初学集》卷二二第759页）但仍有王世贞辨之在前（参看《史乘考误［二］》等，《弇山堂别集》卷二一），钱谦益、潘柽章辨之在后。钱氏《致身录考》曰："从亡徇志之臣，或生扞牧圉，或死膏草野，或湮灭而渊沉，或鸟集而兽散。身家漂荡，名迹漫漶。安有宴坐记别，从容题拂，曰某为补锅匠，某为葛衣翁，某为东湖樵，比太学之标榜，拟期门之会集哉？"（同书同卷第756页）此乃常识的判断。孟森《建文逊国事考》认为自有钱氏的《致身录考》、《书致身录考后》两文，"而万历以来盛行之伪书始废。后来李映碧南都议驳从亡赠谥，皆本此说，竹垞先生亦援引之"（第11页。按，李映碧，李清；竹垞先生，朱彝尊）。但孟森显然夸大了钱氏之"考"的影响力。① 由明清之际士夫有关建文事件的文字，你随处可感野史传说入人之深。《广阳杂记》卷一曰："云南武定府城西北有师子山……山有寺，曰'正续'，相传建文帝驻锡处也。"有彭秋水、林武陵者同游"正续"并唱和，"彭一联云：'蒙岳千年传帝释，孝陵坏土忆王孙。'林一联云：'岂是勾吴披发去，翻令同泰舍身来。'"刘献廷感叹道："只此一联妙绝千古矣。"（第49—50页。按，帝释，帝释天，指燕王）黄宗羲《安化寺缘起》曰"博洽（按应为溥洽之误）为建文皇帝剃发"（《黄宗羲全集》第十册第635页），或不过

---

① 《国榷》即不加简择地采用野史传说。查继佐的识见似差胜。其书亦传程济，却于"论"辨其事之伪，亦一种"书法"（见《罪惟录》列传卷九高翔传附程济传）。《明史纪事本末》卷一七《建文逊国》几全据《从亡随笔》等敷演。

用典。而王夫之《读通鉴论》中一再提到的"逊国遗臣""溧阳史氏"（参看该书卷一四、卷一五），即钱谦益《致身录考》断定其"必无"者。史彬的乡人亦不以钱氏之"考"为然。朱鹤龄《愚庵小集》卷一四《书袁杞山事》、《书史仲彬事》均记革除佚事。《书史仲彬事》驳钱谦益《致身录考》，曰："吾邑二百年以来，父老相传，谓建文尝居史氏，今所遗水月观匾额，是建文篆书，其说必有自来，非可凿空为之者。"（第691页）朱氏也并无力证，所言乃"事理之所宜有"。具有讽刺意味的是，这竟是直到孟森有关建文事件的论辩常用的方式。

　　朱彝尊以为"福藩称制，无一善政可纪，惟追赠壬午殉难诸臣，赠官锡谥，差快人意。第易名多至□十□人，未免失之太滥。然程济、史仲彬不及焉，其胜于刊胜国逸书者多也"（《姜氏秘史跋》，《曝书亭集》卷四五第548页）。李清《南渡录》卷三记弘光朝"追补建文死节诸臣赠谥"，确如朱彝尊所说。而黄宗羲《弘光实录钞》卷二所录之补谥名单，"从亡诸臣"翰林史彬、程济等均在其间，甚至有"官职无考"的河西佣、补锅匠冯翁、王公、东湖、乐清、耶溪三樵夫等。李清以弘光朝臣（工科都给事中）直接参与补谥事，当以其所记为准。而黄氏指为"错误"的王艮，《国史考异》以为不可信的"金川门守卒龚翊"，及其他"子虚乌有"而"滥冒盛典"者，仍赫然见诸补谥之列。①

　　《明史》建文书法的几经变化，反映了有关言论背后的强大愿望与顽强意志。即使有钱谦益的《致身录考》、《书致身录考后》，有王鸿绪被认为居心叵测的《史例议》，有朱彝尊、万斯同对建文焚死的坚持，有关建文出亡的丰富的民间想象作用于史馆诸公的判断，仍然是不可抗拒的。钱氏曰："语有之，俗语不实，流为丹青。"（《致身录考》）这是虽以钱氏之博学，也无奈其何的事。况其事本来即在疑似之间。钱氏本人也诚如孟森所说，是虽以史彬、程济等人故事为妄，却仍信"出亡"之

---

① 《弘光实录钞》、《南渡录》均详载追谥诸臣名单，顾炎武《圣安本纪》卷三亦录方孝孺等人谥。《明季南略》载而不详，《小腆纪年附考》则不载，该书卷八"徐鼒曰：何以书？讥也……何以讥？梓宫藁葬，宗社陆沈，卧薪尝胆之秋，岂润色太平之事乎！"（第266页）明遗民与清人视其事轻重之不同，亦可玩味。

说的。潘氏亦一信(或曰亦宁信)"出亡"者。其《国史考异》即据"胡
濙之使"、"溥洽之狱"证"不死之说",甚至对建文的出亡方式有具体设
想:"意是时成祖顿兵金川,遣人奉章(见长陵碑文),实欲使惠宗自为
计,而京师辽阔,东南一隅,燕师势难遍及,仓卒潜行,谁为物色之者,而
又何必假途隧中也。"(卷四第131页)潘氏以一一指实"同谋何人"、
"寄迹何地"为愚诞,也决不信赋诗迎归诸说,此之谓"疑则传疑",并不
即以出亡为疑①——与钱氏思路有合。焚死之说不能在史馆中占上
风,良有以也。正史一向赖有野史、私家著述为基本材料来源。正史
与野史、私家史述,并无史学方法的根本区别。② 正史叙事与其他种
叙事(包括文学叙述)间,亦无史家所设想的不可混淆、不可"阑入"的
界限。

由钱、潘等人之所考可知,民间想象、野史书写的展开,正于文献空
缺(且往往故示人以"空缺")、语焉不详(也往往是有意模糊)处,其方
向则是虚者实之:民间创作的历史文本化。"方疑其事",即"遽实其
人","且实其人,不过借其事";在这样的加工制作中,"事愈详而名益
多"(《国史考异》卷四第142页)。更有冒认后裔以觊恤典者。但平心
而论,上述故事制作是不妨以幽默态度对待的。其阑入史著则因学人
之失考,不便令野史传闻的作者独任其咎吧。

在有关"出亡"的故事中,已不可能将士夫的与"民间"的创作剥

---

① 其曰"不死之说,必有自来",非比"怀王扶苏,传自民间而已"。同文否定了"地道"之说:
"然则地道之说信乎? 曰,未可信也。今观南京宫城之外,环以御河,果从地道出,将安之
乎?"却另外设想了出亡途径。又说:"若夫出亡之实,则其事秘,吾不得而知之矣。必欲
从二百载后,而一一指其同谋何人,寄迹何地,非愚则诞,阙疑焉可也。"(同卷第130—
131页)其以为"建文迎归之事,断不足信,若逊位而出,则或有之耳"(第139页)。

② 但私家史著较之官修正史,仍有可能明确表达个人判断。如查继佐《罪惟录》帝纪卷二
《惠宗帝纪》的建文书法:"内大火,帝与皇后马氏暴崩,为六月之十有三日也。或云帝剃
发出亡,燕王清宫三日……"(第68页)"论曰:帝以仁柔,海内欲不忘之,遂有逊荒之说。
说历久益增。至史仲彬《致身录》诸凿凿,实所疑,如或亲见之者。观吴文定仲彬墓志,
全不及此,一伪皆伪也。且太宗亦正欲以不死慰天下之心,当时实录具载'出亡'二字,
安帝隐也。"即于此考诸传说之伪,甚至以胡濙、郑和寻访之说为"附会"。查氏断曰:"存
者其名,没者其实,必尔尔也。"(第70页)

离。从来"士"与"民"的叙事活动都是相互启示以至分享灵感的。就本章所论事件说，即使"鬼门"云云显系编造，史彬、程济故事不经一"考"，仅胡濙之使、溥洽之狱，亦自引人入胜，有天然的故事趣味，其幽深迷离处，适足以增添事件的神秘色彩。士夫的嗜好"神秘趣味"决不下于小民——可以官修《明史》为证。虽经了钱、潘等人的一"考"再"考"，钦定《明史》（即张廷玉本《明史》）仍录入了有关程济的传说。传王艮，采用的是黄宗羲以为不实的"自鸩"说（卷一四二）。记平安之死，竟不用潘柽章认为可信的《实录》，偏用《逊国臣记》及其他"野记"（卷一四四平安传）。甚至传姚广孝（卷一四五），也宁为钱谦益所谓"吴儿委巷妄语"所"误"（语见《列朝诗集小传》甲集第 99 页，上海古籍出版社，1983）。史臣的故事嗜好，却又须由古中国史学传统本身来解释。于此你不难想见如钱谦益、潘柽章、万斯同等人曲高和寡的寂寞，也不难推想笼罩在此种隐晦暧昧的故事氛围中，成祖及其子孙的尴尬。

至于以存此种记述为风化所关，则弘光朝臣、清代史局中人（及钳制于其后的"时主"）与民间思路，更有合致。上文已引李清当弘光朝补谥时所说"与其靳也宁滥"。《明史》卷一四三论赞则曰："忠义奇节，人多乐道之者。传曰：'与其过而去之，宁过而存之。'亦足以扶植纲常，使懦夫有立志也。"宁滥，宁过而存，虽以朝廷谥典的庄严性，虽以史事的严肃性，仍不能不服从于道德目标、现实政治利益——对于说明其时史学所处真实位置，应不失为适例。至于借诸此一话题提示当下处境，为亡国之恸，则论者的心迹甚明。钱谦益的《建文年谱序》就有"当沧海贸易禾黍顾瞻之后，欲以残编故纸，慭遗三百年未死之人心"（《牧斋有学集》卷一四第 685 页）云云。孟森《建文逊国事考》也说："特当时明亦已亡，述明事于易代之后，无论信否，皆有故国之思云尔。"（《明清史论著集刊》第 9—10 页）

甚至力主"信以传信，疑以传疑"，不以"宁过而存之"为然的钱谦益（参看《书致身录考后》），也终不能将"学术态度"坚持到底。其作于易代后的《建文年谱序》，不惟将建文之"不焚"，且将溥洽之"剃染"，以至"耄逊遐荒"、"头陀乞食"等等，均作为"事实"言说，几于全盘认可了有关建文出亡的野史传说,与其考《致身录》、《从亡随笔》时的神情不免有异。同文描述了营造出建文故事的社会心理氛围:"……三百年之臣子不能言、言之不尽矣。而其所以不能知、不尽言者,轮困苞塞,终不能泯灭于斯人斯世,于是乎愤盈交作,新旧错互,实录废则取征草野之书,传闻异则占决父老之口,梵宫之转藏,教坊之册籍,旅店市佣之留题断句,无不采集,无不诠表,亦足以阐幽潜,劝忠孝矣。而斯人之心,不但已也。于是乎四十余年出亡之遗迹,易代已后归骨之故事,问影访求,凿空排缵……"自说对赵氏所为年谱非但不忍"援据史乘,抗词驳正",且"读未终卷"而"泪流臆而涕渍纸,欷歔烦醒,不能解免"(第684—685页)——又是史事受制约于政治情势、社会心理诸条件的例子。有关"话题"确也越出了史学范畴,作为社会心理现象,获得了多方面的含义。

正如清人对建文事件之"借"(如礼亲王所说王鸿绪),基于"类"之似,士夫、民间也有其"借"的方式,即以"类似"而作对"靖难"之为"明亡前因"的追论。《三垣笔记上·崇祯》曰:"惠宗之亡,有皇太后吕氏在上,今亦有懿安皇后在上,惠宗之亡,有三皇弟,今亦有三皇子,惠宗之亡,后马氏殉,今后周氏亦殉。且庙号之上,与谥赠之加,自二帝二后以及东宫诸王暨前后殉国诸忠,皆骈集弘光时,若一案然,尤可异也。"(第87页)①倘自焚说成立,则建文之殉与二百年后崇祯之殉,确也前后相映,完成了一度轮回。建文"逊国"与明亡,两大事件分别发生在明史两端,而建文事件在上述联想中,即与有明历史相始终,且成对国运的恶谶。时隔二百余年的两个事件上述"关联"的发现,岂能不

---

① 当此时,"轮回"已像是士人感受历史的一种方式。恽日初曰:"惜乎高皇帝法度半坏于文皇,此则边疆戎索之首隳者,抑又有天道焉。藉以取天下者三卫,因以失天下者即三卫。信哉,君以此始,即以此终。"曰:"明季之亡,忽焉,则毒发文皇之靖难。"其理由是:"千古以裔乱华之故,大率彝伦之斁召之。"(《逊庵先生稿·读魏叔子〈日录〉偶书》)李清《南渡录》卷四录李氏本人弘光朝奏疏,中曰:"臣又尝叹我朝有二亡,惠庙以仁恕亡,先皇以英断亡,皆不以失德。然昔殉主接踵,今从逆比肩,先皇在天之怨恫,比惠庙更甚。"(第165页)

予士人持久不衰的有关兴趣以新的刺激！①

士人及民间所说"轮回"，其"资源"为佛教思想无疑。而民间更将"果报"具体化了。《三垣笔记》摘寺人王著《从实录》，记明末人说甲申之变为"建文故忠"作乱，如"崇祯初，吾邑子衿袁靖，遇禅僧毒鼓于某山下，指天象语曰：'天遣齐、黄辈下界，不久将乱矣。'靖曰：'此皆建文故忠，讵昔忠今乱者？'毒鼓曰：'彼积愤怨已久，一朝下降，不为巨寇，必为叛臣，皆所不辞耳。'至甲申之变，乃验"（第245页）。这类果报说在亡国之际，听来岂不正像枭鸣？

---

① 联想、感应甚至非至易代之际始有。黄宗羲记其父黄尊素，引徐石麒语："公于狱中，尝梦三黑人者，杨忠烈亦梦之。识者谓逊国之忠臣也。"（《黄氏家录·忠端公黄尊素》，《黄宗羲全集》第一册第414页）你不难注意到历代遗民故事的相似也如节烈故事，从而注意到建文遗臣的故事模式对易代之际遗民的影响——故事也就在这种提示与限制中不断被复制。

第四章 关于"言论"的言论

明清两代与言论有关的制度,研究者已多有探究。较之与言论有关的制度,本章的兴趣更在考察有关制度影响于一代士人政治行为、一时代人文面貌;本章面对的是作为言论之区的明代、明代朝野,明代的朝廷言论与朝外言论;关注更在明清之际士人有关"言论"的言论——士人有关明代"言路"、"清议"的批评,以及与"言论"有关的学术批评,关注包含于上述批评中的士人对言论的功能理解,其自我期待与自我界定。我已对明清之际士人的若干话题做过讨论。不妨认为,"言论"作为话题——即有关"言论"的言论,无疑包含着士人有关其生存境遇、存在状态的更为直接的描述。

第一节 言 路

"言路"在其时语境中有广狭两义。狭义的言路指由所谓"言官"凭借其职掌所开通的言论渠道。本章除个别场合,所用即此狭义。明代并无专职"谏官",所谓"言官"指被赋予"言责"的官员,即御史、给事中(亦称台、省或科、道)。《明史》卷一八〇"赞"曰:"御史为朝廷耳目,而给事中典章奏,得争是非于廷陛间,皆号称言路。"关文发、颜广文《明代政治制度研究》关于"科"、"道"的职掌区分,即"言谏之职"与"纠弹之制",有细致的说明(参看该书第148—149页)。御史、给事中的职责、权限远不限于建言;其称"言官",或也见出对其这一部分职任的注重。无论对明代台谏的评价如何,"言路"(无论广狭)被士人所认为的重要性,均像是毋庸置疑:"故言路者,国之命也。"(《读通鉴论》卷一四第522页)

"言官风裁"

"台谏"在明代政治中的作用,一向为史家所称道;明代士人的政治主动性,在建言行为中确也有突出的表现。所谓"言官风裁",则被作为明代士人精神风貌的一种象征——这种评价已不限于职能角度。正如下文将要谈到的,对言路、言官的评价,通常不是由实际政治角度出发的。至于以言官状况与处境为士气盛衰以及世运升降的衡器,更深刻的根据,则在士大夫有关言论的价值态度,及政治评估的传统思路中。正史对于章奏的大量采纳,也出于相关的价值态度。

关于有明一代所谓"言官风裁",即近人亦津津乐道,与明亡之际士人死节一起,视为明代历史上的伟观。① 史家所惯用的形容,诸如"直声震天下"、"举朝惮其风采"、"古之遗直",以及"謇谔"、"谔谔敢言"、"负气敢言",等等。有明一代言官因敢言而为人所艳称者,就有成祖朝的耿通、陈谔(《明史》卷一六二),英宗、景帝朝的左鼎、练纲、林聪、叶盛(同书卷一六四、卷一七七),宪宗朝的毛弘、丘弘(同书卷一八〇),世宗朝被称为"四铁御史"的冯恩,及杨爵、周怡(同书卷二〇九)等。至于天启朝的左光斗一流人物,更被作为忠臣范型。

"风裁"尤见于面对天子之时。《明史》卷二五八记詹尔选:"时帝声色俱厉,左右皆震慑,而尔选词气不挠。"(按,此帝为崇祯)为人所艳称的"争",首先是向人主争,其次则是向辅臣争。《明史》卷二三六王元翰传,说"元翰居谏垣四年,力持清议。摩主阙,抉贵近,世服其敢言。然锐意搏击,毛举鹰鸷,举朝咸畏其口"。有明一代,言官直斥乘舆,以至"帝不能堪"、"帝滋不能堪",屡见于《明史》有关言官的记述。上述空气鼓励对抗,至"以君父之喜为辱,而以君父之怒为荣"(《谷山

---

① 于登《明代监察制度概述》:"……正统景泰间,王振、石亨、曹吉祥等用事,御史初谏者踵接不绝,虽被廷杖碎首而咻咻者仍有其人;天顺以后,御史如张宁、强珍、汤鼐、姜绾、曹璘、胡献、王献臣、吴一贯等莫不振风裁而耻缄默,自天子大臣左右近习无不指斥极言,甚至南北交章,连名列署,虽遭惨祸亦所不顾;世宗在位,严嵩用事,乃至末季,忠贤误国,言官如沈、徐学诗、左光斗等极言权奸误国之非,虽斥逐罪死,然皆甘之若饴,终明之世,御史直言极谏之风,称盛一代。"(《明代政治》第129页,见前注)

笔麈》卷一六《璅言》第184页)。

通常的言路评价所沿用的,是双重标准:朝廷政治标准,与影响于“士风”、作用于“士气”这一标准。而士的评价尺度为尤重——关心在其人作为士的精神风貌,以及其建言行为的社会效应。言官职掌确也关涉士大夫的言论权。到本书所论的这一时期,言路开塞关乎士气,早已被认为不言自明。士人显然认为言官行为、朝廷的言论风气,足以转移一时代世风士习。[①] 清人以至近人论及有明一代士气之张,也惯于由言路一面解释。这种情况是在长期的历史生活中形成的,反映了士(包括臣)自我角色意识的复杂性。而在事实上,因“言”之于士的意义,士的立言行为本身固然属于所谓“士风”“士习”,“士风”“士习”确也在相当程度上由其时士的言论活动构成,并以此标志。《明史》撰写者所试图勾勒的有明一代言路的演变轨迹,其前提即言路与士气为盛衰。[②]

---

① 陈子龙《封给谏歙姚公八十寿序》曰:“知其直言,而以‘狂’弃之,是欲聋瞽一世之人也。士大夫风靡草偃,浸以成习。邪声谄言,日用饮食,阴柔之气,煽为干戈,于先生之进退见端矣。”(《陈忠裕全集》卷二六)《三垣笔记附识中·崇祯》:“往时,台省犹以弹射政府为名高,及崇祯末,候考诸知推谒知府皆称门下士,或政府止之,已俯伏而拜,连呼老师不绝矣。士气卑坏至此,亦亡国之兆。此吴辅甡向予言者。”(第219页)

② 如卷一六四“赞曰:明自太祖开基,广辟言路。中外臣寮,建言不拘所职。草野微贱,奏章咸得上闻。沿及宣、英,流风未替。虽升平日久,堂陛深严,而逢掖布衣,刀笔掾史,抱关之冗吏,荷戈之戍卒,朝陈封事,夕达帝阍。采纳者荣显其身,报罢者亦不之罪……以此为招,宜乎慷慨发愤之徒扼腕而谈世务也”。同卷:“当成化时,言路大阻,给事、御史多获谴。”卷一八〇“赞曰:……天顺以后居其职者,振风裁而耻缄默。自天子、大臣、左右近习无不指斥极言。南北交章,连名列署。或遭谴谪,则大臣抗疏论救,以为美谈。顾其时门户未开,名节自励,未尝有承意指于政府,效搏噬于权珰,如末季所为者……”卷二〇九杨爵传,曰世宗到中年,“益恶言者,中外相戒无敢触忌讳”。卷二一五曰:“世宗之季,门户渐开。居言路者,各有所主。故其时不患其不言,患其言之冗漫无当,与其心之不能无私;言愈多,而国是愈益淆乱也。”卷三〇五:“神宗在位久,怠于政事,章奏多不省。廷臣渐立门户,以危言激论相尚,国本之争,指斥宫禁。宰辅大臣为言者所弹击,辄引疾避去。”卷二一七记万历二十二年,“帝以军政失察,斥两都言官三十余人”,“而帝拒谏益甚,上下否隔”。卷二一九批评万历年间言路,曰“其时言路势张,恣为抨击。是非瞀乱,贤否混淆,群相敌仇,罔顾国是。诟谇日积,又乌足为定论乎”。卷二三三亦说:“背公植党,逐嗜乞怜,如所谓‘七豺’、‘八狗’者,言路顾居其半。”私家著述也力图提供(转下页)

在有关"言路—士气"的评论中，宋人所谓"平居无犯颜敢谏之臣，则临难必无仗节死义之士"，被一再引用，且被认为经明亡之际的事实所验证。因而，"作言官敢谏之气"，所关匪细。《谷山笔麈·璪言》曰："士之气节盛衰亦有时哉！……本朝如靖难之举，死者不下十百，至于土木之难，寂然不过一二。如嘉靖大礼，举朝争之，死且窜者，不下数十，至于易世之后，如庙祧之递迁，两宫之推崇，亦有许大事体，复寂然无一人言者，何也?"（第183—184页）王夫之对明代言官及其他言论行为持严厉的批评态度，也以"大臣谏官缄默取容"为"通国痿痹，无生人之气"，曰"薰莸并御之朝廷，不如水火交争之士气"（《读通鉴论》卷二三第881—882页）。而言路评价的道德化，则与下文将要谈到的制度设计有直接关系。

至于言路评价所常用的"敢言"、"直"，有相当的模糊性，无以区分于"天性残忍"者的倾陷①，却一向被言论者视为极高褒奖，为博"直声"不惜肝脑涂地。人主压制言路，每以"沽名卖直"为说，倒是鼓励了被认为有明一大政治景观的"争"，以致"争之外又复有争"。②《明史》撰写者也不禁叹道："诸臣何其好争也。"（卷二三三）到清初，唐甄说"直臣"，尚曰："直言者，国之良药也；直言之臣，国之良医也……所贵乎直臣者，其上，攻君之过；其次，攻宫闱之过。其下焉者，攻帝族，攻后族，攻宠贵……是故国有直臣，百官有司莫不畏之；畏之自天子始。"（《潜书》上篇《抑尊》第68页）我在下文中将谈到，此"直"正为李慈铭

（接上页）有关"演变轨迹"的描述。《春明梦余录》卷二五录管志道论言路疏："国初言路甚广，而复专其责于科道，使之封驳，诸司风闻言事，凡以防壅蔽而遏祸源也。"同疏以为"祖宗朝"鼓励建言，"自隆庆以来，各衙门之言事者始寡"（《春明梦余录》，古香斋鉴赏袖珍本）。

①　崇祯朝因言事得罪的熊开元，于隆武朝的章奏中说及"御史一官，冠与服皆图豸焉，昭触邪也，见邪不触，如狼与狈，邪而触人，如豺于虎，甚至以邪触正，跖犬吠尧，滔滔皆是……"（《申饬台规起百年不振之敝疏》，《鱼山剩稿》卷一第119页）《明史》卷三〇八陈瑛传："瑛天性残忍，受帝宠任，益务深刻，专以搏击为能。"当成祖诛戮建文臣时，即大有施展。同卷曰："瑛为都御史数年，所论劾勋戚、大臣十余人，皆阴希帝指。""帝以篡得天下，御下多用重典。瑛首承风旨，倾诬排陷者无算。一时臣工多效其所为。"

②　语见《殿争录》（周永春）自序，转引自谢国桢《增订晚明史籍考》第87页。

辈所不直。

具有讽刺意味的是，以"风裁"见称的言官，竟也有不免于为"言"所杀伤者。刚刚提到过的王元翰，即不幸堕此轮回。据钱谦益说，王元翰其人"天才颖发，言语妙天下，所弹治皆劈肌中理，人无以自解免。又能晓畅事几，钩索情伪，鹰击毛举，所发必中"，"在谏垣五年，朝右皆不能帖席"，却被同为言官者纠以"奸赃"，无以自明（《牧斋初学集》卷六六第1526页）。刘宗周更记王氏被诬以"赃"，至挂冠而去，而言者未已，"一种悠悠之论，终其身流布海内。每当鼎革之际，语及公便费推敲，不曰'持守有訾'，则曰'性气难近'"，致使其人"踯躅于东西南北、荒岚野水之间以死"（《谏议大夫原任工科右给事中聚洲王公墓志铭》，《刘子全书》卷二二）——可作为"言"的毁灭性之一例。

由明代士人的言论方式，不难感知其时的理学氛围。一时号称大儒者，更将"师儒"这一传统角色演绎到了极致。儒者以"格君心"为圣学实践。明末被视为大儒的刘宗周、黄道周，以朝堂为经筵，教训起皇上，用的正是"圣学"的名义（参看《明史》刘宗周、黄道周传，黄宗羲《子刘子行状》、《小腆纪传》黄道周传等）[1]，以至上述称颂"直臣"的唐甄也不以为然，说："昔者庄烈帝尝曰：'我岂不知刘宗周之为忠臣哉！必欲我为尧舜。当此之时，我何以为尧舜？'诚哉斯言！"（《潜书》上篇《良功》第52页）

由明人章奏，随处可读出对皇上辞情慷慨、咄咄逼人的教训。"师

---

① 黄宗羲《子刘子行状》记刘宗周与崇祯朝堂问答，崇祯问兵事如何处置，刘氏对以"干羽舞两阶，而有苗格"，"臣愿皇上以尧舜之心，行尧舜之政，则天下太平"。崇祯曰："迂哉，宗周之言也。两杖相撞，衅鼓舆尸之际，于此时而说干羽两阶耶！"（《黄宗羲全集》第一册第223页）同文记刘氏要崇祯"日讲求二帝、三王之学，求其独体而慎之"（第225页），"致谨于人心、道心之辨，求其所谓中者而执之"（第226页），无异于经筵讲论，均见出坚持其学术宗旨、"圣学"原则的顽强。较之言之是否可行，儒者更关心谏者持论"正"否。宁言之不行，也不可不合于"道"。在王夫之那里，作为"强谏之臣"的对立物的，是"以学事主"的儒者，后者对主上，"规之以中正之常经"，"人道政本之大端"，其言"有体有要"，而无攻时弊矫枉过正之病（《读通鉴论》卷四第177页）。清初的唐甄对此不以为然（参看《潜书》下篇《格君》）。刘宗周等决非崇祯所以为的不通世务的迂儒，他们不过循其所认为的大臣的言论之道而已。如若换一个角度，确也可于此等处见明儒风采的。

儒"自命的,倒未见得只是道学中人。熊开元于崇祯朝以小臣言事得罪,初谳中说其自任以天下之重,用的正是"师儒"口吻。事后他还说:"良以好教臣而不好臣教,是人主之通病。"(《与冯渐卿征君》,《鱼山剩稿》卷二第248页)

一时代普遍的价值观,以强力影响于建言者的态度及其期待。"言"本是士的存在方式,士借以自我确认的方式。士的角色意识,其"立言"冲动与议政传统,均在士的建言行为中发生作用。"臣"与"士"双重角色的冲突,在处所谓"言路"者,又不能不较诸其他言论者更有其激烈,以至你难以经由文献(章奏与其他议论文体),由"立场"上将言官之言与其他"士论"区分开来——在其作为士的政治批评上,"言谏"与通常士论并无态度、方式之别。这自然也因其人当议论之际,并非总能划分臣的"职掌"与士的职任。仅由章奏也不难看出,言官之言除以人主、朝臣为对象外,显然意欲诉诸整个士大夫集团。这又与朝廷言论的发表与流布(由宣付史馆、载在邸报到收入个人文集)渠道有关。上述角色冲突或许还应置诸明代皇权与绅权之争的大背景上,即将言官姿态,以其背后的利益、利益集团来诠释。当然,位居"言路"、身处"谏垣"者的建言,仍不同于清议、"处士横议",是在理论上由制度保障的言论行为,更有可能直接作用于当代政治(也因而更有风险性质)。

我在下文还将谈到,在朝廷的诸种机构设置中,监察机构因其被赋予建言职权,使之成为最有可能表达士的意向、体现士的意志的部分。"言"的职能化,建言的目的化,鼓励了对"言官形象"的刻意塑造;而言论与事任的某种对立,言官与任事者的"传统冲突",也要由有关的制度来解释。正是士对言论的功能估量与接受期待,由一个方面解释了明代言官建言的顽强,其为了"表达"的殒身不恤。由上述种种可知,经由对言官命运的考察,大致测知士在其时的作用及其限度,是可能的。

言论者赖有其有关言论的功能、效用期待(亦士人的自我评价与期许),非但神宗的"九重渊默"不足以破坏其立言热情,即法外惩创,像是也能使言论增值。尤为奇特的是,愈到事不可为之时,言论愈形活

上编　明清之际士人话题研究

167

跃,争持也愈激烈。这也须由士人所理解的"言"的(不赖有"施行"与否的)自身价值来解释。黄宗羲记施邦曜:"学士黄公以直言触上怒,诸生涂仲吉上书颂之,公批'只可存此一段议论',不为封进。仲吉劾公阻言路,公缴原疏,上见其批,大怒,闲住原籍。"(《左副都御史赠太子少保谥忠介四明施公神道碑铭》,《黄宗羲全集》第十册第232—233页)无仕途经历的孙奇逢则说:"宰相,行其事者也;台谏,行其言者也。事犹有格而不得行之会,言则无阏而不得言之时。言行而志已行矣;言或有时不行,而所言之理已独行于天地古今之间,夫孰得而壅之哉!"(《贺梁如星侍御序》,《夏峰先生集》卷二)超乎"用"否,而以"言"为意志表达,以影响舆论为期待——于此接通了以"立言"为不朽的传统思路,却又与朝廷政治的任事与议论分、以议论为政事的积弊不无关系。① 由此或也可以认为,"言官"、"言责"的概念,无助于对言论的功能厘定,也有妨于有关官员的职能确立。施邦曜所谓"只可存此一段议论",固出于对朝廷政治的深刻失望,确也混淆了朝廷建言与一般言论的界限。但求"气"胜、而不问效用的建言态度亦应由此解释。

对明代言路,当其世即有批评,这种批评也有王朝政治角度与士文化角度的参错,前者的关注在政治效能,后者则在士气、士集团的精神状态。②

---

① 也有对此种思路不以为然者。《明史》卷二三六王元翰传录王氏万历朝奏疏,中曰:"天子高拱深居,所恃以通下情者,只章疏耳,今一切高阁。慷慨建白者莫不曰'吾知无济,第存此议论耳'。言路惟空存议论,世道何如哉!"《明史》吴甘来传记吴氏投缳前"返检几上疏草曰:'当贼寇纵横,徒持议论,无益豪末。'尽取焚之,毋钓后世名"(卷二六六)。上文提到的熊开元,也不以存议论为目标。《鱼山剩稿·初讞供词》:"'问云:就不听,亦当传之后世,存此一段公论。'开元云:'不然。传之后世,是人臣之幸,终不如用之今日,为朝廷之幸耳'。"(卷三第273—274页)王夫之则以为"其或时不能用,覆以得祸,而言传于天下,天下感之,言传于后世,后世通之",未必就是"贞胜"(《宋论》卷一三第303页)。

② 批评言路之病政者,如《今言》卷四以嘉靖朝户部尚书王杲、兵部尚书刘储秀、山西巡抚孙继鲁为例,说"今之大臣,实难展布。上为内阁劫持,下为言官巧诋,相率低头下气者以为循谨"(第298条)。万历朝梅之焕上言曰:"言官舍国事,争时局。部曹舍职掌,建空言。天下尽为虚文所束缚。"(《明史》卷二四八)到明亡之际,追究言路的党争背景,是言路批评的一大主题。《明史》卷二四五周宗建传录周氏天启朝奏章,中说其时言路与权珰勾结:"今权珰报复,反借言官以伸;言官声势,反借权珰以重。"

刘宗周明末奏疏,对台省的现状即多所批评(参看《刘子全书》卷一七)。到明亡之际,"议事"者与"任事"者的传统矛盾更形激烈。《明季北略》卷一所录熊廷弼《交代疏》,斥"庙堂议论""拾帖括语,徒乱人意"(第25页),另一名将卢象升亦说"长安口舌如风"(同书第246页)。批评言之"偾事",劳臣、任事者因言论牵制以致事功难立,由崇祯朝直说到南明。《明史》卷二七八万元吉传录万氏弘光朝奏疏,谈到其时"任议之途太畸",曰:"乃议者求胜于理,即不审势之重轻;好伸其言,多不顾事之损益。殿上之彼己日争,阃外之从违遥制,一人任事,众口议之。"亦其所谓"言论过张"之害。黄宗羲撰朱天麟墓志铭述及永历朝事,曰其时"庙堂之上,流矢影风,救过不遑。而于兵食战守绸缪呼吸之大计,一切置之不讲"(《黄宗羲全集》第十册第496页)。军事的失败被举为"偾事"的实例(参看《明史》熊廷弼、卢象升、孙传庭传);而明亡之际最为有识者痛心疾首的例子,还有被认为经典误读的"死社稷"之说,与明亡之际的谏阻南迁——有关的言论批评我已在本书第一章第二节谈到了。

对明代言路的更深入的省察,是明亡之后主要由遗民进行的。出诸遗民的省思因不期待当世的有效性,有可能包含更深刻的明代政治批评与士文化批评——后者也属这一时期士人自我反省的一部分。其中尤有分量的,是王夫之晚年史论中有关言路、言论的论说(其与制度有关的批评详下)。上文已经说过,对言路的观照,各因位置、视野而有不同。王夫之的言路批评,往往由"国体"、"大体"言之,其批评立场可知。在史论中王氏对言官不"持大体"、"毛举鸷击"、"繁称曲说"屡致批评。《读通鉴论》说建言原则:"以道谏者,不毛举其事;以事谏者,不淫及于他。"(卷二五第955页)同书卷八曰:"激而争者,详于小而略于大。"(第301页)卷一一曰:"虽君道之所必详,而清诸其源,则是非著而议论一;争于其流,则议论繁而朋党兴。"(第418页)王夫之尤深恶痛绝于朝廷政治中的"訏谤","是非"之外的"毁誉",无关乎"国计"、"官箴"、"民瘼"、"吏治"的攻讦,尤其"以暧昧之罪加人"①,于此表现出对政治黑幕的洞悉,对政治行为的洞察力。其说刻核之于社会人心的影响,尤出于儒者的文化敏感。他说:"故君子甚患夫刚直者之婞婞以忿疾当世,而欲以刻核重抑天下之心也。"(《读通鉴论》卷一一第428页)他据此以为激切之论使戾气充斥,有干"天和":"翘然自好者,以诋讦为直,以歌谣讽刺为文章之乐事,言出而递相流传,蛊斯民之忿怼以诅咒其君父,于是乎乖戾之气充塞乎两间,以干天和而奖逆叛,曾不知莠言自口而彝伦攸斁,横尸流血百年而不息……"(《读通鉴论》卷二七第1048页)②"王朝政治"的批评立场,并不即有妨于王夫之对政治行为的洞察。尤其精彩的是,他指出"争"的目的化——由"所争者正"到"以争为正",由争是非到争意气,降低了"君子"的道德水准,致使君子小人"杂糅"于"争"这一行为中难以区分(《宋论》卷六第171—172页)。

基于对"士论过张"(亦士的意气过盛)的上述批评态度,王夫之对

---

① 《宋论》卷四曰:"而越位以持人之短长者,矫举纤介,摘发暮夜,以败人之名节而使自弃,固明主之所必远。"其说"妖言":"……托之于直,以毁伤人之素履,言一发而无可避、无可辩也。若是者,于草为堇,于虫为蜮,于鸟为鹏,于兽为狐。""加之以'无将'之辟,则曰密谋而人不觉。污之以帷薄之愆,则曰匿丑而迹不宣。谊之以诽谤,则文字皆索瘢之资。诘之以关通,则礼际亦行私之迹。辱之以赃私,则酒浆亦暮夜之投。人所不能言者言之矣,人所不敢言者言之矣,人所不忍言者言之矣。于国计无与也,于官箴无与也,于民瘼无与也,于吏治无与也……倾耳以听道路之言,而藏身托于风闻之误。事已白,而自谓责备之严;事无征,而犹矜诛意之效。"(卷四第123—133、134、135页)《读通鉴论》:"妄言干进者,大端有二:一则毛举小务之兴革也,一则钩索臣下之纤过也。"(卷一七第655页)以此为"病国"、"病民","害莫烈焉"。王夫之列举"讦谤"者通常所用口实,无疑依据于直接的政治经验。他说:"其大端有四:曰谋为叛逆,曰诅咒诽谤,曰内行不修,曰暗通贿赂。"(《宋论》第135页)

② 王夫之辨析语义含混的"直",而以"讳"为主张,如谓夏侯胜数汉武帝之恶于其曾孙宣帝,"是证父攘羊之直也,而天理灭矣",曰:"留直道以待后人,全恩礼以尽臣道,各有攸宜,倒行则乱。"(《读通鉴论》卷四第157—158页)同书卷七曰:"此道不明,唐、宋以降,为君子者,矫先君之枉以为忠孝,他日人更矫之,一激一随,法纪乱,朋党兴,国因以敝。然后知三年无改之论,圣人以示子道也,而君道亦莫过焉矣。"(第263—264页)李清对建言也有由"臣道"方面的批评。《三垣笔记下·弘光》:"姜辅曰广力争阮大铖不可用,与张九龄先见何异?但疏内历暴毅宗用人行政诸失则过,人臣以身殉国,犹当因其大节,讳其宿过,况人主乎?"(第104页)

被认为言论活跃的宋代政治的评价，自与时论不同。即如对号称鼓励
建言、正人满朝的真、仁之世。《读通鉴论》卷一〇曰："宋之中叶，上书
言因革者，牍满公府，而政令数易，朋党争衡，熙、丰、元、绍之间，棼如乱
丝，而国随以敝。"（第412页）《宋论》则曰："言满天下，蔚然可观，相传
为不讳之朝。故当时士民与后世之闻其风者，所甚歆仰于仁宗，皆仁宗
之失也。""季世之天下，言愈长，争愈甚，官邪愈侈，民害愈深，封疆愈
危，则唯政府谏垣不相下之势激之也。仁宗作法之凉，延及五百年而不
息。"（卷四第119、125页）到这一时期，借诸宋史的当代政治批评，已
成为通用的批评策略。

有明一代不同角度的言路批评者，几于一致夸大了"言"（在某种
意义上也即"士"）在朝廷政治中的作用。明亡之际的追论，也沿袭了
这一思路。即使最富于深度如王夫之的批评，也不包含对士的自我估
量的反省。这里有士的顽强的思维定势。而以言论批评言论，亦难以
避免悖论性质。当借"宋"说"明"，批评言论之病政、议论多之偾事本
身成其为时论、常谈，其反思深度也随之丧失，当此之时，不同方向的思
考转成新鲜。

可以作为明人及遗民批评的参照的，另有清人的有关批评。清人
据文字材料看"胜国"人物政治，因已在其时语境、历史文化氛围之外，
批评或未尽切中肯綮，却有可能见明人及遗民之所未见。如唐甄对于
与建言行为有关的"气节"的分析，如张鉴《冬青馆乙集》卷七题跋，谓
言论者的劾奸邪，"不脱占风望气之面目"①。此外，成于多人之手的官
修《明史》，虽评价有明一代言路（制度、言官行为等）时标准并非始终
一致，却因而涵括了诸种批评角度、思路。但清人的批评也包含了清人
的特殊偏见，可为清人与明人精神意气之不同的佐证。如唐甄之向

---

① 张鉴《冬青馆乙集》卷七《书崇祯辅臣黄立极诸人传后》云："天启七年十一月，国子监生
胡焕猷之劾大学士黄立极、施凤来、张瑞图、李国槽，其事似乎可骇，其实亦一时风气使
然，要不过如钱嘉征之劾忠贤、汪镕之劾刘健、李东阳一流，不脱占风望气之面目，较之宋
贤陈东、欧阳彻，则相去远矣。"（吴兴刘氏嘉业堂刊本）

"人君"建议除"党人之雄"①。李慈铭对明人言论无忌惮的批评,虽与王夫之持论有合,其君主立场,又像是由明人的"后退"。②

有明一代的言论氛围、环境的造成,部分地是制度后果,此氛围、环境又作用于其时的政治运作、制度实践。明代之为言论之区,士人的言论方式与对言论的功能理解,固有传统渊源,也需置诸"制度"条件下解释。这正是下文将要谈到的。

制度评估

吴晗曾在《论皇权》一文中,说到"如隋唐以来的门下封驳制度,台谏制度,在官僚机构里,用官僚代表对皇帝诏令的同意副署,来完成防止皇权滥用的现象,一切皇帝的命令都必需经过中书起草,门下审核封驳,尚书施行的连锁行政制度,只存在于政治理论上,存在于个别事例上"(吴晗、费孝通等著《皇权与绅权》,第46—47页,天津人民出版社,1988)。对此,于登《明代监察制度概述》列表所展示的明代部分御史"所弹劾各事以及其他较为重要之弹劾事件"及其结果,可资佐证。③即使如此,"制度"仍然提供了可据以考察的"物质形态",构成了一时代政治行为的基本依据。上述于登一文亦以为"明代御史之保障,除君主为权珰奸倖所蒙蔽外,从其职位及除任诸点观之,犹有古代之遗意焉"(第137页)。这里真正成为问题的,或许正是制度评估应持的标准。

---

① 唐甄说:"有人焉,直谅之声震天下,当国任职之臣,一有过失,非与于政之兴坏,非与于天下之安危,必欲攻而去之。其气如战,其志如刃,其言如讼;视其鸣镝所向,群起射之而不敢后。此党人之雄也。"(《潜书》下篇《除党》第163页)以下建议"人君""始轻之,渐远之,徐废之"。

② 李慈铭对明代公认的"正人"(如孙慎行)的言论批评,是明人所不能言的。参看《孟学斋日记》乙集有关明代臣子争三案事的评论。同文说杨涟"鹰鹯之性,嫉恶过严,力猛气矜,失于审度;一时同志,持正有余,而昧于成功不居之义,矜张过甚,遇事风生,往往自取盛名,不讳国恶。或更逆亿以快觝排,虽曰爱君,无辞植党"(《越缦堂日记·孟学斋日记》,1920年上海商务印书馆影印手稿本)。

③ 于氏据该表曰:"监察制度在专制政体之下,是否能得'弹劾百司,纠察官邪'之效,按上列御史弹劾事实及结果表而论,则全以君主之贤与不肖以及首辅之昏庸与否为依归。"(第141页)

关于明代的监察制度，已有大量研究成果。出于本节的题旨，我的关注尤在对制度的功能评估上。

孙承泽《春明梦余录》的有关记述也为考察明代制度者所注重。该书卷二五《六科》述及有关制度的沿革，曰："凡章奏出入，咸必经由，有所遗失牴牾更易紊乱，皆得封驳。事有关系，抄发过部，略用参语，谓之抄参；部覆录入疏中。凡朝政之得失，百官之贤佞，皆许联署以闻，实兼前代谏议补阙之职也。""六科即唐之补阙拾遗，宋改补阙为司谏，拾遗为正言。唐制，谏官随宰相入阁，此最得为政之要。至明，革中书省，乃并谏官裁之，惟设六科以掌封驳。宣德中，廷臣请设谏官，不允。于是谏无专职，此为缺典。""昔言官、察官，截然二项，如宋时亦尚如此。监察御史初亦言事，后惟察事。至谏院左右谏议大夫、左右司谏、左右正言，此专为拾遗补阙之官。凡奏疏涉弹击，上即戒谕而不纳。故观唐宋言官奏疏，绰有可观。后世有纠弹而鲜规正，盖以言官、察官浑之为一也。"

顾炎武对明代监察机构的"抄参""封驳"功能的如下评价，每为论明代制度者引用。《日知录》卷九"封驳"条："明代虽罢门下省长官，而独存六科给事中，以掌封驳之任。旨必下科，其有不便，给事中驳正到部，谓之科参。六部之官，无敢抗科参而自行者。故给事中之品卑而权特重。万历之时，九重渊默，泰昌以后，国论纷纭，而维持禁止，往往赖抄参之力——今人所不知矣。"

无宁认为，有明一代有关的制度设计，本身已包含了对言谏封驳的矛盾态度。给事中"品卑权重"，即"官秩—事权"的非一致性，通常沿用的说法（使任其官者不爱身），无疑远不足以尽制度设计者的深刻用意。①

---

① 使不爱身的解释应出诸如下假定，即"品秩"与政治勇气成反比，品秩高有妨于公正无私；极端的推论应当是，最有可能公正无私的，是无官阶俸禄的布衣之士。"御史犯罪，加三等"（《明史》卷七三《职官[二]》）的严厉防范，亦反映了有关制度设计者的政治理念。言官"权重"的印象，正为制度设计者蓄意造成。《广阳杂记》曰："明时，群僚被劾者，自衙归私宅，则下轿帘以障之，于门揭'注籍'二字，闭门以待命。"（卷一第35页）黄宗羲说李贤"相业可观"，"止以一峰一疏诎之，为可惜也"（《明文授读评语汇辑》，《黄宗羲全集》第十一册第162页。按，一峰，即罗伦）。——言之为进退人物之"权"，事实上是由最高权力者持其柄的。

从有明一代的事实看，保障言官的承诺，即不可能在这种制度架构中兑现。加诸言官的廷杖诏狱，证明了言官面折廷诤的不受司法保护。尽管在人治的皇权下，任何经制度肯定的政治行为均不在司法的绝对保护之下，但有无有关的制度内容，仍可视之为重要的界限。

根源仍然在权力分配中。对言官"品秩"的抑制，出于权力制衡的需要。明人对其当代制度的诠释，很有合于设计思想者。李清《南渡录》卷二录崇祯十七年七月李维樾言，中有："我祖宗鉴古垂宪，立意宏深，政以大小相维，阁部不得专擅；人以甲乙相议，台省皆得与闻，故票拟在中书，忘其威福；封驳在左掖，存其是非。"(第68页)同书卷四录弘光元年吴适疏，曰："祖宗设官，外有六曹，内有六垣，俾表里相维，大小相制。是故纠弹之外，复有抄参……"(第197页)所说又是监察机构间的制约。每为批评者谈论的"言路势张"、"士气张"，与人主的压制言路，均可由上述"制度"得到解释。"正人"以言逐"邪慝"，"邪慝"以言逐"正人"，均经由合法途径，赖有同一制度的允诺。史家所好说的言路"开""塞"，不足以作为有关制度的衡度。

上文已经提到，"言路"、"言官"、"台谏"等指称，是对监察机构、官员职能的片面强调。事实上，职司监察的官员的职掌不限于"言"，有关机构、官员的职能远较"言"、"谏"为广泛。但也正是上述普遍使用的称谓，提示了其最受瞩目的那一部分职能。关于这一部分职能，《明史》卷七三《职官(二)》说："凡政事得失，军民利病，皆得直言无避。有大政，集阙廷预议焉。"尤为人所瞩目者，是给事中所掌"封驳"。其所"封驳"者由诏旨到章奏，理论上几乎包括了出入朝堂的所有言论。用了近代的眼光看来，此一职能类似过滤器。对于言论的"监察"权，即使在现代也是极大的权力。给事中的"封驳"，其最为人称道者，即对人主权力的有限制约，亦新儒家以为"民主制"的因素者。但争议也正在这里发生，即明代给事中有无规谏天子、封还诏书的事权？即有无上述"封驳"的确切的制度根据？这是两个不同层面的问题，即明代有关制度规定的言官权限，是否包括"言官"谏君之权，以及其时言官对其职掌的理解与具体行使，即有无谏君的实践。这里强调区分制度内容与制度实践(后者包括言官个人的政治行为、政治实践)，区分作为个人行为的犯颜极谏，与作为制度内容的权限。与此不无关系的问题还有，作为个人的道德实践，言官之言与其他人如廷臣之言有何不同？言官之言与大臣之言及其他官员之言有无制度意义上的区别？

关文发等著《明代政治制度研究》不同意张金鉴的下述看法，即认为因明代言官并无谏天子、纠朝廷之权，故"有明一代不足以言言谏制度"。张金鉴《中国文官制度史》曰："给事中，言官也，所以谏天子，纠朝廷，防君主之滥权，杜政府之殒职。而明之给事中，封驳者百司奏章，参正者下于部臣，无径行封还诏书之权力，无面折廷诤之威风；由言谏之职，渐变为纠察之官，所谓封驳、注销、奏闻、纠弹者均不过代天子以察百事，乃其耳目手足耳，决不是以言谏天子，纠朝廷也。"（语见关著第236页）据关著，"国内不少学者在谈及明代监察制度作用时也持相同意见"。关著据以反驳的，即明代言官面折廷诤的事例——不妨读作对张金鉴说法的肯定。

由此才便于解释言官的热中于"毛鸷攻击"①，才便于解释言官的承密旨而弹劾。叶盛《水东日记》卷二七《纠劾多出上旨》："山西参议孙敬，前兵科给事中，云天顺中，科道纠劾，多出上旨，或召对面谕，且戒以勿泄……"（中华书局，1980）关文发等《明代政治制度研究》也认为，"明代皇权至重，明代监察官员的主要职能偏重于作为皇帝耳目，皇帝心腹，故他们的作用是有限的"（第170页）。至于为人所乐道的明代言路（以及不限于言路的官员）的勇于纠君愆、格君心，更基于儒者的道德信念、职能体认（而非赖有制度的权力赋予）与"言谏传统"。言论者的个人行为并不能改变皇帝操纵言路的事实。言之为权，首先赖有皇权的赋予；"言"的威力也须由此解释。

事实上，有明一代为人所艳称的言论的活跃，非仅由言官造成。在朝堂上议论侃侃的，是上自大臣下至"小臣"的大小官员。据忤瑜说，

---

① 王夫之即认为"台谏之设，上以纠君德之愆，下以达万方之隐"，而不在"毛鸷攻击"（《读通鉴论》卷六第235页）。同书说谏官职掌："夫谏官职在谏矣，谏者，谏君者也"，亦谏"不道"之大臣；"若夫群执事之修坠，则六官之长核其成，执宪之臣督其失，宰相与天子总大纲以裁其正，初不藉谏官之毛举鸷击，搜剔奇求，以矜辨察……"（卷二〇第756页）《宋论》也说："谏官者，以绳纠天子，而非以绳纠宰相者也。"（卷四第122页）

"正德间,给事、御史挟势凌人,趋权择便,凡朝廷大阙失,群臣大奸恶,缄口不言。一时犯颜敢诤,视死如归,或拷死阙廷,或流窜边塞,皆郎中、员外、主事、评事、行人、照磨、庶吉士,非有言责者"(《明史》卷一八九)。同书于罗伦等传后赞曰:"词臣以文学侍从为职,非有言责也。激于名义,侃侃廷诤,抵罪谪而不悔,岂非皎然志节之士欤。"(卷一七九)朝臣无分"言责"之有无,群起疏争的事,也屡屡见诸记述,如正德年间的谏阻武宗巡游,与世宗朝的大礼之议(参看同书卷一八九夏良胜传、卷一九〇杨廷和传,等)。至于非言官建言,通常所援引的根据,即祖宗朝对言论的鼓励。明代与广开言路有关的制度规定,见《大明会典》、《大明律·礼律·上书陈言》以及明太祖《卧碑文》等。士人当批判言路阻塞时,"祖制"即其可资利用的武器(参看日本学者小野和子《东林党考》的有关分析,《日本学者研究中国史论著选译》第277—278 页)。

尽管明太祖像是鼓励言论的卧碑,屡为要求言论空间的士人引为依据,对"出位"、"越位"之言的批评却始终未绝。也屡有人主以言者非言官为由而拒谏的事实。《明史》卷二五八詹尔选传记詹氏与崇祯对答:"帝曰:'建言乃谏官事,大臣何建言?'对曰:'大臣虽在格心,然非言亦无由格。大臣止言其大者,决无不言之理。大臣不言,谁当言者?'"崇祯显然有意混淆了职掌范围的言论与一般言论。崇祯对言的专职化的强调,意在削弱臣下的言论权。① 直至明亡之际,压制言论仍沿用此种借口。熊开元以行人司司副请面奏而得罪,《初谳供词》中记有如下问答:"大金吾……问云:行人司不是言路,如何出位妄言?开元云:皇上广开言路,虽杂流废弁,皆得见至尊……"(《鱼山剩稿》第265 页)只不过纵有压制,到得明末,仍如吴伟业所说"匹夫上书诋诃禁近,处士抗论裁核公卿,浸寻乎东汉"(《何季穆文集序》,《吴梅村全

---

① 万历朝录余懋学曰:"我国家谏无专官","今他曹稍有建白,不曰出位,则曰沽名……"(《明史》卷二三五余懋学传)王夫之对"出位"建言,也有从动机一面的批评——可见"言责"、"出位"的概念深入人心(参看《宋论》卷二)。曾任刑科给事中的孙承泽说省言论,亦曰:"至于各曹之官,自有职掌,黾勉图之,日不遑给,何暇出位而纷纭建白。凡事无关系率妄估名,则宜禁。此亦省章疏之一端也。"(参看《春明梦余录》卷二五)

集》卷二七第 654 页），以至有吁请禁制以"省议论"者。

明代与言论有关的制度与政治行为中，耐人寻味的，还有对有限度的"公开性"的强调。有关思路自然根源于制度传统。《明史》卷七三《职官(二)》："十三道监察御史，主察纠内外百司之官邪，或露章面劾，或封章奏劾。""露章"、"封章"，正是传统的政治言论形式。

见诸明代文献，请间（"屏人密奏"）、密揭等，在朝廷政治中有极端的敏感性。特召密对，造膝面谕，即大臣，亦有人以为"非体"。《明史》卷一八二刘大夏传："帝尝谕大夏曰：'临事辄思召卿，虑越职而止。后有当行罢者，具揭帖以进。'大夏顿首曰：'事之可否，外付府部，内咨阁臣可矣。揭帖滋弊，不可为后世法。'帝称善。"（按，此帝为孝宗。）①《南渡录》卷二录崇祯十七年八月礼科都沈胤培言："封事不由银台，则蒙于职掌；匿名屡揭街衢，则蒙于风俗。"（第73页）《春明梦余录》卷二五录刑科右给事中左懋第详察密封疏，请旨发抄"密封"，曰："臣愚以为，有必当密者，有不必密者；有可密于事先而不必密于事后，有当密于今日而不必密于明日者。""况邸报之抄传有定，道路之讹言无端。疑揣转甚，张皇孔多。廷臣纵有所闻，未免因而箝口。何可密也！""臣今日不言，而使朝廷一时慎密之事，因循沿为故例，甚至科录史馆，皆不能启什袭之藏而笔之，而一时之疑信犹其小者，后世之信史何所取裁。"富于戏剧性的是，上文提到过的崇祯朝熊开元一案，刑部谳词将熊氏之"罪"定在其言事方式上，即所谓"狡托机密"，"非

---

① 《今言》卷二第130条记其事稍详："孝皇召见刘忠宣公，谕曰：'事有不可，每欲召卿商量。又以非卿部内事而止。今后有当罢者，卿可写揭帖，密封进来。'对曰：'不敢。'上曰：'何？'曰：'先朝李孜省可为鉴戒。'上曰：'卿与我论国事，岂孜省营私害物者比！'曰：'臣下以揭帖显庀，是亦前代斜封墨敕之弊。陛下宜远法帝王，近法祖宗。事有可否，外付之府部，内咨之内阁，可也。如有揭帖，日久上下俱有弊。且非后世法，臣不敢效顺。'上称善久之。"如刘大夏者，也被认为合于大臣风范。《春明梦余录》卷二四记"特召密对"："崇祯二年己巳，上御文华殿，遣内侍特召礼部侍郎周宜兴独对移时，漏下一鼓始出。御史李长春、毛羽健等上言：'圣主举动宜慎，一臣独召非体。我国家设阁臣以备顾问，设九列以课职掌，设台省以资纠弹、主封驳，大小相维，壅蔽不生。皇上之意，得无谓举朝不足信，不堪用，惟延儒一人可信可用乎？如此，宜以所问答明布中外，宣付记注，毋徒使人揣摩于不可知之域。'不报。未几，同温体仁入阁。"

密而妄言有密"①,虽未见得合于崇祯怒姜埰、熊开元而必欲杀之的初衷,却也说出了有关"言事"原则的一种理解。② "政"、"学"于此有原则的贯通。王夫之曰:"语学而有云秘传密语者,不必更问而即知其为邪说。""密室传心之法,乃玄、禅两家自欺欺人事。"(《俟解》,《船山全书》第十二册第488页)——也应出于儒者的道德敏感。

对此据以批评的,通常是与"公"有关的政治理念。万历朝钱一本疏言:"墨敕斜封,前代所患;密启言事,先臣弗为。今阁臣或有救援之举,或有密勿之谋,类具揭帖以进;虽格言正论,谠议忠谋,已类斜封密启之为,非有公听并观之正。况所言公,当与天下公言之;所言私,忠臣不私。"(《明史》卷二三一钱一本传)上述左懋第疏也说:"盖人臣事君,原无不可使天下共知之言;而朝廷行事,更无不可使天下共知之事。"与众共之,此之为"公"。露章、发钞,以至宣付史馆、载诸邸报,即此"公"的形式。看起来像是臣下利在此"公",实则在阴谋防范这一点上,从来有"主上"与"臣下"利害的一致性。

较之上文已经说及的言路批评,或许下述由制度、职掌及政治运作方面的批评,更能标志士人政治批评所达到的水准。

士之有识者本不乏洞见制度弊窦的能力。隆庆间即有汪文辉疏曰:"言官能规切人主,纠弹大臣。至言官之短,谁为指之者?"(《明史》

---

① 据《鱼山剩稿》,锦衣卫与刑部在审案过程中再三强调其建言行为的诡秘。该书卷三《刑曹初谳》:"议得熊开元所犯,合依大制上书,非密而妄言有密者,律杖一百,流二千里",谓熊氏"讦以为直,志在沽名,谲以行权,迹同诡密。不思当辟门之圣世,岂是请间秦宫;非秘计之陈平,妄思附耳汉陛。此端一启,必至替大小纲维之经,开阴阳离间之渐"(第310—311页)。《刑曹再谳》亦有"借名于机密条陈,不慷慨公言,而自蹈于谗谮诡秘","希托伏蒲之奏,乃乖无隐之宜"(第320页)云云。但也可知若实属"机密",是允许密奏的。

② 上述情况甚至令韦伯印象深刻。谈到中国的有关制度,他说:"官吏的全部管理活动以及事业上的命运,连同他们的辩解,由于'人事档案'的印发,以及所有那些报告、奏议与鉴定的发表,都公诸于群众,其公开的程度远大于我们西方任何一个在议会监督下的管理……中国的这套程序,至少在舆论对官吏管理工作的意见压力间,设置了一道相当坚固而且经常有效的安全阀。"(《儒教与道教》第156页)韦伯由西方经验出发,多少夸大了上述制度的效用。

卷二一五汪文辉传)

制度批评势必引向制度史的思考。王夫之追究有关的制度弊病，一再谈到以"言"为职掌、"言"的目的化的弊害。[①] 批评者所关心的，也仍然是言官在制度中的结构—功能设定、与制度内部的制衡问题。他由萧梁的"谏有专官"，追究到宋的改变谏官之于宰执的隶属关系，对权力制衡的破坏，认为"宰相之用舍听之天子，谏官之予夺听之宰相，天子之得失则举而听之谏官；环相为治，而言乃为功"(《宋论》卷四第122页)。有过从政经历、熟悉政治运作的王夫之，所关注的，是保障言论的良性功能的条件。可惜，这种体制内的思考，终不能导向对弊病的根源性发现。

至于由言之为"权"的方面的批评，令人看到的，无宁说是有明一代强化君权对士人思想的影响。明人章奏策论中，关于言之为权操之在上抑在下(其表现如"小臣得以制大臣之命"、"下僚反挟持上官之得失"，以及下文将要谈到的"清议"等)，多有谈论。钱谦益说"议论与诏令"——即言之在下与在上——间的制约，曰："议论之播腾也在下，而所以司其气机，决其关窍者，则属之于上。故有形在下而下不得衡操者，议论也。"(《制科一》，《牧斋初学集》卷八八第1838页)即王夫之晚年以遗民身份为史论时，也决非由纯粹的"民间立场"立论的，他明确地主张人主"居重驭轻"，权握于上。《读通鉴论》曰："近者分谏职于台省……而六科司抄发之任，十三道司督察之权，纠劾移于下，而君德非所独任，故诡随忿戾，迭相进退，而国是大乱。"(卷一一第418页)他主张"君德独任"，而将朝臣建言的功能限制在拾遗补阙

---

① 《宋论》曰："古者人得进谏于君，而谏无专官，不欲天下之以言为尚也。……谏之有专官，自萧梁始，而唐因之。谏有专官，则以言为职矣。以言为职，则以言为尚矣……以言为尚，求所以言者，但可言而即言之。于是进不揆于理，退不信于心；利其所病，病其所利，贤其所不肖，不肖其所贤……"他将朝廷政治中的"讦谤"、"廷臣水火之争"，归结为"以言为尚"、"宰执与台谏分为敌垒"的制度弊病(卷四第121—122页)。《春明梦余录》卷二五录给事中刘斯㟷言路渐轻疏，曰："章满公车，强半借条陈为职掌矣；而皇上亦若认职掌在条陈。"这里所说若指狭义的"言路"，那么其"职掌"确也在"条陈"。

（而非决策）的范围。① 我在下文还将指出，言之为"权"作为问题的敏感性，尤在涉及民间性言论（清议、士论，以至"民论"）时为突出。当世衰时危之际，开放言路，鼓励位卑者对位尊者的批评（言官的"品卑权重"可读作重大提示），确也适足以暴露王朝政治伦理的深刻矛盾，导致上下尊卑秩序的侵蚀与破坏。为顾炎武等敏感的儒者所见的尊卑陵替，自有其制度根源。然而此种矛盾显然不能在体制内解决。在此体制下，无论压制还是开放言路，均不能无弊。于此儒者所感的忧患是无尽的。

有关言路的制度批评也不免有对言论作用的夸大。士人有关"言"的信念，依恃的是积久的文化力量。顾宪成所谓"言官操天下之是非"②，所表达的即是对言论功能的传统理解。也因而王夫之才能说"熙、丰以后议论繁兴，毒痛四海，激盗贼，召夷狄"（《宋论》卷四第139页）。这里难得的，是关于言论之于治道的思考，有关言论有效性、言论的效用限度的思考——对一种根深蒂固的有关"言论"的政治神话的质疑，对夸大言论功用的士大夫成见的反拨。

但无论如何，士对于"言"的效用的理解，支持了他们扩大言论空间的努力。这在下文将要谈到的"清议"中更看得清楚。士人对言之为"权"的意识，也正是他们以言论实施政治干预的基本动力。至于士人基于其群体存在的自觉的党社性言论活动，几乎可以看做士对此政治—文化权力的极限性运用。近人比较明清两代，对明代有关制度作用于士风士习，更乐于做积极的评估。孟森即比较明清两代监察制度、职掌，以此解释明清士气之不同，认为明代给事中掌封驳，"不经科钞令部再覆，则虽奉旨无效，尽绝历代斜封墨敕之弊，谓之谏官。士大夫惟有此职权，虽或触忤，终必有践此职者。明一代士气之盛，死节之多，其根本在是"。而清代"有科钞而无封驳；一次奉依议之旨，即付施行。

① 他以为"庙谟已审，采诤臣之弼正以决行止，其于治也有失焉，鲜矣。庙谟无据，倚群臣之道谋以相争辩，其于乱也幸免焉，鲜矣"。于此引唐制，以为"驳之于后以兼听得中，而不议之于先以喧嚣致乱，道斯定矣"（《读通鉴论》卷二五第951、952页）。

② 顾宪成说："至于言官操天下之是非，天下又操言官之是非，言之不可不慎，如此也。"语见《万历奏议序》，《泾皋藏稿》卷七，清刻本。

又使谏臣之职混合于台臣,所许风闻言事,乃撷拾臣民愆懑以为朝廷耳目。其于主德之污隆,王言之得失,士大夫无纠绳之责"(《崇祯存实疏钞跋》,《明清史论著集刊》第135—136页)。当然,政治制度影响于一时代人文风貌("士气"是其表征),其间的关系还不便做如此简单的归结。

第二节　清　议

"清议"是个不易界定的概念。清议强调的是言论的合道德性("清"),非即"士论",也非即"众论"。因而丁元荐《西山日记》卷下《清议》篇,以为即一石工,一胥吏,一女子,当波决澜倒之时,持正论,即清议所在。但"清议"在通常的运用中,确又略近于"士论",于道德性外,还往往突出其非官方性质。清议所"议"不限于政治,但有关政治的议论,是其重要部分。或者可以说,清议应指其时被认为公正的议论政治、评骘人物的言论(非文字的与文字的)。到本章所论这一时期,除朝堂外,书院、讲会之类士群集的场所,自是清议的场所,但清议不限于朝堂、书院议论,也见诸士人诸种议政文字,其中包括私家史述——由严肃的史学著作,到稗史野乘以至小说家言。或许应当说,"清议"是一种由士人(已仕与未仕之士)议论构成的言论场。

清议的意义是在士的历史中积累起来的。士人的清议评价中,有他们对言论效用的估量与自我估量。在通常的使用中,清议更指非居权力中枢的士人干预朝廷政治的言论形式。其所表达的与其说是模糊的"民间",无宁说是士集团的意志与愿望。"清议"有时特指民间身份的士人(及士在民间者)议论政治、品评人物的言论,其主要经由影响具官方身份的士,间接进入朝廷议论,对政治实施干预。某一地域主持清议者,往往即遭贬黜或致仕、家居的著名官员。"主持清议"甚至是被视为"正人"的官员卸任居乡后的一种政治义务。《明史》卷二三一薛敷教传,说其人"家居二十年,力持清议,大吏有举动,多用敷教言而止"。在此种场合,"清议"即士大夫以民间身份发表的政治性议论。

但"清议"却又不限于士大夫的"院外"议论。被认为清议所归的

"东林",不但包括现任官员,且颇有据要津者(如赵南星等)——最清楚不过地说明了朝中与朝外在言论方面的互动关系。朝中与朝外议论本不能划疆分界,其间不但有言论之为"场"的通连,而且有如上文说过的朝臣的士大夫根性作依据。即如朝臣在章奏中品评政界人物,与朝外的品藻月旦,虽情境不同,却同根于文人习癖。据此又可以将清议界定为士人与朝廷政治的一种关系形式,士人经由言论实施政治参与、干预的传统形式。

《西山日记·清议》一篇所记顾宪成与王锡爵的如下对话,最令人可感明中叶以后清议的活跃及其政治功能。"顾泾阳先生谒太仓公,公曰:'近有一异事:阁中称是,外论必以为非;阁中所非,外论必以为是。'泾阳先生曰:'某亦有一异事:外论所是,相公必以为非;外论所非,相公必以为是。'公不觉大笑。"黄宗羲《明夷待访录·学校》说书院"有所非也,则朝廷必以为是而荣之;有所是也,则朝廷必以为非而辱之"(《黄宗羲全集》第一册第 11 页)。事实上,到这一时期,是非的牴牾已随处皆是。于慎行即表达了对上下扞格、"士之荣辱制于下之毁誉"的忧虑:"近代建言得罪之臣,往往赐杖,大廷裸体系累,不以为辱,而天下以其抗疏成名,羡之如登仙,是古人之所为辱,乃今之所为荣也……"(《明刑》,《谷山笔麈》卷一○第 117 页)清议与政治中枢的对峙,其后果必如汤开远所说,"朝所为缧辱摈弃不少爱之人,又野所为推重忾叹不可少之人。上与下异心,朝与野异议"(《明史》卷二五八汤开远传)。

上述对抗的背后,自有士人争取言论空间、对朝政实施干预的顽强意向。但更深刻的依据,仍应在其时士集团、士的利益集团的政治要求(尤其权力要求)。有明一代豪族巨姓与朝廷争利,绅权与皇权争持激烈,缙绅的利益、要求赖"清议"而寻求表达,是顺理成章的。而民间政治势必施加重大影响于朝廷。《明史》卷二三○赞曰:"明至中叶以后,建言者分曹为朋,率视阁臣为进退。依阿取宠则与之比,反是则争。比者不容于清议,而争则名高。故其时端揆之地,遂为抨击之丛,而国是淆矣。"

事实上,清议的影响力正由民间与官方共同造成。以明代论,清议进入朝廷政治,有相当正式的渠道,如"访单"。"访单",是吏部审查官员所采用的形式。"访单者,吏部当察时,咨公论以定贤否,廷臣因得书所闻以投掌察者。"(《明史》卷二二九沈思孝传)黄宗羲《郑元澄墓志铭》则提供了坊社参与铨选的实例:"是时督学谘访名士,余累执笔,聚同社而议之曰:某郡某人,某县某人,某也第一,某也次之。"(《黄宗羲全集》第十册第478页)其《思旧录·刘应期》对此述之更详:"是时一方名士皆有录,学使者至,以公书进之,大略准之为上下。余尝执笔,名士十数人列坐,皆无毫发私意,必众论相谐而后定。"(《黄宗羲全集》第一册第380页)——与魏晋自发式的品藻月旦,气象已大不同。可知所谓坊社、士论的"进退人物",是可期经由官方程序实现的。正是朝廷主持的铨选(无论汉制的乡举里选,还是明制的官员考察),将清议某种程度地"体制化"了。① 名教本要经由一定的形式,才有可能成为刑法的有效补充。而以清议辅铨政,提供了士人所注重的"社会承认"的形式。朝廷政治(经由特定方式)对清议的吸纳,被认为有助于制度的自我调节,补朝廷功令之不足(或未及)。"名"与"法","教"与"刑","圣学"与权力运作——民间与朝廷的政治、文化力量,于此汇流。毫无疑问,"清议"的上述体制化过程,势必影响及于士人与当代政治的关系及关系形式。

黄宗羲《明夷待访录·学校》认为朝廷应"公其是非于学校",其文献依据,不外乎《日知录》卷一三"清议"条所说"闾师"、"乡校",以及东汉以干政著称的太学;而更切近的依据,则无疑是明代士人的有关实践,尤其黄氏所熟悉并曾在局中的东南一带极其活跃的坊社、讲学活动。清议之盛向被作为士群体强大以及士人所拥有的政治、文化力量的证明。东林人物"讽议朝政,裁量人物","朝士慕其风者,多遥相应

---

① 这里也有传统作依据。张履祥说:"古者选士于乡,以乡党耳目至近至众,其为贤不肖,如鉴之照物,不可掩也。盖一人之爱憎喜怒则莫不私,众人之是非好恶则莫不公。"(《杨园先生全集》卷四七《训子语上·立身四要:曰爱曰敬曰勤曰俭》)但在实际操作中决非无弊。姜埰《沈兵科传》:"例考选,吏部发印册于本乡科道采月旦,名曰'咨访册',以圈之多寡为差等,部按册参其条奏错置之。本乡科道以是为权衡在手,恣其猎取。"(《敬亭集》卷八,光绪己丑山东书局重刊)

和"(《明史》卷二三一顾宪成传);复社领袖人物"皆喜容接后进,标榜声价,人士奔走,辐辏其门","其间楷模之人……裁量人物,讥刺得失,执政闻而意忌之,以为东林之似续也"(《刘瑞当先生墓志铭》,《黄宗羲全集》第十册第 326 页)。① 东林、复社相承的,正是士人以言论影响政治的自觉。

清议的活跃终明之世。钱谦益以为直至崇祯季年,"当宁厉精,吏议与清议,犹能互相撑拄"(《牧斋有学集》卷三○第 1108 页)。明代清议的活跃无疑赖有整个言论环境的鼓励,其活跃,又似与朝廷政治的衰败同步。② 这里又有士人对于舆论之为"权"愈益自觉的过程。坊社言论确也填充了权力缝隙。或者可以将明代视为中国古代史上士将其政治主动性发挥到极致的时期。东林、复社将清议功能发挥到了极致,却也由天启以至弘光朝的"党祸"标定了其极限,因而更值得作为研究有关的政治文化现象的标本。

舆论即公论(公是公非)。以舆论为"公论",合于士大夫的传统信念。③ 这里的"公"(也即"公正性")是被用参与者的数量(即"众")来注释的。熊开元于隆武朝的奏疏中引陆贽语曰:众多之议,足见人情

---

① 参看黄宗羲《周子佩先生墓志铭》、《陈定生先生墓志铭》(《黄宗羲全集》第十册)。黄氏记冯京第"与贵池吴应箕危言谰语,裁量人物,公卿亦避之"(《黄宗羲全集》第十一册第 88 页)。吴伟业记复社名士,谓其人"品核执政,裁量公卿,虽甚强梗,不能有所屈挠"(《冒辟疆五十寿序》,《吴梅村全集》卷三六第 773 页)。关于清议的威力,张鉴《冬青馆甲集》卷六《书复社姓氏录后(二)》云:"在延宰辅往往畏忌社中之人,唯恐得罪清议,甚至京师坐次有复社相公,竟席不敢言天下事。"(吴兴刘氏嘉业堂刊本。按,《复社姓氏》,吴应箕鉴定。)

② 《明史》卷二五四赞曰:"明自神宗而后,士大夫峻门户而重意气。其贤者敦厉名检,居官有所执争,即清议翕然归之。"

③ 薛应旂说:"古者谏无官,以天下之公议,寄之天下之人,使天下之人言之,此其为盛也。"(《明儒学案》卷二五《薛方山纪述》第 595 页)同书卷四八录崔铣《士翼》,中曰:"其世治者,其论公于众;其世兴者,其论公于朝;其世衰者,其论公于野。上下不公,其世不可为已。故党锢息而汉亡,朋党尽而宋乱。夫公论弗可一日而废也。"(第 1160 页)至于缪昌期所说"匹夫匹妇之所是,主与臣不得矫之以为非;匹夫匹妇之所非,主与臣不得矫之以为是"(《从野堂存稿》卷一,同治甲戌刊本),其表述方式,不难令人感知其时的王学氛围。

（《鱼山剩稿》卷一第81页）。张履祥说："一人之心有邪正，故其言不足凭，若亿兆人之心，则公而无私矣。"（《备忘四》，《杨园先生全集》卷四二）李楷（叔则）有《众论》，发挥"合众"、"同众"之旨道："以其众者谓之正，以其正者谓之是，以其众者谓之公，以其公者为之溥……"（《河滨文选》卷一，同治十年刊本）赵南星下述有关"众论"的说法，也应有一定的代表性，即"众论未必皆是，而是不出于众论之外"（《覆新建张相公定国是正纪纲疏》，《赵忠毅公文集》卷一二，转引自小野和子《东林党考》，《日本学者研究中国史论著选译》第292页）。"公天下"是寄寓了士人理想的政治理念。在上述表述中，以"众"等同于"公"，以"舆论"为"公论"，被认为自明，不待论证。而这却是一个悖论式的命题，即清议作为众论，其"公"（即所谓"清"）与否，也赖有"众"的裁决。在具体的历史情境中，关于清议"公"否的判断，不能不出于特定的士派别、集团的意志。士人有关清议的评价有意无意地省略了的，正是言论背后的利益集团及其动机，使得"清议"像是超然于特殊利益的"纯粹"言论。[1]

在其时的某种论说中，言论者的非官方身份被认为有助于保障"公正性"。吴伟业策问引苏轼语，曰："庶人之言，不知爵禄之可爱，故其言公；不知君威之可畏，故其言直。"（《吴梅村全集》卷五六第1109页）而在事实上，朝外舆论通常是朝廷议论的回应。至于"庶人之言"中的"民论"与"士论"，在构成特定时期的言论场时，往往有同质性。在舆论的造成中，士的主导作用是显而易见的——"民论"接受"士论"的"导向"。

清议、公论的组织与表达赖有一定的形式。某些古老的形式，到本章所论的这一时期仍被继续使用，如"檄"、"揭"。出诸复社中人之手的《留都防乱公揭》即一著例（对此揭，阮大铖有《酬讹琐言》一揭为回

---

[1] 日本学者沟口雄三指出："明末屡屡出现以'公论'为名的主张，这种'公论'兴起的背后，存在着所谓地主制的发展的新的社会变化。""……官僚的制约能力相对削弱，以地主阶层为中心的地方统治势力的舆论力量强大起来，这就是所谓'公论'。"（《中国的思想》第101页）

应)。由傅山倡首的晋中诸生为袁继咸讼冤之举,也提供了以揭帖表达"公论"的实例(参看傅山《因人私记》,《霜红龛集》卷二九)。此外,影响于民间社会的政治性谣谚,也往往出诸士夫之手。① 至于提供了言论共享的条件的传播手段,此一时期更有长足的发展。尤为论者所乐道的,是坊刻的发达与邸报的广被。关于明代的邸报在言论制造中的功能,可参看刘勇强《明清邸报与文学之关系》②。于慎行《谷山笔麈》说到其时的信息传播近于失控,曰:"近日都下邸报有留中未下而先已发抄者,边塞机宜有未经奏闻先已有传者,乃至公卿往来,权贵交际,各边都府日有报帖……报房贾儿博锱铢之利,不顾缓急……"(《筹边》,卷一一第 127 页)于氏主张力禁。但某种泄露从来是政治运作的必要条件;上文所说明代政治的某种"公开性",部分地也正是其时传播媒介发达的结果。上述条件可资解释"倾向性"的舆论、时论、士论的得以及时形成,解释朝内外(所谓"朝外",也指朝廷正式场合之外)士人共一政治论坛,其言论几无界阈。③

---

① 如《明史》卷三〇所载正统时童谣。吴应箕说弘光朝南京街市"遍布歌谣"(《楼山堂集》卷二九《祭周仲驭文一》)。《明季北略》亦记有其时京师童谣(参看该书第 163 页)。丁宝铨辑《傅青主先生年谱》记傅山与巡抚蔡懋德编童谣以稳定人心(《霜红龛集》第 1298—1299 页)。

② 刊《学人》第 3 辑,江苏文艺出版社,1992。该文说,有明一代,"笔者所见最早之邸报史料,始自明正德年间"(第 442 页)。民间尚有"抄报行",与官办报房争利。该文引余继登《典故纪闻》,以为邸报的基本功能是"使知朝政"。因邸报的及时,读者范围普遍,影响到当时史籍的编撰与通俗小说的写作,发挥了动员朝野舆论的功能。"作为一种广泛发行的公报,邸报使文学家无论在朝在野、在京师在外地,都能迅速就同一事件发表议论,这是以前的文学创作所不多见的现象。"(第 447 页)但该文也说到,"邸报的周期还要受传递周期的制约",研究邸报对造成舆论的作用,应将上述因素考虑在内,即外地"视路途远近要三、五天或更长的时间才能收到一次"(第 443 页)。这种条件当影响到舆论与事件的同步。

③ 此外传抄一类古老手段也仍在运用。黄宗羲说冯京第为人所拟奏疏尺牍,"底草便为人所传诵"(《御史中丞冯公墓志铭》,《黄宗羲全集》第十一册第 88 页)。《明史》卷一八一李东阳传,说李"疏出,天下传诵";卷一八二马文升传,说马文升、王恕"疏出,天下传诵";卷一八三倪岳传,说岳"疏出,人多传录之"。至于章奏收入个人文集,虽多在事后,经坊刻也有利于思想言论的扩散。

参与舆论的制造与传播的,还有诸种俗文化形式,尤其时事小说与时事剧(参看《陔馀丛考》卷二〇"明人演戏多扮近事"条等)。明末郑鄤一案中,据说就有利用小说影响舆情的动作。《坦阳全集》所附汤修业为郑鄤所撰辨辞,谈到构此案者的造作"秽恶小说","而俗人偏喜谈郑案,津津乐道,若有余味,而叩其由来,要不出《放郑小史》诸说"(《坦阳冤狱辨五》)。① 不消说上述诸种传播渠道,固然是朝野言论沟通的条件,也是"朝不坐燕不与"的士人参与、介入朝政的条件,甚至也是草民实施政治干预的条件。

正是到了明清之际,清议极度活跃之后,士大夫对清议、乡评的积极功能与负面效应的评估,呈现出引人注目的深度。

最为近人所乐道的,是黄宗羲的《明夷待访录·学校》对清议作为制衡朝廷政治的民间力量的肯定。黄氏的有关主张曾被作为近世民主思想的资源,甚至令人发生与议会民主制有关的联想。② 实则黄氏的有关制度思想,渊源有自;即在当时也非即空谷足音。刘宗周撰李廷谏墓志铭,即录有李氏"公论出于学校"一语(《刘子全书》卷二二)。至于清人朱一新《无邪堂答问》所说"梨洲但知清议出于学校,不知横议之亦出于学校也。但知陈东、欧阳澈之为太学生,不知为贾似道颂功德者亦太学生也。学校之习一坏,则变乱是非之说,多出乎其中",则足以补黄氏议论所未及,也提示了制度局部更革的限度。

一时的"清议论",对清议之为士群的自我监督与内部净化,尤所注重;对本章已说到的实现上述"监督"与"净化"的制度手段,有积极的评价。顾炎武《日知录》卷一三"清议"条曰:"古之哲王,所以正百辟

---

① 《坦阳全集·坦阳草堂文集》卷一六《天山自叙年谱》:"刘元城云:论人须观立朝大节,未有清平之世可以暧昧杀人者。以暧昧杀人之圈套,自温体仁始也;曦等更深一步,则串成秽恶小说,嵌入姓名。此乃极古今以来未有之事……"该书所附汤修业《坦阳冤狱辨四》:"曰:然则俗传《放郑小史》小说谁为之也? 曰:即许曦辈为之也。"(《坦阳全集》,1932 年刊本)"秽恶""暧昧"亦应是当日最足耸动听闻者。

② 基于个人背景及政治经验,黄宗羲对清议的功能评价几近无所保留。即如《明儒学案》卷五八《东林学案一》曰:"论者以东林为清议所宗,祸之招也。子言之,君子之道,辟则坊与,清议者天下之坊也。"(第 1375 页)

者,既已制官刑儆于有位矣,而又为之立闾师、设乡校,存清议于州里,以佐刑罚之穷……乡举里选,必先考其生平,一玷清议,终身不齿","凡被纠弹付清议者,即废弃终身,同之禁锢"。——顾氏以之为"王治之不可阙"。处易代之际,清议论者往往不惜夸张其维系世道人心的政治文化功能。顾炎武说:"天下风俗最坏之地,清议尚存,犹足维持一二,至于清议亡,而干戈至矣。"(同上)刘宗周致书范景文,曰:"世道陆沉至此极矣!千尺狂澜,亦止恃清议一线为之撑砥……存此议论,亦便有此事功。今天下崇事功而薄议论,第谓今天下之乱,正坐无议论耳。"(《与范质公大司马》,《刘子全书》卷二〇)对言论效用的夸大,包含着士对自身存在的蓄意强调,是士自我价值表述的一种方式。清议的神话,本是士精心制作的作品。

当其时的清议论,也有不同于上述的思路。

对"庶人之议",士人所见原即不同。到本节所论这一时期,顾炎武说:"天下有道,则庶人不议;然则政教风俗,苟非尽善,即许庶人之议矣……子产不毁乡校,汉文止辇受言,皆以此也。"(《日知录》卷一九"直言"条)王夫之则引圣人的同一语("天下有道,则庶人不议"),曰:"后世庶人之议,大乱之归也。"(《读通鉴论》卷二一第810页)《宋论》亦说宋"置神器于八达之衢,过者得评其长短而移易之,日刓月敝,以抵于败亡"(卷四第120页)。王夫之甚至追论到素被称羡的汉制,以为处士权重,正是其时贡举的后果,曰:"其贡于天子者,一唯长吏之市恩……三公之辟召,则唯采取名誉于州郡。于是虚誉日张,雌黄在口,故处士之权日重,朋党兴而成乎大乱。"(《读通鉴论》卷二一第797页)顾炎武严厉批评坊社、讲学,却在论及清议、庶人之议时,表现为对民间政治的功能肯定,倒是对明代政治更有批评态度的王夫之,在此一点上持较为严格的"朝廷立场"。但将庶人之议视为朝廷政治功能衰蜕的结果这一点上,王、顾并无不同。

与王夫之有相近思路的并不乏人。陆世仪就不以"处士横议"为然,说:"嘉、隆之间,书院遍天下,讲学者以多为贵,呼朋引类,动辄千人,附影逐声,废时失事,甚至有借以行其私者,此所谓处士横议也,天下何赖焉!"(《思辨录辑要》卷一)陈确也以"在野言朝"为"妄言"、"乱说"(《辰夏杂言·不乱说》,《陈确集》第414页)。涉及对士人以民间身份议政的评价,问题于此显然有了复杂性。①

王夫之的清议批评,包含了对"众论"之为"公是公非"的怀疑,有更为根本的性质。明清之际的有识者中,对"众"、众论持严峻的批评态度者,似以王夫之最引人注目。他有关众论不足恃的陈说,是其明亡后的反思中富于洞见的部分(参看本书第一章第三节)。②《读通鉴论》由经验说众论非即"公论",曰:"闻一乡之有月旦矣,未闻天下之有公论也。一乡之称,且有乡原;四海之誉,先集伪士;故封建选举之法,不可行于郡县。"(卷三第125页)王夫之事实上所涉及的,是"公论是否可能"的问题。但王夫之的否定着重于"众"(应即庸众);对清议,他并不持取消论,而主张饬之以"法"。他说:"清议者,似无益于人国者也,而国无是不足以立。恐其亡实而后以法饬之,《周官》、《周礼》、《关雎》、《麟趾》之精意所持也。"(同书卷一〇第398页)"公论"也如是:"公论没,人心盅矣。"(同书同卷第401页)

王夫之在此,又将问题归结到他所关心的言之为"权"操之在谁这一点上。也如论言路,他以为此"柄"应操之于朝廷(而非"外臣",自然更非不与朝政的士民)。"汉之末造,士论操命讨之权,口笔司荣枯之令,汝南、甘陵太学之风波一起,而成乎大乱。"(同书卷八第327页)他

---

① 至于清初唐甄所说"若夫身退而去,寓书京师,制黜陟之权;处士巷居,公卿就而决是非,访贤不肖。此道学之大贼,法所必诛者也"(《潜书》下篇《除党》,第164页),又属清人见识,表现为对当代政治秩序的某种认同。

② 王夫之对"众论"即多数人的成见,持明确的批评态度;他对"令誉"(包括"学士大夫之称说")的分析,包含了基于经验对社会心理的把握。《读通鉴论》卷三分析李广、岳飞之得令誉,卷四分析赵广汉、包拯、海瑞之得民誉,均力矫成说。其《宋论》以岳飞为例分析"令誉"的生成,曰:"帅臣之得令誉也有三:严军令以禁掠夺,为软语以慰编氓,则民之誉归之;修谦让以谨交际,习文辞以相酬和,则士之誉归之;与廷议而持公论,屏奸邪以交君子,则公卿百僚之誉归之。"(卷一〇第243页)王夫之对儒者("有宋诸大儒")政治行为中的舆论诉求("听惰民无已之怨蕴,信士大夫不平之指摘"),也持严厉的批评态度(参看《读通鉴论》卷二二)。其说以"乡评"为黜陟的偏蔽,曰:"将以毁誉而进退之乎?毁誉不可任者也。"(《读通鉴论》卷一七第640页)黄宗羲也说过"世情之是非,象没深泥"(《西山日记题辞》,《黄宗羲全集》第十册第72页)。

更指出"言论权"直接转换为决策权、铨选权的弊害,说"以名求将而不以功,授将帅殿最之权于清议者,必乱之政也"(同书卷七第279页),表现出对实际政治运作的关注。基于此,他反复讨论了"公论"发挥良性作用的条件①。王氏始终关注言论在政治运作中的功能实现的条件,未囿于其时的道德论的眼界,即使难免囿于另一种眼界(如"朝廷政治眼界"),也仍然提示了为其他论者所未及的思考角度。

使清议得以生效并具论者所乐道的强大威力的,是评价政治、政治人物的道德论传统。"乡评"的民间角度,通常表现为对个人德行的注重,与对实际政治运作的漠视——后者原是此种经验视野中固有的盲点。至于清议的道德化,施之于朝廷政治的负面影响,尤显现在严别"正""邪"的党争情境中。明亡之际的政治经历,使王夫之的批评不止于言路、清议,还及于作为政争手段并演成风尚的攻讦。他尤痛恶于"矫举纤芥,摘发暮夜"以"败人之名节"的"讦谤"(参看《宋论》卷四第123—124页)。而"飞箝"、"流言"的作用于朝政,无宁说正是与"言路"有关的政治实践及"清议之盛"的流弊。如屡遭争议的所谓"风闻言事"②。明

---

① 他说:"公论者,朝廷之柄也。小人在位,天下未闻其恶,外臣未受其伤,而台谏争之,大臣主之,斥其奸而屏逐之,则臣民安于下而忘言;即其击之不胜,而四方犹静处以听,知朝廷之终有人而弗难澄汰也。如是,则不保国之无奸邪,而四海无争衡之祸。公论之废于上也,台谏缄唇,大臣塞耳,恶已闻于天下,而倒授公论之柄于外臣,于是而清君侧之师起,而祸及宗社。"(《读通鉴论》卷一四第521页)在此意义上,王氏又强调台谏的重要性。其曰:"故言路者,国之命也。"(同卷)

② 万历朝给事中王德完疏言宫禁事,以"台谏之官得风闻言事"为据(《明史》卷二三五王德完传)。对"风闻言事"也有不同评价。《明史》卷一六八万安传:"孝宗嗣位,安草登极诏书,禁言官假风闻挟私,中外哗然。"《明史》卷一八九李文祥传载李于孝宗朝所上封事,中曰:"臣见登极诏书,不许风闻言事。古圣王悬鼓设木,自求诽谤。言之纵非其情,听者亦足为戒,何害于国,遽欲罪之。"刘城有《风闻言事说》,曰:"宋臣苏轼有云:凡权奸之祸,其始以台谏折之而有余,其后以干戈取之而不足。有味哉斯言,可畏哉斯言也!""或者曰:'机密不可泄。'臣曰:'情形当共知。'"区分"机密"与"情形",以为后者当"共知"——针对"概绝钞传",不通报军事"情形"。"或者曰:'伪言惑众,宜禁。'臣曰:'风闻言事,不妨。'"区别"伪言"与"风闻",对后者界定为:"若夫奸已谋而未露,事有实而无形,道路业已流传,特未闻之黼座,通国甚多口语,第难坐以名,此'风闻'也。"(《峄桐集》卷六)主要针对明末军事。

末的两大冤狱（袁崇焕、郑鄤之狱），则被作为流言——通常即以"舆论"为形式——的破坏力的明证。黄宗羲即指出清以反间致袁崇焕死，利用了衰世舆论的盲目性。郑鄤之狱则是以"暧昧之罪"杀人的显例。[①] 党争中以发露隐私为武器，"正"、"邪"所用手段正不妨其同。[②] 黄宗羲于清初回顾天启党祸，尚曰"然非讹言，则祸亦不若是之酷"（《辩野史》，《黄宗羲全集》第十册第 636 页）。具有讽刺性的是，易代过程中使不少士人送掉了性命的"告讦"，往往也借流言进行。

清议无疑是制度病的某种补救，它本身却又浸染着制度病。在较为正常（即相对"清明"）的政治环境中，清议作为对朝廷政治的制衡因素，有可能成为权力机构功能的积极补充；在相反的时期，对抗性的清议——亦蓄于朝外、民间的政治能量的释放，其效应即远为复杂。尤其当王朝政治腐败、弊窦丛生之时。

值得注意的是，其时的论者对清议式的"道德法庭"，有可能成为施之于个人的暴政，却没有表现出敏感。清议作为士群内部的劝惩机制，固然体现了士群体自我净化的能力，显示了其所拥有的道德力量，还表现为士群体对于个体的支配。如上引顾炎武所谓"凡被纠弹付清

---

① 《大学士机山钱公神道碑铭》："……于是出间金数十万，飞箝上下，流言小说，造作端末，不特烈皇证其先人，朝野传告，亦为信然。崇焕之磔，酗讴竟路。"（《黄宗羲全集》第十册第 247 页）同文说袁崇焕、郑鄤狱"水落石出，疑信犹半"（第 249 页）。到明亡之际，流言更加剧了政治混乱。吴应箕《留都见闻录》卷下《时事》曰："乙亥清明，忽传兵部尚书吕公豫石谋为不轨，通京骚动，而勋臣内厂至勒兵部署。后知此语起于主事俞彦。俞以老甲科放肆，为吕公裁抑，故造是语以倾之耳。吕公亦自是不安其位，未几罢归……人言之倾侧可畏如此。"（《贵池先哲遗书》，见前注）《春明梦余录》卷二五录给事中刘斯㟼疏，曰："无头帖子遍布于街衢，匿名揭帖暗投于宅巷"，"且风闻有进密疏以惑圣听而中伤善类者"，所描画的，亦众口喧阗嘈杂混乱的末世景象。至于王夫之，其对士大夫诉诸民众的政治批评（所谓"诋讦"、"歌谣讽刺"），持极端的否定态度（参看《读通鉴论》卷二七第 1048 页），甚至指"天下之为童谣者，皆奸人之造"（同书卷一八第 682 页），尽管其政治偏见显而易见，仍然有对于明代政治弊病的针对性。

② 《留都防乱公揭》之攻阮大铖，亦指其人造作"飞语"，"诽谤"、"讥刺"等。"正"之攻"邪"，所用手段，与"邪"正不妨其同。中曰："丙子之有警也，南中羽书偶断，大铖遂为飞语播扬，使人心惶惑摇易，其事至不忍言。""至其所作传奇，无不诽谤圣明，讥刺当世"，以下举例，亦有锻炼周纳之嫌（文载《楼山堂集》）。

议者,即废弃终身,同之禁锢","一玷清议,终身不齿","乡论之污,至烦诏书为之洗刷"(《日知录·清议》),王夫之所谓"一失足于流俗,则终身之耻不可洒,一得罪于清议,则百行不能掩其非"(《俟解》,《船山全书》第十二册492页)。言之为"权"在上述运用中,不可避免地会成为借诸"多数"、"群"的名义施之于个人的暴政。① 前于此,士人对清议的某种专制品性并非无所察觉。正德朝胡世宁掌宪,其"条上宪纲十余条,末言:'近士习忌刻,一遭谗毁,即终身废弃。佥事彭祺发豪强罪,受谤夺官。诸如此者,宜许大臣申理'"(《明史》卷一九九胡世宁传)。万历朝的吕坤则说"清议酷于律令,清议之人酷于治狱之吏。律令所冤,赖清议以明之;清议所冤,万古无反案矣"(《明儒学案》卷五四吕坤《呻吟语》)。到本章所论这一时期,张履祥也说:"清议固不可不明,若太深而刻,将使人重足而立,非容保无疆之道也。"(《愿学记二》,《杨园先生全集》卷二七)但上述思路像是并未得到有力的延展。如你在上文看到的,士正陶醉于其"拥有权力"的那种感觉,而对于当道利用"名教"之为"权"对士的支配,无宁说更倾向于由"王朝立场"的肯定。而其更深的根据,则是儒者的"名教"观。《日知录》卷一三"名教"条曰:"不能使天下之人,以义为利,而犹使之以名为利……"此条引范仲淹语:"人不爱名,则圣人之权去矣。"

在言论号称活跃的明代之末及明亡之后,士人有关言路、清议的反省,固然证明着其时士人的思想能力,而评估清议、士论者,往往自身也在所评估的文化现象中。且不说"清议论"本身也正是一种"士论"。上述悖论式的情境是言论批评者无以逃脱的。言论之为士的存在方式,于此也得到了证明。

---

① 坊社对惩罚性士论的发动、组织,如黄氏《思旧录·陆培》记陆培(鲲庭)"与陈玄倩交恶,玄倩无乡里之行,武林出檄攻之。鲲庭寓书于余,欲东浙为应,余告同社,于是绍兴王玄趾为首,宁波陆文虎为首,皆出檄,玄倩几无以自容,而以死节一洒之"(《黄宗羲全集》第一册第377页)——正所谓"严于斧钺之诛"。

第三节 "一概之论"、"一先生之言"

上述"言路"、"清议"论,均属对政治性言论的批评。其时士人关于"言论"的言论,还包括对学术性言论的检讨。应当解释的是,这里所说"学术",在所论这一时期,亦即儒学思想体系。彭士望说:"天下之治乱系于学术"(《读书简要说序》,《树庐文钞》卷六),此"学术"即指儒学或与儒学有类似意识形态意义的思想体系。下文将要谈到的明清之际士人对"一先生之言"、"一概之论"的批评,作为儒学—理学内的反省,包含了对主导意识形态、尤其官方意志的批评,不止对刚刚成"故"的明代有针对性。学术转型之际士人的有关批评,在认识论上,准备了"清学"(主要是清代经学)的条件。

儒学作为官方意识形态,培植了极端卫道、护法的学术立场①,到本书所论这一时期,上述学术立场之为儒学发展的障碍,已成部分儒者、学人的共识。这也才能解释在有关的话题上,取向不同的论者所显示出的超越学派立场的一致性。

师从刘宗周、被归入"蕺山学派"的黄宗羲,对借诸程朱之学的学术垄断,持激烈的批评态度,像是最顺理成章。他不厌重复地谈到"一先生之言"(即朱子之言),如说"自科举之学兴,以一先生之言为标准,毫秒摘抉,于其所不必疑者而疑之;而大经大法,反置之而不道"(《万充宗墓志铭》,《黄宗羲全集》第十册第405页)。《恽仲升文集序》一文言之更痛快淋漓。该文说"世之庸妄者""执其成说,以裁量古今之学术,有一语不与之相合者,愕眙而视曰:'此离经也,此背训也。'于是六经之传注,历代之治乱,人物之臧否,莫不各有一定之说"(同书第4页)。他最所不满者,是"此亦一述朱,彼亦一述朱"(《孟子师说》,《黄

---

① 其时陆陇其等,即持极端护法的姿态。吕留良也说"凡朱子之书,有大醇而无小疵,当笃信死守,而不可妄置疑凿于其间"(《与张考夫书》,《吕晚村先生文集》卷一)。同书同卷《答吴晴岩书》宣称"笃信朱子之说","终不敢有毫发之疑,真所谓宾宾然守一先生之言者也"。自谓得以尊信孔子之道者以孟子,得以尊信孔孟者以朱子,"故某之尊信朱子也,又亲于孔孟"。可证王夫之、黄宗羲等说"一概之论"、"一先生之言"的针对性。

宗羲全集》第一册第48页）。①

　　与黄宗羲同门的陈确，也对"学者蔽于习俗，狃于见闻，敢于诬孔、曾而不敢议程、朱"（《大学辨二·答查石丈书》，《陈确集》第569页），深致不满。至于他所说"今之所为程、朱，人人自以为孔、孟复出，奉之者为正学，倍之者为异端"，自说其《大学辨》之冒犯时讳，"凡弟所言，皆犯死道"（《大学辨三·答恽仲升书》，同书第609页），也提示了其时学术空气的紧张性。

　　黄宗羲等人的说法，或可认为有师门渊源。刘宗周曾于此标出"公"之一义，说："夫道者，天下之达道，而言道之言，亦天下之公言也。孔孟之言而不足，则程朱言之；程朱言之而不足，则阳明子言之；阳明子言之而不足，则后之人又言之者。"（《答胡嵩高、朱绵之、张奠夫诸生》，《刘子全书》卷一九）"道者天下之达道，学者天下之公言。"（《答史子复》，同上）黄宗羲也在所撰钱启忠墓志铭中说："盖道非一家之私，圣贤之血路，散殊于百家，求之愈艰，则得之愈真。虽其得之有至有不至，要不可谓无与于道者也。"（《黄宗羲全集》第十册第341页）陈确更反复言之，如说："夫道者，千圣百王所共之道，天下万世之所共由共知，而非一人之所得而私也。"（《翠薄山房帖》，《陈确集》第565页）②

　　此义早经人发明，至少王阳明就说过："夫道，天下之公道也；学，天下之公学也，非朱子可得而私也，非孔子可得而私也。天下之公也，公言之而已矣。"（《答罗整庵少宰书》，《传习录》中，《王阳明全集》第

────────────

① 黄宗羲谈到此话题处尚多，《顾麟士先生墓志铭》说："科举之学，限以一先生之言……"（《黄宗羲全集》第十册第416页）在《明儒学案序》中，他说："夫先儒之语录，人人不同，只是印我心灵之变动不居。若执定成局，终是受用不得。"（同书第73—74页）改本《明儒学案序》论不必"归一"，说："奈何今之君子必欲出于一途，剿其成说以衡量古今，稍有异同即诋之为离卷畔道。"（第75页）在《移史馆论不宜立理学传书》中，更批评史馆中人所言"学术流弊，宜归一是"而"不欲稍有异同"（第213页）。《兵部督捕右侍郎酉山许先生墓志铭》也说："有宋以来，执一为道；以之治平，未见其效"（第467页）。《蒋万为墓志铭》："今日科举之法，所以破坏天下之人才，唯恐不力。经、史、才之薮泽也，片言不得搀入，限以一先生之言，非是则为离经畔道，而古今之书，无所用之。"（第479页）

② 陈确还说："夫道者，天下古今之所共由，非一人之所得而私也。论说则有是非，义理则有纯驳，亦凡有人心者所得而剖别也。"（《答吴仲木书》，同书第571页）

78 页)吕坤的说法更其透彻。他声称圣人并未穷尽真理("道"),曰:"道者,天下古今共公之理,人人都有分的。道不自私,圣人不私道,而儒者每私之,曰'圣人之道';言必循经,事必稽古,曰'卫道'……然道无津涯,非圣人之言所能限;事有时势,非圣人之制所能尽。"(《呻吟语》卷一之四《谈道》,《吕坤哲学选集》第 65 页)①

即使如此,刘门师弟子的上述重申,在其时决非多余。

被后世奉为清学开山的顾炎武的有关议论,更有对于经学的针对性,不妨认为较近于近人所认为的"学术批评"。顾氏回溯自汉至唐的经学发展,曰"唐立九经于学官","排斥众说,以申一家之论,而通经之路狭矣"。明永乐中纂辑《大全》,"欲道术之归于一","而通经之路愈狭矣"(《与友人论易书》,《顾亭林诗文集》第 41—42 页)。他还说"《易》不可为典要,唯变所适",以"必欲执一说以概全经"为"固"(《与友人论易书二》,同书第 43 页)。为学境界从来也系于人格,主张"以广大之心而裁物制事"(《答王山史书》第 83 页)者,自不至囿于"一先生之言"。

如上文所说,一时儒者、学人在此话题上,表现出惊人的一致。朱鹤龄曰:"六经之学,汉兴之,唐衍之,宋大明之,至今日而衰。其兴也,以不专一说而兴;其衰也,以固守一说而衰。何则?学成于信者也。信生于辨,辨生于疑,疑生于不一。"(《答徐太史健庵论经学书》,《愚庵小集》卷一〇第 487—488 页)"经学之荒也,荒于执一先生之言而不求其是,苟求其是,必自信古始。"(《毛诗稽古编序》,同书卷七第 330 页)辩《四书大全》,张自烈亦主张"不为一家之论",曰:"必如此而后谓之'大全'。若专主一说,如坊刻讲义,此说可从,彼说悉废,非当日《大全》命名初意。"(《与友人论四书大全书七》,《芑山文集》卷六)与黄宗羲、陈确等似相呼应,张氏也批评"后儒""不敢于倍先儒,而敢于叛孔、

---

① 参看吕坤《纲目是正序》、《易广引》、《经书断取引》等,均见《去伪斋文集》,《吕坤哲学选集》。《纲目是正序》说其惧"诋讪先贤、变乱成法之罪"而自焚其稿;其自撰之墓志铭则说"卷独知之契于一腔,付独见之言于一炬"(《大明嘉议大夫刑部左侍郎新吾吕君墓志铭》,《吕坤哲学选集》第 85 页)。《易广引》曰:"道非圣人所得专也,圣人亦未尝专道。""是圣人不专道而学者为之专也。"他批评欲"专道"者自居为"圣人守藏吏",痛快淋漓(同书第 33 页)。

孟"(同书同卷《与友人论四书大全书三》),说:"后儒强相傅会,率天下背孔、孟而从程、朱,某窃不取。"(同卷《与诸生论朱子集注书》)还说:"尊传注而背圣经,尊朱子而背孔、孟,率天下万世谓《集注》确不可易,与圣经比隆絜功,其谁信之!"(同卷《复陈伯玑论毁注书》)①孙枝蔚也表不满于因举业而"拘泥朱注",谓:"程朱岂尽当!"(《〈论语〉〈孟子〉广义序》,《溉堂集》第 1062 页)刘献廷对有明科试"斥古注疏不用"也有批评(参看《广阳杂记》卷五)。在宋元之后的理学语境中,上述议论显然是对力图定程朱之学于一尊的意志的挑战。但问题的提出,意义已不止于"圣学"阐释权的争夺,而是对正常的学术秩序的呼唤。

至于陆世仪批评"世儒尊经之过",则上承吕坤的思路,所涉及的问题,无宁说具有更根本的性质。陆氏提示了某些被讳言已久的常识性见解,如《书》与《春秋》,即后世之史也","《诗》即后世之诗也","《礼》则纪三代之典礼";他以为"五经之中,惟《易》在所不必续,其余《诗》、《书》、《礼》、《春秋》,皆在所必续"——尚非自我作古,而竟是自我续"经"。他还说:"然即三代之典礼文章,亦非言言可为法则者。"(以上均见《思辨录辑要》卷四)——非神圣化,也正是发展经学的必要条件。②

方以智更由认识史、知识积累的事实,证明了经典文本的非终极性。③ 他说守典要者"不知所为典要者,有上古之典要,有后世之典要。

---

① 张自烈《再与诸生论集注书》:"《集注》有必不可不从者,亦有必不可从者。不得其精义所在,泥注叛注,其弊一耳。"(《芑山文集》卷六)《四书大全初本序》:"然则学者以程、朱未定之论,与国初诸儒臣未精未备之书,从风以靡,不思雠正。"(卷一一)

② 陆氏自说有《诗鉴》、《书鉴》二书,"以窃附于孔氏《诗》《书》之义"。他对朱子《仪礼经传通解》亦不满意,欲为《典礼折衷》一书。以上均见《思辨录辑要》卷四。

③ 《东西均·扩信》由"汉使张骞,唐平西域,河源终未明,后览《元志》,阔阔乃溯河于朵甘思;江源止详茂州汶山,而不知马湖江溯金沙江,《缅甸志》乃溯江于吐蕃之犁石,则千古江汉之真源始显",说"必信《禹贡》,不信《元志》"之过。又说"张平子作地仪,祖冱之作缀术,则羲和、洛下疏矣。吴草庐说九层耶苏合图,满刺加诸星接井狼与箕星,为开辟所未有,是天象至今日始全"。还据技术进步,说"后出之理未可诬以为非先王之法言"(《东西均》第11—12 页)。这里所含蕴的知识论的观点,即"道"之为逐步发现,"见道"之为积累过程,为学有可能继续探求万物未尽之理——此种议论对清代经学环境的造成,无疑有积极作用。

上古圣人不得已而为之立名,此上古之典要也。今且传于世者不备,已而补之,已而就所变更者附之,后人不能远推,则愈传愈失,遂以讹误为典要者有之"(《等切声原序》,《浮山文集后编》卷一,《清史资料》第6辑第5页)。他甚至由"名—物"关系的多样性,达到了认知的相对性的结论。① 他的《东西均·反因》说"反因"即"正因",以异同共生为宇宙法则,更有哲学思辨的色彩:"吾每绎子思'代明'、'错行'二语,而悟相害者乃并育也,相悖者乃并行也。""犀利之机,全用翻驳。反其所常,痛从骨彻。何往而非害乃并育、悖乃并行哉?"(《东西均》第39页)同篇还说:"伏羲方圆,文王贞悔,孔子《杂卦》,无非错综,无非反对。往来交易,消息在此。老子曰:'反者道之动',非止训复也。"(同页)同时的陈确也有"水火相济"的说法(参看《大学辨》,《陈确集》第558页)。凡此,无不直接或间接地参与构成着有关思考的认识论背景。

　　程朱之学的作为官方哲学,是经了朝廷功令实现的。儒者复兴经学的要求,势必由对超越学派立场的学术原则、学术发展条件的思考,引向对官方思想统制的反拨。一时期的儒者、学人,在经历了被认为"荒陋"的学术时期之后,追究导致荒陋的根源,以上述议论,表达了恢复正常的学术秩序的愿望。

　　至于王夫之,虽其人对王学持批判态度,却并不以朱学卫道自居,在本节所及的话题上,所见与黄宗羲并无不同。② 但王夫之的议论尤为精彩的,是与本节所涉及的话题有关的论"一概之论"、"一切之法"。他在这一方面的论说,涉及政治、学术(即儒学)等不同层面,却显然有

---

① 《东西均·扩信》:"《尔雅》之'櫃',古谓之'荼',西域谓之'陀',亦谓之'择',吴谓之'烓',闽谓之'德',中原谓之'荼',是皆一物也,方言时变异耳(注略)。'太极'也,'精一'也,'时中'也,'混成'也,'环中'也,'真如'也,'圆相'也,皆一心也,皆一宗也,因时设施异耳。各有方言,各记成书,各有称谓。此尊此之称谓,彼尊彼之称谓,各信其所信,不信其所不信,则何不信天地本无此称谓,而可以自我称谓之耶? 何不信天地本无法,而可以自我凭空一画画出耶?"(《东西均》第12—13页)这种由命名权而达到的对主体能动性的自信,也令人可辨明清之际学人的风神。

② 如他说朱注所未备,不妨"补为发明",注所未及,不可"以非《注》所有而谓为异说"(《夕堂永日绪论外编》,《船山全书》第十五册第854页)。

认识论意义上的相通。他说"一切之法不可齐天下"(《读通鉴论》卷一六第607页),即井田、封建亦然。他一再说"时势异而一概之论不可执"(同书卷二四第924页);说"利民者,非一切之法所可据为典要,惟其时而已"(同卷第939页);说"惟格言之是据,则仁人君子之言,皆成乎蔽"(卷二六第1005页);"以一言蔽千古不齐之事变,适以自蔽而已"(同卷第1006页)。又一再申说《易》"不可为典要"①。这是王夫之关于世界的一般观点,无宁称之为"《易》的世界观"("《易》道"),也即其据以论"一概之论"、"一定之说"、"一切之法"的世界观。

他更以其特有的犀利,指出"奉尧、舜以为镇压人心之标的",出于狭隘的派别目的,其动机"与缁黄之流推高其祖以树宗风者无以异"(《宋论》卷六第153页);"建一先王以为号,而胁持天下之口"(同书卷一○第230页),不过是一种政治策略,无论庄周、许行,还是"篡国之大恶"、"犯阙之巨盗",无不"奉一古人残缺之书,掠其迹以为言"(同卷第231页)。这也正是此"一"的政治性含义。不消说王氏所揭出的,是一种存在已久的政治文化性格,这性格根于儒学传统,又参与构成着儒学语境。文化专制通常正由"文化人"执行,比如假"卫道"、"宗圣"的名义,掩盖利益关系,即"利"在垄断。

一时儒者、学人之于学术垄断的否定,无疑包含了对文化专制的批判,却不便得出有关论者一般地反对"文化专制"的结论。同一王夫之就认为:"经天下而归于一正,必同条而共贯";由此,他甚至认同董仲舒的主张,即"不在六艺之科、孔子之术者,皆绝其道",以为"此非三代之法也,然而三代之精义存矣"(《读通鉴论》卷三第125页)。上文提到的见识通达的陆世仪,其《思辨录辑要》卷二○说学校功能,就包括统一学术、言论——或非黄宗羲所能想见。他以为"天下古今止是一个道,则知天下古今止是一个学,凡道术而不出于学校之中者,当王道

---

① 如曰:"《易》之为道,无有故常,不可为典要"(《周易内传》,《船山全书》第一册第45页);曰:"……画与位合,而乘乎其时,取义不一。所谓'周流六虚,不可为典要',《易》道之所以尽变化也"(《船山全书》第一册第56页);曰"君子于《易》也,取法各有其时。时者,莫能违者也"(同上第375页),等等。

所当禁也。周衰,百家并兴,其原皆起于学校之坏。后世人主莫不思崇学校,而听天下各为异说,杂然与学校争持短长,何由致一道同风之盛哉"!

上述"一"言论、学术的主张,植根于儒学的基本信念,即"道一"。此"一",即"理一份殊"、"一本万殊"、"一致百虑"之"一"。此"一"与王夫之所谓"学《易》者不一其道"(《周易内传》卷一,《船山全书》第一册第 55 页)的"不一",并无牴牾。① 王氏的区分"一以贯之",与"执一以强贯乎万"(同上第 50 页),尤其有助于理解其所论"一概之论"、"一定之法"。② 在这种论说中,"一"既为道体所固有,非"一"于道,而是"一"于朝廷功令、"一先生之言",自被认为阻断了通向"道"的途径。文化专制的根据,存在于儒学逻辑中。

因而应当如实地认为,一时士人的批评"一概之论"、"一先生之言",针对主要在儒学内部,决不可混同于近代以来才得以形成的"学术原则"。即对王夫之的有关言论,也不便做超越其时政治体制与意识形态的引申。关于这一问题,我将在有关明清之际士人的"异端论"的分析中进一步展开。

对学术垄断的批判经历了积累的过程,明清之际士人所承,乃有明二百余年间积蓄着的批判能量。事实上,如吕坤有关思想的尖锐性,就未必明清之际的论者所能及。上文已提到的吕氏的《经书断取引》,不

---

① 王夫之说"一":"一者何也?自其以虚函天下之不齐也则曰中,自其以实体天下之不妄也则曰正,自其以心之动几觉天下之固然者则曰仁,自其以性之定理辨天下之当然者则曰义。以要言之,则曰诚而已矣。"(《船山经义》,《船山全书》第十三册第 658 页)孙奇逢则说:"支分派别之中,自有统宗会元之地。若其必不能一者,是其端与我异者耳,非本天之学也。"(《夏峰先生集》卷四《四书近指序》)这也被作为解决其时颇为纷纭的学派争持的认识论前提。至于王夫之的说"定论"、"贞胜",亦有关"真理"的认识论,超越了通常"异同"论的视野,尤足以标志易代之际有关明代言论的反思的深度(参看《宋论》卷一三第 303—304 页)。

② 其《老子衍》说:"天下之变万,而要归于两端。两端生于一致,故方有'美'而方有'恶',方有'善'而方有'不善'。据一以概乎彼之不一,则白黑竞而毁誉杂。圣人之'抱一'也,方其一与为二,而我徐处于中;故彼一与此一为垒,乃知其本无垒也,遂坐而收之……是之谓善争。"(《船山全书》第十三册第 18 页)

但显示了对于"经"的非信仰态度,而且由经典话语的可引用性,引用中的语义、语用差异,涉及了真理(道)的非绝对性("理本无执,用各有当");由"经文"作为文本的使用,提示了经文之为"道"的载体与其作为语言、思想材料这一种区分,有助于打破将经典文本等同于"道体"的误解。① 对经典的不同态度几乎始终存在。陆九渊的"六经注我"与吕坤所谓"引经",均可读作对经典意义的非绝对性的重申。有明一代相对活跃的言论氛围,鼓励了士人的立异。宋明学人"疑"、"辨"的风尚,与其时的理学也不无关系。甚至可以认为,制举的"经义"一体,也包含了有关"经"作为语言—思想材料的提示(参看王夫之对其经义的自序,见《船山全书》第十三册)。至少到明末,质疑《四书大全》等已非禁忌(参看《艽山文集》、《楼山堂集》卷一六《四书大全辨序》等)。凡此,都提供了明清之际上述议论得以展开的空间。

尽管清承明制,继续以体制化的方式(经由科举),以"朝廷功令"推广"一先生之言",发生在这一时期的学术的某种"职业化",却有利于个人化的经学话语的生成。而明清之际士人对将某种学说定于一尊的官方意志的拒绝,在有清一代虽继续遭遇压制,上述议论仍不失为有价值的思想材料。

附录

士人经验中的明清之际的言论环境

关于清初文字狱阴影下的言论环境,描述已多。对此我感兴趣的,更是亲历者的表述,士人对其时代、生存境遇的直接描述。因清初文网之密,这类描述不能不是片段的、零碎的,其间固有当事者的避忌,而当局的禁毁及保存、版行者出于惧祸的删削,更在所难免。却也正因此,

---

① 吕坤批判《仪礼》,非止于真伪之辨,而是质疑"经"本身。其《孔孟同异》(《襄垣策问》六首之一,《吕坤哲学选集》)说孔孟之"难以尽合"及孔孟言行之"自相抵牾",也显然非圣徒态度。凡此已非局于经学内部,而包含了其系统外的文化批评。

如下材料特具文献价值。

我首先注意到北方遗民傅山的有关表述。傅山《书〈山海经〉后》一篇运用《庄子》式的智慧，以寓言形式说言之为祸，可读作其时的奇文。傅山发挥《山海经》第一《南山经》"洵山之羬，状如羊而无口，不可杀也"，以口为"死地"，以言为"兵端"；进而诠释同书第二《西山经》"帝江状如黄囊"，曰"囊者，天下之妙道也"，"无口而后可囊，可不杀"，"不能无口而不见杀者，幸而已矣"（《霜红龛集》卷一七第514—515页），将士夫处文字狱阴影下的压抑愤懑，表达得曲折而尽致。其录《鬼谷子要语》："《权篇》：古人有言曰：口可以食，不可以言"（同书卷三四第931页），说"若耳有所听，口有所不道，亦非常人"（卷三七第1027页），"险莫险于谈论，危莫危于弄笔"，"寡言则途坦，焚砚则心安"（同卷第1041页），均可自注其论《山海经》。同书卷二三《寄示周程先生》曰："三年中集有小诗百首，急欲倾囊求教，拙口不能娴妙语，动触忌讳，不便邮寄。"也可知其时为傅氏所感之语境。王夫之《周易内传》卷一释"括囊无咎"，曰："危言则召祸，诡言则悖道，括囊不发，人莫得窥其际，慎之至也。"（《船山全书》第一册第81页）又可注傅山上述文字。

被清人视为醇儒的张履祥曾说到儒者率子弟家人"解经习礼"，"而嫉之者辄以'不降''社题'之流言籍籍"（《答吴仲木》，《杨园先生全集》卷三）——亦可见清初"告讦"风中的世情人心。张氏说到其师刘宗周年谱，以"谨藏"为嘱，曰"非一二深交之士，不敢出以同看"，亦应属对其时言论环境的反应（同书卷二四《答吴仲木》）。与张氏同门的陈确，也说"绝不敢"以此年谱示人（《寄刘伯绳书》，《陈确集》第616页）。

据说陈确"廉劲疾恶"，看其谆谆叮嘱其子"少作诗文"，因"一字一句，身家攸系"（《示儿帖》，同上第390页），则可知其人的谨慎。他说"名利"之足戒，所强调的也非止于害道，而是"受祸"，说不忍见同类"群然如扑火之蛾"，"相率而投网罗"（《名利》第419页）。同篇还说"居今之世"，"锋芒圭角，露一毫不得，一露即是杀机"。你因此可知刘门弟子所标举的"闇然之学"，也未始不包含生存策略。

其时的关中大儒李颙(中孚),对其所自设的言戒文戒,也像是持之惟谨,说:"仆自癸丑以后,文戒持之甚坚。"(《答秦灯岩》,《二曲集》卷一七)其主持书院时的语禁,包括"不得语及官员贤否,及他人得失,不得语及朝廷公事,及边报声闻"(同书卷一三《关中书院会约·学程》),违者有罚。戒其家人,则说:"所讲之言,自身心性命纲常伦理外,不可语及朝廷利害、官员贤否、边报声闻,并各人家门私事。"(卷一九《家戒》)《二曲集》中除为民请命的文字不免言及弊政外,几无政治批评,也可由李氏的上述言论态度解释。

刘城自说其崇祯己庚间作乐府数十首,"将入都,过维扬,友人万茂先游适至,览之袖焉。三日,持还余,曰:'后勿以示人。'会当有读者,指其口相戒曰:'守此如瓶耳。'既上燕台,不能不为人见。一日,梁公狄来,熟诵之无遗,曰:斯指某,斯指某,何如?"其"竦然悔之"。同篇说:"夫皋羽自哭,何与人事,而记语隐谲,诡文山为唐宰相,托友人以甲乙,斯固已异矣。至所南一书,以锡铁层函之,更沈井底,其谨严闳惜,何如哉!"(《书男蛾刻乐府变后》,《峄桐集》卷九)类似材料尚多。潘耒《赠屈翁山》诗二首中,有"琴心久歇辞谣诼,龙性初驯避弋缴"句。陈维崧《钱磏日史论序》假托客言,说所处情境:"今夫留意世事,术家所忌,恣言成败,滋人口实,以故疏诞如公等,或饮酒慴其机颖,或戏弄销其思智……"(《湖海楼全集》卷一)吴伟业记彭宾(燕又)语曰:"吾之诗以散佚不及存,以避忌不敢存。"(《彭燕又偶存草序》,《吴梅村全集》卷二八第670页)关于他本人,吴氏说:"自念平生操觚,不至于骫滞,今每申一纸,怛焉心悸,若将为时世之所指摘,往往辍翰弗为。"(《宋尚木抱真堂诗序》卷二八第675页)他所自说的"才之退",也应因此种状态。徐枋"诫子"诸事中有"毋言世事"、"时事",也以避祸为说(《诫子书》,《居易堂集》卷四)。

看吕留良《甲寅乡居偶书》、《癸亥初夏书风雨庵》(《吕晚村先生文集》卷八),吕氏似乎一再试图自我放逐,也应有自弃及畏祸的心理背景;至于祸发于身后,殃及后代,也足证其生前的紧张,决非自扰。(《吕晚村先生文集》附录吕公忠所撰其父吕留良《行略》,曰:"先君生而孤露,长而患难,壮而风尘,及其晚也,方思瘖歌泉石,而悲天悯人之意与逃名畏祸之心,两者未尝一日去于其怀。")吕氏与吴孟举书一再以"收敛谨密"为嘱(参看吕氏文集卷三),他本人却于身后得戮尸之祸,亦是一种讽刺。而因吕留良狱,屈大均长子将其父诗文集版片向广州府自首投监,请正典刑,更是遗民后代命运之奇惨者(事见《清代文字狱档》)。在遗民及其后代,世网之密,殆无过清初的吧。

唐甄是主张"除党"的;他说到他所处的时代,已难以有"党":"百官有司,救过保位之不暇,何党之能为!此所以不禁而自废也。昔之雄辩如锋者,今之杜口无言者也;昔之攻人必胜者,今之自守不足者也……"(《潜书》下篇《除党》第162页)也令人可感清初的政治气候。

你由颜元自设的诸种言语禁忌,更可感其人处清初之世如临如履的紧张,以至"杀身"的恐惧(参看《颜元年谱》第19、73页)。颜元更屡说"焚坑",惧祸之情溢于言表,且所惧非止于一己之祸,而是儒学之祸,又可谓虑之深远。如《存人编》说"今日儒运,恐遭焚坑,清流之祸不远矣!仆用是忧惧"(《颜元集》第146页)。《存学编》卷一也说"浮言之祸甚于焚坑"(同书第40页)。卷四《性理评》:"文盛之极则必衰。文衰之返则有二:一是文衰而返于实……一是文衰而返于野,则天下厌文之心必激而为灭文之念,吾儒与斯民沦胥以亡矣。如有宋程、朱党伪之禁,天启时东林之逮狱,崇祯末张献忠之焚杀,恐犹未已其祸也。而今不知此几之何向也。《易》曰:'知几其神乎?'余曰:'知几其惧乎?'"(第93页)

你不止于颜元处得知有关"焚坑"的历史记忆在其时士人那里刻印之深,张履祥似也对儒学命运怀着深忧。他自说"尝深疾夫近代之好为异论者",说秦之"废井田、开阡陌、罢封建、置郡县、焚诗书、坑儒士……是亦剖斗折衡之效也。学术之际何可不慎也!使当时学者循循焉慎守好古敏求之训,处士不敢横议,何至流毒若是之烈哉?"(《答陈乾初》,《杨园先生全集》卷二)朱彝尊也说:"然则非秦焚之,处士横议者焚之也。后之儒者,不本乎圣贤之旨,文其私说,杂出于浮屠老氏之学,以眩于世;天下任法之君多,有使激而治之,可不深虑也哉!"(《秦始皇论》,《曝书亭集》卷五九第694页)至于颜元的高弟李塨,也由学术之荒,警戒于"焚坑之萌芽"(《李塨年谱》第49页)。李氏甚至因他本人的"以贱抗贵"而凛凛然生惧(参看《李塨年谱》第120—121页)——士的意志之易为斫丧有如此者！

上述文字，无不示你以文字狱阴影无所不至的笼盖。而危险确是现实的。一时大儒，于清初因文字而濒于危境者，颇不乏人。顾炎武于清初曾两度入狱(顾炎武被牵连事，详见其《与人书》，《顾炎武诗文集》第231—233页)。王夫之自述其险些因"百梅诗"而遭人陷害，"不期暗香疏影中，作此恶梦"(《和梅花百咏诗》，《船山全书》第十五册第609页)。孙奇逢也曾处类似的危境。

描述清初言论压迫者，"文字狱"自是重大事件。清初三大案，及大规模的禁毁，无非对遗民及其他被认为残明势力的威慑，以销其声，令其在无声中自生自灭。清人杨凤苞《秋室集》卷五《记庄廷鑨史案本末》(《秋室集》，光绪癸未湖州陆氏刻)及傅以礼所辑《庄氏史案本末》(上海古籍出版社，1981)，因距其时已远，有可能从容记述当事者的处境心迹。我尤其感兴趣于此案的幸存者陆圻、查继佐等名遗民的遭遇。对陆、查等知名之士，事件的残酷性，或许尚不在其人及其家属被逮系之后蒙受的屈辱，而在陆、查等竟参与"首事"，且在蒙难诸人惨死后，为清廷所赏赉，而用以奖赏的，竟是死难者的财物。

杨氏《记庄廷鑨史案本末》记陆圻、查继佐、范骧首事经过，曰："陆、查、范三人未见书而闻其名在参阅中，于是年十二月各检呈于学道胡尚衡，胡饬湖州府学教授赵君宋检举。君宋买此书磨勘，摘出毁谤语数十百条，申覆学道。"(案发并非以此为直接因由)傅氏《本末》卷上记结案后的赏给，除首事的吴之荣"给与朱庄各犯财产十分之一"外，"查伊璜、范文白、陆丽京亦稍颁给什物器用"，陆氏女说除其父外，"亲见船泊慈感寺前，领朱庄厨桌家伙什物约十余船载去"。杨氏《记庄廷鑨史案本末》则曰"三人均委之不顾而去"。以此案之惨，因首事得赏，实在是太残酷的讽刺。或许在后人看来，以"委之不顾"较为合理？

至于"幸存"之后，则有陆圻的祝发为僧。傅辑《本末》所录陆圻之女记其父，"一日泊金山下，闻钟磬声，誓曰：苟得生还，所不祝发空门，有如大江！"是时陆氏一家尚在难中。此狱对陆圻精神的斫丧，或可由黄宗羲《思旧录·陆圻》一篇得点消息。只是黄氏所写不免于隐晦，要费一点揣想罢了。同案的范骧，似有所不同。民国修海宁州志稿卷二九文苑门范骧传，曰范氏"以史祸被逮，已而得释，志气如常"（转引自《柳如是别传》第 1137—1138 页），姑备一说。

那个时代的言论环境、政治氛围，正在上述士人的个人经历、经验中。

日本学者沟口雄三认为，明末那种皇帝批判在清代销声匿迹，"表现了担任明末舆论先锋的乡绅阶层、与同样出身地主阶层而与其共鸣的官僚阶层对清政权政策的基本赞同"（《中国的思想》第 104 页）。他将此主要归因于经济（土地）政策，即清政府"承认地主阶层的权益"："清政权把江南许多明朝的皇庄与王府解放而成民田，除确保自己的北方八旗子弟的被称为旗地的屯田之外，不增加朝廷的私有地。"（同书第 103 页）这里的确提供了考察有关问题的一个角度，但又像是问题的另一种简化。更直接的原因，似乎仍然应当是言论环境，尤其在清初那段时间。只有对言论的钳制，才有可能使士大夫杜口——尽管这观点早已不新鲜。

至于士大夫对言论钳制的反应，除上述"畏"、"惧"外，还另有神情、态度。王蘧常《顾亭林诗集汇注·前言》中说："炎武身处危境，值文网峻严之日，却敢于奋笔直书（虽以韵目代字，亦属一推便知，破译极易，迥异于现代的密码，丝毫不会起什么隐蔽的作用）……"（《顾亭林诗集汇注》，上海古籍出版社，1983）以隐晦为表达，无宁说证明的是表达的意志的顽强。刘城《李憼传》说李氏"以所纂著示人，鸟迹虫篆，群对之不能句"，"盖生而有铁函沈井之志也矣。悲夫！"（《峄桐集》卷一○）一方面是文字狱，一方面是遗民（尤其名遗民）在文字上的有意犯禁，士人心理也因而大可玩味。

汤斌等编孙奇逢年谱，于康熙三年记有如下事件："先生故有《甲申大难录》一书，济宁州牧李为授梓。至是严野史之禁，有老蠹见编内有'野史氏'字，以为此奇货可居，遂首大部，李被逮。此信初传，闻者皆为变色，先生正在水部座上，闻之，饮食谈笑自若，曰：'天下事只论有愧无愧，不论有祸。八十一岁老人，得此亦足矣。'遂投呈当事，自请赴部。适沧州陈子石奉敕来问学，辨析疑义，犹手为批答。同人皆诧其迁。奉敕曰：'学术所关甚大，余固知先生不以此介念也。'迄登车，尚问难不已……"由此固可知遗民治故国史的环境，也可见如孙奇逢者的定力。

下述归庄逸事，也颇见归氏当庄氏史狱时的情态："一日讹传公连湖州庄氏案，捕逮甚急，公不知也。襥被至洞庭山访其婿金侃于翁澍氏，澍方设席，闻公至，坐客皆散去。侃惊，遽出迎，止之门，问其所从，以公动止如故，延入告之。公云：'酒来！他何足问？'其浩然自得多类此。"（《归庄集》第601页）

至于庄氏史案中人临难的从容，更足作为士人（尤其遗民）所拥有的道德力量的证明。《秋室集》卷五记史狱诸人虽在缧绁中，精神意气不稍减（如《记吴楚》曰："时以史案系累者多文士。诸人银铛猘犴，慷慨赋诗，互相酬答，皆无困苦乞怜语"）。傅氏辑《庄氏史案本末》卷下记潘、吴二子就逮："两县令一司理登门亲缉，一则方巾大袖以迎，一则儒巾襕衫以迎，辞气慷慨。凡子女妻妾一一呼出，尽以付之。两县令一司理谓君家少子，姑藏匿，何必为破卵！两生曰：吾一门已登鬼篆，岂望覆巢完卵耶！悉就械……其慨然以妻子尽出者，岂真铁石心哉？一腔热血，有难言者存矣。"倒令人想知道，此种意气是怎样在有清一代销磨殆尽的？

即使如此，明清两代的言论环境，仍然不宜做笼统的比较。

有明一代相对开放的言论空间，可由活跃的讲学、党社运动证明。对此，明初最高权力者的许诺，其作用自不可低估。即如包括"百工技艺之人"在内的庶民皆可言事（"许直至御前奏闻"）的"祖训"（参看《大明会典》卷八〇、《大明律·礼律·上书陈言》），就无疑是对言论的鼓励，且确也被士人作为反抗压制的依据——尽管那"祖训"对言论及言论者未曾提供任何形式上的保障。

但也有另一面的大量事实。当明之世，即屡有批评"文网太峻"者。崇祯朝顾锡畴同一奏疏批评"文网太峻"与"议论太多"（参看《明史》卷二一六顾锡畴传），却未深究这二者看似矛盾的关系。钱谦益也说过有明"国初禁网促数，多所忌讳"（《制科三》，《牧斋初学集》卷九

○第 1872 页）。有明国初的大狱中，颇有借口言语文字的杀戮。而言论控制的成效，在"建文事件"上得到了突出的证明。这也是明代人主"消灭事实"的成功一例。

《西山日记》卷上《正学》记郑晓，"因丙辰李太宰为赵文华所讦奏论死，公曰：古以言杀身，况成书乎！悉界火，只遗《吾学》一编，《征吾》、《古今言》数册"。万历朝的吕坤，竟因其所感到的压力，自焚其所著《纲目是正》（参看《吕坤哲学选集·去伪斋文集·纲目是正序》）。张自烈到明亡之际，《与友人论四书大全书（一）》重评朱季友一案，对当时的毁其书尤致不满，曰："辱示后人妄著书，引朱季友为戒，谓《大全》不可易，学者恪守成说，不宜更有发明。某谓时儒不深观《大全》，或明知诸说未当，不加是正，无他，惩于季友而莫敢发耳。"（《与友人论四书大全书［一］》，《芑山文集》卷六）张氏在《与友人论四书大全书（三）》中，还说到"成化中礼臣周洪谟进《辩疑录》，言《五经》《四书》虽宋儒注释，间亦有仍汉、唐诸儒之误者，乞特敕儒臣考订，仰取圣裁"，那结果是"不允所请，并《辩疑》书不传"（同书同卷）。他本人虽断断论《大全》，却也仍以为有必要声明"某辩诸家解经传未当者，非辩圣经也"（同文）。攻伐异端之为学术风气，也受到一时代言论氛围的鼓励。钱谦益对明代国初史的"辩证"，赖有明末言论环境，却也正揭出了长期的禁忌所造成的史学后果。

关于有明一代的言论环境，正史也提供了考察的线索。《明史》卷七三职官志言及都御史职掌，曰"凡学术不正、上书陈言变乱成宪、希进用者，劾"。卷七○选举志："嘉靖十六年，礼部尚书严嵩连摘应天、广东试录语，激世宗怒。应天主考及广东巡按御史俱逮问。二十二年，帝手批山东试录讥讪，逮御史叶经杖死阙下，布政以下皆远谪，亦嵩所中伤也。""天启四年，山东、江西、湖广、福建考官，皆以策问讥刺，降谕切责。初命贬调，既而褫革，江西主考丁乾学至下狱拟罪，盖触魏忠贤怒也。"可略知其时文网之密。类似材料尚多。同书卷二○三陶谐传："正德改元，刘瑾等乱政。谐请以瑾等误国罪告先帝，罪之勿赦。瑾摘其伪字令对状，伏罪乃宥之。"卷二○六赵汉传记赵上疏，世宗"摘其伪字诘之"。卷二○七谢廷蒩传，记谢上疏，"语直"，世宗"摘疏中讹字，停其俸"。关于小人奸徒因知世宗"喜告讦",撼人语诬为"谤诅"的例子,见同书卷二〇二谢讦传、李默传。卷二〇三王仪传:"终嘉靖世多以诽谤斋醮获重祸。"卷二〇八余珊传录余氏世宗朝奏疏说"言路之塞",曰:"朝进一封,暮投千里。甚至三木囊头,九泉含泣。"卷二〇九冯恩传,曰世宗"诏廷臣各陈所见,而诏中屡斥异议者为邪徒"。卷二五一文震孟传记文氏天启朝奏疏中有"鸿胪引奏,跪拜起立,如傀儡登场"语,魏忠贤"乘帝观剧,摘疏中'傀儡登场'语,谓比帝于偶人,不杀无以示天下,帝颔之"。文氏后被斥为民。卷二五五黄道周传,记崇祯摘黄氏疏中语"令具陈",公卿藉其疏中语"为口实"事。其他因言论得罪者,不胜枚举,最为人知者,如世宗朝的杨继盛、天启朝的杨涟等。

至于明末党争中言论环境之凶险,已被反复谈论。吴伟业自说当年居京师,曾为"岁抄日记,有成帙矣",在明末党争中虽"藏在箧衍,不以示人",仍"恐招忌而速祸,则尽取而焚之"(《梁水部玉剑尊闻序》,《吴梅村全集》卷三二第718页)。方以智在其写于明亡前的诗文中,一再刻画其"惧",如曰:"钳口危冠日,何人敢出声"(《流寓草》卷四《不及送成宝慈先生感而有作》),曰"寄书常恐入京师,告密门开辇下疑"(同书卷六《寄夏彝仲》)。同卷《呈金天枢先生》中也有"入穴彼方张虎翼,拟书惟恐逆龙鳞。为予涂却甘泉稿,请作诙谐讽谏臣"等句。他自述"有所著作,或伤时事,则焚其草,敢令今人一寓目乎!"(《浮山文集前编》卷三《稽古堂二集》卷下《七解》注,转引自《方以智年谱》第81页)周亮工引徐世溥(巨源)语:"今天下文章声气,可谓盛矣;虽然日午月望,有道者所不居,异日必有以刻文得罪功令,数十里不敢通尺书者。"说"已而娄东复社,果有违言,识者谓巨源卓识"(《因树屋书影》卷一)。其实这一种预测无需"卓识"。

至于两个朝代之交的这一时期(亦时间界定不明确的一时期),状况更有其复杂性。明清易代,并非即引出断然的更革。由陈确清初辩《大学》,同侪"立危论以惧之",甚至以"集众泣请"相要挟(《答查石丈书》,《陈确集》第568页),可感有明一代理学语境的延展。至于陈氏所说"凡弟所言,皆犯死道"(《答恽仲升书》,同书第609页),虽似有夸张,却也可证此时离吕坤的时代并不相远。张自烈辩《四书大全》,也一再声称不惧"浮议"（其时南京有"谤揭"），表明所感压力之大（参看其《复四方及门论毁注书》、《复及门诸子辨谤书》等，《芑山文集》卷六。按，张氏《四书大全辨》明末曾板行，且得官方支持，其《复友人论字汇辨书》说该书"南雍则为咨部梓行，直指则为特题进御"，亦张氏引为得意者，与陈确《大学辨》所遭又有不同）。而士人的好争也如故。其时知名之士如钱谦益、黄宗羲、徐枋、潘耒等，于清初之僧诤，均不欲作壁上观。潘耒等更揎拳捋袖，气势汹汹，甚至不惜动用政治手段，藉有司之力（如潘耒之于僧人大汕，事详《清初僧诤记》）——也证明着明末清初共一言论场这一事实。"言论环境"从来由士人参与造成。在某种情况下，士人承受的，确是其参与造成的后果。"士论"亦言论环境的重要构成部分。

但上述情况仍不能稍减有清一代言论压制的严重性。

上文所说"清初"，不免笼统。归庄谓顺治时"禁网疏阔"，"康熙初，为国史事，杀戮多人，自此文网渐密"（《随笔二十四则》，《归庄集》卷一〇第 518 页）。谢国桢的说法是："当清顺治、康熙之间，虽有庄氏史狱，尚无禁书之举。康熙十七八年间，广征遗书，编修明史，尚未有焚毁之事。洎乾隆三十年，修四库全书，始同时焚销野史。"（《增订晚明史籍考·自序》）就学术而言，直接承受言论压制的后果的，首推史学。禁毁所造成的文献的缺失，首先即有关易代过程的文献，包括与"建州"有关的文献，与屠戮有关的文献，与南明有关的文献，以及与明"忠义"、"遗民"有关的文献。明以国初史（龙凤年号、功臣末路等等）为讳，清亦以述"东事"、"辽左"、"建州"等为大忌。凡涉"来历"，均所讳言，务期"来历不明"。一时文字因有关记述（以至因"夷狄"、"酋"等字样）遭墨涂、刊落、删改、禁毁者，比比皆是。

《清史稿》卷一四《高宗本纪（五）》：四十一年"十一月甲申，命四库全书馆详核违禁各书，分别改毁。谕曰：'明季诸人书集词意抵触本朝者，如钱谦益等，均不能死节，妄肆狂狺，自应查明毁弃。刘宗周、黄道周立朝守正，熊廷弼材优干济，诸人所言，若当时采用，败亡未必若彼其速，惟当改易字句，无庸销毁。又直臣如杨涟等，即有一二语伤触，亦止须酌改，实不忍并从焚弃。'"在士人看来，更为可惧的，应是禁书及

"改毁"。被禁绝声音,在以"言"为重要存在形式的士人,几等于死。文字狱与公然的"禁",是"消灭";"改毁"则是"修改历史"。由"存史"的角度看,后者的恶果或更有甚于前者。

在此氛围中,整理笺校者出于谨慎、惧祸而删削者,所在多有。钱曾(遵王)自序其《有学集》诗注,曰:"余年来篝灯校雠,厘正鱼豕。间有伤时者,轶其三四首,至《秋兴》十三和诗,至可追踪少陵,而伤时滋甚,亦并轶之,盖其慎也。"(见《柳如是别传》第1169页)至于不待他人刊落、当局抽毁,本人动手削板使"轶"者,也大有人在。张舜徽《清人文集别录》(中华书局,1963)关于黄宗羲著作,说《文定》、《文约》外,"顾未刊之文犹多。清末宁波一旧家,藏其手稿盈数寸。仁和叶氏,尝取与刊本对勘,凡文定文约所未有者,别钞一本,题曰'南雷集外文',盖皆当日宗羲所自删汰者。桐城萧穆,复从叶本过录,改题'南雷馀集',亦犹彭绍升之编《亭林馀集》也。凡文十八篇,五言诗一篇。其中若《两异人传》,专述明遗民抗清避世之实,其他亦载桑海时事迹为多,易触清廷忌讳,宗羲概加删汰,亦所以全身远祸耳"(卷一第11—12页)。吴光《黄宗羲遗著考》以为《明夷待访录》与《明夷留书》,"本来是合称为《待访录》的","后来所以析为二书,盖因其内容颇多触犯清廷忌讳之辞,所以刊刻时因为嫌讳而只选择了部分篇章,那些直接犯忌干禁的篇章则未敢刊布而仅存钞本流传……所谓《留书》也者,意谓留存未刻之书也"(《黄宗羲全集》第一册附录,第426页)。黄氏是为时主所重的大学者,其心理的紧张尚如此,其他人更不待言。

忠义、遗民文字的散佚,事迹的泯没,也就在这一过程中。先就湮没的,自然是与"抵抗"有关的史迹。全氏《梨洲先生神道碑文》说到黄百家所撰其父黄宗羲行略:"然予读行略中,固嗫嗫多未尽者,盖当时尚不免有所嫌讳也……特是公生平事实甚繁,世之称之者,不过曰始为党锢,后为遗逸,而中间陵谷崎岖,起军、乞师、从亡诸大案,有为史氏所不详者……"遗民自讳及时人为遗民讳其反清活动,在其时亦有普遍性。陆世仪参太湖军事,《小腆纪传》卷五三、《国朝先正事略》卷二七均语焉不详,陈瑚撰于当时的陆氏《行状》、陆氏之子所撰《行实》及《年谱》则讳莫如深(参看《陆桴亭先生遗书》)。遗民事迹当其世已就模糊者,尚有方以智。近人关于其"晚节"的考辨争议,即因其事的隐晦暧昧。余英时慨叹因文献的缺失,"故治密之之学者不仅无从详考其晚年思想之进展,并其逃禅后之行止,亦鲜有能确言之者"(《方以智晚节考》增订版第 5 页)。你因而可知,其时士所处言论环境,固然见诸存留至今的文字中,更应于无字、不言处,于故为隐晦暧昧处寻索,于文献灭没处寻索。

全祖望说杲堂诗文之幸存,及于遗民的一般命运:"谢皋羽之卒也,自其《晞发集》、《游录》而外,皆以殉葬,故不存。郑所南沉《心史》于井底,三百年而始出……皋羽之幸而存者,冬青之岁月,西台甲乙之姓氏,尚成疑案;所南之幸而得出者,或且以为姚叔祥之赝本。"(《杲堂诗文续钞序》,《鲒埼亭集》外编卷二五)《黄漳浦集》所载黄道周门人为收集黄氏散佚著作所撰的《收文序》,开头就说:"二十年漳上乱如雨,夫子之文章欲坠于地,犹秋蓬耳,学士逡巡未敢言,不亦异乎!"如黄道周、刘宗周,有门生弟子搜集遗作于身后,尚属幸者。张相文(慰西)《阎古古全集序》曰其人"著述虽多,徒以语触时忌,尽付销沈,向所流传于世者,仅得见其诗文数帙;又复数经删削,事迹俱亡,一二传后,虽其子孙,亦莫能言其真相"。李清《三垣笔记》李详《序》说李清是书当"乾隆四库初开,采进之始,即著禁毁之目",朱彝尊《曝书亭集·兴化李先生寿序》亦被抽毁。刘世珩辑《贵池二妙集》附录侯方域为吴应箕《楼山堂遗集》所作序,说吴应箕"死时文章散佚,而当路大臣又曾上露布著以殷顽之目,以此见者皆以为讳甚,至其片言只字毁灭之恐后"。黄荫普《翁山文钞跋》曰:"翁山先生著作,经严禁后散佚甚多。《屈沱五书》中《皇明四朝成仁录》完本已绝于霄壤,《易外》多属残帙……《文外》原刻本流传已罕,旧刻本实非完璧,嘉业堂刻本国学扶轮社排印本则更多臆改。《诗外》旧刻本流传虽广,亦多残缺……五书中惟《广东新语》较为完整耳。此外《道援堂集》《翁山诗集》均有删易,《广东文选》亦属罕见。余则徒存其名,以供后人景仰而已。"(文见《翁山文钞》)遗民子孙以其文字为不祥,闷之惟恐不谨。戴名世《天籁集序》自说其"侨寓秦淮之上,闻秦淮一二遗民所著书甚富,当其存时,冀世有传之者而不得,深惧零落,往往悲涕不能自休,死而付其子孙。

余诣其家殷勤访谒,欲得而为雕刻流传之,乃其子孙拒之甚坚,惟恐其书之流布而姓名之彰者"(《戴名世集》卷二第30页)。《静志居诗话·韩纯玉》:"中吴韩君望、西吴韩子蘧,皆辑明一代之诗,君望曰《诗存》,子蘧曰《诗兼》,惜其书均未布通都,二子先后奄逝,其家人故友不复肯出,恐终归覆酱而已。"(第708页。按,韩洽,字君望;韩纯玉,字子蘧,均为遗民。)文网文禁对著述流布的影响,于焉可见。谢国桢说:"自乾隆中收缴禁书之后,遗黎私记,复壁秘藏,抽毁殆尽,残剩百一,幸故乡耆旧,犹及见此者,每酒酣耳热,间述旧闻,犹存口说。遗文轶事,其幸而存于今者,盖亦仅矣。"(《增订晚明史籍考·自序》)

对于治史有致命影响的,还有其时士人慨叹不已的"载籍之厄";而此"厄"也非止缘于战乱兵燹。朱彝尊谈到过他本人有关故明的藏书在清初史狱中的散失,曰:"……凡涉明季事者,争相焚弃。比还,问曩所储书,则并楗亡之矣。"(《曝书亭著录序》,《曝书亭集》卷三五第440页)全祖望一再说及"讳忌"、"嫌讳"影响于清初文献(参看《鲒埼亭集》卷一一《梨洲先生神道碑文》、集外编卷六《明故按察副使监军赣庵陆公墓碑铭》、同卷《明娄秀才窆石志》等)。由傅以礼《华笼年室题跋》等,可知明遗民述故国史之艰难,及有关明末、南明史著的命运——庄氏史狱不过是其彰明较著者。而南明史,陈守实认为"至近儒章太炎(炳麟)始极论之"(《明史抉微》,《明史考证抉微》第5页)。

言论钳制的更深远的后果,仍在士人的"精神意气"。梁启超说:"治明史者常厌野史之多,治清史者常感野史之少。"(《中国近三百年学术史》十五,第413页)他由史学的方面比较清代与宋明两代著述,曰:"至如笔记一类书,宋明人所著现存者,什之五六皆记当时事迹。清人笔记有价值者,则什有九属于考古方面。求其记述亲见亲闻之大事,稍具条理本末如吴仲伦(德旋)《闻见录》、薛叔耘(福成)《庸庵笔记》之类,盖不一二觏。"(同上第415页)也令人可辨由明到清言论环境及士风士习变动之迹。近人朱杰勤也说:"故终清之世,不独讥刺朝廷之语,绝无所闻,即掇拾掌故,导扬盛美之书,如《熙朝新语》、《石渠广记》之类,亦不多见,其稍抒议论,有裨故实者,惟《啸亭杂录》、《庸庵笔记》而已。"(《龚定庵研究》第34—35页,商务印书馆,1940)

陈守实《明史抉微》引钱大昕剖析刘知幾心迹语，以之为清代诸史家写照。陈氏还说："诸家考订前代文史事多刻，一言及《明史》，即以史稿为弹射之的，而于《明史》本身，不敢多所论列也。虽以章实斋之奋迅跅弛，不为旧说所樊篱，尚不敢评述《明史》（章氏文史通义绝口不言前明史事谅非无因）。此中隐情，自可于当时之政治状况揣度得之。"（《明史考证抉微》第9页）

当然，以上所罗列，也仍然是片断的"事实"，实际过程不能不是远为复杂的。我在本书的其他处已经说过，发生在明清之交的，固然有大规模的迫害，却也同时有明亡所导致的某些方面言论控制的松动以至禁忌的解除（参看本书第四章及第八章第三节）。明清之际一度活跃的言论，士人一度显示的批判精神，确也凭借了上述条件造成。至于清代经学的某种开放性，不也赖有"一先生之言"权威地位的丧失？这一过程的"解放意义"，自不应低估。本文着重于明清易代之际士人于其所处言论环境的感知与有关表述，略及于明清两代的有关事实，至于更全面的描述，已非本文所能负担。

下　编

明遗民研究

"遗民"无疑是古代社会一种重要的政治、文化现象。明遗民在古代中国的"遗民史"中尤占分量。这不仅因了人数之多,也不止因有关文献之丰富,甚至不止因其在生存方式、表达方式上引人注目的因袭与创造——遗民的自我形象制作,还因了其中的杰出人物,如顾炎武、黄宗羲、王夫之等所提供的深度:他们将"遗民"作为现象的重要性大大地强调了。这使得以明遗民作为标本的遗民研究,仍然不失为有价值的课题。

　　"遗民人生"是有待营造的。以下试图展示的,是明遗民由各方面自觉营造这一种生存方式的努力。这也是遗民的自我认同逐渐强化的过程。明遗民构成清初社会的特殊族群,充分呈现了其作为时间现象,而又以特殊形态,表现了士的一般面貌:士对生存的道德意义的注重,士在与其时其世、与当代政治的关系中自我界定的努力。至于学术价值的创造,则是明遗民的特殊贡献,尤为前此的遗民史所未曾有。凡此,均将于下文中展开。

第五章　遗民论

第一节　论"遗"

辨析与界定

我首先注意到明清之际以至清代"明遗民论者"所热中的诸种辨析,其基本动力不像是理论兴趣。中国士人在人伦衡鉴上,有无穷的热情与丰富的经验积累,但与遗民有关的辨析又似非仅仅出诸上述热情。

首先是"遗"、"逸"之辨。

儒家经典似并无"遗"、"逸"这一种区分。陈垣《明季滇黔佛教考》说:"昔孔子论逸民有三等,曰不降其志,不辱其身,伯夷、叔齐欤,此忠义传人物也。谓柳下惠、少连,降志辱身矣,言中伦,行中虑,此隐逸传人物也。谓虞仲、夷逸,隐居放言,身中清,废中权,此方外传人物也。"接下来说"明遗民","剃发可谓降志辱身矣,然苟不仕,君子犹以为逸也"(卷五第262页)。这里说"逸民",仍然以"逸"通"遗"。明清之际的论者,对"逸"、"遗"却辨之特严。① 归庄序时人朱子素《历代遗民录》,特为指出朱子素用意之异于圣人:"孔子表逸民,首伯夷、叔齐,《遗民录》亦始于两人,而其用意则异。凡怀道抱德不用于世者,皆谓之逸民;而遗民则惟在废兴之际,以为此前朝之所遗也。""故遗民之

---

① 也仍有例外,如屈大均就不大关心其间的区分。"逸民"的原型是由儒家经典提供的。屈大均当着自我阐释时,仍直接利用有关的思想资源,"取孔子所称隐录为一编,名曰'《论语》高士传'",并以"七人之堂"名其堂(参看《翁山文外》卷一《七人之堂记》)。按,"七人"即《论语》中的仪封、晨门、荷蒉、楚狂接舆、长沮、桀溺、丈人)。

称,视其一时之去就,而不系乎终身之显晦,所以与孔子之表逸民,皇甫谧之传高士,微有不同者也。"(《归庄集》卷三第 170 页)上述区分当归庄撰写此序时,已属常识性见解,所以郑重申述,无非出于遗民自我诠释的冲动。

至于到全祖望的那个时期,混淆却可能出自复杂的动机,故而对明遗民事迹特具兴趣的全氏,认为有强调其间区分的必要。全祖望在其《移明史馆帖子五》中说:"惟是隐逸一传,历代未有能言其失者。少读《世说》所载向长、禽庆之语,爱其高洁,以为是冥飞之孤凤也,及考其轶事,则皆不仕新室而逃者,然后知其所谓富不如贫、贵不如贱,盖皆有所托以长往,而非遗世者流也。范史不知其旨,遂与逢萌俱归逸民,于是后之作史者,凡遇陶潜、周续之、宗炳之徒,皆依其例,不知其判然两途也。"(《鲒埼亭集》外编卷四二)全氏意在借诸体例"史法"标明价值、意义,着眼在其人"道"之不同。他因《涧上徐先生祠堂记》说吴钽(稽田):"稽田抱刘琨祖逖之志,而又欲雪其王衰之耻,故终身冥行不返家园。""且由是而知先生之高蹈,非石隐者流也。"(《鲒埼亭集》卷三〇)你由全氏对此的强调,可以相信其人尚未出"明清之际"的语境。

李楷(叔则)《宋遗民广录序》开头就说:"遗民非逸民也。"(《河滨文选》卷四)"遗"、"逸"之辨的必要性,多少系于后世(即孔子之后)士人对"逸"的评价态度的变化;这种变化在宋元以来的理学氛围中得到了强化。在理学人物,问题的敏感处无非在"逸"这一语词所提示的人生态度。丁元荐说过:"处乱世吾得二人焉,一曰管幼安……其一文中子,教授河汾,陶铸诸将相才为文皇用,所为隐居求志,非沮溺伦也。"(《西山日记》卷下《日课》)到易代之际顾炎武的说文中子,王夫之的论管宁,着眼处也在其人处乱世的积极姿态,即隐而不逸。

在传统语境中,与"逸"相对待的是"仕";"逸民"是以不仕为标记的。当王夫之说"虽衰世之朝廷,犹贤于平世之草野"(《周易内传》卷二,《船山全书》第一册第 205 页)时,固然由"士的造就"着眼,却明白无误地表明了他关于"仕"的价值态度。既然以为君子"以仕为道",王夫之对世俗所称的隐者(多属"逸民")即少有许可,对"隐"也界定特严。他说:"遁非其时,则巢、许之逃尧、舜,严光、周党之亢光武也;非其义,则君臣道废,而徒以全躯保妻子为幸,孟子所谓小丈夫也。"(同书卷三第 291 页)"遇难而恣情旷废,无明道之心,志节虽立,独行之士耳,非君子之所谓贞也。"(同卷第 311 页)①王夫之论"潜德",涉及了其时士夫的诸种生存情境。他赋予其所谓"退"、"处"、"遁"的含义之积极,尤能见出他本人的儒者面目——终极目标既是"龙德"的达成,而"处"与"出"均为"优入圣域"的路径。大致同时的颜元,对《论语·微子》篇所记逸民颇不以为然,说:"天为世道人心生圣贤,原不是教他'逸'的。七先生身分各有一定的,可不可便各自成一高品,而不做担当世道、劳济生民的人,故曰'逸民'。"(《颜元集》第 226 页)

处思想活跃、取向各异的明清之际,即使同为儒者,也仍有着眼处的不同。黄宗羲以为如严子陵的不乐仕进,虽像是无关于"道",仍对士人有风示意义,大有益于世道人心。②孙奇逢甚至不讳言"逸"之为目标,自说其所撰《李逸士传》,曰:"传称逸士者,以其不系籍于士而欲遗之,遗所以成其逸也。遗其名正欲逸其心也。""士必先遗声利而后能逸。遗声利矣,稍有愤激于贫贱之念,而心已为贫贱所役,是亦不得逸也。"(《夏峰先生集》卷五)在这种表述中,"逸"俨然是较之"遗"更高的境界,而"遗"则是成"逸"的条件,表现为不囿于道德眼界的对人生境界的追求。他本人或者也是因"遗"而"逸"者。朱鹤龄则以出诸

---

① 《读通鉴论》谈"严光之不事光武",以为"隐之为言,藏道自居,而非无可藏者也",结穴在君子"以仕为道",因而严氏不足法上(卷六第 231 页)。《宋论》更说及以严光等为高尚的流弊:"故严光、周党、林逋、魏野之流,使出而任天下之重,非徒其无以济天下也,吾恐其于忠孝之谊,且有所推委而不能自靖者多也。诚一弛而不欲固张,则且重抑其情而祈以自保,末流之弊,将有不可胜言者矣。"(卷一〇第 254—255 页)这与王氏关于恬退、无"嗜欲"之足以销蚀"生气"的说法相通。在儒者看来,士的"隐""见""出""处"只系于"道"。刘宗周《论语学案二》:"有道而不见,必其道不足以见者也,可耻。无道而不隐,必其道不足以隐者也,可耻也。"(《刘子全书》卷二九)

② 《前乡进士董天鉴墓志铭》曰:"严子陵不乐仕进,非曲避以全道也。彼'俊、及、顾、厨'之党人,亦未尝憔悴江海之上。两者似不相蒙,而君子溯流穷源,以为东汉之名节始于子陵。万历之后,吴中归季思、张异度、李长蘅皆早谢公车不赴,此是自甘淡薄,亦复何关天下事,人乃目之为清流?"(《黄宗羲全集》第十一册第 49 页。按,归季思,归子慕;张异度,张世伟;李长蘅,李流芳)与王夫之所见不同。

"性分"的"逸"为高。他说:"范蔚宗之论逸民,以亲鱼鸟、乐林泉归之,性分所至,非可矫饰为也。"(《愚谷诗稿序》,《愚庵小集》卷八第405页)其《竹笑轩诗集序》曰:"介白为人,磊砢自异,峭岸不为俗所喜,盖冯敬通、梁鸿、赵壹一流。山居之后,不异头陀,钟夕香朝,意颇自适,犹之渊明,隐逸自出天性,非尽以不臣刘裕为高也。"(同上第411页)仅由此看来,朱氏并不愿附和时论,强调隐逸的政治含义,而宁坚持传统的品藻尺度,以所谓"逸品"为难得。只不过当此之际,"逸"之不易,"处"之不得已,不能不是更普遍的经验。在经济压力与政治羁縻下,朱氏所欣赏的"逸品"也难得存活。张履祥当劳顿穷乏之余,就喟叹道:"古称'逸民'、'处士'。今'民'矣,何从得'逸';'处'矣,有愧于'士',其如之何哉!"(《与陆孝垂》,《杨园先生全集》卷六)

　　"必也正名乎!"遗民的身份确认,本也系于视角,系于论者所处的位置与论旨。著名的宋遗民谢枋得,就在其著名的"却聘书"中用了调侃的口吻说道:"今既为皇帝之游民也,庄子曰:'呼我为马者,应之以为马;呼我为牛者,应之以为牛。'世之人有呼我为宋逋播臣者,亦可;呼我为大元游惰民者,亦可;呼我为宋顽民者,亦可;呼我为皇帝逸民者,亦可……"(《上丞相留忠斋书》,《谢叠山先生文集》卷二)①不消说,谢枋得意欲宣泄其亡国之民的悲愤,但事实确也如通常的那样,界定、归类,总不免于将对象清晰化有时也片面化了。"遗民"也如其他命名,是以抹煞差异、简化事实为代价的。这或多或少也是"易代"这一特殊历史情境的结果:急剧的历史变动造成极态,鼓励两极对立的思维方式,在"澄清"的同时将现象化简。实际生活却永远琐细而繁复。即如"遗"与"逸"在具体的人那里,界限即未必易于划定。强调区分,或也正因其相关。事实上作为一种生活方式,"遗"与"逸"几无分别——"遗"之为生活方式(以及表达方式),是直接由"隐逸传统"中承袭的。也正因此,才会有下文将要说到的后代遗民那里创造性的匮乏。遗或者逸作为一种表达式,作为一套语汇、一种语义系统,在重复

---

① 谢枋得的"却聘书"另有同书同卷《上程雪楼御史书》、《与参政魏容斋书》等。《谢叠山先生文集》,道光己酉重刊本。

运用中不可避免地凝固化了。士的选择受制于其早期历史所提供的模式——仅由遗民史也可以证明。我在下文中还将不断说到这一点。

至于明清之际士人有关"遗"、"逸"的界说，其重要依据是时机；正是时机，有可能掩盖了"个案"的丰富性。如孙奇逢，明亡之前即已"知世事不足有为，早谢公车，先后十辞朝命"，其为"征君"，非自清始，即使不遭逢易代，也未必不"逸"，不妨视为老牌逸民。傅山也如孙奇逢，因屡试不中，明亡前已无意仕进，以至制黄冠、衲头，师事还阳真人。[①]明遗民中由明末到清初，一以贯之地不应征召的，就颇不乏其人（尽管其不应征召的理由仍有不同）。这也让人想到，易代之际的"遗"未见得全由时势所迫成，也有可能基于其人的政治经历与士人传统的生存哲学。

一时名遗民中，很有几位不愿人以"山林枯槁之士"目之，拒绝以"高尚"为标榜的。傅山讥讽道："高尚名归义士羞，只缘人见彼王侯。钩除巢许严陵老，隐逸真堪塞九州。"（《口号十一首》，《霜红龛集》卷一三）孙奇逢屡说"有龙德者然后可以隐"（如同书卷一三《语录》）。他说他本人"迹似于隐而实非隐也，病也"（《报陈渟水》，《夏峰先生集》卷二）。将此话题由明末直说到清初，显示了其人生姿态的一贯。他说"世有不可必之行，而我无不可必之藏，所谓隐显一致耳"（同书卷四《中州人物考序》）。陈确也辞"隐者"之名，说："迨亥、子年间，确自以老于诸生，因病告退，初非好高。"（《哭长翁叔父文》，《陈确集》第345页）他不以"弃举子业"为标榜，也应出于另一种洁癖。他说"出一处"，正与孙奇逢的说"隐"相映成趣。李颙也说："如志非石隐，便应将经世事宜，实实体究，务求有用。一旦见知于世，庶有以自效，使斯世见儒者作用，斯民被儒者膏泽，方不枉读书一场。"（《四书反身录·论语下》，《二曲集》卷三六）也正是其人的面目。当"遗"已成时尚，拒绝以"隐"、"遗"邀誉，高自标置，不苟同时尚的价值观，拒绝将遗民方式与遗民道德普遍化、绝对化——儒者也以此实践其所谓"存诚"吧。

---

① 丁宝铨辑《傅青主先生年谱》曰："先生自壬午服冠衲，及经国变，遂不复释。"（《霜红龛集》第1304页。按，壬年，崇祯十五年）傅山训子侄，也"以隐德为家法"（《家训》，同书第705页）。

在士的历史上，"隐逸"之为传统，大大扩展了士的生存空间，从而也使得士与当道的关系、士在王朝政治格局中的角色地位复杂化了。历史生活中的"隐逸"在上述背景下，确又不只是个人化的生存态度、生存方式。至于"遗民"，更有可能将"遗"作为表达，将某种语义强化——不止强化其政治含义，而且借诸"易代"，以强化的方式表达对于士之为"士"的理解，对于士的独立性、士的选择自由的理解。这也因此不能不是语义严重的表达。

有关遗民的辨析并不止于"遗"、"逸"。屈大均不满于仅由"出""处"论遗民（或"逸民"），以为尚需依其"学"为甄别，他本人即以学黄老、方术，"失足于二氏"者的身份为可疑，甚至对陶渊明也不尽佩服（"昔朱子谓陶渊明古之逸民，然所说者庄老。噫嘻！先儒已惜之也。"参看《翁山佚文辑》卷中《书逸民传后》）。至于陈确的不以"处"为遗民境界的完成，认为处士尚需"择道而行"（参看其《道俗论上》，《陈确集》第169—170页），也正是其一贯思路。那是一个有识之士自我审视的时期。王夫之对士的出处去就的思考，表现出不囿于时论的独特性。孙奇逢、陈确的不取无条件的"处"，拒绝将遗民方式与遗民道德普遍化，也显示了较为开阔的历史文化视野。

同属"遗"，还有遗世与否的区分。遗民论者往往发挥《易》"遁"之义，而那诠解有时正见出各人的定位、选择。孙奇逢一再申明其无意于遗世独立。其79岁时《自赞》道："虽入山，非闭户；虽避地，非绝尘"（《夏峰先生集》卷九），避高隐之名若浼。其《遁义衷集序》辨"辟世"与"遁世"，曰："若问辟世与遁世之义，予曰：辟世必隐，遁世不必隐。辟则入山惟恐不深，古人所以有不留姓字于天壤者是已；遁世则如天山之两相望而不相亲，圣人处此，唯有不悔而已。辟世高，遁世大，此圣人、贤人之所由分也。""从来处士而盗虚声，皆无所挟以自固耳。荷蒉丈人一流，总谓之辟世，夫子序列于《论语》中，未尝不高其谊。至序逸民，不降不辱、中伦中虑、中清中权，皆遁之义也。遁之途宽，故遁之义大。"（《夏峰先生集》卷四）亦可知孙氏之取义。下文还要谈到，孙氏何止不遗世，他处清初之世的姿态无宁说是相当积极的。他的以邵雍、刘因等为仪型，岂不意味深长！他说："陈太邱、郭林宗、管幼安、陶渊明、

王文中子、周濂溪、邵尧夫、刘静修,不亢不悔,皆隐而蕴行之趣,未可与山林枯槁之士律论也。"(同书卷一三《语录》)

更细致的辨析往往略过模糊笼统的"遗"、"逸"一类名目,而关心其人的品位、等第(文化·道德)。这一种辨析本是士大夫所长;出诸遗民,则通常隐含着自我形象塑造的用意。事实上,明遗民中真正深刻的区分,确也是以选择的个人性,以各个人的自我界定、诠释为根据的。无论"遗"还是"逸",从来都非"一道"。程颐即说:"士之自高尚亦非一道:有怀抱道德,不偶于时,而高洁自守者;有知止足之道,退而自保者;有量能度分,安于不求知者;有清介自守,不屑天下之事,独洁其身者。"(《周易程氏传》卷二《周易上经下》,《二程集》第 793 页,中华书局,1981)张尔岐说:"古来隐逸,差等极多。《渐》之上九曰'可用为仪',《蛊》之上九曰'高尚其事'。此岂处士纯盗虚名者比哉?不然,贩夫菜佣绝意仕进,亦可以高士目之矣。"(《蒿庵闲话》第 394 页,齐鲁书社,1991)傅山对"不事王侯,高尚其事"也有别解(参看《霜红龛集》第833 页),其对"高尚"诠释亦严。王夫之《宋论》也说:"夫隐,非漫言者。考其时,察其所以安于隐,则其志行可知也。以其行求其志,以其志定其品,则其胜劣固可知也"(卷三第 96 页),应与其流品论并读。王夫之力图厘定的,无非是品类之别,因而其对隐逸对处士,都不主张做一概之论,而务为细致的区分(情境,动机,其有关行为对当世的意义,等等),他的自我期许、自我界定也正在其中。

分类及命名,本是通常的辨析手段。《读通鉴论》辨"征士"之名实,更像是有施之于近人近事的针对性:"被征不屈,名为征士,名均也,而实有辨。守君臣之义,远篡逆之党,非无当世之心,而洁己以自靖者,管宁、陶潜是也。矫厉亢爽,耻为物下,道非可隐,而自旌其志,严光、周党是也。闲适自安,萧清自喜,知不足以经世,而怡然委顺,林逋、魏野之类是也。处有余之地,可以优游,全身保名而得其所便,则韦复、种放是也。考其行,论其世,察其志,辨其方,则其高下可得而睹矣。"(卷一八第 673 页)这更可读作一篇时论。[1] 王氏在此提到考察遗民的

---

[1] 王夫之的有关辨析尚见于同书第 231、293—294、810 页等。

"行"、"世"、"志"、"方"诸原则;参以王夫之的其他议论,他似更注重其人"志之所存",力图消除因"迹"近而致的混淆。易代之际的月旦品核,较平世或更有其苛刻,甚至"死义"、"死事"者也不能免。关于遗民,虽全祖望在其《移明史馆帖子五》中以为"若概以忠义之例言之,则凡不仕二姓者,皆其人也",上述遗民却不欲人仅据"不仕"而做一概之论。甄别与辨析,也是撰写遗民传状、辑"遗民录"者为自己提出的任务。①

正是大量的明遗民传状使人看到,"隐逸传统"不但提供了士在仕之外的另一选择,而且积累了有关的理解、诠释,以至相应的叙事模式。因而如"明清之际"这种特殊历史情境中的士的姿态,关联着士的全部历史。无宁说"遗"是士的存在方式,是士之为士的一种证明。桃花源中人赖有偶然际遇,"逸"、"遗"则出诸选择,唯士才能有的选择。"选择"是士的特殊自由,也即其特殊困境,以至其痛苦之源。在这种意义上可以认为,"遗民"以特殊情境,将士的角色内容呈示了。甚至可以说,遗民未必是特殊的士,士倒通常是某种意义、某种程度上的遗民。因而可以视为下文将要谈到的遗民现象的时间性补偿的,正是"遗"作为士与"当代政治"的一种关系形式,作为士的政治—人生选择,作为士的生活方式、价值态度的普遍性。你由此可以相信,"遗民"拥有极为广阔的历史文化背景;其在士的大传统之中,并有力地诠释着这大传统。

意义论

遗民作为劫后余生,其生存意义被认为尤有待于论证。下述"意义论"即是遗民自我认同的必要条件。

有关遗民生存意义的论证,通常在与"忠义"的比较中展开,此种比较正是明清之际遗民论的敏感之点。清杨陆荣撰《殷顽录》,以死为取舍尺度,"弃官归隐野服逍遥者"不收,"虽大节无亏而不死者不录",其所谓"殷顽"即其他史著中的"忠义";而"野服逍遥"一类说法中包

---

① 据乾隆《嘉定县志》卷一一《艺文志·书籍》目所载朱子素《与友人论文书》,朱氏《历代遗民录》即有"孤臣"、"高义"、"全节"、"贞孝"、"知几"、"潜德"、"散逸"诸类。分类标准未见得统一,"等次"却在排列顺序中;也属于文本常见的表意方式。

含的评价态度,是不难感知的。"忠义"、"遗民"的名目,有时确也不止被用于区分不同情境,且被用于标明等次。《读通鉴论》说处乱世的四种情势与选择:"去之","捐脰领而报宗祊","待时而有为","易姓名,混耕钓,以全身而延支裔"。王夫之以"去"为合于"义",以捐生为"尚",对最后一途则无明确评价(卷一四第537页)。遗民本人的论忠义、遗民,亦未始没有等第区分。

此种区分由正史的体例予以认定;到全祖望提出质疑时,似早经相沿成习。全氏《移明史馆帖子五》肯定了《宋史》"忠义传序"所谓"世变沦胥,晦迹冥遁,能以贞厉保厥初心,抑又其次,以类附从"为"发前人未发之蒙"。而令人莫名所以的是,《宋史》列传十卷"仍只及死馁仗节诸君,未尝载谢翱、郑思肖只字",足证偏见之深不可拔。且此《宋史》之"忠义传序",也正是一篇"等差"论:分别忠义之死为"上",为"次",而以"毁迹冥遁"为"又其次"。也应因有见于此,全氏更慷慨言之:"则西台之血,何必不与苌弘同碧;晞发白石之吟,何必不与采薇同哀!使必以一死一生遂岐其人而二之,是论世者之无见也。且士之报国原自各有分限,未尝概以一死期之。""倘谓非杀身不可以言忠,则是伯夷、商容亦尚有惭德也。"确是一篇有力的意义论,尽管仍不足以影响《明史》的编纂体例。

持论与全氏相近者自不乏其人。《碑传集补》卷三六《高士戴耘野先生祠堂记》一文即以为"自古玄黄之际,忠臣义士不为捐躯湛族,则为远引高蹈,或韬影灭响留其身以行己之志,二者盖未易言轻重矣"。孙奇逢也说"死"与"遁"倘"有攸当","同归于仁"(《寄王生洲》,《夏峰先生集》卷二)。明清之际士人阐发此义,通常以宋人为现成的论据,如钱谦益以为"世有皋羽、圣予其人,诚令与履善、君实比志而絜功,其为斯世之砥柱则一也"(《张子石六十寿序》,《牧斋有学集》卷二三第930页。按,圣予,龚开;履善,文天祥;君实,陆秀夫)。

蒋臣《征君刘公伯宗行略》比较刘城(伯宗)与吴应箕(次尾),论生死难易,曰:"次尾既以义勇奋发,不忘丧元,如田横客烈烈以死,覆巢之下无完卵矣,幸赖伯宗存济其家,教养其孤,俾无颠阶。非一死不足以成次尾,然而所以处伯宗者,则更难矣。"(见《峄桐集》)近人缪荃孙序《贵池二妙集》,正沿用了上述说法:"吴先生正命后,掩遗骸、恤遗孤、编遗著,后死之责,刘先生独为其难,不以一死一生而人遂谓之不同也。"这是常见的遗民价值论之一种。

论遗民生存价值有进于此的,即如所谓"继志述事"。清人叶燮《徐俟斋先生墓志铭》曰:"然使先生从文靖公死于五十年之前,则夫子同尽固烈,而继志述事之义缺焉,于经事知宜、权事知变犹未尽善。"(罗振玉辑《徐俟斋先生年谱·附录》)"继志述事"较之"存宗"、抚孤之类,自被认为有更高的价值;其说也仍未出忠义遗民意义比较的范围。

遗民的自我价值诠释、意义期待尚不止于此。"存明"就比"存宗"分量为重。全祖望撰吴钟峦事状,引吴氏语,说所以为"存""亡",将有关的逻辑表述得最为明白:"事去矣,是非其力所能及也,存吾志焉耳。志在恢复,环堵之中,不污异命,居一室是一室之恢复也。此身不死,此志不移,生一日是一日之恢复也。尺地莫非其有,吾方寸之地终非其有也。一民莫非其臣,吾先朝之老终非其臣也。是故商之亡不亡于牧野之倒戈,而亡于微子之抱器,宋之亡不亡于皋亭之出玺,而亡于柴市之临刑。国以一人存,此之谓也。""是靖节千古存而晋未始亡也"(《鲒埼亭集》外编卷九),以"国"的存亡寄之于"其人"。吴钟峦更以为"商亡而首阳采薇之歌不亡则商亦不亡;汉亡而武侯出师之表不亡则汉亦不亡;宋亡而零丁、正气诸篇什不亡则宋亦不亡……"将意义论推演至极精妙的境界,却也因此更像是诗意表述。

上述论证为遗民提供了强固的信念基础,使其于亡国后的文化创造(经史之学、诗文创作等),均由"存明"获取了意义解释。张自烈《澹宁斋集序》:"先生不幸居后死之地,忘疾馁,外非誉,孳孳著书辨惑不遑暇,可谓独任其至难……非乡者恸西台、铜铁函,区区绝群赍恨,为足以尽先生也。"(《芑山文集》卷一二。按,《澹宁斋集》,李清著。)在张氏,不啻自道、自许。

于"存明"—"存天下"外,尚有"存心"—"存天下"的一种逻辑。明清之际的士人借郑思肖的《心史》自言其志,通常的说法是"此心不死,即天地常存"。屈大均就说过"心存则天下存"(《二史草堂记》,《翁山文钞》卷二)。屈氏还说到过"存道"与"存天下"——令人可感其时儒学的广被。① 至于遗民生存的道德意义,则一向被认为不限于一时一世。王夫之曰:"陶令之风,不能以感当时,而可以兴后世,则又不可以世论者也。"(《读通鉴论》卷一七第 624 页)上文说到"遗"、"逸"之辨。在风世这一点上,"逸"与"遗"的功用不妨其同。《梁史》的"处士论"说:"夫可以扬清激浊,抑贪止竞,其惟隐者乎!"王夫之也说:"逸民不乐在朝廷而轻爵禄,所以风示天下,使知富贵利达之外,有廉耻为重,则冒昧偷安之情知所惩,而以正人心、止僭滥者,其功大矣。"(《周易内传》卷二,《船山全书》第一册第 193 页)传统的隐逸论为遗民的生存意义提供了论证。

王夫之的表述有进于此者。他论管宁,说:"其用之也隐,而抟捖清刚粹美之气于两间,阴以为功于造化。君子自揭其才以尽人道之极致者,唯此为务焉。有明王起,而因之敷其大用。即其不然,而天下分崩、人心晦否之日,独握天枢以争剥复,功亦大矣。"他甚至以为"汉末三国之天下,非刘、孙、曹氏之所能持,亦非荀悦、诸葛孔明之所能持,而宁持之也"(《读通鉴论》卷九第 346 页)。不止于"风世",而且是"持世","潜"之关系世道大矣哉!而"尽人道之极致",则是唯他这样的儒者才能悬的价值目标。王夫之关于士所拥有的道德力量的信念,正可自注他本人的自我期许与使命承当。②

王夫之更以保存故国文献,为遗民生存的大意义所在。他在其史论中一再说及此义,如曰:"士生礼崩乐圮之世,而处僻远之乡,珍重遗文以须求旧之代,不于其身,必于其徒,非有爽也。"(《宋论》卷二第 61 页)说陈咸之"以生存汉","悉收汉之律令书文壁藏之"(《读通鉴论》

① 《翁山佚文辑》卷中《书逸民传后》:"……逸民一布衣韦带之人,曷能存宋? 盖以其所持者道,道存则天下与存,而以黄老杂之,则亦方术之微,乌足以系天下之重轻乎?""世之蚩蚩者,方以一二逸民伏处草茅,无关于天下之重轻,徒知其身之贫且贱,而不知其道之博厚高明,与天地同其体用,与日月同其周流,自存其道,乃所以存古帝王相传之天下于无穷也。"

② 以一人而关"天下",这里向有"非常之士"的一份自信。刘献廷是明遗民中的奇人。王源《刘处士献廷墓表》推重刘氏,正以"天下"为说:"生死无关于天下者,不足为天下士;即为天下士,不能与古人争雄长,亦不足为千古之士。若处士者,其生,其死,固世运消长所关,而上下千百年中不数见之人也。"(《居业堂文集》卷一八)

卷五第 209 页),说公孙述"储文物以待光武"、"存什一于千百,俾后王有所考而资以成一代之治理"(同书卷六第 240 页)——也可自注他本人易代之际的选择。① 顾炎武著书以"待王者起",黄宗羲著书而"待访",王氏称许"储文物以待"者,无不根于儒者有关"道统"—"治统"的固有思路。② 王夫之所谓"儒者之统,与帝王之统并行于天下,而互为兴替",所谓"帝王之统绝,儒者犹保其道以孤行而无所待,以人存道,而道可不亡"(《读通鉴论》卷一五第 568 页),应是其时有关遗民生存意义的最积极也最有力的论证。你在这里强烈地感觉到了儒学、理学之于士人的精神支撑。隆、万间吕坤著《呻吟语》,说:"天地间惟理与势为最尊。虽然,理又尊之尊也。庙堂之上言理,则天子不得以势相夺。即相夺焉,而理则常伸于天下万世。故势者,帝王之权也;理者,圣人之权也。帝王无圣人之理,则其权有时而屈。然则理也者,又势之所恃以为存亡者也。以莫大之权,无僭窃之禁,此儒者之所不辞,而敢于任斯道之南面也。"(卷一之四,明万历二十一年刊本)③

---

① 他本人对此说得很明白。他因汉的龚胜、陈咸,说士大夫当亡国之际的两种选择,即"自靖"与保存故国文献以存故国:"胜以死自靖,咸以生存汉","微二子,吾孰与归?"(《读通鉴论》卷五第 209 页)

② 陆世仪也说:"……若时不可为,道不可行,则洁身去国,隐居谈道,以淑后学,以惠来兹,虽高爵厚禄有所不顾。盖天下之所系者大,而万世之所系者尤大也。"(《与张受先先生论出处书》,《论学酬答》卷一)

③ 遗民之为选择与上述遗民论,或可视为对明代士风的反拨。有明一代,士习的"躁竞",士人的热中,屡为有识者所批评。王夫之就说过,因有"寰中士大夫不为君用"之律,而"安车蒲轮之典旷废不行",致使士人心理行为趋于"猥贱"。"昭代无隐逸",是被他作为一种时代病而谈论的(参看《搔首问》,《船山全书》第十二册第 626 页)。易代之际士人仕南明小朝廷、仕新朝如恐不及,稍有操守者无不引以为耻。黄宗羲《万悔庵先生墓志铭》记及当日江左士人"皆乘时猎取名位"(此处当指南明朝廷名位);清兵渡浙,"一时人讳言受职,皆改头换面充赋有司"。《户部贵州清吏司主事兼经筵日讲官次公董公墓志铭》中也说:"江东内附,异时宦为大官者皆自削去,举人则复求会试。"(均见《黄宗羲全集》第十册)《明季南略》卷一〇"张献忠陷蜀"及"附记"记张氏"悬榜试士,诸生远近争赴",为张氏所屠,以致"蜀中士类俱尽",极具讽刺性。传闻或有夸张,文字间士的耻辱感却是令人感得真切的。因而遗民的遗,尤其遗民的说"遗",又可读作明清之际士人一种特殊形式的历史省思。

至于遗民的处"遗民",自然因人而异,这是本书以下章节所要说到的。

第二节　遗民史述说

尽管《大雅·云汉》曰"周余黎民,靡有孑遗"[①],述遗民史,通常仍以"商周之际"为始点。到本书所论这一时期,"商周之际"因了儒家经典更因历代士人对经典的诠释,早已被赋予了原型意义:由文王、武王、纣,到王子比干、箕子、微子、伯夷、叔齐,几乎包括了朝代更迭中由君到臣的诸种角色。其中的箕、微、夷、齐,则被作为士人处易代之际可供选择的型范。

遗民自我指陈通常采用较为曲折的方式,其中就包括使用下文将要谈到的一系列象喻。遗民所述"遗民史",通常即遗民视野中的"历史";而遗民的由历史情境取喻,又构成了他们有关遗民史的特殊叙说。明清之际有关遗民的言说之丰富,确也涉及了一整部遗民史。而被反复称引、言说,作为型范的,除夷、齐外,尚有陶渊明、范粲、袁闳[②],以及著名宋遗民谢翱(皋羽)、郑思肖(所南)、龚开(圣予)、谢枋得(叠山)、汪元量(水云)等。出诸遗民的"遗民史论",是遗民用以自我界定、诠释的常用方式;其遗民史兴趣,正在于寻求自我象征,以至寻求将自身经历纳入史述的途径。全祖望《跋吴稚山岁寒集》(《鲒埼亭集》外编卷三一),说当吴钟峦尚在海上之时,就"合累朝革命之际仗节死者,自孤竹两公子始,合为一集,题曰岁寒松柏,而陶渊明、谢皋羽之徒则附

① 钱基博序孙静庵《明遗民录》,曰:"吾读《大雅》,至《云汉》之诗,曰:'周余黎民,靡有孑遗。'信斯言也,是周无遗民也,说者疑焉。""当是时也,镐京旧民,虽有一二眷念故国者,然而眠息虏廷,被发左衽,以坠天常,用夏变于夷,虽曰无遗民,可也。"(孙静庵著《明遗民录》附录《原序》第370页,浙江古籍出版社,1985)

② 范粲、袁闳事迹分别见《晋书》、《后汉书》。袁、范均非遗民,遗民取其方式而已,即范粲寝所乘车,三十六载不言;袁闳居土室,不为户,自牖纳饮食。"土室"、"牛车"等字样每见于遗民传状或遗民自述。遗民叙事或关于遗民的叙事通常所用典,尚有"义熙"、"典午"、"金鳌"、"厓山"、"冬青"、"却聘书"等。

见焉"。

其时遗民语境中的殷、周，与正统史述大异其趣。当明遗民以"殷顽"自喻时，有意无视前此史家有关商周易代的评价。他们甚至或明或暗地指孔子为殷遗。《读通鉴论》曰："孔子，殷人也，而用殷礼，示不忘故也。然而泫然流涕，则圣人之情亦见矣。"（卷七第252页）屈大均的说法更直截了当。他说："然夫子尝自谓殷人，而尝冠殷章甫之冠。夫子生周中叶，而不忘殷所谓逸民者，抑夫子之自谓欤？嗟夫！夫子诚殷人也……""则商颂者，孔子之家乘者也。孔子于《诗》存商颂，不敢忘其祖也。"（《麦薇集序》，《翁山文钞》卷一）此种遗民论确乎别出心裁。上述对"殷顽"的评价态度，为史家所认可。全祖望《明故张侍御哀辞》（《鲒埼亭集》卷八）说："周之顽民，皆商之义士也。"

话题涉及伯夷、叔齐，由黄宗羲对成见、时论提出了质疑。他记王台辅不食"他粟"而死，曰："太史公谓伯夷义不食周粟者，盖伯夷先时归周禄以养老，隐于首阳，始不受禄，故谓之不食周粟也。若以率土之粟即为周粟，则薇与粟何择焉？台辅之法伯夷，无乃误乎？"（按，王台辅即王义士）他接下来又谈到温州徐氏以明末之人，敷演桃源寓言，曰："是徐氏之拟桃源亦误也。"（《王义士传》，《黄宗羲全集》第十册第566页）对夷齐之饿，《孟子师说》辨之更详（参看《黄宗羲全集》第一册第95页）。黄氏在此也如其辨天子"死社稷"，其校正经典的误读，有对时事的直接针对性。在《答张尔公论茅鹿门批评八家书》中，他说："荆公《伯夷论》，以不食周粟为诬，识力非流俗可及。"（同书第172页）黄氏本人的"识力"，又何尝是流俗所可及的？《明夷待访录·原君》的议论更其激烈："……而小儒规规焉以君臣之义无所逃于天地之间，至桀、纣之暴，犹谓汤、武不当诛之，而妄传伯夷、叔齐无稽之事，使兆人万姓崩溃之血肉，曾不异夫腐鼠……"（《黄宗羲全集》第一册第3页）①在同一话题上，陈确的论旨又有不同。他的《节义论》说"二子之义只

① 《王义士传》一文又以王、徐为"善学古人者"。《两异人传》亦以徐氏为"避世之善者"，谓"徐氏乃能以寓言为实事，岂可及哉！"（《黄宗羲全集》第十一册第53页）则出于对时人选择的复杂态度。

在穷饿,节如是止矣,不必沾沾一死之为快也"(《陈确集》第153页)——另有对于时尚的针对性。当其时僧人木陈的有关议论,则与黄宗羲的说法似近而指归又不同。陈垣《清初僧诤记》所引木陈忞《从周录序》语,也说"西山之薇,非周之薇乎?采薇而食,苟延旦夕,与食周粟也奚辨"。沿此逻辑,木陈说孔子"盖践周之土,食周之毛,不敢以商之支庶,自外周之臣民,而有越志也",说"向使殷之丧师,同于明之亡国,武王之王,同于世祖之兴,则伯夷将弹冠入周,安事首阳清饿哉!"(第2510页)现在已难以弄清,最初是有清当道将明遗民指为"殷顽",还是遗民对所谓"殷顽之目"主动认同。在以"殷—周"喻指"明—清"的语境中,僧木陈所说"从周",无疑即"从(降)清"——确如陈垣所指出的那样,夷、齐论乃其人易节的张本。

一时旨趣不同的夷齐论,正映照着论者各自不同的心迹、处境。僻处穷山的王夫之以为,"必若伯夷、叔齐之绝周,悲歌饿困,备尝艰苦而不恤,然后可以免咎"(《周易内传》卷二,《船山全书》第一册第164页),也无异于自道。他更认为夷、齐本应为商谋,其"终饿西山",乃补"先事之未尽"(《九昭》,《船山全书》第十五册第155页),明亡之后遗民的自惩,不正出于此种思路?

生当明清易代之际,或要像徐孚远似的死在清朝权力尚未及的台湾,或如朱之瑜(舜水)、诸士奇的流亡日本(后者事迹见黄宗羲《两异人传》,《黄宗羲全集》第十一册),才能真的"不食周粟"的吧。全祖望《徐都御史传》记徐孚远,说:"呜呼!明季海外诸公,流离穷岛,不食周粟以死,盖又古来殉难之一变局也。"其时尚有"避地入朝鲜者"(参看孟森《皇明遗民传序》,《明清史论著集刊》)。病骥老人序孙静庵《明遗民录》,说"弘光、永历间,明之宗室遗臣,渡鹿耳依延平者,凡八百余人;南洋群岛中,明之遗民,涉海栖苏门答腊,凡二千余人"(第372页),虽难考实,也可备一说。上述选择,自然以有明一代航海事业的发展、士人生活空间的扩展为条件。对此我还将在其他场合讨论。应当说,遗民上述地域分布,正是遗民史上明遗民异于前代者。

箕子的"待访",是其时另一有争议的话题。《易·明夷》关于箕子的一爻,每被遗民用作生存论证。陆世仪就说:"此际论身,似若细事,然吾辈身任绝学,责在万世,正不可轻视一死。箕子一爻,所宜熟读也。"(《寄如皋吴白耳书》,《论学酬答》卷三)而敏感的遗民,仍认为有必要区分箕、微所处情境,以免为失节者所援据。因此恽日初说:"若夫商、周之际,道在箕子。箕子之贞明,重道也。微子,殷之宗子;微子之归周,为殷存宗祀也,固不得援之以为解也。"(《逊庵先生稿·书严佩之跋余所为宋陆丞相汇录序后》)王夫之所见,似有进于是者。他强调"商周之际"的历史特殊性,不以箕子之"待访"为可信,也不以微子之存商为可资效法。他说"箕子无待武王之心",学道乃"为己非为人","怀道以待访,则访不可必,而道息矣"(《周易内传》卷三,《船山全书》第一册第 310 页)。还认为,"韩亡而张良必报,莽篡而翟义致死",微子处商、周之际,不可引为士处亡国之时的通则(同书第 402页)。其中关于箕子,辨析尤有精微。至于孙奇逢说箕子非"待访"、非期"遇合"(《孙夏峰先生年谱》卷下),用意不如王夫之深刻,也仍可读作他本人的自我告白。①

　　黄宗羲的《明夷待访录》,据说原题为"待访录"。不妨说,标出"明夷",使得"原意"更显豁了。剖析黄宗羲的心迹更有一份犀利的,是清人及近人。全祖望说黄之传"尝与余读《明夷待访录》,曰:'是经世之文也,然而犹有憾。夫箕子受武王之访,不得已而应之耳,岂有艰贞蒙难之身,而存一待之见于胸中者,则麦秀之恫荒矣。作者亦偶有不照也。'予瞿然下拜,曰:'是言也,南雷之忠臣,而天下万世纲常之所寄也。'"(《黄丈肖堂墓版文》,《鲒埼亭集》卷二二)陈寅恪也说黄宗羲"自命为殷箕子,虽不同于嵇延祖,但以清圣祖比周武王,岂不愧对'关中大儒'之李二曲耶? 惜哉!"(《柳如是别传》第 844 页。按,嵇延祖,嵇绍,嵇康子)——由此也可窥知有关喻境的复杂性,与遗民情境有关的那一套象喻系统的敏感性质。"商周之际"作为特殊话题,非但在明清易代之际的具体语境中,且在其后关涉遗民的旨趣不同的述说中,获

---

① 《孙夏峰先生年谱》卷下康熙九年。"宽夫问:'箕子不死为传道也,岂逆知有武王来访乎?'曰:'箕子一日不死,殷家一日不亡……总之,以天自处,武王之遇合不遇合,皆无容心焉,故曰:商周之际,道在箕子。'"

得了意义的丰富性。[①]

对于明清易代之际士人的自拟陶潜，当时就有"陶渊明一夕满人间"之讥(参看《牧斋有学集》卷二六《陶庐记》)。[②] 彭士望也说，如"逊国臣"，如梁鸿、袁闳、范粲、郑思肖等，为我辈所不能及，"今则惟陶元亮、谢叠山满天下耳……元亮宽易，宜效者众，使其有知，必恨且悔，以为不幸其俑也"(《与王乾维书》，《彭躬庵文钞》卷一，《易堂九子文钞》，道光丙申刊本)。关于晋遗民，陶潜外，王夫之还举出杨盛(参看《读通鉴论》卷一五第 554 页)。至于王夫之在其史论中，说五代廉耻道丧，陶潜之隐，非止悲晋室之亡，亦所以悲"天下"之亡，则出于他本人的诠释趣味(参看同书卷一四)。

可以说，遗民是因有宋遗、明遗，才成其为"史"、足以构成某种史的规模的。而以"规模"论，明清之际又远过于宋元之际，这也是明遗民及治明遗民史者为之骄傲者。宋元以来遗民之盛，固然有理学为背景，而"节义"概念直到近代仍深入人心，却又与宋亡、明亡之际"忠义"、"遗民"的道德实践有关。顾炎武不满于"文墨交游之士"的"多护王维"，"如杜甫谓之高人王右丞"(语见《日知录》卷一九的"文辞欺人"条)，王夫之则说"唐多才臣，而清贞者不少概见"(《读通鉴论》卷二二第 830 页)，均提示着由唐至宋、明，伦理观念演变的大背景。至于明遗民，更施其深远影响于后世；说我们至今犹未全出其时语境，也决不夸张。

宋遗与明遗在遗民史上的地位，多少赖有其后世代的遗民事迹整

---

① 《杨园先生全集》卷一八《周民东亡》："《纲目》书此，以见周泽之在人。秦能人其地、取其鼎、迁其君，而不能有其民也。""殷之亡也，虽以武王之圣，犹不能化雒邑之民，况以戎翟之秦，势凌权使，而欲民之归也，何可得焉！宜其捐田里、弃家室，而洋洋东去也。"也是其时的遗民话语。

② 黄宗羲即自比陶潜，其张煌言墓志铭谓张"已为千载人物，比之文山，人皆信之。余屈身养母，戈戈自附于晋之处士，未知后之人其许我否也?"(《黄宗羲全集》第十册第 286 页)《宪副郑平子先生七十寿序》则比郑氏于陶潜："渊明元嘉，晋亡已九年，朱子犹书晋处士，是典午一星之火，寄之渊明之一身也……江湖憔悴，星火之寄，殆将无人，非先生而谁乎?"(同书第 671 页)

理以至当道的表彰,在这方面,明遗又较宋遗为幸运。有清一代虽有清初的杀戮,与对遗民著述的禁毁,大规模的表彰却仍由最高权力者主持。明遗民则有当其世即自觉从事遗民史整理,以此见志者。明人好说"宋";明清易代之际,更以说宋为自我述说。这也是遗民史通常的叙事策略。明清之际是宋遗民发现时期。出诸明遗民之手的"宋遗民史",不消说是其"当代史"的一种隐喻形式(参看顾炎武序朱明德《广宋遗民录》,《顾亭林诗文集》第33—34页)。李楷(叔则)序李长科(小有)辑《宋遗民广录》,曰:"宋之存,不称'宋'也,宋亡而称'宋',以'民'续君臣之穷也;若曰:天亡宋,人不亡宋,称'宋'以存之云尔。""宋存而中国存,宋亡而中国亡。中国之存亡,千古之大变也夫⋯⋯""知遗民之存宋,宋存而中国存矣。"(《宋遗民广录序》,《河滨文选》卷四)钱谦益对上述文字击节称赏,说:"撰序者李叔则氏,谓宋之存亡,为中国之存亡,深得文中子《元经》陈亡具五国之义,余为之泣下沾襟。其文感慨曲折,则立夫《沧海录序》及黄晋卿《陆君实传后序》,可以方驾千古,非时人所能辨也。"(《书广宋遗民录后》,《牧斋有学集》卷四九第1607页)①

　　明遗民不但以述宋为自我述说,更以直接的自述,将"遗民叙事"极大地丰富与扩展了。在这种叙事中,文天祥(文山)、谢枋得(叠山)、谢翱(皋羽)等,也如商周之际的箕、微、夷、齐,分别被用作明人于易代之际处境、命运的象征形式。常为明遗民所说的宋遗民,首推谢翱、郑

① 《广宋遗民录》,李楷作《宋遗民广录》,未知孰是。钱氏关于其所见遗民录及李长科辑《广宋遗民录》,曰:"元人吴立夫读龚圣予撰文履善、陆君实二传,辑祥兴以后忠臣志士遗事,作《桑海馀录》,有序而无其书。明朝程学士克勤,取立夫之意,撰《宋遗民录》,谢皋羽已下,凡十有一人。余惜其仅止于斯,欲增而广之,为《续桑海馀录》,亦有序而无书。淮海李小有,更陆沉之祸,自以先世相韩,辑《广遗民录》以见志。取清江《谷音》、桐江《月泉吟社》,以益克勤所未备。""小有殁,以其稿属王于一,于一转以属毛子晋,而二子亦奄逝矣。余问之子晋诸郎,止得目录一帙。"(《书广宋遗民录后》,《牧斋有学集》卷四九第1607页。按,王于一,王猷定;毛子晋,毛晋)钱氏在《记月泉吟社》中还说到"本朝程克勤辑《宋遗民录》,载王鼎翁、谢皋羽辈,仅十有一人。余所见遗文逸事,吴、越间遗民已不啻数十人,欲网罗之,以补新史之阙,以洗南朝李侍郎之耻"(《牧斋初学集》卷八四第1763页)。同书同卷《跋汪水云诗》中也说:"余欲续吴立夫《桑海馀录》,卒卒未就。"(第1764页)

思肖。后者的广为人知,自与所谓的"铁函心史"于明亡之际出并有关。这一事件的传奇色彩,其激动人心的性质,是不难想象的。"心史"、"晞发"、"西台恸哭"、"冬青"等,几成明遗民间的流行用语。屈大均即自称"诗法少陵,文法所南",名其所居草堂曰"二史","盖谓少陵以诗为史,所南以心为史云"(《翁山文钞》卷二《二史草堂记》)。大遗民也不免在时尚中。黄宗羲晚年"忽爱谢皋羽之文"(全祖望《梨洲先生神道碑文》,《鲒埼亭集》卷一一),其《海外恸哭记》之作,显系以《西台恸哭记》为蓝本。他自说其易代之际"所遇之境地一如皋羽"(《西台恸哭记注》,《黄宗羲全集》第二册第 243 页)。其《冬青树引注》说,旧注者去皋羽远,"而余之去皋羽近。皋羽之言,余固易知也"(同书第 251 页)。甚至钱谦益也以谢皋羽自比(参看其《李忠文公文水全集序》,《牧斋有学集》卷一六)。当然,"通用"不可避免地妨碍了表达的个人化,与对遗民行为的意义诠解。① 潘耒《徐俟斋先生七十寿序》论徐枋,即说"世第以谢皋羽、郑所南之流相比拟,则浅之乎知先生矣"(《徐俟斋先生年谱·附录》)。

在后人看来,那一时期的有关话题中尤为敏感者,本应是元遗。近人钱穆对明初士人普遍的元遗心态,很有过一番议论,情绪之愤激像是仍在事中。其《读明初开国诸臣诗文集》曰"元社既屋,元鼎既移,而当时士大夫的殷顽心情则依然如昔"(包遵彭主编之《明代政治》第 13 页),钱氏讶异于人们竟对此种现象视若无睹;他评论宋濂的《谕中原檄》,认为该文涉及元祚,"仅论其命,未申吾义"("吾义"即"夷夏之大义");他反复论证元末士夫以至其中"从龙""佐命"者,"鲜能深明于夷夏之大义"。上述现象决非到钱穆才被发现,钱谦益就曾一再谈到类似事实。其作于明亡前的《太祖实录辨证二》(《牧斋初学集》卷一〇二),对有明开国功臣刘基的"心迹",分剖甚致。关于刘基(犁眉公),钱谦益另在《跋王原吉梧溪集》中说:"或言犁眉公之在元,筹庆元,佐

---

① 你在明遗民的文字中,往往可见对宋遗话语的因袭,如谢枋得所谓"大元制世,民物一新;宋室孤臣,只欠一死","亡国之大夫,不可以图存"(《上程雪楼御史书》,《谢叠山先生文集》卷二)等。

石抹,誓死驰驱,与原吉无以异。佐命之后,诗篇寂寥,或其志故有抑悒未伸者乎?"(同书卷八四第1765页)与钱穆不同的是,钱谦益论元遗,绝无诧怪,同文甚至以王逢(原吉)与谢翱并论,以为王逢之于元,与"夷、齐之不忘殷","其志一也"。钱谦益所乐于称道的,正是王逢虽"生于夷狄之世"犹不废"君臣之义"。其《列朝诗集小传》论王逢,也说"皋羽之于宋也,原吉之于元也,其为遗民一也"(甲前集《席帽山人王逢》,第14—15页)。他在《开国群雄事略序》中还说:"天命不僭,夷狄有君","有元非暴虐之世,庚申非亡国之君也"(《牧斋初学集》卷二八第846页)。同时的金堡分析钱氏的刘基论,更欲揭出钱氏本人的心迹,曰其"析青田为二人,一以为元之遗民,一以为明之功臣。则凡为功臣者,皆不害为遗民。虞山其为今之后死者宽假欤?为今之后死者兴起欤?吾不得而知,而特知其意不在诗"(《遍行堂集》八《列朝诗传序》,转引自《柳如是别传》第987—988页。按,青田即刘基)——亦读文、读人务入隐微者。

处明清之际而与钱穆遥相应和的,是王夫之,他批评"宋濂……修蒙古之史,隐其恶,扬其美,其兴也,若列之汉、唐、宋开国之君而有余休;其亡也,则若无罪于天下而不幸以亡也……"(《读通鉴论》卷一五第575—576页)王夫之在其史论中,对元代及元亡之际的士人(从虞集、危素到宋濂)即持论严峻,指他所谓的"鬻道统于夷狄盗贼而使窃者"为"败类之儒"(同书卷一三第480页)。但王夫之的上述看法非即其时士人的共识。或许倒是如下事实更值得玩味,即钱穆对同一事实的反应,竟与三百年前的王夫之几无二致。

明初士人的"元遗心态",是一种太公然的事实,有关诸人当其时不屑于掩饰,在有明一代也不大像是禁忌性的话题。倘其成为问题,正应当在本书所论的这段时间,然而到此时,当明亡、"夷狄"入主之际,元遗之为"遗",仍未遭遇普遍的质疑。甚至对士人的仕元,也依旧见仁见智——这在对元代著名儒者许衡、刘因的评价上,有集中的体现(参看本节后附《论许衡、刘因》)。吴伟业《宋辕生诗序》以杨维桢(廉夫)、袁凯(海叟)为"高世逸群,旷达不羁之士"(《吴梅村全集》卷二九第686页)。黄宗羲《万履安先生诗序》一篇,则将宋遗、元遗、明遗的诗作并提,均谓之诗史(《黄宗羲全集》第十册)。归庄论《历代遗民录》(朱子素撰)的"录金元遗民",说得更明白:"朱梁篡弑之贼,王彦章为之死,欧阳子《五代史》著为死节传之首,朱子《纲目》亦大书死之,取其忠于所事也。盗贼且然,况夷狄之进于中国者乎?"(《归庄集》卷三第171页)至于《明史·文苑传》所录元遗民及有关的叙事态度,属于标准的"正史"方式,也更足以体现"普遍认识"。

不妨认为,正是上述为钱穆所痛切指陈的"可异",证明了"遗"作为易代之际士的固有角色,"遗"之为士的人生选择的因袭性质;更证明了士夫以"君臣之义"置诸"夷夏大防"之上,以及作为其理论根据的"正统论"的深入人心。元轻儒术,轻汉族士大夫(参看赵翼《廿二史劄记》卷三〇"元制百官皆蒙古人为之长"、"元末殉难者多进士"等条),汉族士大夫的殉元岂不更值得寻究?王夫之激烈地批评流行的"正统论",在其史论中反复说"夷夏"、"君臣",说"公私",也应因有见于此吧。"因袭"(即某种"顽")也系于士的性格。草民更习于顺适;"不知有汉遑论魏晋"的,未必只是桃源中人。追究"归属",要求这一种身份自觉,是士的习性。"批判"是士与其时其世的一种联系形式;即使"批判"的前提,通常也是归属感。士大夫对于"旧物"的沾恋,往往比之小民更甚。士的"顽",部分地正是由其存在方式所决定的。

"遗民录"的编撰,明人程敏政的《宋遗民录》肇其始(参看谢正光《明遗民传记索引》代自序《清初所见"遗民录"之编撰与流传》一文)①,到明清之际演成热门话题。尽管如朱子素《历代遗民录》、李长科《广宋遗民录》、朱明德《广宋遗民录》等,均已有目而无书,仍不能否认明遗民在遗民史述上的特殊贡献——本节所提到的顾炎武、归庄等所作序文,即堪称重要文献;遗民文集中,更有大量的有关史料存储。遗民对其历史叙述的直接参与,丰富了遗民史的意义。此后则有清末民初对明遗民的再度"发现"。作为如此漫长时期与如此繁复的叙述

---

① 谢正光文(《明遗民传记索引》,上海古籍出版社,1992)对明清之际整理有关宋遗民资料的情况及"遗民录"在清初的流传,述之甚详。关于清末民初反清志士整理"明遗民史"的情况,参看孙静庵著《明遗民录》附录《原序》。这是遗民史在另一世代被运用的显例。

活动的结果,遗民史的重要一章"明遗民史",其语义的复杂,是不难想见的。如果你由撰写于明清之际及清末民初的明遗民事迹中,随处可见"传奇性",当会想到"传奇化"正是遗民史通常的叙述方式。至于下文将要写到的遗民行为有意的传奇化(有时即出诸对"先正典型"的摹仿),也可以视为"遗民创作"。明代士人好奇——奇计、奇谋、奇行、奇节,士的趣味于此正与民间趣味合致。而清末反清志士的将明遗民传奇化,则另有动机。凡此种种,不能不使得有关文本内容驳杂。如上文所说到的夷、齐等前代遗民的故事,则是故事中的故事、传奇中的传奇。以明遗民史为个案研究遗民史的史述条件、语境,也不失为有趣的课题吧。

最后还想一提的是,在这一时期(以及前于此),"遗民"的名目不止被用于朝代兴替之际。如所谓建文遗臣、遗民。此"遗"之名曲折地包藏了有关"建文逊国"这一事件的评价。有明二百余年间,理论上还应有"正统遗民"、"景泰遗民"等。一姓王朝历史中的非正常变动,都可能有所遗。因而或可认为,"建文遗民"一类说法,也将"遗民命运"的普遍性肯定了。

以上所谈,是出诸明遗民的"遗民论",至于明遗民在易代之际的自我形象塑造,则是下文将要写到的内容。下文将继续说明"遗民"作为一种生存状态、生活方式,以及作为一种自我想象(自我指称,自我描述,自我品性、归属确认,自我形象设计等等);说明"遗民"之为关系形式:与其时其世,与新朝与故国;"遗民"之于上述"关系"的设计与描述。下文中还将及于遗民现象的时间性。"时间性"是遗民的醒目标记;同时,如上文所说,"遗民"又是不限于时间的士的生存方式的象征。当然,明遗民的时间意义还在于,他们是有明二百七十六年历史的结果,也是明代"存在过"的一份特殊的证明。还应当指出,下文将要谈到的明遗民的诸种"特征",同样以简化、有意省略为代价。也如对于其他人群,遗民中的杰出者是无以类归的。也如上文已经提到的,"遗"本是对孤独的选择,当其成为群体行为时,真正孤子的,只能是其中的杰出者,其人既拒绝顺民身份,又不认同于"遗民社会"的一套概念、观念,不苟同于这社会的自我界说、诠释,其难以纳入"类"的描述,是不待言说的。

附录

论许衡、刘因

　　明清之际的论者,评价元儒、元代士人,无不可见其本人心迹,其对于"夷夏"—"君臣"的伦理衡度,其处易代之世的姿态设计,其所理解的儒者道德与儒者使命,等等。

　　王夫之评论元儒,支持了他本人的"夷夏论"。他指"鬻道统于夷狄盗贼而使窃者"为"败类之儒"(《读通鉴论》卷一三第 480 页),为"国之妖"(同书卷一七第 647 页),为"小人儒"(卷一八第 687—688 页),真可谓深恶痛绝。不止姚枢、许衡,王夫之对虞集、危素一类仕元者,均鄙弃之。他说:"虞集、危素只益蒙古之亡,而为儒者之耻,姚枢、许衡实先之矣。"(卷一七第 647 页)对元儒持论之苛,在王氏那里也有其一贯,甚至在传《易》的场合也不忘指斥。《周易内传》曰"姚枢、许衡以道学鸣,如李、梅冬实,亦可丑矣"(卷一,《船山全书》第一册第 87 页);曰"许衡欲行道于积阴刚驳之日,得免于凶,固无丈夫之气也"(同上第 135 页);曰"姚枢、许衡讲性学非其时,受熏而为道之贼"(同书卷四第 422 页)。

　　所见如此,王夫之必不以姚、许传道统的说法为然。在他看来,"蒙古决裂天维,而两浙、三吴,文章盛于晚季;刘、宋、章、陶藉之以开一代之治,非姚枢、许衡之得有传人也"(《宋论》卷二第 61 页)。

　　在这一话题上,屈大均颇与王夫之同调,议论的激烈也不下于王氏。其《寿王山史先生序》说"出处之义",曰:"夫吾儒以出处为先,许衡之仕,于名教大为得罪。惟伦有五,而衡不识君臣;惟经有五,而衡不知《春秋》。此从祀之所宜革,而儒林之所不容者也。则士君子生当衡之世,而欲高谈道学,必其处于山林者也。"(《翁山佚文辑》卷中,王山史,王弘撰)《黎太仆集序》说黎遂球(美周):"其论许衡也,义正辞严,与丘文庄、陈文恭如出一口。"(《翁山文外》卷二)还说:"白沙平生以出处为重,其论许衡有曰'鲁斋当仕岂忘天',盖不欲其屈身于元,以乖《春秋》之大义也。"(同书同卷《罗母黄太君寿序》)

对许衡之仕元持论严峻的,还有吕留良(《吕晚村先生文集》)等。

傅山见识通达,但在这一题目上却决不为苟且。他以薛瑄对许衡的评价(即"许鲁斋无时不以致其君尧舜为心")为"极可笑",曰"其君何君也"!(《霜红龛集》卷三六第993页)其《历代文选叙》,以吴澄、虞集为"弃其城而降于人之城者"(同书卷一六第472页)。全祖望为傅山撰传,记傅氏被清廷强征"遽归","大学士以下皆出城送之,先生叹曰:'自今以还,其脱然无累哉!'既而又曰:'后世或妄以刘因辈贤我,且死不瞑目矣。'闻者咋舌"(《阳曲傅先生事略》,《鲒埼亭集》卷二六)。似用小说笔法。其中刘因云云,见傅氏《训子侄》:"后之人诬以刘因辈贤我,我目几时瞑也!"(《霜红龛集》卷二五第671页)

徐枋《张征君德仲先生七十寿序》曰:"……以姚枢、许衡之贤,讲洙泗之绝学,继濂洛之正传,道尊学立,为世儒宗。苟以道自重,友教天下,则其化行后学,又岂以一官重哉!顾不自爱,出而仕元,卒不能不为贤者千古之累。"(《居易堂集》卷七)彭士望也以"吴澄、姚枢、许衡之属"为"身自陷于不义"(《与谢约斋书》,《树庐文钞》卷一)。刘城对吴澄亦不谓然(参看其《书吴草庐题李赤传后》、《书吴草庐帝师殿碑后》,《峄桐集》卷八),只是不明言"夷夏"而已。甚至钱谦益议孔庙从祀,也附和时论,曰"有元之许衡以仕元议辍,宜也",只是认为"若江汉之赵复,资中之黄泽,临川之吴澄,有功圣门,无玷仕籍",应当补祀而已(《书赵太史鲁游稿后》,《牧斋有学集》卷四九第1593页)。

明代人主、朝臣对元儒的评价,似有一个演变的过程。据郑晓《今言》,洪武六年,"令别立历代帝王庙",所祀有元世祖。嘉靖十年"修撰姚涞请罢元世祖祀,礼官议不可。上从礼官议。二十四年,给事中陈棐又言之,乃罢祀元世祖,并罢从祀木华黎五人"(卷一第67条)。似乎是,开国君臣尚有大气量,此后国势愈弱,辨夷夏愈严。郑氏本人见识并不陋。同书说:"《春秋》谨华夷之辨,中国有主也。《文中子》帝元魏,未为非。圣祖功德高百王,诏文尝称曰'天命真人'。于沙漠帝王

庙中,以元世祖与三皇、五帝、三王、汉高、光、唐宗、宋祖并祀,真圣人卓越之见。"(卷一第77条)

处明清之际论元儒务为平情,与王夫之持论适成对比的,是孙奇逢。孙氏好称说其所谓的元之三儒,即耶律楚才、许衡、刘因。他说:"元有三儒,耶律晋卿之止杀,许平仲之兴学,刘静修之不仕,皆有用夏变夷之意。"(《夏峰先生集》卷八《尚论篇下》)孙奇逢对许衡之出、刘因之处两称之。《重修静修祠暨配飨诸贤始末记》一文记刘因,曰:"许平仲与先生同应召过容城,商出处,先生以行道推许子,而以尊道自任。程朱之学禁于宋,而平仲兴之;儒者之道灭于金,而平仲起之。至问伐宋,则不对。"对许、刘的评价态度,正可自注其清初的论出处。同文关于刘因,还说:"先生以元人不仕元,则元不得而有之。"(同书卷八)王馀佑作为孙奇逢弟子,对刘因及其著作也极其推崇。《卜易居二砭》即曰刘因"理学渊源,师表后世"(《五公山人集》卷八,康熙乙亥刻本)。李楷也说:"昔之人原刘静修之心者,于宋亡之后见其操节之纯焉。"(《河滨文选》卷四《宋遗民广录序》)

当孙奇逢以刘因的所谓"辞元"为"存中国",无疑是以遗民目之的。对此全祖望即不谓然。全祖望的《书刘文靖渡江赋后》对聚讼纷纭的刘因《渡江赋》有细致的辨析,指出刘氏颇有"哀金之作","味之似过于哀宋者,盖其先世所尝臣事也"(《鲒埼亭集》外编卷三三)。同文还说:"许文正与文靖皆元人也,其仕元又何害?论者乃以夷夏之说绳之,是不知天作之君之义也。"而刘因的不仕元,"本不因宋,虽亦尝讥杨雄,羡管宁、陶潜,而与诸人有故国故君之分者不同"。另文《书刘文靖退斋记后》也说:"许文正、刘文靖,元北方两大儒也,文正仕元,而文靖则否。以予考之,两先生皆非宋人,仕元无害。"(同书同卷)口吻与明遗民大不同。在全祖望看来,即孙奇逢也仍未全出易代之际夷夏论的语境吧。

但孙奇逢非但无意于回避或刻意辩护许衡仕元这一事实,且公然称说许衡等"开有元一代之运,纲维世道,羽翼圣教"(《元儒赵江汉太极书院考》,《夏峰先生集》卷九)的功业,其以元承宋为正统,是无疑的。其《报白仲调》以那些为姚枢、许衡惋惜者为"未尝论其世",曰:

"覃怀天雄之地,久隶金元,姚、许世世为金元践土食茅之臣子,其为尊官也,方可以行道救民,奈何以此而苛求之！吾乡刘静修,人亦以此督过。噫,冤矣！"(同书卷二)大不以苛求前人为然,甚至说"吴草庐非宋孝廉乎？今之仕者孰为草庐,而不仕者孰胜草庐"(同书卷六《蓝田知县乾行杨君墓志铭》)。

张履祥论许衡,归旨在"原之",与孙奇逢所论又有别。"……许平仲岂非豪杰之士乎？天地间人,趋向各有所归,成就各有大小,至于所遇,又各有幸不幸,难以一概论,古犹今也。"(《答张佩葱》,《杨园先生全集》卷一一)张履祥以许氏的"失身"为"不幸",却仍以为其情可原,其人仍不失为"知道"者;而孙奇逢却正以许衡的仕元为未可厚非,也就无所用其原宥。由张履祥对许衡的一论再论,及其语气间的游移,也可知这一话题在当时的敏感性。使得张履祥遭遇论说的困难的,是儒学尺度(即其人有功于圣学)与"夷夏—节义"的"时代主题"的牴牾。

张履祥说:"鲁斋没三百余年以来,论者众矣。尊其道者恒二三,诋其节者恒八九。以愚测之,读其书者未必论其世,论其世者未必读其书,似皆未究鲁斋之本末而轻为论说者也。"(同书卷一九《许鲁斋论二》)《许鲁斋论》即说其可"原":"或问:许鲁斋何人也？曰:贤人也。其仕元是与？曰:非也。非则恶贤诸？曰:原之也。"至于何以"原之",自然涉及了节义与学道、传道的儒者使命,士人出处的一般原则,与儒者生当乱世的职任。张氏正是在孙奇逢认为无须辩护处为许衡辩护,曰:"是故召则往,往则陈正道,不可则止,未尝期月留——始终一辙也。迨元主三授之敕令,即其家居授生徒,鲁斋藏之屋梁,虽其子不使之知,若有深讳者。观其不陈伐宋之谋,至身没之日,命无以官爵题墓,曰:'吾生平为名所累,竟不能辞官。'噫！其志亦可见矣。"(同书同卷)将所以"原"的条件开列得如此具体！由儒学出发的辩护,更主动也更积极。上述《许鲁斋论二》曰:"鲁斋北产也,陆沈日久,人不知学,能于流离兵刃、百死一生之余,悦周公仲尼之道,私淑于雒闽而自得之。当是时南方之学者,未能或之先也。彼所谓豪杰之士也。""然士君子生于乱世,或肥遁邱园,或浮沉下位,或晦迹赁佣,或栖迟京辇,抑亦时命使然,未可一概论也,要在洁其身而已。"①即使如此,张履祥也仍以为有不可辩护者:"后之论者欲为之文,则以元之用汉法为鲁斋之仕之功,贤者又从而推尊之,以为进退出处合于孔子。夫元之政,狄道也。鲁斋之所陈,元能行其一二否耶?""夫仕元之非,鲁斋不以自文,而奚俟后人之文之也!"(《许鲁斋论》)②在一番艰难的论说之后,终于与王夫之的思路归于一致。

刘宗周门下,张履祥号称粹儒,是以立身严正为世所称的。至于陈确,由其论出处,就不难推知其关于姚、许,持论必与王夫之等人不同。与张履祥、陈确同门的恽日初则说刘因,"其不臣胡元明矣"(《逊庵先生稿·读刘静修诗》)。

《宋元学案·鲁斋学案》(黄宗羲本称"北方学案")非成于黄宗羲之手。同书卷九一《静修学案》黄百家按语曰:"有元之学者,鲁斋、静修、草庐三人耳。草庐后至,鲁斋、静修,盖元之所藉以立国者也。二子之中,鲁斋之功甚大,数十年彬彬号称名卿材大夫者,皆其门人,于是国人始知有圣贤之学。"(《黄宗羲全集》第六册第555—556页)③或可认为与黄宗羲本人的看法不相远。

刘门弟子在这一话题上持论之相近,或也多少因于"师说"。《宋元学案·静修学案》全祖望案:"蕺山先生尝曰:'静修颇近乎康节。'"

---

① 张氏《读许鲁斋心法偶记》录许衡语:"春秋大一统,在天下尊王,在国尊君,在家尊父。这三件起来便治,这三处失位便乱。"曰:"此可推先生不得已之心。"(同书卷三〇)其《许鲁斋论》还说:"昔者百里奚之相秦,孟子谓自鬻以成其君,乡党自好者不为,而谓贤者为之,夫亦论其平生,非富贵利达之人也。今也鲁斋其富贵利达之人也哉? 夫仕元,则亦乡党自好者不为之类也,予故窃取斯义,为原其志而论著之。"同书卷四〇《备忘二》曰:"许鲁斋豪杰之士也,后人以其仕元,并其生平而概弃之,总只是争私意。"同书卷四一《备忘三》说:"许鲁斋笃信好学之士,其所得过于金仁山、许白云。后人特以仕元之故,訾之太过耳。"(按,金仁山,金履祥;许白云,许谦)

② 《宋元学案》卷九〇《鲁斋学案》附录许衡的传记材料,记许氏语其子曰:"我平生虚名所累,竟不能辞官,死后慎勿请谥立碑,但书'许某之墓',使子孙识其处足矣。"(《黄宗羲全集》第六册第532页,浙江古籍出版社,1992)

③ 由此学案所录《静修文集》自说其"未尝一日敢为崖岸卓绝、甚高难继之行",辞"隐士高人之目",可解释孙奇逢的仪型其人。

第六章　遗民生存方式

上文讨论了有关"遗民"的辨析、界定之为问题。至于"遗民问题",自然具有更为复杂的性质。"遗民"不但是一种政治态度,而且是价值立场、生活方式、情感状态,甚至是时空知觉,是其人参与设置的一整套涉及各个方面的关系形式:与故国,与新朝,与官府,以至与城市,等等。"遗民"是一种生活方式,又是语义系统———一系列精心制作的符号、语汇、表意方式。考察这一套语源古老的表意系统,能约略看出一部遗民史。"遗民"在此意义上,是含义复杂的概念,其意谓决非仅由字面所能探知。下文即将试图译解这一符号系统,以对明遗民做"面面观"。

在进入具体论述之前还应当说,"遗民方式"即"遗民生存"。以下所涉及的"方式",无不关生死,无不可归结为处生与处死。逃禅未必即逃死,但在相当一些遗民,确也是生道;如下文所说那一种衣冠的选择,在当时俨若生死抉择;"交接"系所以处生,土屋牛车,则是以死为生;生计与葬制,不消说是更具体的处生与处死。

第一节　逃　禅

逃禅,是明清之际遗民行为之引人注目又颇招争议者。邵廷采《明遗民所知传》曰:"僧之中多遗民,自明季始也。"(《思复堂文集》卷三第212页,浙江古籍出版社,1987)黄宗羲屡次提到"兵火奔播,丛林之黠者,网罗失职之士,以张其教"(《刘伯绳先生墓志铭》,《黄宗羲全集》第十册第307页)。归庄《冬日感怀和渊公韵,兼贻山中诸同志》,有"良友飘零何处边,近闻结伴已逃禅"句(《归庄集》卷一第48页)。李雯也有"相逢半缁素,相见必禅林"的诗句(《陈子龙诗集》附录四第789页)。目击了方以智披缁之初适应新角色的过程，钱澄之《失路吟·行路难》的如下刻绘，不无苦趣："五更起坐自温经，还似书声静夜听。梵唱自矜能仿佛，老僧本色是优伶。"注："愚道人既为僧，习梵唱，予笑其是剧场中老僧腔也。"(《藏山阁诗存》卷一三，龙潭室丛书)对此风气，陈确愤然道："今不独夷狄，即吾中国，亦何处无寺？何人非僧？虽曰中华即是佛国，奚为不可？"(《佛道》，《陈确集》第433页)屈大均也说："慨自庚寅变乱以来，吾广州所有书院，皆毁于兵，独释氏之宫日新月盛，使吾儒有异教充塞之悲，斯道寂寥之叹。"(《过易庵赠庞祖如序》，《翁山文外》卷二)

甚至贵为天子，也不免以佛门为逋逃薮。建文帝为僧的传说流传之广，致使永乐也不能释疑；南明时又有弘光出家之谣，以及永历于穷途末路之时祈之于修行的说法——"人主"与佛门的特殊关系，竟也与明代历史相始终。① 我在本书上编谈到明清之际作为话题的"建文事件"时已说到过，其时人们像是由明王朝的一首一尾，发现了类似轮回那样的结构性对应。钱谦益说宋濂—方以智，所刻意提示的，不也是两人事迹的偶合？(参看《牧斋有学集》第1626页)

明遗民之逃禅，固然有明代帝王、王朝政治与佛教的关系为背景，却更有明代学术、士风之为背景，这也是士人赖以选择的大语境、学术文化的大环境。徐枋《法林庵募制庄严序》曰："三吴之内，刹竿相望，其名蓝巨刹，涌殿飞楼，雄踞于通都大邑、名山胜地者无论，即僻壤穷乡，山村水落，以至五家之邻，什人之聚，亦必有招提兰若，栖托其间。"(《居易堂集》卷七)三吴的佛教气氛可想。阎尔梅也说："我明禅林侈兴，土木金碧，动

---

① 《明季滇黔佛教考》卷六："按永历之被给至吴营也，有沥胆将军黎维祚者，密谋劫驾，入见上，上大苦曰：'儿子，尔可致意十王家等，若能救我出，我此愿修行去。'语见《播雅》十一陈启相撰《沥胆遗事》，是永历末路曾愿出家也，而弘光出家之谣已先之。"(第314页)陈垣评论道："然有建文事在前，则传说之兴，为臣子者自当宁信其是……"(第315页)这里尚未说到明太祖与佛门的关系，及燕王与姚广孝(僧道衍)的特殊关系。《罪惟录》曰："皇觉以僧兴，滇南以僧亡。"(帝纪卷一《帝纪总论》第1页)钱谦益《宋文宪公护法录序》即谈到"圣祖称佛氏之教，幽赞王纲"，"文宪应运而起"，"辅皇猷而宣佛教"，"姚恭靖之于成祖，阅现稍异"等(《牧斋初学集》卷二八第861页。按，文宪，宋濂；姚恭靖，姚广孝)。郭朋《明清佛教》说，明代诸帝"多数是佞佛的"(第34页，福建人民出版社，1982)。

损亿万,京师、吴越尤甚。京师主者,大半皆后宫戚畹中官辈,吴越则士大夫主之。"(《万佛阁募缘疏》,《阁古古全集》卷六,北京中国地学会,1922)陈垣考明季滇黔佛教,屡说其人"祝发因缘是渐而非顿","其落发非一时愤激之所为,固已蕴之有素矣"。陈确传韵弦老人,谓其人"性近于禅",其国变后削发为僧,"从初志也"(《韵弦老人传》,《陈确集》第273页)。黄宗羲亦说张岐然之"阐教禅林",非出于不得已;其人"当钟石未变之先,已得意忘言,居然孤衲。盖学焉而得其性之所近,正是本色"(《张仁庵先生墓志铭》,《黄宗羲全集》第十册第444页)。如张氏这样缘其"学"而入佛,非全由外铄者,也并不罕见。对此,陈垣《明季滇黔佛教考》卷三"士大夫之禅悦及出家"一章,可读作背景谈。①

逃禅—生死

方外,当此乱世,每被视为人间政治伦理之外、帝力之外。逃禅,其最简单的动机,即逃生,此亦其时人好说的"不得已"。归庄《送筇在禅师之余姚序》曰:"二十余年来,天下奇伟磊落之才,节义感慨之士,往往托于空门;亦有居家而髡缁者,岂真乐从异教哉,不得已也!"(《归庄集》卷三第240页)张符骧《吕晚村先生事状》所记吕留良之逃禅,最可见这种选择伴随的痛苦。"……其后三年,而郡守又欲以隐逸举,先生闻之,喷血满地,乃于枕上薙发,袭僧伽服,曰:如是庶可以舍我矣。或疑之曰:先生言距二氏,今以儒而释,天下其谓之何?先生亦不答。""癸亥忽赋祈死诗六篇,其末章云:作贼作僧何者是,卖文卖药汝乎安……"(《碑传集补》卷三六)②其时自律更严者,则以此种求生手段

① 该章说:"禅悦,明季士夫之风气也";又述及士风、学术风气演变,谓"万历而后,禅风寝盛,士夫无不谈禅,僧亦无不欲与士夫结纳"。"其时士大夫风气,与嘉靖时大异。"(见该书第127、129、129—130页)

② 吕留良《答潘美岩书》说对佛学与陈白沙、王阳明"同疾之",自说"虽圆顶衣伽,而不宗不律、不义讲、不应法,自作村野酒肉和尚而已"(《吕晚村先生文集》卷二)。以《自题僧装像赞》自我解嘲,曰:"僧乎?不僧而不得不谓之僧。俗乎?不俗亦原不可概谓之俗。不参宗门,不讲录录,既科呗之茫然,亦戒律之难缚。有妻有子,吃酒吃肉。奈何衲褆领方,短发顶秃?儒者曰,是殆异端。释者曰:非吾眷属……"(同书卷六)

为耻。《小腆纪传》记夏允彝："其兄之旭讽投方外,允彝曰:'是多方以求活耳!'"(卷一七第 190 页)①

非为皈依的披缁,包括为黄宗羲所严厉批评的"有所托而逃",非始自明亡之际;甚至逃禅而仍自居儒者、自说其不得已,也非始于是时。李贽即曾自说其"陡然去发,非其心也"(《与曾继泉》,《焚书》卷二第53 页,中华书局,1975),又说"故虽落发为僧,而实儒也"(《初潭集序》,《初潭集》,中华书局,1974)。明末征士冯元仲《吊李卓吾先生墓诗》有"髡顶逃禅又杂儒"句。此种身份辩护(自辩或他人为辩),几乎成了明清之际遗民自白及遗民传状中的套话。② 屈大均有一篇极曲折的《归儒说》,曰:"予二十有二而学禅,既又学玄,年三十而始知其非,乃尽弃之,复从事于吾儒,盖以吾儒能兼二氏,而二氏不敢兼吾儒;有二氏不可以无吾儒,而有吾儒则可以无二氏云尔。故尝谓人曰:予昔之于二氏也,盖有故而逃焉,予之不得已也。夫不得已而逃,则吾之志必将不终于二氏者,吾则未尝获罪于吾儒也。"如此自我辩护之为必要,也证明了儒学依然的权威地位,其作为信仰仍被承认的价值意义。屈氏此文声称"归儒":"然昔者吾之逃也,行儒之行而言二氏之言;今之归也,行儒之行而言儒者之言……"(《翁山文外》卷五)施闰章《吴舫翁集序》说到方以智(药公)与吴云(舫翁):"夫药公非僧也,卒以僧老,其于儒言儒行无须臾忘。舫翁迹溷僧,而儒言儒行未之或改也。二人者其皆有所托而逃耶?"(《施愚山集》文集卷五第 95 页,黄山书社,1993)上文所引归庄《冬日感怀》更公然声称"僧貌何妨自儒行,不须侫佛诵南无"。——由此倒愈益令人感到儒学于易代之际仍保有的强大势头,逃禅者的未即能坦然。只是以方以智这样的学者,其削发且"衣坏色衣,作

---

① 拒绝逃禅的也颇有其人。《静志居诗话·顾圤》:"家居奇窘,有桑门劝其修行,以资来世福。山臣笑曰:'不知前身是何鸡狗作之孽? 使我今生穷苦。若从上人修行,又不知来世是何鸡狗安享是福?'闻者以为笑端。"(第 700—701 页)

② 由多方推究其人逃禅原因(如《陈确集·公奠董孚立文》),又可感其时儒学依然强大的压力:"逃禅"这一选择是有待解释的。以方以智的披缁,其子方中通仍曰"生前应出世,身后合归儒"(《陪诗·癸丑元旦拜墓》,余英时《方以智晚节考》增订版第 336 页,台北允晨文化实业股份有限公司,1986)。

除馑男",又必非止取其为"道具";"有所托而逃",怕倒是说浅了他。

其时之人对逃禅者之"有所托",似也特具一份敏感,尽管那猜测未必能免于皮相。① 刘绍攽记傅山的读佛书,即沿用通常的思路,曰:"其信然耶,抑有所托而逃耶?"(《傅先生山传》,《霜红龛集》附录第1169—1170页)近人钱穆也认为方以智"逃儒归释乃其迹,非其心"(《余君英时方密之晚节考序》)。其实同一逃禅,因缘本因人而异。如傅山的黄冠而嗜读佛书,即像是根柢于其性情、人生态度,也根柢于其文人习癖,与作为"时尚"的逃禅本有不同。方以智、熊开元之于佛学,也应如王夫之之于《老》、《庄》,无疑有深刻的个人根据(方以智的佛学造诣,又非熊氏所能比拟)。一时披缁诸公,其迹其心,"信然"抑或"有所托",何尝都区分得清楚!

既为风气所鼓励,士人的忽而儒、忽而释,儒冠、僧伽如道具然,倒像是别有一种洒脱自在。钱谦益记芥庵道人,"生平行事凡三变"(《牧斋有学集》卷三五第1244页);记剑叟和尚,说其人"一生面目,斩眼改换,使人有形容变尽之感"(《题官和尚天外游草》,同书卷五〇第1629页)。郑之珧"大兵收入闽",即"落发为僧,走新会卖药","明年永明王称号,乃蓄发赴行在"(《明季滇黔佛教考》卷五第249页),亦此之类。至于虽披缁而"茹荤纵饮,不废承平时意态",更属名士遗习。"隐于禅"也是一种时尚。如陈洪绶者,其逃禅非但不欲改换面目,倒像是

① 黄宗羲《吴山益然大师塔铭》:"师虽出世,然胸中有不可括磨者。灯炮夜阑,无故痛哭。"(《黄宗羲全集》第十册第527页)《清初僧诤记》:"《娄东耆旧传》:'王瀚,字元达。国变为僧,号晦山,名戒显,字愿云……瀚虽入空门,悲愤激烈,曾橄讨从贼诸臣云:'春夜宴梨园,不思凝碧池头之泣;端阳观竞渡,谁吊汨罗江上之魂。'读者俱为扼腕。"(第2420—2421页)其时有逃禅而为士论所谅者。同书记徐心韦:"全谢甫《续甬上耆旧传》,于心韦颇有微词。然心韦国变后为僧,居碧溪大音庵,庵有在涧楼,仿佛钱氏绛云楼结构。自题曰:'早已觉来浑是梦,譬如死去未曾埋。'士论深谅之矣。"(第2446页)也有逃禅后为士论所不满者,如澹归(即金堡)。邵廷采《西南纪事》卷七《金堡》(邵武徐氏丛书初刻)曰:"堡为僧后,尝作圣政诗及平南王年谱,以山人称颂功德,士林訾之。余初未信,及问之长老,皆云。"黄宗羲所撰朱天麟墓志铭则曰:"堡则深契禅宗,佞口铦笔,一以机锋出之,坏人家国,视为堕甑,而又别开生面,挝鼓上堂,出世世间,总属无情。"(《黄宗羲全集》第十册第496—497页)

为了保存面目似的。① 上文已说到的屈大均,其释其儒,更宜于作文章读。李景新撰《屈大均传》(《翁山文钞》),曰"其至诸寺刹,则据上坐为徒说法",也更像名士的表演。杜濬《复屈翁山》说世俗对屈氏,"不是其归儒,而反非其逃墨"(《变雅堂遗集》文集卷四)。《广东文献》四集卷一九罗学鹏按语,曰屈大均"忽而遁迹缁流,忽而改服黄冠,忽而弃墨归儒,中无定见,其品不足称也"(同治二年春晖堂刊本)。

更有为僧而不屑于稍掩其遗民形迹、心迹者,如"祝发为僧"仍"谋兴复"的皮熊(《明季滇黔佛教考》卷五第233页);如"但喜议论古今,不谈佛法,每及先朝则掩面哭"的咒林明大师(《祁六公子墓碣铭》,《鲒埼亭集》卷一三);如"谈论多出世语言",其"自撰生圹志,廉悍之气犹在简中"的徐波(沈德潜《徐先生波传》,《碑传集》卷一二四)。钱谦益《四皓论》说商山四皓:"四老人,非隐者也,殆亦楚、汉之交,结纳亡命,部勒宾客,奋欲有为,而后乃逃匿商、雒间者。居隐畏约,未尝不痒痒思一自见也。"(《牧斋有学集》卷四三第1459页)除却显晦之不同,大可移用于描述明清之交的上述人物。由此不难想见其时法门百态。

尤成讽刺的是,如屈大均其人,能申明其儒学信仰于生前,却不能阻止他人指认其僧侣身份于身后——亦一种奇特的遗民命运。乾隆三年沈德潜辑《明诗别裁》,以屈氏诗六首次于"方外"之末,题"今种,字一灵,番禺人"(屈氏为僧时法号今种,字一灵)。乾隆十二年梁善长选刻《广东诗粹》十二卷,采屈诗35首,也如上题,且亦次"方外"。到嘉庆年间,屈氏已死一百多年,《明词综》(王昶编)、《粤东诗海》、《粤东文海》(此二种温汝能选)等采屈氏诗文,仍题一灵撰。屈氏宣称"归儒",后人却不许其"归",岂不令人啼笑皆非?

士人当此际的参禅,往往系于患难余生的"体悟"。施闰章《无可

---

① 朱彝尊所撰《崔子忠陈洪绶合传》记陈:"既遭乱,混迹浮屠,自称可迟,亦称悔迟,亦称老莲,纵酒狎妓如故。醉后语及身世离乱,辄恸哭不已。后数年,以疾卒。"(《曝书亭集》卷六四第751页)《清史稿》卷五〇〇万寿祺传,说万氏于明亡后"灌园以自给","髡首披僧衣,自称明志道人、沙门慧寿,而饮酒食肉如故","虽隐居固未尝一日忘世也"。逃禅而不守佛门戒律,作为遗民行径为时人艳称,其中也有对逃禅的一种看法。

大师六十序》说方以智"去而学佛,始自粤西遭乱弃官,白刃交颈,有托而逃者也。后归事天界浪公,闭关高座数年,刳心濯骨,涣然冰释于性命之旨,叹曰:'吾不罹九死,几负一生!'古之闻道者,或由恶疾,或以患难,类如此矣"(《施愚山集》文集卷九第166页)。朱彝尊《徐先生柏龄墓志铭》记徐氏:"迨身罹祸难,冲波潮蹈锋刃,幸而获免,乃复参禅家宗旨,深自晦迹,盖忧患之余有托然矣。"(《碑传集》卷一二三)刘城说其得道开《涅槃法会录》,"爱玩赞叹不置。客从傍曰:'今日洒泪新亭,此非所及。'余曰:'凡今日之祸,胡寇、盗贼、血夷,刀兵相杀使然矣。然杀从嗔起,嗔自贪生,贪由爱欲,兼以淫邪。是则胜残止杀之道,断可知也"(《法会录诗序》,《峄桐集》卷二)。钱谦益描述士人上述经验,更有文人式的想象力:"顿踣仕途,流离国难,万死备尝,一身余几。呼叱填耳,斧钻攒躯,血路魄回,刀山魂返。噩梦乍歇,藏识孤明,楞严积因,影现心经。如汝昔年睹一奇物,经历年岁,忽然复睹,记忆宛然,曾不遗失……"(《大佛顶首楞严经疏解蒙钞录始》,《有学集补遗》卷下,邃汉斋校刊)当此挫折劫难之余,所逃者已非止死地,更有虚无与绝望——佛学之为用,不可谓不大。

其时也确有由儒入释,一往而不返,以衣钵晦迹既久,即嗣法上堂,俨然佛门老宿者。[1] 如全祖望所说"当其始也,容身无所,有所激而逃

---

① 吕留良《客坐私告》曰:"生平畏僧甚于狼獭,尤畏宗门之僧,惟苦节文人托迹此中者,则心甚爱之。然迩年以来,颇见托迹者开堂说法,谄事大官,即就此中求富贵利达,方悟其托迹时原不为此,则可畏更过于僧矣。"(《吕晚村先生文集》卷八)《清初僧诤记》:"窃尝疑之:嗣法上堂,僧伽本色,遗民逃禅,梨洲何恶乎嗣法上堂? 则御书楼章曾言之矣,曰百丈大师建丛林,立清规,首先祝厘。故开堂必祝圣焉,朔望必祝圣焉,万寿千秋必祝圣焉。夫遗民逃禅,为不甘臣异姓也,今开堂必祝圣,所祝何圣? 甲申以后,犹可云祝弘光隆武永历也,永历而后,所祝何圣? 圣而可祝,何异木陈之从周乎? 髡发染胡为乎? 此梨洲所痛心,而不便明言者也……梨洲斥为七怪之首,有以也。""然则遗民逃禅者,必如何而后可? 曰《宙亭诗集》十九,初夏诗注,言东塔僧某,刻一印,取东坡句,名其堂曰'病不开堂'。堂且不开,何有歌颂功德之事。"(第2528—2529、2531页)关于木陈忞于清顺治十六年应召"至京面帝",被封为"弘觉禅师",南返后于宁波天童建"奎焕阁",撰《宝奎说》申述"祝厘"的理由,参看《清初僧诤记》卷三《云门雪峤塔争》、《明清佛教》第332—333页,可注黄宗羲有关祝厘之论。

之。及其久而忘之，登堂说法，渐且失其故吾"(《周思南传》，《鲒埼亭集》卷二七)。全氏所记钱公绣事亦此类："丙戌以后，颓然自放，生平师友，大半死剑芒，所之有山阳之痛，不堪回首，遂以佞佛之癖，决波倒澜，俨然宗门人物矣。"(《钱蛰庵征君述》，《鲒埼亭集》外编卷一一)最令儒者痛心疾首的，也就是这种事实吧。

士人逃禅与儒释之争

　　士人逃禅的更其深刻的根据，在有明一代学术的流变、趋向中。到本书所论这一时期，佛家语已是寻常的语言材料。屈大均《广东文选·凡例》说其选文，"即白沙、甘泉、复所集中，其假借禅言若'悟'、'证'、'顿'、'渐'之类，有伤典雅，亦皆删削勿存"(《翁山文外》卷二)；《陈文恭集序》也说其录陈白沙集，"中有借用佛老之言，一皆舍之"(同书同卷)——可知"佛老之言"运用之普遍。张履祥指摘同门陈确借禅家字面(《答陈乾初》，《杨园先生全集》卷二)，对其"先师"刘宗周"平日文字中多有释氏字面，不为避忌"也颇不以为然(同书卷三《答吴仲木》)；为张氏所诟病的陈确，则列举宋儒"察识端倪"一类话头，以为"皆尝习内典而阶之厉也"(《禅障》，《陈确集》第445页)：所指出的，无宁说是佛家"话语—思想"无孔不入地渗透这一重大事实。① 至于李颙批评顾宪成，说"泾阳以文成无善无恶之言为近佛，力驳之，以自标门户，而其答诸景阳书则云：异时无常到日，不至吃阎罗棒，此时一蹉，永劫难补。斯言若出文成，不知尤当如何操戈"(《答吴瀣长》，《二曲集》卷一六)。尽管混淆了"语言材料"与"思想"、"学说"，也指出了儒者用语杂、驳这一事实。佛门亦在同一风气中。郭朋《明清佛教》说名僧"德清居然用'复性'这种儒家语言来说明'禅门'的'工夫'，足见他儒化程度之深"(第255页)！

　　"会通儒释"乃至"三教"，作为一种思想、学术取向，由来已久，有

---

① 《日知录》卷一八"破题用庄子"条曰："今之学者，明用孟子之良知，暗用庄子之真知。"同卷"科场禁约"条，录万历三十年礼部尚书冯琦请禁科试引用佛书的章疏。由其时士人的语言材料也可知"佛书"之为思想资源。

明一代诸高僧多取这种姿态。① 明清之际的法门名宿也不例外。黄宗羲《苏州三峰汉月藏禅师塔铭》记名僧汉月与士人"说《论语》、《周易》,凿空别出新意"(《黄宗羲全集》第十册第 517 页),钱谦益《华山雪浪大师塔铭》也记雪浪"博综外典,旁及唐诗晋字"(《牧斋初学集》卷六九第 1572 页)。徐枋称道继起储"何其深有合于圣人之道也"(《灵岩树泉集序》,《居易堂集》卷五)。继起的说"孝",即以俗世的价值观("世谛")为号召。名僧的上述取向,与士人之于儒释的力图"参同"、"会通",均系于学术风尚——尤其明中叶之后。《明史》卷二八三周汝登传,说周氏"更欲合儒释而会通之,辑《圣学宗传》,尽采先儒语类禅者以入。盖万历世士大夫讲学者,多类此"。明清之际号称"关中大儒"的李颙,其门人为其所作讲学记录,足证其于佛学濡染之深。② 上文已提到钱谦益以方以智与宋濂为遥相应和③,不妨认为,宋濂、方以智,分别处明初、明末,对于明代士人的"学兼儒释",尤其对于士人与佛学的关系,的确有某种象征意义。

① 关于明代及明清之际名僧的"援儒入释"、"会通儒释",参看《明清佛教》第二章第二节关于元贤、传灯诸僧的介绍。该书关于明中叶的名僧真可(紫柏),曰其"称佛教为'佛学',这在佛教史上说来,已颇带有学术气味了;而称'佛法'为'心学',就更加带有显明的儒化痕迹。可以看出,思想颇为庞杂的真可,也是深受陆王心学的影响的"(第 206 页)。"德清《梦游全集》卷四四里,有一篇《大学纲目决疑》,算是德清以佛释儒、或者说是佛化儒学的代表作。"(第 245 页)智旭说:"惟学佛然后知儒,亦惟真儒乃能学佛!"(第 287 页)黄宗羲则将此语倒装了(见下文)。关于继起说"孝",参看《牧斋有学集》卷四二《报慈图序赞》。

② 《二曲集》卷九《东行述》:"既而问六经大旨,先生默然,示之以寂,械士顿醒,拜谢。或诘其故,械士曰:'无声无臭,六经之所以出,亦六经之所以归也。'"即类禅机。另如《四书反身录·论语上》说"知识"之为"心障"(卷三五),《论语下》说"屡空"曰"心惟空虚,是以近道"(卷三六),都大有禅味。同书卷一五《富平答问》曰:"余之不敏,初昧所向,于经史子集,旁及二氏两藏,以至九流百技、稗官小说靡不泛涉,中岁始悟其非,恨不能取畴昔记忆洗之以长风,不留半点骨董于藏识之中……"

③ 钱谦益《题无可道人借庐语》:"无可道人,后三百年,蹑金华之后尘,其人与其官皆如之。遭遇丧乱,剃发入庐山,披坏色衣,作除馑男,又何其相类也!"(《牧斋有学集》卷五○第 1626 页)黄宗羲对宋濂则有由文章方面的批评。其曰:"作文不可倒却架子。为二氏之文,须如堂上之人,分别堂下臧否。韩、欧、曾、王莫不皆然,东坡稍稍放宽。至于宋景濂,其为大浮屠塔铭,和身倒入,便非儒者气象。"(《论文管见》,《黄宗羲全集》第二册第 271—272 页)

明清易代之际,方以智是致力于会通三教的重要人物,对此,余英时《方以智晚节考》三《晚年思想管窥》已有论说。施闰章《无可大师六十序》说方以智家学渊源,及其披缁后的学术取向,曰:"盖其先大父廷尉公,湛深《周易》之学。父中丞公继之,与吴观我太史上下羲文,讨究折衷。师少闻而好之,至是研求遂废眠食,忘死生,以为《易》理通乎佛氏,又通乎老庄。每语人曰:'教无所谓三也,一而三,三而一者也。譬之大宅然,虽有堂、奥、楼、阁之区分,其实一宅也。门径相殊,而通相为用者也。'故尝有《周易时论》、《炮庄》等书……"(《施愚山集》第166页)当明清之交学术转型之际,上述取向更契合了其时"学术化"的要求——以"儒学"、"佛学"为"学",而略损其"信仰化"。尽管其时道学中人颇有因务"兼"而为人所诟病者。黄宗羲批评明末武林读书社,即径说其人"徒为释氏之所网罗","本领脆薄,学术庞杂,终不能有所成就"(《陈夔献墓志铭》,《黄宗羲全集》第十册第440页)。但"杂"、"兼",毕竟造成了明代学术的一种特色。吴伟业即以为"唐、宋之讲学儒释分,而我明之讲学儒释合"(《赠照如师序》,《吴梅村全集》卷三五第756页);且以为"得乎儒释之合而探其原",是值得追求的目标(参看《文先生六十序》,同书卷三六)。无论评价如何,"杂"、"兼"、"合"作为事实,已无可否认。

李颙于佛书、道藏无所不读,他本人对此有一番解释:"尝言学者格物穷理,只为一己之进修,肆业须醇,勿读非圣之书。若欲折衷道术,析邪正是非之归,则不容不知所以然之实。"因而"他若西洋教典、外域异书,亦皆究其幻妄,随说纠正,以严吾道之防"(《二曲集》卷四五《历年纪略》)。其《答顾宁人先生》曰:"不读佛书固善,然吾人只为一己之进修,则六经四子及濂洛关闽遗编,尽足受用;若欲研学术同异,折衷二氏似是之非,以一道德而砥狂澜,释典玄藏,亦不可不一寓目。辟如鞫盗者苟不得其赃之所在,何以定罪?"(卷一六)尽管也附和时论,将目的设在"辟"上(即先已认定其为只待定罪的"盗"),但在非摒而不读上,仍略近学术态度。值得注意的是,李氏同书又以顾炎武所主张的"辩疑误字句"为"辩乎其所不必辩",因与自己身心无干,以"考详略、采异同"为"求于末",说"区区年逾知命,所急实不在此"。气象与顾氏大不伦,像是并不打算躬行其所谓"研学术同异,折衷二氏似是之非"。

而顾炎武则一再致书李颙,考"体""用"二字在经传中的运用,证明释氏之窃吾儒;辨析"内""外",指已成常谈的"内典"的说法为非——以考据手段辟佛,正出于顾氏的治学路径(参看《顾亭林诗文集》第241—242页)。以释氏为异端,王夫之也在其时儒学语境中,但其人对佛学的态度,却要复杂得多。其撰《相宗络索》一书,就有关唯识宗的二十九类范畴进行诠释,在明代唯识宗式微的情况下不能不引人注目。一时儒者对佛学、佛教的态度,构成了上述参差错落的对比;如顾炎武、李颙的态度,又标出了其人在学术转型中所处的位置。

《今言》记王云凤(虎谷)、王琼(晋溪):"王虎谷为祠祭郎中,疏请严试僧、道,精通玄典者,始与度牒。王晋溪问之曰:'兄谓此可塞异端乎? 若如兄策,此辈欲得度,必有精通玄典者出于其间。今二氏之徒苟且为衣食计,尚不可遏塞与吾儒争胜负。若使精通玄典,又可奈何!'虎谷叹服。"(卷三第186条)到张履祥、陈确生活的这一时期,无论辟与不辟,均无可更改佛教、佛学对士林、民间的广被。儒者的下述不同态度,不过是对既成事实的回应而已。

易代之际著名儒者、学人的温和主张,部分地正应由"融合"儒、释的趋势解释。北方大儒孙奇逢以为"三教圣人,法各为用,治世出世,正不必相袭。不以相借而加显,不以相拗而加晦,各有极诣也"。虽其人也指出"吾儒以经世为业,可以兼收二氏之长;二氏以出世为心,自不能合并吾儒为用"(《重修宝藏寺募疏》,《夏峰先生集》卷七)。孙氏对民间的佞佛,也持宽容态度。[①] 另一北方遗民傅山则径用了调侃的口吻说:"佛来自西方,客也,故中之;老子长于吾子,故左之;吾子主也,故右之。虽然,他三人已经坐定了,我难道拉下来不成?"(《题三教庙》,《霜红龛集》卷一八第545页)方以智说三教合一,也宣称"孔子复生,必以老子之龙予佛;佛入中国,必喜读孔子之书,此吾之所信也"

---

① 《夏峰先生集》卷八《重修大士庵记》:"然愚夫妇各遵其师说,而号佛奉教者亦不少,惟问其指趣,莫不曰'存好心,行好事,以免罪谴耳'。所谓'家家堂上有活佛';人人俱于此处著力,则亲亲长长而天下平矣。有用世之圣人,经正而邪慝自无间。有一二'为我'、'兼爱'、清虚寂灭之人,不妨存之为出世高人作一借径。"于此可见孙氏持论的平实、思想的朴素。这也是实践的儒者(而非儒家思想家)的思路。王馀佑的态度亦类此(参看《五公山人集》)。

（《扩信》，《东西均》第 13—14 页）。彭士望《与陈昌允书》说陈氏"内治之功，虽从禅入，却是真禅。宋时李伯纪、张子韶、赵元镇猷为气节，卓荦一时，亦俱从禅入。数公胸中干净直截，不似世人情欲掩饰，龌龊包裹，故其功业人品俱有可观"（《树庐文钞》卷二）。徐枋以居士比较儒、释，所见更有非其时"粹儒"所能想见者："夫儒者以全道为重，故重其在我，每以处优于出；而佛法以行道为亟，故利存徇物，每以出优于处……而瞿昙设教，誓入五浊；神僧应化，不耻乱朝。苟可续慧命、济群品，则举身以徇之，岂同儒者规规然以洁己为高哉！"（《送去息和尚住夫椒祥符寺序》，同书卷六）

东南大儒刘宗周一向严于儒释之辨——看他对高攀龙的批评即可知。但如他的门人（如陈确）那样的"禁绝"主张，则决非得自"师门"无疑。刘宗周明言"居今之世，诚欲学者学圣人之道，而不听其出入于佛老，是欲其入而闭之门也。譬之溺者，与之以一瓠而济，一瓠亦津梁也"（《答王金如三》，《刘子全书》卷一九）。另文中还说："若或界限太严，拘泥太甚，至于因噎而废食，则斯道终无可明之日矣。"（《答韩参夫》，同书同卷）所显示的，正是以发展儒学为己任的一代大儒的气量与现实感，和学人所有的对"成学""得道"条件的认识，其境界非陈确、张履祥辈所能望见。[①] 刘宗周论已成常谈的王阳明的"近于禅"，与佛

---

① 同文中说："学者患不真读佛氏书耳，苟其真读佛氏书，将必有不安于佛氏之说者，而后乃始喟然于圣人之道，直取一间而达也。审如是，佛亦何病于儒！"可为师较弟子通达之一例。刘氏对被儒者指为杂禅的陶奭龄，屡加称扬，且说与其人其徒"往还论道十余年如一日，不问其为儒与禅也"（同文）。同书同卷《答王生士美》曰："己之儒释不可不辨，而人之儒释可姑置之不问。"同卷《答胡嵩高（岳）、朱绵之（昌祚）、张奠夫（应鳌）诸生》说逃禅者中"不乏雄深警敏之士，见地往往有过人者"，而"藉口于圣人之道"的"流俗之士"，"固未有以相胜也"；"不相胜而相讥，猥欲以语言文字挽其一往不返之深情，亦只以重其惑已耳"。他自然不赞成"以异端摈同侪"（同卷《答王生士美》）。《年谱》（卷四〇）亦曰："先生与陶先生宗旨各异，然相对少有辨难，惟虚己请事而已。"时人以刘氏为气象森严，实则其宽裕处正有琐琐小儒所未能比拟者。邵廷采记陶奭龄："启、祯之际，与蕺山刘子分席而讲。悦禅者皆从陶，然蕺山称其门人，多求自得。"（《王门弟子所知传》，《思复堂文集》卷一—第 50 页）至于刘氏以为释教为"西方之教"，"以视吾儒，易地而皆然"，亦通达之论（《刘子全书》卷二三《论释氏》）。

者的再变为"阳明儒"而"近于儒",以之为"玄黄浑合之一会",进而推测其可能成为"佛法将亡之候、而儒教反始之机"(参看《答胡嵩高、朱绵之、张奠夫诸生》),虽系由儒家的学派立场出发,对同一现象毕竟有如此乐观的估量。

却也正是宋元以来儒学内部的分裂,诸种"杂"、"兼"、"合"(由儒者的角度,即佛说的"阑入"),尤其儒者中被认为折衷调和的倾向,深刻化了儒学的危机感。你不难由有关文献,读出当年儒释关系的紧张性,因被儒者认定为儒学存亡攸关,而于兵火扰攘之际的警戒姿态。黄宗会批评逃禅,言辞激切(参看《缩斋文集·原乱》)。王夫之是拒绝逃禅的,其《南窗漫记》有"方密之阁学逃禅洁己,受觉浪记莂,主青原,屡招余将有所授……余终不能从"云云(《船山全书》第十五册第887页)。其以小人儒之"淫于释",为"祸烈于蛇龙猛兽"(《读通鉴论》卷五第203页)。魏禧《高士汪沨传》记其与汪沨(魏美)的一段对话:"予尝私问沨曰:'兄事愚庵谨,岂有意于弟子耶?'曰:'吾甚敬愚庵,然世之志士率释氏牵诱去,削发为弟子,吾儒之室几虚无人,此吾所以不肯也。'"(《魏叔子文集》卷一七。按,愚庵,即明盂,三宜和尚。)汪氏此语颇为人称引。屈大均《归儒说》慨叹道:"嗟夫!今天下不唯无儒也,亦且无禅;禅至今日亦且如吾儒之不能纯一矣。"(按,彭士望《与陈昌允书》批评王学末流,亦曰"遂令天下不惟无真儒,并无真禅"——似亦其时的一种流行语。)

儒者的敏感尤在"阑入",在淆,在似是而非——出于对儒学纯洁性的关怀。王夫之自不以"合"为然,他的说法是:"……强儒以合道,则诬儒;强道以合释,则诬道。"(《老子衍·自序》,《船山全书》第十三册第15页)由并不一致的文化立场出发,钱谦益亦不以混淆式的"会通"为然,说"孔自孔、老、庄自老、庄、禅自禅,乘流示现,面目迥别","佛法世谛,如金银铜铁,搅和一器,其罪业尤甚于毁佛谤经"(《牧斋有学集》卷五〇第1630页)。其《董文敏公遗集序》也说:"本朝理学大儒,往往假禅附儒,移头易面。"(同书卷一六第737页)大致同时的唐甄也说:"老养生,释明死,儒治世。三者各异,不可相通;合之者诬,校是非者愚。"(《潜书》上篇上《性功》第22页)他声称"生为东方圣人之徒,死从西方圣人之后"(同书下篇下《有归》第204页)。

明清之际士人的逃禅于此遭遇了最严厉的批评。士人以此"逃"为保存节操,而有关批评的严厉处,正在指此逃为失节。如黄宗羲所谓"不欲为异姓之臣者,且甘心为异姓之子"[1]。在上述指控中,逃禅者所背叛的尚不止是学派(及信仰)。令人惊心动魄的,应是其间隐含的"夷夏"这一当时最称敏感的命题。与黄氏同门的陈确,在其《与恽仲升书》中说,逃禅除有"用夏变夷"之作用,"不然,去清仕一间耳"(《陈确集》第126页)。张履祥态度的激切更有过之,其斥"谓三教一源者,犹秦桧之主和议,外边虽文饰,实是降虏;借彼说以明吾道者,犹玄宗之用安禄山"(《杨园先生全集》卷二六《愿学记一》)。另一师事刘宗周的祝渊也有类似见识。其《临难归属》曰:"或劝余耻为之民,祝发远遁游方之外可也。呜呼!吾闻用夏变夷,未闻变于夷者也。释氏髡首胡跪,此戎狄之教也。去此适彼,于牛羊何择焉?"(《祝月隐先生遗集》卷四)

自佛教传入之后从未消歇的"禁绝"要求,于此时又被以强烈的语气提出。陈确《复朱康流书》径说"吾辈纵不得操人国之柄,居得为之势,以大禁制之",至少应"绝口不道二氏之言,绝笔不述二氏之书",待后起之"明王""奋然禁之"(《陈确集》第128页)。颜元与陈确均表赞赏于韩愈所谓"人其人,火其书,庐其居"。颜元的《靖异端》(《存治编》)一篇所言"靖之者",由"绝由"("四边戒异色人,不许入中国"),到"清蘖"("有为异言惑众者诛"),到"火其书",直至"防后"("有窝佛老等经卷一卷者诛……")——十足的暴君心态。儒者之偏执者,思路常近法家,这自然根于政体、制度,本身也构成专制的社会基础。儒者的上述态度,无疑出于充分意识到对手强大时的反应。不可稍持两端,留一隙之余地,正证明了戒惧之深。上述议论的有趣处还在,士人即处异族治下,也仍未放弃其权力崇拜,其公然或隐蔽的专制要求。

[1] 语见《七怪》:"……不欲为异姓之臣者,且甘心为异姓之子矣!忘其逃禅之始愿也,是避仇之人而夸鼓刀履狶之技也。"(《黄宗羲全集》第十册第631页)《翁山佚文辑》卷中《书逸民传后》说忧"吾党二三子""所学不固,而失足于二氏":亦暗含了有关"气节"的命题。

"异端"这一对象，最便于检验士人文化批评的品性。正是"异端论"使你看到，"专制"作为意识形态对专制政体下士民的笼盖。以某种"消灭"、"最后之解决"达成"同一"：当道与草民的愿望形式和意志表达于此合致。正是上述文字间的"焚""坑"意象使你相信，"暴秦"并不远，它就在士人的意识中。

在优容与禁绝两极之间，甚至较之肤浅皮毛的"会通"（有时直是"附会"），于今看来更有价值的，是由"学术"（主要即儒学）方面的佛学批评。同为刘宗周高弟的黄宗羲，虽"辟佛"不遗余力，仍非"不检佛书，但肆谩骂"者可比（参看《国朝汉学师承记》卷八《黄宗羲》）。① 其所谓"学儒乃能知佛"（《张仁庵先生墓志铭》），就不失为真正的学术命题，令人可睹其学者、学术史家面目。黄氏同篇论儒、佛关系，尽管由儒学立场出发，仍揭示了某种学术史的事实。如所谓"唯儒者能究"佛学"底蕴"，如曰"昔人言学佛知儒，余以为不然。学儒乃能知佛耳"。他甚至以为"自来佛法之盛，必有儒者开其沟浍"，其证据就有"万历间，儒者讲席遍天下，释氏亦遂有紫柏、憨山，因缘而起"（《黄宗羲全

---

① 顾炎武自说"生平不读佛书，如《金刚经解》之类，未曾见也"（《与李中孚手札》，《顾亭林诗文集》第 242 页）。不读佛书而不论佛，尚不失学者态度。张履祥说"佛氏之书，未尝过而问焉"（《答唐灏儒》，《杨园先生全集》卷四），却仍辟之不已。其逻辑亦简单直捷："理惟一是而已，求理之是于儒家，有何不足，而欲假途二氏耶？"（同书卷四〇《备忘二》）陈确则自说其不习内典而已知其非，以为"惟其有可取，故惑人弥深，而祸世滋大"，"故惧而勿敢习"（《禅障》，同书第 444、446 页）；也应因此，其以《大学》、老、庄，一概"禅"之（参看《答恽仲升书》，同书别集卷一六）。然由其历数宋儒之袭用内典语，可知其决非全未习内典者（参看同书第 445 页）。颜元的"唤迷途"，则如布道者的攻击邪教，语言鄙俚不经。其将对方宗旨极度简化，甚或出之以诟詈（如"死番鬼"、"秃僧"、"西番死和尚"等），与同时陈确等的辟佛，也不属同一层次（参看《存人编》）。由儒者辟佛所用态度，由其惧为佛学所"涅缁"，惧一往而不返，亦可感其时佛学的巨大影响力。对不究佛说而辟佛，早有批评。《明儒学案》卷二四录邓元锡著《论学书》中曰："彼方慈悯悲抑，弘济普度，而吾徒斥之以自私自利；彼方心佛中间，泯然不立，而吾徒斥之为是内非外。即其一不究其二，得其言不得其所以言，彼有哑然笑耳，又何能大厌其心乎？"（第 567 页）到这一时期，傅山也说："今之谈者云二氏只成得己，不足成物。无论是隔靴搔痒，便只成得己，有何不妙，而烦以为异而辟之也！"（《杂记[一]》，《霜红龛集》卷三六第 998 页）还说傅奕"谓佛法无君臣父子，皆未尝读内典，肤臆语"（《傅史》卷二八第 772 页）。

集》第十册第 442、443 页）。① 其所撰钱启忠墓志铭，对被论者作为把柄的程朱与佛学的关系，也有学术史角度的解释，曰："昔明道泛滥诸家，出人于老、释者几十年，而后返求诸《六经》；考亭于释、老之学，亦必究其归趣，订其是非：自来求道之士，未有不然者。"由此而谓"道非一家之私，圣贤之血路，散殊于百家，求之愈艰，而得之愈真。虽其得之有至有不至，要不可谓无与于道者也"（同书第 341 页）。思想之明澈，非但与陈确"道经佛经，决不可看，和尚、道士、尼姑、道姑必不可做"（《复朱康流书》，《陈确集》第 128 页）式的"不由分说"，非在同一境界，也远较一时大量语义含混的折衷调和之论为深刻。因有上述根柢，"儒者立场"才成其为"操守"。处易代之际，作为学者的黄宗羲、顾炎武们所难能可贵的，在其不以"生道"与"学"两视之，即在绝境中也不放弃其儒者身份与使命感。而一时士人的轻于行权，也证明了真正的"学人"之少——这也不独明末为然。

　　与儒者上述"隘"适成对照的，从来是文人、名士姿态。有明一代文人、名士文化发达，也正构成上述儒者式反应的一部分背景。傅山是北方遗民而有名士气者。其人自居"道人"，却非但对佛教，且对其他宗教，亦具"了解之同情"，可贵处尤在处易代之际而无"夷夏"眼界的褊窄；其评论"辟佛"、"佞佛"，并不自居"佛学立场"，显示了教外批评的某种"超然"性；其有关"仪式行为"与"宗教精神"的解释，也十足有"慧业文人"式的通透（参看本书附录《我读傅山》一文）。

---

① 黄氏自说"于释氏之教，疑而信，信而疑"，且"深恨释氏根尘洗涤未净"（《前乡进士泽望黄君圹志》，同书第 294 页）；说"吾岂敢薄待方外之人乎？谢康乐曰：'得道应须慧业文人'"（《天岳禅师七十寿序》，同书第 675 页）。至于其序释氏著作，撰禅师塔铭——也未出此风气；谈及一时名僧，则更少迂儒之见。黄氏将士人之逃禅归因于"世教微阙"，佛教对杰出之士的吸引力，所见则与其师相近。《吴前僧先生传》："……世教微阙，魁奇特达之士，决樊笼而出，一击不中，未有不寄心于禅佛者"（同书第 603 页），与同门如张履祥等，境界显然不同。张氏曾说"祥平生无方外之交，然尝妄意灵岩，僧家之朝市也"——亦如不读佛书而已知其非。语见《与董若雨》，《杨园先生全集》卷四。

"以忠孝作佛事":乱世佛门

有明一代,士之热心用世,与僧的不甘寂寞,在同一风气中。且不论道衍因助燕王"靖难"而声名显赫,僧人在"胡惟庸案"中因列名"胡党"而蒙显戮者亦颇有其人(参看《清教录》)——均展示了僧人政治上的活跃姿态。《明清佛教》一书,说"明代僧人在政治上奔走权贵,享有特权,则决不是为数很少的。所谓京师'游僧万数','京师僧如海'等等,其实都是这方面情况的反映"(第39页)。号称"本朝第一流宗师"的梵琦(楚石)即一显例(关于梵琦与元、明两朝政治的关系,参见该书第二章第二节)。名僧德清(憨山)公然宣称:"沙门所作一切佛事,无非为国祝厘,阴翊皇度。"(参见同书第220页)真可(紫柏)、德清均因卷入政治而被逮系,真可且死于狱中。

僧侣对世俗事务乃至王朝政治的参与,已构成有明政治景观中的特殊一景。钱谦益《紫柏尊者别集序》(《牧斋有学集》卷二一),有依其视野对于明代宗教与政治的关系的描述。黄宗羲记汉月藏在天启朝党争中,曰:"天启末,文文肃、姚文毅、周忠介皆得罪奄人,绝交避祸。师在北禅,相与钳锤评唱,危言深论,不隐国是,直欲篆面鞭背,身出其间。"(《苏州三峰汉月藏禅师塔铭》,《黄宗羲全集》第十册第516页。按,文文肃,文震孟;姚文毅,姚希孟;周忠介,周顺昌)钱谦益《憨山大师庐山五乳峰塔铭》记憨山处诏狱,则是以佛法对抗世间法(酷刑)的例子:"当诏狱拷治时,忽入禅定,榜箠刺爇,若陷木石。"(《牧斋初学集》卷六八第1564页)易代之际僧人与士人的患难与共,僧人的"忠义感激",确也因"渐"而然,并非激于一时意气。宋代大慧禅师的名言"予非学佛,而爱君忧国之心,与忠义士大夫等",明末士人皆耳熟能详。紫柏怒侍者闻忠义事迹不哭,至欲推堕崖下,则是明代法门的著名故事。

到明亡之际,僧人以其"忠义"而被士人引为"同志"者,确不乏其人。自称继起(即退翁)"白衣弟子"的徐枋,曰:"惟吾师一以忠孝作佛事,使天下后世洞然明白,不特知佛道之无碍于忠孝,且以知忠孝实自佛性中出。""沧桑以来,二十八年,心之精微,口不能言,每临是讳,必素服焚香,北面挥涕,二十八年,直如一日。"(《退翁老人南岳和尚哀辞》,《居易堂集》卷一九)①魏禧也说其"久怀灵岩老人,能为天地留正气"(《与徐昭法书》,《魏叔子文集》卷五)。他还说:"予生平于真僧敬之而勿好,近三十年则往往好伪僧。《易》曰:穷则变,变则通。昔之为僧穷乎儒,今之为僧通乎儒之穷";又说:"夫僧有始于真、终于伪,有以伪始以真终,又或始终皆伪,愈不失其真者"(《赠顿修上人序》,同书卷一〇)——后者即应指明亡之际"有所托"而逃禅者。其弟魏礼对于其时士人之逃禅颇不谓然,尤鄙薄儒家之徒的媚僧,其《答友人书》声称"志不学佛"(《魏季子文集》卷八),却在《大方上人杂著序》中说:"儒者尊儒而黜释,今日之释未可以轻黜也,聪明豪俊之士、笃挚之人,无所发舒其胸中,或蒙难亡命,率多弃妻子,祝发披缁衣,托迹空苦以休炼其身心,他日见于事业,补天地所不足者,将于此乎有人。然此绝非释氏之本旨……"慨然叹道:"呜呼!以予所闻见,纲常至性,往往出于太平时槁木死灰之老僧。予视之,腼然愧人地也。"(同书卷七)彭士望《与宋未有书》则称颂僧寒支为"急于救世,缓于成佛,真现菩萨身说法者也"(《树庐文钞》卷二)。即使坚持儒者立场如黄宗羲者,也不讳言名僧的人格魅力。钱谦益以失节者说僧家之"忠义",也辞情慷慨,可知这正是其时的"时论"。其《山翁禅师文集序》所引魏国铭文中"根柢种姓"一语(《牧斋有学集》卷二一),指的正是一时所谓"忠义禅师"的世俗根性。②

---

① 同文还说:"长夜一灯,狂澜一柱,维师之道,实范吾儒。君臣父子,大义克扶,彼儒诋佛,非迂则愚。"(《居易堂集》卷一九)。全祖望《南岳和尚退翁第二碑》记此僧,曰:"易姓之交,诸遗民多隐于佛屠,其人不肯以浮屠自待,宜也。退翁本国难以前之浮屠,而耿耿别有至性,遂为浮屠中之遗民,以收拾残山剩水之局,不亦奇乎!"(《鲒埼亭集》卷一六)

② 其《赠双白居士序》发挥"忠孝佛性论",且上溯佛教史,以见一贯,以名僧之"楷柱名教"、"蔚为儒宗"为佛教史上之胜迹,曰"忠孝,佛性也。忠臣孝子,佛种也。未有忠臣孝子不具佛性者,未有臣不忠子不孝而不断佛种者"(同书二二第911页)。还说:"吾惜夫后之作僧史者,徒知执净抗礼,为撑柱法门盛事,而其深心弘愿,整皇纲、扶人极者,未有闻焉。斯可谓痛哭者也!"(《远法师书论序赞》卷四二第1428页)其序木陈忞文集,也通篇说忠孝(参看《山翁禅师文集序》卷二一),可知"忠孝"也曾是世人眼中木陈的一种面目。僧人如士人的面目多变,于此可见。由第五章第二节所引木陈夷齐论可知,僧之"变节"者的言论,有较之公然的贰臣更无忌惮者——亦易代之际的怪现状之一种。

此一时期出诸士人、遗民之手的和尚塔铭，每称道其人人格的感召力、精神魅力。至于对佛门的上述评价方式，自然也因了僧人刻意展示的世俗形象；乱世士民对佛门的特殊期待，无疑参与了其时名僧的形象塑造。

名僧通常正是一种有特殊信仰的士，以其士人品性维系了与"世间"的联系。法门中从来就有钱谦益所谓"不僧不俗，非俗非圣"，令人"无得而相"者（《大育头陀诗序》，同书卷二一第893页）。到本书所论这一时期，"浮屠中之遗民"（全祖望语，见上页注①），对象征世俗权力的帝王，较"遗民僧"可能更有一份敬意。僧以君臣之礼责遗民僧，《清初僧诤记》所引《蕙遴杂记》记熊开元事，是一有趣的事例（参看本书附录《论〈鱼山剩稿〉》）。

士人禅悦而无妨于节义，则由上述僧人的行为得了有力的解释。丁日昌（暗公）《明事杂咏》云："三峰汉月古禅堂，钟板飘零塔院荒。是道是魔吾不解，山门竟有蔡忠襄。"《明季北略》卷二〇记汉月入室弟子蔡懋德（忠襄）在太原围城语人曰："吾学道多年，已勘了生死，今日正吾致命时也。"（第429页）

"浮屠中之遗民"与遗民的结缘，正赖此艰难时世。李邺嗣《大梅禅师诗序》曰："自世事翻覆，一旦于寂灭之野，枯心黄面之中，而得卒然邂逅，与申款款，此诚所谓于无所遇之地而得遇所不期遇之人，宜其相见之益亲也。"（《杲堂诗文集》第423页，浙江古籍出版社，1988）《明季滇黔佛教考》记文祖尧与陆世仪、陈瑚"以道学相标榜"，"与苍雪虽乡人，道术实不相合，一旦国难，乃弃横舍而住伽蓝，平时水火，患难时则水乳也"（卷五第240页）。文人与僧，更有夙缘。陈子龙《柴石上人诗序》自说于"西戍之际，江左被兵"时，与僧人"时时过从，相对永日，接其绪言，都有名理"（《陈忠裕全集》卷二六）。黄宗羲《李杲堂先生墓志铭》则说李氏"虽不逃禅，而酒痕墨迹，多在僧寮野庙，木陈、悟留、山晓、天岳皆结忘年之契"（《黄宗羲全集》第十册第400页）。

名僧则以保护士人为道义责任。张有誉、熊开元均继起弟子；上述《明事杂咏》因有"大丞相与大司农，左右灵岩侍退翁"等句。黄宗羲则说一时继起门下，多有遗民聚集，"故余诗有'应怜此日军持下，同是前朝党锢人'"（《思旧录·弘储》，《黄宗羲全集》第一册第 394 页）。① 徐枋《退翁老人南岳和尚哀辞》也说继起"又推其忠孝之心，以翼芘生全大卜之忠臣孝子，不容悉数。即尝为不肖枋排大难、御大患者……"其时觉浪门下有方以智（无可）；屈大均削发所事之僧函昰，据说"虽处方外，仍以忠孝廉节垂示，以故从之游者，每于死生去就，多受其益"（李景新撰《屈大均传》，《翁山文钞》）。因而甲乙之际，僧人遭连染与士人同罹祸患者，颇有其人。觉浪顺治五年以论道书中有"我太祖皇帝"等字，为忌者所告，系狱一年。陈垣以为"即此可见世变之来，宗门不能独免，虽已毁衣出世，仍刻刻与众生同休戚也"（《清初僧诤记》第 2468 页）。关于僧函可因文字获罪事，详《柳如是别传》第 933—937 页。而当宗门罹祸时，士人的皈佛亦成勇壮之举。全祖望所撰退翁第二碑，言辛卯之难，寺中星散，归安故诸生董说，独负书策杖入山，颇为时论所重。② 而佛门"失节于中途"者的为僧俗两界所鄙，也就不难想见了。木陈忞应顺治诏入京，气焰烜赫，在时人眼中正如得新朝宠遇的失节遗民。而同时之玉林则被认为"有李中孚、傅青主之风"（《清初僧诤记》第 2501 页）。僧家因"修行不密"见知于当道，亦如遗民的避世不远，终坠世网，均被目为节操问题。至于僧人大汕与屈大均交恶后，竟欲首其《军中草》，陷之死地；木陈则以"大不敬"攻诋玉林，都熟谙世俗"政治斗争"手段，其行径无异于俗世所谓的"金壬"。一时俗世诸种角色，佛门几乎尽有之，足见法门内外本非两个世界。

　　直至清初的僧诤，也仍未出于其时的"政治"之外。易代之际"最

---

① 黄宗羲《思旧录·弘储》记徐枋不接受当道而接受弘储（即继起）的救助："徐昭法不受当事馈遗，继起纳粟焉，非世法堂头所及也。"（《黄宗羲全集》第一册第 394 页）徐枋《穹窿扩南宏大师塔铭》："余乱后隐居避世自全，师尝招余寄迹其精蓝中，去住者几阅月，而师不令俗人知。"（《居易堂集》卷一四）

② 《居易堂集》卷二《与尧峰月涵和尚书》说董说（即月涵和尚）入山事："近者颇闻山头不无纷纭，我心怅然，及双老札来，云一众星散，我心益怅然。及闻吾道兄独襆被书卷，振策登山，不觉以手加额曰：赖有此耳！"居士对佛门命运的关切与同命运感，可谓深至。至于患难中士人与僧人的相互慰藉，如徐枋《灵岩树泉集序》记继起储"辛卯壬辰之交，误罹世网，几蹈不测。贤士大夫无论知与不知，皆殚竭心力，欲脱师此厄，如手足之捍头目"云。关于世俗权力下的法门处境，参看同书卷二《与天善开士书》。

大的政治"即明清对抗,因而僧诤即不免含有清与明残余势力之争:法门于此颇不清静。① 一时居士如潘耒、钱谦益等,当参与其时僧诤时,无不揎拳捋袖,其势汹汹;徐枋《居易堂集》说及法门事,也义形于色;黄宗羲、陈维崧与佛门有关的文字,也都倾向分明。② 僧家分剖俗间之"义"与非义,士夫则论说佛门是非,士人与僧人共一语境,以至共一言论立场。方外方内,同在一纷扰世间,演出同一大故事,甚至角色也一一相应。僧人为其"净"而借重世俗权力(直至帝力),不如说证明了浮屠的"现实感";僧人与士人的政治结盟,则虽属"方外"对世俗力量的利用,也因居士对佛家事的过分热中,动辄以护法自任。在此种情势下,士人的逃禅即逃得了世俗政治,亦难逃佛门政治。黄宗羲赠熊开元诗中,有"脱得朝中朋党累,法门依旧有矛戈"句,所指即此种事实。

至于文人对释氏的意境迷恋,以及僧侣的名士化、文人化,则由来已久。名士向多方外交,风雅僧人从来是文人交游中不可或缺的人物;有僧人点缀座间,不徒增雅趣,且添禅味。而名僧与名士、文人往还唱和,也早是一片旧风景。只不过明中叶后,因风气而更有其规模而已。坚持辟佛的黄宗羲序寺志,也不讳言佛门意境的吸引力(《明州香山寺志序》所谓"释氏庄严宫室遍于域中,又复以泉石灵响佐其螺钹",《黄宗羲全集》第十册第5页)。一时名僧之被士人引为"同志"者,则往往不止因其为"忠义僧人",且因其"忠义"而为诗僧——更与士人癖性契

---

① 《清初僧诤记》曰:"盖木陈始与继起竞遗老势力,不胜,继以新朝势力竞继起之遗老势力,亦不胜……"(第2475页)雍正在其《御制拣魔辨异录》中,详细记述了他是如何干预圆悟与法藏之间争论的,《明清佛教》认为雍正实施干预的真正原因,是法藏门下,多为明末遗民,"门多忠义"(参看该书第308—309页)。

② 关于居士参与僧诤,如张岐然在天童(密云悟)三峰(汉月藏)之诤中(参看黄宗羲《张仁庵先生墓志铭》、《思旧录·张岐然》)。由钱氏文集看,其密云悟塔铭,当其时即引起争议;钱氏对涉足僧诤的自觉及介入之深,也于焉可见(参看《牧斋有学集》卷四〇与张静涵、木陈诸札)。而黄宗羲《苏州三峰汉月藏禅师塔铭》与钱氏所撰密云悟塔铭对抗,则僧诤的背后又隐蔽着士之争。陈维崧《百愚禅师语录序》记玉林强夺善权寺产事,说"惊飙所及,林无静柯"(《湖海楼全集》文集卷三)。同卷《寒松禅师指迷录序》亦指控玉林的霸道,表达对佛门的失望,指玉林为"释名而跖行"。居士自任以法门事,无疑加剧了僧诤。

合。僧而能诗，也非自明代始。但以"忠义"入诗，仍可看作明清之际僧界胜景的吧。吴伟业诗话的论苍雪彻，说其自谓生平于诗证入不二法门，"禅机诗学，总一参悟"；还说"其《金陵怀古》四首，最为时所传。师虽方外，于兴亡之际，感慨泣下，每见之诗歌。尝自咏云：'剪尺杖头挑宝志，山河掌上见图澄。休将白帽街头卖，道衍终为未了僧。'益以见其志云"（《吴梅村全集》卷五八第1145页。按，道衍，姚广孝）。江南至明清，文人文化几臻极境。僧而风雅，风雅僧人而"忠义"，亦势所必至。却也有反感于僧人的文人化的。陈确即说"今之善知识，悉染时士习气，题笺写扇，狼藉人间"，自说其"深鄙之贱之"（《与老友董东隐书》，《陈确集》第86页）。

不待说的是，逃禅者非即"遗民僧"；即"遗民僧"，其人对"遗民—僧"的诠释，更因人而异。李邺嗣记周唯一，说周氏之诸"不附"，就包括了"遁于释门"而"不附释门"。周氏因有平生的诸"不附"，才能有为僧的不附他僧，为遗民的不附他遗民，以至"出处大节"的"不附一世"（《周贞靖先生遗集序》，《杲堂诗文集》第398—399页），其人因而才堪称真遗民，非时风众势中的"遗民"可比。

第二节　衣　冠

明清之际"头发的故事"，见诸文献，所在多有。黄宗羲《两异人传》中说："自髡发令下，士之不忍受辱者，之死而不悔。乃有谢绝世事，托迹深山穷谷者，又有活埋土室，不使闻于比屋者。然往往为人告变，终不得免……"（《黄宗羲全集》第十一册第53页）黄氏以此比清初之政于"暴秦"。《余若水周唯一两先生墓志铭》则谓处清初之世较陶渊明的处宋，更有其艰难："……靖节所处之时，葛巾篮舆，无钳市之恐，较之今日，似为差易。"戴名世也说："杜子美诗曰：'丧乱死多门。'明之士民死于饥馑，死于盗贼，死于水火，后又死于恢复，几无孑遗焉，又多以不剃发死，此亦自古之所未有也。"（《王学箕传》，《戴名世集》卷七第211页）黄氏所记余、周二遗民的对策，有某种代表性：余氏"冬夏一皂帽，虽至昵者不见其科头"；周氏则"尽去其发而为发冢"，自称

"无发居士",与山僧樵子为伍(《黄宗羲全集》第十册第276、277页)。余氏的不剃固然是拒绝,周氏的"尽断其余",也是对"时式"也即朝廷律令的拒绝。关于周齐曾(唯一),李邺嗣《周贞靖先生遗集序》说其人遁入"释门"而"不附释门",与黄宗羲说法有别(参看上节)。逃禅特盛于明清之际,与清初的剃发令自有直接关系。虽同一"剃",此剃不同于彼剃:非但含义不同,且样式也有不同。在这种意义上,逃禅无非"别竖一义",对"剃"另作解释——可见遗民在"发"之一事上用心之苦。①

　　遗民本人有关剃发的文字表达,往往隐晦,即上述黄宗羲记余增远(若水),也只说其"皂帽"、未见"科头"而已。王夫之明示其对剃发的态度的,当是那篇《惜余髻赋》,虽系为别人而作,所表达的,无疑更是他本人的意志(中曰:"虽摧折于方今兮,聊不辱于百年",《船山全书》第十五册第246—247页)。魏禧说其乱后出所隐居的翠微山,屡用"贬服毁形"的说法,如《与熊养吉》曰"贬服毁形为汗漫之游"(《魏叔子文集》卷七)。"贬服"无疑指易清服,"毁形"则指剃发(由其《看竹图记》自记其山居画像,可知其当时所为为明代衣冠)。见诸文字的其时士人有关"剃发"的表达,在平世看来,颇像弄狡狯,非要置于其时其地,才能感到其沉重的。正是禁忌,造成了说禁忌性话题的艺术。钱谦益《题邵得鲁迷途集》,故意混淆法门之披剃与清初的强制性剃发,曲折地记述了邵氏的拒剃(《牧斋有学集》卷四九),亦巧于说禁忌性话题者。

　　新主以衣冠发型的强制改换,作为"征服"的标记,遗民的以剃发为耻,更有深因,如"身体发肤,受之父母,不敢毁伤"的古训。在明清之际的语境中,剃之为耻,集中在上述黄宗羲所谓"髡发令下"的那个"髡"字上。经了此"髡",即无异于"刑余"。屈大均即一再说"城旦"、"髡"、"刑余"。其《长发乞人赞》曰:"哀今之人,谁非刑余。为城旦春,髡也不如。"甚至说"无发则鬼"、"有发则人"(《翁山文外》卷一二)。徐枋也指剃发为"髡刑",其《答吴宪副源长先生书》自说"犹冀

① 但于此也仍有思路的不同。流亡日本的朱之瑜(舜水)说其不剃度为僧,因其与入清之剃"类有相似",参看其《答黄德舍书》、《答释独立书》,《朱舜水集》卷四,中华书局,1981。

无毁发肤，他日庶可见吾亲于地下，因变姓名，匿迹芦中，濒死数番，流离四月……而事与心左，复受髡刑"（《居易堂集》卷一）。黄宗会亦有"髡钳为异类"的说法（《王卣一传》，《缩斋文集》第134页）。遗民在此种场合所强调的，是"剃"之为奇耻大辱。在这种氛围中，三藩之乱的以"全发起义"为号召，就策略而言不可谓不高明（《清史稿》卷四七四吴三桂传，记吴氏"谋为乱"，自号周王天下都招讨兵马大元帅，"蓄发，易衣冠，帜色白……"）①

　　就我所读到的遗民文字，在此一事上表达之激切放肆无忌惮的，无过于屈大均其人。屈氏文集中随处可见怨毒的宣泄。《秃颂》（《翁山文外》卷一二）一篇以秃为幸，以己之未尝秃为不幸，更公然以"辫垂"为耻（"毁伤之罪，我今复罹。剥肤之痛，人皆患之。羡子之秃，不见刀锥，无烦髻结，不用辫垂"）。同书卷一六《藏发赋》更曰："弁髦遗体，以变羌氏。岂甘戕贼，弗欲全归。索头有国，实逞淫威。""乌桓之俗，女直无违。遂易天下，拖辫垂规。无发则雄，有发则雌。雌虽有发，双鬟不垂。""异时横草，野死不埋。誓将腐肉，以饱狐狸。惟留爪发，用镇月氏。"由此看来，其人身后的得祸确也无怪其然。

　　遗民在"冠"上的煞费苦心，往往也为了"发"的保有，以全发为全节以至存明。② 到了二百余年后，清末民初为鲁迅所写的"头发的故事"，却正应了那句被人说滥了的名言：第一次是作为悲剧出现，第二次是作为笑剧出现。事情自然也并不如是简单，那后一次留辫剪辫的

---

① 但三藩之变中对发式衣冠的强制性改变，在小民，不过是又一度的滋扰以致迫害。其时耿精忠发布的文告曰："尔等文武官员绅士军民人等，均属中华之赤子，久思汉代之威仪。令下之日，速宜剪辫，留发包网。所有官帽员领带缨儒巾小帽，一切悉照汉人旧制，毋得混淆。共敦华夏之风，复睹文章之旧。如有抗玩，军令不赦。"（参看刘凤云《清代三藩研究》第232—233页，中国人民大学出版社，1994）——与清人并无二致。不难想见"叛军"所到之处士民的苦况。

② 忠义、遗民"拒断"的故事尚多，黄宗羲《海外恸哭记》记林化熙临难"口占一绝云：'吾头戴吾发，吾发表吾心。一死还天地，名义终古钦'"（《黄宗羲全集》第二册第216页）。《鲒埼亭集》外编卷六《陆佛民先生志》等亦记有类似故事。戴名世记朱铭德"不忍剃发，剪其发使短，发长更剪之，而衣冠不改"（《朱铭德传》，《戴名世集》卷七第209页）——亦一种遗民对策。

故事里,也藏了不少的辛酸的——这已在本节的题旨之外。至于明清之际,头发之外,很演出了些悲剧惨剧的,还有衣冠。戴名世《吴江两节妇传》曰:"吾尝读《顺治实录》,知大兵之初入关也,淄川人孙之獬即上表归诚,且言其家妇女俱已效国装。之獬在明时官列于九卿,而江淮之间,一介之士,里巷之氓,以不肯效国装死者,头颅僵仆,相望于道,而不悔也。"(《戴名世集》卷八第 226 页)此所谓"国装",即清代衣冠。如刚刚说到的,衣冠的故事与头发的故事,在不少场合,正是一个故事。清初的剃发令,使"发"这一人体之局部象征化了;而冠因与发相关,也分有了归属选择、身份确认一类极严重的意味。

但易代之际士人所表现出的对明代衣冠的钟爱,固然有政治意味,亦有文化感情的积蓄为背景。《明史》卷二八二周蕙传,记周氏"还居泰州之小泉,幅巾深衣,动必由礼。州人多化之……"在撰写者的理解中,其人的服饰语言与行为语言,均参与助成了其"化民成俗"的大事业。到本书所写这一时期,如钱谦益的状写书生风度,每每成为文化怀念的表达。如记诸生某"摄衣冠之学宫,缓步闾巷,风谡谡出缝纴间"(《和州鲁氏先茔神道碑铭》,《牧斋有学集》卷三五第 1226 页);某公"褒衣大带,出于邑屋,有风肃然,如出衣袂中"(《卢府君家传》,同书卷三七第 1291 页)。其所欣赏并怀念不已的,无宁说是一种由衣冠所表达的宽裕悠然的意境、气象。钱氏追忆四十年前与程嘉燧(孟阳)的交往,那情景是"山园萧寂。松栝藏门,二老幅巾凭几,摩挲古帖"(《书张子石临兰亭卷》,《牧斋有学集》卷四六第 1538 页)。在这幅图画里,"幅巾"是构造意境不可或缺的,情调、风致也于焉可见。

见诸文献,直至明亡前夕,士人、小民仍未失去其对于服饰的兴趣。士人依然引领风尚,名士也仍以此自喜。邱维屏《亡友魏应搏传》记魏氏"游吴、越归,冠吴冠,高尺有二寸,县中人尽笑之。后三月,县中无不冠者,冠或尺四寸"(《邱邦土文钞》卷二)。即使处在异族治下,遗民中有情趣者,也仍未梏亡了其对于日常生活的创造热情。陈确的《竹冠记》、《再作湘冠记》(《陈确集》文集卷九),就是两篇别致的"衣冠的故事"。陈氏自记其"春戴云冠,夏戴明冠,秋戴湘冠"(第 216 页),其工艺水平与想象力,令人想到黄宗羲所记周齐曾的"山林标致,一器之微,亦极其工巧。尝拾烧余为炉,拂拭过于金玉。又得悬崖奇木,制为养和,坐卧其间"(《余若水周唯一两先生墓志铭》),均表现出东南人士的风雅、精赏,将人生审美化的能力,与细腻的生活艺术——遗民处易代之世,意境也有如许的差异。

明代的正统文学像是光彩不足,但明人与"日用"有关的生活智慧与文化创造,至今仍为人称道。在后人看来,明人将家具器用衣冠等等,无不作成那一朝代文化的便于识别的标记。其间明代帝王(尤其太祖与世宗)在服饰上的创造欲,又直接影响于风尚习俗;当然在君主,那更是"制度创造"。《明史》卷六六舆服志二,记洪武二十四年太祖"微行至神乐观,见有结网巾者。翼日,命取网巾,颁示十三布政使司,人无贵贱,皆裹网巾,于是天子亦常服网巾"。即使荒唐天子正德之为臣下设计帽子,不也多少得自其前辈的启示?人主的上述行为,影响于士民的文化感情,到明亡之际看得格外清楚。戴名世记某人因"明代衣冠"而被逮系,却至死坚持画网巾于额,时人也即以"画网巾"名之。此"画网巾先生"自说其所画网巾,曰:"衣冠者,历代各有定制,至网巾则我太祖高皇帝创为之也。今吾遭国破即死,讵可忘祖制乎!"(《画网巾先生传》,《戴名世集》卷六第 169 页)①《静志居诗话·叶尚高》记叶氏"兵后佯狂,幅巾大袖行于市,太守见而执之。赋诗云:'北风袖大惹寒凉,恼乱温州刺史肠。何似蜉蝣易生死,得全楚楚好衣裳。'释之不问"(第 645 页,人民文学出版社,1990)。黄宗羲《海外恸哭记》亦录有上述《胡服诗》(参看《黄宗羲全集》第二册第 219 页)。叶氏后以他事系狱,自经。

当明亡之际,率先以衣冠为表达并以此启发了臣民的,无宁说正是崇祯。《明史》卷二六六陈良谟传,记陈氏"闻帝崩煤山,大恸曰:'主上不冕服,臣子敢具冠带乎!……'"着明巾自缢。其后演出的忠义遗民故事,在冠服一项上,颇接受了主上的提示。祁彪佳"遗命"曰:"遭时大变,死有余愧,勿立铭旌,勿求志传,勿受吊殓,勿用冠带。"(《行实》,

---

① 周亮工《因树屋书影》卷九:"俗传网巾起自洪武初,新安丁南羽言,见唐人开元八相图,服皆窄袖;有岸唐巾者,下露网纹。是古有网巾矣,或其式略异耳。"

《祁彪佳集》卷一〇第240页）。崇祯以"不冕服"为表达，臣子则以不具冠带为表达，其以衣冠表意，且出诸刻意的设计，则是一致的。立意在"死"这一题目上将文章作足的屈大均，更刻意以衣冠为表达。其自作衣冠冢，在衣冠上反复叮嘱，也像是惟恐其心迹不明。[①] 关于遗民"衣冠的故事"，我将在谈到遗民葬制时接着讲。

士人对其冠服的情有独钟，部分地也应以明代人主的有关制作来解释。[②] 而上文已经说到的士人对其服饰的"宽博"的特殊爱好，又须置诸易代之际服饰的强行改易这一背景之上。《研堂见闻杂录》曰："士在明朝，多方巾大袖，雍容儒雅。至本朝定鼎，乱离之后，士多戴平顶小帽，以自晦匿。而功令严敕，方巾为世大禁，士遂无平顶帽者……间有惜饩羊遗意，私居偶戴方巾，一夫窥睄，惨祸立发。……又其初，士皆大袖翩翩，既而严革，短衫窄袖，一如武装……"（《烈皇小识》第268—269页）姜垓记三遗民"屡不出户庭，不见当世垂纵戴缨之客"（《十月十八日述事》，《敬亭集》卷六）。王夫之言及"辫发负笠"（《船山全书》第十二册第507页），魏禧说到"朱缨""窄袖"时，其嫌恶之情无不溢于言表。这也才更有力地解释了降清者对故明衣冠的不能忘情。士人对衣冠的文化意味向具敏感。吴应箕于明亡前夕的留都，见其时装"忽一变为小袖短衣，长不及膝，而袖则宽不逾尺，且鞋头深五寸，而窄袜至不能穿足"，即以为"举止轻佻，殊失雅观"（《留都见闻录》卷下《服色》，《贵池先哲遗书》）。陆世仪《顾遥集三知编序》曰："昔五代之季，人皆袜袴从戎，至艺祖军中，始有宽衣博带者。父老指而相谓曰：'此曹出，吾辈得睹太平矣。'"（《桴亭先生遗书》卷三）到明

---

① 《翁山文外》卷八《自作衣冠冢志铭》："噫嘻！我自衣冠，而我藏之。藏之于生，良为可悲。无发何冠，无肤何衣。衣乎冠乎，乃藏于斯。噫嘻！衣冠之身，与天地而成尘；衣冠之心，与日月而长新。登斯冢者，其尚知予之苦辛。"同卷《翁山屈子生圹自志》："遗命儿明洪等：吾死之日，以幅巾深衣大带方舄殓之……"

② 明代人主嘱意于士冠服，见诸《明史》卷六七"舆服"志三："洪武三年令士人戴四方平定巾。""二十四年，以士子巾服，无异吏胥，宜甄别之，命工部制式以进。太祖亲视，凡三易乃定。"同书卷一三八秦逵传亦记此事："帝以学校为国储材，而士子巾服无异胥吏，宜更易之……赐监生蓝衫绦各一，以为天下先。"可见在此种制度创造上的郑重。

清易代之际,"宽"与"窄"更非止样式,而系于文化气象与文化根源。"一丝华夏,在尔皮肤。"(屈大均《长发乞人赞》)有这一种理解,为了发型与衣冠,头颅确也值得一掷!降清者对此中意味亦有会心。《清史列传》卷七九《贰臣传·陈名夏传》记宁完我劾陈名夏"包藏祸心以倡乱",其事实即有陈氏曾说"要天下太平,只依我两事",即"留发,复衣冠"(宁氏以为"名夏必欲宽衣博带,其情叵测")。

也如士人的以逃禅为"拒剃",当此之际"古衣冠"也提供了拒绝"时式"的一种选择。尽管据《礼记》,孔子说其"不知儒服"①,"深衣"出诸儒家之徒的创制无疑。早在崇祯末年,张履祥就曾以"深衣"拒绝时式。②《二曲集》中李颙门人记其南行讲学,"绅士见其冠服不时,相顾眙愕";姑苏人亦曰"其服甚古"。南人所诧怪的李氏冠服之"不时",自然指非时式(即"小袖时袍")。收入该书的《历年纪略》,记康熙十二年当道聘李氏主持关中书院,提学钟朗"以先生衣服宽博不时,预制小袖时袍驰送,先生笑而藏之,仍宽博以往。至城南雁塔,钟出城奉迎,见之愕然。先生曰:'仆非宦僚绅士,又非武弁营丁,窄衣小袖,素所弗便,宽衣博袖,乃庶人常服,仆本庶人,不敢自异……'"李颙不大像是刻意地以衣冠为遗民意志表达,自然也决非蓄意标新领异,其意也当在保持儒者仪态风度吧。黄宗羲的考深衣(《深衣考》,《黄宗羲全集》第一册),所关怀也应在儒家文化的保存。

衣冠的处置,从来被认为足以显示儒者人生态度的严肃性。王夫之记其祖父,"岁时衣大褶,戴平定帽,坐起中句矩。或劝公曰:'君阀阅胄子,郎君又以儒名家,独不可以儒服乎?'公笑而不应"(《家世节录》,《船山全书》第十五册第 214 页)。这里的不"儒服"更见出郑重。在忠义传状里,即在仓促之际,也如子路的结缨,对衣冠决不苟且。黄

---

① 《礼记·儒行》:"鲁哀公问于孔子曰:夫子之服,其儒服与? 孔子对曰:丘少居鲁,衣逢掖之衣;长居宋,冠章甫之冠。丘闻之也,君子之学也博,其服也乡,丘不知儒服。"

② 《张杨园先生年谱》(《杨园先生全集》)于崇祯元年(时张氏 18 岁)记:"初,士大夫高冠博袖。至崇祯间,服饰怪侈。巾或矮至数寸,袖或广至覆地,或不及尺。"张履祥"独仿深衣意,袂尺有二寸,冠守旧制,谑者呼先生为长方巾。或谓先生何必以衣冠自异,先生笑曰:'我何尝异,人自异耳。'又尝曰:'人徇其所同,余守其所独,固有见病于时者也。'"

宗羲《弘光实录钞》记刘理顺之自缢,"幞头平脚碍环不得入,乃脱平脚口衔之,引颈入环,然后取平脚施于幞头而卒"(《黄宗羲全集》第二册第41页)。此类记述,十足的儒者趣味,令人可感道学氛围的笼盖。

在清初,遗民中颇有"终身服先朝之服"者,也如拒剃,这是一种赌生命的表达。陈垣《明季滇黔佛教考》录孙仁溶《义士传》记陈佐才事,略为"顺治辛丑,滇版图已入清三载矣,时无不清制是遵者,君独蓄发,加冠峨峨,仍汉威仪,出入里闬,意气坦如也。眮者遂罗而致之镇府……"(卷五第247页)屈大均《自作衣冠冢志铭》铭文中有"井邑攸改不改服,方山子冠犹矗矗。章逢蔽形书满腹,下见古人无顿蹙"等句。当然,对这类表白,也不可都当真。

以衣冠为避世(清世)的象征,遗民于此几乎穷尽了其想象力。其中有人不惜返回初民时代。黄宗羲《陈乾初先生墓志铭》(初稿)记陈氏"截竹,取书刀削之成冠,以变汉竹皮冠之制,其服也,不屑为唐以下,突兀遇之寒田古刹之下,不类今世人也"(《黄宗羲全集》第十册第350页)。屈大均记周溯(以濂),曰其"弟子亦多束发椎髻,如太古遗民,绝不知有城市衣冠者"(《高士传》,《翁山文钞》卷四)。

尤有戏剧性的,是三藩之变中衣冠的错杂紊乱。魏禧记其时"宁都、南丰二百里间,或赤缨介马而驰,或褒冠博衣,翱翔于城市,相去若绝域"(《赠谢约斋六十有四叙》,《魏叔子文集》卷一一);赤缨为清冠,褒冠博衣则为明衣冠——亦一时奇景。刘凤云《清代三藩研究》引目击这场叛乱的王钺所说,"当广州之初变也,王公大夫皆戴大帽,衣满洲袍,民间为之谣曰:明朝头,清朝尾,过了三周年,依旧归康熙"(第206页)。易代之际与发式衣冠有关的戏剧尚不止于此。因"易代"有时间的参差,"汉家"衣冠,反而暂时保存在了荒徼以至属国——亦其时"衣冠的故事"中富于戏剧性者。方以智在流亡中即有此惊喜,其《戊子元旦》曰:"惊闻蛮地曲,留得汉家春。路可供芒履,天容著幅巾。"

世易时移,即"故国衣冠",风味也终要变的。至于士夫的复古趣味,更与小民无涉。《弘光实录钞》记金声被执,"当是时,南都改服已久,声与其徒峨冠大带而入,道路聚观"(《黄宗羲全集》第二册第105页)。金声死于乙酉,距"南都"陷落不过数月,明代衣冠在其地小民眼

272

中,已不啻奇装异服。钱谦益《潘文学墓志铭》说嘉定潘氏等"方巾大带,整冠修容","丧乱以来,老成凋谢,是数君子者,已邈然如古人矣"(《牧斋有学集》卷三二第 1161 页)。在不放弃恢复期待的遗民,这也是最令其痛心的事实。王源《李孝悫先生传》,也令人看到了着上述衣冠的士人在小民中的情景。李明性于"甲申变后,遂隐,足迹不履市阛。被紫棉布袍,㡊巾,夏葛,冠六合,方领博袖,踽踽然偶出,则观者如堵"(《居业堂文集》卷四)。黄宗羲《陆汝和七十寿序》写陆氏"峨冠方领,翱翔于市人之中,莫不指而笑之"(《黄宗羲全集》第十册第 658页)。李邺嗣《李嘉禾集序》记李国标,亦曰其"衣冠杖履甚古,所至聚观"(《杲堂诗文集》第 410 页)。儒者以化俗为职志,而俗之易变有如是者! 我在下文中还将说到,遗民生活的讽刺性不仅于此。庄严转成滑稽,也是历史生活中的常见一幕。

不消说,逃禅者的那一领缁衣,也被用来拒绝"时式"。名僧苍雪彻《次韵吴骏公见寄》曰:"国破家何在,山深犹未归。不堪加皂帽,宁可着缁衣。"(《南来堂诗集》补编卷二)《明季滇黔佛教考》录吴中蕃《敝帚集》卷九《羡僧》一首,诗云:"毗卢帽子锦袈裟,高坐公堂颂《法华》,世上威仪都改尽,看来不改是僧家。"(卷五第 256 页)在当时的士人,僧家确也因此足羡。但逃禅既是行权,就有虽僧衣而仍不肯"僧其帽"者,如上述屈大均。甚而至于有虽僧帽衲衣而犹不肯僧其发者。杨凤苞记归庄:"俄城破,亡命,发鬅鬙而僧帽衲衣,往来湖海间……"(《碑传集补》卷三六《归恒轩纪略》)我们又回到了本节开头的题目上:"剃"是何等重大的事件!

第三节　交　接

交接即在平世,也被认为节操所关。当明清易代之际,其严重性不能不百倍地放大了——尤其遗民的交接。

拒绝清世

遗民故事一到"交接"这一节目,其情节其情境其叙事趣味,即难免与贞妇烈女的故事混淆；男人的故事与女人的故事，于此竟像是同一个故事。如以"交接"为名节所关，以杜绝人事应接为保存节操的必要条件。[1] 遗民故事与贞妇烈女故事的相像，固然因处境的相仿，也应因已有的故事模式之于想象力与选择的限制。历史的重复有时就因此造成——无论大事件，还是个人行为。

自我放逐于"人事"以至"人世"之外，近乎以生为死，也属典型的遗民行为，不独明清之交为然。已具原型意义的，如上文已提到过的所谓"土室"、"牛车"。关中大儒李颙好说"土室"，自称"土室病夫"，他说："昔袁闳栖土室，范粲卧敝车，虽骨肉至亲，亦不相见。而我之锁扉幽居，二三宿契之来不免启钥晤言，破戒坏例，为害不浅。"（《答张伯钦》，《二曲集》卷一六）王夫之也说范粲"三十六年佯狂不言，卒于车中。子乔侍疾，足不出邑里，父子之志行，诚末世之砥柱矣。"（《读通鉴论》卷一一第424页）

"土室"、"牛车"，将文章做在了"交接"上，以杜交接为与其时其世的"关系"的宣告，为其人归属的宣告。遗民对其孤独处境的确认，经由"土室"、"牛车"之类而模式化了。一时遗民中被认为自律最严，近乎楷式的，即有徐枋（昭法）。潘耒《徐昭法先生祠堂记》，谓徐"非其同志，虽通家世好，踵门不得见，与之书亦不答"，"而一切馈遗，坚却不受"（罗振玉辑《徐俟斋先生年谱·附录》）。徐枋自序其《居易堂集》，曰："而此四十年中，前二十年不入城市，后二十年不出户庭。"该书卷三《与冯生书》也说："始则绝迹城市，今并不出户庭，亲知故旧，都谢往还，比屋经年，莫睹我面。"[2] 巢鸣盛于"桑海以后居于墓庐，不出一步，

---

① 见诸《明史》的贞妇烈女故事可供与遗民故事比较者，如卷三〇一烈女传记范氏二女守节，"筑高垣，围田十亩，穿井其中，为屋三楹以居。当种获，父启圭窦率佣以入，余日则塞其窦，共汲井灌田。如是者三十年"。同卷中的其他节烈事状亦有似者。颜元以明末死节之臣为"闺中义妇"（语见李塨撰王源订《颜习斋先生年谱》卷上，《颜元年谱》第34页），大可玩味。

② 《静志居诗话·徐枋》："孝廉高蹈者，吴、越居多，始终裹足不入城市者，吾郡李潜夫、巢端明及吴中徐昭法，此外不概见。"（第587页。按，李潜夫，李确；巢端明，巢鸣盛；徐昭法，徐枋）遗民之处僻乡、山林，不入城市，以"城市"、"山林"（以及据山林的佛寺道观）为象征，亦出自因袭：即以山林为（清）世外。遗民的自我想象、自我界定，不能不赖有这类时空假定。

不交一人"(《明文海评语汇辑》,《黄宗羲全集》第十一册第138页)。杜濬《胡曰从中翰九十寿序》说胡氏"尝独处一小楼,足不履地者三十年"(《变雅堂遗集》文集卷五)。陆世仪于兵败后"凿池宽可十亩,筑一亭,拥书坐卧其中,不通宾客,榜曰'桴亭门'"(《小腆纪传》卷五三第574页)。① 至于黄宗会《解疑》(《缩斋文集》)一篇,解释其所以"一切杜权息机"、戒却交游之故,乃愤世嫉邪者言,亦自刻画了其"隘"(参看黄宗羲《缩斋文集序》);同书《后死或问》也是一篇"遗民交接论",说处遗民"自宜戢景藏采,其声响昧昧,惟恐复闻于人"(第24页)。凡此,均令人可感遗民社会不成文法的约束力。自我锢闭一时成为遗民资格获取的条件,这无疑严重化了"交接"的意味。

　　遗民以"交接"为自我界定,以"交接"为自己作时空定位,其中持身尤严者,则以人际交往为与一个朝代的关涉,以与清人(仕清之人)的"交接",直接等同于与"清朝"的交接。他们的以处"土室"、"牛车"为拒"清"、存"明",无疑预先假定了"土室"、"牛车"在当世之外。这本是有待于论证的,却似乎并无论证。不论证不像是无意间的忽略,倒像是蓄意的回避:他们无疑明白论证中的困难所在。"土室"、"牛车",是遗民处交接极端的一类;但"交接"不失为清理遗民与"当代"关系形式(或曰关系假定)的一种线索。

　　某种模式化并未减却了遗民表达的个人性。由传状文字给人的印象,此一时期的遗民竞相"为其难","为尤难",在设计"拒绝"这一姿态时,既有因袭,也有创造。如"为牖不为户,其故旧往,则自牖出入"(事见《碑传集》卷一二六《金痴传》)——此即为黄宗羲所讥的"穴垣通饮馔";如陈南箕的明亡入山,"绝不与人通一语"(《翁山文钞》卷四《高士传》),如八大山人的哑默,无不奇僻而近于怪诞。《碑传集》卷一二六邵长蘅《八大山人传》记其事,曰:"一日忽大书哑字,署其门,自是

---

① 此传所记,或仅陆氏一段时间中的状况。由陆氏文集及年谱可知,其不但参与讲会(如陈瑚所主持的蔚村讲会),且对时政有积极干预,绝非自我锢闭、甘于枯槁者。遗民处交接往往前后有所不同,如李颙,如易堂诸子。仅据遗民传状往往不能得知真相。下文将要谈到的八大山人,王源即说其"赤贫,以书画为生活,不得不与当事交,亦微憾耳"(《与梅耦长书》,《居业堂文集》卷六)。

对人不交一言,然善笑而喜饮益甚。或招之饮,则缩项抚掌笑声哑哑;又喜为藏钩拇阵之戏,赌酒胜则笑哑哑,数负,则拳胜者背,笑愈哑哑不可止。醉则往往欷歔泣下……"不语,哑,无宁看做特殊的言说。对表达方式的刻意追求,也因了明清之交士人"为尤难"的风气的鼓励。全祖望《陆佛民先生志》,说陆氏虽未"抗开剃之命以殉生"或"终身逃之岛上",然而居城市中而"柴门谢客,甘心于死灰槁木以逃世网,斯尤难矣"(《鲒埼亭集》外编卷六)。

在此情境中,出应世务,自不免被视为失节之渐,甚至节操之玷。李颙在一度出主关中书院之后,"追悔无及",曰:"弟畴昔书院之入,合六州三十县之铁,不足为此错。"(《答费允中》,《二曲集》卷一八)他的"闭关"、"杜门"(即所谓"土室"),即像是对此的自我惩罚。这也应是李氏处遗民的渐趋严苛,纳入"规范"的过程。① 于此等处,尤令人想见遗民立身处世之难,"遗民社会"施之于自身的道德压力,遗民生存的紧张性。

经历了乱离、"与义"中的残酷,遗民"土室"、"牛车"式的自我闭锁,虽沿用了既有形式,仍像是自虐、自惩,其中有心理极度脆弱之时对于"玷污"的恐惧。而这也确非自扰。王馀佑《寄孙征君夫子》说刁包:"刁先生平生大节,在却聘六书。"(《五公山人集》卷一一)刁氏《用六集》(道光癸卯重梓)刊其"却聘六书",三却大顺朝聘,三却清朝聘,尤以最后一书为精彩,中曰:"来谕此番功令极严,特加申饬,凡四方同人从未赴公车者,莫不惶恐就道,此时齐集都中,形诸诗歌,有'一夥夷齐下首阳'之句。噫! 是诗也,幸之与? 抑嘲之与?"(《辞清朝会试书》)

一时大儒,顾炎武、黄宗羲、李颙、傅山等,都备尝"羁縻"之苦。褒奖胜国"忠义",羁縻遗民,本兴朝的例行公事,清主也不过敷演故事而已(当然因系异族"入主",其正统性尤须赖此证明)。但当道之于李颙、傅山,威逼之甚,与抗拒之烈,倒真令人想到强暴者之于节烈女子;

---

① 该书所载《历年纪略》:康熙十四年乙卯"先生癸丑秋自书院讲毕旋家,即闭关不复见客。是春又为《谢世言》以逆拒来者"。

在威逼的一方,似必污之而后已。① 在此情境中,"失身"的危险确实是极其现实的。使人为"遗"而不得不奔走都下,反复陈情,也是足够"讽刺"的情景。看黄宗羲辞荐鸿博,辞入史馆,辞修郡志,辞乡饮酒大宾,自说"不学",自状衰病,辛苦之至,也是当时的一种特别的文字。再看顾炎武为赴京"预考"的李因笃出主意,说"此番入都"当如此这般,"至嘱至嘱",也可知拒绝之烦难(《答李子德》,《顾亭林诗文集》第212—213页)。顾氏说"避世之难,未有甚于今日"(《答李紫澜书》,同书第64页),并无夸张。积极地为新朝汲引人才的,就有仕新朝者(参看《余论[之二]》)。迫使遗民接世、就范的外力之强大,于焉可知。

晦迹,杜交接,固然为了逃世,也应为逃名。但在士人,最难逃者,名也。因而李颙有"生我名者杀我身"、"不幸而有此名"的感慨。方以智之子方中通曾说:"可怜我父生前受名累,身后患难尤难堪。"(《论交篇赠佟俨若》,《方以智晚节考·重要参考资料选辑》第304页)《碑传集》卷一二六蔡世远撰《詹先生明章墓表》,说詹氏"虽不出而学大行名益重",当道"为筑景云楼,月出粟肉以优之"。无怪乎时人有"昔日夷齐以饿死,今日夷齐以饱死"的谣谚(语见全祖望《钱蛰庵征君述》,《鲒埼亭集》外编卷一一)。黄宗羲笔下的沈寿民是坚拒"粟肉"之类的,但也难免于"避人愈深,其名愈著"(《征君沈耕岩先生墓志铭》,《黄宗羲全集》第十册第373页)。这里不也有遗民处境的讽刺性?因而遗民之持身严苛者,务求"刊落声华",即有吟咏,亦聊自怡悦,不轻示人。《碑传集》卷二四《樵李两孝廉传·巢鸣盛》说巢氏"自晦迹后,不为奇言

---

① 《二曲集》卷一七《答秦灯岩》说到"癸丑甲寅间,因卧病不能就征,奉有'疾病稍痊,督抚起送'之旨,自是年年敦促,搜山熏穴,靡有宁期"。同书卷四五《历年纪略》记征召中之威逼事更详。如:"……县据医邻甘结以覆。五月,府提医邻严讯,胁以重刑,众无异辞。""八月朔,县役异榻至书院,远迩骇愕,咸谓抬验创千古之所未有,辱朝廷而亵大典,真天壤间异事也。府官至榻,先生长卧不食,府以股痹回司,司怒,欲以锥刺股以验疼否?适张参戎(梦椒)自安远回省,为之营解,免锥。"情节之离奇荒诞,较他遗民为甚。此种戏剧由李氏演出,似尤有戏剧性。李氏并非蓄意的对抗者;他的"退藏"正应为当局迫成。李氏当被百般威逼之时,答人问学,"语及乾之初爻,谓学须深潜缜密,埋头独诣,方是安身立命。若退藏不密,不惟学不得力,且非保身之道。昔人谓生我名者杀我身,区区今日便是榜样"。这也是清初羁縻政策的一种结果。

危行以动众,诗亦不多作"。张履祥甚至以"晦迹"为理由反对他人行
医①。但能"彻底"的从来稀见。对此也有另一种议论:"士之处乱世甘
肥遁洁己而考终,必有名以处此。夫肥遁逃名惟恐不远,今日必有名以
处,何耶?君子可逃名而不可令人不能名,不能名者惟老聃,然而以柱
下名……是皆豪杰者逃名之至而保名之固也。凡此不胜数。"(《碑传
集》卷一二六《卖纸翁储稠若传》)

有逃名而遗,也有好名而遗。故为奇僻以耸动流俗,其"绝世"正
所以"接世":一种非常的与其世对话的方式。由此不也可见遗民话语
语义的复杂性?当时就有针对以避世邀名的批评。据说"孙默将归隐
黄山,遍乞天下名人为送行之文",王岩规劝其人道:"古之隐者入山惟
恐不深,其声影幽墨,惟恐人知,即其托迹所在,未尝使人识而名之……
吾愿孙子息交游,远名誉,勿复征送行之作,而果于归去,使人莫测其归
也,孙子乃庶乎真隐矣。"(《碑传集补》卷三六刘宝楠《王岩传》)②而顾
炎武告诫潘耒的"自今以往,当思中材而涉末流之戒,处钝守拙","务
令声名渐减,物缘渐疏"(《与次耕书》,《顾亭林诗文集》第 79 页)云
云,不消说是深于世情者之言。遗民处乱世之道,端在敛抑,此所谓
"俭德避难"③。由此看来,有名士气的文人,一向不拘形迹放浪形骸的

---

① 《杨园先生全集》卷九《与薛楚玉》曰:"先生初本欲以医自晦,今三尺童子俱闻薛先生名,
反以医显矣。始犹只及缙绅之交,未及官长也,今渐通于郡邑之长官矣。始则以笔舌代
耕,继特以药囊代笔舌,亦士不得志于时之常,今一旦为甪里之人以多金推羡矣。始亦特
以生生之计托业于斯,免八口饥寒而已,今乃至于庖积粱肉矣。"

② 魏禧对此事却另有评论。其《送孙无言归黄山序》曰:"休宁孙无言将自广陵归隐乎黄
山,十年而未行,四方之士各为文以送之,诗歌之属凡千,文若序凡百数十。"说其再来广
陵,"则无言已新易居,其言归黄山如旧时,作诗文送者日益多"。魏氏非但不劝其归隐,
却说广陵乃"天下豪俊非常之人之都会","余以为无言倘能以其交游之力,从屠沽贾衒
中物色天下非常之人,虽使无言居三十六峰深绝处,余犹将作招隐之诗,劝无言出居通都
大市,不得与衣草食木者同其寂灭"(《魏叔子文集》卷一〇)。立论别出心裁,正可睹魏
禧本人由避乱山居而出游后的积极姿态。

③ 按,"俭德避难",亦遗民常谈。张履祥"方今之日,名誉不可太高,居实不可或厚"(《与
薛楚玉》,《杨园先生全集》卷九);同卷《答徐文匠》曰"声名不可太高,交游不可太广,进
取不可太锐,亦藏器待时,俭德避难之义也"。魏禧《邱维屏传》一文附彭士望语,记邱氏
垂殁示子曰:"食有菜饭,着可补衣,无谪戾行,堪句读师。"彭氏以为"可为世则"(转下页)

文人,其难以免于清议士论,就是不足为奇的了。屈大均即因晚年交游见讥。文人较之学人经师,通常更有世俗性,更有对于今世的沾恋,更难断却尘缘,也应因了他们更求当世名吧。

至于遗民的极端姿态,自然也出诸士人结习,即严于交接,严流品、气类之辨。此种"辨"从来是士人自我界定、自我证明的方式。王夫之将人的"自畛"作为保有人间社会纲维的条件。他说:"天地制人以畛,人不能自畛以绝其党,则人维裂矣。"(《黄书》,《船山全书》第十二册第501页)王夫之处易代之际神情之孤傲严峻,可由其人论"流品"、"流俗"注释。在野而不通朝贵,本被视为士应有的自律。刘宗周"前后家居,凡朝贵人通书问,皆不答"(《刘子全书》卷四〇《年谱》)。自律尤应在辞受取与之际。张履祥说:"古人不肯轻受人德意,极是有关立身。不佞衰老矣,实验得借贷不如典质,典质不如有米卖米、有叶卖叶、有丝布卖丝布,为反求诸身之事。"(《与钱叔建》,《杨园先生全集》卷一二)儒者于此一向有对于丧己的高度警戒。李确甚至宁死而不接受同志者的馈遗(参看《魏叔子文集》卷六《与周青士》)。陈确记邬行素,说其人"贫日甚,而介亦日甚"(《哭邬行素文》,《陈确集》第338页)。或者应当认为,遗民的出乎情理之常的"介",也为"贫"所迫成。

但到了易代之际,上述行为仍被赋予了更严重的意味。而士处易代之世生存的艰窘,也由士论之苛造成。以傅山拒征的顽强,顾炎武仍说"即青主中书一授,反觉多此一番辛苦也"(《与苏易公》,《顾亭林诗文集》第207页)。即顾炎武本人何尝不在此境中!其致书其甥,曰:"若欲我一见当事,必谤议喧腾,稚珪之移文,不旬日而至于几案矣。"(《与原一公肃两甥》,同书第215页)明代士人严于疾恶、言论苛酷,易代之际,清议、士论施之于遗民社会内部,较之对失节者,似更绝无宽贷。遗民所忧惧的讥评,往往正来自同志者。全祖望批评其时士人持

(接上页)(《魏叔子文集》卷一七)。然而魏礼释"俭德",却另有旨趣。《朱容斋八十一岁赠言序》:"《易》曰:君子以俭德,而朱文公训为'敛'。愚窃谓'俭德'故妙义,亦何必'敛'乎!"(《魏季子文集》卷七)——于此也各见面目。

论之苛,曰"布衣报国,自有分限,但当就其出处之大者论之。必谓当穷饿而死,不交一人,则持论太过,天下无完节矣"(《鲒埼亭集》外编卷二五《春酒堂文集序》)。后人视明遗民,于生存空间似只留一隙,犹存戒惧,亦缘此舆论环境。

　　遗民的交接固被认为节操所关,遗民僧也不能外。僧澹归(金堡)即因"结交贵游,出入公庭",颇为时论所鄙。① 方以智也未能免于疑论。魏禧《与木大师书》谓其"接纳不得不广,干谒不得不与,辞受不得不宽,形迹所居,志气渐移"(《魏叔子文集》卷五。按,木大师即方以智),可作为遗民诤遗民僧之一例。余英时《方以智晚节考新证》在对方氏"俗缘"进一步考证后,说:"密之虽身在青原,而与其他各地之旧识时时有鱼雁往还;且每以其父或己所著书赠人,故其行止几乎天下皆知,早已失其逃名避世之初衷。"(《方以智晚节考》增订版第177 页)又说:"故论严峻,密之实远逊亭林,言韬晦则不逮船山。但此殆其通脱之性有以致之,亦未可据此而评其品节之高下也。"(同书第 61 页)②

　　看来遗民处斯时斯世,非但不可出仕应征召,不可酬应干谒,且不宜为僧,不便讲学,不应为子弟谋科名;即使做到了上述种种,也仍须努力"养晦",不为名累——"遗民方式",半出于"时论"的制作。遗民生

---

① 陈垣《清初僧诤记》记金堡事,曰:"尤有甚者,结交贵游,出入公庭,如澹归晚节之所为,则不如即反初服之为愈矣。"邵廷采《西南纪事》七,亦言堡为僧后,尝作圣政诗,及平南王年谱,以山人称颂功德,士林訾之。今所传《遍行堂续集》二,有某太守、某总戎、某中丞寿序十余篇;卷十一有上某将军、某抚军、某方伯、某臬司尺牍数十篇。睹其标题,已令人呕哕。"(第 2529—2530 页)遗民即使托庇于佛门,也仍不能逃脱"世法"。

② 魏禧《送药地大师游武夷山序》曰:"余向与师相见,有犹龙之况","吾闻龙之为物,大蟠天地,小藏爪甲,潜见不常,世不可得而制。师老于武夷,为吾道南主人,未可知也"(《魏叔子文集》卷一〇)。可与《与木大师书》互参。王夫之说方以智披缁以后,"所延接者类皆清孤不屈之人士",以方以智与金堡对比,批评后者"不择人而屈下之","尽忘其本色"(《搔首问》,《船山全书》第十二册第 635 页)。王氏关于方以智,所言亦不确。但余英时说:"牧斋晚年交游颇盛,不知者皆深斥之,今又知其实为复明活动作掩护而然。以彼例此,密之晚年之广事接纳得毋亦有不可告人之隐衷乎?"(《方以智晚节考》增订版第242—243 页)

存空间之狭,更是由通行于遗民社会的道德律令造成的。

我们又遇到了那个题目:不但遗民的生存意义有待于论证,且"遗民"身份的成立即有赖于假定,比如对所处之时、所践之土的假定,对于其"在"与"不在"的假定。我不得不重复地说,"遗民情境"有赖于营造,赖有营造之后的不断提示、自我暗示,赖有意志与信念——在这一点上,的确近乎宗教经验。遗民的尴尬,也正是在其自我假定与现实生存之间发生的。

明末及易代之际是一方大舞台,由后世看过去,其上的人物动作,似多有夸张。即使一时大儒,如黄宗羲的袖椎刺仇、李颙的狂号为父招魂,都不免于"戏"。顾炎武粹然儒者,其卜居华下,也有在后世看来不免夸张的动机。但换一种眼光看,又会令人惊叹于其舞台语言的强烈性与丰富性,那严肃中寓有的浪漫,端谨中隐含的夸张放诞。或许正是表达式的匮乏,刺激了"创造"的冲动的? 当易代之际,遗民是特殊人种,为世人所瞩目。遗民自我形象创造的热情,既因于文人积习,又缘于情势的驱迫。上文提到的八大山人的"哑",不但是一种特殊的"说",且比之寻常的说更其有力,令人震惊于明遗民寻求独特语言形式的顽强。生当那时代,即使儒者也往往兼有名士风,其长于自我表现、自我诠释,未必逊于同时文人;其人人生阅历之丰富,尤其为生当太平之世者所不能梦见。明代正统文学的诗文或乏异彩,这却无妨于明代士人拥有的"语言"、表意方式的富有。就遗民而言,上述复杂的行为语言、服饰语言,同时又透露出其人的寂寞,其潜抑着的交流愿望。在某种意义上,他们只能以上述语言,以表意方式的刻意创造证明其存在。无论其接世抑或不接,言说抑或哑默,都不能出此世间——表达方式上的创造正映照着处境的尴尬。那因此也是一种不无痛苦的表达。

不惜为"不情",不惜戕生,如贞妇烈女般的似非用了绝大的气力便不足以保全节操,固然因诱惑之大,也因事实上的孤绝处境。屈大均状写这种孤独处境,曰"惟遗民与遗民为友"(《翁山佚文辑》卷中《送凌子归秣陵序》)。黄宗羲更据世情人心的凶险,说到遗民韬晦的必要性。① 上文提到的模范遗民徐枋，其死竟"贫无以殓"，谋葬于祖茔，"族人阻之"，觅得墓地，"顾地价三十金无所措，潘耒乃先以十金成券，其他募于人，无应者"（罗振玉辑《徐俟斋先生年谱》）。遗民身后的凄凉，殆无过于此吧。至于人情的倾险（如明清之际的告讦之风），更是一份惨痛的经验。王夫之屡说处乱世宜"慎所依"，说"亲故之能托生死者不易得"（《读通鉴论》卷七第293页），说"慎言"、"缄默"（《俟解》），均系经验之谈。可惜的是遗民故事受制于既有模式，往往为强调"人心不死"而多所省略，为教化意图牺牲了"事实"的复杂性。

其时的人们不暇也无意于深究其行为的意义。倘若夷、齐的食薇也可质疑（参看第五章第二节），那么以自锢的方式假定自外于"新朝"，作为"表达"的有效性，岂不是值得推敲的？

"绝"与不"绝"

遗民作为特殊时世的特殊士群，"不常"正是其存在条件。当然这又是一种赖有不断地提示、制作才能维持的"不常"，是有待于不断强调、证明的"不常"。但极端行为毕竟是对明亡这一事实的过激反应，本非常态，也难以持久。其时也不乏处遗民而"慕平易"者；遗民传状中，"不为崖岸崭绝之行"一类字样，往往可见。其实士人中向有这样俨若对极的两种姿态。《明儒学案》卷八录吕柟（泾野）答问："问：'患交接人。'先生曰：'须要宽绰些，不可拘拘守秀才规矩，见大人君子，进退升降、然诺语默皆是学。'"（第139页）同书所录邹元标语曰："置身

---

① 黄宗羲《前乡进士泽望黄君圹志》记黄宗会（泽望）："……一旦敛而与农樵为伍，其中若有不适然者，始放之于酒，其所与为酒人者，又不过里胥田父，无所发其愤懑。于是小人者伪为问学求业，以示亲附，泽望亦遂临觞高谈、割臂痛哭，骤长其声价，盖不知坐受其愚弄也。"（《黄宗羲全集》第十册第293页）由此可知世情的险恶，亦可见遗民处境本身的微妙、敏感性，以及遗民敛迹匿影之难。王夫之则说："且夫山亦未易居也。其唯毁光未试、混迹渔樵者，则或名姓上达于天子，而锋棱未著，在廷忘猜妒之心，乃可怡情物外，世屡变而不惊，其不然者，名之所趋，世之所待，功之已盛，地之已危……孰谓山之厓、水之涘，非风波万叠、杀人族人之险阻哉？"（《读通鉴论》卷二三第889页）这也是遗民的一种特殊经验。

天地间,平平铺去,不见崖异,方是为己之学。学者好说严毅方正,予思与造物者游,春风习习,犹恐物之与我拂也。苟未有严毅方正之实,而徒袭其迹,徒足与人隔绝。"(卷二三第537页)薛侃亦以为"道本家常茶饭,无甚奇异,好奇趋异,反失之……世人好怪,忽近就远,舍易求难,故君子之道鲜矣"(卷三〇第658—659页)。均为针对某种士习而发。

关于"隐逸",从来有界定的不同。《隋书》卷七七"隐逸"传曰:"古之所谓隐逸者,非伏其身而不见也,非闭其言而不出也,非藏其智而不发也,盖以恬淡为心,不矅不昧,安时处顺,与物无私者也。""隐不违亲,贞不绝俗……"到这一时期,处遗民何者为"正",也成为士人、遗民的话题。当此之际对"中"、"平易"的重提,尤其出于士文化中原有的极精微的分寸、限度感。黄宗羲说到处遗民之"得中",以"种瓜卖卜,呼天抢地,纵酒祈死,穴垣通饮馔者",为"皆过而失中者"(《谢时符先生墓志铭》,《黄宗羲全集》第十册第411页)。凡此,都属合理性辨析。① 陈确也说"确尝怪三代以后,学不切实,好为节烈之行,寖失古风……"(《书潘烈妇碑文后》,《陈确集》第395页)至于李颙所谓"既不失身,又不戾世"(《四书反身录·论语上》,《二曲集》卷三三),当可

---

① 对极端行为的批评,通常以"中"为尺度。黄宗羲释"圣"与"常",说"求异于人,便有许多装点出来"(《孟子师说》卷四,《黄宗羲全集》第一册第121页)。其《千秋王府君墓志铭》(《黄宗羲全集》第十册)亦说不为"过"举,守恒循旧,各尽其分,各顺其性。《杨士衡先生墓志铭》谓其人"得遗民之正"(同书)。王夫之认为"骤为震世之行者,其善必不终"(《读通鉴论》卷二四第893页),一再批评士人之"激昂好为已甚"、好干"民誉"、"褊躁操切"、"矫为奇行而不经"(作为其对立物的,是"常度"、"恒性")。《俟解》曰"凡但异于流俗,为流俗所惊叹而艳称者,皆皮肤上一重粗迹,立志深远者不屑以此自见"(《船山全书》第十二册第485页)。傅山《奉祝硕公曹先生六十岁序》称道曹氏的处世智慧,说其人"不激不波","于斯欲为者为之,于所不欲为者不为;于所不言其所为以求容于所不为,亦不言其所不为以自高。愈静愈慎,而内之芥蒂者几消,外之乘芥蒂而隙者亦不不消。如江河三峡之长年,一切济舟之具无所不备,而亦不沾沾其具,弄以示人,而正风、旁风、迎潮、随潮,风波震荡,一柁默操。愈静愈慎,愈变而愈不变。因而载者不知其在风波中,而读书咏歌先王者亦不废……"(《霜红龛集》卷一九第548—549页)也应当是他所认为的士处乱世的人生态度与生存智慧。至于吴伟业记黄观只处乱世"不夷不惠"、"逍遥"而"蝉蜕",不刻意为"非常之行",则更有文人趣味,欣赏的是那份宽裕、好整以暇的人生意境(见《黄观只五十寿序》,《吴梅村全集》卷三六)。

为其本人处清初之世的姿态写照。[①] 孙奇逢一再谈论的,则是"居易"、"正己"、"自得"、"行素"(时人以孙氏为"乐易近人"、"和而不流"),由明末直至清初,也可谓一以贯之。他们乐于用更俗常浅易的方式完成其人生角色,尽己而已,不为矫激,不故为惊世之举,不作复杂的意义发挥。这里也有选择、取径的个人性。"为平易"亦有其背景,包括了道学对"道平易"的阐发,以及宋元以来宗教的入世转向、士的"平民化"取向、俗文化的兴盛,等等。

上文已经谈到,遗民传奇出于共同制作,其中包括遗民传状对"遗民"的制作。在有关的传状文字中,遗民行为被依"土穴"、"牛车"一类模式标准化了。全祖望作傅山事略,谓傅氏尝居土穴以养母,罗振玉则考其"盖因先生曾居土堂山而讹",曰:"先生自国变后,甲申往来于平定、寿阳、忻州、孟县,乙酉旅孟,以后亦靡有定居。"(参看丁宝铨辑《傅青主先生年谱》,《霜红龛集》第 1304—1305 页)虽辞征辟辞得顽强而艰苦,傅山处遗民仍交游广阔,并不如人所想象的杜门扫轨,也因而潘耒以之为"贞不绝俗"的"通人"(《双塔寺雅集诗》,《霜红龛集》第 1207 页)。但"土穴"一类说法为人所乐闻,是无疑的。

一时遗民与当道的交接,他们与当世(即清世)的关系,我还将在下文中谈到。值得注意的,还有与失节者的交接(参看《余论[之二]》)。《碑传集补》卷三六《袁公继凤传》记袁氏当陈式阿应试举进士,仍与之游,曰:"予阅人多矣,惟式阿不亟亟于富贵,不戚戚于贫贱,是殆古之有道者,非人所知也。"阎坼《文节公白耷山人家传》则写到阎尔梅的"不修苛节":"山人之去沛,凡十八年而返乎沛,生平故人多愧见者,山人悉与友如故。而里有妄人,以小衅逆山人,谓山人殷孽者,门下客奴忿,山人大笑,饮以酒,其人亦醉。"(《阎古古全集》卷一)

遗民中固有居土室谢绝人事者,有避讲学批评讲学者,有讲而复悔者,也自有"讲学益勤"如黄宗羲、如孙奇逢、如陈瑚、沈国模者。张自

---

① 《二曲集》卷一〇《南行述》记其由靖江返龙兴,"阖邑惜别,送至江岸。江阴官吏师生,维舟南岸以待,固邀入城,弗许。父老拥舟,请留一言,以当晤对。先生大书'安分循理',并'勤俭忍'三字以贻之,众欢呼而退"。

烈《复陈伯玑论毁注书》以为"委形僻寂、托迹韬晦,举守待之事概置之,未免从利害祸福起见,去圣贤淑身救世远甚"(《芑山文集》卷六)——其处遗民的姿态可知。魏禧《答陈元孝》曰:"士君子生际今日,欲全身致用,必不能遗世独立。""仆向有二语:居山须练得出门人情,出门须留得还山面目。"(《魏叔子文集》卷七)其《诗遁序》反复说"遁非君子所得已也"(同书卷九)。彭士望《与谢约斋书》说其自期不在夷、齐之"忍饥固穷",而"妄意禹、稷",即"禹父殛而不辞救溺,稷躬稼而不辞救饥"(《树庐文钞》卷二)。同卷《与贺子翼书》,亦说"不徒以独善自画,其于世教、人才、民生、国恤,须以为饥渴性命,磨砺讲求,归之实用"(文后附录邱维屏语曰,"惟恐人洁身自了,忘却世界");还说"即不能见之行事,亦当托之于书,散之于人,寄其薪尽火传之志",豪迈意气,至老不衰——对"遗民"的诠释有如是之"积极"者。①

　　一时大儒,其处交接的"原则"也并非一致。黄宗羲说:"生此天地之间,不能不与之相干涉,有干涉则有往来。陶靖节不肯屈身异代,而江州之酒,始安之钱,不能拒也"(《余若水周唯一两先生墓志铭》,《黄宗羲全集》第十册第276页);说及宋元间事,亦以为"士之报国,各有分限",王炎午"未常绝""当路之交际""未便为失"(《宪副郑平子先生七十寿序》,同书第671页),不妨读作夫子自道。② 他本人自然颇不寂寞。全祖望《梨洲先生神道碑文》记黄宗羲:"问学者既多,丁未复举证人书院之会于越中,以申蕺山之绪。已而东之鄞西之海宁皆请主讲,大江南北从者骈集,守令亦或与会。已而抚军张公以下皆请公开

---

①　张自烈一再谢绝"潜踪匿影"的劝戒,其《复陆县圃书》说"潜"、"遁":"心苟同,迹不必皆同。使尽如土室之离母,寝车之不踮地,诈盲之不见妻,识者必谓之固,必非避乱守身之正。""道不以治乱为存亡,行道不以出处为显晦。"(《芑山文集》卷九)此札可读作其遗民自白。彭士望《与张苍山书》说"心"—"迹",与张氏应和,也可诠释易堂诸子的姿态。其曰:"古今学术,惟心与迹之辨。其心如是,虽五就桀不失为伊尹,顾无如世独以迹绳君子耳。"(《树庐文钞》卷三)
②　黄氏还在《谢时符先生墓志铭》中说到"士各有分,朝不坐,宴不与,士之分亦止于不仕而已"。该文也提到王炎午"尝上书速文丞相之死,而己亦未尝废当世之务"(《黄宗羲全集》第十册第411页)。

讲……"(《鲒埼亭集》卷一一)全氏针对认为黄氏"以故国遗老不应尚与时人交接,以是为风节之玷"的批评,以"大不得已"为其辩解(《鲒埼亭集》外编卷四四《答诸生问南雷学术帖子》),怕倒是将黄氏说浅了。明遗民的"交接"在清人眼里,已渐失其严重性。《碑传集补》卷三五冯奉初《明世袭锦衣金事怀远将军陈元孝先生传》,记陈恭尹"贵人有折节下交者,无不礼接,于是冠盖往来,人人得其欢心"。传中虽也有"迹弥近而心弥苦"之类的话,却不忘引朱彝尊、杭世骏语,证明其人确然"遗民"无疑。[①]

　　遗民之为遗民,赖"有所不为"。但"可为"、"不可为"的划定,仍不能不系于其人。即如杜濬辞修志,王馀佑则与修府志(参看《五公山人集》卷一〇《精思斋记》)。黄宗羲辞荐"博学宏儒",辞入史馆,辞修郡志,以至辞"乡饮酒大宾",且一辞再辞:此即黄氏所以为的"不可为",令人窥见他所判定不可逾越的那一条界线。黄氏确也在兢兢于守住关系"节"否的一线,决不肯有一毫疏失,以贻讥青史。他自说"茫茫然尚欲计算百世而下,为班氏之《人物表》者,不与李、蔡并列"(《寿徐掖青六十序》,《黄宗羲全集》第十一册第 64 页。按李、蔡,李陵、蔡邕)。至于他说"草野而通书朝贵,非分所宜"(《与陈介眉庶常书》,《黄宗羲全集》第十册第 162 页),此所谓"分",似模糊而实有其清晰。其背景即是古代士人的"公""私"概念,他们在处理公私关系时极细致的辨析。彭士望自说"从未一入公门"(《复高学使书》,《树庐文钞》卷四),即基于此(私人交接与入"公门")。黄宗羲将"遗民"定义为与作为政治实体的清王朝的关系,因而不取杜门却扫、戒绝交游一类他所以为的"过"举;他本人未绝与"当路"(作为个人)的交际,他的文集中很有为其时官员所撰碑版文字(当然所颂多在其人的"仁"——仍不失儒者口吻。此"仁"也应是大乱之后人之所饥渴之者)。无疑在他看来,"个人关系"属于更广阔的生活领域。

　　被视为粹儒的顾炎武"行己"较黄氏严格;但即使顾氏,也非但不

① 《静志居诗话·陈恭尹》:"元孝降志辱身,终当进之逸民之列。"(第 712 页)——陈氏的行为在当时似确实引起过有关其遗民资格的疑论。

能不游"都下",与当世文人学者通声气,且不曾打算过与其"鼎贵之甥"(徐乾学、徐元文)划清界限。其《答原一公肃两甥书》(《亭林文集》卷三),谢其甥为营寓舍于郡中之园,倒是真诚地为"吾甥"计,有相当的体贴,并非全出于道德考虑。到得其困于山东,甚至不能不借其甥及"荤上诸公"之力为解:虽"遗"而终不能逃于"权力"之外(冒襄当涉讼时,也不能不求庇于当道,参看其《上宁嵯台书》,《巢民文集》卷三)。顾氏曾说到"依人""附我";较之这具体人事上的"依""附",不能脱出"权力"的制约,才是更严峻的"遗民现实"吧。

对遗民的"节"较长量短,更是后人的趣味。顾、黄、王三大儒中,王夫之被认为立身最严。邓显鹤(湘皋)以其人为"贞晦过夏峰"(参看《中国近三百年学术史》七,《梁启超论清学史二种》第179页)。但王夫之也说到"生污世、处僻壤"而"贫贱"者,"不能不与恶俗人相见"(《俟解》,《船山全书》第十二册第485页)。更不必说即使其僻居荒山,也仍在斯世,"著述"也正是一种"接世"的方式。对孙奇逢的"乐易",时人及清人的评价也不都如邓氏的苛。魏裔介所撰《夏峰先生本传》即称道其"乐易近人,见者皆服其诚信","不绳人以难行之事","上自公卿大夫,以暨田氓野老,有就公相质者,公披衷相告,无所吝也……卿贰韦布,不作岐观……"(载《夏峰先生集》)①

这里还未说到习于豪奢的江南文人。同处明亡之世,有苦节且为"尤难"的徐枋,也自有不废风雅,依旧笙歌满前的文士,这也才足以构成明清之际那幅色彩极其斑驳的图画。

自我锢闭,被认为不利于士的造就。屈大均说:"士君子不幸生当乱世,重其身所以重道。天下无道,栖栖然思有以易之,惟圣人则可。不然者,宁为辟世,勿为辟人。至于辟人,而其失有不可言者矣。"(《七人之堂记》,《翁山文外》卷一)魏禧也一再说到其避世山居后的不能不

---

① 《夏峰先生集》卷一《与陈国镇》:"君异为道兄不入会、不受请二事,比之霜严峻洁,便是太常先生衣钵,仆极爱之敬之。然识力既至,又当进一步,才是学问。试问彼立会请客,意欲何如?果是发好念、行好事,我即与会受请,是亦与人为善之意,彼岂遂浼我乎?大凡失足于权利势焰,必我有所借之以为利耳。如以明白坦易之心出之,因时维挽,何处非学问所及之地、所及之人!"其说交游,不取过峻,或更出自强者的自信。

出游。至于学人，更以交游问学为成学的条件。顾炎武说："独学无友，则孤陋而难成；久处一方，则习染而不自觉。""若既不出户，又不读书，则是面墙之士……"（《与人书》，《顾亭林诗文集》第90页）黄宗羲记刘宗周之子刘汋，曰："先生既绝交息游，左对孺人，右顾稚子，郁郁无可告语。余亦老屏空山，不相闻问，故其《群经疑义》，冥搜独得……"（《刘伯绳先生墓志铭》，《黄宗羲全集》第十册第308页）至于黄宗羲本人，在问学途中则有后死者的寂寞。"方欲求同门之友，呈露血脉，环顾宇下，存者无几，突如而发一言，离经背训之讥，蹄尾纷然。"（《恽仲升文集序》，同书第4页）吴伟业《送林衡者还闽序》引林氏语："……独念通都广邑之内，名山大河之间，人才辈出，耆旧犹存，今以绝意仕宦，不得复与之游，则何以论道取友，感发其志气？"（《吴梅村全集》卷三五第752页）顾炎武、黄宗羲等人的不自锢闭，也正由此得到了积极的解释。

其实如屈大均的晚年交游，也是可读作认可了"入清"这一事实的。我在下文中还将继续谈到因时间的迁流，遗民如何处置与作为政治实体、权力机构的"清"和当道的关系，这无疑是遗民"交接"中更其敏感的方面；还将谈到正是对"现实"（即已进入清代）的承认，许诺了较大的行动自由；谈到"遗民现象"在这一方面所呈现出的"时间性"，遗民处"遗"的方式、遗民赋予其"遗"的意义的多样性——亦即极其多样的遗民的自我诠释。这不消说是个大问题，有待于进一步展开。

第四节　生　计

转折：改塑人生

处易代之际的戏剧性之一，即人生过程陡然的转折，人被迫重新选择角色。当此之际，吸引了更多的关注、也被认为尤具戏剧性的，自是公子王孙的命运。这也是传统的诗题。冒襄所谓"富贵福泽风雅文章，与夫死生患难骨肉流离疾病呻吟之苦"（《祭方坦庵年伯文》，《巢民文集》卷七），是对其人明亡前后一段人生的精练概括。而如方以智的以贵公子极尽繁华,于明亡后"披坏色衣,作除馑男",岂止"由绚烂而平淡"而已!《碑传集》卷一二四《沈先生遴奇墓志铭》(郑梁)说沈氏"生豪贵家,早岁即补弟子员,美衣丰食,华屋甫田";其以"好事"破产后,竟贫老伶仃至于"灶屏炊烟,床延风月","衣零履绽,肩癯发秋"。转捩是普遍的,不惟贵游子弟为然。明代东南士人豪奢相竞;直至明季,以南都为中心,文人名士仍诗酒留连。因而在有此经验的不少人物,其"遗民"身份确认的严峻意味,在于这种角色选择,直是将生命截断,因而其韬晦、敛迹,以致自虐自戕,以"死"为生——确系创巨痛深。

当然,并非遗民生涯即意味着断裂与重造。由有关的传状文字看,其中就有家道未落者的依旧豪纵,也有文人的故态依然,固有自甘枯槁奄奄待尽者,亦自有沉湎声色豪兴不稍减者。明亡后吴中文人社集的排场,由《研堂见闻杂录》所描述者("以大舰十余,横亘中流,舟可容数十席,中列娼优,明烛如星,数部伶人,声歌竞发,直达旦而后已",《烈皇小识》第285页),可见一斑。"文史星历,近乎卜祝之间,固主上所戏弄,倡优所蓄",这种命运在新朝旧朝并无不同。诗人文人本有其"方式",即声色征逐颇不寂寞者,诗中也例有愁苦之句。绮筵高会,与悼亡伤时、故国之思等,均属传统诗题。诗人与诗境相依存,"遗世"即无诗。即被明遗民奉为仪型的谢翱,也未见得脱出了文人面目(参看钱谦益《记月泉吟社》,《牧斋初学集》卷八四)。而宋元之际吴中风雅之盛,也正与明清之际相映照,文人文化也赖此而有其在朝代兴革间的延续。①

---

① 在当时的文人(如钱谦益)看来,节操与名士风流、文人风情并非即不相容。其《新安汪然明合葬墓志铭》,对如汪然明这样的文人乱后仍承平故态,有一番极别致的解释。他以为承平之世,山水不赖文人增色;"若夫丧乱之后,焚如突如,陵夷堙改。于斯时也,命觞载妓,左纻右壶,聊复以吹嘘朔风,招邀淑气,是以造化所使为勾萌甲坼之魂兆也……"(《牧斋有学集》卷三二第1154页)钱氏上述见解,又与其批评"嗷杀",呼唤"宏朗庄严、富有日新"之境有其相通。于此也可见易代之际士人在"生—死"这一大题目上经验与见识的丰富性。近人孟森《王紫稼考》(《心史丛刊[外一种]》,岳麓书社,1986)述及徐枋之父、著名忠义徐汧以一时名优王紫稼为座上客,评论道:"忠孝大节之士不废风情如此。"(第90页)

但如上述方以智那样的遗民故事,确也令人为之惊心动魄。你不能不感动于那改塑人生、弃富贵如敝屣的强毅与坚忍。钱谦益《明士张君文峙墓志铭》曰:"文峙家钟山之阳,图书满家,闻穹庐之令,掷笔径出,垫巾坏服,往来栖霞、雨花间。出无车,入无庐,冬无裘,夏无葛……"(《牧斋有学集》卷三二第 1164 页)归庄记筇在禅师,则曰其"生于世族,素豪富,车骑雍容甚都。近手担一襆被,日徒步数十百里,雨则跣而行"(《送筇在禅师之余姚序》,《归庄集》卷三第 240 页)。①

　　遗民传状中常见"前后判若两人"的说法,像是并不夸张。"易代"这一大事件,确也将一些士人的人生断为两截。彭士望《李深斋遗稿序》曰其人易代前后变化之大,几令人难以"辨识颜色","殆更出一世,非复曩日人矣"(《树庐文钞》卷六)。陈去病《徐东痴先生传》记徐氏曾率壮士剿寇,"直抵其巢,禽渠魁杀之","晚年恂恂,如无一能,陶然放酒以终其身"(《碑传集补》卷三六)。钱谦益笔下的黄甫及亦此类:"甫及请缨许国,持符节、监军事,磨盾草檄、传签束伍,所至弭盗贼、振要害,风雷雨雹,攫拿发作于指掌之中。一旦束身谢事,角巾归里,削芒逃影,窜迹毡裘毳衣中,眉睫栩栩然不可辨识……"(《黄甫及六十寿序》,《牧斋有学集》卷二三第 917 页。按,陈寅恪考黄甫及即黄澍,参看《柳如是别传》第 1062—1063 页。)②如上述诸人,其"庸"亦即其

────────────

① 或也正因贵介,气象宽裕,能处变如处常。《杜溪遗稿·龙眠愚者方公家传》记方以智:"方公密之……尝谓天下将乱,士君子当习劳苦,故虽身为贵公子,每徒步百里外。"《康熙安庆府桐城县志》卷四《理学·方以智》:"为人操履平恕,不耻恶衣恶食,堪人所不能堪,翛然自得。"(以上参看任道斌《方以智年谱》第 14 页,安徽教育出版社,1983)方以智曾自说"幸无纨绮习,能堪此劳瘁"(《方以智密之诗抄·瞻旻·纪难》,参看《年谱》第 125 页)。其子方中通曰其"才"、"学"、"忠"、"孝"集于一身,"独是生于忧患,别路藏身,甘人所不能堪之苦,忍人所不能忍之行"(《陪诗·哀述》)。

② 即文字中亦可见此断裂之痕,如钱谦益有《初学集》、《有学集》,亦如明初刘基有《覆瓿集》、《犁眉公集》。方以智的情况自然不同,但亦"一生如隔世"(方中通《陪诗·又编次〈浮山后集〉》),故而其《浮山文集》有《前编》、《后编》。至于转折中的"觉悟"则因人而异。冒襄说:"仆少年不自揣度,妄谓此生钟鼎之奉,应属分内,故视一切甚易甚渺。乙酉以后,家几破而复存,身既死而复活,更捐弃一切为身外物外。"(《答丁菡生询回生书》,《巢民文集》卷三)

"奇"。这里正有优秀之士所赋有的精神能力。

遗民式的"晦"、"遁"本不易(有时也不欲)彻底,何况清人与后人总要对那表象后的"心迹"推究不已呢。全祖望说傅山,曰:"惟顾亭林之称先生,曰萧然物外,自得天机,予则以为是特先生晚年之踪迹,而尚非其真性所在。卓尔堪曰:青主盖时时怀翟义之志者,可谓知先生者矣。"(《阳曲傅先生事略》,《鲒埼亭集》卷二六)因而"判若两人"、"两截"一类看法仍不能免于皮相。当然,全祖望式的"表—里"论也只能备一说。"遗民"是一种过程。时间之于人的作用,即使老牌遗民也是难以抗拒的。

择业种种

我更感兴趣的,是其时士人(包括遗民)当着物质极度匮乏之际的反应、对策。

士人以治生为俗累,以"不事生产"为高,由来已久。至于士夫"不事"此而赖其妇经营、力作为生,作为沿袭已久的家庭(士人家庭)分工,每见诸记述,世俗恬不为怪,其人亦颇坦然。明末大儒刘宗周即"不问生产",其弟子陈确亦说其妇"昼夜力作"置买田产,"吾弗与知也"(《妇王氏传》,《陈确集》第280页)。[①] 黄宗会《记刘瑞当所藏平津侯印》记刘氏"值岁洊饥,妻子冻饿无人色,先生方寓壮志于法书、名画、古奇器,作《洁供疏》以号同人"(《缩斋文集》第151页)。黄宗羲记万泰"疾革,喟然曰:'此行得水坑石数片,娘子香数瓣,未及把玩,遽尔缘绝,此为恨事耳。'"行文至此,黄氏也不禁叹道:"夫家室万里,诸子寒饿,先生之言不出于彼,先生之好奇,乃至是耶?"(《万晦庵先生墓志铭》,《黄宗羲全集》第十册第289—290页)

"伤哉贫也!"(《礼记·檀弓下》)士人的贫困化,是明清之际有普遍性的事实。杜濬《复王于一》曰:"承问穷愁何如往日,大约弟往日之穷,以不举火为奇;近日之穷,以举火为奇——此其别也。"(《变雅堂遗

---

① 刘汋撰刘宗周年谱,记"先生平生不问生产,家政皆操自夫人"(《刘子全书》)。陈确《祭妇文》曰:"吾有父母,子为吾养","吾有子女,子为吾衣食"(《陈确集》第313页)。

集》文集卷八）彭士望《与陈少游书》则曰："易堂诸子各以饥驱,游艺四方","魏善伯以明经贡入太学,客宰相之家,不乐仕宦,旅贫至不能治归担"（《树庐文钞》卷二）。魏禧《溉堂续集叙》说孙枝蔚："豹人年五十,浮客扬州,若妻妾子女奴婢之待主人开口而食者,且三百指。世既不重文士,又不能力耕田以自养,长年剌促乞食于江湖。"（《魏叔子文集》卷九）戴名世的《种杉说序》曰："余惟读书之士,至今日而治生之道绝矣,田则尽归于富人,无可耕也;牵车服贾则无其资,且有亏折之患;至于据皋比为童子师,则师道在今日贱甚,而束脩之入仍不足以供俯仰……"该文向"士之欲治生者"提供的建议,是种树（《戴名世集》卷三第83页）,确也令人想见"治生"之为问题的迫切性。黄宗羲在他的文字中,一再诉说俗累,诉说他本人在生存重负下的苦况（参看《吾悔集题辞》,《黄宗羲全集》第十册）;忧虑于经济窘困所导致的士的意气的斫丧（参看同书《黄复仲墓表》）;更在《汪氏三子诗序》里,抱怨士人命运之不齐,对嘉、隆以下"一名为士,口不言钱,更无米盐俗事"深致艳羡（同书第37页）。当然,若换一个角度,也不妨认为,正是"丧乱",使得士大夫的生活"世俗"化了。那苦味、尘俗味,确也是真切的人间一味。

至于遗民苦节而抑制基本生存需求,固然因了传统偏见以治生为妨道,也未必不由于其人本无谋生能力。上文提到过的李确（即李天植,潜夫）当穷饿潦倒时说："吾本为长往之谋,顾蜡屐未能,乘桴又未能,至于今日,悔之无及,待死而已。"（《鲒埼亭集》卷一三《蜃园先生神道表》）李氏有极端的洁癖,属于宁饿死也不接受他人（包括他遗民）接济的一类。魏禧曾与同道谋救助,徐枋却说："君意良厚,恐李先生不食他食。君子爱人以德,君力所不及,听其饿死可也。"李氏确也穷饿而死（参看《魏叔子文集》卷六《与周青士书》）。孙奇逢曾撰有《彭饿夫墓石》,彭氏也属于"少知识乏才技,以衣冠子贫窭不能自养,遂甘心一饿"者（《夏峰先生集》卷七）。这类遗民悲剧自可追原于士文化传统。李、彭两位"饿夫",承担了士自身历史的某种后果。

当此存亡之际,有明大儒陈献章、吴与弼及元儒许衡与治生有关的记述、议论①,适时地被士人作为了话题。刘宗周的断案仍如一贯的明确,他说:"吴康斋夜半思贫处之策,至日中始决。如此计较,便是货殖。故鲁斋治生之言,亦病。如拼一饿死,更有甚计较?"(《明儒学案》卷六二第1595页)前此王守仁就说过:"许鲁斋谓儒者以治生为先之说,亦误人。"(同书卷一〇第204页)一时的论者大多仍重复着"安贫乐道"一类常谈,即见识明通如王夫之者也不能外。王夫之说:"不得已而为资生之计,言者曰惟勤惟俭。俭尚矣,勤则吾不知也。""鸡鸣而起,孳孳为利,专心并气以趋一途,人理亡矣。"(《俟解》,《船山全书》第十二册第495页)

出诸明遗民或清人之手的有关传状,表达的是类似的价值态度。刘绍攽记傅山,曰其"坐一室,左右图书,徜徉其中,终年不出,亦不事生产。家素饶,以此中落。四方贤士大夫足相错于其门,或遗之钱,则怫然怒,必力绝之。虽疏水不继,而啸咏自如"(《傅先生山传》,《碑传集》卷一二五)。《小腆纪传》所记即与此不同,说傅山"既绝世事,而家传故有禁方,乃资以自活"(卷五三第576页)。在士夫,不事家人产,固然出于"洁癖",而欣赏遗民的穷饿,欣赏过情之举,也多少系于看客趣味,透露着社会心理的畸与病。但又不妨承认,脱屣俗务,确也是士人脱出凡庸的条件。道学有"道平易"的命题;士人却通常正以其"非中庸",使人得以认出其面目。

在明清之际较为活跃的思想氛围中,士人在谈论此一话题时,思路已互有不同。刘宗周门下的陈确就不苟同于师说,其《学者以治生为本论》,显系对许衡"学者治生最为先务"一说的积极回应。该文说不

---

① 《明儒学案》卷一《吴康斋先生语》:"夜,病卧思家务,不免有所计虑,心绪便乱,气即不清。""……思债负难还,生理蹇涩,未免起计较之心。徐觉计较之心起,则为学之志不能专一矣。""穷通、得丧、死生、忧乐一听于天,此心须澹然,一毫无动于中,可也。"(第18、22页)同书卷五陈献章《论学书》中说及生计者,亦颇堪玩味。许衡的如下言论更其敏感,一再被人称引:"学者治生最为先务,苟生理不足,则为学之道有所妨,彼旁求妄进及作官谋利者,殆亦窘于生理所致。士君子当以务农为生,商贾虽逐末,果处之不失义理,或以姑济一时,亦无不可。"(《宋元学案》卷九〇《鲁斋学案》,《黄宗羲全集》第六册第533页)

应以"足国"与"足己"作对立观,说"治生尤切于读书"(《陈确集》第158页)。其对作为儒者常谈的"安贫"尤有妙解,曰"学者之为生计,亦安贫而已矣"(《瞽言二·生计》,同书第437—438页);而"到得不求人,不怨尤地位,则贫亦不期忘而自忘矣,斯真能忘贫者矣"(《瞽言二·井田》第438页)。① 早在明亡前,张履祥就因"崇祯庚辰,江南大饥,人相食,杭州诸生一夕无大小自经死",痛心于"朝廷空言取人,衣冠之子受书游庠序,咕哔而外无恒业以资俯仰……"(《杨园先生全集》卷一七《狷士记》)至此则慨叹道:"噫!贫士无田,不仕无禄,复欲讳言治生,以为谋道,是必蚓而后充其操者也,否则必以和尚之托钵为义,坐关为修道也,亦可谓蹈末俗之敝风,习而不察者矣。"(《备忘[一]》,《杨园先生全集》卷三九)②。易堂魏礼更有见识的通达,他说:"子舆氏曰:有恒产者有恒心;无恒产者而有恒心,惟士为能。故士者,一其恒而已。虽然,士亦何必无恒产也!……故自古有饥冻之贤者,而无饥冻之圣人。"他以管子所谓"仓廪实而知礼节,衣食足而知荣辱"为"恒情",曰"圣人亦务其恒而已。由是观之,士之有恒产者,亦士之幸也"(《邱氏分关序》,《魏季子文集》卷七)。孙奇逢言及"处贫"虽不免道德化,说理财却决不迂腐。他以为"大学平天下,而其实际在用人以理财。则财之理也,亦唯使家自为给,人自为足,合之而成丰亨豫大。自儒生俗士不知理财之务,而讳言理财之名,民生所以日促,而国家所以长贫也"(《题货殖传后》,《夏峰先生集》卷九)。颜元说"谋道"、"谋

---

① 陈确还在其他文章中说:"俗士苦不知道,羞语钱财,卒败行检。而孔、冉论治,先富于教,自唐虞以来,未之有改……"(《祭查母朱硕人文》,《陈确集》第326页)他认为"谋生"亦"学","学者先身家而后及国与天下,恶有一身不能自谋而须人代之谋者,而可谓之学乎?"(《井田》,同书第438页)你由如此通达的陈确那里也可得知,"谋生"要纳入"素位之行"、"学"一类意义系统中,才便于言说——这仍然是个艰难的话题。

② 在"治生"问题上张履祥的态度较复杂。他确有极实际的思路,曰"学者处乱世、绝仕禄,苟衣食之需不能无资于外,虽抱高志,亦将无以自全"(同书卷六《与许大辛》),却又以为"有无丰啬,自有定分",既不可"置之度外",又不可"深为系念"(卷一二《与孙尔大》),其间的分寸不能不微妙:"生"固不得不"治",亦不可太"治",令人可感问题在儒者那里的极端敏感性。颜元的高弟李塨率力田而能致富者。李塨辩解其"力农致富",曰"非以求富也,聊以自守也","又所以自污而自全也"(《李塨年谱》第161页)。

食"，见解尤不迂阔。他说："世有耕种，而不谋收获者乎？有荷网持钩，而不计得鱼者乎？""宋儒正从此误，后人遂不谋生，不知后儒之道全非孔门之道。孔门六艺，进可以获禄，退可以食力……若宋儒之学不谋食，能无饥乎！"（《颜习斋先生言行录·教及门》，《颜元集》第 671 页）

读明清之际的文献，你不难感到，正是"谋生"这一极现实的课题，搅动了儒者思想的隐微之处，而士的整部历史与既往的思想资源，都参与着此一特定时刻的选择。这种选择不免是形而下的；士人的讨论当着遇到所"业"这一话题时，居然显得相当集中。上文已经说到了，士的谋生手段的匮乏，是士的历史的结果。当面对具体的"谋生手段"的问题时，士人自不难发现，作宦、力田、处馆、入幕，几乎构成了他们基本的生存支撑。这里值得玩味的，是其时士人有关治生的诸种思路，其职业评估背后的思想逻辑。

在可供选择的诸"业"上，"力田"一项上像是最少异议，这自然因于"耕读传家"这一古老传统。李颙说："志在世道人心，又能躬亲稼圃，嚣嚣自得，不愿乎外，上也；志在世道人心，而稼圃不以关怀，次也；若志不在世道人心，又不从事稼圃，此其人为何如人！与其奔走他营，何若取给稼圃之为得耶？"（《四书反身录·论语下》，《二曲集》卷三八）①有趣的是，即使在这最少争议的题目上也仍有争议。王夫之就以"销磨岁月精力于农圃菽豆之中"为"鄙"（《俟解》，《船山全书》第十二册第 484 页），这与他批评汉朝的鼓励"孝弟力田"逻辑一贯（参看本书第二章第三节）。王夫之的异议涉及了对原始儒学的理解与诠释（如《论语》所记录的孔子之说"农"、"圃"），惜僻处穷山，使其思路不能为同时论者所留意。关于"力田"的讨论尚不止于此。张履祥说"耕—读"，以不"堕儒素家风"为条件——"耕"仅止于谋生手段，士的自我界定须赖"读"（参看本书第 132 页注①）。陈确也曾辨析"以学为稼"与"以稼为学"；在他看来，"耕渔牧贩"仍须赖治生之外的意义指标

---

① 同文以伊尹、孔明为"未仕而稼圃者"；海刚峰（即海瑞）为"已仕而稼圃者"；其他尚有"致仕而稼圃者"，曰："在迟固不可徒稼徒圃，在吾人则不可不稼不圃。肯稼肯圃，斯安分全节，无求于人。慎无借口夫子斥迟之言，以自误其生平。"

（"道"、"学"），其价值方可论定（参看《陈确集·蔡养吾二子名字说》）。

另一较少异议的职业选择，是"处馆"。到本书所论这一时期，处馆早已是士人的传统职业。但以作馆师维持生计的张履祥，却将业此的屈辱感表达得淋漓尽致。他的《处馆说》谈到"今人计较多寡，及关书等于券契之类"（《杨园先生全集》卷一八），深以为耻。同书卷八《答姚林友》也说："弟近年以来实见处馆一节，真如嘑蹴之食，与尔汝之受"，"弟所以自比此事于佣作之人，主人使其挑粪，则亦不得已而为之；又自比于守门之丐，与之酒食，则亦欣然受之"。其以处馆为"佣力"、"旅食"、"就食"，正是在这种意义上，他说："吾人惟有力田代食，可以俯仰无怍。"（同书卷七《答许欲尔》）这里值得注意的，与其说是对馆师这一具体职业的评价，无宁说是对"雇佣关系"、"契约方式"（"券契"）的反应。力田于此被作为了保全尊严的选择。除了士的"传统观念"外，似乎还应当想到，在其时特定的历史情境中，士的贫困化被体验为物质与精神（即尊严）的双重剥夺。

"幕客"也不失为一种选择。易堂三魏对这一传统角色有较高评价。吕留良比较"作宦"与"处馆"，"书馆"与"幕馆"，则说："此不必讲义理，只与论利害，则作宦之危，自不如处馆之安；宦资之不可必，自不如馆资之久而稳也。惟幕馆则必不可为；书馆犹不失故吾，一为幕师，即于本根断绝。"（《与董方白书》，《吕晚村先生文集》卷四）至于王夫之对幕客、策士的嫌恶，另有思路，已不属于职业评价的范围。

其时士人据以谋生的，还有卖文、医、卜以至"相地"（即作"地师"）。卖文是文人传统的谋生手段。魏禧《答施愚山侍读书》自说其"频年客外，卖文以为耕耘，求取猝应之文，动多违心"（文集卷六）。"相地"更等而下之。彭士望《与李梅公少司马书》自说于力田、授徒外，"更肩青囊治相地之术，乞食江左"（《树庐文钞》卷四）。陈确有《侮辱解》，曰："太上躬耕，其次卖卜，未可谓贱，矧可谓辱！"（《陈确集》第357页）可知其时以躬耕、卖卜为"辱"者必大有人在。至于论者对"医"的职业评价，其思路之曲折，已非今人所能想象。张履祥记程长年语："医不可不知，但不可行，行医即近利，渐熟世法，人品心术遂坏。"（《言行见闻录〔二〕》，《杨园先生全集》卷三二）黄宗羲《高旦中墓志铭》(《黄宗羲全集》第十册)记医者,有"流品分途"、"方伎龌龊"的说法。吕留良对友人的行医,也颇有告诫,曰"此中最能溺埋,坏却人才不少"(《与高旦中书》,《吕晚村先生文集》卷二)。上述对谋生手段的衡量,所持非"效益"尺度,而是道德尺度。陈确谓其友"医不如农"(《陈确集》第339页),所谓"不如",理由无非如此。但你也不能不承认,士人确也在其偏见中,显示了对世情人心的细致体察。

　　几乎没有讨论余地、因而也往往不被讨论的,是商贾。屈大均《场记》一篇说:"予于治生之道,靡所不知,而不能一一见诸施设,则以家无资财,而性好恬淡,终日漠然无所营。美利在前,视之如有所染。故凡有以货物来言者,皆一笑谢之……惟为农而务本业,庶几乎吾之知命云尔。"(《翁山佚文辑》卷上)"货物"云云,无疑指营商。① 张履祥以"贸易之事"为"心害"(《杨园先生全集》卷六《答陆孝垂》);傅山之说"刽贷",都有十足的洁癖,惟恐其浼(《霜红龛集》卷三六《杂记一》)。徐枋不得已而卖画,为了逃避此"浼"(以及避免接世),竟至采用原始的交易方式,即"卖者不问其人,买者不谋其面。若百年采箬,桃椎织屦,置之道头,需者随其所值,亦置道头而去"(《答友人书》,《居易堂集》卷二)——可谓用心良苦。与此同样具有讽刺意味的一例,即吕留良因其友贫,撰《卖艺文》相约以"卖艺"(指卖文、卖画、卖篆刻、卖字),不意贫士纷纷请附,甚至"有工挟荐牍请见",吕氏因又撰《反卖艺文》,拒"货殖"之名,声称"艺固不可卖,可卖者非艺……且吾宁与人奴市乞担粪踏歌操作之贱工伍耳!"(《卖艺文》、《反卖艺文》,见《吕晚村先生文集》卷八)士即饔餐不继,也决不能从事贸易。这里有近代知识者诞生前、近代职业观念发生前,士的生存戏剧。吕氏的自悔其撰文"卖艺",出于对自贬身价、混淆流品的恐惧。由此也可以想见士处艰

---

① 唐甄因求生的正当性说"贾"为"牙",态度坦然:"唐子曰:'吕尚卖饭于孟津,唐甄为牙于吴市,其义一也。"并不驳贱贾贱牙之论,但说贫士求生途穷,仍不足以标志价值态度的变动。唐氏说"贾"、"牙"作为谋生手段的正当性("此救死之术也"),其不以"贾""牙"为"污"为"自污",不引以为"耻"无疑(《潜书》上篇下《食难》第88页),却仍说:"虽然,身为贾者,不得已也。"(《养重》,同书上篇下第91页)

难时世,在谋生问题上的尴尬。①

王夫之撰《传家十四戒》,其中关于谋生手段,说:"能士者士,其次医,次则农工商贾,各惟其力与其时。"(《船山全书》第十五册第923页)像是较为通达,却也排出了他有关职业的等级序列。"序列"自因人而异,各人于此标出了有数的几种职业在其价值坐标上的刻度。谈到具体的择业,张履祥就大不如其谈论治生必要性时的通达。他说,谋生固然,"然择术不可不慎,除耕读二事,无一可为者。商贾近利,易坏心术。工技役于人,近贱。医卜之类,又下工商一等。下此益贱,更无可言者矣"(《训子语上·祖宗传贻积善二字》,《杨园先生全集》卷四七)。在治生论上见识明通的陈确,也说"吾辈自读书谈道而外,仅可宣力农亩;必不得已,医卜星相,犹不失为下策……"(《与同社书》,《陈确集》第483页)倒是李颙,对《论语》所谓"小道"有别解,但他所排出的,也仍然是一种等级序列,而以字画及其他种种技艺为"不足为"。②论者各用其减法、排除法,各有其所以为的"不可为"、"不足为"。你于此不难感知儒者道德的脆弱性,儒者对自身品质下降、自我丧失的深刻忧惧,其人生选择之难、生路之窄。上述诸人中,李颙像是始终生计无着,据其门人的《历年纪略》,其"每值阨困,则诵伯夷、叔齐饿死,并'志士在沟壑'以自振"③。

---

① 黄宗羲以下的批评即有对于在他看来普遍的"商业行为"的针对性:"江河日下,生死休戚,惟财乎是系。小人习观世变之机,而知其势之所重在于此也,于是惟货力是矜是尚……"(《莫高董君墓志铭》,《黄宗羲全集》第十册第842页)

② 李颙诠释《论语》说:"'小道',集注谓农圃医卜之属,似未尽然。夫农圃所以资生,医以寄生死,卜以决嫌疑、定犹豫,未可目为小道,亦且不可言'观',在当时不知果何所指,在今日,诗文字画皆是也……其余种种技艺,纵精工可观,皆不足以致远,皆小道也,皆不足为。为小则妨大,所关匪细,故为不可不慎也。"(《四书反身录·论语下》,《二曲集》卷四〇)

③ 李颙说"稼圃",却似未躬亲耕稼。其门人的记述极状其贫,一再为当道、他人接济(参看同书卷四五《历年纪略》)。《纪略》记康熙十一年壬子"是春绝粮,几不能生。王省庵闻之,自蒲来候,为之办三月薪米而还。是年,张闻在念先生清苦,捐俸三十金,托人为先生购地十亩,聊资薪水"。孙奇逢亦接受过有官员身份者的资助(在苏门的居处等),但其生另有所赖。

儒者有关职业的等级观念，本以其道德论为根据。所谓"求之有道"，亦儒者常谈。由于将"谋食"与"谋道"作对立观，声言关心"人伦日用"的儒者，往往将形而下的"生计问题"化为义理、道德空谈，将"生存"课题抽象化了。处清初之世的颜元，不但激烈批评"正其谊不谋其利，明其道不计其功"的成说，且大不以士之无资生之"业"为然："今世之儒，非兼农圃，则必风鉴、医、卜；否则无以为生。盖由汉、宋儒误人于章句，复苦于帖括取士，而吾儒之道、之业、之术尽亡矣……后儒既无其业，而有大言道德，鄙小道不为，真如僧、道之不务生理者矣。"(《颜习斋先生言行录·学问》，《颜元集》第695页)传统社会不发达却充满偏见的职业观念，对技术性知识和技能的轻视，在这特殊的历史关头，不能不严重地妨碍了儒家之徒、士人的生存。"君子不器"，而"道"又非可直接换算成布帛菽粟。由上述职业评估中的诸种微妙处，最能感受士人面对经济关系缓慢变动时的不适，他们在谋生问题上沉重的道德负担。但也应当说，士既以"治生一节"为"立身收系"(《杨园先生全集》卷一四《答吴汝典》)，其对于自身品性的保存的关心，确也具有根本的性质。士人(尤其遗民)将选择所"业"，视为选择当世位置，其在当世的存在方式，而保全士人面目，亦所以保全遗民面目——职业之所系大矣哉！

但这仍然只是其时士人、遗民有关"治生"的一部分事实。

如黄宗会《缩斋记》所说，"至于时事已非，始欲躬耕以养，求农圃而师之，友于曲锄长镵中，亦以自寓其礌砢连蹇饮恨无聊之至耳"(《缩斋文集》第79—80页)，更像是在以"躬耕"为宣泄、发抒。而易堂九子之一的彭士望，描绘易堂门人子弟"负耒横经，日作宵诵"，语气即坦然而且自豪(《与王乾维书》，《树庐文钞》卷一)。另一易堂人物魏禧所写朱中尉(即"易堂九子"之一的林时益)，令人看到了明宗室在国亡之际的一种姿态："既日贫，中尉曰：'不力耕不得食也。'率妻子徙冠石种茶。长子楫孙、通家子弟任安世、任瑞、吴正名皆负担，亲锄畬，手爬粪土以力作，夜则课之读《通鉴》、学诗，间射猎、除田豕。有自外过冠石者，见圃间三四少年，头著一幅布，赤脚挥锄，朗朗然歌出金石声，皆窃叹以为古图画不是过也。"(《朱中尉传》，《魏叔子文集》卷一七)正是一幅"遗民子弟力田图",尽管不免诗意化了。

由张履祥的《补农书》,足见其对农事的熟悉。在士人,那无疑是一份特殊的知识。张氏《年谱》(收入《杨园先生全集》)记其"岁耕田十余亩,地数亩。种、获两时,在馆必归,躬亲督课,草屦箬笠,提筐佐馌。其修桑枝,则老农不逮也",无怪乎其说"耕—读"亲切有味。在张氏,那确是"经营",是"生业",而非体验诗化人生。

对其时士人所谓的"躬耕"、"力田",是不可拘于字面去理解的。如朱鹤龄所说的"耕",即督"耕奴"耕(参看《江湾草庵记》,《愚庵小集》卷九第 424 页)。屈大均的《获记》、《场记》二作(均见《翁山佚文辑》卷上),记其经营田亩事甚详。记述农事有一份亲切者,尚有黄宗会(《缩斋文集·西墉筑圃记》)。屈氏自说:"自夏徂秋,吾无日不以芃芃者为忧也。""《诗》曰:'不稼不穑,胡取禾三百囷兮?'噫嘻,今而后吾可以无愧夫《伐檀》之君子矣。"(《获记》)但他所说的"亲耕",似也更宜于理解为其自家耕,未必即屈氏亲操耒耜。陆世仪也说到其本人于甲乙之后稍亲田事:"予有薄田二十亩……佃甚贫,不能自种,予乃出工本买牛具自往督而佐之,一则古人省耕省敛之方,一则稍欲涉猎其事,以验农田水利之学也。"(《思辨录辑要》卷一一)在陆世仪,亦从事其所认为的"实学"。

遗民中本不乏长于经营者。全祖望《亭林先生神道表》记顾炎武:"先生既负用世之略,不得一遂,而所至每小试之,垦田度地,累致千金,故随寓即饶足。"(《鲒埼亭集》卷一二)顾氏《日知录》卷一三"家事"条引述善治家的例子,称道其人的善治产业,"好货殖",以为"今之士大夫,知此者鲜,故富贵不三四传而衰替也"。其自述治生,则曰"久居秦晋,日用不过君平百钱,皆取办囊橐,未尝求人"(《与李中孚书》,《顾亭林诗文集》第 80 页)。"近则稍贷赀本,于雁门之北,五台之东,应募垦荒。同事者二十余人,辟草莱,披荆棘,而立室庐于彼。"(《与潘次耕》,同书第 140 页)其说刻印所纂辑之《音学五书》,曰"其工费则又取诸鬻产之直,而秋毫不借于人"(《音学五书后序》,同书第 26 页)——字里行间,一派自信。遗民的"生计问题"何可一概而论!

谋生—守节—行志

士人、遗民中的通达者,对治生的意义发现,那"时代印记"是鲜明的。比如关于"治生"与"节操"。治生于此被作为了保全节操的条件。一时论者对此义颇有阐发。陈确以"自立","无所求于人"为"大节不夺"的条件(《陈确集·素行》)。其《学者以治生为本论》说"凡因贫而苟为非义者",皆其所谓的"失身"(同书第158页)。陆世仪也有类似的思路,说"若忽视治生,不问生产,每见豪杰之士,往往以衣食不足,不矜细行,而丧其生平者多矣,可不戒哉"(《思辨录辑要》卷一〇)!朱鹤龄也说不治生无以"纍兀自守"(《莼乡草堂记》,《愚庵小集》卷九第445页)。这一种失节的忧惧,也确非庸人自扰。《碑传集》卷一二五《孙先生骏声传》记孙氏"为饥所驱,间出而为记室,兼主刑名",为人所讥。至于张履祥所说膏粱子弟"罔知稼穑,一旦失所,饥寒随及,以至志行不立,廉耻道尽"(《杨园先生全集》卷二〇《题刘忠宣公遗事》),更是每每见诸乱世的事实。黄宗羲《万公择墓志铭》也说:"世苦于贫,多不持士节,三三两两相习于机械之途,以苟得为才。"(《黄宗羲全集》第十册第504页)上述有关"贫"与"节义"的关系发现,无疑得自易代之际的经验,或可理解为有关道德的物质基础的素朴经验论。迂儒侈谈"贫困的道德";如唐甄的坦言物质贫困有可能导致道德的贫困,"节之立不立,由于食之足不足"(《潜书》上篇下《养重》第91页),毕竟不易。尽管此种思路也包含着问题的简化,对相沿已久的"安贫"说,无疑是重大补充。

对治生的另一种意义发现,即"治生"有助于适志、行义——也显然附丽于"时代主题"。处明清之际的士人,较平世更有可能深切体验生存能力之为"意志"的保障。黄宗羲所记申浦南于乱离中自救救人,曰其"以画名,落笔便为人贵重,故得以十指行其志也"(《申自然传》,《黄宗羲全集》第十册第551页)——着重处在"得行其志";这也是足令贫不聊生者称羡的。士之清高者,鄙技艺(包括画、医)为小道。到得途穷,对技艺及技艺中人方有一份尊重。黄氏记擅长叠石的园林家张涟,虽未全脱偏见,写到涟及其四子"皆衣食其业"(而不必依人),下笔时仍有一份郑重(参看同书《张南垣传》)。

文人较之儒者,在诸如"流品"一类话题上,往往有稍为通脱的见识。吴伟业的文集也如其时其他文人的文集,所记颇有技艺中人、医者、商贾、画家。其记某商人,就说到了财富之为仁施的条件。吴氏曰:"自变故以来,仁人长者坐视亲知故旧流离患苦,义相收恤,而力不副其愿,彷皇太息者,比比然矣。君则探囊以应,称心而行之,然后知天之予君独厚,而君平生所快意适志者,在此而不在彼也。"(《太仆寺少卿席宁侯墓志铭》,《吴梅村全集》卷四七第965页)同文中还有"贤者以财自卫"的说法①。"万方多难"使士人体验到前所未有的无力与无奈。生当乱世不但为匮乏所窘且自觉软弱的士人,不能不致慨于此种由财富带来的安全感与自由感,对其人的治生能力存一份敬意。吴氏径自认为货殖为儒者之事(即"知仁勇强"),"非深于学者不能办也"(《卓海幢墓表》,同书卷五〇第1027页):此种议论,似非同时儒者所能发。其《保御郑三山墓表》提供了一个医者救助遗民徐枋的故事②,慨然道:"余每见世之士大夫困于更徭赋役之烦,在杜门学佛者为尤甚,即其亲党故人,义相收恤者,不能龟勉佽助,而营斋利生,恒诎于力之所弗及……是儒者穷,儒而禅者尤穷。医独出入儒与禅之间,其地位可以权巧,其交游可以牵劝,故急难死生,捐金援手,伽蓝塔庙,鸠财庇工,在今日唯医之力饶为之……"(同卷第1030—1031页)对"医"的职业评价,与张履祥、吕留良等人何其不同!吴伟业于此将治生的意义定在适志、行义上。在那个时代,不能适志与行义,确也是士人所感到的极大困扰。即使仍不免于"道德化",上述关于"治生"的意义发

---

① 同卷《太学张君季繁墓志铭》,记张氏"费用既饶,间出于阔达变化以自卫"(第970页)。吴伟业说:"余观江以南,惟新安善治生,其士夫转毂四方,女子持门户,中外咸有成法。盖吴之洞庭亦然,过其地,见重垣如城,厅屏清肃,终日行里中,不见有游闲之迹,笑语之声。"(《吴淑人传》,同书卷五二第1070页)——"治生"的有益于教化,或许是一时儒者所见未及的?

② 其时似颇有此类故事。王源《徐云若墓志铭》即记徐枋多病,"君每携药入山视之,岁凡数四以为常。宁都曾青黎寓于吴,北游客死,一女五龄,君抚之长而嫁之"(《居业堂文集》卷一七):不但以医谋生、养亲,且以"济物"。

现,仍应视为士人的一种"觉悟",只是历史尚未提供延伸此种思路的条件罢了。

最后还应当说,"生计"虽关"生道",但遗民的处生之道,却要在更大的范围考察,比如考察日常处"生"之道。黄宗羲《余若水周唯一两先生墓志铭》所记两遗民,余氏"草屋三间,不蔽风雨,以鳖甲承漏。卧榻之下,牛宫鸡塒,无下足处,生人之趣都尽",周氏则"山林标致,一器之微,亦极其工巧。尝拾烧余为炉,拂拭过于金玉。又得悬崖奇木,制为养和,坐卧其间"(《黄宗羲全集》第十册第278页)——余、周二位处清初之世,岂非正宜于用"生—死"来形容?一时遗民多有祈死、待尽、以生为死者:明亡之际的不死,像是有待于无尽救赎的一份罪业。你又于此觉察到了"生死"之为主题无所不至的笼盖。① 生死选择不止在"临难"之际,它被日常化了。

王夫之一再表明"老死于荒草寒烟之下"非其志,以未得死所为遗憾(参看《石崖先生传略》,《船山全书》第十五册),但他写作《杂物赞》,不讳言其对于"明窗棐几,香缕萦空"一类生活情境的怀念,也证明了虽处荒山而生趣未失。或许可以认为,其《观生居堂联》,最足以刻画其人处遗民的矛盾态度:"六经责我开生面,七尺从天乞活埋。"(《船山全书》第十五册第921页)既然"六经责我开生面",就不免以"坐销岁月于幽忧困菀之下"为"自弃"(《宋论》卷二第61页),的确可以自注他本人呈示于著述活动的积极姿态。陈确即病废,也未失生活情趣。张次仲(元岵)记陈氏"患拘挛之疾,不良于行,桃李花时,载酒乘篮舆,二子一僮肩之而趋,往来阡陌,与田夫野老占课晴雨,遇竹木翳郁,花草鲜妍,辄饮数杯,颓然而醉"(《张元岵次仲竹窗解颐杂录》,《陈确集》第44页)。处遗民而保留了审美的人生态度、精致的生活艺术的,非止上述诸人。黄宗羲记巢明盛"鼎革不离墓舍,种匏瓜用以制器。香

---

① 黄宗羲同文记余增远(若水)病将革,"余命儿子正谊切其脉,若水曰:'吾祈死二十年之前,顾祈生二十年之后乎?'"其铭文曰:"不有死者,无以见道之界。不有生者,无以见道之大。"

炉瓶盒之类,款致精密,价等金玉"(《思旧录·巢明盛》,《黄宗羲全集》第一册第373页):即令在选择了"墓舍"(也即"死"之象征)之后,也仍不能压制人生创造的热情!你由此不难想到,"治生"所关的遗民的生活世界,"生计"问题所在的大语境,本节只不过窥看了其一角而已。

第五节 葬 制

我已一再谈到"生死"之为明清之际的一大主题。明清之际有关忠义、遗民的传状文字,在在提示着这一主题的重大和笼盖一时。因而丧仪的为时所重,也就顺理成章。值得注意的,还有其时遗民在丧葬事宜上相助的热忱。至于儒者力图借诸修复丧礼而修复"宗法",其用意也极显豁,是儒者于其时的大动作。凡此,都将"死"也将有关仪式行为的意义强调了。

对丧葬之为"制度"的思考

在下文中我还将谈到遗民借诸丧仪的表达,他们对表达的个人性的无餍追求。但其时也有用心更深于是者。到清初,丧礼之废被学人作为《礼》学之荒的突出例证。此种荒废被描述为一个漫长的过程。朱彝尊《读礼通考序》曰:"……自唐徙五礼之名,置凶礼第五,于时许敬宗、李义甫,上显庆新礼,以为凶礼非臣子所宜言,去国恤一篇,自有天子凶礼遂阙,宜柳宗元以不学讪之也。迨宋讲学日繁,而言礼者寡,于凶事少专书,朱子家礼,盛行于民间,而世之儒者,于国恤不复措意。其仅存可稽者,杜氏《通典》、马氏《通考》已焉。"(《曝书亭集》卷三四第424页)问题的提出自不始于此时,顾景星于崇祯十七年上《复经学议》(《白茅堂集》卷二七,康熙乙丑刻本),就以治礼讳凶丧为经学荒之一证。易代之际的儒者、学人以其方式参与了与《礼》有关的意义建构。其时儒者着眼于丧葬之为"礼"的恢复,与其所推进的"宗法重建"正在同一方向上;而对于丧葬之为"制度"的思考,又以三礼之学的复兴为动力:学术趣味正在其中。

其时东南遗民陈确的《葬书》,涉及葬事的诸方面,表达了当时最完备的丧葬主张。一时遗民学人考辨凶礼，推究礼意，固为复古，亦为远俗。陈确即将丧仪视为救正人心风俗的机会，欲借此"振行久废之礼，提撕既死之心"（《答查石丈书》，《陈确集》第78页），其于《葬书》外，还撰有《丧实议》、《丧服妄议》、《士祭议》等一系列文章。至于其《葬书》以复《周礼》族葬法为主张（参看同书别集卷六、卷七），与万历年间吕坤所主张的"井田葬法"应有思路的交叉。其说"葬为死者，非为生者"（《葬书》上《葬论》），说"明知之士，不以死伤生"（《与同社书》），均为通达之论。在论葬这一题目上，一时东南儒者互有应和。黄宗羲有《读葬书问对》（《黄宗羲全集》第十册）。与陈确论旨常不合的张履祥，不但对陈氏论葬啧啧称赏，请陈氏至其所倡导的"葬亲社"发挥宗旨，而且他本人此一时期的书札也屡说葬法（参看《杨园先生全集》卷一一《答张佩葱》）。① 明清之际的儒者，由丧礼之废，看地方人文的衰敝，于焉有深沉的忧虑。张履祥说其时"里俗"，"昏礼犹存古意，冠礼废矣，然未有违礼伤教如丧祭之甚者也"（《杨园先生全集》卷一八《丧祭杂说》）。张履祥对其时的"社会"颇有批评，却成立了以"葬亲"为宗旨的会社——也应属于其时会社中，宗旨尤其严肃者。②

却也正是在"仪式"上，其时儒者并不即以复古为号召，也如论"死—节义"，儒者往往表现出对实践性（在此也即"合理性"）的关心。陈确论丧仪主张"酌礼准情"，务求折衷至当，不取时论所称许的"过"。孙奇逢《家礼酌序》曰："夫易知简能，而天下之理得。"（《夏峰先生集》卷四）同时北方儒者颜元也说过此意："愚谓，丧礼中惟国家制度更定

① 同时遗民论丧葬的文字尚多。如屈大均《先夫人祔葬记》（《翁山文钞》卷二），对丧仪葬制多所引证议论，对"地师"说颇有驳正。薛熙评曰："此篇当与吕才葬书参阅，而考核精详，似又过之，皆大儒之言也。"万斯同《群书疑辨》卷四杂论古今丧礼，所用更是经学方式。

② 张履祥《生圹引》："往年灏如唐子始为葬亲之会于莘里，匪金之是资，资劝励也。吾里亲友取其法，先后举葬盖四十家，一时远近慕效者众。"（《杨园先生全集》卷二○）《与吴仲木》："敝里诸友仿效唐灏儒兄劝励之法，立葬亲一社，一时人心颇见鼓动。"（同书卷二四）因陈确著有《葬论》一书，其社曾请陈氏"发明送死奉终之义，激厉仁孙孝子之心"（同文）。

者,宜遵行而不返古。若律令所不载,情理所不合者,皆当决断去取而变更之。一人行之为礼法,数人从之为学术,众人习之即成风俗矣。"(《习斋记馀》卷一〇《明吊奠礼》,《颜元集》第 574—575 页)①陈确更宣称不取"非礼之礼"(《陈确集·俗误辨》)。

在礼仪实践中考辨经文,斟酌礼意,亦所谓"居丧读《礼》",本是儒者的传统功课。孙奇逢、颜元等儒者更将当此际的"读《礼》"描述为"悟道"过程,赋予"居丧"一境以特殊意义。②《孙夏峰先生年谱》卷下记孙氏答魏环溪问学,曰:"从来真儒硕士,多奋起于读礼之时,此时孺慕念切,真性用事,故学专而力定。'"但丧仪实践中,虐人自虐,见于记述,仍是普遍倾向。孙奇逢的"庐墓"即一时的美谈。颜元虽不以庐墓为然,却以人子居丧而"癯"为"仁"(否则即不仁)。其所谓"得中",不过指"癯"而不致命而已(参看《居恩祖姒丧读礼救过》)——由这类场合不难感知"礼"之于人的精心制作,以致嗜此者心性之畸。

但儒者移风易俗的抱负,仍影响于士人处"死"的态度。陈确记其同门友祝渊自缢,"先数日作《归诗》、《归嘱》、《归禁》,大概言'吾义必死',及痛革一切恶俗,丧葬悉遵《家礼》,以布素殓"(《祝子开美传》,《陈确集》第 278 页)。

致力于移风易俗的儒者,将世俗所重的形家、葬师的祸福说作为其批判对象。黄宗羲《读葬书问对》痛驳所谓"鬼荫"之说,《七怪》篇则

---

① 颜元一再说庐墓非古,对孙奇逢的庐墓也有批评。颜氏、孙氏对丧仪均不取繁缛苛细,顾及可行性,包括"贫民"、"贫士"的承受力。这也是熟于民情的实践的儒者态度。颜氏更于居丧中"详玩礼文",斟酌礼意,务求折衷至当("庶合时之宜,亦不失礼之意"),虽非经学方式,仍有一定的学术意味(参看《习斋记馀》卷一《崔孝子庐墓序》,卷一〇《居恩祖姒丧读礼救过》、《居忧思恩见》等)。陈确对丧礼不取"哀毁之过",又与他尊生("爱其身")的主张一致(参看《与吴仲木孝子书》,《陈确集》第 93 页)。其以"庐墓"为"非礼"(《与吴仲木书》,同书第 143 页),所见与颜元合。

② 《孙夏峰先生年谱》卷上,记万历三十九年(时孙氏 28 岁),"正月服阕","按先生志学当自此始。忆友人问曰:'先生自考志学以何时为可持循之日?'先生云:'少年妄意功名,自两亲见背,此念顿灰,与鹿伯顺为友,初以名节相砥砺,未免走入气质之偏处,暗然一念,自证生人面目,其实从哀恸穷苦中得来。'"据《颜习斋先生年谱》,颜元居丧,著《居丧别记》,也因读《礼》而悟道,自此"毅然以明行周孔之道为己任"。

指"葬地"之"方位"说为"地理中之邪说"(均见《黄宗羲全集》第十册)。陈确的《葬论》(《葬书》上),是一篇针对形家、葬师之说的驳论。其《葬书》下《甚次》甚至以为天下异端"葬师为甚,佛次之,老又次之"。张履祥对"形家""风水之说"亦持严峻的批评态度(参看《丧祭杂说》,《杨园先生全集》卷一二八)。① 《碑传集》卷一二四记陈廷会之死:"疾革,先令以幅巾单布衣殓,旌署故处士,封宜速,勿用阴阳家言。"(《陈先生廷会传》)可视为上述诸人有关思想的先导的,就有上文已提到的万历朝的吕坤。其人非但主张"井田葬法",且辟葬师,令人见出明清之际士人所承,"批判思想"之为积累。吕氏《莹训》甚至说:"古之葬者,或委沟壑,不封不树;既无葬师,亦无莹域;当时岂皆贫贱凶夭,如何又有王侯士庶? 至于西夷火化,江南水葬,乃其子孙,各有衰旺。"(《吕坤哲学选集》第 54 页)其思想较之黄宗羲、陈确更彻底。②

作为"制度"的丧葬,从来有其哲学基础,联系于有关"死"的观念背景。孔夫子说"未知生,焉知死",或许限制了儒家之徒在"死"这一命题上的哲学思考,但其对于丧葬之为制度的思考,仍有一定的理论意义。

作为特殊表达式的丧仪、葬制

处明亡之际的士人,曾刻意于有关"死"的意境营造。即所谓的"忠义"之死,也有被人由"意境"方面鉴赏者,如在前的高攀龙之死、在后的祁彪佳之死。文秉《先拨志始》记高攀龙之死,"水仅濡下体,北面捧心屹立不动"(卷下第 190 页,上海书店根据神州国光社 1951 年版复印)。黄宗羲记祁彪佳之死:"夜半月黑,分庙中之烛,出照水滨,端

---

① 当然,遗民于此,议论也并不一律。阎尔梅即对形家、堪舆之为"学"有很高的评价(参看《阎古古全集》)。

② 吕坤一系列有关文字,可作为明人处生死"达"之显例。其《逝者吟(和叶君歌)》、《呻吟语》中有关生死的谈论,均为破与"死"有关的虚妄。其自撰之《墓志铭》更堪称奇文。其"达"不但有根柢(根于理性,对当世道学、习俗的批判意识),且有深度,与名士式的表演非在同一境界。其《反挽歌》序云:"挽者,哀死而留之也。生劳死逸,生消死息,生爱死忘,复吾命,归吾根,安见生为可艳而死为可悲乎?"(均见《吕坤哲学选集》)

坐水中而死。家人觉而寻之，烛犹未见跋也。"（《弘光实录钞》，《黄宗羲全集》第二册第 95 页）陈定生《山阳录·夏吏部允彝》记夏允彝之死，更着意状写其生死之际的从容洒脱："乙酉闻变，彝仲则出橐中装，椎肥击鲜，置酒高会，一时射雕侠客，绣虎名流，西园歌舞之宾，少长咸集，歌笑淋漓，觥筹交错。客方轰酒，乃起避席更衣，则已赴沉湘矣。呜呼，男子哉！"（《陈定生先生遗书》，光绪乙未武进盛氏刊本）即死亦不失名士面目。凡此，不难感到记述者的意境迷恋。其时有关忠义的传状文字，除对残酷的渲染外，还有传奇化，诸种有关死的神话——有时即像是由死者与记述者共同创作。

当明亡之际，士人的表达不厌其激切。据全祖望说，吴钿（稽田）死葬胶东，以之"明其蹈海之愤"，表达其"不愿首邱之恨"（《涧上徐先生祠堂记》，《鲒埼亭集》卷三〇）。屈大均借"死"、"葬"为题目，自言其志，于自设"衣冠冢"、"藏发冢"、生圹，名所居为"死庵"等外，尚撰有诸种志铭文字，苦心孤诣，令人感到的，无宁说是其强大的表达冲动。其《自作衣冠冢志铭》曰："予于南京城南雨花台之北、木末亭之南，作一冢以藏衣冠，自书曰'南海屈大均衣冠之冢'。不曰'处士'，不曰'遗民'，盖欲俟时而出，以行先圣人之道，不欲终其身于草野，为天下之所不幸也。"（《翁山文外》卷八）不唯表明其非顺民，且更意在表白其复明的意志——当道也读懂了这层意思，无怪乎乾隆要严令"刨毁"其冢了。由上述动作，不难感知当年对峙双方"表达"间的极度紧张。

对"死"这一重大事件的处置从来多样。自为墓志，唐代即有韩昶石刻传世。到本书所写这一时期，"自定终制"已相当普遍。张尔岐曾自叙墓志（见《蒿庵集》卷三）。黄宗羲《葬制或问》设为问答，务令其子遵其遗命，其宗旨除追求诗意化与表达的独特性之外，也应意在强调其个人意志。方以智的《自祭文》非写于临终之时，而写于剃发为僧拒清劝降之际，尤为沉痛。其自祭曰："汝以今日乃死耶？甲申死矣！"（《浮山后集》卷一，引自任道斌《方以智年谱》第 173 页）张自烈亦有《自撰墓志铭》、《自祭文》——亦"未死先祭"（参看《芑山文集》卷二二）。自置生圹、自作墓碑、自为志或生前请为志铭，几成时尚，在当事者，或也由此体验一种似"支配生命"的"自主感"？对此，邱维屏叹道：

"悲夫！今之人何不以生为悦，而为终殁计之蚤耶？"（《为杨表微自作墓碑志》，《邱邦士文钞》卷二）①

遗民作为后死者，较之"忠义"，本来也有可能从容布置，务求将"死"作成一篇佳文字。由后世看过去，你确也会惊叹于遗民借诸葬制的表达——其丰富与曲折，也如冠服等，却是较冠服更为有力的表达。考虑到遗民所处特殊语境，这在其人，或也是"最后的表达"。明清之际士人（尤其具文人、名士习性者）以独出心裁的葬制设计，表达其对于"死"的理解，并顽强地追求着表达的个人性。而明代发达的名士文化，无疑鼓励了此种追求。

当着儒者竞相推求"礼意"之时，遗民中的名士竞相以"达"为标榜。朱彝尊《静志居诗话·陈梁》记陈梁（则梁）"晚岁隐居，僧服茹荤，治生圹于郭外，结屋三楹覆之，语其友曰：'此亳社遗意也。'题其柱云：'此佛自来耽米汁，至今孤冢有梅花。'又云：'天下何思何虑，老僧不见不闻。'暇辄召客纵饮圹前，亦达士也"（第656—657页）。一时遗民处死而被目之为"达"的，颇有其人。王弘撰《阎处士修龄传》记其人"携妻丁孺人展考姚墓，指旁一邱谓孺人曰：'吾他日与汝同穴于斯，永依吾父母之侧，无憾矣。'与孺人藉草而坐，久之，归，遂预自造圹，人称其达，方之司空表圣云"（《碑传集》卷一二五）。至于归庄"结庐于墟墓之间"，以"四邻接幽冥之宅，人何寥落鬼何多"自题其草堂（参看《觚賸续编》），与屈大均的颜其居曰"死庵"，均为名士行径。《静志居诗话·黄周星》记黄氏"年七十，忽感怆于怀，仰天叹曰：'嘻，而今不可以死乎？'自撰墓志，作《解脱吟》十二章，与妻孥诀，取酒纵饮，尽一斗，大醉，自沈于水……"（第648页）其死生之际的洒脱中，也应有人所不知的悲凉沉痛吧。"达"之为意义境界，自与佛学的传播与士人的禅悦有关。坚持儒学立场者，于此也有一份警戒。甚至法门中人，也有不以上

---

① 据许三礼《海宁县志理学传》，陈确病危，"命龁儿书《丧约》二纸，呼从兄潮生、许子欲尔而授之"，应即《陈确集》别集卷九《丛桂堂家约·丧》。孙枝蔚《预定终制》，中曰："吾家无葬异乡者，若亲友或劝归棺故里，慎勿听之，首丘之说，达者不尔。"（《溉堂集》第1126页）孙氏正是达者。

述行径为然者。徐枋《答退翁老和尚书》记弘储继起对周之屿（玉凫）"谈笑辞世"的评论，"谓故臣遗老，当此之时谈笑而逝，似不相宜"（《居易堂集》卷二）。①

明人中一向有不惜将这种"达"表演得过了头的。《明季北略》记郝敬不但自拟葬制，且自定"葬辰"，"刻生葬文"，"至西山，从容下舆，索笔题堂柱"，"少顷，属纩而绝"（卷一五第264页）：真是洒脱之至。陈继儒（眉公）即死，也不忘将名士姿态作足。同书同卷记其人"未殁前，召子孙宾朋曰：'汝曹逮死而祭我，不若生前醉我一杯酒。'于是群从雁行洗爵，次第而献，如俎豆状，继儒仰天大嚼，叱曰：'何不为哭泣之哀？'左右皆大恸，或为《薤歌》以佐觞，歌愈悲，酒愈进，继儒喜而起舞，簪帽以花，婆娑佻达，尽醉乃罢。将瞑目，又畅言无鬼之旨，鼓掌大笑而逝"（同书同卷第265页）。

以上背景或有助于理解明遗民中的有些人，竟至为惊世骇俗而不惜将葬仪闹剧化。"山阴有处士倪舜平者，变后诀别妻子，置酒大会宾友，市两缸，坎郊外，置其一坎内，痛饮慷慨，挥众去，妻子号泣随之，观者千人。处士从容整衣冠，坐缸中，一缸覆其上，叱令弥其逢。子坐缸侧数日，呼之不应，乃掩。"事见王源《金主事传》（《居业堂文集》卷三）。对于这类演出行为，当其时即有批评。② 但你毕竟由此种表演中，感到了当事者心境的从容与宽裕。我在本书其他章节已谈到明清之际"死"的主题。在此还应当说，"死"的主题在明清之际士人那里，也并非一味沉重。他们以"死"为题目作出的文章，仍然是内容驳杂的。

---

① 徐氏虽评论道："此千古所未发，实千古所未曾见及也"，却又以为"死生之际，人所难言，根器不齐，识趣各异，要未可一律而论，当审其人生平所自持，以观其临命一息之表见。苟其人而真忠臣、真孝子、真圣贤佛祖，则临命之顷，啼笑俱优。如其不然，笑固不可期，哭亦未为得也"（同文）——居士又像是较僧为"达"。

② 黄宗羲《王义士传》记王台辅"集其邻里乡党，濯衣幅巾，大呼烈皇，北面再拜，自磬于象山之树，聚观者无不恸哭失声。是时有僧过之，持鞭而指台辅曰：'丈夫死宜也，恶用是弥街绝里眩曜于人乎？'"（《黄宗羲全集》第十册第565页）死亦有道，不为戏剧性，不招徕看客，不炫耀于稠人广众中，也属"为平易"。

明遗民处丧葬的想象力与创造热情尚不止于此。于"达"之外,更有人追求表达的力度与意义含量。谢枋得《上丞相留忠斋书》曰:"……生称善士,死表于道曰:'宋处士谢某之墓'。"(《谢叠山先生文集》卷二)另一宋遗民郑思肖的临终嘱书牌位"大宋不忠不孝郑思肖",亦明遗民所乐于效法;较之上述被目为"达"者,这也是更政治性的表达。将葬制作为明志的最后机会,王夫之自题墓石,曰:"抱刘越石之孤愤而命无从致,希张横渠之正学而力不能企。幸全归于兹丘,固衔恤以永世。"(《船山全书》第十五册第228页)——必系字斟句酌无疑。他更以"不可增损一字"的叮嘱严重其事,以杜绝对自己意志的更改。陈佐才以文字宣示其"不降",其"暮年凿石为棺,作诗自挽云:'明末孤臣,死不改节,埋在石中,日炼精魄,雨泣风号,常为吊客。'远近知交,皆有和章,名石棺诗,俱镌棺上"(《明季滇黔佛教考》卷五第246页)。至于姜埰遗命葬敬亭之麓,"病革,属纩之顷,舌根艰涩,犹呼'速往宣州'再三"(见其子所撰年谱续编,载《敬亭集》),所表达的,则是对烈皇(崇祯)的忠贞不贰(参看本书附录论《鱼山剩稿》)。遗民对"身后"的特殊关切,亦根于"失节"的忧惧。你在这种场合,于庄严性外,或也察觉了遗民处境的讽刺性。

上文已说到明遗民以衣冠为表达政治情绪的符号;我们在有关丧仪的记述中,也遇到了"衣冠"这一种特殊语用。

以丧葬时的衣冠示不降附,"遗民方式"是对死义者方式的承袭(参看本章第二节)。遗民当此之际的政治态度与身份宣告,不容有一丝一毫的苟且。如屈大均的遗命以幅巾、深衣、大带、方舄殓(参看《翁山屈子生圹自志》,《翁山文外》卷八),除了标明其非官方身份,更因所着为"明代衣冠"、"华夏衣冠",而使丧仪有了多重语义。据说湘中少数民族曾有过"生降死不降"的习俗,那表达方式即丧葬时的衣冠。不同的是,在明遗民,拒绝以清代衣冠殓的,多属生前亦未降者。上文已谈到了明代士人之于冠服的文化趣味。明清之际有关衣冠(以及头发)的戏剧,演到此处,精彩全出。你由此体会到遗民对于死的一份郑重,他们以葬事为寄托、务期意义深远的良苦用心。

遗民中的儒家之徒既有以逃禅为"失身于二氏"这一种思路(参看

本章第一节），其对遗民中流行的殓以僧衣，必不会轻于赞同。葬制于此被作为"信仰"表达，另有了语义的严重性。以僧服殓、以儒服殓，也如以清服殓、以明服殓，甚至在其人死后仍会引起纷争。黄宗羲《吴山益然大师塔铭》记吴氏丧仪上有议以儒服殓者，"众言淆乱，卒从僧礼"（《黄宗羲全集》第十册第 527 页）。葬仪于此，又是生者对死者定义、评价的场所，兹事体大，同样不容一毫的苟且。① 同时却也有未曾剃发受戒却嘱以僧服殓的，如顾有孝"令诸子以头陀殓我，因更号雪滩头陀云"（《碑传集》卷一二五《雪滩头陀顾有孝传》）——各因其处境及动机而有如许的不同。至于非遗民的吴伟业之嘱以僧服殓，固因其禅悦，更为了志"愧"志"痛"吧。②

佛教世界观（如关于"轮回"的观念），无疑丰富了士人有关"生—死"、生命周期的古老思想，使"死"与一种关于宇宙大生命的乐观信念更积极地联系起来。当此易代之际，士人又以个体生命周期与治乱循环、劫难—复兴（《易》卦的"剥"、"复"）的历史文化信念相关联。凡此，都使得有关"死"的语义内容空前繁复。

明清之际三大儒中，黄宗羲较之顾炎武、王夫之更有文人气息。其为全祖望所批评的"文人之习气未尽"，在丧葬上也有十足生动的表现。他的《梨洲末命》一篇，文字何等闲逸。"圹中须令香气充满"，"其下小田，分作三池，种荷花"，来吊者"能于坟上植梅五株，则稽首谢之"，圹前望柱，"若再得二根，架以木梁，作小亭于其上，尤妙"（《黄宗羲全集》第一册第 191 页）：绝无遗民嘱葬时通常的惨凄，意境一派明朗。黄氏于此关心的更是诗意，是"死"之为意境的完整性，丧葬行为

---

① 李邺嗣有《唯一周先生谥议》，亦讨论此种"身份"、"评价"问题，见《杲堂诗文集》第680—681 页。

② 顾湄《吴梅村先生行状》记吴氏遗嘱，中有"吾死后，敛以僧装，葬吾于邓尉、灵岩相近，墓前立一圆石，题曰诗人吴梅村之墓，勿作祠堂，勿乞铭于人"。陈廷敬《吴梅村先生墓表》记吴氏子璟所述吴氏治命，另有"吾性爱山水，葬吾于灵岩、邓尉间，碣曰诗人吴梅村之墓足矣，不者，且不孝"等语。尤侗《西堂全集·西堂杂俎二集》卷八《祭吴祭酒文》曰："吾闻先生遗命：敛以观音兜、长领衣，殆将返其初服，逃轩冕而即韦布乎！"（均见《吴梅村全集》附录一，第 1406、1409、1420 页）亦时人对吴氏葬式的一种读解。

的优雅,文字间涌动着丧葬形式上的创作欲,对表达的个人性的渴求。上文已一再提到的屈大均,其遗命不但嘱以衣冠,且嘱棺以松香液而椁之,亦周到之至。也如一时士人在其绝命诗上不惜倾注心力,屈大均不免将丧仪预先当诗作了。这或许也是其最用力的诗。

还不妨指出,康熙三十四年黄氏临终时所自拟的葬制,不但见出诗人式的对意境的耽嗜,且透露出其人确已"入清"这一事实:也是足令持守更严的遗民不悦的事实。其子黄百家所撰《先遗献文孝公梨洲府君行略》记黄氏遗命,有"殓以时服",时服乃清服,不容误解;至于"易棺以石床,易椁以石穴"(《葬制或问》,《黄宗羲全集》第一册第189页),未见得真如全祖望《神道碑》所说的那样意在求速朽。黄氏当此时更关心的,无宁说是"不循流俗","自创为法",看他对于墓地的精心设计,谁说没有期之"永恒"的一念在其间?古中国的士大夫一向相信有死有不死,其不死者,如精神、意志等等,是天地间的元气。优秀的诗也是不死的。因而不妨认为,士人在葬制上的创造,系在"死"的题目上求所以不死,其重"死"亦所以重"生"。他们以这种诗式行为,将通常"生"与"死"的逻辑关系复杂化了。遗民以其丧葬,使作为当时一大主题的"生死"获得了至少是表达上的丰富性。

遗民经由自拟葬制安排后事,但身后之事并非总能预作安排;遗民的后事,更有其人生前所逆料不及者。遗民以丧葬期之永恒,当局者或以挫尸枭示、禁毁书版为回答,有时却又适足以成全了那期待——这里不也有易代之际现象的讽刺性?

第七章　时间中的遗民现象

遗民本是一种时间现象。"遗民时空"出诸假定，又被作为了遗民赖以存在的条件。时间中的遗民命运，遗民为时间所剥蚀，或许是其作为现象的最悲怆的一面。正是时间，解释了遗民悲剧之为"宿命"。

第一节　失节忧惧

遗民心事：时间焦虑

你由明末"忠义"及明遗民传状间，随处可以读出其人的时间焦虑，尤其在明将亡未亡及覆亡之初。此种焦虑自有其充分的理由。在参与抵抗者的经验中，恢复时机的转瞬即逝，不能不是一种可怕的事实。瞿式耜丙戌九月二十日家书中说："家中光景，想今年反觉太平，此间亦有传来谓南方甚熟，米价甚贱，人民反相安，只未知三百年受太祖高皇帝之隆恩，何以甘心剃发？难道人心尽死？（《瞿式耜集》卷三第253页）在其时的"与义"者，最令人心惊的，或者就是这种"平安"的消息吧。张煌言说时机之将逝，"远迩听闻，久不知天南确信，恐报韩之念倏衰，思汉之情转冷"（《上行在陈南北机宜书》，《张苍水集》第21页），"若不及早经营，则报韩之士气渐衰，思汉之人情将辍"（《上鲁国主启》，同书第27页）。瞿式耜也有同样的紧张，他说："窃稽往事，汉光以建武元年定鼎洛阳，唐肃以至德二年恢复陕右，中兴之业，未尝以三年淹也。我皇上即位，今三年矣。秣陵松柏，尚在望中；北平寝园，杳沦异域。"（《谨献刍言疏》，《瞿式耜集》卷一第100页）而瞿氏前此曾有过极乐观的估计，"谓宜闻永历登极之信，各省便当奋起义师，迎銮

迎驾……"（同书卷三第261页）①

"恢复期待"在一段时间里,确也是忠义、遗民的生命支撑。当吴应箕于乙酉五月撰写诸"中兴论"（《汉光武中兴论》、《晋元帝中兴论》、《唐肃宗中兴论》、《宋高宗中兴论》）时,尚有"中兴"的期盼。鲁王监国,吴钟峦因"讹传恢复"而以诗志喜,写下过"从此儿孙寻旧业,可将诗酒弄斜晖"等句（《黄宗羲全集》第二册第234页）。徐世溥《刘征君传》记刘城"爪掌画几","私心筹度,以为东晋、南宋之事尚可复行,而庶几再见汉官威仪也,故金陵、临安图志至不释手"（《峰桐集》）。黄道周几乎至死不放弃恢复希望,他对时势的估量是:"我明与周室同历,非唐季所望,衰轶而后,犹为战国。"（《与陈无涯无枝书》,《黄漳浦集》卷一七）此意他一再说到②。到得王夫之晚年写《宋论》,借诸史事说"过此无收复之望",已属旧话重提:"当石晋割地之初,朔北之士民,必有耻左衽以悲思者。至岐沟败绩之岁,凡五十年,故老之存者,百不得一。仕者食其禄,耕者习其事,浮靡之夫,且狎其嗜好而与之俱流。""故有志之士,急争其时,犹恐其已暮,何忍更言姑俟哉!"（卷二第59页）耿耿不忘者,仍是明亡之初的那一段心事。遗民惧见世道的"清平",也正如义士。刘献廷记其"寓汉上时,汉阳令张寿民招饮。竹箸瓦杯,寥寥五簋。庭中黄菊粲然,二白鹤饮啄于其侧。叔度清风,萧然可乐。世风一变至此,天意诚不可测也。归与宗夏言而叹之"（《广阳杂记》卷四第200页）。即使经历了明末的极度腐败,此等景象也非遗民所乐见的吧。

---

① 王夫之所忧虑的,则是人心风俗的"夷"化,这也应是一个儒者最深刻的忧虑。他在《读通鉴论》中说契丹据幽燕之初,"唐之遗民犹有存者,思华风,厌膻俗,如吴峦、王权之不忍陷身污秽者,固吞声翘首以望王师,则取之也易。迟之又久,而契丹已恋为膏腴,据为世守,故老已亡,人习于夷,且不知身为谁氏之余民,画地以为契丹效死,是急攻则易而缓图则难也"（卷三〇第1163页）。

② 黄道周于隆武朝《答曾叔祁书》说:"宋自建炎而后,尚有关陕荆楚;晋自隆兴而余,尚有青兖雍州。今茫茫海岸,一苇系匏,仰诸逆弁,为刘、何、韩、岳之事,虽武侯、张昭,自谓聋哑耳。"却仍以"前明"、"后明"为说,曰"前明二百七十五年……后明两际春秋,赖诸君子起而夹辅"（同书卷一五）,可知此老的倔强。

有讽刺意味的是，俨然以"正统"自居的南明王朝，也感受着时间的威胁。黄宗羲《弘光实录钞》、李清《南渡录》等所记"补封"、"补谥"、"赠恤"、定罪，以至"逆案"中人的翻案、报复，无不亟亟。《弘光实录钞》记阮大铖欲杀周镳，曰："钟鸣漏尽，吾及时报复，亦何计其为□为贼乎?"（《黄宗羲全集》第二册第89页）令人清楚可感其时南明朝君臣如恐不及的末日心态。

然而即使到了"海氛"已"靖"之后，明遗民中的顽梗者，仍迟迟不愿放弃"义军"、"恢复"之类渺茫的希望，坚持以此作为其生存意义所寄。《碑传集》卷一二四郑梁《沈先生遴奇墓志铭》记沈氏事颇生动："……往往耳语人曰：吾乩仙云云，某方兵且起，某年月日，天下当大乱。一夕宿吾绛如伯父家，夜参半，忽开数重门走出，大声叫呼曰：今日兵真至矣，炮响震天，旌旗舳舻蔽江下矣。如是呼者再三，邻右皆惊，以为有盗也，则皆起，而先生则已闭户就寝矣……嗟乎！此其志意之所存，何尝一日厌乱也哉！"沈氏之"好乱如此"、"嗜乱如旨"，与当时人心普遍的"厌乱"适成对比，也由一个特殊的方面，透露着遗民的寂寞。①

"遗民"不止是一种身份，而且是一种状态、心态，如上述待变、待乱，为此甚至不惜自欺。郑梁上文记沈氏与"家大人"往还，"坐定必举闽粤滇黔间信息相慰藉，大人明知先生所言皆其意中语，非真实事。然未始不一为破颜也"。全祖望记王玉藻："庚寅，先大父尝访之，相与语岛上事。公曰：今日当犹在靖康建炎之际耳，君以祥兴拟之，下矣。"（王氏事略，见《鲒埼亭集》外编卷一一）黄宗羲《故孝廉黄季贞先生墓志铭》所谓"民之讹言，亦为破涕"，刻绘的也是类似情态。

---

① 遗民之嗜乱者，一时也颇有其人。魏禧《费所中诗序》曰费氏"于权奇之书无不究，而其学得《阴符》孙武韩非为深"，其"读史，当秦汉之际，以至三国五代龙战虎斗风雨交驰雷电并击，则扬眉抵掌，掀髯而笑，其神采百倍平日。及夫天下既定，裂土而封，量才而官，修吏治，兴礼乐，则嗒然不能终篇，心烦虑散，若白日而欲寝者"（《魏叔子文集》卷九）。钱谦益《薛更生墓志铭》记薛氏当日"观风、占象、占风角，访求山泽椎埋屠狗之夫，人咸目笑君八十老翁，两脚半陷黄土，不知波波劫劫何为也"（《牧斋有学集》卷三一第1145页）。

"待恢复"当此际,确也是使愤懑得以发抒的题目。以傅山文字的谨慎,亦说"每耽读刺客游侠传,便喜动颜色",说"耿耿之中,有所不忘,欲得而甘心者"(《杂记[三]》,《霜红龛集》卷三八第1049页)。屈大均更不惜反复发挥"报仇雪耻"之义,表达不厌其刻露。其《卧蓼轩记》曰:"苦其心以胆,辛其身以蓼,昔之人凡以为雪耻复仇计耳。""予本辛人,以蓼为药石,匪曰卧之,又饮食之。即使无耻可雪,无仇可复,犹必与斯蓼相朝夕,况乎有所甚不能忘者于中也哉!"(《翁山文外》卷一)其所撰陈邦彦(岩野)哀辞则说:"愤师雠兮未复,与国耻兮孳孳。早佯狂兮不仕,矢漆身兮报之。"(同书卷一四)《自作衣冠冢志铭》径说"盖欲俟时而出,以行先圣人之道,不欲终其身于草野,为天下之所不幸也"(同书卷八)。顾氏的说饵沙苑蒺藜,与屈氏的说卧蓼,有语义的相近。而且无论顾氏还是屈氏,对其上述动作均不掩饰,有时竟像是务期其醒目似的。不止于发抒激情,且待机而动,因复明活动送掉了性命者,也大有其人,魏耕就是一个(参看全祖望《雪窦山人坟版文》,《鲒埼亭集》卷八)。至于遗民与"三藩之乱"的关系,参看《余论(之二)》。以吴三桂之三翻四复而犹寄予希望,遗民之为遗民,亦可悲也。①

　　归庄到写"万事从此一任天"(《元日三首》,《归庄集》卷一第67页),似乎才将此"待"放弃;其《新春梳得白发》中"可怜老骥心犹壮,莫便盐车毕此生"句,将遗民的颓丧与无奈,刻画得何其沉痛(同页)!梁份也写到过"与天地争所不能争","一无所见于世而死"者的终天之恨(《怀葛堂集》卷八《熊见可先生哀辞》)。陈确的《东溟寺异人记》类小说家言,篇末所记北方义士"皆投碧浪湖而死"(《陈确集》第214页),无宁读作绝望的符号。到这个时候,王夫之说国亡之际"留生以有待,非大臣之道",也应因他本人已深味了"有待者终无可待,到末后

---

① "有待"者岂止遗民。金堡为钱谦益撰《列朝诗传序》,曰:"《列朝诗集传》虞山未竟之书,然而不欲竟。其不欲竟,盖有所待也……虞山未忍视一线滇南为厓门残局,以此书留未竟之案,待诸后起者,其志固足悲也。"(《遍行堂集》八,转引自《柳如是别传》第957页)

无收煞处"的尴尬(《搔首问》,《船山全书》第十二册第627页)。①

当着"待"终"无可待",黄宗羲等著名遗民,各以其方式,表达了面对无可更改的事实的反应。"宗羲虽杜门匿影,而与海上通消息,屡遭名捕,幸不死。其后海氛渐灭,无复有望,乃奉母返里门,自是始毕力著述。"(《小腆纪传》卷五三第572页)关于黄氏,全祖望也说"万西郭为予言:征君自壬寅前,鲁阳之望未绝,天南讣至,始有潮息烟沈之叹,饰巾待尽"(《鲒埼亭集》外编卷三一《书〈明夷待访录〉后》)。朱舜水曾在日本蓄财,"志谋义举,常有恢复中原之图",此财无所用,"临卒,尽内于水户库"——"是时当康熙二十五年,距甲申已四十二祀,距缅甸之难亦已二十五祀,郑祚复斩,三藩削平……"(《碑传集补》卷三五苟任《朱张二先生传》)正是"时间",剥夺着遗民的生存意义,不止于使其"待"落空,而且使其生存依据虚伪化。这不能不是一种残酷的道德处境。

顾炎武的由此"待"(待恢复)到彼"待"("待后王"),其间有正是"信念"以及自我期许的变化,尽管"一旦有事"、"光复旧物"的期待较具体,而"待后王"、"有王者起"则不免渺远而抽象。②痛悔过"有待"的王夫之,也仍有其"待",其曰"天地之气,五百余年而必复……"(《宋论》卷一五第337页)遗民的自我价值、意义诠释,也正因此而由近及远,由浅入深。这也是遗民走出"时间焦虑",其历史人生视野扩张的过程。不妨认为,正是遗民对"遗民"作为时间现象的确认,表明了他们的成熟性,他们对"意义"边界的感知,他们对自己处在历史的

---

① 王夫之的思路似与时人有别。其史论中对"义军"、"士气"等的深刻怀疑,其"南明"论、其"君子小人"论、其"用独"之说,都出自深刻的世情洞察与冷峻的现实感;其"天下—公私"论,也提示了"存明"之外的别一境界。他在《读通鉴论》卷末的"正统论"(叙论一)中说:"若夫立乎百世以后,持百世以上大公者论,则五帝、三王之大德,天命已改,不能强系之以存。故杞不足以延夏,宋不足以延商……"(第1175页)由此也可见"遗民"名目的笼统,遗民境界之不同,其自我定位的多样。

② 有恢复期待,又有学术使命自觉,才成其为顾炎武。即使恢复无望,其使命承当,也与承平之世的学人不同。据此才便于理解全祖望《亭林先生神道表》及钱穆《中国近三百年学术史》中所谈到的清人对顾氏的误解、片面化。

特定时刻、历史过程中特定位置的意识——清醒的反思正赖此时空知觉而进行。这无疑有利于遗民走出褊窄的道德氛围。"大时间"使遗民中的杰出者脱出遗民眼界，为其"生"找到了更坚实的根据。这一话题有待于下文继续展开。

"失节"梦魇

时间焦虑的更深刻的根据，即"节操"在时间中的剥蚀、销磨。顾炎武《广宋遗民录序》说当世"岂无一二少知自好之士，然且改行于中道，而失身于暮年"，说"余尝游览于山之东西，河之南北二十余年，而其人益以不似。及问之大江以南，昔时所称魁梧丈夫者，亦且改形换骨，学为不似之人"（《顾亭林诗文集》第 33、34 页）；说"滔滔者天下皆是"，"三十年之间而世道弥衰，人品弥下"（《常熟陈君墓志铭》，同书第 161 页）。在《与苏易公》中，则说"比者人情浮竞，鲜能自坚，不但同志中人多赴金门之召，而敝门人亦遂不能守其初志"（同书第 206—207 页）。张履祥也说："方昔陆沈之初，人怀感愤，不必稍知义理者，亟亟避之，自非寡廉之尤，靡不有不屑就之之志。既五六年于兹，其气渐平，心亦渐改，虽以向之皎然自异不安流辈之人，皆将攘臂下车，以奏技于火烈具举之日。"（《与唐灏儒》，《杨园先生全集》卷四）黄宗羲的议论更有其苛刻："桑海之交，士多标致。击竹西台，沉函古寺。年书甲子，手持应器。物换星移，不堪憔悴。水落石出，风节委地。"——他将此种种归结为"伪"（《汪魏美先生墓志铭》，《黄宗羲全集》第十册第 383 页）。又说："慨然记甲子蹈东海之人，未几已怀铅椠入贵人之幕矣；不然，则索游而伺阍人之颜色者也。"（《陆汝和七十寿序》，同书第 659 页）戴名世也说："明之亡也，诸生自引退，誓不出者多矣，久之，变其初志十七八。"（《温深家传》，《戴名世集》卷七第 201 页）处鼎革之世而欲保全志者，无不感受到时间的威胁。彭士望《书关盼盼诗后》以谢枋得、关盼盼之死为例，说"忠臣节妇之所为极难，惟其久耳"（《树庐文钞》卷九）。

发生在时间中的较隐蔽也因此更可惧的变，在神情气象。如黄宗羲所说"年运而往，突兀不平之气，已为饥火所销铄"，"落落寰宇，守其异时之面目者,复有几人?"(《寿徐掖青六十序》,《黄宗羲全集》第十一册第64页)张尔岐《与邓温伯书》也说到侪辈"亦为人事衣食所累,神识趋向,渐异于旧"(《蒿庵集》卷一第55页)。陈瑚则说"予犹忆予少时,当国家多故,意气轩举,凡弓刀击刺之事,无不一一究习,略皆通晓。顾荏苒二十余年,而发且种种矣,何百炼钢化为绕指柔。每诵越石之诗。未尝不废卷三叹"(《从游集》卷下《毛天回》,峭帆楼丛书)。作为后死者,上述诸人尽有机会,细细地观察与体验人的精神意志在时间中的损耗,而他们本人也未见得能免于遗论。风节在时间中的迁改,复杂化了遗民行为的意味,使避世、绝世的庄严转成滑稽。遗民行为的极端性(如自锢),其背景也应有这意识到了的威胁吧。因而顽强中正有脆弱,有"遗民"及其操守的脆弱性。"遗民"是如此难以保有而易于失去的一种品性。

"末路不可不慎",是一时流行的话头,戒惧神情毕见。遗民的这种情态,也令人想到妇人女子。即使顾炎武这样的大儒也如临如履。他回答对"遗贤"推挽颇力的叶方蔼(讱庵),说"人人可出而炎武必不可出"(《与叶讱庵书》,《顾亭林诗文集》第53页);在与其甥徐乾学的书札里,也说"世有孟子,或以之劝齐梁,我则终于韫匮而已"(《与公肃甥书》,同书第56页)。其《答次耕书》,说"惟退惟拙,可以免患"(同书第77页);其辞讲学,说的是"一身去就,系四方观瞻,不可不慎"(《与友人辞往教书》第136页)。遗民亦如贞女,似乎稍一不慎,即会成清白之玷。岂不闻吕留良诗曰:"谁教失脚下渔矶,心迹年年处处违?"在此情势下,同志者不能不以砥砺风节为己任。潘柽章规戒顾炎武"慎无以甥贵稍贬其节",顾氏则视潘柽章、吴炎为"畏友"(《书吴潘二子事》第116页)。顾氏批评李因笃,说:"昔朱子谓陆放翁能太高,迹太近,恐为有力者所牵挽,不得全其志节,正老弟今日之谓矣。"(《答子德书》第74页)显然在遗民,"节"否已不是个人事件,其被认为与遗民群体相关,是无疑的。你也不妨承认,对于"节"否的极端敏感,竟也有助于深化人性认识。即如陈确等人对诸种"托词"、"遁词",诸种"借"的发露,固有苛察之嫌,不也见出士对于同类"情伪"的久经训练的洞察力?

"出处"即在平世,也被认为与"士"群体相关,何况易代之际!有明一代大儒中,为此而蒙讥议的,就不乏其人。吴与弼招致过议论;庄杲也未能免于非议。《明儒学案》卷四五评论庄氏,即惋惜于其"业已二十年不出,乃为琼台利害所怵,不能自遂其志",归结为其人的未能"孤峰峭壁"其性情(第1081页)。这一方面士论之严苛不贷,在明代也有始有终。

寿则多辱。道德律未必总能敌"时间"的力量。黄宗羲自拟圹前望柱铭文,最能见其晚年心态:"不事王侯,持子陵之风节;诏钞著述,同虞喜之传文。"(《梨洲末命》,《黄宗羲全集》第一册第191页)严光(子陵)是"逸民"而非"遗民",这一区别即非同小可。至于以清帝"诏钞著述"自得,更像是非遗民所宜有。① 明清之际三大儒中黄宗羲最后死,但其人的上述态度又不能仅由"后死"来解释,更须以他的历史观、伦理观(君臣论)为注脚。至于李颙,则晚年虽不赴清主召见,仍遣子"诣行在陈情,以所著《四书反身录》、《二曲集》奏进"(《清史稿》卷四八〇)。"易代"也即由此而最终"完成"。陈垣感叹道:"噫!遗民易为,遗民而高寿则难为。"其例子就有"吴中蕃明亡后五十余年未卒,不能不与当事委蛇,几乎晚节不保,为天下笑"(《明季滇黔佛教考》卷五第254页;陈垣言此,态度正是"当时"的。可见"遗民话语"及其语境即到近代,也未全成过去)。即使没有上述人物在时间中的渐变,也无以阻止生命在时间中的流失。遗民现象系于特殊人群,也与此人群相始终。冒襄是遗民中"享大年以终"者。《碑传集》卷一二六《潜孝先生冒征君襄墓志铭》说:"盖自先生没,而东南故老之流风余韵于是乎歇绝矣。"王源《李孝悫先生传》也说李明性"年六十九而卒,孙征君门人王餘佑哭之曰:'忠孝遗老尽矣'"(《居业堂文集》卷四)。奈何!

时论及"遗民社会"内部的议论之苛,正应以上述情势为背景吧。舆论之为自我监察手段,一向被认为于"士"存亡攸关。"清议"之双

---

① 朱彝尊称颂黄氏"不忤俗以为高,不妄交以干祸",以为其"明哲""有不可及者"(《曝书亭集》卷四一第502页)。这似乎也证明了即令自处有别,遗民仍有"基本标准",有使其人成其为"遗民"的最后界限。

刃,一在监督朝政,另一即在清洁(士类)内部。遗民因其所处特殊情境,更将后一种功能发挥到极致。遗民在这一方面,也将"士"生存的一般条件强化了。苛论之下,也就难有免于疑论者。即以徐枋之苦节,朱用纯仍以其"微喜谐谑"为病,不惜谆谆告诫。① 呜呼!难乎其为"遗民"矣。难怪吴祖锡(佩远)《答俟斋书》中说:"抱志之士,遭值坎壈,最难知者肺肠,最可议者形迹。不逢直谅多闻仁人长者,谁为恤其隐而鉴其外,横被讥评者多矣。"(见罗振玉辑《徐俟斋先生年谱》)

当然,在上述问题上,舆论也仍非一律。陈确就一再表明他不欲仅以出处论是非,所谓"出未必尽非,而处未必尽是"(语见《陈确集》第290页)。他由"道—俗"二项对立,说处士居乡为"乡俗"淹没、丧失其文化存在的可能性,显示为不囿于通行的"节义论"之对士所面临问题的思考(参看同书《道俗论[上]》)。时论的关心惟在士人的"节"否,陈确却由"礼失"这一事实,忧虑士之失其为士,其思考也因此而及于深广。

纵然遗民都能节操无玷,"遗民社会"也仍在无可避免的消失之中。我在上文中已一再谈到遗民的孤独以致孤绝,他们的非藉强烈出常的姿态不足以提示其存在,自明其心事。而最终正是"时间",渲染了"遗民"作为现象的严酷性。

大限:遗民不世袭

遗民现象的"时间性"(亦一种有限性)还体现于"不世袭"。遗民于此看到了其"大限"。

宗法社会以"继志述事"作为为人子者的人生义务。王夫之就说过:"夫志者,执持而不迁之心也,生于此,死于此,身没而子孙之精气相承以不间。"(《读通鉴论》卷一三第484页)"志"本有助于对时空限

---

① 朱用纯《答徐昭法书》(罗振玉辑《徐俟斋先生年谱·附录》)曰:"以吾兄二十年大节苦行,敬身之道,当今之世,孰逾吾兄……窃观吾兄酬应人伦,微喜谐谑。谐谑虽无损于大节,要非君子之所宜为。何者?德盛不狎侮也。"被公认的遗民形象的"严肃性",自与宋明理学的理念有关。

围的超越，而指定了人选的"继"，又势所必至地将大历史大时空缩小，从而预伏了悲剧之源。鼓励了"世袭"的，应有明代士人的党社习气吧。有关复社之欲接东林"余绪"，以及"复社子弟"活动的记述，就令人见到了十足明人的方式与趣味。① 那一时序黄宗羲诗文的文字，几乎无不由"父子"立论；当时的黄宗羲，其身份首先是"其父（黄尊素）之子"。确信"志"之可"继"，是士的信念，用在这里，则不啻将政治品性认作了遗传属性。

"世袭"确也是明亡之际普遍的遗民期待，以至陈确这样对"节义"持通达见识、对时人之"出"有宽容态度者，对遗民子弟之出，也以为不可。他尤严于友人、"同志者"子弟之出，对于不能阻止其亡友祝渊仲子的出试，良用耿耿。② 顾炎武也说处此之时，"生子不能读书，宁为商贾百工技艺食力之流，而不可求仕。犹之生女不得嫁名门旧族，宁为卖菜佣妇，而不可为目挑心招，不择老少之伦"（《常熟陈君墓志铭》，《顾亭林诗文集》第 161 页）。甚至钱谦益也以陶渊明为话题，讨论"遗民子弟问题"，可见时人对此间动向的关注。钱氏释陶潜诗"虽有五男儿，不好纸与笔。天运苟如此，且进杯中物"，说"杜少陵之讥渊明，以谓'有子贤与愚，何其挂怀抱'，亦未知为渊明者。推渊明之志，惟恐其子之不得蓬发历齿，沉冥没世，故其诗以'责子'为词，盖喜之也，亦幸之也"（《吴封君七十序》，《牧斋有学集》第 947—948 页）。可以作为诠释古人而富当代趣味之一例。

贯彻遗民社会的道德律令，凭借的就有父对于子的权威。祝渊临

---

① 参看杜登春《社事本末》等。黄宗羲《顾玉书墓志铭》记"阉祸"遇难者"孤子"，于"讼冤阙下"之时，曾"叙其爵里年齿，为《同难录》。甲乙相传为兄弟，所以通知两父之志，不比同年生之萍梗相值也"（《黄宗羲全集》第十册第 419 页）。亦当时风气。

② 陈确主张内外有别，苟为遗民，非但自己必不可出，其子弟亦不可出试（理由是"子父一体"），对非遗民，却以为不必以遗民道德苛求。他说："盖士君子居今日，以我之心待世俗而谤其出试，必不可。以世俗之心待我子弟而趣其出试，亦不可。"陈确于此也表现出敏锐的人事洞察力，如说"父兄之倦于学也，而优游焉托于不试以明其高"，即属洞见情伪之言。参看其《使子弟出试议》，《陈确集》第 172—173 页。张履祥文集中，多有致晚辈书札，对亡友的后人尤谆谆劝戒，于此也可感东南遗民间的同志之感。

终遗命,曰:"凡我子孙冠婚丧祭,悉遵大明所定庶人之礼行之。不得读应举书,渔陶耕稼,听其所业,违者即以逆论。"(《临难归属》,《祝月隐先生遗集》卷四,适园丛书)①朱之瑜即身在日本,也不忘嘱其孙"虏官不可为",说:"既为虏官,虽眉宇英发气度娴雅,我亦不以为孙。"(《与诸孙男书》,《朱舜水集》卷四第46页)徐枋《诫子书》"告诫谆复",惟恐其子"不类"、"不肖",戒其子决非"可以隐可以无隐",而"断不可以不终隐"(《居易堂集》卷四)。屈大均述其父所嘱:"自今以后,汝其以田为书,日事耦耕,无所庸其弦诵也。吾为荷篠丈人,汝为丈人之二子……"(《先考澹足公阡表》,《翁山文外》卷七)而甲申那年,屈大均不过15岁。甚至以"死迟"而蒙讥评的魏学濂,临终"贻书付子",也"谆谆以'子孙非甲申以后生者,虽令读书,但期精通理义,不得仕宦'为言"(《明季北略》卷二二第611页)。陈确更不由分说:"吾惟吾正义之断,而奚听子弟?"(《使子弟出试议》,《陈确集》第173页)——遗民以其意志对于子弟的强加,也即一代人对另一代人命运的支配,不能不含有某种残忍意味。凡此种种,均令人可感遗民社会内部关系的紧张性。

然而道德律令于此也仍然敌不过时间及现实政治的力量。祝渊的遗命终不能阻止其子弟的"出"。《读通鉴论》记东晋张骏疏请北伐,录其言曰:"先老消落,后生不识,慕恋之心,日远日忘。"慨然道:"……悲哉其言之矣!"(卷一三第483页)事实之可惧,甚至不止于"后生"之"忘",即遗民本人,何尝能长保其"慕恋之心"!时间之移人有如此者。至于遗民子弟趋舍之不同,也往往有其不得不然的苦衷。收入《陈确集》的许令瑜书札,就说到"今日不幸处此世界,事业文章都无用处",既弃经生举业,"全副精神,忽尔委顿",子弟状态堪忧:"恐其颓堕委靡,溃败不可收拾。"(《陈确集》第71—72页)正如遗民本身,其子弟也不免承受诸种压力与诱惑。陈确曾说到祝渊之子"从父命不试",而其弟"则从母命出试"(《陈确集》第75页;事实是,其子也有出仕者)。至

---

① 祝渊同文中的下述说法较为明达:"余弟四人、余子四人贤否、成败,天实为之,非人之所能为也。昔先正临殁,子弟问以后事,但云'莫安排',此三字最妙,置后事勿道。"

于李颙不仕而其子应考,另有一番说辞:"仆之先世俱系庶人,仆安庶人之分,因无衣顶庇身,众侮群欺,生平受尽磨难。小儿鉴仆覆辙,勉冒衣顶,聊藉以庇身家,岁考之外,未尝应科考以图进取。"(《答友人》,《二曲集》卷一七)至于冒襄与其父同为遗民,而其子应试,宁都三魏的伯子(魏际瑞)"出应世务"、周旋当道,叔、季(魏禧、魏礼)保有遗民身份,均被作为士人的生存策略。一时大儒中,做类似安排的,不止李颙。全祖望记黄宗羲事:"徐公延公子百家参史局,又征鄞万处士斯同、万明经言同修,皆公门人也。公以书答徐公,戏之曰:'昔闻首阳山二老托孤于尚父,遂得三年食薇,颜色不坏。今吾遣子从公,可以置我矣。'"(《鲒埼亭集》卷一一《梨洲先生神道碑文》)朱彝尊、陈维崧都说过自愧其"出"的话[1]——如方氏的三代遗民(方孔炤、方以智及其三子)、如傅山的父子遗民且同志者,毕竟罕有。[2] 顾炎武也慨叹于"朋友之中,观其后嗣,象贤食旧,颇复难之"(《与杨雪臣》,《顾亭林诗文集》第 139 页)。

　　全祖望《题徐狷石传后》记徐介(狷石)、应㧑谦(潜斋)事,颇有意味:"狷石严事潜斋,其后潜斋亦畏狷石。尝一日过潜斋,问曰:'何匆匆也?'潜斋答曰:'主臣以儿子将就试耳。'狷石笑曰:'吾辈不能永锢其子弟以世袭遗民也,亦已明矣;然听之则可矣,又从而为之谋,则失矣。于是潜斋谢过,甚窘。"(《鲒埼亭集》外编卷三〇)这应当是关于"不世袭"的语义明确的表达。徐介所说"界限"尤其值得注意——以"听之"为"可";可见其时遗民后代之"出",已为时论所

---

① 朱彝尊《黄征君寿序》中说:"余之出,有愧于先生。"(《曝书亭集》卷四一第 502 页。按,黄征君即黄宗羲。)陈维崧致书黄宗羲,也说:"崧不肖,不能守父遗教,遂婴世网,其为先生所屏弃也固宜。"(见《黄宗羲全集》第十一册第 407 页)陈维崧为著名遗民陈定生之子,年逾五十始举鸿博,授检讨,与修《明史》。王源亦自说"不得已出而应世"(《与梅耦长书》,《居业堂文集》卷六)。

② 傅山父子,可作为时人所艳称的"父子遗民"的例子。如傅眉者,才堪称"继述",是其父的肖子。傅山《哭子诗》第四首:"元年戊辰降,十七丁甲申。苦楚四十年,矢死崇祯人。间关相老夫,书史挟黄尘。侮辱兼恫胁,杂遝无疏亲……"(《霜红龛集》卷一四第 379—380 页)彭士望、魏禧与梁份,则是遗民师弟的一例。《怀葛堂集》姜宸英《序》:"然梁子缘师志,退守穷约,年过四十不求仕。"

容忍。① 有此种见识的不止徐氏。同书卷五《明监察御史退山钱公墓石盖文》记钱肃图临终嘱其子语："故国故君之感，此吾辈所当没身而已者也，若汝辈则不容妄有逆天之念存于其中。"陆世仪对他人的应试，也持论宽和："……继闻吾兄为学校所迫，已出就试。此亦非大关系所在。诸生于君恩尚轻，无必不应试之理。使时势可已则已之，不然，或父兄之命，身家之累，则亦不妨委蛇其间……近吴中人有为诗歌，以六年观望笑近日应试者。予谓六年后应试，与六年前应试者，毕竟不同。盖臣之事君，犹人子之事其亲而已。主辱臣死，固为臣之大义，至于分谊不必死者，则不过等于执亲之丧；丧以三年，而为士者能六年不就试，是亦子贡筑室于场之志矣，而必欲非笑之，刺讥之，使之更不如六年前应试之人，则甚矣。"（《答徐次桓论应试书》，《论学酬答》卷三）比不应试于执亲丧，可谓独出心裁。至于陈确，对不得已的出试也有区分。其《试讼说》曰："士生乎今之世，或不得已而出试于有司，吾无恶焉耳。惟试而求必售，斯有不忍言者矣。"（《陈确集》第 251 页）又出于他略形迹而推究其心的一贯态度。

遗民不"世袭"，前人已然。《读通鉴论》就记了杨盛"于晋之亡不改义熙年号"，"临卒，谓其世子玄曰：'吾老矣，当终为晋臣，汝善事宋'"（卷一五第 554 页）。同书还说"嵇叔夜不能取必于子，文信国不能喻志于弟"（卷一四第 542 页），说张骏"不能世其忠贞"（同卷第 519 页）②，遗民的无奈情见乎辞。倒是近人钱穆对上述徐介语颇不谓然，以为"自今论之，则听之与为之谋，亦几于五十步与百步也"（《中国近三百年学术史》第二章第 72 页）。

对于遗民子弟之出仕者，时论尚不止于"容忍"，更有艳称之者。

---

① 也有并非迫于时势的主动选择。魏禧《熊见可七十有一序》（《魏叔子文集》卷一一）记其劝熊见可之子熊颐"为有用之学，毋徒以洁身为自足。颐深然之，未几而贬服逊言以游于世"（以下说"颐比年志在四方，颇能得投间抵隙之用"）。

② 《读通鉴论》曰："君子之泽五世而斩，小人之泽五世而斩，或且不及五世而无余，君子深悲其后也。"又假设道，晋人倘能"俟之隋兴，而以清白子孙为禹甸之士民，岂遽不可？然而终不及待也"（卷一四第 519 页）。论及遗民的"世袭"问题，也持论激烈，以"终吾身而已，子孙固当去事他人以希荣利"为"双收名利以为垄断"（卷一五第 554 页）。

钱谦益撰柯元芳墓志铭,记其子仕清为枣阳令,"君喜曰:'自今可以舒眉坦腹,长为逸民矣'"(《柯元芳墓志铭》,《牧斋有学集》第 1108 页)。戴名世说:"自明之亡,东南旧臣多义不仕宦,而其家子弟仍习举业取科第,多不以为非。"(《朱铭德传》,《戴名世集》卷七第 209 页)一时世俗心理的好尚可知。①

　　面对此情此景,遗民中的敏感者,难免于尴尬与悲凉吧。没有"后代"即没有"将来"。遗民终是"孑遗"之民。钱穆由遗民的世袭问题论及遗民现象的时间性,对遗民的时间恐惧似感同身受:"弃身草野,不登宦列,惟先朝遗老之及身而止。其历世不屈者则殊少。既已国亡政夺,光复无机,潜移默运,虽以诸老之抵死支撑,而其亲党子姓,终不免折而屈膝奴颜于异族之前。此亦情势之至可悲而可畏者。"(《中国近三百年学术史》第二章第 71—72 页)

第二节　故国与新朝之间

　　上文已经说到,遗民的自我认同,是赖有时空假定的。钱谦益记徐氏:"南渡日,弘光改元,岁时家祭,称崇祯年如故。嗟乎! 称弘光犹不忍,况忍改王氏腊耶?"(《书南城徐府君行实后》,《牧斋有学集》卷四九第 1604 页)屈大均有类似记述:黄见泰曾仕隆武朝,明亡,"家设襄皇帝位,朔望朝拜,以木版为笏,跪读表文,声琅琅彻于户外,人皆怪之。

---

① 黄宗羲《宪副郑平子先生七十寿序》记郑氏"阂其声光",其子"三入长安",亦应是当时常见情景(《黄宗羲全集》第十册)。吴伟业《封中宪大夫按察司副使秦公神道碑铭》、《工部都水司主事兵科给事中天愚谢公墓志铭》等,所记"父处子出"者(《吴梅村全集》卷四二、卷四五),其父子往往为时人称羡,乡里以之为荣。父处子出,也系于门户、生计。其《宋辕生诗序》说宋氏得以优游的条件:"辕生昆季皆仕于朝,子弟以诗文为四方所推重,故得以其身优游啸傲……"(同书卷二九第 686 页)魏禧《先伯兄墓志铭》记其兄魏际瑞:"甲申国变,丙丁间,禧、礼并谢诸生。兄踌躇久之,拊心叹曰:'吾为长子,祖宗祠墓、父母尸饔,将谁责乎?'乃慨然贬服以出。……禧等奉父母居翠微山。"(《魏叔子文集》卷一七)由此文可知,魏际瑞曾"以贡士试北雍",交"满汉诸贵人","以才名为当路所推重,督抚大帅皆礼下之","自是诸隐君子暨族戚倚伯为安危者三十余年":不出者赖出者而得保全。"不仕"以"仕"为条件,"逸"、"遗"赖"不遗"为保障——也有某种讽刺意味。

县役持檄催租,见泰大署纸尾曰:大明无寸土,博士安有田"(《高士传》,《翁山文钞》卷四)。你不能不惊叹于其人坚持原有角色的顽强,其自我界定时的想象力。

然而自设情境,毕竟使得生存虚幻。遗民无以逃避时世已换的事实。

至于遗民与新朝的关系,当道的羁縻,只是一个方面。遗民对新朝政治的某种参与,无宁说是士的传统、儒者传统预先决定了的。

较之上文写到的自锢极坚的少数遗民,"遗"而"不忘世",是更普遍的生存态度。这里的逻辑就有了相当的复杂性:其人并不自居于当世之外;他们所拒绝的,只是"朝廷"。"遗"无宁说是对一种"民间身份"的确认。士有关其"职志"的意识,无疑有助于遗民在另一朝代的政治格局中,找到其位置。而有明一代民间政治的活跃(党社、讲学、清议、诸生干政等),也可用以解释士于明亡之际及易代后的积极姿态。不欲放弃儒者使命承当,坚持其所认为的士的职志者,其于鼎革后继续关心民生利病,以兴利除弊为己任,是顺理成章的事。顾炎武就明白地说:"百姓之病,亦儒者所难忘。"(《与友人书》,《顾亭林诗文集》第190页)不妨认为,如顾炎武的《利病书》、黄宗羲的《待访录》,虽声称"待后王",未必不期其有益于当世。至于为善乡里,见诸遗民传状,比比皆是。《碑传集补》卷三六《许青岩先生传》记许氏"尤厚为德于乡间,遇斗争及冢宅构衅者,不难片言立解,忠信明决,为人素所折服"。《清史稿》卷四八〇陈瑚传,称瑚有经世才而言不见用,"明亡,绝意仕进,避地崑山之蔚村。田沮洳,瑚导乡人筑岸御水,用兵家束伍法,不日而成"。实则陈氏所为尚不止于此。其所撰陆世仪行状(《尊道先生陆君行状》)记毛如石之官,"以君(按,即陆氏)行,比至,则明政刑,正风俗,锄奸宄,君相助之力居多。予时亦在楚中,为登善校士……"(《桴亭先生遗书》,见下页注①)。黄宗羲记查遗(逸远),也说其"以经济自期许,故凡天下之事,他人数百言不能了者,逸远数言,其利病纤悉毕见。虽郁郁无所施为,而沟渠保甲社仓诸法,讲求通变,未尝不行之一方也"(《查逸远墓志铭》,《黄宗羲全集》第十册第367页)。对于民瘼不能度外置之,无宁说正是儒者本色。金堡(澹归)《李灌溪侍御碧幢集序》，对此的表达，有其一贯的直率，其曰："先生每闻官邪政浊，闾阎疾苦，诗书崩坏，仰屋而叹，对案忘餐，虽老弥笃。或谓此既易代，何与吾事。夫新故即移，天地犹吾天地，民犹吾民，物犹吾物，宁有睹其颠沛，漠然无动，复为之喜形于色者耶？予故推先生为一世真儒。"（《遍行堂集》卷四）

当着以其经世之才用于地方事务时，遗民自难以回避或也无意于回避与当道的交涉——当然是以"民间身份"进行的。陈确就不但关心民生利病，还为"穷黎"请命而一再投揭当事（其《投太府刘公揭》、《投当事揭》等，均见《陈确集》），甚至欲借当道推行其"族葬"法。张履祥也不欲克制其对现实政治的关切。其撰于甲申后的《书改田碑后》（《杨园先生全集》卷二○），追论明代湖州归安税额之不均，也无非出于对"民之病"的关切。魏礼以为藉当事之力纾民困，无妨于"处隐约"，曰"田畴亦藉魏师去其所居乡之害"（《李檀河八十序》，《魏季子文集》卷七）。此例他一再引用。其《与李邑侯书》建议当道除"田贼"，即曰"昔田子春隐居徐无山，以乌桓之扰，藉魏兵除乡里患害"；在他看来，"义当挺身为万民请命，方为不负所学"（同书卷八）。凡此，也应基于易堂那一种"经世之学"所规定的与当世、与现实政治的关系。"民间身份"的说法，对某些著名遗民，已显得笼统。当陆世仪参与地方政事时，其身份即近于幕宾。① 至于颂扬地方官员的德政，更不难见

---

① 陈瑚所撰陆氏《行状》，曰陆氏"寓诗曰：'廿年学道共艰辛，一夕风尘尽隐沦。何意鹅湖登座客，半为莲幕捉刀人。'盖伤之也"。同文曰："辛亥冬，大中丞巡抚马公闻君贤，聘为公子师，间谘以江南利病，君知无不言。公爱君甚，礼貌极隆，而不意未及一月，一病不可起矣。"说陆氏"乍遇知己，稍稍一吐其胸中之奇，不宜死而忽死"。陆氏之子所撰陆氏《行实》述其与当道关系，更详于《行状》，如曰"吴困赋役，府君作《浮粮考》上之，得蠲荒税、缓预征。又作《漕兑揭》、《漕粮议》。吴淞娄江久塞，大中丞马公条议疏浚，题捐帑金十四万，檄府君佐于公董其事，府君实左右之。既成，作《淘河议》、《决排说》、《建闸议》。秋九月，马公祜具书币聘府君为公子师。入幕后，痛陈江南一切利弊"。当道对陆氏则有"五世真儒"、"理学名家"等旌表。其卒，"大中丞、方伯暨州守，四方会吊之士，赴车填巷"。"大江南北古渐东西，执经门下者几数百人，而通籍与年长于府君者，十居二三焉。"（转下页）

之于遗民文字。孙奇逢就曾以为小民代言的姿态撰《去思碑》①。以"民意"的名义对地方官员的任免实施干预，也属传统手段。

一些遗民尤不欲讳言地方官员的兴学、推行教化之功，如屈大均《惠州府儒学先师庙碑》(《翁山文钞》卷三)所谓"兴起斯文之功"，以"倡明正学"、"明学术正人心"期之执掌学政的官员，非但不否认权力机构的教化功能，而且不放弃以私人方式(与当道的个人交往)间接影响当代政教的机会——其意识到"民间身份"的局限，是不言而喻的。这里也有遗民与当世关系的复杂性。李颙就以振兴"关学"期之当道，说："安得当事者心同台鼎之心，朴椷作人，砥柱波流，于人心剥复之交，使后火前薪，似续一线，不至当今日而落寞，其大有造于关中为何如耶!"(《答张提台》，《二曲集》卷一七)于此，儒者的学派立场，也成为对上述态度的支持。

孙奇逢、李颙处清初之世讲学布道不避当道，固属所谓"有教无类"，其间也有经由讲学影响当代政治的自觉。李氏甚至不拒绝对满人将领施教(参看《二曲集》卷四五《历年纪略》)②，这种姿态应不违背他的基本目标与信念。他的《司牧宝鉴》(《二曲集》卷二八)即一套规诲、训戒当道者的教材。孙奇逢的不避交接当道，亦"以民彝为念"，他对请益者说的是："匹夫为善，康济一身;公卿为善，康济一世。某力不能及民，愿公减一份害，民受一份之利。"(参看魏裔介《夏峰先生本传》)同属"以斯道自任"，所体认的使命也因人而异。如孙、李，显然将

<hr>

(接上页)陈瑚《行状》也有毛如石为陆世仪捐俸刊《思辨录》的记述(《行状》、《行实》均载《桴亭先生遗书》)。凡此，则为《小腆纪传》等所不载。陆世仪一生未仕，却也如孙奇逢，其参与政治，易代前后有其一贯(其《避地三策》、《常平权法》、《救荒五议》等作于明末)。

① 《钱牧斋尺牍》卷上《与吴梅村》第二札曰："容城孙征君钟元……顷有书来，盛称敝邑新令君，北方婘修人士，掌教容城，彬彬有邹鲁风……钟元所撰《去思碑》附致一通……"冯其庸、叶君远《吴梅村年谱》系此于顺治十七年。《吴梅村年谱》，江苏古籍出版社，1990。

② 孙奇逢门下亦有当道问学。《孙夏峰先生年谱》卷下康熙十二年，"逸庵由翰林出为大名道，有惠政，是年介汤斌受学。先生曰:'君曾秉宪大名，余父母邦也，曷可以公祖而在弟子列!'逸庵执礼愈坚，每辰起，随门人侍坐、请益不稍辍"。

"传道"作为须优先考虑的目标。以道为公,与天下共之——确也是儒者面目。

陆世仪的思路更有出常者。他以为倘教官不为"官",则易代之后,胜国之遗黎故老可任之:"学校之职,'臣'也,而实'师'也。若能如前不用品级之说,则全乎'师'而非'臣'。昔武王访道于箕子,而箕子为之陈《洪范》。盖道乃天下后世公共之物,不以兴废存亡而有异也。聘遗黎故老为学校之师,于新朝有益,而于故老无损,庶几道法可常行于天地之间,而改革之际不至贤人尽归放废矣。"他甚至认为教官一职先朝大臣也不妨为之(《思辨录辑要》卷二〇)。陆氏是由"贤才"的为世所用,与"圣道"的发扬光大出发的,仍然是志在经世的儒者思路。[1]

不妨承认,遗民的上述姿态背后,有对如下事实的确认,即"明"确已亡。不在"明—清"而在"朝廷—民间"中做位置选择,使上述遗民的"遗",有了与"遗世"者不同的意义;至于他们的不仕,则更出于对"故明"的情感态度,如报所谓"养士之恩"。遗民中一些人的坦然于子孙的仕"新朝",也因"明"确已亡,而"报恩"不妨及身而止。

至于推行礼教以化民,本是儒者的传统职任;用了顾炎武的说法,这也是虽国亡而犹能使"天下"不亡的大事业。"礼"之为"教",在宗法社会,主要是经由"家族政治"实现的。不见用于世,而以"化民"为事业——本有前贤为楷式。明儒吕柟(泾野)就说过"若见用,则百姓受些福;假使不用,与乡党朋友论些学术,化得几人,都是事业,正所谓畅于四肢,发于事业也,何必有官作,然后有事业"(《明儒学案》卷八第153页)。至于从事于宗族,则儒家政治中,齐家与治国不止相关,后者正以前者为根基。遗民传状中就不乏从事这类"政治"且收"儒效"的例子。《碑传集》卷一二五《新乡郭公士标墓志铭》称道其人"厚于宗族,建祖祠墓侧,岁时祭埽,大会族人,习礼其中,置祭田以供缮祀,有余则以供族人嫁娶丧葬费。立家会,集族之能文者月一课之,又择其优

---

① 同卷说:"若如前说,学校师当议为定制,受聘不受爵,受养不受禄,居于其国,自县官及缙绅以下,皆执弟子礼,见藩臬尊官不行拜跪,其往来用书策不用文移,则胜国之遗黎故老,皆可以受之而无愧矣。"

者,令分教族之子弟,缙绅家传以为法"。尊祖、敬宗、收族,示范于乡里,从来是为儒者所注重的政治实践。顾炎武的《华阴王氏宗祠记》、《杨氏祠堂记》(见《顾亭林诗文集》)等文,均论及"人伦"、"风俗"、"政事"、"国家"的关系,由此说"儒者之效",说"教化之权",等等。在《杨氏祠堂记》中顾氏曰:"若夫为盛于衰,治众于寡,孑然一身之日,而有万人百世之规,非大心之君子莫克为之矣。"(《顾亭林诗文集》第107页)在有此见识、信念的顾炎武,岂但"尚有可为"而已!他本人就曾在关中"略仿横渠蓝田之意,以礼为教"(《与毛锦衔》,同书第141页)①——确也是儒者的"践履"。

上述遗民并不自处于"现实政治"之外,当然更不自以为在"当世"之外。这一种"政治现实主义",也属于儒者性格。黄宗羲论臣道,说"仕"之义在"为天下"、"为万民",非为"一姓"(《明夷待访录·原臣》,《黄宗羲全集》第一册第4页);"遗"之义何尝不如是!在顾炎武、孙奇逢,其行为及其道德自信,依据于明彻的理性。儒家"民本"思想,儒者传统的现世关切、"民胞物与"的仁者情怀,与学者式的究极根本,对于造成"遗民境界"的作用,由顾炎武那里尤其可以见出。当然,"儒者境界"从来有千差万别。

遗民现象的时间性,固然也由新朝当道蓄意造成,但当道者也有其态度不便归入"羁縻"与"迫害"二者的。如关中的李颙与江右的易堂诸子均备极称颂的骆钟麟,如不但为李颙、也为傅山所敬重的郭云中(九芝)(参看《霜红龛集》卷一八《题四以碣后》)。遗民则固然有"苦节"、严于取与、不惜穷饿而死者,也有接受当道的馈赠者。魏裔介《夏峰先生本传》记孙奇逢"因田庐充采地,移家于卫。……水部郎马光裕赠夏峰田庐,辟兼山堂,读《易》其中,率子若孙躬耕自给,门人日进"。骆钟麟之于李颙,更优礼备至,曾"为之捐俸构屋,俾蔽风雨;时继粟

---

① 顾炎武还说:"近至关中,谓此地宋之横渠、蓝田诸先生以礼为教,今之讲学者甚多,而平居雅言无及之者。值此人心陷溺之秋,苟不以礼,其何以拨乱而返之正乎?"(《答汪苕文》,《顾亭林诗文集》第195页。按,横渠,张载;蓝田,吕大临等)"盖戡除虽藉乎干戈,而根本必先于礼乐。"(《复周制府书》,同书第208页)

肉,以资侍养";其"俸满将升,念去后无以赡给,为置地十亩,聊资耕作"。其时的富平令郭云中、督学许孙荃等,对李氏也有资助,以至"廪人继粟,庖人继肉,相望于路"(参看《二曲集》卷四五《历年纪略》)。①

活在清世,语言方式的改换只是时间问题。陆世仪《赠蛟水吴公去思序》曰娄县"自明末困征输,俗始凋敝。国朝起而拯之,择良吏抚循兹土,民蒸蒸有起色矣"(《桴亭先生遗书》卷四)。张尔岐颂扬地方官的与民休息,甚至说:"乙酉去今几何时,阅视田畴,孰与昔治? 畜牧孰与昔多? 屋垣孰与昔理? ……"(《送邑侯杜明府还里序》,《蒿庵集》卷二第89—90页)"入清"不止系于身份,更是"状态"。这一时期李颙文字中,诸如"天颜"、"宸聪"、"皇仁"等字样,随处可见。"国家龙兴辽左"一类说法见诸遗民文字,也应属习焉不以为异者(如冒襄《狼山镇诸公德政序》,《巢民文集》卷二)。金堡《单质生诗序》(《遍行堂集》卷四)以明太祖提倡忠义为例,告诫当道,一派为新主献议的口吻,所说"君臣大义,二主之所共,深切著明,无所益于胜国之亡,而能为新朝资观感"云云,似已不自居"胜国"之遗民。黄宗羲的晚年之作,称当世为"兴王之世",自述其与"同学之士""共起讲堂""以赞右文之治",其他如"今天子"、"圣天子",以至"王师"、"岛贼"等等,也全然清人口吻。② 将黄氏此类表述置诸时人文字间,可知其正在当时语境中;那些字样无非标识着"汉族士大夫"与"清"这一政治实体、与"清世"这一"现实"的关系的演化过程。任何一种设定,都无法阻止话语如空

---

① 骆、郭之死,李氏均为位以祭,服缌三月。《历年纪略》:康熙二十年辛酉"二月闻郭公凶问,为位率家人哭祭,服缌三月,为之表墓。四月为报德龛,奉骆公、郭公暨鹿洲张公之主于中,令节则率家人虔祭"。魏禧《孙容也七十叙》说骆钟麟,曰"予甚贤骆公"(《魏叔子文集》卷一一)。

② 至于如李颙建议学宪,曰:"今诚乘诏求遗书,特疏上闻,请照康熙十二年颁赐《大学衍义》于各省大臣例,以《实政录》通饬天下督抚藩臬道府州县各衙门,俾各仿此修职业、勤政务,以图实效",以为苟如此,则"处处有快心之美政,则处处蒙至治之厚泽,三五熙皞,不难再见于今日矣"(《答许学宪》,《二曲集》卷一七。按,《实政录》,吕柟撰),口吻已大不类遗民。而金堡《单质生诗序》所说"英主有大略,无务以胜国之节士为新朝之顽民,使君臣大义深切著明……无所益于胜国之亡,而能为新朝资观感"云云,直如向时主献议(《遍行堂集》卷四)。

气般的弥漫，无法阻止语词的共用。"共用"中即有对共处时空的承认。当然你也不难推想，到李颙、黄宗羲写上述文字之时，"遗民社会"的舆论环境，已有了相当大的变化——时间之于遗民的严重性，于此不也得一证明？

黄宗羲、孙奇逢、李颙，均为以遗民而名满天下且死备哀荣者。就中孙奇逢、李颙作为一代大儒的影响力，部分地正出于有清当道的制作。《二曲集》卷二三《襄城记异》、卷二四《义林》，尤可作为易代之际当道与遗民共同进行传奇制作之一例。① 与黄宗羲的得意于"诏钞著述"同具讽刺意味的，是康熙亲题匾额的悬之李颙家中厅。② 至此，借诸李氏的"宣传教育（教化）运动"达到高潮，对李氏的褒奖也无以复加。惜李氏当此际的真实感受，已不能由存留下来的文字中得知。其时对当道的褒奖感激涕零者，大有人在。阎若璩之外，如金人瑞《春感八首》序："顺治庚子正月，邵子兰雪从都门归，口述皇上见某批才子书，谕词臣：'此是古文高手，莫以时文眼看他'等语，家兄长文具为某道，某感而泪下，因北向叩头敬赋。"

由此回头看遗民的自外于清世，土室蜗居、"每饭不忘故国"者，倒像是一意将自己作成简单的象征。践"大清"之土，食"大清"之粟，黄氏拒绝将"象征"等同于"事实"。他是宁可正视"遗民"的"有限性"的（参看第五章第二节黄氏论夷、齐）。这也可以理解为如黄宗羲这样清醒的学者无可避免的选择。归庄自我解嘲，说："余今客淮阴，固非吾

---

① 据卷四五《历年纪略》，一时按察司、布政司官员，督学、巡抚、提学等，对李氏表章备至。"巡抚张（讳自德）檄督学表其庐曰'熙代学宗'。"顺治十八年辛丑"提学王（讳成功）……表其门曰'躬行君子'。是后当道表章者甚众，或曰'理学渊源'，或曰'一代龙门'，或曰'躬超萃类'"。甚至表章其母，"以'芳追孟母'表闾"——可以解释李氏易代之际的盛名。李颙的传奇化，无宁看做官方民间共同进行的颇具"群众性"的教育运动。当道以表章李氏及其父母为教化手段，李氏并未拒绝在此题目上的合作；亦遗民与当世关系之一例。

② 《二曲集》卷四六《潜确录》(门人录)记康熙四十二年西巡欲召见李氏始末，及有关文字，录康熙与李氏之子李慎言问答，及大臣奉旨阅《反身录》、《二曲集》评语。"……今上知先生抱恙，遂有'高年有疾，不必相强'温旨，随赐书'操志高洁'匾额及御制诗章，并索先生著述。"

土也;即归吴中我所生长之乡,犹非吾土也。骆宾王有云:'观今日之域中,是谁家之天下?'既身沦左衽之邦,不能自拔,不得已,就其所居之处,指为己之斋,亦犹平叔所谓何氏之庐也。""客曰:'子之言似矣。顾前哲之训曰:'素夷狄,行乎夷狄。'孔子欲居九夷,曰:'君子居之,何陋之有!'画地之说,得无少隘,殆非本旨也!'"(《己斋记》,《归庄集》卷六第352页)由此也令人窥见了遗民为自己在"清世"的生存提供论证的艰苦过程。即使仅仅由遗民中特选的人物,你也可以看出,正是在"遗民"身份赖以成立的"处清世"上,在对待"清"这一政治、历史现实上,"遗民社会"内部并非一律。我们还没有说到这里的"遗"、"逸"之别,即拒绝"清"之为"夷",与拒绝清代的官方政治。"遗民社会"构成之复杂,是笼统的描述所难以尽之的。

上文已经说到,遗民行为往往因时间推移而前后有别,易堂诸子由山居避世,到出游四方寻访豪杰(且不避与当道的交接),即一显例。即使持守特严者,也不免于因时的变化。严格意义上的"遗世",从来只见于隐逸族中最称"彻底"的一类。至于"遗民现象"的效应,更非遗民的时空假定所能限定。且不必说清代朝廷以及士人对明代"忠义"、遗民的褒扬——"清世"不但是遗民故事得以敷演的舞台,也是遗民行为发生作用的具体时空。遗民现象的"当代性",在学术的承启中有更显明的呈现。顾炎武的被奉为"清学开山",应是顾氏本人始料未及的吧。正是"清世",提供了遗民的"明代学术批判"、"明代文学史梳理"的语境,提供了"遗民学术"与"遗民诗文制作"所赖以进行的环境、情境(由此又不难想到遗民中主动"失语"者用心之苦,他们所以放弃言语的缘由)。"遗民"角色固然出于自主的选择,遗民却无从选择或拒绝其被"历史"安排的位置。而其时及后世遗民传状的叙事惯例,往往将真实的"关系"掩盖了。

还不妨承认,即使有清初江南的"哭庙"、"科场"、"奏销"诸案及文字狱,也仍不便以明遗民所历之境为特殊。即如遗民著述之有"违碍"者虽屡遭禁毁,而有关明遗的文献仍有可观。顾炎武说王玘所著《信书》,即曰"此固宋之遗臣所隐晦而不敢笔之书者也"(《歙王君墓志铭》,《顾亭林诗文集》第117页)。清初的杀戮士人,就其残酷性而言,也未必较明初为甚。清初当道对知名人士,虽羁縻不遗余力,如顾炎武者尚能"徜徉自遂"(《顾亭林诗文集》第187页)。这也是为时所重的大学者,才能有的一份潇洒),而明初拒仕新朝者,其处境似更其严酷。①

实则明遗较之前代遗民,有幸有不幸。有清一代对文字的禁毁,虽可比之于"暴秦",而清代士人整理遗民文献的工程之浩大,也像是并无先例。这当然也因了明遗民拥有的力量,其著述之丰,遗民"存史"的意志之顽强。经由辑佚"修复"历史、复完形象,清中叶即在进行。到清末,更有遗民文字的大规模搜集整理,甚至如黄宗羲、顾炎武文字中因涉时忌而删于生前的,也无不被搜寻刊刻,"盖黄、顾二老,为国朝儒林之冠,虽寸墨片楮,皆当宝贵,为之流传"(萧穆《南雷馀集跋》,《黄宗羲全集》第十一册第458页),也未必是黄、顾等人逆料所及的。

至于遗民与"故明"的联系,无宁说是极其复杂的问题,仅由忠义、遗民的传状,是不能得其实更不能得其深的,似乎还须向遗民的明代政治、历史批判中寻绎。梁份以鲁仲连自期,说秦、赵相争,"譬之邑令,一旧一新,贪均也。与民习而欲既厌者,其旧也。夫既无廉者,则孰与旧令之犹贤也? 天下人不知此,而仲连知之。其欲解纷排难,为天下非为赵也"(《怀葛堂集》卷一《与李中孚书》)。其逻辑像是大可玩味。遗民对"故国"的情感,本因家世身世而有不同;如上文已提到过的熊开元。黄宗羲对故明政治的严厉的批评态度,也应与其个人背景有关。"历史"常有极其诡谲的安排。启、祯年间的党争,直演到南明小朝廷,而当阮大铖欲兴大狱一网打尽政敌之际,某些复社人士竟赖"北兵"之

---

① 《明史》卷九三刑法志一:洪武十八年,为《大诰》,"其目十条:……曰寰中士夫不为君用。其罪至抄札"。卷九四刑法志二:"凡三《诰》所列凌迟、枭示、种诛者,无虑千百,弃市以下万数。贵溪儒士夏伯启叔侄断指不仕,苏州人才姚润、王谟被征不至,皆诛而籍其家。'寰中士夫不为君用'之科所由设也。"卷一三八严德珉传,记严"以疾求归。帝怒,黥其面,谪戍南丹"。卷一三九录叶伯巨疏,中有"古之为士者,以登仕为荣,以罢职为辱。今之为士者,以溷迹无闻为福,以受玷不录为幸"等语。叶氏死于狱。万斯同《读洪武实录》(《石园文集》卷五)说太祖"杀戮之惨",曰:"迨不为君用之法行,而士子畏仕途甚于穽坎,盖自暴秦以后所绝无而仅有者。此非人之所敢谤,亦非人之所能掩也。"

南下而获保全①,岂不就是令人啼笑皆非的?

遗民现象在时间中的消逝,自然也由后人的"遗忘"而助成,对此,遗民与表彰遗民者同样莫可如何。全祖望在《亭林先生神道表》中说"读先生之书者虽多,而能言其大节者已罕"(《鲒埼亭集》卷一二)。此时距顾氏之死并不远。全氏另在《端孝李先生窆石铭》中慨叹道:"呜呼!孝子之孝,不特吾里中人知之,而大吏亦知之,天子亦知之者也。而岂知孝子之不止于孝者,则固无一人知之者耶!"(同书卷二一)在"大吏"以至"天子",属有意遗忘;小民的"忘",则是忘当道所"忘"。遗民以学术传,以文传,以孝传,却未必能以"节"传,即未必以"遗民"传:这也应当是刺激了全氏于乾隆年间传状明遗民的事实。"忠义事迹"先就湮没,也属"遗民命运"。由此看来,遗民的"时间恐惧"岂非大有远见在!

遗民的"遗民史述"作为记忆工程,是与上述"忘"的自觉对抗。遗民作为"故国"所"遗",因"国"之故而成"故";遗民又以"存史"(包括遗民史)为"存明"。甚至不止于"存明"。顾炎武序时人所撰《广宋遗民录》,说其书"存人类于天下",自说"将以训后之人,冀人道之犹未绝"(《广宋遗民录序》,《顾亭林诗文集》第34页)。而相当一些遗民确也终以文传,以学术传——"文字"的功用,正如遗民致力于著述者之所期。全氏在《中条陆先生墓表》中说:"呜呼!先生之志节至今日而始白。然而论先生者不但当以其诗,而先生之所以至今日而得白者,亦终赖其诗。"(《鲒埼亭集》卷一四)亦一种遗民命运的悖论。至于明遗民反清文献的为清末志士所援据,更令人有"轮回"之感。这也是明遗民命运的一部分。说遗民凭借文字而活在时间中,不如说其活在后人的读解中。"遗民"出诸选择,遗民又要经受选择。价值论是因时而

① 其时的有关记述也颇耐人寻味。《静志居诗话》曰:"假令王师下江南少缓,则'复社'诸君,难乎免于白马之祸矣。"(卷二一《孙淳》第650页)虽不便据此认为其人幸明之亡,却可以作为对弘光朝覆亡的一种反应。同书记雷缜祚:"金事遗命家人勿葬,仿伍子胥抉目遗意,置棺雨花台,未浃月,而留都不守矣。"(卷一九《周镳》第572页)杜登春《社事本末》亦曰"社稷用倾,门户之忧,亦从此烟消木脱矣"(《陈子龙年谱》附录,见《陈子龙诗集》第736页)。

变动的,仅仅文字毕竟不足以"传"遗民:于此又令人窥见了人与时间的一般关系。

在结束这一章节的时候,不妨将遗民自我界定所凭借的时空假定,视为遗民对抗其意识到了的"时间威胁"的策略;遗民的"孤独"也要透过时间方能说明。遗民在时间中磨蚀,同时经由时间保存,遗民在时间的不断塑造中:这又是不惟遗民才有的命运——我们总在对遗民现象的追究中,遭遇更大的主题,"士"的以至"人"的主题。遗民以其特殊,将"普遍"演示了。

第八章 关于遗民学术

"遗民学术"之为名目就不无可议："学术"乃天下之公器；如"遗民学术"一类提法，其眼界尺度不能不狭。然而学术毕竟为人所从事。"学术"固不必属"遗民"，却不可能避免"遗民性"的渗透。遗民处特殊时世，系特殊族类，其加之于学术的印记，本不难辨识。考虑到明遗民学术贡献之大及所涉领域之广，评论"遗民学术"已在我的能力之外，我只能就其时"遗民"与"学术"的关系，提供某些线索而已。我在下文中所讨论的"遗民学术"，是强调其从事者的特殊赋予的学术，为此，不能不更关心遗民从事学术的特殊条件，其方式，其注入学术的"遗民性格"。上文已谈到了遗民的文化创造。应当说，明清之际"遗民文化"的价值，更是由遗民学术标志的。

第一节 综 论

学术—遗民情境

我注意到遗民学人为学的条件，他们从事学术的环境、心境。即使不能说他们的学术都为其处境所浸润，他们的某些取向、方式，却的确要由此获得解释。

"遗民学术"的遗民性，最显而易见者，是其人作为遗民的著述动机。如顾炎武的"有王者起"、"待后王"，以及黄宗羲的"待访"。王夫之《黄书·后序》也将"陆沈"之际政治批评的意义期待表述得很明白，即其所谓的"言之当时，世莫我知。聊恲瘝而陈之，且亦以劝进于来兹也"云云（《船山全书》第十二册第 539 页）。在清代，作为明遗民"动机"的那一段心事,想必不难为人所知。全祖望传状万斯同,比万氏于元好问,以为万斯同以任故国之史事报故国,较之元好问其意相同,而所以洁其身者则非元氏所及(参看《万贞文先生传》,《鲒埼亭集》卷二八)。这"报故国"的说法,可证之以万氏本人的自白。刘坊《万季野先生行状》(收入《石园文集》)记万氏自说其"所以濡忍于此"(指以布衣参明史局),曰:"昔吾先世四代死王事,今此非王事乎?祖不难以身殉,为其曾玄,乃不能尽心网罗以备残略,死尚可以见吾先人地下乎?"其参明史局以"布衣",不署衔,不受俸,亦属"行权",在时人眼里,非但无伤于万氏之为"遗民",倒因此一"濡忍"而别有了一种悲壮意味。《清史稿》卷五〇一传谈迁,说其为"明末遗逸,守志不屈,身虽隐而心不死,至事不可为,发愤著书,欲托空文以见志,如迁者,其忧愤岂有已耶"?

"遗民动机"确也更见诸"遗民史学"。如黄宗羲所说,"当是时,人士身经丧乱,多欲追叙缘因,以显来世"(《谈孺木墓表》,《黄宗羲全集》第十册第 261 页)。屈大均《东莞诗集序》曰:"士君子生当乱世,有志纂修,当先纪亡而后纪存。不能以春秋纪之,当以诗纪之……"(《翁山文钞》卷一)以"存史"为"存故国",又以上述"存"为个人的生存依据,史述当此际其意义不能不重大。龚自珍阐说其所谓"宾宾",以为"生乎本朝,仕乎本朝,上天有不专为其本朝而生是人者在也",更以为"孔子述《六经》,则本之史。史也,献也,逸民也,皆于周为宾也,异名而同实者也"。钱穆以为其说"奇思奥旨,别开天地,前人所未敢知"(《中国近三百年学术史》第十一章第 545 页)。尽管志在以"存史""存明"的非止遗民,此种史事确也一向更被视为遗民事业。当道对此也很了然,清初史狱所欲打击的,正是上述遗民意志。

"动机"之于遗民学术,由其山川地理之学尤易于读出。① 明人好

---

① 《广阳杂记》卷二:"梁质人留心边事已久。辽人王定山,讳燕赞,为河西靖逆侯张勇中军,与质老相与甚深,质人因之遍历河西地。河西番夷杂沓,靖逆以足病,诸事皆中军主之,故得悉其山川险要部落游牧,暨其强弱多寡离合之情,皆洞如观火矣。著为一书,凡数十卷,曰'西陲今略'。历六年之久,寒暑无间,其书始成。前在都中,余见其稿,果有用之奇书也。方舆之学,自有专家,近时若顾景范之《方舆纪要》,亦为千古绝作,(转下页)

游;著名旅行家之游又每有学术旨趣。至于易代之际的游(尤其边塞之游),则往往掩盖着"恢复"之为"遗民情结"。山川地理之学之被作为"实学"、"经世之学",本来就着眼于其水利及军事意义。梁份《与八大山人书》说其有关明陵的图说的作意,比之于宋遗民之种冬青:"俾圣祖神宗之弓剑,永永垂于天壤,不致如历代帝王栖神之域,或湮没于剩水残山者,庶此举与种冬青可絜长量短,而份且藉为祖父报数百年茹毛践土之恩矣。"(《怀葛堂集》卷一)将其遗民心迹表达得如此明白。

"恢复"作为遗民情结,复杂化了遗民著述的意味。黄宗羲《破邪论·题辞》曰:"余尝为《待访录》,思复三代之治。昆山顾宁人见之,不以为迂。今计作此时,已三十余年矣。秦晓山十二运之言,无乃欺人。方饰巾待尽……"(《黄宗羲全集》第一册第192页)王夫之叙其《噩梦》则说"吾老矣,惟此心在天壤间,谁为授此者? 故曰'噩梦'"(《船山全书》第十二册第549页)。愈到后来,其所期也愈形渺茫。惟此绝望与希望交织参错的一境,才更是遗民特有的吧。遗民人格及其人人生体验的深刻性,也是后人乐于由"遗民学术"中读出的。

至于遗民学人所处,更令后人动心的,自然是"乱离"这一境。"乱离"之为学术情境,确也为平世学者所难以梦见。方以智自说其明亡前曾拟入山著述,"而里中难作,继以寇贼,往来杀掠,兵火不绝,流离金陵,岂得已哉! 家世好善,而善不可为;家世好学,而不学者嫉之"(《浮山文集前编》卷三《稽山堂二集》卷下《七解》注,见任道斌《方以智年谱》第81页)。还说:"遐方无书可考,所记善忘,恐复秕缪,用修贬所所论,元瑞、元美抴而诋之。今随野老问草木、方言而已。"(同书卷八《岭外稿》卷中《又寄尔公书》,《年谱》第152—153页。年谱系此于永历二年。按,用修即杨慎。)方以智之子方中通状写其父,也有"乱里著书还策杖"句,注曰:"《物理》、《声原》皆乱中所著。"(《陪诗·哀述》)曾参"义军"事的黄宗羲,治学于流亡中,"时熊汝霖、刘中藻、钱肃乐皆死,

---

(接上页)然详于古而略于今,以之读史,固大资识力,而求今日之情形,尚须历练也。此书虽止西北一隅,然今日之要务,孰更有过于此者!"(第65—66页)刘氏亦嗜方舆之学者,且虽"代"已"易",仍以边事为念,亦属以方舆学为经世之学者。

宗羲失兵无援,与尚书吴钟峦坐舟中讲学,推算欧罗巴历法而已"(《国朝汉学师承记》卷八第126页)。黄宗羲自述其上述经历,说:"余学于子刘子,其时志在举业,不能有得,聊备蕺山门人之一数耳。天移地转,僵饿深山,尽发藏书而读之……"(《恽仲升文集序》,《黄宗羲全集》第十册第4页)他的《怪说》(《黄宗羲全集》第十一册),也自述了其以劫后余生倾全力治学的情境。对此,其子黄百家《先遗献文孝公梨洲府君行略》(参看《黄宗羲全集》第十一册)述之更详。如黄宗羲、王夫之者,由"与义"而伏处穷谷研经著书,也属于由绚烂而平淡吧。上述选择,又必以对使命的重新确认为支撑——黄宗羲的自述也将当此际对学术的选择,归之为死生患难中的"悟"。为学术史计,"乱离"之于其人,也确实难言幸抑不幸。

上文一再谈到遗民的处生死。遗民之于学术,也宜于作生死观的。东南遗民徐枋自说其成书计几百卷,"以二十年幸生而自谓尚可与兄披襟解带而无愧者,非独以杜门守死为然也"(《与葛瑞五书》,《居易堂集》卷二)。著述于此,被作为人赋予生命以意义的活动。陆世仪也说:"君子之所以不得不与俗同者,衣冠禁令也;君子之所以不得不与俗异者,读书著述也。"(《思辨录辑要》卷五)你由此可知陈确、祝渊等人于甲乙之际游刘宗周之门,在其本人之为重大选择。张尔岐也说:"崇祯皇帝大行之年,予始焚弃时文不复读,思一其力于经与史。"(《〈日记〉又序》,《蒿庵集》卷二第74页)一时学术性的会社的兴起,也应赋有生存选择的意义。① 黄宗羲评论张次仲(元岵)、朱朝瑛(康流)道:"两人皆遭丧乱,而皆能以经术显,则人力信乎可与天争矣。"

① 如黄宗羲所谈到的甬上、武林以"读书"、"讲经"为号召的会社,陈瑚的蔚村讲会等。陆世仪《水村读书社约序》说"与同志数人相约为讲学之会,一意读书,自丁丑迄今,盖七八年于兹矣。记石隐曰:"'讲学'之实可以避世,'讲学'之名不可以避世,请易之以'读书'可乎?"(《浮亭先生遗书》卷三)这里的"避世"应为"避乱"。江西的"易堂"亦以避乱聚居为因缘,依志趣组合的松散的学术性群体。彭士望《翠微峰易堂记》记"诸子言《易》,卜得离之乾,遂名'易堂'"(《树庐文钞》卷八)。与易堂关系密切的,尚有程山诸子,参看彭氏《程山堂碑记》。魏禧《复谢约斋书》曰:"程山、易堂,大抵于体用中,各有专致。"(《魏叔子文集》卷五)易堂、程山,均非严格意义上的遗民群体,其中易堂诸子多属遗民。

（《张元岵先生墓志铭》，《黄宗羲全集》第十册第 389 页）。这"与天争"也应是夫子自道。至于王夫之穷居荒山而著述不辍，也正是基于深刻反省后的姿态选择与意志表达。在王夫之这样的儒者，尤论选择教化还是著述，都是对使命的再度确认与担荷，因有特殊的意义赋予，而与平世学人的著述有境界的不同。①

治学于乱世，确也不能不是一份特殊的经验。在其时的大学者，"孤独"即其为学情境。黄宗羲自述其治"绝学"的经验："余昔屏穷壑，双瀑当窗，夜半猿啼伥啸，布算簌簌，自叹真为痴绝。及至学成，屠龙之伎，不但无所用，且无可与语者。"（《叙陈言扬句股述》，《黄宗羲全集》第十册第 36 页）这是其治勾股学。治"象数之学"情境亦类此："自某好象数之学，其始学之也无从叩问，心火上炎，头目为肿。及学成，而无所用。屠龙之技，不待问而与之言，亦无有能听者矣。"（《王仲拯墓表》，同书第 259 页）正如行空谷中，脚步声跫然，徒增独行的寂寞而已。这一种寂寞当然非自黄宗羲始。黄氏曾述及前代"身任绝学"者的命运，如嘉靖时的周述学，说"博而能精，上下千余年，唯述学一人而已"，而其名当世即湮没（《周云渊先生传》，同书第 547 页）。由遗民看去，上述遗民学者的命运中有遗民的普遍命运。屈大均就写道："昔在圣朝，明先圣之绝学者多达而在上……是所谓真公卿大夫，有道以为贵者也。以视今日何如哉！此一二遗民者，方屏然伏衡茅，疏水不继，以其幽贱之身，而荷夫危微之统，佯狂自秽，默默苟全。世固不得而知之，即知之亦何从而重之。"（《送凌子归秣陵序》，《翁山佚文辑》卷中）

易代之际的遗民，不免受制于当代的学术条件，其中就包括了明学的所谓"荒陋"。钱谦益《赖古堂文选序》（《牧斋有学集》卷一七）举"经学之缪三"、"史学之缪三"，以至字学、历学、禅学诸"缪"，所描绘

---

① 当然，遗民的以治学为生道，也仍不免有其苦涩。傅山《训子侄》也说："或劝我著述，著述须一副坚贞雄迈心力，始克纵横，我庚开府萧瑟极矣！虽曰虞卿以穷愁著书，然虞卿之愁可以著书解者，我之愁，郭瑀之愁也。"（《霜红龛集》卷二五第 670—671 页）冒襄《答李廷尉书》说于明亡后，"仆奉先君于门内，镝户阒影，无异枯僧。先君皈诚梵呗，刳心风雅，永日击钵，午夜挑灯，于经、史、诗咸有著述。人见其老而嗜学如此，不知藉以戢风波、干诟唾、茹荼蘖，咸是物也"（《巢民文集》卷三）。何其沉痛！

的，是一幅关于近代学术的黯澹图画。江藩《国朝汉学师承记》说有明一代所以"儒罕通人，学多鄙俗"，曰："元明之际，以制义取士，古学几绝，而有明三百年，四方秀艾困于帖括，以讲章为经学，以类书为博闻，长夜悠悠，视天梦梦，可悲也夫！"（卷一第4页）遗民为上述分析提供了例证。朱鹤龄《传家质言》曰："古人读书有分年之法，经经纬史，随时渐进，至三十而学成。余也四十以前半荒弃于疢疾，半汩没于制科；后此虽欲发愤，精智已渐销亡矣。然则今之空疏颓落而无所成也，曷足怪耶！"（《愚庵小集》附录第759—760页）彭士望也自说"少壮失学，既老益昏聩，作长句诗恒失韵，读经史字义或多舛误，知之亦不能更，自以为笑"（《六书采序》，《树庐文钞》卷六）。张履祥有相似的遗憾："予年二十余，小学之书尚未之见。崇祯八年，颁此书于学宫，坊间刊行，始得读之……尝叹世教之衰，自七岁就塾，即授四书，旋复授经。师之为教，弟之为学，无非举业文字而已，却不知经书之传，是何道理。"（《杨园先生全集》卷四〇《备忘二》）在张履祥，甚至《学蔀通辨》这样的书，也难得一见。他致书友人，说"承假《学蔀通辨》，伏读一过……自叹穷乡末学，弗获早见是书，以致功夫枉用，老而无闻也"（同书卷一四《答吴汝典》）。张氏处文化发达的东南，尚且如此，无怪乎岭南的屈大均有下述感慨了："欲于五经宝书有所纂撰，往往以无书考订，阁笔久之……每恨僻处岭南，图书鲜少，徒欲万卷咸披，不得百城长拥，面墙而立，欲信无征。"（《复吴绮园书》，《翁山文外》卷一五）。其至顾炎武也说其年过五十欲考究三《礼》，"而多历忧患，又迫衰晚，兼以北方难购书籍，遂于此经未有所得"（《答汪苕文书》，《顾亭林诗文集》第60页）。傅山则说"自恨以彼资性，不曾闭门十年读经史，致令著述之志不能畅快。值今变乱，购书无复力量，间遇之，涉猎之耳"（《训子侄》，《霜红龛集》卷二五第670页）。你想必相信，生存困境必也以某种形式"进入"了其人的学术。

　　政治动荡与物质匮乏，从来是抑制文化创造的力量，而典籍文献的散失，尤为学人的劫运。方以智自说其家藏典籍"自足枕籍"，"讵知流离至此，尽弃不问，追忆所记，仿佛梦中……欲求寻常书册，盈尺皆难，况其异乎？嗟乎！生平雅志在经史，而不自我先如此。从刀箭之隙，伏穷谷之中,偷期不及夕之荫,以誓一旦之鼎镬。随笔杂记,做挂一漏万之小说家言,岂不悲哉!愚道人今年三十六矣,读书固有命"(《通雅》卷二《释诂》后记,康熙丙午立教馆校镌)!治学于"刀箭之隙"、"穷谷之中"——学人命运之奇,应无过于此的吧。黄宗羲状写其时学人的贫窭,曰沈继震"矮几折足,俯首以注《六经》,妇抱女孩,徙倚四壁,寒风凛然"(《张元岵墓志铭》,见前注):学人的清苦有如是者!遗民学人于此所显示的坚忍,应与苦节的精神一贯,而"贫贱忧戚",确也成就了某些遗民之为学者。你由此也读出了儒者所耽嗜的庄严性。

计及所"承"所"启",比如考虑到如黄宗羲所治"绝学",要到近代才成显学,就不妨承认其孤独寂寞的非个人性质:那也是古中国"自然科学"的千年孤独。上述《叙陈言扬句股述》说,"句股之学,其精为容圆、测圆、割圆,皆周公、商高之遗术,六艺之一也。自后学者不讲,方伎家遂私之"。科学史的中衰,尚不止于此学。黄氏《学礼质疑序》(《黄宗羲全集》第十册),说到三礼之为绝学。朱彝尊则说历学之为绝学,曰:"自汉哀、平之后,纬候杂出,于是历术妖占,混而为一。稽历序者,自诩前知,受命之符,为世主所忌。七纬既焚,遂致私习天文有禁。逮宋太平兴国,诏天下知星者诣京师,至者百余人,或诛或配海岛。由是言星占者绝,朝之大夫士,并讳历法不学矣。"(《张氏定历玉衡序》,《曝书亭集》卷三五第435页)这里说的,也是明清之际学人从事学术的条件。一代学人人生情境的孤独,于此汇入了古中国科学史的荒凉。

遗民学术:批判性

我注意到遗民学术所包含的批判性,尤其对明代政治与明代历史的批判。著称于世的,如顾炎武的《日知录》、《郡县论》,黄宗羲的《明夷待访录》,以及王夫之借诸史论的政论。黄宗羲的《孟子师说》,则可作为遗民经学的批判性之一例,其中尤为尖锐的,是与君臣伦理有关的政治批判,以及借诸"三代制度考"的苛政批评(如卷三"滕文公问为国"章、卷五"周室班爵禄"章、卷六"二十而取一"章、卷七"有布缕之征"章等),与清学巨擘戴震的《孟子字义疏证》,无论宗旨还是方法均有不同。在明亡后的一段时期,遗民思想家、学人的批判,不妨视为明末以来士人政治实践的继续。正是对明清之际政治的直接参与,使其人在处理已有的思想资源时,显示出思考的力度(如对于"封建"、"井田",如论"公私"、"君臣");即使说古老的话题,也时见警策。如王夫之论"篡""弑",说"进退出处",如黄宗羲的"原君""原臣",不能不令人震撼于其思想的犀利。生当剧变之世,遗民学者经验的丰富性有助于"还原"、"发覆",校正经典的误读。遗民学术的现实品性并不即与学术要求不相容。

明清之交的遗民思想家,其与前代遗民的不同,固然在经验的深刻性,也在批判倾向与批判性思考的广泛;这种批判的广度与深度,甚至决定了批判者自身的作为对象。至于上述批判所涉命题的重大,与批判者所拥有的思想力量,不消说是在"鼎革"之际的时代痛苦中酝酿与积蓄的。当然,由后世看过去,你也会遗憾于遗民的政治历史批判,未能充分利用其逻辑可能性,比如将有关"君臣"、"公私"以至"学校"(黄宗羲)的思想,导向更深入的制度追究。你毕竟不能向遗民思想家要求历史尚未提供"前提"的东西。

遗民学术的批判热情,集中表现于"明亡原因追究"这一政治的又是史学的课题上。遗民学术于此充分展示了其严峻性。"明亡"这一事实,提供了明清之际制度思考的直接动力。"封建"、"井田"、"府兵"、"学校"一类古老命题下所掩蔽的,正是极现实的激情。上述制度论,又为数百年后的制度变革提供了思想资源。至于在明亡追论、明政批评中,将政治得失归结于学术纯驳,则是遗民学人中常见的思路。王夫之、黄宗羲以人主"死社稷"为经典的误读(参看第一章第二节),黄氏更以臣无条件地死君为不合《春秋》之义(《巡抚天津右佥都御史留仙冯公神道碑铭》,《黄宗羲全集》第十册)。经义不明之害政,无疑被作为了易代之际的痛切经验——于此政治批评又接通了学术批评,以至构成复兴经学的重要契机。

而黄宗羲的学术史巨著《明儒学案》、《宋元学案》(由全祖望续完),则标志了明清之际"学术史批判"的最高成就,及此种"批判"之为积累、批判要求本身渐成共识的过程。易代之际的学术史清理,还包括了理学史,如刘宗周的《有明道统录》、孙奇逢的《理学宗传》等。在一时的杰出学人,甚至"夷夏"也已不足以限制其学术史视野。方以智《东西均·扩信》篇就说:"汉使张骞,唐平西域,河源终未明,后览《元志》,阔阔乃溯河于朵甘思;江源止详茂州汶山,而不知马湖江溯金沙江,《缅甸志》乃溯江于吐蕃之犁石,则千古江汉之真源始显。"(第11页)以下即说到"必信《禹贡》,不信《元志》"之非。① 此一时期学人说治学的"高曾规矩"(针对学术失范),说汉、宋,说儒林、道学,说通儒之学与专家之学,虽旨趣互异,却表现出同一清理学术史、救正明学之病的意向。明清之际士人(不惟遗民学人)以复兴"古学"为号召,以"反经正学为救世之先务"(《新刻十三经注疏序》,《牧斋初学集》卷二八第852页),固然出于"明亡"过程的刺激;明亡后的遗民处境,确也提供了进一步反省的条件。以此"方生"救彼"将死",亦属学人当此际所能为自己选择的使命。

遗民学术的"遗民性格",自然取决于其人的时空意识与自我定位:在"明"之中又在其外。遗民(在一个时期)不以"明"为"故",这种历史知觉,决定了他们的态度;其批判之激切,倒更应由此而说明。因尚在"明"中,才有如廷争似的"现场感",义形于色,其言论挟有十足的情绪性。在其外,则使批判有可能学术化,如上文所说的由"明亡追究"进入制度思考的层面。而某种较为尖锐的批判,即使未全出"明代言论"的氛围,确又赖于"明"之为"故"而成为可能。王夫之曾说到"当纷乱之世,未易立言"(《读通鉴论》卷九第362页);明清之际的言论,对此又提供了反证。显证之一,即下文还要提到的明代"国初"历史的探究。潘柽章的《国史考异》、钱谦益的《太祖实录辨正》(《牧斋初学集》)等史著中的"龙凤年号"一类话题,即赖有易代之际禁忌的解除。黄宗羲《孟子师说》述其师(刘宗周)之说,以元明并论,谓其"开创者"均"嗜杀人",以"威势"劫"天下","与秦隋无异"(《黄宗羲全集》第一册第51页)——可知黄宗羲思想的师门渊源。这类言论,也应赖

---

① 同文中还说:"张平子作地仪,祖暅之作缀术,则羲和、洛下疏矣。吴草庐说九层耶苏合图,满剌加诸星接井狼与箕尾,为开辟所未有,是天象至今日始全。""木绵、抄纸、雕板、撷扇俱备于后代,是后人有增加精明于前人者,则后出之理未可诬以为非先王之法言也。"

下编 明遗民研究

347

有世乱才有发表的可能吧。① 你当然不致忽略了这里的"批判"之为"关系",推究批判者与对象的相对位置,尽管刘宗周为著名"忠义",而黄宗羲则系著名遗民。下文将谈到遗民学术之为承启。经由批判——包括对明代政治、历史、文学、学术的批判——而"承启",尤应视为遗民学人的积极贡献。其人正是经由对"故国"、"旧物"的选择、弃取,证实了自己的学人身份的。

批判地整理有明二百余年的历史:谈迁、查继佐等的史著,顾炎武、王夫之、黄宗羲等的南明史述,其他如梁启超所说"如过江之鲫"的野史稗乘,以及学术史(黄宗羲)、文学史(见诸遗民文集)——是如此巨大的文化工程! 其他尚有明代文学批评(诗论文论),以及陈子龙等人的《皇明经世文编》,黄宗羲《明文案》、《明文海》之类大规模的明文辑录工程,均见出阔大的眼界与气魄,应视为明清之际士人大规模的"明代历史反省"的构成部分。而这类反省与批评,也同样赖有"易代"之为澄汰、沉淀,如黄宗羲所谓"时运而事迁,水落石出"(《寿李杲堂五十序》,《黄宗羲全集》第十册第 656 页)。包括遗民在内的有识之士经由其明代学术文化批判所呈示的视野、见识、才具,是明代学术、思想活力犹在的证明,也是有明二百余年间文化力量积聚、人才造就的证明。明遗民在文化传承中的卓越贡献,是遗民史上的特殊现象,足以使前代遗民相形失色。

不言而喻的是,明清之际遗民学者的上述反省与批判,依据了明亡之前一个相当长时期的思想文化积累,依据于一批有识之士(不限于遗民)思路的同趋。"积累"着的,甚至包括被视为绝学的历学。黄宗羲《答万贞一论明史历志书》,说"有明历学,亡于历官,顾士大夫有深明其说者,不特童轩、邢云路为然",以有明一代历学为"度越"前代

---

① 但也仍应承认"未易立言"之为一种事实。李清《三垣笔记下·弘光》批评姜曰广奏疏,即以姜氏"疏内历暴毅宗用人行政诸失"为"过",以为"人臣以身殉国,犹当因其大节,讳其宿过,况人主乎?"(第 104 页)杜濬《与奚苏岭表弟》也以为对世宗"不必加贬","夫子作《春秋》,定,哀多微词。后世乐毅不谋燕,王猛不忘晋,仆尝掩卷流涕,况三百年祖父长养之宗国,光禄公靖献之本朝……"(《变雅堂遗集》文集卷四)这里即隐隐见出"遗民身份"的一种制约。这一种身份自觉,限制了遗民的批判深度,但也更可见如黄宗羲者的气魄。

（《黄宗羲全集》第十册第 206 页）；在《周云渊先生传》中，也历数明代诸治历学者，于周述学尤不吝称许，至谓"盖博而能精，上下千余年，唯述学一人而已"（见前注）。这类说法，似可略补"明学荒陋"说之偏——遗民学术借助于对有明学术的批判而兴起，批判中又有正是对于明代学术的发现。

遗民学术之为承启

系遗民学术的生命于"承启"，自是一种学术史的观点，并非评价的唯一尺度，却不失为重要尺度。钱穆《余君英时方密之晚节考序》说过："晚明诸遗老之在清初立节制行之高洁，成学著书之精严，影响清代两百六十年，迄今弗衰。"既考察遗民学术之为承启，自应涉及所"承"及所"启"，即承自"明学"者与开启"清学"者。这是一个繁难的论题，本节只能提供若干线索。

清初所"承"之于明末者，如明代讲学之为风气及私学之盛。黄宗羲于清初论及宋明"讲会"、私学之于人才造就，曰："制科盛而人才绌，于是当世之君子，立讲会以通其变，其兴起人才，学校反有所不逮……古今人才，大略多出于是。"（《陈夔献墓志铭》，《黄宗羲全集》第十册第 439—440 页）王夫之也高度评价了三代以后之私学兴盛、学统在下（参看《读通鉴论》卷一七）。遗民中的著名儒者，如黄宗羲、孙奇逢、李颙，都以名遗民的身份与讲学之事，且讲学规模之大，较之明末犹有过之。这也是到近代学校兴起之前，其盛况不再的最后一度大规模的讲学。清初所"承"之于明末者，还有"门户"以及"争"之为风气：儒学学派之争、儒释之争，以至由士人积极介入的佛门宗派之争（参阅《清初僧净记》）。儒者中朱学王学之争，甚至影响至清初史馆中人的判断尺度（参看黄氏《移史馆论不宜立理学传书》，《黄宗羲全集》第十册）。

正是在"承续"中，酝酿着风气的转换，这不止指如顾炎武、陆世仪等对讲学的批评，更有讲学内容的变化。如李塨年谱所记由万斯同等所主持的京中讲会，显然是近于"纯学术"性质的。而此时对于被视为有明士风的好"争"、好攻、诋的批评，更引向对带有根源意义的学术专制的批评，由学术史的角度看，对此后学术（尤其经学）意义尤为重大。

批评者追究通常被攻讦者据为口实的"绝对权威",即黄宗羲所谓"一先生之言",与王夫之所说"一概之论",不妨认为是对一种学术传统与文化性格的反省,这种"传统"与"性格"经最高权力者的意志而极端化了。顾景星于明末即有《复经学议》,曰:"高皇帝既定海内,恐士不醇一,悉置诸家传注,以程、朱之《易》、《诗》,蔡沈之《书》,陈之《礼》,胡安国之《春秋》立学宫,非是则不名正学。取途既狭,末流相沿,而《五经》之学荒矣。"(《白茅堂集》卷二七)他以为"重士,莫先复经学"。顾炎武在《与友人论易书》中说经学流变,以为唐"立九经于学官","排斥众说,以申一家之论,而通经之路狭矣";明至永乐,"欲道术之归于一,使博士弟子无不以《大全》为业,而通经之路愈狭矣"(《顾亭林诗文集》第41—42页)。黄宗羲所谓"一世之人心学术为奴婢之归"(《明夷待访录·奄宦上》,《黄宗羲全集》第一册第45页)者,固然因了人主的权力意志,也是体现此意志的制度(科举)性后果。而有关"一先生之言"、"一概之论"的由认识论方面的批评,属于恢复正常学术秩序的工程,可以认为参与准备了清代经学的态度与方式(参看第四章第三节)。

我已提到过明清之际王纲解纽对士人的某种解放意义。当此时对于"绝对权威"的拒绝,无疑有助于士人学术自信的重建。黄宗羲屡说学贵自得,《陈叔大四书述序》说"各人自用得着的,方是学问","要自明其所独得"(《黄宗羲全集》第十册第42页);至谓"建安无朱元晦,金溪无陆子静,学者苟能自得,则上帝临汝,不患其无所宗也"(《复秦灯岩书》,同书第203页)。其说陈确,也曰其"学无所倚傍,无所瞻顾",致有"信心太过"之病(《陈乾初先生墓志铭》第350页)。张自烈《复及门诸子辨谤书》曰:"士君子行谊学术求自信而已,流俗诽谤,譬飘风过耳,庸何伤!""某必不为流俗浮论所摇惑。犹记亡友吴次尾甲戌赠句云:一国非之不顾,万钟于我何加。盖庶几知某者。"(《芑山文集》卷六)"信心"非为明人特有,却与有明心学有关;在士尚群趋,以至讲学、党社末流如"一哄之市"之后,也多少出于反时尚的人生选择。有关学术人生的价值自信,又由对学术"大生命"的信念而获取。黄宗羲在论及周述学时就说过,"学如述学,固千年若旦暮,奚藉乎一日之知哉?"(《周云渊先生传》第548页)

对门户限囿的超越，也有助于"大"其人的学术。著名遗民学者经由其"学术"的自我界定，令人确信其人决非寻常的遗民境界所能限囿；其人的历史文化信念，其使命承当，自然基于其思维逻辑的明晰与一贯，基于其人借助于"学术"所建构的"自己的"意义系统。谢翱被称为"天下士"，未知于义何居；如顾炎武、王夫之、黄宗羲者，才更堪称天下士吧。而其时如顾炎武对黄宗羲的推重与其《广师》，黄宗羲对同时学人的评价态度，均见出一代大儒的心胸气度，令人感到其"学"之大，正因于其"人"的大，其人器局的大——我在下文中还将谈到，明清之际遗民学者持久的魅力，也在上述"人"与"学"境界的合致。当然，明清之际遗民学人之于创造有清一代文化意境的贡献，远不止于此。

明清之际的讲学批评所提示的一个重要事实，即士人有关"学术"的功能意识的潜变，确也由明清之际一批遗民学人所助成。"遗民"作为民间身份，遗民学术与当代朝廷政治的脱节，鼓励了对于学术之为独立价值、境界的追求。黄宗羲就有对极端的经世论的批评。其驳舍家国天下无从致知的说法，曰："夫吾心之知，规矩也，以之齐家治国平天下，犹规矩以为方圆也，必欲从家国天下以致知，是犹以方圆求规矩也。学者将从事于规矩乎？抑从事于方圆乎？可以不再计矣。"至曰："使举一世之人，舍其时位而皆汲汲皇皇以治平为事，又何异于中风狂走？"（《与友人论学书》，《黄宗羲全集》第十册第 146 页）虽其说未出心学理路，毕竟是对认知的独立（于家国天下的）价值的肯定。"遗民"这一特殊身份所促成的"学者化"，为清学的"学术化"做了准备。而学人与传统儒者角色的职能区分（也可读作"学人"作为"类"的发展），是在清学之为"过程"中普遍实现的；这一趋势也不妨认为滥觞于明清之际。明代发达的经世之学，至此而有一变局。凡此，无不点滴地准备着士的角色的近代蜕变。

为学术史家所乐道的明清之际"学术转型"，固然因缘时会，也赖有诸种个人、偶然条件的凑泊。只是由后世过于目的化的眼光看上去，像是一批才智之士不约而同地走到了某个临界点上。遗民学人中确有得风气之先者。方以智说："声音文字，小学也，然以之载道法，纪事物，世乃相传。合外内，格古今，杂而不越，盖其备哉！"（《浮山文集前编》卷五《曼寓草》卷中《此藏轩音义杂说引》,《方以智年谱》第 110 页)其《通雅》序也说:"讵曰训诂小学,可弁髦乎!"据钱澄之《通雅序》,方以智自说其探究物理,考辨音义,"疑有夙习","乐此而不知疲"。北方遗民中博雅如傅山,也运用其文字、音韵、金石学知识读典籍,被认为以其方式接通了"清学"。而如方以智似的有关学术的类型概念,在某种眼界中,也令人发生与近代学术有关的联想。《通雅》卷首之三《文章薪火》曰:"……要不出于质论、通论。考测天地之家,象数律历、声音医药之说,皆质之通者也,皆物理也;专言治教,则宰理也;专言通几,则所以为物之至理也,皆以通而通其质者也。百家纷如,何以折中?圣人罕雅藏用,弥纶道器,优优乎,洋洋哉!"《仁树楼别录》录方以智语,也曰"拈提与考究原自两路。制欲消心之言,与备物制用之学,亦是两端,偏废则皆病矣"(参看《方以智晚节考·方以智晚年诗文辑逸续篇》,增订版第 292 页)。

　　方氏更为近人所称道者,是被认为与近代科学方法有其相近的"质测之学"。当其时王夫之就说过其对方氏父子此学的理解,曰:"密翁与其公子为质测之学,诚学思兼致之实功。盖格物者,即物以穷理,惟质测为得之。若邵康节、蔡西山则立一理以穷物,非格物也。"(《搔首问》,《船山全书》第十二册第 637 页)其以"质测"诠释"格物",即已越出了其时理学的眼界。方以智《游子六天经或问序》(《浮山文集后编》卷二)说"质测"、"通几",对泰西之学及当时的质测之学均有议论,可资考其时与西学有关的观念及学术动向。遗民学人中,认识到质测的重要性的已不乏其人。梁份步测的务求精确,正近于近代"科学工作者"的态度。其《与朱字绿书》说测明陵寝,至"因山之根,河之濡,城之趾,处处计之,某至于某若干跬,某陵至某陵若干跬;又恐迷于所向,则考极相方定二十四山位,某位某方,某陵位某方,远近交互参相考",自说其步测法"出于心裁,非有所袭者"(《怀葛堂集》卷一)。随着士人活动空间的拓展,与域外文化交流的扩大,学术资源也空前丰富。全祖望说刘献廷《新韵谱》"多得之大荒以外者,囊括浩博,学者骤见而或未能通也"(《刘继庄传》,《鲒埼亭集》卷二八)。陆世仪对自然现象的猜测虽往往幼稚(甚至低于宋儒的知识水准),却表现出对西洋自然科学方法及其所达到的精确性的浓厚兴趣。他说："天文图盖天不如浑天，人知之矣。然浑天旧图亦渐与天不相似，惟西图为精密，不可以其为异国而忽之也。"（《思辨录辑要》卷一四）同书卷一九说历法，称道西学的精密，曰："盖欧罗巴人君臣尽心于天，终岁测验，故其精如此。"卷一五谈"西学"的"几何用法"，也称道其"精"——可知其一部分知识来源。①

几成断流绝港的音韵学、算学等，也有了复苏的迹象。《广阳杂记》颇记时人治舆地学、音韵学、算学等的情况。北方遗民傅山即以其文字、音韵、金石学的知识为人所艳称。尽管如上文所引，黄宗羲曾诉说其治算学的寂寞，但甘于此种寂寞的也另有其人。魏禧撰《邱维屏传》称道邱氏算学及《易》、历之学的造诣，曰："桐城方公以智以僧服来易堂，尝与邦士布算，退而谓人曰：'此神人也。'""所著《〈易〉剿说》、《易数》、历书高三尺许，皆垂成未竟。"（《魏叔子文集》卷一七）魏禧、彭士望等，对顾祖禹的《方舆纪要》，也极其推重。②

---

① 陆世仪对天体多所猜测，可知其认知兴趣之广泛。其认知途径却多由经验及推测（既非学问考辨，亦非质测），故多幼稚之谈。如曰："月光借日，此沈括之言，朱子极取之，予以为未必然。"说"地之形未必为球"。但也时有通达之见。其说郭守敬"授时历"优于司马迁大初历、唐一行大衍历，亦以"测验"为说："虽云六律为万事根本，又云《易》能弥纶天地之道，然据其成数以为历算，终属凑合，不若晷影之法以天测天，尤为精切。所以迄今二百余年，交食之法，犹未甚爽也。"（《思辨录辑要》卷14）但他又以"物理"与"事理"对举，以为格"物理"即"于一草一木上用力"，格"事理"在格"物理"先。"纯男问：张华博物一种学问，亦可称格物否？曰：格物是格其理，博物是识其物，内外之别，截然不同。若夫观河图而画卦，睹洛书而演畴，则直于一物之中识天地之全理，斯真格物之极功矣，非圣人孰能与于斯！"（同书卷三）仍在理学氛围中。

② 魏禧《方舆纪要序》曰："《方舆纪要》一百二十卷，常熟顾祖禹所述撰也。其书言山川险易、古今用兵战守攻取之宜、兴亡成败得失之迹所可见，而景物游览之胜不录焉。历代州域形势凡七卷，南北直隶十三省凡一百七卷，川渎异同凡六卷，天文分野一卷。职方、广舆诸书，袭伪踵谬，名实乖错，悉据正史考订折衷之。"魏氏以之为"数千百年所绝无而仅有之书"。顾氏的舆地之学与梁份之得自踏勘实测者，为学径路有别，其目标意识似亦有不同，或可认为代表了明清之际方舆之学的不同取向。魏禧引他人语，曰："顾先生闭户宛溪，足不出吴会，而所论攻守奇正荒僻幽仄之地，一一如目见而足履之者，岂不异哉！"（《魏叔子文集》卷八）

陈垣说:"明季心学盛而考证兴,宗门昌而义学起,人皆知空言面壁,不立语文,不足以相慑也,故儒释之学同时丕变,问学与德性并重,相反而实相成焉。"(《明季滇黔佛教考》卷二第 86 页)钱穆则在其《中国近三百年学术史》中,说到方以智在学术风气转换中的作用:"清儒言考证推本顾、阎者,乃以本朝自为限断,亦不谓其事由两人特造,更无来历也……惟以智崛起崇祯中,考据精核,迥出其上,风气既开,国初顾炎武、阎若璩、朱彝尊等沿波而起,始一扫悬揣之空谈。"(该书第四章第 136 页)方氏的《通雅》,鼎革前已有定本,属明代著作。方氏自拟《通雅凡例》曰:"此书主于折衷音义","此书主于辨当名物,征引以证其义"——以钱氏所说"精核"的"考据",接通了清学。其实,影响于清学甚巨的纂辑之学(以《日知录》等为范本),也承自明代学术中的固有取向。钱氏上书同章即说,"纂辑之风,已盛于明中叶以后",到明清之际不过"渐趋精卓耳"。对于本章而言,更值得谈论的,仍是承当转移风会角色的遗民学人特具的面目。即如陈垣所说的"问学与德性并重"。方以智的虚(哲学,即"通几"或"推理")实(实证科学,即"质测"或"实理")兼举,与王夫之、黄宗羲等的义理与实学(天文、律历等)并重,仍明白可辨明代学人的训练与价值态度。

不但"德性"、"问学",而且"博"、"约"一类古老命题,也宜于描述明清之际学人与"清学"中人的异同。顾炎武以"圣人之道"为"博学于文"、"行己有耻",更释"博学"为"自一身以至于天下国家,皆学之事也"(《与友人论学书》,《顾亭林诗文集》第 41 页)。这里易于为后代学人忽略的,是"一身以至天下国家";顾炎武上述"博",不消说仍未全出明学意境。① 方以智则在其《通雅》自序中说:"学惟古训,博乃能约。当其博,即有约者通之。博学不能观古今之通,又不能疑,焉

_____

① 同文中还说:"非好古而多闻,则为空虚之学。"刘献廷《广阳杂记》卷三曰:"今之学者,率知古而不知今,纵使博极群书,亦只算半个学者。"(第 122 页)同书卷四曰:"陈青来执贽于予,问为学之方。予言为学先须开拓其心胸,务令识见广阔,为第一义。次则于古今兴废沿革礼乐兵农之故,一一淹贯,心知其事,庶不愒于读书。若夫寻章摘句,一技一能,所谓雕虫之技,壮夫耻为者也。"(第 212 页)亦明人面目、口吻。

贵书簏乎!"①王夫之不满于"汉儒专家之学"、"专家保残之学",至谓王肃之学"醇正于郑玄远矣"(《读通鉴论》卷七、卷一一)。②顾炎武批评吴才老《韵补》,说其"多学而识矣,未能一以贯之"(《吴才老韵补正序》,《顾亭林诗文集》第132页);遗民学人于此,正承接了明人重义理的传统。黄宗羲自以"穷经而不能归于一致"为憾(《留别海昌同学序》,《黄宗羲全集》第十册第628页)。此"归于一致"(即返"约")之"一",自不同于"一是"、"一先生之言"、"一概之论"之"一",是高出于"知识"的意义之境。同文所谓"学问之事,析之者愈精,而逃之者愈巧",虽有所指而云然(旨在批评"儒林"、"理学"、"心学"之"裂"),也仍出于对于人的狭隘、片面化,对于文化生命的偏枯的警戒,尽管"析"(这里指学科分化、专业分工)之为趋势,至此已不可避免。

明代学术注重综合与统贯的传统,不止见于上述诸人。黄宗羲所师从的明末东南大儒刘宗周,就一再批评俗学的"支离",其本人为学不取"太分晰"(《刘子全书》卷一一《学言中》),追求统、综,体系的有机性。北方名遗民孙奇逢则以"调和朱陆"而为人瞩目,所从事的,是另一意义上的综合。孙氏说:"支分派别之中,自有统宗会元之地。若其必不能一者,是其端与我异者耳,非本天之学也。"(《四书近指序》,《夏峰先生集》卷四)③尽管作为学术态度,孙奇逢的取"同"较之"争",

---

① 由方以智的哲学论著,可约略窥见其思路。其《东西均·东西均开章》曰:"有大全,有小全。专门之偏,以求精也,精偏者小全。""惟全者能容偏,惟大全者能容小全;而专必厌全,小全必厌大全。大全随人之不见是,而专者摧人以自尊。大全因物以作法,法行而无功,天下皆其功,而各不相知;专者必自露得法,而不容一法在己之上,以故闻者屈于其迅利,遂以为大全诚让专偏一等矣。"(第7页)

② 王夫之说:"汉儒附经典以刻画为文章,皆不诚之政也。"(《读通鉴论》卷一六第616—617页)他对汉学一再批评,如曰"汉人专经保残之学"(参看同书第164—165、277、280页)。王氏不满于汉儒"专家之学""守其故常"、"画地为狱"的陋与隘,所欣赏的也是一种阔大气象("出入会通"、"丽泽并行,竞流以相度越而汇于大川")。

③ 颜元不以为然于孙奇逢的调和,或有对孙的误解。孙奇逢说:"某谓学人不宜有心立异,亦不必著意求同。"(《寄张蓬轩》,《夏峰先生集》卷二)他无意于"强不同以为同",不过认为取之在我;要在以他人学说资我"入道",不必代他人"争是非、求胜负"。在这里他所设为"同"的前提的,是不证自明的"原"、"本"(参看《孙夏峰先生年谱》卷上)。靳大成《成圣之道》(《学人》第3辑)对此评论道:"夏峰的调和朱陆,也就是从其各(转下页)

未必更有利于发展学术,但也不妨承认,作为实践的儒者,孙氏的态度中包含着对有明一代学风、士风的反省。至于黄道周的试图"化子静以救晦翁,用晦翁以剂子静,使子静不失于高明,晦翁不滞于沈潜"(《朱陆刊疑》,《黄漳浦集》卷三〇),与一时学人"会通"(包括会通儒释)的取向,无疑也在同一风气中。余英时《方以智晚节考》论及方以智、黄宗羲,以为此二人"皆深有染于宋明以来儒学重综合与统贯之精神焉……晚明诸老,修正宋明儒统,其言有甚峻烈者,然早年染涉既深,心习难涤,故言思之间并不能尽脱旧缚"(增订版第87—88页)。这"不能尽脱旧缚",正成其人"遗民学人"面目;即使由学术史看,也难言得失吧。①

　　明人嗜"大"。其人或因此嗜而不免于夸诞,如钱谦益所讥之"大言不惭,中风狂走,滔滔不返"(《答徐巨源书》,《牧斋有学集》卷三八第1313页);其为学也因此嗜而过于求"博",动辄以"于学无不窥"为标榜,或终因力不能胜的"兼"为人所诟病②。但上述风气对于造成明

　　(接上页)自不同的观点往后退,退回到一个双方都接受的更为基本的立场上去。这样,他将某一命题的分歧或侧重点的不同,消溶在一个更大的逻辑前提之下,并将它们安放在这一命题的同一结构的不同位置,从功能上赋予它们同一意义。"(江苏文艺出版社,1992)

① 一时名遗民中,尤有明人面目的,应推李颙。如李氏辨"博"、"杂",曰:"君子为学,贵博不贵杂。洞修己治人之机,达开物成务之略,推其有足以辅世而泽民,而其流风余韵,犹师范来哲于无穷——此博学也。名物象数,无赜不探,典故源流,纤微必察,扣之而不竭,测之而益深,见闻虽富,致远则乖——此杂学也。"(《富平答问》,《二曲集》卷一五)李氏将嗜博嗜琐、著述辨订视为"骨董积",作《消积篇》针砭之。同书卷五《锡山语要》:"格物穷理,贵有补于修齐治平,否则夸多斗富,徒雄见闻,若张茂先之该博,陶宏景之以一事不知为耻,是名'玩物'。如是则丧志愈甚,去道愈远矣。此等驳杂之弊,学人所当深戒。"至于其说"吾人学无归宿,正坐不能空其所知,比之鄙夫,反多了一番知识,反增了一番心障"(卷三五《四书反身录·论语上》),则显然有禅学的影响。但李氏也自有通达之论,《四书反身录·论语下》(卷三九)说"博识以养心,犹饮食以养身……饮食能化,愈多愈好;博识能化,愈博愈妙。盖并包无遗,方有以贯;苟所识弗博,虽欲贯无由贯"。

② 钱谦益《于氏日钞序》曰:"余观今世士大夫,著述繁多,流传错互。至于裁割经史,订驳古今,一人之笔可以穷溪藤,一家之书可以充屋栋。嗟乎!古之穷经者未必治史,读史者未必解经,留心于经史者,又未必攻于诗文。而今何兼工并诣者之多也?"(《牧斋初学集》卷二九第884页)而如"古之专门名家者"即少。黄宗羲也说到过明末文集之多。钱氏所针砭者,即明代学风中求"博"而流于空疏粗率之病。

清之际著名学人的学术境界,毕竟发生过积极作用。"博"得之于知识积累;"博综",则更属学术创造,赖有学养,也赖有气量、魄力,赖有大眼界、大气魄与相应的学力。如方中通谓其父方以智的"聚古今之议论,以生我之议论,取天下之聪明,以生我之聪明"(《陪集》,语见《东西均》侯外庐《序言》)。全祖望《梨洲先生神道碑文》论黄宗羲:"公以濂洛之统,综会诸家,横渠之礼教,康节之数学,东莱之文献,艮斋、止斋之经制,水心之文章,莫不旁推交通,连珠合璧,自来儒林所未有也。"(《鲒埼亭集》卷一一)明清之际不惟学人,即被目为"文人"者也不乏博雅,于经史之学、佛学无不淹通。

尽管由以上所说看起来,像是到了明清之际,终于有了其资质禀赋足以转移风气的学者,我们仍不便将发生于此际的"转型",简单地视为"历史"准备好了的一台学术盛筵。我们不过因了论说的方便,而将有关材料依我们的目的整理了。事实上展开在这一时期的,与其前其后一样,是多种取向并存的复杂局面。

即如被认为与所谓"清学"路向大异的经世之学,在由明末到清初这一时期,就因了时事的刺激,而维持了对士人的特殊吸引力。顾炎武的《天下郡国利病书》、《肇域志》作于明亡之前,是明末经世之学的重要成果,与黄宗羲作于明亡后、"条具为治大法"的《明夷待访录》后先辉映。① 陆世仪,易堂魏禧、彭士望等,亦从事经世之学而具代表性的人物。陆世仪《性理存要序》(《桴亭先生遗书》卷三)对《四书五经大全》、《性理大全》由经世方面给予的评价,与顾炎武等由经学方面的评

---

① 顾炎武以"启后王"为著述期待,以为"孔子之删述六经,即伊尹、太公救民于水火之心,而今之注虫鱼、命草木者,皆不足以语此"(《与人书》,《顾亭林诗文集》第91页)。同文还说:"故凡文之不关于六经之指、当世之务者,一切不为。"另《与人书》则说:"君子之为学,以明道也,以救世也。"说其《日知录》:"有王者起,将以见诸行事,以跻斯世于治古之隆⋯⋯"(同书第98页)《答友人论学书》说其所以为的"圣人之道,下学上达之方":"其所著之书,皆以为拨乱反正,移风易俗,以驯致乎治平之用,而无益者不谈。"(第135页)更在《与杨雪臣》中,说其《日知录》"意在拨乱涤污,法古用夏,启多闻于来学,待一治于后王"(第139页)。

价即大不同。① 孙奇逢记明末死节的鹿善继:"先是神庙末年,高景逸、冯少墟、邹南皋讲学京师,同志者邀公听讲。既而闻相戒不言朝政、不议职掌,公曰:'离职掌言学,则学为无用之物,圣贤为无用之人矣。'遂不往。"(《鹿忠节公传》,《夏峰先生集》卷五)张履祥则对其门人说:"须读有用之书,毋专习制义,当务经济之学,于唐学陆宣公,于宋学李忠定公。"(《杨园先生全集》附录《年谱》)

　　如若认为明清之际的士人有学术路向的重大分化,那么,尤其显著的分化,正发生在"尊德性"与"道问学"的传统题目上。东南遗民陈确的强调"力行",以为唯"改过之学"可讲,与同门的黄宗羲就不大像在同一语境;其以为可"讲"之学,也决非其时在京师的万斯同等人所讲者。② 李颙更明白表达了对顾炎武的学术取向的不满。他说:"友人有以'日知'为学者,每日凡有见闻,必随手札记,考据颇称精详。余尝谓之曰:知者无不知也,当务之为急。尧舜之知而不遍物,急先务也。若舍却自己身心切务不先求知,而惟致察于名物训诂之末,岂所谓急先务乎?假令考尽古今名物,辨尽古今疑误,究于自己身心有何干涉?诚欲'日知',须日知乎内外本末之分,先内而后外,由本以及末,则得矣。"(《四书反身录·论语下》,《二曲集》卷四〇)他更在书札中反复重申此意,如以"辩疑误字句"为"辩乎其所不必辩"(因与自己身心无干),以"考详略、采异同"为"求于末",说"区区年逾知命,所急实不在此"

---

① 所谓"经世之学"一向边界模糊,由农政到军事技术以至壬遁、风角之类无所不包。魏禧的《左》学(《左传经世》),则是政术、策略论,最与"乱世"相关。易堂九子的经世之学,也令人看到了此"学"在此世的尴尬。魏禧在《与涂言振》中自嘲道:"书生纸上经济,正如小儿画地作饼,亦自知其不可食,聊取快意。"(《魏叔子文集》卷七)同卷《寄费所中》曰:"我辈学术都无实事可见,只得向纸上勘取。"亦如黄宗羲所说学屠龙之术而无所施为;对于以"实用"为目标者,不能不是讽刺。《怀葛堂集》王源《序》说梁份学无所用,"俯仰一无可为",亦可看做经世之学、士之志在用世者在清初的命运,时代转移、学术分流中士的一种命运。

② 陈确说其赞同黄贞父"以力行诠'学'字",以"思不如学"为"知不如行",曰:"读书未始非学,而未可谓学。"(《学解》,《陈确集》第462页)李塨年谱记万斯同释"学",则曰:"先儒训学各异,予谓只是读书耳。"(《李塨年谱》第79页)方以智《极丸孚人说》(《浮山文集后编》卷二,孚乃古文"学"字)释"学",尤有妙解。

（《答顾宁人先生》,同书卷一六）。——由此看来,"遗民学术"又何可一概而论!

对于其时兴起的考据之学,李颙的上述反应决非个别例子。孙奇逢说:"孔子观天道于获麟,始表章《易》、《诗》、《书》、《礼》、《乐》、《春秋》,以宪万世。此两者终天地而始天地,其功如是其大,而一字一辞之戾,后儒正不妨平情定气而商订之,岂可以一字舛忤便成罪案耶!"（《曹月川太极图西铭述解序》,《夏峰先生集》卷四）屈大均则径自发挥"九经注我,非我注经"之说,曰:"九经者,吾心之注疏;吾心者,九经之正文。不得于正文,但从事于注疏,是谓玩物。"（《宗周游记》,《翁山文外》卷一）① 王夫之说"训诂家拘文之小辨"（《张子正蒙注》,《船山全书》第十二册第 220 页）,那口吻与此后的乾、嘉学人绝不类。陆世仪论学,对"郑玄、王弼之类"的"传注",杨雄、张华（茂先）之"奇博",均以为"弊"（参看《思辨录辑要》卷一）。至于陈确的辨《大学》,所辨也在教义,仍未脱出"圣学"态度,与清代考据之学,方法与目标均有参差。李颙更直截了当地否认"道问学"的独立价值,而以之为依附、从属、第二义的。其释"道问学",曰:"问是问此德性,学是学此德性。若学问而不以德性为事,纵向博雅人问尽古今疑义,学尽古今典籍,制作可侔姬公,删述不让孔子,总是为耳目所役。"（《四书反身录·中庸》,《二曲集》卷三○）

顾炎武《哭张蒿庵先生》云:"从此山东问《三礼》,康成家法竟谁传?"（《蒿庵集》第 196 页）《四库全书总目·别集类存目八》关于《蒿庵集》,曰"尔岐之专门名家究在郑氏学也"（《蒿庵集》第 193 页）。张尔岐守"康成家法",以"郑氏学""专门名家",却又师法程朱,好言心性,并未出理学语境。由顾炎武、张尔岐往复书札（参看张氏《答顾亭林书》,《蒿庵集》卷一）,由上述李颙致顾炎武书札,由黄宗羲、陈确、张

---

① 这也属其时的一种"时论"。颜元说:"故仆谓古来《诗》《书》不过习行经济之谱,但得其路径,真伪可无问也,即伪亦无妨也。今与之辨书册之真伪,著述之当否,即使皆真而当,是彼为有弊之程、朱,而我为无弊之程、朱耳……"（《习斋记馀》卷三《寄桐乡钱生晓城》,《颜元集》第 441 页）唐甄批评"穷经",则曰:"训义既明,坐享其成,披而览之足矣。"（《潜书》上篇《五经》第 62 页）

履祥等人文集,都令人感知其时学术分途中的紧张。黄宗羲自述其此一时期的选择,曰:"余时读《十三经注疏》,刻意于名物象数,江道暗以为不急。曰:'注《尔雅》者必非磊落人。'独仁庵与余同志。"(《张仁庵先生墓志铭》,《黄宗羲全集》第十册第444页)

当然,由更大的视野看去,学术化取向与坚持道德实践的传统儒者角色承当,这种渊源有自的分流,借助历史机缘,仍缓慢地酝酿着士的文化性质的深刻变迁。但那图景,仍远较过于目的化的描述为复杂,其"后果"也不易简单地论定。

正如上文已经提到的,明清之际的遗民学人学尚"渊综"、"会通",追求阔大的学术以至人生境界,学而经世,学而事功,学而待后王,鄙"僻固狭陋",鄙"腐",鄙"封己守残"之"纤儿细士",鄙天崩地解"无与吾事"之所谓"道学";正是民胞物与的儒者情怀,与救民水火的使命承当,作成了遗民学术的内在生命,焕然于其学术中的人格魅力。黄宗羲说:"故先儒欲解《四书》者,必以心性为纲领,顽阴解剥,则条目无潆雾矣。《西山读书记》、《北溪字义》之类是也。然学者工夫未到沉痛,只在字义上分疏,炙毂淋漓,总属恍惚,决不能于江汉源头醋歌鼓掌耳。"(《陈叔大四书述序》,《黄宗羲全集》第十册第42页)在黄氏,正是心性之学提供了学术的意义源泉,使学术境界与生命境界合致;而那种"江汉源头醋歌鼓掌"式的精神发越、情感陶醉,应是其后的乾嘉学人所难以体验的吧。遗民学术令后世学人心折的魅力,无疑系于遗民人格。遗民学者与其"学"的那一种联系,某种程度上规定了其学术的品格。遗民学人如顾炎武、王夫之、黄宗羲者,治学也如"与义","皆以肃然之心临之",此中尤可感"儒者气象"——明儒之于道之于学的那一种庄严性。儒者而学人、圣徒与思想家等双重身份,解释了其学术中"尊德性"与"道问学"、义理热情与知识论的统一。或许可以认为,他们是中国古代史上最后一代赋有上述品性的学人。

由清中叶到清末,上述境界一再为学人所向慕。全祖望就以为,顾炎武的经世之学更有粹儒气象,非永嘉、永康之学所能比拟(参看《亭林先生神道表》,《鲒埼亭集》卷一二)。钱穆则说:"不忘种姓,有志经世,皆确乎成其为故国之遗老,与乾嘉之学,精气复绝焉。"(《中国近三百年学术史·自序》）①"清"取代"明"，文化不可能同时"丕变"。甲申、乙酉结束了一个朝代，非即截断了一种文化过程。你也看到了"明"在"清"之中的延伸。正因承启中不失"明人面目"，造成了明清之际学术的特有气象，为此后的学术史所不能重复。在这一点上，黄宗羲为全祖望所病的党人及文人之习气未尽，也尽可做别样评价的。由后世看过去，其人及其学的魅力，或也系于那些个"未尽"吧。

处明清之际的遗民学人，也决不缺乏学术复兴的信念，与对自己在其间位置的自信。黄宗羲引陈之问语，说"敝之所生，救之所始也，剥之浸微，复之浸昌也，吾学盖未尝一日而绝也"（《陈令升先生传》，《黄宗羲全集》第十册第585页）。《易》学于此也鼓励了学术重建的乐观信念。黄宗羲在《孟子师说》的收束处发如下一问："孰为贞下之元乎？"谁将是继周、程、朱、陆、姚江、蕺山的大儒？期待之殷，情见乎辞。以儒学的复兴为大期待，并不因世易代变而失此信念，也才可见以文化大生命为关怀的儒者情怀。顾炎武说《日知录》，则曰："自信其书之必传"（《与杨雪臣》，《顾亭林诗文集》第139页）；另在《与人札》中，说"虽未敢必其垂后，而近代二百年来未有此书，则确乎可信也"（同书第244页），说"生平虽复钝拙，自知身后必有微名……"（《与李紫澜》，同书第199页）。黄宗羲也说"一生著述未必尽传，自料亦不下古之名家"（《与万承勋书》，《黄宗羲全集》第十一册第84页）。学术承启，最关学人命运。正是"由后面看过去"，上述大遗民颇不寂寞。其人非但为学术史一再"发现"于身后，且生前已负盛名，有对其学术的当世及身后意义、对其学术史地位的充分自觉。人们由大视野看明清之际的学人，所看到的也是其人与其前其后学人间生动的应和——"遗民学术"也正是在此应和中获取其意义的。

---

① 钱穆著《中国近三百年学术史》，一再致慨于由明末到清士人精神意气的凋丧，以之为士林、学术之损失，所承袭的，更像是清末士人的文化批评态度。他说："……潜邱与亭林梨洲身世相接，而意气精神竟全不同，殆已不复知亭林梨洲一辈人为学真血脉所在。此种变迁，洵可叹也！"说阎若璩、胡渭，以为"其意气远非梨洲亭林船山习斋之比矣"（第六章第225、257页）！这种"后不见来者"的孤独，也系于其人的为学及人生境界。如顾炎武、王夫之、黄宗羲这样的大儒，其气局、境界，确也非清代学人所能窥见。

我在这里远未能描画其时遗民学术的全貌,规定遗民学术面貌的诸种关系,包括遗民学人与同时学人间的交互影响和广泛联系。即如颜元,其与当世遗民的交往与学术联系,即参与构成了颜、李之学的基本情境。①

还不妨重复地说,明代学术乏原创性,但明学(以及明以前的学术)毕竟准备了明清之际的学术状况与学人气象。其时的一批大学人,其学术境界与人生境界的合致,正要由"故明"的学术文化氛围与活跃的言论环境来解释;即使其明代学术批评,也孕育成熟在明中叶以降的历史运动与文化变迁中。明清之际学人以其清醒而不乏深度的"明代学术批判",终结一个学术时期,同时使明代学术经由批判"活"在清初学术中。批判也即催生,催发新的机运,尽管批判者自身,也仍未全出其所批判的时期及其眼界。这也才可称"承启"。

到乾隆时,全祖望已在慨叹清人之将遗民学人片面化,说读顾炎武之书者虽多,"而能言其大节者已罕有"(参看其《亭林先生神道表》)。却也不妨认为,正是清学,提示了明遗民现象的更持久的价值。"节义"之为历史记忆,确系易于磨损的方面——这是令褒扬遗民者徒唤奈何的事实。明遗民的"质量",确系由顾炎武、王夫之、黄宗羲、方以智、万斯同等一批著名学人标志的。上述学者显示了正是孕育于明代(那个"学术荒陋"的时代)的学术生机。你透过上述遗民生动的学术文化创造,看到了"方死方生"的一片生命世界。与此有关的另一显然的事实是,易代并未造成文化荒芜,尽管一时士人文字间常见有关"盛衰"的感喟。明末的学术文化,直接准备了清代的学术繁荣。由此"当时"与"后世",又证明了遗民的"非孤独",他们与其世与"历史"的丰富而多方面的联系。学术史有断续,代际有承启,从来皆然。而如明清之际遗民以其中的大学者、以其所拥有的雄厚的学术实力,开"兴朝"

① 颜元与当时的北方遗民(其间著名者如刁包、王馀佑、李明性等)有广泛的交往,甚至以李明性为所"父事"之人,一再表示倾倒于其人的魅力。颜氏还一度以北方大儒孙奇逢为复兴"圣学"希望所寄。上述交往部分地解释了其本人行为的准遗民性。其引南方遗民陆世仪为同道,则更属与遗民学人的学术联系(参看《颜习斋先生年谱》、颜氏《存学编》)。至于陈确与颜元互不相谋,思路却每有同趋,也应可证颜李之学产生的条件。

学术风气，以此实现了学术文化的承启者，毕竟罕有其比。遗民以"故国"为自我界定，其生存意义却正由兴朝予以证明——这也应是"遗民命运"尤具戏剧性的一面吧。

第二节　经　学

"经学"是个太重大且专门的题目，非浅学所敢妄及，这里只拟提供一点与"学术转型"有关的线索。

皮锡瑞以为"经学至明为极衰时代"，但"剥极生复，贞下起元"，至清，"经学昌明，乃再盛而骎骎复古"（《经学历史》第289—290页），极衰再盛之会，即在明清之际。陆世仪《古今文选要序》描述其时的学术氛围，曰："自近世科名之士咸贵捷得，而一时末学，放失旧闻，汩乎篇章，于是有志者出，力尊古学，而天下复知有典籍之美，闾巷小儒有不通经史者，则众共哂之。"（《浮亭先生遗书》卷三）经学在明清之际的"再盛"，自然经历了积累。王夫之说启、祯以来，"穷经得归趣者间出焉"（《夕堂永日绪论外编·五二》，《船山全书》第十五册第869页）。在更为开阔的视野中，经学当此际再盛的条件，正是在"极衰时代"的明代准备的。

兴起在明清之际的学术性会社中，以"讲经"为号召的会社尤引人注目，如黄宗羲所记明清之际甬上之"讲经会"。黄氏说陈赤衷（夔献）以一诸生创此会，"不及十年而能转浙河东黄茅白苇之风，概使之通经学古"（《陈夔献五十寿序》，同书第662页）。李邺嗣《送范国雯北行序》记其时甬上"讲五经之会，一月再集。先期于某家，是日晨而往，抠衣登堂，各执经以次造席。先取所讲覆诵毕，司讲者抗首而论，坐上各取诸家同异相辩折，务择所安"（《杲堂诗文集》第445页）。《送万充宗授经西陵序》对此亦有记述（参看同书第448页）。张尔岐有《经学社疏》，曰："业不计其生熟，经不限乎大小，分曹而治，计月为程，循环绅绎，浸灌优游。"（《蒿庵集》卷三第142—143页）上述会社无疑助成了经学的复兴。

在经历了漫长的积累、酝酿之后，一时有识者每有论旨的契合、思路的相遇。如上文谈到的对"一概之论"、"一先生之言"的质疑。与经学有关的,则顾炎武有"经学即理学"的命题,与顾氏并无交涉的方以智,亦有"藏理学于经学"的说法(参看余英时《方以智晚节考》增订版第 183 页。该书还以为与顾、方同时的名僧智旭有"佛教史上'经学即理学'之主张")。到本书所论这一时期,复"古学",已成一部分学人的共同要求。复"古学"之倡非自明末始,而其"契机",却像是到了所谓"王纲解纽"的此时,才终于出现,尽管所欲复的"古",仍不免因人而异。陈确、颜元与顾炎武、黄宗羲所欲"复"的,即非同一"古学"。钱谦益说:"君子反经而已矣。诚欲正人心,必自反经始;诚欲反经,必自正经学始。"(《新刻十三经注疏序》,《牧斋初学集》卷二八第 851 页)"反经"语出《孟子·尽心下》:"君子反经而已矣,经正则庶民兴,庶民兴斯无邪慝矣。"钱谦益的上述运用中,将返回常道(即"反经")与返回"经典"("正经学")联系起来——回到经典本文亦回到常道。至于"正经学"的具体取向,也不免有种种。陈确等人的注重修身、力行,亦其所认为的回到原始儒学精神。

"疑"、"辨"、"证",成为明清之际学人复兴经学的入手处。疑经、证伪、复原经典文本,也是返回学术——由作为"经筵启沃之资"的官方经学返回经学之为"学"。

鼓励了"疑"的,是程朱理学;到明,更演成风气。陈献章即曰:"前辈谓'学贵知疑',小疑则小进,大疑则大进。疑者,觉悟之机也。一番觉悟,一番长进。"(《与张廷实主事·十三》,《陈献章集》卷二第 165 页,中华书局,1987)湛若水也"主张导人去疑去思……由疑由辨由学而觉"(容肇祖著《明代思想史》第 59 页,齐鲁书社,1992)。到明清之际,如刘宗周说"必有大疑,后有大悟"(《答叶润山民部》,《刘子全书》卷一九),孙奇逢说"疑者悟之门"(《答王五修》,《夏峰先生集》卷二),均出于对"疑"之为方法的自觉。黄宗羲《学礼质疑序》由万充宗之"质疑",说及自己的"群疑填膈"(《黄宗羲全集》第十册),《答董吴仲论学书》以"疑"为求"深信",曰"彼泛然而轻信之者,非能信也,乃是不能疑也"(同书第 141 页),更明确指出了"疑"的方法论意义。① 朱鹤龄《寄徐太史健庵论经学书》说经学兴衰,也强调"信生于辨,辨生于疑,疑生于不一说"(《愚庵小集》卷一○第487—488页)。方以智至谓"天地间一疑海也",他说"善疑",曰:"善疑者,不疑人之所疑,而疑人之所不疑;善疑天下者,其所疑决之以不疑……新可疑,旧亦可疑;险可疑,平更可疑。"(《东西均·疑何疑》第137、135页)当然,"疑"也有种种。黄宗羲在《万充宗墓志铭》中即说:"自科举之学兴,以一先生之言为标准,毫秒摘抉,于其所不必疑者而疑之;而大经大法,反置之而不道。"(《黄宗羲全集》第十册第405页)

　　当着话题涉及"正经学"的具体途径,被作为朝廷功令的传、注即遭遇了挑战。关于"信经"—"信传",黄宗羲引万斯大语,以为"非通诸经,不能通一经;非悟传、注之失,则不能通经;非以经释经,则亦无由悟传、注之失"(《万充宗墓志铭》)——已清晰可见清学矩矱。② 即"信传"又有信"汉"信"宋"之别。清代学术中引人注目的汉、宋之争,在此即已进行着。朱鹤龄说:"宋儒诠理,诚得不传之学,若夫笺解名物,训诂事类,必以近古者为得其真。今也专奉四大儒为祖祢,而孔、毛、马、郑十数公,尽举而祧毁之,何怪乎通经致用者之世罕其人乎!"(《寄徐太史健庵论经学书》)朱彝尊说严启隆(尔泰)撰春秋传注,其书"以胡氏为非,不敢尽纠其缪。钱尚书受之,劝其改作,乃复点窜旧稿成之。

---

① 黄宗羲《陈乾初先生墓志铭》述其先师刘宗周语:"予一生读书,不无种种疑团,至此终不释然。不觉信手拈出,大抵于儒先注疏,无不一一牴牾者,诚自知获戾斯文,亦姑存此疑团,以俟后之君子。"(《黄宗羲全集》第十册第352页)黄宗羲《答忍庵宗兄书》曰:"古之善学者,其得力多在异同之论。以水济水,今人所以不如古人耳。"(同书第218页)与同门陈确所论有合。陈氏说:"凡辨理之言,贵其有以相发,不贵其顺。相顺则非僻无以自见,而至当之理何自而出哉!"(《与吴裒仲书》,《陈确集》第146页)

② 这种意义上的"正经学"非始于此时。唐伯元《醉经楼集解》中即说:"解经以传,不如解经以经,合而解则明,析而解则晦。""解经之法,以经不以传,宜合不宜拆。凡经皆然,而《易》尤甚。"(《明儒学案》卷四二第1012、1013页)上述见解到明清之际,已成部分学人的共识。黄宗羲《万充宗墓志铭》说"世之信传、注者过于信经"(《黄宗羲全集》第十册第406页);《答忍庵宗兄书》说其"先师"言《易》,"唯恐其不合于先圣,故信经而不信传"(同书第219页);《再答忍庵宗兄书》亦说"与其信图书,不若信经文之为愈耳"(第220页)。屈大均也主张"以经还经,以传还传,而毋以传损益夫经"(《书王山史太极辩述后》,《翁山佚文辑》卷中)。

绎其辞,庶几针膏肓而起废疾矣"(《严氏春秋传注跋》,《曝书亭集》卷四二第 517 页)。黄宗羲径说能疑胡传,"始可与言《春秋》"(《陈同亮刻胡传序》,《黄宗羲全集》第十册第 81 页)——所疑还在"传";更有严重意味的,自然是疑"经"本身。黄宗羲在其《答万充宗质疑书》中论万氏之疑经,以为"伪《周官》者先儒多有之","然未有得其左证明显"如万氏者(《黄宗羲全集》第十册第 187 页);还说疑古文《尚书》、疑《周礼》,万氏所得之显证均恨不使前人见之。黄宗羲序阎若璩《尚书古文疏证》,其本人也举证"《古文尚书》之伪"(参看《孟子师说》,《黄宗羲全集》第一册第 53、159 页),以执《周礼》而疑《孟子》为"倒置"(同书第 55、129 页);确已在清初疑经辨伪的空气中。不即以"疑"为正,而是使"疑经"成其为真正的学术行为,"疑"而落实于纠谬证伪,赖有易代之际包括遗民在内的一批学人的共同努力。为学术史所艳称的清学规模与气象,确也在此证伪、考辨中隐隐呈现出来。

经由上述经典考辨,实现着经学规范的重建。黄宗羲说万斯大治经学的"会通各经,证坠缉缺","奉正朔以批闰位,百注遂无坚城"(《万充宗墓志铭》,《黄宗羲全集》第十册第 406 页)等等,正是对其人之学由方法论上的肯定。顾炎武所谓"读九经自考文始,考文自知音始"(《答李子德书》,《顾亭林诗文集》第 73 页),也一再为清代学人所援据。顾氏还说"尽天下之书皆可以注《易》,而尽天下注《易》之书,不能以尽《易》"(《与友人论易书》,同书第 42 页),以为通经之路宜广、众说宜存。黄宗羲也不取章句小儒"只在字义上分疏"的一途——于此仍可睹明儒面目。

"疑"之为学术精神的形成,也赖有明代的言论环境——一方面是信仰主义、准宗教态度,另一方面是作为其逆反的鼓励立异,鼓励逆向思维,鼓励翻案(尤其史论)。明人疑经,即使未基于严格的学术考辨,也可看做明清之际疑经辨伪的张本——尤其在形成某种学术态度、方法的意义上。于此你也不妨承认,明代士风之张,学术的失范,对士人确也有某种"解放"意义。其重"深维自得",亦应因于尊己用独的那份自信。黄宗羲藉论陈确之学发挥此义,说"乾初以《大学》层累之学,不出于孔子,为学者所哗,不知慈湖已有是言。古人力行所至,自信其心,不须沿门乞火，即以《图》《书》为怪妄，《大学》为别传，言之过当，亦不相妨，与剿袭成说者相去远矣"（《思旧录·陈确》，《黄宗羲全集》第一册第391页）。有关思路，又接通了明清之际学人对"一概之论"、"一先生之言"的批评。陆世仪批评"世儒尊经之过"，曰："其若《书》与《春秋》，即后世之史也……《诗》即后世之诗也，《礼》则纪三代之典礼。后世帝王代起，一代则有一代之制作，礼未尝无也。故愚以为五经之中，惟《易》在所不必续，其余《诗》、《书》、《礼》、《春秋》，皆在所必续……"自说有《诗鉴》、《书鉴》二书，"以窃附于孔氏《诗》《书》之义"（《思辨录辑要》卷四）——尚非自我作古，而竟是自我续"经"。非神圣化，也应属于清代经学的准备吧。①

还应如实地指出，即使在经学这一具体范围，也不宜将乾嘉以考据为主流的经学，描述为合目的地发生的过程。如黄宗羲、陈确等，兴趣更在义理的辨析。对兴起中的考据学持开放心态的黄宗羲，序阎若璩《尚书古文疏证》，所注意的也是"危微精一"十六字真言之为"理学之蠹"（《黄宗羲全集》第十册第61—62页）。全祖望以为其人"说经尤谔谔"（《子刘子祠堂配享碑》）的陈确，其《大学辨》所事，非考据家的疑经，而是经由文本分析质疑"经典"本身，与万历间吕坤的《仪礼》批评，在相近的方向上，更宜于读作关于"经"的文化批评。他说："《学》、《庸》二书，纯言经济，而世不察，谓是言道之文，真可哑然一笑。"（《陈确集》第74页）其时对于经由考据的证伪，更有大不以为然者。黄宗羲《尚书古文疏证序》录朱朝瑛（康流）语："从来讲学者，未有不溯源于'危微精一'之旨。若无《大禹谟》，则理学绝矣，而可以伪之乎？"（《黄宗羲全集》第十册第61页）学术分途，在经学这一隅，也令人看得分明。② 然而仍然应当说，明清之际遗民学者承继前代学者的"疑经"传

---

① 当其时遗民中还有质疑《礼》的政治、文化意义者。魏禧《周论》说周恃"典礼"而卒"弱而不振"，比"周言典礼"于"清谈治国"（《魏叔子文集》卷二）；同卷《鲁论》："谁谓《周礼》之虚文而可以捍强大耶？"

② 颜元以"孔门所有经传"为不可讨论，只须"从之学其所学，习其所习"（参看《存学编》卷三《性理评》，《颜元集》第73页）。唐甄也对"今人"的"穷经"不以为然，曰："训义既明，坐享其成，披而览之足矣。"（《潜书》上篇《五经》，第62页）

统及其经典考辨,开启此后二百余年间经学路向,是其"承启"中最称意义重大的动作。你由这里感受到了那个时代的另一种激情。蓬勃的学术生机,点缀着易代之际的荒凉与衰飒。

遗民经学中,《礼》学与《易》学尤称"显学"。其时的经学确也以《礼》学与《易》学的复兴,直接系于历史情境。王夫之引晏子"唯礼可以已乱",曰:"旨深哉!"(《耐园家训跋》,《船山全书》第十五册第140页)我在上文中已经谈到,正是明亡,提示了宗法破坏这一由来已久的严重事实,而不欲与新朝合作的士人,则以"礼教"为职任,冀存宗法、存华夏文明,由此凸显了遗民《礼》学的实践性。遗民《礼》学中尤具实践品性的,是"凶礼"之学。黄宗羲曰陈确"议礼尤精,从其心之所安者,变通古礼,而于凶礼,尤痛地埋惑人,为天下异端之祸"(《陈乾初先生墓志铭》,《黄宗羲全集》第十册第356页)。对凶礼,陈确推详礼意,斟酌"情—理",主张"从古"而微有折衷,以习俗、"时制"、"时王之制"为主要参照,将目标设在校正俗弊上,确也是实践的儒者的态度。我在第六章第五节已经谈到,遗民学人对凶礼的兴趣,非止基于其在《礼》学系统中的结构性地位;只是有关背景、动因在此后《礼》学学术化的过程中,渐渐湮没不彰罢了。

《礼》之为"学",往往直接间接地服务于王朝政治;儒者从事于新朝的制度建构,其行为近于履行"儒"的原始职能,系儒者的准职业行为(参看陈寅恪《隋唐制度渊源略论稿》);上述传统不可避免地强化着《礼》学的现实政治品格。遗民《礼》学的"遗民性",却在于其拒绝服务于新朝政治——王夫之至指"鬻道统于夷狄盗贼而使窃者"为"败类之儒"(《读通鉴论》卷一三第480页)。不妨认为,正是"遗民"这一特殊身份,有助于重建《礼》学之为"学"。

遗民治《礼》尤精者,如张尔岐(稷若)、万斯大(充宗)等。顾炎武《广师》一篇说"独精三礼,卓然经师,吾不如张稷若"(《顾亭林诗文集》第134页)。张尔岐的《仪礼郑注句读》,"取郑注、贾疏、朱子笺释,辨晰考订,证其舛讹,分其句读,前后三十年始竣其功"(李焕章《蒿庵集·旧序》,《蒿庵集》第5页)。顾炎武推许其书"根本先儒,立言简当"(《答汪苕文书》,《顾亭林诗文集》第60页)。

王弘撰《砥斋题跋·书〈易经传〉后》，说三百年《易》学之失："今坊刻置《易传》而以《本义》孤行，既非全书，且又不依吕氏本而依郑、王本，并失朱子之旧矣。国家颁于学宫，以此取士，著为令甲，而疏误若此，历三百年卒无有能正之者……"（小石山房丛书。按，《易传》，程颐作；《本义》朱熹作；吕，吕祖谦；郑、王，郑玄、王弼。）陆世仪《与陈言夏论〈易〉书》，也以为有明一代"以《易》名世者未之有"（《论学酬答》卷一）。即使学术准备尚不充分，仍不妨碍《易》学于易代之际的兴盛。遗民《易》学中，方以智的《易》学尤有家学渊源，以会通"三教"为特色（参看第六章第一节）。"易堂"以魏禧、彭士望、邱维屏等人避乱读《易》而得名，"九子"中被认为"邃于《易》"者为邱维屏。张尔岐著有《易经说略》。黄宗羲著有《易学象数论》。黄宗炎则被认为"讲《易》独开奥窔"（《静志居诗话》第 686 页）。南方遗民中，治《易》者尚有钱澄之、吴云（舫翁）等。

至少遗民传状使你感到，"读《易》"当其时已近于标准的遗民行为。[①]《碑传集补》卷三六《张琎传》记高懋贤："三旬九食，忍饥讲《易》，无忧悴之色。"《碑传集》卷一二五《孙先生骏声传》记孙氏"因所亲而居，厨烟屡断，因以缁衣训蒙，复与同志结社讲《易》"。孙奇逢自说始读《易》于播迁流离之余："予老矣，未尝学《易》。庚寅之秋，抵苏门，同居闻啸楼，始习句读……"（《与三无道人读〈易〉》，《夏峰先生集》卷一○）孙氏著有《读易大旨》。屈大均对《易》更有狂嗜，自说"所见言之精粗大小奇正方圆曲直，无非《易》者"（《六莹堂诗集序》，《翁

---

① "丧乱之后，闭关读《易》，笺注数改，丹铅杂然"（《黄氏千顷斋藏书记》，《牧斋有学集》卷二六第 994 页），此记黄虞稷之先人。"井邑迁改，介居野哭，著《春秋法鉴录》，笺注《易》、《书》、三《礼》，其书满家。甲、乙以后，蠚语连染，命在漏刻。仲通口讲指划，著书不辍"（《华征君仲通墓志铭》，同书卷三一第 1136 页），此记华时亨。孙奇逢《云隐堂〈易注〉序》："前大司马张湛虚先生，自甲申杜门读《易》，著有《易注》若干卷。"（《夏峰先生集》卷四）钱谦益诠释遗民《易》学，着力阐发的，也是其中的遗民旨趣。其《题易笺》曰："暗斋先生遭丧乱之时，晚而好《易》，其于'屯'之初九、六二，'复'之上九，'益'之六三，'既济'之六爻，极深而研几，恫乎其有余悲也，愀乎恤乎其犹有余思也。读者观而玩之文王、仲尼之《易》，于'明夷'、'屯'、'难'之中，思过半矣。"（《牧斋有学集》卷五○第 1634 页）

山文外》卷二）。① 以《易》解《诗》，亦以《诗》说《易》，又藉《诗》、《易》论史、论人物——你在王夫之处，也如在屈大均处，见到的是无所不在的《易》；较之屈大均，更可称"《易》的世界观"。

"作《易》者其有忧患乎!""患难读《易》"也如"居丧读《礼》"，是儒者有关"学"与"情境"的关系设置，此种设置使"读"近于仪式行为。此一仪式明亡前即已进行着，令人想到宋南渡之际。朱彝尊说："宋之南渡，君臣多讲《易》义……右相张浚入朝，亦书否泰二卦赐焉。于时浚及宰相李纲、李光、沈该，皆著《易》传……"（《易璇玑序》，《曝书亭集》卷三四第 420 页）戴名世序明末名臣倪元璐的《儿易》，曰："当有明之季，与文正公同时而起者曰文明伯黄石斋，其学至为奥衍，而尤以《易》学名于时。余尝见其书，浩博无涯涘，然与宋儒之论颇多有所不合，说者以为支离破碎，学《易》者之通弊，虽贤者有所不免，而余以谓是区区皆不足论。大抵贤人君子，遭世末流，胸有郁勃感愤，借《易》以致其扶阳抑阴之意，是亦出于忧患之所为也。""君子读崇祯之事，以为当此之时，凝阴感召，连类并进，于卦为《否》之初六，其祸方形而未有止也。公以经世之才，不得尽用，而托于学《易》以写其忧患之心，此《儿易》之所为作乎!"（《儿易序》，《戴名世集》卷三第 82 页。按，文正公，即倪元璐。）由"遗民读《易》"看上去，确像一个漫长的仪式过程。②

---

① 屈大均评论人画竹，以为"非画竹，所以图《易》"（《画竹说》，《翁山文外》卷五）；以为"天下人之诗皆得之于《易》"（同书卷二《六莹堂诗集序》）；谓"言《易》莫精于三百篇"（《翁山易外自序》，《翁山文钞》卷一）。王夫之之于《易》，更有学术态度，造诣非屈氏所能比，也往往所见"无非《易》者"。《易》在其人，是宇宙、世界的结构，又是探究此结构的关钥。

② 黄宗羲《朱康流先生墓志铭》说黄道周之学："漳海之学如武库，无所不备，而尤邃于《易》、历。"（《黄宗羲全集》第十册第 346 页）全祖望也说："漳浦之学，兼综名理象数诸家，其所谓《三易洞玑》者尤邃。"（《忍辱道人些词》，《鲒埼亭集》卷一四）还说："漳浦先生于学宏通博达，世以为如武库之无不备，而所尤精者《易》，天根月窟，独有神会，能于京、焦、陈、邵之外，颉颃一家，其所著《三易洞玑》、《革象新书》，鲜有得通之者。"（《跋黄漳浦易解》，《鲒埼亭集》外编卷二七）钱谦益记黄尊素之说《易》，主张"坚贞用晦，敦复以俟时"，则是《易》学在党争中的例子（《山东道监察御史赠太仆寺卿黄公墓志铭》，《牧斋初学集》卷五〇第 1283 页）。另文《题同学会言》记孙慎行当东林盛时，"其论学以《易》为宗，其论《易》以艮背为宗。端居索处，穷理尽性，不聚徒，不设教……"（转下页）

士人据《易》读其所处的那个动荡的时代,正是"动荡"接通了士人的生存体验与《易》的世界。名僧智旭《周易禅解自跋》慨叹道:"嗟嗟!从闽至吴,地不过三千余里,从辛巳冬至今乙酉夏,时不过千二百余日。乃世事幻梦,万别千差,交易邪?变易邪?至历尽差别时地,俱易而不易者,依然如故。"(《明清佛教》第280页)黄宗羲《画川先生易俟序》说"三百八十四爻皆一治一乱之脉络","一部《二十一史》,是三百八十四爻流行之迹",以为"圣人写天象以为象数,不过人事之张本"(《黄宗羲全集》第十册第98页)。遗民之读《易》,乃读世之治乱盛衰,读当代史,读其本人的命运,其亲切可知。王夫之更在认识论层面推广《易》的原则,显示为他本人富于魅力的思维特征。如他的批评"一概之论"、"一切之法";他的论"有形"("已然之成迹")、"不测"("不限于方所");他基于《易》的思维方式的生动的世界感知——非判然二分、"划井分疆",而是"互相人","错之综之"。刘宗周说:"圣人于道体,指出一'易'字,大是奇特。只此一字,将天地间有无、动静、终始、大小、常变之故,一齐托出,天地间更有何事不该其中!"(《子刘子学言》卷二,《黄宗羲全集》第一册第304页)王夫之的《易》学著作中,正有这种得之于《易》的诗意感受。

有明一代的党争,亡国之际的政治经历,与易代后的处境,构成了遗民读《易》的基本经验根据。论《易》而关注于所谓"君子小人消长之际",正有明人趣味。孙奇逢《云隐堂〈易〉注序》,说著者"读《易》而翼之以注,意盖存君臣也"(《夏峰先生集》卷四)。王夫之《周易内传》的传《易》,其意象多取自当代政治。你由其《周易内传》、《周易大象解》等《易》学著述,往往读出最切近的政治经验——关于"党争"、"君子—小人",关于士处乱世的"进退出处"。这里有明清之际学人读《易》方式的"时代性"与个人性。论《易》而说处君臣之道,大臣"体国用人"

(接上页)又是读《易》而处时风众势的例子(同书卷八六第1810页)。"患难读《易》",也可以为士人传统。《明史》中屡有有关记述。如卷一八九记陆震与黄巩"讲《易》九卦,明忧患之道"。卷二〇九记杨爵先后系狱七年,"所著《周易辨说》、《中庸解》,则狱中作也"。卷二八二儒林传记名儒薛瑄,"系狱待决,瑄读《易》自如"。

之道,以至君子处小人之道,以《易》学为当代政治反省赖以展开的空间,也突出地呈示了遗民经学的现实品性。

如果说"君子小人",是明清之际论《易》者普遍感兴趣的话题,那么阐发"隐德",则是遗民《易》学的特殊主题。《易》学当此际,不但提供了士人探究世运及其个人命运的形式("屯"、"明夷"、"剥复"等),而且提供了遗民自我界定的形式("肥遁"、"不事王侯,高尚其事"等)。遗民据《易》以体验当下生存,如黄宗羲所谓"夷之初旦,明而未融"(《明夷待访录》,《黄宗羲全集》第一册第1页);如陆世仪说"此际论身,似若细事,然吾辈身任绝学,责在万世,正不可轻视一死。箕子一爻,所宜熟读也"(《寄юaol皋吴白耳书》,《论学酬答》卷三)。张履祥致书吕留良,则引"《易》义"的"俭德避难"、"艰难守正"为劝戒(《杨园先生全集》卷一三)。王夫之《张子正蒙注》注张而发明其宗旨,屡以"贞生而安死"为说,未必不出于遗民体验(《船山全书》第十二册)。无宁说《易》赋予了士人的经验以形式。

暴虐政治中的无常之感、丧乱中的生死体验,以及遗民式的恢复期待,都足以令士人关切于所谓"天人理乱阴阳消息之际",由《易》卜国运、世运及个人命运。至于遗民的读《易》,因读在明亡之后,尤有沉痛意味。当着大局已定,读《易》而"与时消息",即被一些遗民作为处生之道。《易》所谓"君子之道,或出或处",所谓"不事王侯,高尚其事",所谓"君子遁世无闷,独立不惧",当此之时,都获得了生存意义论证的严重意味。黄宗羲《郑兰皋先生八十寿序》说郑氏得之于《易》者,所说正是《易》为特殊时世强化了的功能:"盖浑然太虚之体,故能随时变易,与世推移。宜潜而潜,宜见而见,宜飞跃而飞跃,行乎不得不行,止乎不得不止,自无形迹可指,不露圭角,故谓之无首者此也。"(《黄宗羲全集》第十册第677页)这也是顾炎武所谓"周身之防,御物之智"(参看《日知录》卷一"凡易之情"条)。当然,你或也不免要想到,"与时消息"、"与世推移"的生存智慧,会不会混淆于乡原式的犬儒主义?而当着《易》被用之于遗民生存的诠释,是否也有妨于《易》学获取充分的学术品性?① 因此遗民经学的"遗民性"固可珍视,却仍然要待恢复了正常的学术秩序,才能使"经学问题"重新成为经学的对象。

遗民经学的"遗民性",自不止体现于《礼》、《易》之学。钱谦益记薛正平笺注《孝经》,曰其"作《孝经通笺》,发挥先皇帝表章至意,取陶靖节《五孝传》附焉。谓靖节在晋、宋间,不忘留侯五世相韩之意,古今之通孝,不外于此,激而存之,有以立也。其用意深痛如此"(《薛更生墓志铭》,《牧斋有学集》卷三一第1145页)。其他尚有兴起于明清之际的诸子学。方以智致力于会通儒、释、《庄》以至《骚》,其关于《庄子》,颇有妙解。他说:"即欲传其书,欲传其纯者、大者耳,非欲传庄子也。即传庄子,传其所以为庄子,非必蒙城之叟也"(《向子期与郭子玄书》,《浮山文集后编》卷一第9页),极精辟。张尔岐治经学兼治诸子学,著有《老子说略》,其《〈老子说略〉跋》释"解"亦通达:"反求之是书","不执解求解,反之是书以解是书"(《蒿庵集》卷二第94页),似与其时经学方法相通。在这一方面,傅山也被认为是转移风会的人物。②《潜邱劄记》卷五《与戴唐器》批评黄宗羲《明夷待访录·取士》篇所拟科举之法第二场(即以"周、程、张、朱、陆六子为一科,孙、吴武经为一科,荀、董、扬、文中为一科,管、韩、老、庄为一科,分年各试一论"云云),曰:"按董仲舒对策,以为不在六艺之科、孔子之术者,皆绝其道勿进,于是武帝罢黜百家,为千古盛典。南雷先生当此理明义精之代,反以管韩老庄为一科,得毋贻讥士林耶?又按哲宗元祐二年,吕公著当国,禁科举不得以老庄申韩书命题,先生岂未之前闻耶?"或许正

---

① 明人以及明遗民的旨趣,与《易》学的学术水准非即相关。钱谦益说过:"近代之谈《易》者,自李卓吾、管东翁之外,似未免为时人讲章、《兔园册子》……"(《复方密之馆丈》,《牧斋有学集》卷三八第1322页)顾炎武《与友人论易书》也说:"昔之说《易》者,无虑数千百家,如仆之孤陋,而所见及写录唐宋人之书亦有十数家,有明之人之书不与焉。"(《顾亭林诗文集》第42页)

② 参看《霜红龛集》卷三二至卷三五。陈子龙《杨墨说》曰:"天下之人至不齐矣。气质恢亮者,莫不欲兼爱;心术秽狭者,莫不务为我:此人伦之自然也。"其可非议者,只在"二子有矫世之心,而不得其道,适为天下裂"。"孟子不知天下之人固尝如是也,以为自杨墨始,不以甚乎?"(《陈忠裕全集》卷二八)或可由异见渐多,得到诸子学将兴的消息。

证明了黄氏得风气之先。遗民学人在这一方面的学术努力，其意义当在提示趋向，与清学意境也有不同；而此一意义自然也是由此后的清学趋向所认定的。

第三节　史　学

易代之际经、史之学的兴盛，自有关联。钱谦益说："六经，史之祖也。"（《牧斋初学集》卷九〇第 1871 页）"六经，史之宗统也。六经之中皆有史，不独《春秋》三传也。"（《牧斋有学集》卷三八第 1310 页）张自烈《与阎百诗书》也以为"经史源流互通，不必析为二"（《芑山文集》卷九）——亦可资考其时士人"共识"的达成。前此王阳明就说过："以事言谓之史，以道言谓之经。事即道，道即事。《春秋》亦经，《五经》亦史。《易》是庖牺氏之史，《书》是尧、舜以下史，《礼》、《乐》是三代史。"（《传习录》上，《王阳明全集》第 10 页）

明亡前后，批评明代史学环境者，颇有其人。李清即据其所见闻，证明《实录》的非信史。钱谦益、朱彝尊等，也以《实录》为不足征信。①潘柽章著《国史考异》，曰《实录》与《会典》亦舛误、牴牾，至于"版籍漫漶、沿革之不可考者多矣，为之三叹"（卷二《高皇帝中》，《明史考证抉微》第 65 页）。顾炎武《书吴潘二子事》，也说到明代史学环境与史事之荒（《亭林文集》卷五）。张岱自序其《石匮藏书》，曰"第见有明一

① 参看《三垣笔记上·崇祯》，《三垣笔记》第 20 页。前此，郑晓《今言》即曰"《实录》进呈，焚草液池，一字不传。况中间类多细事，重大政体，进退人材，多不录。每科京师乡试考官赐宴，皆书冢宰内阁大臣，其先后相继，竟不可考，他可知矣"（卷二第 103 条）。易代之际对《实录》的批评，尤集中在《太祖实录》的再修三修、对"燕王靖难"历史的改写上。朱彝尊《曝书亭集》卷四二《书传会选跋》说太祖实录之不足征信，及"革除建文四年之事，置天下于无何有之乡"，"实录既没其实，由是志詹事府太学者，题名多所阙遗。文献不足，伊谁之咎与？"（第 512 页）卷四四《书高丽史后·又》亦说"靖难君臣"改修明太祖实录事（参看本书第三章）。钱谦益《皇明开国功臣事略序》、《太祖实录辨证》均说明代国初史实的阙略及有关史述的"踳驳疑互"，《实录》的不足征信；其策问中亦屡及国初问题（《牧斋初学集》卷八九、卷九〇）；《牧斋有学集》卷三八《与吴江潘力田书》则说到党争中的史学困境。

代,国史失诬,家史失谀,野史失臆,故以二百八十二年总成一诬妄之世界"(参看谢国桢《增订晚明史籍考》第9页)。彭士望则说"明之史杂而伪"(《明名臣言行录序》,《树庐文钞》卷五)。正如论经学之衰,史学的衰敝也被归因于"科举之学盛"。黄宗羲说:"自科举之学盛,而史学遂废。"(《补历代史表序》,《黄宗羲全集》第十册第76页)由上述批评,自不难知遗民史学所据以展开的条件。

治史,是学问中事,又一向被视为特殊的文事。不惟所谓"学人",即文人也以治史为其名山事业。以"学问"以"文章"自任者,史学又是其基本训练。到世乱时危,史学因关涉"经济",治史、论史均有了语义的严重性。魏禧以为"经世之务,莫备于史",其即以治《左传》为"经世",自说"少好左氏,及遭变乱,放废山中者二十年,时时取而读之,若于古人经世大用、左氏隐而未发之旨,薄有所会,随笔评注,以示门人"(《左传经世序》,《魏叔子文集》卷八)。国亡之后,遗民学人以存"国史"为"后死之责",宋亡之际文献的流失、史实(尤其忠义、遗民事迹)的湮灭,则提供了切近的鉴借。黄宗羲撰董守谕墓志铭,说:"尝读宋史所载二王之事,何其略也! 夫其立国亦且三年,文、陆、陈、谢之外,岂遂无人物? 顾闻陆君实有日记,邓中甫有《填海录》,吴立夫有《桑海遗录》,当时与文、陆、陈、谢同事之人,必有见其中者,今亦不闻存于人间矣。国可灭,史不可灭,后之君子能无遗憾耶?"(《黄宗羲全集》第十册第300页)正是在这种意义上,治史被作为准政治行为,私家史述成其为对抗官方政治的一种隐蔽的形式。

明清之际著名遗民学者对史事的参与——除谈迁的《国榷》、查继佐的《罪惟录》、张岱的《石匮藏书》外,如李清的《南渡录》,顾炎武的《圣安纪事》,王夫之的《永历实录》,黄宗羲的《弘光实录钞》、《行朝录》,钱澄之的《所知录》,屈大均的《皇明四朝成仁录》等,作为遗民行为,被赋予了特殊的庄严性。黄宗羲自序其《弘光实录钞》,曰:"国史既亡,则野史即国史也。陈寿之《蜀志》,元好问之《南冠录》,亦谁命之? 而不谓之国史,可乎?"(《黄宗羲全集》第二册第1页)他还说:"尝读姚牧庵、元明善集,宋、元之兴废,有史书所未详者,于此可考见。然牧庵、明善皆在廊庙,所载多战功;余草野穷民,不得名公巨卿之事以述之,所载多亡国之大夫:地位不同耳,其有裨于史氏之缺文一也。"(《南雷文定凡例四则》,《黄宗羲全集》第十一册第 85 页)黄氏曾辑《明史案》,撰《明史条例》(今佚);但遗民学人对故明史述的最大贡献,仍在南明史的清理;南明史事也正是清初当道所极力隐讳者。① 我在下文中还将谈到,如顾炎武、黄宗羲,还曾施加影响于清初的官修《明史》(参看顾炎武《与公肃甥书》、《答汤荆岘书》,《亭林文集》卷三)。②

　　遗民治故国史的环境之凶险,可以清初的"庄氏史狱"表征。断送在这一场对遗民的大规模迫害中的,就有被认为极富才华的年轻史家潘柽章、吴炎。但也不必讳言,"王纲解纽"确也带来言论禁忌的某种松动。明亡追究,是其时史述的重大主题。黄宗羲说明"所以亡之故","至于易代而后明"(《大学士机山钱公神道碑铭》,《黄宗羲全集》第十册第 245 页)——当然,"明"否是另一回事。梁启超说明代"士习甚嚣","野史如鲫"。③ 因万历以还《实录》的流传民间,更因"易代"这一事实,到明清之际,野史更大量产出。至若乾隆三十九年八月上谕所说"明季造野史者甚多","此等笔墨妄议之事,大率江浙两省居多",部分地可视为江浙两省反清运动的后延。而有明一代言论的活跃和士人

---

① 遗民与南明史有关的著述,除上文所列外,尚有查继佐的《国寿录》、《鲁春秋》,张岱的《石匮书后集》等。遗民其他与"国史"有关的著述,尚有文秉的《定陵注略》、《先拨志始》、《烈皇小识》等。孙奇逢的《乙丙纪事》记天启阉祸。其他如林时对、高宇泰等也有撰著。

② 顾炎武说其"自舞象之年,即已观史书,阅邸报,世间之事,何所不知。五十年来存亡得失之故,往来于胸中,每不能忘也"(《答李紫澜》,《顾亭林诗文集》第 65 页)。《三朝纪事阙文序》自说"两喜两怒之言,无一不入于耳,而具晓其中曲折"(同书第 155 页)。早年环境即影响至于其对明代事件的判断方式与有关治明史的主张,如《与公肃甥书》所谓"奏章是非同异之论,两造并存,而自外所闻,别用传疑之例"(第 55 页),固是通常"史法",也出于对明代史料的特殊认识。

③ 梁氏说明代"士习甚嚣,党同伐异,野史如鲫,各从所好恶颠倒事实。故明史号称难理"(《中国近三百年学术史》十五,第 410 页)。顾炎武也曾说正德以降"野史日盛,而谬悠之谈遍于海内"(《书吴潘二子事》,《顾亭林诗文集》第 115 页)。明清之际撰写野史者也品类不齐。黄宗羲《谈孺木墓表》说其时撰史者"此因彼袭,攘袂公行"(《黄宗羲全集》第十册第 262 页)。彭士望则说:"甲申之变,史益庬谲,有一书为一人出,以盖厥愆;有一事一人言之,而他人假窃冒之以为名。若然者,不必求天下后世之人共信,但求其可疑,疑则是。"(《明名臣言行录序》)

的立言热情，无疑有助于史学人才的造就，为明清之际的史学准备了条件。清初以布衣参明史馆事的万斯同即以"博洽"称（《补历代史表序》，《黄宗羲全集》第十册）。钱大昕撰《万先生（斯同）传》，曰万斯同"于前史体例，贯穿精熟，指陈得失，皆中肯綮，刘知几、郑樵诸人，不能及也"（《潜研堂文集》卷三八，《潜研堂全书》，光绪十年长沙龙氏家塾重刊）。至于黄宗羲、万斯同与浙东史学，则是史家所乐道的话题。

　　士夫既以"存国史"为"存明"，这一特殊的史学情结，使得史事最是"共同事业"。《碑传集补》卷三五《潘力田传》（戴笠）记潘柽章："私家最难得者实录，柽章鬻产购得之，而昆山顾炎武、江阴李逊之、长洲陈济生皆熟于典故，家多藏书，并出以相佐。柽章长于考核，炎长于叙事，互相讨论，间出其稿质之钱宗伯谦益，谦益大喜之，叹曰：老夫耄矣，不图今日复见二君。绛云楼余烬尚在，当悉以相付。连舟载其书归。"同书同卷《吴节士赤民先生传》、顾炎武《书吴潘二子事》（《亭林文集》卷五）、《牧斋有学集》中致潘、吴书札均记其事。黄宗羲送万斯同参明史局，诗曰："四方声价归明水，一代贤奸托布衣"（《送万季野北上》），亦以"国史"为托。①

　　李清的《南渡录》、黄宗羲的《行朝录》、王夫之的《永历实录》、邓凯的《也是录》，均有"亲历"为经验根据。钱士馨据亲历撰《甲申传信录》，朱彝尊以为"颇不失实"（《静志居诗话》第684页）。"亲历"并不能保障史述的"客观性"②，却提供了考察"人与历史"、士大夫处明亡

---

① 李晋华《明史纂修考》附万斯同传略，李晋华按语批评方苞所撰万斯同传，曰方苞"谓先生与梅定九同时，而惜先生不如定九得邀日月之光，以为泯没，则尤大谬。先生辞征者再，东海徐尚书亦具启欲令以翰林院纂修官领史局，而以死辞之。盖先生欲以遗民自居，而即以故国之史事报故国，较之遗山其意相同，而所以洁其身者则非遗山所及，况定九乎"（《明史编纂考》第97—98页）！也可以作为遗民当其世即不为人知的例子。

② 比较李清《南渡录》与黄宗羲《弘光实录钞》、王夫之《永历实录》与黄宗羲《行朝录》，即可知有关南明朝事叙述差异之大，证明曾在事局中，并不即能保障史述的"信"。王夫之对"五虎"（金堡等）的记述，被认为有失是非之公；黄宗羲有关"逆案"诸人的记述，也未出明末"党争"眼界（黄氏至谓"南都之立，百无一为，止为大铖杀一周镳而已"，语见《弘光实录钞》，《黄宗羲全集》第二册第89页）。这类记述与判断的歧异，造成了明史、晚明史清理与研究的特殊困难。

之际的珍贵材料,创造了官修正史所不能提供的特殊价值。黄宗羲《思旧录·吴钟峦》记其当鲁王监国从亡海上之时,吴钟峦"艤余于鲸背之上,落日狂涛,凄然相对,但觉从古兴亡,交集此时"(《黄宗羲全集》第一册第384页);当着劫后撰史,历史情境即缘个人体验而进入史述。遗民史述的魅力,一定程度上正来自经验的个人性。甚至迫于时势的特殊表达,暗示、隐语以至有意"留白",都提示着语境,构成着遗民话语的丰富性。朱彝尊曾比较官修与私家史述,以为"国史成于官局者,未若一家之专"(《元史类编序》,《曝书亭集》卷三五第432—433页),与万斯同所见略同(参看钱大昕《万先生[斯同]传》)。对此,遗民史著也提供了某种证明。即使如《国榷》、《罪惟录》这样的巨制,也无妨于著者寄寓其遗民情怀。吴伟业《吴六益诗序》记谈迁:"尝策蹇卫,襥被入西山,访旧朝遗迹,草木蒙蔚,碑碣残落,故老仅存之口,得一字则囊笔疾书,若恐失之。会天大雪,道阻粮尽,忍饥寒而归,同舍生大笑之,弗顾。"(《吴梅村全集》卷三〇第698页)查继佐自序其《罪惟录》,曰:"此书之作,始于甲申,成于壬子中,二十九年,寒暑晦明,风雨霜雪,舟车寝食,疾痛患难,水溢火焦,泥涂鼠啮,零落破损,整饬补修。手草易数十次,耳采经数千人……"谢国桢以为《国榷》之"详赡博辨,足资征信,在明季史乘中,要以此书为善"(《增订晚明史籍考》第36页)。缪荃孙《艺风堂文漫存》卷四说及查氏:"东山身预庄氏史祸,复能自著此书,可谓有心人哉。"(参看谢氏同书第3页)遗民的一段精神,在收入各家文集的碑传文字间尤有寄存。至于遗民史家之命运奇惨者,更是赋予了遗民史学以寻常史述所不可能有的悲壮颜色,使其作为遗民行为,近于"忠义"的殉明。

即清代官修《明史》,因参与其事者的身份与所处语境、氛围,何尝不于字行间透现出某种遗民态度!修史作为重大的政治行为,通常被作为"新朝"肯定自身合法性的手段。然而修史者既是士夫,其笔下仍不免有所传达的信息的复杂性,以至表达的个人性。士夫于此有相当的自觉。何况遗民学人万斯同、黄宗羲,或一度主持其事,或贡献意见于史馆,均参与或干预着官方的修史工程呢(全祖望说黄宗羲:"公虽不赴征书,而史局大案必咨于公",见《鲒埼亭集》卷一一《梨洲先生神道碑文》)。《明史》所载明末史料之丰富,正有遗民史家的贡献;其关于有明一代典章制度兴废、事件始末的清理,尤其其中教训的抽绎、意义的归结,也赖有士人于明亡前后一个长时期的批判性思考。读《明史》,你往往会感到史述者尚在所叙事局中:那里有隐蔽得并不成功(甚或无意于隐蔽)的叙述者。不妨认为,士大夫的兴亡之感,是那一部《明史》的最大"真实"。不止于《明史》的编纂,遗民的叙述态度与评价方式,影响至于有清一代以迄于今的明史叙述——你随处可见"态度"与"方式"上的承袭,以至叙述者角色意识的"紊乱"。

南明史之外,遗民史学的特殊贡献,还应在"国史"的另一端,即"国初史"的清理。有明国初史号称难治,钱谦益说:"今且无论其他,即我圣祖开国,因依龙凤滁阳之遗迹,子长《楚汉月表》之义,谁知之者? 韩公之诛夷,德庆之赐死,金匮石室之书,解、黄诸公,执如椽之笔者,皆晦昧不能明其事。而后世宁有知之者乎?"(《再答苍略书》,《牧斋有学集》卷三八第 1311 页)易代之际,士人对有明"国初史"的兴趣,集中在两大主题上:群雄逐鹿史及建文事件。前者的兴奋点,在起源考。如此后清帝的以建州史为讳(尤其将明人考"建夷"的文字悬为厉禁),明代人主也以群雄争斗史即以其本人的身份来历为讳——尤讳其与群雄(或曰群盗)与共的那一段历史。因而所谓"龙凤年号",即成明末史家所热中的一大公案。当此时,士人有关议论的大胆,有其前代史家所不敢梦见者。陈子龙论陈涉,说:"使夫子而在,必不以'盗'书矣。后世独杨雄氏称之为'乱';果如所言,则高帝之起,与涉何异? 幸而成耳,是亦乱耶?"(《陈涉论》,《陈忠裕全集》卷二一)张履祥则说:"余姚岑汉明曰:'元末豪杰并起,我太祖驱除廓清,开三百年衣冠礼乐之治,有功天地,固与禹治洪水相并。然当时陈友谅、张士诚诸人,事虽不成,亦不可谓无功于中国者也。'"(《言行见闻录一》,《杨园先生全集》卷三一。按,岑汉明,岑匡。)凡此,均不妨认为构成了治有明一代开国史的言论环境。

在这种情况下,"龙凤年号"作为禁忌的解除正水到渠成。① 黄宗羲撰万邦孚神道碑,说其于万氏处亲见"龙凤十年高皇帝中书省手押,及四忠三节像","《实录》乃谓高皇不奉龙凤,岂足信哉"(《黄宗羲全集》第十册第 225 页)！钱谦益于明亡前,即在《太祖实录辨证》中,对有关史实作过考辨。潘柽章《国史考异》考之更详。该书说:"……史臣于龙凤间事,多所避讳。故凡除拜位号之制,俱削不载。"至于引太祖自序世德碑,曰:"……太祖尚不以秉命为嫌,而史臣遂欲尽没其实,何耶?"(卷一《高皇帝[上]》,《明史考证抉微》第 43 页)然而潘氏本人于考辨中,也时时透露出为故国人主讳的良苦用心,于焉可察遗民史家的曲折心迹。②

有明国初史事之隐晦暧昧,出于人主意志的强行干预,这使得易代

---

① 关于"龙凤年号",前此已有人言之,如《弇山堂别集》卷六《天子爵封》、同卷《三祖爵封》。清人论此,见《廿二史劄记》卷三六"刘福通被杀"条。李晋华《明史纂修考》也录有清初史馆中人的有关议论。

② 该篇考太祖与小明王(韩林儿)关系,亦有回护、不能存疑者。如说小明王之死(廖永忠沉韩林儿于瓜步):"瓜步之事,情状暧昧,若谓太祖心恶其不义,而隐忍数年,信任不衰,卒以他事诛之,将使天下后世,反有义帝江南之疑,岂若风浪掀舟之说,彰彰可信哉！故论小明王事者,断以《庚申外史》为正。"(《高皇帝[上]》,《明史考证抉微》第 59 页)事涉暧昧,即以有利于太祖的推论定案;甚至认为小明王"未至金陵而没于风浪,有天意焉"(同书第 58 页)。钱氏亦以推测为事实,且言之凿凿。王源《与友人论韩林儿书》论韩林儿瓜步之死,指摘其友人"自托于皋羽、所南","顾欲奉一未成事之贼子牧竖为正统,与太祖正君臣之分,而搜取莫须有之说,显然大书,比太祖于刘裕、萧道成,而自以为《实录》所不载者,吾能知之而直书之",王氏以此为不合于"大义"(《居业堂文集》卷六)——其态度无宁说较之遗民更像遗民。凡此,均令人可感其时史学语境的复杂,士人治故明史的特殊困难。钱谦益的用心似更曲折。其《开国群雄事略序》、《太祖实录辨证》均涉及有明一代前史及国初史最称敏感的事件,如"龙凤年号",如"永忠沉韩林儿",如"胡党之狱";其以"辨证"抉摘罅漏,提示疑点,剥脱"饰词",发露隐讳,展示的正是太祖之"暴",与国初史的血腥,以及最高权力者钳制下的言论环境,官方史学之为"政治"。那种曲折吞吐中的无穷暗示,更像以掩饰为泄露——泄露士夫对其所处王朝的复杂的情感态度。但即钱谦益也不能没有讳饰。潘柽章曰:"余按钱氏于临川侯及周骥招词,俱削不载,盖为国体讳也。"(《国史考异》卷三《高皇帝下》第 98 页)钱谦益《与吴江潘力田书》与潘柽章讨论国初史,亦及于其隐晦难彰者,以为"非臣子所当尽言,可以意得耳"(《牧斋有学集》卷三八第 1320 页)。

之际的国初史事考辨，有了较之治晚明史远为复杂的意味。对明代人主的追根究底，掩盖着士大夫的隐痛，他们深切的命运之感；故用曲笔，隐约其辞，适足以提示、启疑：其效果有时像是不在掩饰而在彰明。明亡对禁忌（如有关龙凤年号）的解除，使得"国初史"叙述有可能获取学术品性，也即戳破了明代人主精心编制的开国神话，或多或少剥夺了其"来历"的神异性质；而遗民情结、"亡国士大夫"之恸，又妨碍了史实的澄清。"遗民史学"将其时士人的有关困境展示了。

遗民对故国的情感态度的复杂性，还呈现在对发生于国初的重大事件"建文逊国"的特殊关注上。查继佐《罪惟录》即用力于"靖难"、"夺门"、"议礼"等事件的叙述，且为"河西佣"、"补锅匠"等列传。士处易代之际，非但"发现"了明亡与"建文逊国"的情境的相似性，甚至发现了其间在因果上的相关性。遗民以"建文遗民"、"遗臣"自况，则属于对两种"遗"的性质的有意混淆，以此明确无误地表达了对成祖"靖难"之为"篡"的判断，强调了其所认为的事件在明代史上的严重性。对此，我已在有关"建文事件"的言论分析中谈到了（参看第三章）。基于上述历史感情，建文遗民、遗臣被用作明遗民精心选取的自我象征，其事迹的可信与否，较之遗民的表达愿望已不重要。在易代之际有关建文事件的述说中，包藏了明代士夫共享的一份秘密。

遗民史学的批判性，在上述史学课题上有尤为显明的呈现。"明亡追究"构成了遗民史述、史论的另一大主题，也属于遗民治史的基本动力。在经由史论的"国运"追究中，士大夫追究着自身命运。弥漫于文字间的苍凉之感，与无可奈何的沉痛，令人可感创伤之深。以史论为政论，本是士人议政的惯用策略；由明亡前后士人史论，可以看出一个朝代有关自身的批判思想的积累过程，尽管警策如王夫之《读通鉴论》、《宋论》者并不多有。① 明清之际士人论明事，往往思不出具体人事纠葛，由恩仇归结因果，以朝廷政治为一大报施之局，眼界未出世俗

---

① 史论一向被士人用以磨砺智慧。明清之际如吴应箕如魏禧，其史论均为时人推许。魏禧长于议论，风发泉涌，其史论分析史例，尤着力于历史人物心迹的辨识，对谋略有特殊敏感，文字间隐约可见策士神情。但拘于史例，缺乏如王夫之那样的义理趣味与反思角度。

经验,论者也仍在事局中。这自然与古代中国以"人论"(人格论、道德论)为政论的传统有关。《读通鉴论》、《宋论》系王夫之晚年著作,据岳麓书社版《宋论编校后记》,《宋论》成书尤晚(康熙三十年)。由两书可感王氏对故明历史冷静的审视态度。其论政争不囿于"道德—人格论",着眼于政治运作、政治效益;论君子—小人,更有方法论的启示意义,显示出士人政论的成熟性。王夫之论史不止于罪"小人"、罪奸臣,更追究士、"正人"之于亡国的责任,则显示了士有关其"类"的省察能力。王夫之说:"所贵乎史者,述往以为来者师也。"(《读通鉴论》卷六第 225 页)还说:"国之亡,有自以亡也,至于亡,而所自亡之失昭然众见之矣。"(同书卷一○第 373 页)其权奸不足以亡国论,更出于"一人系天下之兴亡"的寻常思路之外。① 虽其追原"祸始",归结因果,未全出时论(如党争亡国、谈心性亡国等论)之外,未出"君子—小人"等眼界之外,但其力图由政治运作而非道德立场论明亡,仍越出了士的通常视野。其"史识",也应由明清之际士人丰富的政治经验来解释。

有明一代,欲重修《宋史》者,不乏其人,据钱谦益说,归有光、汤显祖、王惟俭(损仲)等都有意于此(参看《跋东都事略》,《牧斋有学集》卷四六)。易代之际,士人更为自觉地借诸宋史观照当代(参看《曝书亭集》卷四五《书柯氏宋史新编后》)。我已在其他处谈到遗民学人以"论宋"为"论明"。"宋"一向被作为明代以及明清之际士人参验考察明世、明士、明政的重要文本。士人以说"宋"为有关自身的存在描述,说宋也即其时故明批评得以展开的形式。

易代之际的遗民学人,对史法也多所探讨。黄宗羲《曹氏家录续略序》曰:"余尝与门士论史,切不可有班、马之叙事于胸中而拟议之。故事本常也,而参合于奇节。情本平也,而附离于感愤。第就世间之人情物理,饥食渴饮,暝雨晴曦,宛转关生,便开众妙。事以征信为贵,言

① 《读通鉴论》卷八说"冀之生死",不足以"系汉之存亡","巨奸大蠹"之伏法,"于国之存亡无当","微卓而汉必亡,微禄山而唐必乱";"是故后事之论,惩其末而弗戒其本",非所以求必亡之故(按,冀,梁冀;卓,董卓)。《宋论》也说"安石用而宋敝,安石不用而宋亦敝"(卷六第 159 页)。——不难推知其有关明亡的思路。

以原情为定,宁为断烂之朝报,无为陵驾之古文,史学其过半矣。"(《黄宗羲全集》第十册第 100 页)——所说"事本常也,而参合于奇节。情本平也,而附离于感愤",有明确的针对性,即如其时的忠义、遗民传状。王夫之对"班、马之叙事"持更激烈的批评态度(甚至以《史记》为"谤史",参看《读通鉴论》卷三第 140、151 页)。其《读通鉴论》卷末诸《叙论》所论"不言正统"、"不论大美大恶"等等,无疑是关涉史述方法、史学规范、治史原则的重要议论。至于同书说崔浩"仕于魏而为魏史,然能存拓拔氏之所由来,详著其不可为君师之实,与其乘间以入主中华之祸始⋯⋯则浩之为功于人极者亦伟矣"(卷一五第 575 页),更意味深长。顾炎武《日知录》卷二六"元史"等条,说"虽敌国诽谤之言,咸肆其辞,而无所革讳,所以明大通之道也",提示修史惯例,也不无深意,令人不难读出对清初史学环境的批评。

遗民对当代史事的参与,不免有其代价。门户之见即王夫之、黄宗羲等,也未能免。王夫之对史述的夸诞失实、"溢美溢恶"深致不满(参看《读通鉴论》卷末《叙论三》第 1179 页、《宋论》卷二第 62 页等),李慈铭则指出《永历实录》对何腾蛟、金堡的评价,"尤是明季门户习气,失是非之公"(《受礼庐日记》,语见《船山全书》第十一册第 570 页)。黄宗羲说"明史自合从明"(《移史馆论不宜立理学传书》,《黄宗羲全集》第十册第 215 页),也似是而非;官修《明史》或正病在"从明",未脱明人眼光见识,明人之所是所非。上文说过批评明代者未能脱出其所批评的文化视野,于此也得到了证明。遗民意欲以述史"存明",具有讽刺意味的是,在上述意义上,"明"确也延伸在了士人的议论、遗民的史述中。至于治史的目标设置("存明"、明亡追究等),固然赋予遗民史学以特殊品性,也不能不有妨于充分的学术化——有关著述"质"与"量"的不称,可于此得到部分的说明。

第四节　文　论

"学术转型"构成了明末古文运动的重要背景。在复兴"古学"的空气中,"学"与"文"、经史之学与文事的关系顺理成章地得到了强调;

而黄宗羲等著名学者的参与,也为此运动点染了浓重的学术色彩。黄宗羲说"文必本之《六经》,始有根本"(《论文管见》,《黄宗羲全集》第十册第 649 页);说学诗"若只从大家之诗,章参句炼,而不通经、史、百家,终于僻固而狭陋耳"(《南雷诗历·题辞》,《黄宗羲全集》第十一册第 203 页)!其说为学次第、为文路径,曰:"读书当从《六经》,而后《史》、《汉》,而后韩、欧诸大家。浸灌之久,由是而发为诗文,始为正路。"(《高旦中墓志铭》,《黄宗羲全集》第十册第 314 页)其评论明代文章,以"道、艺之一"为尺度而推重理学家之文,更出于儒者矩矱。①一时文坛领袖如钱谦益,亦以复兴"古学"为号召,且以此作为古文复兴的必要条件。钱氏在明亡之前,即以"尊祖敬宗收族"说文事,以《六经》为"文之祖",左氏、司马氏为"继别之宗"(《袁祈年字田祖说》,《牧斋初学集》卷二六第 826—827 页)。清初朱彝尊亦以为"文章不离乎经术",而以西汉之文推董仲舒、刘向,且将其时诗家之"空疏浅薄"归因于不学。② ——凡此,正是明清之际的"时论"。而学术一旦成为"时尚",其弊也即难免。黄宗羲就曾批评钱谦益"用六经之语,而不能穷经"(《思旧录·钱谦益》,《黄宗羲全集》第一册第 374 页)。其《论文管见》所说"近见巨子,动将经文填塞,以希经术",也应指钱氏(《黄宗羲全集》第二册第 271 页)。

---

① 黄氏批评"文以载道,犹为二之",以为"文之美恶,视道合离","聚之以学,经史子集"(《李杲堂先生墓志铭》,同书第 401 页);其以"濂溪、洛下、紫阳、象山、左门、姚江"之文,为"可与欧、曾、《史》、《汉》并垂天壤",对王守仁(姚江)之文尤为推崇(《李杲堂文钞序》,同书第 26 页)。魏禧、彭士望等对王阳明之文也评价极高——亦一种理学空气中的文论。

② 朱彝尊《与李武曾论文书》:"然后知进学之必有本,而文章不离乎经术也。西京之文,惟董仲舒、刘向经术最纯,故有文最尔雅。魏晋以降,学者不本经术,惟浮夸是务,文运之厄数百年,赖昌黎韩氏,始倡圣贤之学,而欧阳氏、王氏、曾氏继之,二刘氏、三苏氏羽翼之,莫不原本经术,故能横绝一世。"(《曝书亭集》卷三一第 393 页)《答胡司臬书》:"是则六经者,文之源也。"(卷三三第 411 页)《栋亭诗序》:"今之诗家,空疏浅薄,皆由严仪卿诗有别才匪关学一语启之。天下岂有舍学言诗之理!"(卷三九第 484 页)张自烈《与阎百诗书》也说:"……古文宗唐、宋八大家,不原本六经,虽工,不能无弊";说"古文莫备于六经"(《芑山文集》卷九)。

使一向被认为最远于"学术"的诗,与经史之学发生关系,只能由"风会"解释。顾炎武《日知录》卷二一"庾子山赋误"、"李太白诗误"等条,则提供了文人不学的实例。同书"文不贵多"(卷一九)、"作诗之旨"(卷二一)诸条,论"文"与"道",《与人书》说"雕虫篆刻"之无益于世(《顾亭林诗文集》第98页),都在上述风尚中。① 至于顾氏致书施闰章,自说其《音学五书》"功在于注《毛诗》与《周易》",而非世俗理解的诗家之书(同书第58页),传达的也是经学地位恢复、学术(在这里主要即经学)升值的消息。

王夫之于此也不苟同于成说。关于诗与"学",他说:"陶冶性情,别有风旨,不可以典册、简牍、训诂之学与焉也。"(《诗译》,《船山全书》第十五册第807页)他每讥"训诂家"、"学究"、"帖括塾师"之解诗,如曰:"作者用一致之思,读者各以其情而自得","谢叠山、虞道园之说诗,井画而根掘之,恶足知此"(同书第808页)! 又曰:"必求出处,宋人之陋也。其尤迂酸不通者,既于诗求出处,抑以诗为出处考证事理。"(《夕堂永日绪论内编》,同书第835页)表现出对当时风尚之为偏蔽的敏感。但对"理"的注重,又是王氏的面目。其驳"诗有妙悟,非关理也"的说法,曰:"非理抑将何悟?"(《诗译》第813页)

也应当看到,明清之际因为风会而有价值论的倾侧,但明清之际的遗民学人,仍显示出得之于故明的训练。顾炎武、张尔岐文字的简净洗练,显然可见古文以至时文的修养(张尔岐即一再谈到他的时文训练)。黄宗羲对文体的敏感,更出于文人习癖。方以智以博雅著称,其论文却十足名士式的自由心态与通脱见识。其曰:"数千年之汗青蠹简,奇情冤苦,犹之草木鸟兽之名,供我之谷呼击节耳。何谓不可引故事? 何谓不可入议论? 何谓不可称物当名? 何谓不可逍遥吞吐、指东画西、自问答、自慰解耶? ……道不可言,性情逼真于此矣……知《易》为大譬喻,尽古今皆譬喻也,尽古今皆比兴也,尽古今皆诗也。存乎其

① 顾炎武亦自说其"少年时,不过从诸文士之后,为雕虫篆刻之技"(《与陆桴亭札》,《顾亭林诗文集》第170页),以此后之致力学术为人生一大转折。类似的表述每见于其时的士人文字。

人,乃为妙叶。何用多谈!"(《通雅》卷首之三《诗说》)他读"尽古今"这一大文本,因此而大"诗",而广"诗",而泛"诗",无怪乎所见"两间森罗,无非点画"(同上,《文章薪火》)。此种奇景,岂迂儒所能梦见!顾炎武虽然言及神话传说,不免于学究气,其关于"修辞"、"假设之辞"(《日知录》卷一九)、"诗题"、"诗体代降"以及"用韵"(同书卷二一)的见识,却是极内行的。

据有王朝迭代之时的便利位置,因世运、风会说文运(学术、文章"升降之际"),黄宗羲的文论,尤见出俯视有明一代文事的大眼界,其学养识力眼光视阈,也足资其纵横议论,以一个历史时代为其批评、省察的对象。黄氏为其所辑《明文案》所作序,不妨读作极简括的明文流变史及明文成就评估。其《明文案序(上)》说有明一代文章的三盛,以"崇祯之盛"归因于"王、李之珠盘已坠,邾、莒不朝,士之通经学古者耳目无所障蔽,反得以理既往之绪言"(《黄宗羲全集》第十册第17页),至少提供了有关明末文"盛"的由文化自身的解释。① 既有权威的失坠与王纲解纽,对于造成明清之际的某种文化繁荣,确有直接关系。至于上述批评背后的文化信念,则是不待言说的——回顾、清理,正为了起衰救弊。

明代文学史梳理与明文批评,也是明清之际遗民、士人"明代历史文化批评"的大工程的重要部分。明代文学批评仍聚焦于前后七子所倡的复古,遗民文论于此仍继续着有明一代的重要话题。当此之时,已有对遗民诗的整理。陈瑚的《离忧集》、屈大均的《麦薇集》等,即为遗民对遗民诗的辑录。在我看来,其时文论中更具遗民性的话题,是围绕着遗民诗的评价展开的。

遗民诗的评价作为问题,由诗的"正"、"变"的传统思路引出。对遗民诗或曰"遗民诗风"批评激切的,就有钱谦益。钱氏以"正"、"变"

---

① 黄氏对有明一代文事的评述,还见诸其碑铭文字,如《李杲堂文钞序》、《李杲堂先生墓志铭》、《前翰林院庶吉士韦庵鲁先生墓志铭》等,对明末古文复兴运动、东浙古文运动均有记述、评论。

说盛衰,以传统诗教为尺度①,以其所谓的"噍杀恚怒之音"为"角声"、"阴律",为"夏声"、"死声",为"衰世之音"(参看《牧斋有学集》卷一七《施愚山诗集序》、同卷《申比部诗序》、卷一九《施愚山诗集序》、同卷《彭达生晦农草序》等),曰:"仆西垂之岁,皈心空门,于世事了不挂眼,独不喜观西台崑井诸公之诗,如幽独若鬼语,无生人之气,使人意尽不欢。而亦以立夫《桑海》之编,克勤《遗民》之录,皆出于祥兴澌灭之后,今人忍于称引,或未之思耳。"(《答彭达生书》,《牧斋有学集》卷三八第 1333 页)《徐季重诗稿叙》也说:"余老耄多忌讳,恶闻人间所称引越台吴井《谷音》、《月泉》之诗,白杨荒楚,鸣号咽噍,若幽独君之孤吟,若甘棠之冥唱,蒙头而避之,唯恐遗音之过吾耳也。"同篇释所谓"死声",曰:"怨怒哀思,怗懘噍杀之音是也。"(《牧斋有学集》卷一八第 796 页)以失节者而呶呶论此,是否也可以看出此老的倔强?钱氏所见之时代病尚不止于此。他批评当世的咏梅诗,说:"今之论诗者,以势尖径仄,扪枯扣寂为宗。若咏梅花诗,尤争为荒寒瘦饿,如烟似梦之句。譬如螟蛄之声,发于蚯蚓之窍,虽复凄神寒骨,亦何足听!"(《书梅花百咏后》,《牧斋有学集》卷四七第 1559 页)钱氏于此,一再表现出对某种精神症候、疾患的敏感。虽切中时代病,却也未始不包含另一种偏见,且有对诗的社会功能、文化意义的夸大。论诗与世道人心,更有倒因为果之嫌。② 对遗民诗的批

① 钱氏一再申述此意。如《新安方氏伯仲诗序》曰:"诗之道,清和而已矣。"(《牧斋有学集》卷二〇第 843 页)他说:"故吾于当世之文,欲其进而为元和,不欲其退而为天复。"(《答杜苍略论文书》,同卷书卷三八第 1308 页)《答彭达生》也说:"今日为诗文者,尚当激昂蹈厉,与天宝、元和相上下。"(同卷第 1333 页)

② 其实钱氏何尝不知时势使然!他自己就说过:"若宋之谢翱,当祥兴之后,作铙歌鼓吹之曲,一再吟咏,幽幽然如鸮啼鬼语,虫吟促而猿啼衰。甚矣哉!文章之衰,有物使然,虽有才人志士,不能抗之使高,激之使壮也。"(《彭达生晦农草序》,《牧斋有学集》卷一九第 811 页)他说,唐之孙樵(可之)、陆龟蒙(鲁望)、司空图(表圣)之伦"所以陷于促数噍杀、往而不返者,以其生于唐之季世,会逢末劫之运数,而发作于诗章"(《答杜苍略论文书》,见前注)。他也说过:"诗言志,志足而情生焉,情萌而气动焉,如土膏之发,如候虫之鸣,欢欣噍杀,纡缓促数,穷于时,迫于境,旁薄曲折,而不知其使然者,古今之真诗也。"(《题燕市酒人篇》,《牧斋有学集》卷四七第 1550—1551 页)

评，此后也尚有可闻。罗学鹏编《广东文献》四集卷一九《国初七子集》，以屈大均之诗为"不宜入选"，理由是："居本朝而妄思前朝者，乱民也。翁山叫嚣狂噪，妄言贾祸，大失温柔敦厚之旨。"同卷《陈独漉集·列传》曰："按先生为破巢之完卵，并无噍杀之音，其所养可知矣，视屈翁山相去何如耶！"

明清之际为遗民诗的辩护，令人不难察知其针对性。傅山径说诗不妨"怨"："庾开府诗，字字真，字字怨，说者乃曰诗要从容尔雅。夫《小弁》、屈原，何时何地也，而概责之以从容尔雅，可谓全无心肝矣。"（《杂记[一]》，《霜红龛集》卷三六第 999—1000 页）朱鹤龄更像是蓄意与钱氏立异，他自说其"选启、祯以来之诗，专取幽清澹远、扫尽俗辈者"，显然有某种论辩色彩；论明末诗，也与钱氏大异其趣。他托言客问："此诸君子之诗，乃世所嗤钟谭体，为鬼趣，为兵征，亡国之音也，夫子何取乎尔？"以下说所谓的"羽声"、"噍杀"，"非人之过"："声音之理，通乎世运，感乎性情……诸君子生濡首之时，值焚巢之遇，则触物而含凄，怀清而激响，怨而怒，哀而伤，固其宜也。且而不闻十二律旋相为宫之说乎？以宫、徵、商、羽、角隔八相生之序言之，则十二管皆可为宫，十二管之宫皆可应以羽。先王之不能废羽声而成八音也，犹雍人不能舍醯、醢、盐、梅而济五味也。五子之歌必录于夏书，黍离之咏不删于王国，皆此物此志也。""而安得以木客之悲吟、幽独君之冥语漫比而訾斥之哉！"（《寒山集序》，《愚庵小集》第 407—408、409 页）几于呼钱氏之名而驳之。他的《竹笑轩诗集序》一文，也为"幽深孤峭"辩护，曰："此种风味亦何可少！"（同书第 410 页）①

"变"非始自明亡之后。方以智自说当壬申社事方盛之时，已"不自知其声之变矣"（《宋子建秋士集序》，《浮山文集后编》卷一第 27 页）。同文说："卧子尝累书戒我，悲歌已甚不祥。嗟乎，变声当戒，戒又安免！子建曰：'皎然不欺其志已耳。'诗也者，志也。从吾所好，曼

---

① 但朱氏所说，是一般原则，并非对当世遗民诗的评估。他在《愚谷诗稿序》一文中说："三十年来，士多好言隐逸，其所为隐逸之诗，类以吴宫花草、晋代衣冠托之悲悼，而余弗谓善，盖其音响是而性情非也。"（《愚庵小集》卷八第 404 页）

衍以穷年。变不变,何问焉!"他还说:"尼山以兴,天下属诗,而极于怨。怨极而兴,犹春生之,必冬杀之,以郁发其气也。行吟怨叹,椎心刻骨,至于万不获已。有道之士,相视而歌,声出金石。亦有大不获已者存,存此者,天地之心也。天地无风霆,则天地暗矣! 噫嘻! 诗不从死心得者,其诗必不能伤人之心、下人之泣者也!"(《范汝受集引》,《浮山文集后编》卷一第 24 页)杜濬以"变雅"名堂,即以名集,也可认为一种态度。

彭士望以势"不得已"为说:"……世则有然,文从而变,而作文者之用心弥苦弥曲,弥曲弥厉,如天地之噫气,郁不获舒,激为雷霆,凝为怪雹,动荡摧陷,为水溢山崩。夫岂不欲为卿云旦日甘雨融风,势有所穷,不得已也。"(《与魏冰叔书》,《树庐文钞》卷二)魏礼亦以为"古今论诗,以温厚和平为正音,然愤怨刻切亦复何可少,要视其人所处之时地"(《甘衮素诗序》,《魏季子文集》卷七)。黄宗羲《陈苇庵年伯诗序》说诗之正变系于其时,"哀而非私","何不正之有?"(《黄宗羲全集》第十册第 45 页)其《金介山诗序》、《万贞一诗序》也说诗的"正""变",不以"凄楚蕴结"为病(同书)。《海外恸哭记》记其从亡海上时,"与诸臣无所事事,则相征逐而为诗。诸臣惟吴钟峦、张肯堂故以诗名。其他虽未尝为诗者,愁苦之极,景物相触,信笔成什"。黄氏以为诸臣之诗,"即起杜甫为之,亦未有以相过也"(《黄宗羲全集》第二册第 209 页)。这些均见出与钱谦益论诗的不同旨趣。这自然也因黄氏本人曾在事局中,此情此景,皆所亲历,自有一份同情与体贴,而不至为架空之论。[①]遗民的读遗民,与局外者毕竟不同。黄宗羲《缩斋文集序》评其弟黄宗会(泽望)之文,曰:"其文盖天地之阳气也。阳气在下,重阴锢之,则击而为雷;阴气在下,重阳包之,则抟而为风。"(《黄宗羲全集》第十册第

---

① 由明清之际的有关文献,可知其时的情感与心理氛围。如黄氏说士人情怀之恶:"乱后瘁于哀伤,吴霞舟先生舟中别我,余行二十里,先生复掉三板送之,鸣咽涛中;沈眉生书尺往来,纸有泪痕;舟发虞山,邓起西立忠烈祠边,涕泪交下;陈锡公来学,去之日,手巾拭面,而泪不能止。"(《敬槐诸君墓志铭》,《黄宗羲全集》第十册第 398 页)

12 页)①接下来又以阴阳说《采薇》之歌（商之亡），说"谢皋羽、方韶卿、龚圣予之文"（宋之亡）、"席帽、九灵之文"（元之亡），所说无非"人"、"文"与其时代的关系：历史转折中"文人之文"的命运，以至时代冲突中的人性，与以抽象理念、永恒尺度（"诗教"）责遗民诗者，因经验与人生理解而有所见之别。

归庄自序其《落花诗》，说前人的有关诗作虽已"穷态极致"，"然诸公皆生盛时，推激风雅，鼓吹休明，落花虽复衰残之景，题咏多作秾丽之辞……我生不辰，遭值多故，客非荆土，常动华实蔽野之思；身在江南，仍有大树飘零之感。以至风木痛绝，华萼悲深，阶下芝兰，亦无遗种。一片初飞，有时溅泪；千林如扫，无限伤怀！是以摹写风情，刻画容态，前人诣极，嗣响为难；至于情感所寄，亦非诸公所有"（《归庄集》卷一第119—120 页）。固然可以读作遗民心迹剖白，却也不难感知其道德与审美的自信。朱鹤龄也认为，文字于劫难之余，有可能呈现为另一种美："……自是而脆者坚，润者燥，靡者劲，华实敛藏，结为绚烂，鸭脚枫柏，经霜作花，红叶翠阴，参差绮缛，当之者神寒，望之者目眩——此亦天下之壮观绝采也。使非秋气坎壈、寒威砭肌之后，其何以得此哉！"（《缬林集序》，《愚庵小集》卷八第 379 页）全祖望引述时人评遗民诗语，曰："意其人为右丞、苏州一流，乃唱叹之余，则为羽徵变声，如风如雷，不知者以为诗殊其人，其知者以为人寄于诗也。"（《鲒埼亭集》外编卷六《陆披云先生阡表》）当时以至其后的读者，是不乏读解遗民诗的能力的。②

王夫之的《诗广传》论《关雎》，以不匿哀乐为说，曰："匿其哀，哀隐

_____

① 黄氏《胡玉吕传》记胡氏"临卒，令家人放炮，终夜不彻，始瞑。阳刚之气，为重阴所锢，郁结不解，则必决裂震动以出之，故为雷电，为怒涛，而炮其小小者也"（《黄宗羲全集》第十册第 605 页）。其时儒者另有以"阴一阳"为说者，旨趣却与此有别。黄氏所师从的刘宗周就说："……且阳德衰而阴惨用事，喜与乐之分数减而忿懥恐惧忧患之分数居其偏胜，则去天愈远，心非其心矣。"（《学言[中]》，《刘子全书》卷一一）

② 陈子龙论诗，也表达了其对于时代氛围的感知。其《庄周论》曰："嗟乎！乱世之民，其深切之怨非不若庄氏者，特以无所著见，故愤愤作乱，甘为盗贼，岂非以圣贤为不足慕，而万物者皆可齐耶！"（《陈忠裕全集》卷二一）陈氏似并不长于论说，却有惊人之论，亦应视以文人尚通脱，不拘成见。

而结;匿其乐,乐幽而耽。耽乐结哀,势不能久,而必于旁流。旁流之
哀,怵栗惨澹以终乎怨;怨之不恤,以旁流于乐,迁心移性而不自知。"
(《船山全书》第三册第 299 页)似可推知其人对遗民诗的读解态度。
疏导情欲使归于正,本是一种儒者思路。但当着遭遇某些特定诗题
(如士夫对贫窭的怨嗟,如政治性的"歌谣讽刺")时,出于对其时弥漫
着的"戾气"的敏感,王夫之持论又与钱谦益有暗合之处,其尺度的
"隘"也即于此显现出来。王夫之深恶痛绝于诗人以诗为饥寒之号,指
《诗·邶风·北门》为始作俑者,曰:"陶公'饥来驱我去'误堕其中。杜
陵不审,鼓其余波。嗣后啼饥号寒、望门求索之子,奉为羔雉,至陈昂、
宋登春而丑秽极矣。"(《夕堂永日绪论内编》,《船山全书》第十五册第
840 页)他还指韩愈《进学解》、《送穷文》的"悻悻然怒,潸潸然泣"为
"不知道,与杨雄等"(《夕堂永日绪论外编》,同书第 855 页)。出于对
"货利"的极端道德化的否定(以欲"货利"为"人理"之亡),他将士夫
物质生活上的不满不平,在"理""欲"的层面上理解,以欲"货利"为
"人理"之亡,于此将理学的逻辑推向极致。至于对士大夫的"歌谣讽
刺"的否定,则根于儒者的"秩序"意识。他以为当士气日趋颓靡之时,
"圣人以《诗》教以荡涤其浊心,震其暮气,纳之于豪杰而后期之以圣
贤,此救人道于乱世之大权也"(《俟解》,《船山全书》第十二册第 479
页)。尽管阅历与处境极其不同,王夫之、钱谦益都不免依各自的经验
与理解,将所谓"温柔敦厚"的"诗教"绝对化了。王夫之对怨怒之声的
嫌恶、对"和"的绝对意味的强调,也应出于明亡之际反思中的极端
心态。①

----

① 王夫之批评《诗经·鄘风·相鼠》,曰"刺而无余,滥为酷刑"(《诗广传》,《船山全书》第
三册第 334 页),以"恤妻子之饥寒,悲居食之俭陋,愤交游之炎凉,呼天责鬼",为"殚失
其本心"(同上第 326 页),确也根于其作为儒家之徒的思想逻辑,和他的流品论,他的说
"戾气"、论必要的"讳",等等,有逻辑的一致。他肯定颜渊式的人生意境,欣赏的是虽
"每旦待籴而炊",却"长日一卷,啸傲自如",感慨于"戚戚忧贫,未壮而气衰者,成乎风
俗,不复知此风味矣"(同上第 876 页)。你由此可感王夫之思想逻辑的彻底性,其基于
"仁"的理念对世情人性的洞察力;其文学观的"隘",不妨看做儒者向往"中和之境"的一
份代价。至于他对政治性歌谣之讽刺、对"下之怨怼"的反感,也突出地暴露了(转下页)

诗在明亡之后,不啻士人的一种生存方式。全祖望说:"有明革命之后,甬上蜇遁之士甲于天下,皆以蕉萃枯槁之音,追踪月泉诸老而唱酬。最著者有四社焉。"(《鲒埼亭集》外编卷六《湖上社老晓山董先生墓版文》)同卷《宗征君墓幢铭》曰:"改玉之际,吾乡诸遗老社会极盛,而湖上之七子苦节为最。"所记七子之社集,亦当时一种典型的遗民行为:"七子以扁舟共游湖上,或孺子泣,或放歌相和,或瞠目视,岸上人多怪之。"《陆雪樵传》记陆氏诗中所描画汐社社集情景:"语者,默者,流观典册者,狂饮作白眼者,痛哭呼天不置者,皆见之诗。"(同书卷一二)你可以看到,不但遗民所作文字,而且其人的上述神情举动,均可读作"诗",其人确也是以之当"诗"来作的。你还不难想见那舟中者与岸上者的不同;此"舟中"不妨认作遗民所设置的自我象喻,有关其与当世与当世之人的关系、相对位置的象喻。

　　杜濬《程子穆倩放歌序》说"诗可以正史之伪"(《变雅堂遗集》文集卷一)。至于论遗民诗的价值,以为遗民以诗为"史",意义在存"明",是更通常的思路。屈大均说:"士君子生当乱世,有志纂修,当先纪亡而后纪存;不能以《春秋》纪之,当以诗纪之。"(《东莞诗集序》,《翁山文钞》卷一)他还由"少陵以诗为史,所南以心为史"发挥道:"嗟乎!君子处乱世,所患者无心耳,心存则天下存,天下存则春秋亦因而存,不得见于今,必将见于后世,奚必褒忠诛逆,义正词严,尽见于声诗之间,以犯世之忌讳为乎?然吾之志,终愿为少陵,而不愿为所南也。少陵犹诗之达者也,所南则真诗之穷者也。不知天之意,其终置予于穷耶,达耶?则亦惟听之而已。"(同书卷二《二史草堂记》)这是一个有关诗人命运的命题,屈氏对世运转换的祈盼直欲脱口而出。黄宗羲也说"史亡而后诗作","逮夫流极之运,东观兰台但记事功,而天地之所以

（接上页）其"戾气"说的偏蔽。王夫之的上述批评角度,在一时儒者中似也少见。张尔岐评论时人的诗,曰:"或以其叹老嗟卑,屡形于言,为不能安义命。吾尝论世之困而不怨,怨而能平者,其人必闻道者也。不然,则苶弱不振,甘为人下者流耳。夫以先生之气之才,而不得一试其锋,贫困以死,斯不亦古之伤心人也耶?何怪其然也。"(《〈王明台先生集〉序》,《蒿庵集》卷二第82页)

不毁、名教之所以仅存者,多在亡国之人物"(《万履安先生诗序》,《黄宗羲全集》第十册第 47 页)。这通常也即遗民的生存意义论证。钱谦益于此所见,与时论并无不同。① 他还说到遗民诗亦所以存遗民——遗民本人也往往赖其诗传,"存与治之诗,所以存与治也"(《顾与治遗稿题辞》,《牧斋有学集》卷四九第 1591 页)。王夫之在这一话题上,仍另有见解。他说:"夫诗之不可以史为,若口与目之不相为代也,久矣。"(《诗译》,《船山全书》第十五册第 812 页)

然而"遗民诗"的流传,终究要赖其作为"诗"的品性。以诗存史,毕竟只是愿望。有其志而无其才,或才力不逮,则是遗民诗人通常的无奈。具有讽刺意味的是,失节者如钱谦益、吴伟业的诗作,更有"存史"的可能。陈寅恪甚至认为钱谦益《投笔集》诸诗中"颇多军国之关键,为其所身预者,与少陵之诗仅为得诸远道传闻及追忆故国平居者有异。故就此点而论,投笔一集实为明清之诗史,较杜陵尤胜一筹,乃三百年来之绝大著作也"(《柳如是别传》第 1169 页)。当然,是否惟"军国之关键"方可成"史",另是一个问题。

---

① 《胡致果诗序》曰:"宋之亡也,其诗称盛。皋羽之恸西台,玉泉之悲竺国,水云之苕歌,《谷音》之越吟,如穷冬沍寒,风高气栗,悲噫怒号,万籁杂作,古今之诗莫变于此时,亦莫盛于此时。至今新史盛行,空坑、厓山之故事,与遗民旧老,灰飞烟灭。考诸当日之诗,则其人犹存,其事犹在,残篇啮翰,与金匮石室之书,并悬日月。谓诗之不足以续史也,不亦诬乎?"(《牧斋有学集》卷一八第 800—801 页)持论也似自相扞格。

余论(之一)

读遗民,尤当于无字处读之。但文字,公然的表达,仍然是可供诠释的材料。

就"表达方式"而言,以上章节所说,自不足以尽之。遗民表达其归属以至信念,常用的方式,就有自我命名(通常的做法是另拟字、号、室名、别名等)。《碑传集补》卷三五《吴节士赤民先生传》记吴炎:"以遭逢鼎革,系心故国,不忍背弃,故更号赤民云。"这类自我命名,也属于赋予生存以意义的活动。顾炎武的改名炎武,即此之类。徐枋《恒轩说》记归庄释其自号"恒轩":"……且吾自经世变,吾终悲夫素丝之终染,荃蕙之为茅,是皆无恒者也,故以为吾号以自期,亦自儆也。"(《居易堂集》卷九)可感遗民自我命名的严肃性,对符号意义的认真推究。

性情不同,志行不同,赋予"名"的意义也自有别。黄宗羲《查逸远墓志铭》说查氏"初名崧继,字柱青,后改遗"(《黄宗羲全集》第十册第367页)。《碑传集补》卷三七《张鹜庵先生传》曰张氏"更号曰鹜庵,喻草际遗民,将如野鹜之漂流水上也"。其他如陶澂"身当末造,以季自称,遂以字行,曰陶季",亦出于对易代这一事件的反应。也有更名以纪其所历的。钱谦益《薛更生墓志铭》曰:"君讳正平,字更生……闻国变,恸哭欲投海死,同行者力挽之归。叹曰:'吾今日真薛更生矣!'更名,所以志也。"(《牧斋有学集》卷三一第1144页)陈确更名为"确",亦在甲、乙之后。更名虽一时风气,但意义设置仍因人而异,未必均有政治意味。

彭士望《首山濯楼记》记方以智,曰:"墨历老人者,于高座为无可、浮庐,为药地、廪山、寿昌,为木立、青原,为愚者;桐城为方密之先生;乙酉、丙戌间为吴石公;最后西昌为墨历。"(《树庐文钞》卷八)方以智曾用名尚不止于此。其名之屡更,亦如其一生踪迹(参看任道斌《方以智年谱·传略》)。他自说曾"七年中五变姓名"(《书周思皇纸》,《浮山文集后编》卷一第22页),即在流亡途中。同时吴鼎"本欲逃名,故屡更名号",陈垣说:"所谓'姓名不敢污青史',又何暇顾后人之艰于考索耶!"(《明季滇黔佛教考》卷五第225页)方以智的动机肯定要复杂得多。至于上文说到的归庄,据说其人"名字屡更,崇祯中,忽请于学使者,改名祚明。自是以后,或称归妹,或称归乎来,表字或称元功,或称园公,或称悬弓,恒轩其别号,亦号普明头陀,又号鏖鏊钜山人"(《静志居诗话·归庄》第680页)。归庄自序其《山游诗》,则说:"平生名字号屡更,以十数计,今名从其旧,字从其新,号从其怪者云。"(《归庄集》卷三第212页)——仍不脱名士面目。

释名释字,近于一种文类,士人文集中并不罕见。刘城《汪汉字序》说汪生以"汉"命名之义,即颇有发挥。其曰:"……又况今日之于汉,能无慨想叹息乎?"寄意深长。同文对汪生字之以"西京",也无非寄托"光复旧物"的期待:"夫汉有二京焉,殆与周同。然周之东也不复振,而汉以光复旧物,乃有东都……非发源嶓冢、并流潜沱之'汉',而实丰沛长安,高、文、景、武所渐摩之'汉'云尔。是亡秦不能距于前,而周为之垂其统,新莽、曹魏不能篡其后,而千万世中国人为之传述其号,久长其祚者也。夫生不忘汉,不忘汉所存古圣王五常六籍之道,灿然明备于世也,是则西京为烈矣。故夫'汉'者,中国之通辞,西京者,又汉之最盛。视生之名,生岂犹夫今人之志意也哉!生自视其字,生敢不详求其实,而力务所以存古圣王之道也哉!"(《峄桐集》卷九)应是刘城集中难得的一篇激情文字。刘氏本人在文后所附家书中说:"此所谓借秦为喻也,聊一发挥,似仍蕴藉,读之只如论古,正不妨也。"——可知其谨慎,与对文字策略的自觉。

姜埰生前并未赴戍所,其自号"敬亭山人"、"宣州老兵"者,毋宁说为了表达对先帝惩创的态度。其子编《年谱续编》,曰其"思终老宣州","欲结庐敬亭,以终谪戍之命"(《敬亭集》),亦一种特殊的遗民表达而已。

有讽刺意味的是,祝渊遗命其四子分别以乾明、恒明、升明、晋明名,其遗集注引《家谱》却曰:"乾明今名翼乾","恒明今名翼恒"——无论出于何种原因,都应当视为对其父借诸命名的意志强加的拒绝。还是祝氏本人如下的话说得通达:"昔先正临殁,子弟问以后事,但云'莫安排',此三字最妙……"(《临难归属》,《祝月隐先生遗集》卷四)

用以表意的符号自不止于此。顾炎武所记"复堂"、"贞烈堂"的命名,用意也很明白。其《贞烈堂记》曰"仅以一堂之名托之文字,以示子孙不忘"(《顾亭林诗文集》第107页)。彭士望说其友"死丧略尽","弟耻后之,用不敢宁居,弃家率野,穷年道路"(《与陈君任书》,《树庐文钞》卷一),可自注其"耻躬堂"。陆陇其《刁文孝先生生平事实记》说刁包"于城隈辟地为斋,曰'潜室',亭曰'肥遁'"(《用六集》)。文人尤有对创意的不厌追求。屈大均释其"卧蓼轩",曰:"吾以轩名其所居,盖不忘有事于天下四方也。布之以蓼以卧,蓼之生,春苗秋华,多在洲渚之间,其味甚辛……苦其心以胆,辛其身以蓼,昔之人凡以为雪耻计矣。予本辛人,即使无耻可雪,无仇可复,犹必与斯蓼相朝夕,况乎有所甚不能忘者于中也哉!"(《卧蓼轩记》,《翁山文外》卷一)

陶潜的入宋不书甲子,启示了一种与所处时世的关系的表达。《读通鉴论》卷一五:"宋之篡晋,义熙以后以甲子纪,而不奉宋之元朔,千古推陶公之高节。"(第554页)余英时《方以智晚节考》说方氏"以岁阳岁名系年者,亦渊明入宋后不书甲子之意,晚明遗老及密之父子莫不皆然焉"(增订版第20页)。钱谦益《书南城徐府君行实后》记徐氏于"弘光改元"后,"岁时家祭,称崇祯年如故"。叹曰:"嗟乎!称弘光犹不忍,况忍改王氏腊耶?"(《牧斋有学集》卷四九第1604页)年号问题的严重性,也因了有清当道的提示。戴名世即因《与余生书》论永历正朔获诛。但将文章作在纪年方式上,确也像是一种"遗民传统"。钱谦益《跋本草》记金遗民:"金源氏以夷狄右文,隔绝江左。其遗书尤可贵重,平水所刻《本草》,题泰和甲子下己酉岁。金章宗泰和四年甲子,宋宁宗嘉泰四年也。至己酉岁,为宋理宗淳祐九年,距甲子四十五年,金源之亡,已十六年矣。犹书泰和甲子者,蒙古虽灭金,未立年号。又当女后摄政、国内大乱之时，而金人犹不忘故国，故以己酉系泰和甲子之下与?"（同书卷四六第1522页）到明清之际，这类密码解密已久，由遗民用来，仍像是惟恐别人不能领解，且方式不厌其变换。王夫之自题墓石，书"戊申纪元后……"（按，戊申纪元为洪武元年），尤大有深意（参看《船山全书》第十五册第227页），亦遗民表达追求创意之一例。

上述种种，自然不可能穷尽"遗民表达"的丰富性。

遗民的怀念之情通常向旧物寻求寄托。那旧物可能是几方私印。刘城《印记》记其"数十余私印"之印文，曰"谢发郑心"（谢翱《晞发集》、郑思肖《心史》），曰"今字存宗"，曰"更字存宗"，曰"明之遗民"，曰"宋有会孟明则存宗"——可以读作遗民对其身份、生存理由的宣告（《峄桐集》卷八）。那旧物也可能是一枚钱币。林古度将"儿时一万历钱，佩之终身，吴嘉纪为赋《一钱行》"（参看钱仲联主编《清诗纪事·明遗民卷》第8页，江苏古籍出版社，1987）。李景新撰《屈大均传》，记屈氏"取永历钱一枚，以黄丝系之，贮以黄锦囊，佩肘腋间以示不忘"。屈大均记孔闻诗，"所著帽，常缀一崇祯钱"（《孔氏四忠节传》，《翁山文钞》卷四）。均像是不谋而合。屈大均说："侯官林茂之先生有一万历钱，系臂五十余载，泰州吴野人为赋《一钱行》以赠之。予亦有一钱，文曰'永历通宝'，其铜红，其字小篆，钱式特大，怀之三十有一年矣。""钱以黄锦囊贮之，黄丝系之，或在左肘，或在右肱，愿与之同永其命，钱在则吾长在，吾长在则将无所不在，所关者大，夫岂徒以为古物之可宝而已哉!"（《一钱说》，《翁山文外》卷五）屈氏将那枚永历钱当诗作了。

明遗民除顾、黄、王之外，最为读者所知的，应属张岱吧。读其《梦忆》、《梦寻》，而能由"闲适"中读出苦涩，进而读出"遗民情怀"者，想来不多。遗民的"故国之思"本不妨有极个人的根据，寄寓于极琐细的物事的。如冒襄的《岕茶汇钞》、《宣炉歌注》（如皋冒氏丛书）之类。张潮《宣炉歌注小引》曰："物之佳者，或以人名，或以地名，或以代名；名虽不同，其为物之佳则一也……至于商彝、周鼎、秦玺、汉碑，则以代名者也。夫以一物之微，而致烦一代之名名之，及其久也，代已亡而物尤不朽,岂物以代重耶?抑代以物传耶?有明三百年间,物之佳者不可胜数,而宣炉一种,则诚前无所师,后莫能继,岂非宇宙间一绝妙骨董乎?"可谓善于诠释遗民者。冒氏本人则在其《宣铜炉歌为方坦庵先生赋》中说:"抚今追昔再三叹,怜汝不异诸铜驼。一炉非小关一代,列圣德泽相渐摩。"

陈定生《秋园杂佩》所收小品文字,如《庙后茶》、《兰》、《庞公榛》等(《陈定生先生遗书》),因物记事,令人据以可知明末贵族—文人式的精赏,其精致的生活艺术,而沧桑、兴亡之感即于此寄寓。《鹦鹉啄金杯》曰"睹此太平遗物,不胜天宝琵琶之感"。《湘管》一则慨叹其所存湘竹"零落殆尽",曰:"况海内知交,嵇锻王琴,多化为异物,骚魂徒赋,笔冢成封,睹一湘管,而坡老磨人之谑,广陵绝调之悲,茫茫交集……"

这类文字尤见于诸家文集中"铭"之一体,且非文人、名士的专利。王夫之也有《杂物赞》。

或许倒是因了那琐细,使得"沧桑之感"、"故国之思"更其切实。而"闲适"也未必即与遗民身份不相容。陈确的《竹冠记》、《再作湘冠记》等作,即不无闲适趣味。这也应当是遗民因"遗"成"逸"的例子。当然,你也尽可换一种思路,将这类文字读作借诸"故国之思"的大题目的文人固有习癖的展示,贵族式的对其曾经占有的财富、文化资源的夸炫。

如果你所注意的不止于作为一种"身份"的遗民,还及于遗民之为"情怀",你将发现遗民现象"泛"到了似无边际。读陈维崧、颜元、王源等人文集,令人印象深刻的,即其时"遗民氛围"的弥漫。但我又怀疑这"氛围"仅存在于文字中。

"遗民情怀"之于文人,向如夙缘;其看似"天然"的遗民倾向,部分地可由正统文学的传统来解释。陈维崧作为遗民的后代,其身世遭际注定了其与故明的精神、情感联系。他记吴应箕、冒襄、方以智等人及有关家世的文字,可自注其遗民情怀。其《祭姜如须文》曰:"维崧则发未燥时,从诸先生长者为雅游,一时如黄清漳、张娄东、吴秋浦、陈云间诸先生,谬承奖拔,厕我上流。其爱我者死矣,其不爱我者未尝死也,其爱我不深者未尝死,即死矣,未尝最可悲也。"(《湖海楼全集》卷六。按,黄清漳,黄道周;张娄东,张采;吴秋浦,吴应箕;陈云间,陈子龙)陈维崧以"复社子弟",受业于吴应箕,《吴子班读史漫衡序》记其师吴应箕,一往情深:"箧中仅仅保守《楼山堂集》数卷,每读集中论史诸作,时而悲歌起舞,旁若无人;时而作为变徵声,泣数行下。"(同书卷一)陈氏与故明的情缘正系于人。那是一份至为沉痛的记忆,故其往复唱叹如此。《王西樵炊闻卮语序》一篇自述其生涯,曰"负其薄艺,以与贤豪长者游,则北里西曲之靓丽,辄时时征逐其间,哀丝豪竹之音,又未尝三日而不闻于耳也"。"以故前者之泡影未能尽忘,过此之妄想亦未能中断,百端万绪,宵宵茫茫,如幽泉之触危石,呜咽而不能自遂也;如风絮之散漫于天地间,帘茵粪溷之随其所遇也"(同书卷三):不胜世事苍茫之感。世道之盛衰,一己之今昔,从来是构造"时间形象"的材料,而陈氏又各各赋予其个人意义。其中"家族背景"尤为醒目,诸相关人事无不或近或远地通向、指向这一背景。触处兴感,故明的一段历史自浮沉、隐现其间,其个人的时间经验,也于此接通了遗民的普遍经验。

　　王源屡叹"老成凋谢",说"予伈伈然独立天荒地老,俯仰无聊,一无所成于天下,徒以文字表彰忠孝遗逸,而悲歌慷慨,呼天而莫之应"(《廖处士墓志铭》,《居业堂文集》卷一七)——倒像是遗民之遗。其《十三陵记》(上)(下)、《景泰陵记》(同书卷一九),记谒明陵,神情即无异于遗民。由其父(王世德,字克承)、其师(梁以樟,字公狄,别号鹪林)、其知交如刘献廷、梁份等,不难知其遗民缘。其《北省稿序》曰:"予斋壁悬庄烈赐杨武陵督师诗墨刻,而先人画像挂于傍。"自说"父师皆以患难,九死余生,萍聚他乡,晨夕歌哭,淋漓酣痛。予兄弟日侍左右,其习于感慨无聊不平,宜也"(卷一四)。

　　或许不全是遗民情怀的"世袭",而是士的类似倾向借诸遗民方式寻求表达:认同遗民更出于自我表达的需要。无需身份确认的繁难手续,文人中的相当一部分本是"遗民"。

　　王源自说有志于明史,曰:"源自幼闻先君子谈前代朝仪典故,暨目击中外轶事,娓娓忘倦;或侍饮至夜深,相对欷歔不寐。及来京师,耆旧尽矣,往往从布衣野老访问当年之事。"(卷一六《送廷尉常公归里序》。其他尚可参看卷六《家大人八十征言启》、卷一二《家谱序》等。)其所撰传状,颇存京畿、直隶一带与抵抗有关的史实;所记北方义士、大侠,亦其时之"两河忠义",可补南人所撰忠义、遗民传状之阙。北方忠义遗民事迹,还见诸颜元、戴名世等人文字。戴氏有关榆林、保定城守的记述,也可补有关记载的阙略。黄宗会亦如王夫之,目北方为"夷"化之区,曰"于极乱毁坏之日,而欲求奇节慷慨之士,硗乎旷世而一睹焉"(《地气》,《缩斋文集》第9页)——应是其时南方人士中较为普遍的偏见。颜元、王源等人为北方忠义立传,当有对于此种时论的针对性吧。

遗民的人格魅力,不难由大致同时的颜元那里读出。颜元说:"元生也晚,不得尧、舜、周、孔而见之,得见夫学尧、舜、周、孔者亦幸矣;不得学尧、舜、周、孔者而见之,即得见夫传尧、舜、周、孔者亦幸矣。弱冠时博访其人,闻今世有孙征君钟元先生、刁孝廉蒙吉先生、张处士石卿先生、张石室公仪先生、王义士介祺先生……"(《与上蔡张仲诚书》,《颜元集》第433页)对上述诸人,不止于心仪,且仆仆"拜交",务求"亲炙"。颜元表达其对李明性的敬重,"爱书尊姓字于案上笔筒,望见必拱,日对如严师"(《祭李孝悫文》第532页)。其欲借重孙奇逢以推广其学,以为"天生材自别……盖天生王者,其气为主持世统之气,乃足系属天下,非其人不与也。儒者教世,何独不然!是其人也,天下附之;非其人也,学即过人,而师宗不立。如龙所至则气聚成云,否则不可强也,况愚之庸陋不足数乎!自料只可作名教中一董三老耳"(《存学编》卷一《学辨一》,同书第52页)。尽管此后又有对于孙氏的失望。他服膺陆世仪,至说"宋儒中止许胡安定、张横渠为有孔门之百一;今儒止许太仓陆道威为有孔门之百一,自陆氏辞世,未见其人也"(《寄关中李复元处士》第435页)。他谈及畿辅的"忠义",如数家珍,说王义士"春风淑气,化我乖棱,巨量阔怀,荡我褊隘,伟识雄略,启我庸顽,使固陋之子不容不心折也!刁文孝捐客,石卿、公仪弃世,某所敬佩倚望如师、如父者,独先生一人"(《祭壮誉王义士文》第530页)。或也因与遗民的精神联系,当其世有以"三代逸民"目之者(参看其《答许酉山御史书》),他本人也未尝不以此为荣。

如若你承认了"遗民情怀"以故明之思、明亡之恨为表征,那么大可认为,此种情怀是其时士人普遍的精神取向。你甚至不难在失节者如钱谦益、吴伟业、龚鼎孳等人的文字中读出此种情怀,甚至在更后的全祖望等人那里读出此种情怀。

具有讽刺意味的是,"遗民情境"、"遗民情怀",由钱谦益一类"伪遗民"(钱氏确常以"遗民"、"遗老"自我指称)写来,有时像是更充分,更淋漓尽致;钱谦益、吴伟业较之某些正牌遗民,其文字也像是更足以令人认识"士之处易代之际"。你不能否认此种"殊相"也包含着"共相",也无需否认这一种"表达"的价值。是否可以认为,"遗民态度"在士,又是被其自身的创造物(比如其抒发兴亡之感寄寓故国之思的诗文)所助成的?吴伟业《戴沧州定园诗集序》说龚鼎孳诗"慷慨多楚声",归结为"文人才士,所蕴略同"(《吴梅村全集》卷二七第659页)。你可以蔑视钱谦益的自居遗民,却不必否认其与"故明"的这一种情感联系。这是人与其"过去"的一种联结,亦士与过去了的历史时代的联结。在这儿,你再次觉察到了"遗民"作为士的存在方式的普遍性。

关于方以智,我想用一点篇幅。余英时考方以智晚节,断以方氏"自沉惶恐滩",说"此案经反复辩难,其谳终定"(《方以智晚节考·增订版自序》);但不以为此案已定者,想必还大有人在。

明遗民中当其世即具"传奇性"者,南方如方以智,北方则有傅山、阎尔梅等。其中以方氏的故事最迷离惝恍。读有关方氏的记述,会觉那些描绘各成片段,无以拼接,令人难以窥见所谓"全人"。且拈出几片来看。

先看余怀《板桥杂记》与方以智有关的几则:"王月,字微波……桐城孙武公昵之,拥致栖霞山下雪洞中,经月不出。于牛女渡河之明夕,大集诸姬于方密之侨居水阁。四方贤豪,车骑盈间巷;梨园子弟,三班骈演水阁外,环列舟航如堵墙。品藻花案,设立层台,以坐状元二十余人……"(中卷)"莱阳姜如须游于李十娘家,渔于色,匿不出户。方密之、孙克咸并能屏风上行。漏下三刻，星河皎然，连袂间行，经过赵、李，垂帘闭户，夜人定矣。两君一跃登屋，直至卧房，排闼哄张，势如盗贼。如须下床，跪称大王乞命，毋伤十娘。两君掷刀大笑曰：三郎郎当，三郎郎当。复呼酒极饮，尽醉而散。"（下卷，嘉庆庚辰刊本。按，姜如须，即姜垓。）到世乱时危，即像是形象一变。陈子龙《方密之流寓草序》，曰"方子尊人大中丞方握全楚之师镇荆鄂，受命之日，散家财、募精卒，即日之镇。而方子亦左橐键、右铅管，结七、八少年以从"（《陈忠裕全集》卷二五）。亲见方氏此一姿态的陈维崧，所记更有其真切（见下文）。

《明季北略》："崇祯十五年八月，定王出阁读书，训讲为方以智，仿书为刘明翰。演仪之日，方以貌过庄，王不启齿。"（卷一八第 314 页）余怀所谓方氏"能屏风上行"，类小说家言；但金陵旧院的方以智，与此定王讲官的方以智，毕竟不像同一个人。

至于当甲申之际，《明季北略》曰其人"潜走禄米仓后夹衔，见草房侧有大井，意欲下投，适担水者数人至，不果"。"次早，家人同四卒物色及之，则家人惧祸，已代为报名矣。四卒挟往见伪刑官，逼认献银若干，后乘间逃归。"（卷二二第 585 页）弘光朝的有关文献，即据此而将其列入待惩处的"降""附"者名单。《南渡录》卷四记弘光朝刑部尚书解学龙疏上从逆诸臣罪案，方以智属"五等应徒拟赎者"，得旨："方以智系定王讲官，今定王安在，何止一徒？"（第 186 页）其时关于方以智"节"否争议之激烈，可看方中通《陪诗·哀述》及注。

在南明朝与方氏共有一段政治经历的王夫之说："方密之阁学之在粤，恣意浪游，节吴歈，斗叶子，谑笑不立崖岸，人皆以通脱短之。"（《搔首问》，《船山全书》第十二册第 635 页）"恣意浪游"云云，仍不免简略，令人无从想象，陈瑚所辑《离忧集》卷上《海外畸人》录瞿共美诗序，即提供了具体描述。瞿共美乃瞿式耜的族弟，其《六十初度自述示子八首》序云："昔在粤时，与桐城方密之相得甚欢。一日，余与密之裸裎披发，闯大司马门，效渔阳三挝。张别山仓黄从别窦出，造留守府言状。太师因置酒小东皋，召我两人，意欲别山面规我两人耳。密之则拍檀板，肆口高唱，余则坐小石布棋局，张亦无可奈何。靖江府梨园妙绝天下，每酷暑，余与密之往观，酌酒独秀山下。时树色湖光朱墙画壁相映争奇,如蓬莱阆苑,非复人世。密之道京都宫殿徽道,历历在目,手指口谈,令人想见西京盛事。既而慷慨悲歌,以李山人自况……"(按,太师即瞿式耜,张别山即与瞿同时殉难的张同敞)

只因有了上述衬映,其人当披缁后的"衣坏色衣,作除馑男",才令人看得吃惊,足资谈论。披缁后的方以智,确也神情一变,即《明季北略》上文所引的那段文字,也说到方氏披缁后,"气象雍和,不似昔年讲官时严肃也"(第585页)。

钱谦益记剑叟和尚,说其人"一生面目,斩眼改换,使人有形容变尽之感"(《题官和尚天外游草》,《牧斋有学集》卷五〇第1629页)。有关方氏的记述,也令人做如是想。这种支离破碎、不成片段,或许只是叙述的结果,是记述方式、趣味的结果,未必即其人在蓄意制造传奇。但你在这些叙事的碎片之外,又向何处寻觅方以智?

亲见了方氏不同面目的陈维崧,笔下一派讶异神情。其《方田伯诗序》曰当明亡前"秣陵全盛,六馆生徒皆一时名士。密之先生衣纨縠,饎䭚骑,鸣筚叠吹,闲雅甚都。又以四郊多垒,尤来大枪之寇,薄于枞阳者,岁辄以警告,以故先生益慷慨习兵事,堂下蓄怒马,桀黠奴之带刀剑自卫者,出入常数十百人,俯仰顾盼甚豪也。曾几何时,而先生则已僧服矣。先生之为僧于长干也,崧常过竹关从先生游,时田伯亦在关中。崧再过竹关,而先生念崧故人子,必强饭之,饭皆粗粝,半杂以糠粃,蔬菜尤俭恶,为贫沙门所不堪者,而先生坐啖自若,饭辄尽七八器。回思金陵时,时移物换,忽忽如隔世者,噫!可感也"(《湖海楼全集》文集卷二。田伯,方以智长子方中德。)令陈氏感慨良深者,固然在其人物质境遇前后反差之大,更应在其竟然能"坐啖自若"!其实方氏本有吃苦这一种训练,正如其有放浪形骸的那一种训练(参看本书第290页注①)。

至于魏禧所说,"丈人乃自苦而为此枯槁寂寞之事,甘之如饴,至老而不衰,彼其所欲尽者何心也"(《同林确斋与桐城三方书》,《魏叔子文集》卷五),似直欲揭出方氏心事;但那究系何种心事,也仍不明。

上引王夫之的那段文字,以方以智在粤的"恣意浪游",对比于其披缁后的甘于枯寂,曰:"乃披缁以后,密翁虽住青原,而所延接者类皆清孤不屈之士。且复兴书院,修邹、聂诸先生之遗绪,门无兜鍪之客。其谈说借庄、释,而欲檠之以正。又不屑遣徒众四出觅财。"王氏对方以智后一段的记述,应得之传闻,并不确切(参看第六章第三节)。在此期间与方氏颇有往还的魏禧,所见即不尽然。魏禧《与木大师书》,有"接纳不得不广,干谒不得不与,辞受不得不宽,形迹所居,志气渐移"(《魏叔子文集》卷五)等语。虽易堂人物的"诤"往往辞气峻厉,却不可能无中生有。由此也可证方氏积习之深,虽披缁也仍未脱名士面目。

但无论如何,历人生剧变,处人所不堪,而能从容其间,确是一种境界,令人慨叹而又向慕。方以智的故事的奇特之处,无非在其以贵介而为人所难能,因而才使得魏禧自说"家居晏安欢娱之下,念丈人则心为之惭"(《同林确斋与桐城三方书》)。陈维崧对方氏一门的遭际也颇不平,说:"方氏既为皖桐望族,貂蝉簪组,掩映天下,而田伯祖父又皆丰功伟业,光照竹帛,一旦陵谷变迁,方氏一门为世所忌讳,几类怪物,密之先生又转徙豫粤,隐忍无穷时,然其里中儿黄金横带者,又比比然也。"(《方田伯诗序》)陈氏此文似作于方氏难发前,可证方以智处境的凶险已是公开的话题。

对于方氏一门的被祸,魏禧确可以自负其先几之识。其《同林确斋与桐城三方书》即劝三方(方以智之三子)避地以保全,劝其"不苟安目前而贪尺寸之利,超然世俗以保其身名";引《诗》"民之讹言,宁莫之惩。我友敬矣,谗言其兴",曰:"今夫乱之发也,辟犹火然,燎栋梁,折榱桷,崩塘裂甓而不可止",都令人相信背后大有故事。魏氏建议三方"各治一事而相为用,或综田赋之任,奉粢盛尸母饔;或浼身浮沉以交游为折冲;或出侍瓢笠传三世之学;又或迭为居行"——正是三魏的生存策略。易堂彭士望、魏禧有关方以智的文字,虽不无曲折隐晦,却也绝非讳莫如深,可知方氏的被难即使作为禁忌性的话题,其禁忌也仍有限度。而曾与方氏有故的黄宗羲等人,文集中几无有关方氏之死的点滴记述抑暗示,殊不可解。

无论方以智是否如屈子式的自沉,其"末路"一旦置诸上面这一大幅斑驳陆离的背景上,不能不令人惊心动魄。彭士望《首山濯楼记》述方以智之死,确也适足以启疑:"且夫老人自庚辰为劳人、穷子,为刀环上人,为羁囚,为孤旅,为逋客,为僧,为老病以至于死,展转于破巢垒卵蛮烟瘴雾天荒丐食僵骨腐骱鼎俎风涛口语文章之重渊曲窣,曾不能一日安其身,以有生人之乐。近十年托迹青原,勤开示,为《炮庄》《烹雪》,出入儒释之际,辨晰微茫,以徜徉于山水泉石云树之间,稍自陶写,犹与僧徒同食盂头饭,甘糒糗,非人所堪。乃蜚语中之,自天而下,怡然行素,不为恇挠,而卒以疽发于背,血肉崩溃,言笑从容,触暑载驰,终焉致命……"彭氏此作以遗民哭遗民,管急弦促,富于暗示,堪称奇文,或也是写在当时的有关方氏之死最沉痛的文字。

方以智愈到晚近,愈被人作为"学术转型"的标记来谈论了。这个人物其实在许多方面都足以标记那个时期,那个时期士人的选择,他们的姿态设计,他们存在于异代的方式、条件,等等。而材料在其空缺处恰恰留出了想象的余地。这个人物的魅力即赖有空缺而酿成。

余论（之二）

读明清之际的文字，每每觉得遗民心事颇堪玩味。

余英时先生据余赓臣《送佺儿游粤序》所引方以智语，即"今天下脊脊多事，海内之人不可不识四方之势，不可不知山川谣俗，纷乱变故亦不可不详也……一旦天下有事，吾当其任，处分经略，取之眼中、手中，可以猝办……"，断定为方氏"参与复明活动最明白之招供"（《方以智自沉惶恐滩考》，《方以智晚节考》增订版第 245 页），证据不免薄弱。"一旦有事"云云，更像是一时遗民的常谈。顾炎武解释其卜居华下，即说"华阴绾毂关、河之口，虽足不出户，而能见天下之人，闻天下之事。一旦有警，入山守险，不过十里之遥；若志在四方，则一出关门，亦有建瓴之便"（《与三侄书》，《顾亭林诗文集》第 87 页）。士人处此际，自不难知此"事"何事。如冒襄、吴钿（稽堂）等之汲汲皇皇，令人不明所以，亦无非此"事"，无非待此"一旦有事"。易堂彭士望孜孜于寻访"一旦处事变之穷"，能"倜傥画策、定非常、解纷难，互相持于不败"者（《送王若先南游叙》，《彭躬庵文钞》卷五）；魏禧也一再表示欲于"行伍屠沽"中物色"非常之人"。在证据不足的情况下，上述说法毋宁读作遗民心事。如《冒襄研究》（顾治著，江苏文艺出版社，1993）的仅据行踪、交游等，即断其人从事复明活动，似将"考据"之为方法，简化地使用了。此外我还想说，以诗证史，显然有其限度——毕竟"诗言志"。

余英时在《方以智晚节考》中说到易堂，曰"九子于清初图谋恢复最为积极，毕生奔走四方，连结豪杰，为晚明遗民放一异彩"（增订版第 25 页）。易堂人物中，彭士望、曾灿（青藜）确曾于明亡之际一度从事反清活动；而魏氏兄弟如魏际瑞（善伯）、魏礼（和公）所事，均性质复杂。若上述判断所据仅为"奔走四方，连结豪杰"，则这在当时，也是一部分遗民(甚至不限于遗民)的共同姿态,不唯易堂人物为然。颜元、王源等莫不如此。对此,我也更愿意看做"姿态",而不以为即是"图谋恢复"的实际动作。余氏更进一步推测,"大抵密之复明活动常居幕后为暗地之策划,而实际之执行连络或皆由其三子为之"(同书第246页)。这种推测的确很有趣味,奈文献不足何!

由"一旦有事",想到明遗民对三藩之变的反应。

刘凤云所著《清代三藩研究》提到"前明遗老亦趁机举事反清,如福建、江西一带"(第210页),惜该书只提供了宗室朱统𨮯这一实例,而对遗民在事件中的动向(包括心理动态),未有更细致的描述。遗民的反应、参与在这一事件中或未占太大的分量,但的确构成了事件背景中的重要部分。

遗民与三藩之变的关系,确也难以一一考实。遗民文集中所透露的,多属所谓的"蛛丝马迹"。近人李景新所撰《屈大均传》(《翁山文钞》),对屈氏与魏耕一案的瓜葛及其参与三藩变事有较多记述。"当时有魏耕者,通海为郑成功通声息,谋复汉腊,大均预其谋。十五年辛丑事败,魏耕被磔,大均之名亦在刊章,乃避地桐庐。""二十七年癸丑,大均从军于楚。盖是时吴三桂抗清,改国号曰周,自率兵二十万至湖广,孙延龄降三桂。大均受吴三桂署官为按察司副司,有说三桂立明后意。然知三桂仅图僭窃,二十九年乙卯,乃谢归。"三藩起事前夕曾到武昌、宜昌一带活动的,据说还有李因笃(参看赵俪生《清初关中二李——康诗之比较的分析》一文,《中华文史论丛》1983年第3辑)。王夫之当三藩变时,亦曾作赋赠孙延龄,中有"光赞兴王,胥匡中夏"等语(《双鹤瑞舞图》,《船山全书》第十五册第929页)。

史家及近人述及遗民与恢复有关的活动,多属推测。《清史稿》卷五〇一王弘撰传:"弘撰尝集顾炎武及孙枝蔚、阎尔梅数十人所与书札合为一册,手题曰'友声集',中有为谋炎武卜居华下事,言'此举大有关系世道人心,实皆攸赖,唯速图之。'盖当日华下集议,实有所为也。"谢国桢《顾宁人先生学谱·学侣考》(上海商务印书馆,1957)中说:"吾尝疑关中,僻壤塞西,何以人文独胜,久疑不决,后读及杨钟羲雪桥诗话,始知其意……盖关中僻远,清人势力尚未能顾及,故明末宗室,及二三遗老,尚得盘游其间,遁影无涯,是以远方之士若屈大均、顾宁人,皆不远千里而来,亦即其因。吾即有此证,更有进而言者,及后三藩之乱,吴三桂独立云南,王辅臣即相应于陕西,盖与此二三遗老不无有相当之原因。"(第153—154页)亦猜测之词。邓之诚《清诗纪事初编》也说:"盖明亡边兵多有存者,姜瓖之变,募边兵事攻战,期年清人不能克。李因笃屈大均走塞上,意即在此。"(第2页,中华书局,1965)我仍以为在材料不足的情况下,上述诸人的走塞上与奔走中原,不妨姑且视为激情表达,归入遗民特有的语义创造的。

值得玩味的,是被目为复明志士的易堂人物对于三藩之变的反应。

魏禧写在当时的书札,对叛军乱民的骚扰地方颇愤愤,其《周左军寿叙》(《魏叔子文集》卷一一)甚至以"剿除"为有德于赣之民。其所谓"叛服反覆,唯以盗贼为事者",无疑指三藩,像是并不推究"叛"谁"服"谁,系何种"反覆"。其《赠万令君罢官序》称颂万氏(万躔生,宁都令)定乱之功,曰:"予最服夫君之处乙丙之乱也。方甲寅西南变起,境百里环强敌,十里多伏莽,门以内奸民之欲持白榜而起者相视。"以下即记万氏部署抵御(时魏氏在山中),"于是宁民得宴然保其父母妻子免反覆诛讨之殃"(卷一〇)。陆麟书撰《彭躬庵先生传》,曰彭氏"顾心非徼幸反侧之徒,金声桓之将叛,故大学士姜曰广与其谋,召士望,士望辞去不顾云"(《树庐文钞》)。似可移用于注所谓"叛服反覆",解释易堂诸子对三藩之变的态度。同时金堡亦以吴三桂为"两朝之叛",即"清之叛逆"、"明之仇雠"(《傅竹君中丞寿序》,《遍行堂集》卷二),也耐人寻味。

这或许可以作为遗民个人处境影响其对事件、时局的观察、反应的例子。关于三藩之变中江西一地的扰攘,参看《清代三藩研究》第212、274页。江右于易代之际破坏惨重,"改革之际,宁之民尝称兵于市,白日而杀人劫人于县治之门"(《赠万令君罢官序》,见上)。魏礼《李檀河八十序》说"迩年东南之变"(即三藩之变),曰"蟊螣蠭起,所在糜沸,人人称义兵,互掠其妻子、器用、财贿,系杀其人,僻险之乡,结聚根括，为虐益甚"。魏禧屡写改革之际赣州、宁都的混乱与杀戮。其以"弭乱"为仁政，亦民生立场。三魏之一的伯子魏际瑞即死于三藩之变（参看魏禧撰《先伯兄墓志铭》）。魏禧曾囚三藩之变，说到明亡以来世情人心的变化："方乙酉、丙戌以来初罢鼎革，夫人之情怅怅然若赤子之失其慈母。士君子悲歌慷慨，多牢落菀勃之气，田野细民亦相与思慕愁叹，若不能以终日。及天下既一，四方无事，人心安于太平，而向之慷慨悲叹，遂亦鲜有闻者。而去年甲寅，西南变起，天下多事。吾弹丸之邑，数被兵寇，至于今未已。人不得保其父母妻子，有其庐室，又相率凿山梯险而居者已二年所，而夫人之情视乙酉、丙戌间，殆有过之。"（《诸子世杰三十初度叙》，《魏叔子文集》卷一一）"人之情……殆有过之"云云，语义模糊，未知指"思慕"之情，抑厌乱之情。赣州于易代之际，残破尤甚，人心思治，亦无怪其然。

但事实仍未必有如是之简单。甚至不排除魏氏以文字为烟幕自掩其形迹的可能。线索之一，即其门生梁份与三藩之变的关系。王源序梁份文集，曰："质人朴挚强毅，尝只身走数万里，欲继两先生志。"（《梁质人文集序》，《居业堂集》卷一三。按，"两先生"指彭士望、魏禧。）所欲继者何"志"？对梁份，时人有以鲁仲连目之的，他本人也未必不以此自期。其《与李中孚书》曰："先生知份，以鲁仲连为况，不敢当，亦不敢不勉。"（《怀葛堂集》卷一）他自说与其师魏禧的关系，曰："昔夫子居庐陵万山中，份揭衣水行日夜百十里，就区画大事，其后成败不失锱铢。"（同书卷八《哭魏勺庭夫子文》）所区画者为何种"大事"？刘献廷《广阳杂记》记梁氏与西北边将，曰："梁质人留心边事已久。辽人王定山，讳燕赞，为河西靖逆侯张勇中军，与质老相与甚深，质人因之遍历河西地。河西番夷杂沓，靖逆以足病，诸事皆中军主之，故得悉其山川险要部落游牧，暨其强弱多寡离合之情，皆洞如观火矣。著为一书，凡数十卷，曰'西陲今略'。"（卷二第 65 页）你大可想象其人以学术为掩护从事过策反，虽然靖逆侯张勇是拒绝从叛且在平叛中立了功的。据《广阳杂记》，梁氏确曾在事局中，且曾在吴三桂军中观吴军与清兵战。"梁质人自江西为韩非有求援，三桂之意先败安王而后援吉安，订于三月初一日合围，留质人曰：'汝于壁上观吾军容，归以语东方诸豪杰也。'"（该书卷二第 77 页）韩非有即韩大任。王源《姚少保传》："大任者，为三桂守吉安，被围久，三桂不救，乃弃吉安，由赣趣汀。为人多智善战，人呼为小韩信。"（《居业堂集》卷五）《广阳杂记》卷二还提到与方以智、彭士望均有深交的萧伯升（孟昉）曾应接韩大任粮饷事。彭士望《复友人书》（《树庐文钞》卷三）所说"质人以气矜辟地"，也应可资考梁氏于三藩乱后的处境。

或许正因了上述相互矛盾的材料，易堂彭、魏与三藩之变的关系更形暧昧了。

有讽刺意味的是，一时闹得沸沸扬扬的陈梦雷、李光地"腊丸告变"事件中（参看陈梦雷《闲止书堂集钞》，上海古籍出版社，1979），相仇的陈、李两造在以耿精忠为"逆"的一点上并无分歧（以耿氏为逆，即以清为正统所在）。陈梦雷至以"国家养士三十余年"为说（见该书卷一《绝交书》）。由梁章钜《归田琐记》卷四《李文贞公》所录李光地自述，也可知李氏对其行为的坦然。如果不持"遗民立场"，倒是陈梦雷们的态度更易于理解。

言及明代史实有时比遗民更遗民的王源，其《姚少保传》记三藩之变，即持清人立场，以明残余势力为"贼"。其所记姚氏是在平三藩乱及灭郑（郑成功—郑经）中立了大功的。该文颇记闽地民生在易代过程中的破坏，说当姚氏卒，"闽人无贵贱老幼，莫不流涕，肖公像祠之；其归葬也，送者号啕数百里，至今犹祠祭之不衰焉"，以为其"造福于闽者，其德甚大而功甚伟"（《居业堂文集》卷五）。

至于近人的史学著述，对三藩之变早有定评，已毋庸置疑。但或因看多了遗民的文字，竟对这种"毋庸置疑"生起疑来，想到借诸"历史进步"的理念认可的"正统论"，是否真的无懈可击。

遗民中其事迹暧昧者，往往令人有从事某种活动的猜测。

《鲒埼亭集》卷二八《刘继庄传》说刘献廷，曰"其人踪迹非寻常游士所阅历，故似有所讳而不令人知"；说"予独疑继庄出于改步之后，遭遇崑山兄弟，而卒老死于布衣；又其栖栖吴头楚尾间，漠不为枌榆之念，将无近于避人亡命者之所为。是不可以无稽也,而竟莫之能稽"——你不能不承认"莫之能稽"这一事实。遗民故事掩蔽于禁忌、剥蚀于时间,终成疑案、"永远的秘密"者,又何止于此!

读遗民不妨据"迹象"推测,但推测毕竟是推测。将言论如实地作为"言论",将士人关于自己的想象与其"实际"区分开来,将其表白、剖白与其"作为"区分开来,至少保有这"区分"的思路,无论如何,还是必要的。我尤其想说,诗作为言论形式,本宜于容纳诸种幻觉——尤其诗人关于自己的幻觉。据言论推断"事实",在任何情况下,都须计及其间的误差。当然,遗民事迹的残缺,也因了明遗民存留至今的文字,除本人的刻意晦迹,戚友后人的掩饰、"涮洗",刊刻者的删削外,更有奉朝廷律令的恣意改毁。

至于刘献廷本人,在其《广阳杂记》中,几不欲掩饰其对三藩之变的复杂态度。该书尽管也记述了吴三桂的扰民,却也记了吴三桂惜荆之"百万生灵",不用掘堤之计,于此刘氏曰:"予为沉吟感叹者久之。"(卷三第204页)对王辅臣的记述更不掩其同情,虽也说到其人的不得已、身不由己。王源《刘处士墓表》记刘献廷,却说:"久之,西南大乱,民惶惑不聊生,处士乃入洞庭山,学益力。"(《居业堂文集》卷一八)似与三藩之变全无干系。

关于刘氏,全祖望说:"且诸公著述皆流布海内,而继庄之书独不甚传,因求之几二十年不可得,近始得见其《广阳杂记》于杭之赵氏。"(《刘继庄传》,《鲒埼亭集》卷二八)或也可解释《广阳杂记》的有上述记述而竟未遭禁毁。只是不知全氏所见之《杂记》是何种面貌。传世的《广阳杂记》是由刘氏门人整理的,且屡经删削(参看潘祖荫《广阳杂记跋》,见中华书局版),其版本情况是否也有研究的价值?

不唯遗民,即忠臣的心事,又何尝无可玩味。

记南明朝事的文字,每可感其时士人的受辱感。陈子龙所撰徐石麒行状记徐氏:"一日朝罢,有一中贵,忽于众中揖公曰:公非大冢宰徐公耶? 曰:然。曰:某有门生某令者,才而贤,可任公属吏,公有意乎? 某居中,能为公地也。公愕然拒之。退而自念:虽先朝阉寺极横时,亦无公荐人于朝堂者。纪纲堕坏尽矣!"(《陈忠裕全集》卷二九)处此"朝廷",忠臣的心境如何?

瞿式耜在其家书中说:"人见我两月内自给谏而府丞,而巡抚,而侍郎,而拜相,似乎官运利极矣!以我观之,分明戏场上捉住某为元帅,某为都督,亦一时要装成局面,无可奈何而逼迫成事者也。其实自崇祯以后,成何朝廷?成何天下?以一隅之正统而亦位置多官,其宰相不过抵一庶僚,其部堂不过抵一杂职耳。"(《瞿式耜集》卷三第260页)任此"宰相",瞿氏的感受可知。

本书第一章第二节谈到了其时士人知不可而为的绝望反抗,那确是一种惨烈的激情。汪有典《史外·吴副榜传》引冒襄为吴应箕所作序,写明亡前的吴应箕,曰:"惟余知楼山五岳在胸,触目骇心,事与境迕,潦倒拂逆,或奋袖激昂,或戟髯大噱,卧邻女旁,挝鼓骂坐,皆三年后死事张本也。"(《楼山堂集》)将吴氏的潦倒失意与举义死节作因果观,亦对其人心理的一种洞察。刘城为吴氏所撰传,也记其人不得志于世,不谐于俗,拂郁愤懑,不得发舒,"会世变,南土陆沈,忠义者起恢复,次尾曰:吾有以自见矣"(《吴次尾先生传》,《峄桐集》卷一〇)。黄宗会《王卣一传》所记王氏有类于此:"君以区区布衣,瘁精劼力于时文,而卒不得一遇于有司,乃与一二同塾之友,不知兵革为何事者,攘臂而为之。"(《缩斋文集》第132—133页)——以其人科场失意解释其易代之际的举义。至于吴应箕,他本人的史论也可自注其心迹。《楼山堂集》卷六《晋元帝中兴论》曰:"诸葛武侯岂不知汉不可复兴,贼不可即灭,而其言曰:王业不偏安,坐而待亡,何若灭贼。于是连年动举,惟敌是求,而鞠躬尽瘁,至死后已。"凡此,不免令人想到鲁迅所说"革命队伍"中人,"终极目的"不妨"歧异",有的"或者简直为了自杀"(《非革命的急进革命论者》)。

也是本书第一章第二节,说到黄宗羲比陈子龙为"望门投止"的张俭。《后汉书》卷六七张俭传,曰俭举劾侯览、结怨朱并,怨家"遂上书告俭与同郡二十四人为党,于是刊章讨捕。俭得亡命,困迫遁走,望门投止,莫不重其名行,破家相容"。"其所经历,伏重诛者以十数,宗亲并皆殄灭,郡县为之残破。"魏礼《与梁公狄书》,却说"俭之为人,不足以累万家"(《魏季子文集》卷八)。此"不足以"乃由后果立论,当张俭亡命之时,人们像是并不作如是观。将"后果"归之于张俭的亡命,而非当道的追逼与滥杀,正令人可感舆论的卑怯与苛酷不情。陈子龙一案牵连之广,确有与张俭一案相似者。徐秉义《明末忠烈纪实》卷一六《陈子龙》:"其以匿子龙死者,侯岐曾一门,延安推官顾咸正、诸生顾天逵、顾天遴、张宽、夏之旭。"(第354页)于是也就有了对陈氏殉明前一度逃生的苛评。《明末忠烈纪实》同卷《夏之旭》录夏氏绝命诗,中有"惜哉卧子,何不早决"句(第355页)。对同一事件的反应,另有吴骐《春感》:"四海无人藏复壁,千秋遗恨托江流。"(《陈子龙诗集》第797页)顾炎武《哭陈太仆子龙》,曰:"呜呼君盛年,海内半相识。魏齐亡命时,信陵有难色。事急始见求,栖身各荆棘。"(《顾亭林诗集汇注》第182页,上海古籍出版社,1983)言及陈氏末路,也不无遗憾。惜陈子龙之死迟,也像是一种时论。"或曰:文山之烈,犹必待炎午之生祭;轶符死矣,不死于甲申,而死于丁亥,迟三年作鸱夷,不如先三年而为汨罗。"(徐世祯《丙戌遗草序》,《陈忠裕全集》卷首。按,陈子龙,号轶符。)于今想来,那剥夺陈子龙逃生的权利的,就应有上述利害的计较。你可以想象陈氏其时所处之为绝境。那实在是一种残酷至极的经验。

如上文已经引过的,吴祖锡《答俟斋书》曰:"抱志之士,遭值坎壈,最难知者肺肠,最可议者形迹。不逢直谅多闻仁人长者,谁为恤其隐而鉴其外,横被讥评者多矣。"(罗振玉辑《徐俟斋先生年谱·附录》)

但也仍不妨承认,儒者在关系到节操的题目上,对"人心"特具一种敏感。陈子龙《申节愍公传》记申佳胤:"曰:庶几得当以报汉,可乎?公曰:是藉口也。"(《陈忠裕全集》卷二九)刘宗周则说:"今谓可以不死而死、可以有待而死、而蚤死,颇伤于近名,则随地出脱,终成一贪生畏死之徒而已。"(《答秦嗣瞻》,《刘子全书》卷二〇)孙奇逢曰:"总之,仗节殉义之臣,须具一知中之愚,仁中之过,方得淋漓足色。彼仁柔者悠忽不断,知巧者规避多端,一瞬失之,终身莫赎。从来坐此咎者,正自不少。"(《贺公景瞻传》,《夏峰先生集》卷五)此所谓"愚"与"忠"的关系,岂不耐人寻味? 文人所少的,即有此"愚"的吧。孙奇逢好说"淋漓足色",苛刻处亦见出儒者对人性的洞察力。类似意思,魏禧也曾谈到。其《答石潮道人》说:"弟亦尝云:大贤以下定要带些愚意,方做得彻底忠孝仁义之人也。"(《魏叔子文集》卷七)至于顾炎武告诫李因笃,"昔朱子谓陆放翁能太高,迹太近,恐为有力者所牵挽,不得全其志节,正老弟今日之谓矣"(《答子德书》,《顾亭林诗文集》第 74 页),黄宗羲说魏学濂死迟乃"功利误之"(《翰林院庶吉士子一魏先生墓志铭》,《黄宗羲全集》第十册),均令人可知其所拟"节"的条件。至于如吴应箕所说"生死之际易决,而富贵之心难冷"(《启祯两朝剥复录》卷二),亦对于人处生死之际的一种观察,不惟吴氏谈到。

失节者则另有其逻辑。《甲申核真略》记王鳌永语:"今日之事,何所逃于天地之间? 孔子曰:素夷狄行乎夷狄……"(第 39 页)

较之"忠义""遗民",清初应试、应召者的心事确也更有可玩味者。《清史稿·圣祖记》记康熙十七年"诏开博学鸿儒科,中外各官各举所知征诣阙下"。阎若璩《潜邱劄记》卷五《与刘超宗文》中说:"见开送单有仁和吴志伊,深快人意……作字与季贞云:安得将杜于皇濬、阎古古尔梅、周茂三容……姜西溟宸英、彭躬庵士望、邱邦士维屏、顾景范祖禹、刘超宗某、顾宁人炎午、严苏友绳祖、彭爱琴桂、顾梁汾贞观一辈数十人,尽登启事,齐集金马门,真可贺野无遗贤矣。"(乾隆十年眷西堂刊本)当其时,确有为新朝汲引人才,不遗余力,以自掩其尴尬者,如下所记李因笃尚非极端的例子。《二曲集·历年纪略》记康熙十七年李因笃劝李颙应召事:"李太史(因笃)亦以博学宏词被荐就征,来别先生,见官吏汹汹,严若秋霜,恐先生坚执撄祸,劝先生赴都。"总督"欲以违旨题参,李太史为先生危甚,涕泣以劝,先生笑曰:'人生终有一死,惟患死不得所耳,今日乃吾死所也。'"

遗民对此种心理隐微,也颇能洞悉。顾炎武言及李因笃上述行径,语气间不无讥讽。其《答李因笃》说:"关中人述周制府之言曰:'天生自欲赴召可尔,何又力劝中孚,至述之以利害,殆是蘧伯玉耻独为君子之意。'窃谓足下身蹑青云,当为保全故交之计,而必援之使同乎己,非败其晚节,则必夭其天年矣。《易》曰:'君子之道,或出或处,二人同心,其利断金。'吾于老弟乎望之!"(《顾亭林诗文集》第 76 页)黄宗羲表达类似意思,语气较为委婉,如说"人之相知,贵相知心","古人或出或处,未尝不藉友朋之力";说祈对方"不强之"、"爱人以德"、"成人之美",勿"陷人于不义"、"使羲得遂麋鹿之性"、"且使羲得免于疑论",等等,可供考察其时知名人士"辞"、"谢"的艺术(参看《与陈介眉庶常书》、《与李郡侯辞乡饮酒大宾书》、《再与李郡侯书》等,均见《黄宗羲全集》第十册)。但其述叶方蔼(讱庵)将其荐之"皇上"的过程,又未必没有铭感之意(参看《董在中墓志铭》,同书)。黄百家《前遗献文孝公梨洲府君行略》记黄宗羲为逃避征召,"寓书陈庶常介眉,谓'与君相知有素,胡不为力止? 此魏野所谓断送老头皮也'"(《黄宗羲全集》第十一册第 426 页)。徐枋也恳请他人勿标榜,甚至勿"齿及",说其"愿天下知我者之哀怜而容宥之,俯矜迁愚,曲全微尚,毋夺其志……"(《与冯生书》,《居易堂集》卷三)当此之际谢枋得著名的"却聘书",为明遗民提供了蓝本。谢氏《上程雪楼御史书》:"语曰:士屈于不知己而伸于知己。"(《谢叠山先生文集》卷二)

但顾炎武毕竟未与李因笃绝交,不似王弘撰态度的峻厉。

傅山拼死拒征,仍被顾炎武讥为"中书一授,反觉多此一番辛苦"(《与苏易公》,《顾亭林诗文集》第 207 页)。孙枝蔚的见黜于遗民录,自因其多了应试的一番辛苦。孙氏的应试,当其时即有诤之者。杜濬《与孙豹人书》曰:"乃数日以来,人言藉藉,至谓豹人喜动颜色,脂车秣马,惟恐后时。"其对孙枝蔚"道义相勉"之一言,是"毋作两截人",那说法是:"且夫年在少壮,则其作两截人也,后截犹长;年在迟暮而作两截人,后截余几哉!"(《变雅堂遗集》文集卷四)语意沉痛,是遗民诤时贤之一例。惟恐遗民晚节不保的,甚至不止于遗民——俨然其时的"士类"都为那遗民一族捏着一把汗似的。

施闰章《送孙豹人归扬州序》记述孙枝蔚被迫入试情状:"豹人北首入都,初迫于有司。居既久,诸待试阙下者多务研练为词赋,豹人独泛览他书,间语客曰:'吾侨居广陵,数十口饔飧待我,使我官京师,不令举家饿死乎?'已入试不中,良喜,遂束书南归。"(《施愚山集》第162—163页)施氏据此谓其人"虽有蒲轮之征,不改悬车之素,可谓皭然无忝处士者也"。但时人似乎并非都作如是观。孙氏与傅山同授中书舍人,其间区别或只在傅氏未与试,而孙则"入试不中"。于此可见"遗民"资格审核、鉴定之严。倘由遗民的角度看去,清初的羁縻政策,近于蓄意玷污,所谓的"染缸政策"。即使施闰章,当其曰孙枝蔚"处不隐不仕之间,身贫贱而拜官于朝,名富贵而遁迹于野",读来竟也像是语含讥讽,在他人眼中,或只见其人的进退失据的吧。

在本书中,已一再谈到遗民的节操问题,遗民的节操之为"问题"。在遗民这一特殊族类,"出"的所指,已不限于"出仕",有时还包括了界定模糊的"出应世务"(应泛指与官方或当道有关的活动)。遗民固然以"不出"为基本标记,但对所谓"出",理解仍人各不同。即如陆世仪自说"以一退老诸生,而被当道之聘,辑理学书,此仍是'处',非'出'耳"(《答江上徐尔瀚书》,《浮亭先生遗书》文集卷二。按,陆氏所谓辑理学书,所辑应即《儒宗理要》),应是针对了某种疑论。而万斯同"以布衣参明史局",却被传为佳话。即公认的遗民,其"晦迹"的程度,仍互有差异,尺度的掌握,不免因人因环境而有别。即如与修方志、参与"乡饮酒"等仪式、应邀讲学等等,即有人以为可有人以为不可。

易堂诸子于出处之际(此"出"指出应世务),似较为洒脱。魏禧《先伯兄墓志铭》记三魏的不同选择:"甲申国变,丙丁间,禧、礼并谢诸生。兄踌躇久之,拊心叹曰:'吾为长子,祖宗祠墓、父母尸饔,将谁责乎?'乃慨然贬服以出。宁都乱民横据城市,称'义兵',禧等奉父母居翠微山。"(此所谓"贬服",应即易清服。)同文说:"伯之死,天下士有不尽知其心者,或以为冀官赏,或以为欲立功名。哀哉!"(《魏叔子文集》卷一七)所慨叹的,无非乱世士人立身之难。魏礼《阴生寅宾再至翠微峰序》也引他人的话,说:"伯子之行,难于叔季;伯子之心,苦于叔季。呜呼!吾伯孰能明其心乎!"(《魏季子文集》卷七)邱维屏《众祭魏善伯父子文》为魏伯子际瑞剖白心迹,说:"子则以父子兄弟并相栖遁,掩蔽穷石,而坟墓祠祀无以为顾,遂以家相之任,出膺世务,然吾人有稍露影徇迹于城市者,子则为之踧踖忧怅,叹息而不已,而子自为之志则又决矣。"在这种描述中,俨然魏伯子在做自我牺牲(叔子所谓的"自污"),以至"舍生以救千万人之生"(《邱邦士文钞》卷二)。然而魏伯子毕竟因此而失去了遗民资格。实则名列"遗民录"的季子魏礼,也颇应世务(参看其文集);至于陆世仪,本书已经说到,其晚年角色已近于幕宾。或许最敏感的界限仍在"公""私",即与之打交道的是当道个人抑权力机构,打交道时是保持还是放弃民间身份。魏际瑞的履历中最要命的,当是"以贡士试北雍"一节。据此也可知清初应试与否,是何等重大的抉择。

遗民录上的人物,固然有生前即具此身份自觉者,但"遗民"之为身份,仍应主要出于事后的认定。诸遗民录的取舍不一,也证明了甄别的缺乏严格且一致的标准。遗民社会公认的规范,毋宁说即前代遗民事迹——对此也不妨各有诠释。清末民初出于现实需要的"遗民发现"中,对明遗民录的有意扩充,也因了标准的非统一。我虽未再加甄别,具体论说时却也不免有所取舍。实则"资格"问题仍然有讨论的必要:"遗民"的界定毕竟是遗民问题讨论的基础。

失节者的难堪,是不难想见的。难为了吕留良为周亮工的《焚余集》作序,竟至于吞吞吐吐得令人不知所云。该序推论其人心迹,不能不避重就轻,言非所欲言。其说周氏何以"于丧乱颠踬之后,举平生所作界之束炬",曰其人"有所大不堪于中"(《栎园焚余序》,《吕晚村先生文集》卷五),却终不能明言周氏所"大不堪"者何。吕留良本人也正有难言之隐,他屡说"降辱",以"偷息"为耻,最沉痛的表达,应当是"谁教失脚下渔矶,心迹年年处处违"那几行诗。凡此,也令人感慨于乱世人生的可悲可怜。吕氏乃遗民录不收而心迹行为类遗民者——或也出于刻意的补救。其以死拒宏博之举,剃发入山,以至意欲"绝人逃世"(参看《吕晚村先生文集》卷一《与施愚山书》),均属标准的遗民行为。

对于周亮工,其时的一些名遗民已不止于"谅"。冒襄《跋周太翁吉祥相》说:"栎园先生以积德起家,天下赖以生活者数千万人。"(《巢民文集》卷六)魏禧亦感周氏知遇,其《赖古堂集序》盛称周亮工之文并称其人，如曰其"延见布衣之士，相与谘询议论，闻人有一艺之长，一言之善，则必纪录而奖誉之，不问其老稚贵贱，大都僻邑。未谋面未通名氏之人，如禧之父子兄弟，其一也"。曰："公蒙难而人乐为之死，公死而天下知名士伥伥乎无所依归，岂偶然哉!"自说得知周氏对三魏文字的赏识，"不禁其涕泗之横流也"（《魏叔子文集》卷八）。杜濬于周氏也有知己之感，其《与周栎园言黄济叔所注六书》说："尝窃伏叹先生古道独行，谊笃死友，如向日于林宗、太冲两先生，近日于孟贞、于一、与治诸老友之遗文，皆不计有无，表章之不遗余力。"（《变雅堂遗集》文集卷四）周亮工其他与遗民有关的善举，如葬林古度，如营救方以智（参看余英时《方以智晚节考》第 44 页注〔89〕及该书第 100—101 页）。凡此，也应为了救赎的吧。

周氏本人在其《因树屋书影》中说："魏鹤山云：处人伦之变，当以三百五篇为正……东坡在黄、在惠、在儋，不患不伟，患其伤于太豪，便欠畏威敬恕之意。如'兹游最奇绝，所欠唯一死'之类，词气不甚平。""余谓士君子不幸而当患难，笔砚便当焚却；怨怼固足鼓祸，和平亦是矫情。范丞相尧夫谪永州，闭门独处，人稀识面；客苦欲见之者，或出则问寒暄而已；家僮扫榻具枕，揖客解带，对卧良久，鼻息如雷霆，客自度未起，亦熟睡；睡觉常及暮，乃去。不必华山五龙法，只范丞相此睡何处得来；熟睡之客更奇。此客不能熟睡，公亦未必见之。此可为善处患难者法，省却多少葛藤。"（卷七）此段文字中"和平亦是矫情"最可玩味；但范尧夫之熟睡，又何尝非矫情!

《吕晚村先生文集》附录吕氏之子为其父所撰《行略》，有与施闰章有关的一段记述："尝游金陵，遇施愚山先生于广座。愚山论学，先君不数语中其隐痛，愚山不觉汍澜失声，坐客皆惊，迁延避去。"也令人不禁想知道是何种"隐痛"，是否与朱彝尊、陈维崧等人的隐痛一类。

一时名遗民与失节者的关系，也有可玩味者。

见诸李清《三垣笔记》的崇祯朝言官龚鼎孳，无异于金壬，杜濬《送宋荔裳之官四川按察使序》却说："求之当世处以为身者，当如宣城沈耕岩先生；出以为民者，当如合肥龚芝麓先生。耕岩而外，处而贤者不具论；芝麓而外，出而贤者，则又有宛陵施公愚山、莱海宋公荔裳，二公皆余石交，而稔其心乎为民者也。"（同上卷五。按，沈耕岩，沈寿民；龚芝麓，龚鼎孳；施愚山，施闰章；宋荔裳，宋琬）所说当然是易代后的龚鼎孳。同书卷八《祭龚太夫人文》，也说到龚氏清初在司寇任上"多所平反，所活人不下数千百计"。同卷《哭龚孝升先生文》竟说："世界虽大，人物虽众，求一人焉如先生之怜才笃友，恐断断然不可再得也，断断然不可再得也。呜呼，痛哉！"同卷尚有《祭少詹吴公文》、《祭周公栎园侍御文》。以三文分别哭、祭龚鼎孳、吴伟业、周亮工，在一时遗民文集中，不能不引人注目。

由丁宝铨所辑年谱可知，傅山入狱后"备极拷掠"，以纪映钟、龚鼎孳力救得释（见《霜红龛集》附录第1313页），然传世的《霜红龛集》，傅山几无一语及此。阎圻《文节公白耷山人家传》记龚鼎孳援救阎尔梅事："……刑部龚尚书，山人故友也，辄力为解，自矢曰：'某岂恋旦夕一官，负天下豪贤哉！夫以忠义再罹难，吾不能忍矣。'乙巳十二月十一日特书题释。"后阎入京，"龚闻山人来，喜就见，三返始相揖而哭，不谢"（《阎古古全集》卷一）。阎尔梅本人对此并不讳言，其《崆峒山序》"高人解纷排难，口不言功"一语原注："龚孝升为大司寇，为余题疏，事得解。"（同书卷六）龚氏为此，于念旧、全交外，也应有自我救赎之意。当然，在贰臣，更彻底的救赎，无过于从事复明活动，如钱谦益于降清后之所为（详见《柳如是别传》）——却也已无可救赎。"失节"是万劫而不复的罪孽。陈寅恪对苛论者的不容钱谦益改悔，倒是屡致感慨。

对于上述遗民与失节者的关系，并非没有疑论。熊赐履致书杜濬，曰杜"生平壁立千仞"，"谓宜先生之予夺严于衮钺，不可以毫发假也。乃细读大集，其中往来赠答与觞词挽章诸作，不无一二归命于当世之达尊，而所谓当世之达尊，则又吾侪之所目为败名丧节、寡廉鲜耻、不足齿于士夫之列者。薰莸不同器，颜跖不共居，谅先生筹之熟矣，不知何故而复有此荒唐之作也"（《经义斋集》卷一一，康熙庚午退补斋刊本）。熊氏另札引杜氏复书中语："亲者无失其为亲，故者无失其为故。"（见《变雅堂遗集》附录一）

更为人所知者,应是归庄、朱鹤龄与钱谦益的关系。归庄那篇《某先生八十寿序》说钱谦益,曰:"先生近著有《太公事考》一篇,举史传所称而参互之,知其八十而从文王,垂百岁而封营丘。先生之寓意可知"(《归庄集》卷三第253页);其《祭钱牧斋先生文》说:"窥先生之意,亦悔中道之委蛇,思欲以晚盖,何天之待先生之酷,竟使之赍志以终"(卷八第471页),确可称钱氏知己。

关于钱谦益、朱鹤龄注杜公案,陈寅恪言之已详(参看《柳如是别传》第993—1006页)。朱氏《与吴梅村祭酒书》,为"虞山公"讨取公道,辞情慷慨,可与归庄那篇意味深长的《吴梅村先生六十寿序》(《归庄集》卷三)并读。朱文说:"忆先生昔年枉顾荒庐,每谈虞山公文章著作之盛,推重诿诼,不啻义山之叹韩碑。乃客有从云间来者,传示宋君新刻,于虞山公极口诟詈,且云其所选明诗出于笔佣程孟阳之手,所成讳史,乃掩取太仓王氏之书。愚阅之,不觉喷饭。夫虞山公生平梗概,千秋自有定评,愚何敢置喙。若其高才博学,囊括古今,则复乎卓绝一时矣。"(《愚庵小集》卷一〇第482—483页)《书王右丞集后》曰:"右丞与郑虔同污禄山伪命,乃子美诗皆无刺语,可见古人用心忠厚,非独以全交情也。今人于才名轧己者,必欲发其瘢垢,掊击不啻仇雠,解之者则曰:文士相轧,自古而然。呜呼!使诚为文士也,岂有相倾者耶!"(卷一三第637页)当然,朱鹤龄关于失节者也有别种议论(参看同书同卷《书元裕之集后》),也令人想到钱谦益。

与钱氏交谊至死不变的,还有几位著名"忠义"。钱谦益《启祯野乘序》曰黄道周"就义之日,从容语其友曰:'虞山尚在,国史犹未死也'"(《牧斋有学集》卷一四第687页)。黄氏为隆武朝大臣,其就义无疑在钱谦益降清之后。至于瞿式耜与钱谦益间的情谊,是被吴伟业引为佳话的。吴氏说:"……稼轩在囚中,亦有《频梦牧师》之作。盖其师弟气谊,出入患难十余年,虽末路顿殊,而初心不异……"(《梅村诗话》,《吴梅村全集》卷五八第1147页。按,稼轩即瞿式耜。)

我并不认为由这些仍然"个别"的事实,能作出什么有价值的判断。我略感惊诧的只是,在一个以鼓励"别白"、务求"分明"为风尚的时期之后,竟有这种错杂以至混沌。

明清之际士大夫研究

至于贰臣心事，自然备极曲折，且未必没有蓄意的透露。杜濬《哭龚孝升先生文》说："先生勋业满世，而不自以为善；利济在人，而不自以为德。往往于酒阑烛炧歌残舞罢之际，与濬酌茗相对，泫然流涕焉……"黄宗羲《弘光实录钞》记弘光朝阮大铖授意名捕沈寿民，言从贼陈名夏逃匿其家，沈氏变姓名入金华山中。清人记此事，每着力渲染沈寿民严拒陈名夏的荐举（对使焚书云云），但这事件背后的故事，想必曲折得多。本书第六章第二节说到宁完我劾陈名夏"倡乱"，陈名夏对宁氏举报其主张"留发、复衣冠"供认不讳。陈寅恪对此分析道："夫百史辩宁完我所诘各款皆虚，独于最无物证，可以脱免之有关复明制度之一款，则认为真实。是其志在复明，欲以此心告诸天下后世，殊可哀矣。"（《柳如是别传》第1162页。按，百史即陈名夏。）这不消说只是一种猜测，却不失为有趣的猜测。

奇怪的倒是清人较之明遗民，持论更苛，对贰臣更不齿。《小腆纪传》记杜濬，曰："钱谦益尝造访，至闭门不与通。"（《补遗》卷四杜濬传第798页）陈寅恪已辨其非（参看《柳如是别传》第1083—1084页）。由上文可知，杜氏即果然将钱谦益拒之门外，也必另有缘故；即果然鄙其人，所鄙也未见得在其失节（关于钱、杜纠葛，《潜邱劄记》卷五《又与戴唐器》似透露了若干消息）。至于《四库全书总目提要》朱鹤龄《愚庵小集》条，曰朱氏"与钱谦益为同郡，初亦以其词场宿老，颇与倡酬。既而见其首鼠两端，居心反覆，薄其为人，遂与之绝"，亦想当然尔。上述朱鹤龄致吴梅村书，即作于钱氏故世之后，尽管据陈寅恪说，其另有用意（参看《柳如是别传》第994页），毕竟是一种公开的表态。杜濬、朱鹤龄本人不讳，后人（清人）却以为有必要为之"湔洗"，亦一有趣的现象。

我读傅山

本文的读傅山，所读乃《霜红龛集》(丁宝铨刊本，山西人民出版社1984年影印出版)中的傅山。《霜红龛集》非即傅山，自不能指望从中读出傅山全人。但其中有傅山，尽管所读出的或因人而异。本文所写，即我所读傅山之为"文人"、"名士"、"遗民"。

文人傅山

明代江南(尤其东南)文人文化昌盛，相形之下，北方即见"厚重无文"，人文风物似质实而乏情韵。生长于晋中的傅山富于文人趣味，只是其人以遗民名，以医名，以金石书画名，以侠义名，其"文人"之名不免为上述诸名所掩。

自扬雄说"雕虫篆刻""壮夫不为"(《法言·吾子》)，文人虽手不能缚鸡，却每大言"经世"，似鄙文事为不足道。傅山虽也偶尔袭用这类话头，但他确实一再表达过对文事的尊重。这里有明确无疑的价值态度。其《老僧衣社疏》说："若夫诗是何事，诗人是何如人，何谈之容易也!"(卷二二第606页)在傅山那里，文与书与画，境界无不相通。但他说"一切诗文之妙，与求作佛者境界最相似"(《杜遇余论》，卷三〇第818页)，却是参悟了妙谛之言。他说："明经处到不甚难，以其是非邪正显然易见，而文心掂播甗谵，实麜糟所难得窥测。"(《文训》，卷二五第673页)由儒者看，怕是将难易颠倒了。傅山醉心于文字之美，对其论文的手眼也颇自负，自说"胸中有篇《文赋》"(同卷第

693 页）。① 至于其说"世间底事，好看在文，坏事在文，及至坏事了，收拾又在文"（《老子十三章解·绝圣弃智节》卷三二第 853 页），却又不免出诸文人（不限于文人）式的夸张。

清初北方遗民中，傅氏是博雅与通脱足与江南人士比拟的人物。由他的《与戴枫仲》（卷二四）一篇说为文次第，可知其文章背后的知识准备：子、史之外，尚有佛典道藏（"西方《楞严》"、"东土《南华》"等）。傅氏本人行文造句常出乎绳尺之外，正依据于他多方面的学养与才艺。他的画论尤可自注其文字。② 似乎是，傅山以书画家而为文，即将书画径直作进了文章，表达也往往因突兀而警醒，陈腐于此即成新鲜。《犁娃从石生序》（卷一六）劈头一句是"犁娃方倚晋水之门"，就颇饶"画意"，决非一味规摹唐宋者所能写出，更不必说"制艺"那一种训练。至于似率易的文字间每有精悍之气溢出，又是性情不可掩也不欲掩者。

傅山长于记事而不循史法，传状文字常杂用小说笔法，取一枝一节，或略小而存大（其所以为的"大"），适足以造成叙述的个人性。命意亦奇。如《聋道人传》（卷一五）的发挥"聋"（即聋）义，《叙灵感梓经》（卷一六）的说"受苦"、"受救苦"、"救受苦"，思理活泼，议论风发泉涌。下文将要谈到的《书山海经后》更属巧于设论、妙于用喻的一类。傅氏所谓能使"精神满纸"的那"三两句警策"（卷二五），他得之似易易。不同于寻常传状文字的还有，不大记传主的政绩，而好写家常琐屑——也透露出傅氏的价值态度，其所轻与所重。至于如《汾二子传》，不妨读作关于士的处境的寓言：士处俗世、庸众中。该篇写王、薛二人的行径为"汾之人"所非笑，其死义之后"汾之人皆益笑之"。这里的"汾之人"，也如三百年后鲁迅笔下的"鲁镇人"、"未庄人"，像是某

① 卷二六的《失笑辞》一、《失笑》二，似即可读作傅氏的《文赋》。二文叹文事的奥妙无穷，状其境之壮丽丰富。他笔下的"文"，亦一种生命现象（有其"天"），"拘士"、"文章礼法之士"只能使生气全失。其不满于"劝百讽一"的儒者所谓"诗赋之经"。至于所说文的"无古无今"的非时性、超时性，亦可注傅氏在时风中的态度。

② 《题赵凤白山水巨幅》即有"绝不用绳尺"一句。因出乎"此事法脉"，方成"奇构"。论梁乐甫字，亦欣赏其"全不用古法，率性操觚"（卷二五）。

种"总名"。"士在众人中",是傅山关注的一项主题,这类主题也更能注释其自我界定与处乱世的姿态。

　　傅山文字"拙"而富于谐趣。"拙"正属他所好。但拙非即枯淡;傅山所好的,是古拙而有风致(亦即"韵")的一类。他本人的文字就一派朴茂,因古拙以至生涩示人以"人性力度",那"拙"于此是文境又是人性境界。① 其朴其拙,都经了打磨烧炼,类木石之精,精气内蕴,只待由文字间稍泄而已。他那种半口语化的非规范(不合文法)表达,故作唠叨,足以酿成一种俳谐趣味。写风情固谐,送行文字亦不妨调侃(如卷二二《草草付》),传状文字更庄谐杂出(如《明李御史传》摹仿口吃)。谐趣、乡野村俗气、狭邪趣味,诸种成分出诸傅氏笔下,已难以离析。善谐本是一种心智能力,在傅山,又根源于温暖的世俗人间感情。至于庄严文体(如卷二二《红土沟道场阅藏修阁序》等)用不庄严语书写,则又属于傅氏特有的智慧形式。傅山曾自忏其不庄②,但性情在这里也终不能掩。

　　为傅山之人之文在雅俗间定位很难。南方人士由其乡俗、村野处读出了"萧散"。如下录的小笺《失题》(全文):"老人家是甚不待动,书两三行,眵如胶矣。倒是那里有唱三倒腔的,和村老汉都坐在板凳上,听甚么'飞龙闹勾栏',消遣时光,倒还使的。姚大哥说,十九日请看唱,割肉二斤,烧饼煮茄,尽足受用,不知真个请不请。若到眼前无动静,便过红土沟吃碗大锅粥也好。"(卷二三)像这样土色斑驳且古意盎然,在城镇消费文化发达的江南(尤其东南),已难以在

---

① 傅山说"拙",如《喜宗智写经》(卷二二)。与此相通,他乐赏"高简",《文训》曰:"文章未有高而不简、简而不挚者。"乐赏"直朴"(《题汤安人张氏死烈辞后》所谓"直朴不枝","专向自己心地上作老实话")。品藻人物也用同一尺度,如《太原三先生传》(卷一五)形容王先生"真朴懒简"。但这仍只是其一面。由其所作大赋,可知其对华丽富赡的嗜好,也可知其所论拙、朴,非枯淡之谓也。你自然感到,"拙"在傅氏,是审美更是道德境界,且已非"本色",而是出于自觉与提炼。他本人的文字决非一味"拙"。其行文运思的机智处,显然得诸对《庄子》的嗜好与佛学(包括禅宗机锋)训练。

② 《明观察杨公蕡田先生传》(卷一五)传后附记:"忆三十年前,或有以画册属余题者,余颇为离合体讥之……而先生颇闻之。尔桢与余言:'先生云:人以文事相属,是雅相重,何轻薄尔为?'余闻之,猛省,谢过,自是凡笔墨嘲诮之习顿除于中。"(第414—415页)

士人文字中觅见。因而好傅氏之文者，也可能出于文化怀念。其实为南方人士所感的"萧散"，在北方士人，倒可能是直白地写出的日常状态，经了不同情境中的阅读才成"闲适"的。傅氏的这一种"近俗"，所近乃"村俗"（不同于"市俗"），要由北方生活本身的"乡村化"来解释。北中国"城市化"水准长期低于江南（尤其东南），而傅山又拒绝晋商所代表的那一种文化。① 他的古风与乡气，因于环境也出于主动的选择。但也仍不妨认为，傅氏的这类短章小简，与同时张岱等人的小品，虽有人生及文字意境的不同，却都呈示了悠然宽裕的一道人生风景。

至于如傅山那样，将方言俚语运用得一派娴熟，则又是江南的博雅之士所不屑为也不能为的。这也堪称傅山的一绝。"乡俗"于此，即成别趣。傅氏虽杂用各体，但在我看来，最本色当行者，还是那些像是率尔为之的文字，如《草草付》、《失题》之类。你大可相信这类文字间散发出的世俗人间气味，正为自居"方外"的傅山所沾恋。而他的文体趣味，也包含了对那形式所寄存的生活方式的肯定态度。

其时的北方人物，傅山之外，如孙奇逢，均有似出天性（而非出诸义理如"道平易"）的"平民气"。孙氏在我读来，尤其气象浑厚宽和如大地，与同时理学中人颇不侔。但那是"乡土"而"庄"的一类，与其人的儒者身份一致，风味仍不同于傅氏。傅山即其平民气，也根柢于文人性情。② 傅氏对类似的人生意境极具鉴赏力。《题唐东岩书册》中记唐颐（东岩）之子近岩老人佚事，谓其"质实无公子习"，"传闻访先大夫来时，每骑一驴，随一粗厮。坐久，斯睡熟，不能起。先生戄之，令牵驴，不即应，笑而待其寤"（卷一八第 539 页）。

如此近俗的傅山，偏能行文古奥，佶屈聱牙，又使你相信其人的嗜古（当然其"嗜古"与前后七子的根据未必同），正在其时的复古空

---

① 参看卷三六《杂记》一说"丐贷决不可谩为"，似惟恐其泼，宁人负我，不可负人，甚至不可以"负我""藏诸心"——确也古色烂然。

② 但他颇能欣赏孙奇逢，说孙氏"真诚谦和，令人诸意全消"，自说"敬之爱之"，甚至为孙氏的"模棱"辩护（《杂记》三，卷三八第 1068 页）。他对"王学"有显然的好感。

我读傅山

425

气中。① 清人及近人好说傅山与清学、清学家的关系（如其金石学、训诂，与阎若璩），似欲以之为其人增重。但傅山的神情显然与学问家不似，所用也非严格的学术方式。② 至于以佶屈聱牙状难状之境，迷离惝恍，出入于真幻、虚实、梦觉、明晦、空有之际，也足以使他的文字脱出陈、熟——尽管有时像是走火入魔，仍不妨看做精心设计的文体策略，其中或暗含了对士人的"不学"的反讽。他的《序西北之文》说毕振姬之文"沈郁，不肤脆利口耳。读者率佶倔之，以为非文"（卷一六第465页），径可移用于形容他本人的这一路文字。你可以据此认为，傅山对"拙"的喜好，与佶屈聱牙，固然都系于性情学识，也都出于自觉的文化姿态：逃避媚俗。事实上，他极其鄙薄以至憎恶他所谓的"奴俗"，对这种俗，敏感到近于病态。③ 这里又有傅山的洁癖，对某种文化"纯洁性"的几近于苛的要求。傅山的近俗与对"俗"的极端拒斥（"和""同"与拒绝和同），就如此地呈现于文字层面。不如说，傅山以个人化的形式，将所谓"漆园"（《庄子》）的文化品性固有的矛盾性呈现了。

有如此深的文字缘，即不大会附和禅宗和尚所谓的"不立文字"。

---

① 傅山对汉代文化情有独钟，不但对汉赋、汉碑，且对《汉书》。这也是其所尤"嗜"之"古"，上述"拙"、"朴"、"高简"，均可注此种"嗜"。他要戴枫仲"细细领会《汉书》一部整俊处"，说"外戚一传，尤琐碎俏丽，不可复得"（《与戴枫仲》，卷二四第653页）。"整俊"而"琐碎俏丽"，是其读"汉"而尤有会心处，也是其为文用力处。卷一六《两汉书人姓名韵叙》说早年读《汉书·东方朔传》，"颇好之"。卷三七自述早年学书，"既一宗汉法，回视昔书，真足唾弃"，说"汉隶一法，三世皆能造奥"（第1044—1045页）。对东汉节义，更再三致意。

② 其以书法家，由文字学金石学知识解字，却每每动情，似由字中感觉得一派生意，不唯"是"之求，有时传达的无宁说是对文字的诗意感受。如以为"春"字"最韵"，"羃"字"妙理微情"，"蠢之心动，亦有女怀春，妙字，不必以淫心斥之"（《杂记》二，卷三七第1023页）等。至于因解字因释义而驳正成说，不惜穿凿（亦每有妙解），也更为显示思理的活泼，证明其知解、想象力，与严格的训诂旨趣有异。

③ 傅氏说"奴俗"处甚多，尤其在论书法的场合。如说"奴态"，"婢贱野俗之气"，说"字亦何与人事，政复恐带奴俗气……不惟字"（卷二五）。还说"奴儒"、"奴师"（卷三一《学解》），"奴书生"（卷三七《杂记》二），讥讲学曰"糟糠奴货"（卷四○《杂记五》），党争则有"奴君子"（同卷《书宋史内》），至论医亦说"奴"（卷二六《医药论略》）。说"不拘甚事，只不要奴"（卷三八《杂记》三）。"奴"在傅氏，乃极鄙之称。"奴人"的反面即"妙人"、"高爽者"，亦应即其他处所谓"韵士"，实即慧业文人。"奴人"有时也指庸众（参看卷二八《傅史》）。

文人禅悦，所"悦"往往就在文字所负载的智慧与"文字智慧"。这通常也是文人与佛学的缘。① 傅山的文字兴趣，对"无用之辨"的兴趣，对心智愉悦的追求，确也有助于解释其对佛经的耽嗜。② 傅氏一再以"俗汉"与"韵士"对举。《恭喜》一文说"诸佛菩萨无不博学，语言文字谓不用者，皆为诳语"（第 629 页）。《劣和尚募疏》（卷二二）更比较了"俗汉"与"风韵君子"宗教趣味之别：也可读作他有关"文人与宗教"的一种解释。该文说谢灵运一流文人有"作佛根器"；谢灵运也正属于黄宗羲以之为"山林之神"的"慧业文人"（参看《靳熊封游黄山诗文序》，《黄宗羲全集》第十册）。民间信仰与文人信仰根柢本不同。文人非但向宗教寻找"人生观"，且向宗教寻诗，寻找构造人生意境的材料，与佞佛求福祉者，动力自异。傅山《药岭宁宁缘》断然说："若云庄严不是风韵，风韵不是庄严，都无是处。"（卷二二第 631 页）吸引了文人的，即此融会了"庄严"与"风韵"的宗教意境。南北或有不同的智慧形式，如南方的义理兴趣，与北方的践履热情；但"文人性"却无间南北。傅氏也即据此解释了爱佳山水（如谢灵运）与"作佛"的内在关联。

　　傅山与佛、道的缘，又不只系于文字。傅山嗜读佛经，《佛经训》（卷二五）说佛经"大有直捷妙谛"，"凡此家蒙笼不好问答处，彼皆粉碎说出，所以教人翻好去寻讨当下透彻，不骑两头马也"（按，"此家"应指"儒家"）。即使如此，佛教仍未必可以作为信仰，故"须向大易、老子寻个归根复命处"（第 682 页）——又解释了其所以"黄冠"而不"披缁"。佛教盛行于南方，道教流行于北方，固有各自的根据；傅山的"黄冠"，却要由其人的"终极关怀"与立身的严肃不苟来解释。

---

① 参看卷二二《募智慧缘》、《草草付》。傅氏写梵境，笔下也一派生机，且有画家所好的繁富意象。"必使境界墟芜，是为真空，不见华严铺陈，亦自受用。"（《五惜社疏》卷二二第 615 页）。有此见识，也自不会附和"黜聪明"之说——或许因此，骨子里倒是更近"漆园"的吧。

② 参看卷三四《读子三》读公孙龙子几则。其于世儒的不契，亦可由此种文人根性得一解释。他说儒家"所谓布帛菽粟之文，一眼而句读而大义可了"（第 940 页），非但无余蕴（如公孙龙如《楞严》的"幽杳"、"空深"的"旨趣"），且不能变化多姿（"变化缥缈恍惚若神著"）。其对《墨子》的兴趣，则也因其"奥义奇文"（卷三五《读子四》）。其读《公孙龙子》、《墨子》，均可自注其与佛教之缘和道教皈依。

这里说文人傅山,以"文人"(亦一种读书人)为身份、角色,何尝不出于选择!在傅山,选择"读书"之为生活方式,也即选择"纯洁的人生",使"一切龌龊人事不到眼前心上"(《佛经训》第 684 页)。他训子侄,也说:"凡外事都莫与,与之徒乱读书之意。"(卷二五第 701 页)当易代之际,这种"文人"的角色选择,也即选择与当世的关系,选择活在当世的方式,其意味可知。他甚至具体描写了他想象中的那一种文人生活情境:"观其户,寂若无人;披其帷,其人斯在。"(《家训》第 704 页)这里又有晚年傅山所希冀的生存状态。洁癖,对纯净度的苛求中,从来有文人式的"弱"。这不消说是退守的人生。傅山于此,也更见出"道人"面目。

周作人自说"甚喜霜红龛集的思想文字"(《风雨谈·〈钝吟杂录〉》),作过一篇《关于傅青主》(《风雨谈》),大半是抄录,却也可见其喜之"甚"。周作人谈论傅山,将傅山与颜元比较,我读傅山,想到的却是其时浙西的陈确。颜元思想虽较顾炎武、黄宗羲为"古怪",但那种圣徒气味,即与傅山不伦。陈确虽师事刘宗周,但似生性与理学不契①,有与生俱来的文人习癖,饶才艺,富情致。其人之"韵",正近于傅山的一路。骨子里那股倔强廉悍之气也相类。只是陈确虽不契理学,仍未全脱道学方巾气,是儒家之徒,辟起佛来即武断到不由分说,没有傅氏思想的"宽博"。② 但陈确的透彻处,又非傅山所能梦见——对此,

① 黄宗羲《陈乾初先生墓志铭》二、三、四稿均记其"不喜理学家言","格格不能相入"(《黄宗羲全集》第十册)。《霜红龛集》卷三一《学解》则批评"世儒","世俗之沟犹瞀儒"(该文解释"沟犹瞀儒",曰:"所谓在沟渠中而犹犹然自以为大,盖瞎而儒也。"语见第 825 页)。卷四〇记李颙,尤生动地自白了与其时主流思想学术、主流话语的"不契"。其他批评理学、宋儒处尚多。

② 关于陈确之饶才艺、富情致,见黄宗羲《陈乾初先生墓志铭》初稿。陈、傅二氏可比较者尚不止于是。他们均有"世家"背景,均擅书法(傅山更负盛名),都好说"孝"(陈确曾书《孝经》),但傅山却绝无陈确关于"节义"的通达见识;明末浙、晋两地著名的诸生干政事件,分别由陈、傅倡首(黄氏所撰墓志铭说陈确"廉劲疾恶,遇事发愤有大节",傅山也略同);陈、傅均丧妻不再娶,不纳妾,陈氏且著《女训》,与其论学宗旨不合的张履祥亦称道其"居家有法度"(《杨园先生全集》卷三二)——姿态大异于其时标榜"通脱"的南北名士;只是陈确更有端谨,并傅山那种诉诸文字的狭邪趣味也绝无。作为其时有名士气的南北著名遗民,其人与其时其世、当代思想学术、伦理观念的关系,是研究士的精神自由及其限度的材料。

我将在下文中谈到。

名士傅山

周作人说,"傅青主在中国社会上的名声第一是医生,第二大约是书家吧"(《关于傅青主》,《风雨谈》第3页,岳麓书社,1987)。我相信傅氏生活的当时,其人事迹传播于人口的,肯定还有(或曰"更是")豪侠仗义。几种关于其人的传记文字,都说到崇祯九年傅山率众赴阙为袁继咸讼冤的壮举,以之为令傅氏名声大噪的重要事件。正是此举使你相信,易代之际他的身陷囹圄,是命中必有的一劫。傅山本人像是并不即以豪杰自命,那篇《因人私记》披露的更是世情、"士情";对入狱事更讳莫如深。但那血性,那豪气仍每出文字间,而且是北方式的血性与豪气,沾染了"冰雪气味"。

他的《叙枫林一枝》记丹枫阁外雪,"落树皆成锋刃,怪特惊心"(卷一六第463页)。因读戴廷栻(枫仲)《枫林草》残编,见其"俱带冰雪气味"。傅氏正有此冰雪情怀。其兄傅庚说其"无问春侧侧寒,辄立汾河冰上,指挥凌工凿千亩琉璃田,供斋中灯具"(卷一四傅庚《冷云斋冰灯诗序》第369页)。有此豪兴,且好奇境奇情,正是名士面目。

真名士无不是所谓"性情中人",如黄宗羲所说"情之至者,一往而深"(《时裡谢君墓志铭》,《黄宗羲全集》第十册)。深于情也即伤于情。傅山本人就说过,"无至性之人,不知哀乐;有至性之人,哀乐皆伤之"(《佛经训》卷二五第686页)。孙奇逢《贞髦君陈氏墓志铭》记傅山之母:"当甲申之变,山弃家而旅,随所寓奉母往,母绝不以旧业介意,沙蓬苦苣,怡然安之。迄岁之甲午,山以飞语下狱,祸且不测,从山游者佥议申救。贞髦君要众语之云:'道人儿自然当有今日事。即死亦分,不必救也。但吾儿止有一子眉,若果相念,眉得不死,以存傅氏之祀足矣。'逾年,飞语白,山出狱见母,母不甚悲,亦不甚喜,颔之而已。"(《夏峰先生集》卷七)傅山母确可称乱世奇女子。但"奇"而至于出人情之常,令人但觉气象荒寒,不似在此人境。傅山的道行似终不能至此。《霜红龛集》卷一四那一组《哭子诗》,写亲子之情,篇篇血泪,悲慨淋漓。"无情未必真豪杰。"在我看来,惟其如此,才更足称名士。

钟于情,即有所执持,对人间世有其沾恋,非世俗传说的那种亦人亦仙的怪物。傅山的《明户部员外止庵戴先生传》,说戴氏"天性专精坚韧人也"(卷一五第 434 页),也是夫子自道。这"专精坚韧"与下文将要说到的"不沾沾"、"不屑屑",决非不相容。周作人读傅山,读出了"倔强"与"辣"(《关于傅青主》),所见即与顾炎武不同。但傅氏的魅力维持得较为长久者,却又确实更在顾炎武所说的"萧然物外,自得天机"(《广师》,《顾亭林诗文集》第 134 页)。那萧然也同样根柢性情,又是一种经了理性熔冶的人生态度。无论作字还是作诗作佛,他均不取"有意",以为如此方能不失其"天"。他笔下人物亦可注此。《帽花厨子传》说其人"聊为诸生,不沾沾诸生业"(卷一五第 454 页)。《太原三先生传》写王先生"好围棋,终日夜不倦,亦不用心,信手谈耳"(第440 页)。写钱先生:"时时有诗,不屑屑呕心,所得佳句率粗健淡率,极似老杜口占诸奇句。七十以后,益老益健益率益淡,绝不尔恤也。"(第441 页)①但更难能的,还应当是对产业的"不沾沾",用了"漆园"的话说,即不"役"于此"物"。② 有这份洒落,才足以令其人不鄙(《帽花厨子传》所谓"鄙夫"的"鄙")。"不沾沾"、"不屑屑",也即不汲汲,不热中、奔竞,才会有其魅力所在的那份悠然、宽裕,他人所乐赏的"萧然"、"萧散"。有这种似执持非执持的态度,也才配说所谓"漆园家法"。

---

① 傅氏本人对文字的态度亦然。参看《霜》集附录三刘赞录戴廷栻刻《晋四人诗》"凡例"。刘霨《霜红龛集备存小引》亦曰:"傅青主先生足迹半天下,诗文随笔随掷,家无藏藁,亦无定藁。甚有执所著以问先生,而先生已忘为己作。"(同上第 1238—1239 页)《霜》集乾隆年间张思孝所辑乃十二卷,刘霨辑四十卷付梓已是咸丰年间,傅氏著述尚多佚。另有未"佚"而为编刻者摒弃的,见下页注③。傅氏晚年对自己文字的态度似有变化。《家训》嘱孙辈:"凡我与尔父所为文、诗,无论长章大篇,一言半句,尔须收拾无遗,为山右傅氏之文献可也。"(卷二五第 703—704 页)

② 其《佛经训》说:"一生为客不为主,是我少时意见欲尔。故凡事颇能敝屣遗之,遂能一生无财帛之累。"(第 684 页)郭铉《征君傅先生传》(《霜》附录一)说傅氏为袁继咸讼冤事"出万余金",可知其饶于赀;又说其易代后"弃数千金腴产,令族分取,独挈其子眉隐于城东松庄"(第 1161 页)。能敝屣富贵,才是"世家子"且"漆园"之徒本色。

傅山式的萧然自然不是"做"得出来的。那萧然并不由于天真，倒更像是因了入世之深。[①] 傅山深于世情，对"人"甚至未必有粹儒式的乐观信念，竟说"最庬最毒者人"(《杂记》三，卷三八第 1054 页)；对人加之于人的迫害，像是创巨痛深。这足以提示"萧然"的限度。《汾二子传》写庸众的麻木冷漠，《因人私记》写"人情反复，炎凉向背"，都凛凛然透出寒意。他也从来无意于掩饰其现世关切。他本人曾自说其"萧散"之不得已。《寄示周程先生》曰："弟之中曲，不必面倾。示周吾之道义友，自能信之。然成一骑虎神仙人，或谓其有逍遥之致，谁知其集蓼茹蘗也！"(卷二三第 637 页)这逍遥中的苦趣，也要深知遗民者才能品出。实则傅山其人热烈与萧散兼有之。一味激切，即不像人生；萧散不已，人生又会少了分量。顾氏所见，未必误解。[②]

既有名士风，见识自不同于俗流。名士例不讳言"色"，通常也就以此与道学、礼法士较劲。《霜红龛集》卷二《方心》序径说"色何容易好也"(第 36 页)！《书张维遇志状后》一篇则许张氏"敢死"，说："敢死于床笫，与敢死于沙场等也。且道今世纵酒悦色以期于死者，吾党有几人哉！"(卷一七第 496 页)——确系出于"别眼"，所谓"常人骇之，达者许之"(《书郝异彦卷》)。《犁娃从石生序》写风情，题旨严肃，却也仍能令人感得透出于文字间的狭邪趣味。至于乐府之《夕夕曲》(卷二)等，更流于香艳。傅山或许属于周作人所说为人谨重而文字放荡(偶一放荡)的一类。他所作传奇竟被编刻其文字者付之一炬，其"猥亵趣味"可知。[③] 傅氏所好之风情，与东南名士所好的风雅文人与旧院

---

① 由傅氏名臣、名将像赞(参看卷二七《历代名臣像赞》)，及《傅史》一类文字，可感其人对事功的渴慕。他说韩愈，说白居易，对其政治才具、事功，均艳称之，又未始没有对"文章士"的轻视。至于他本人的强毅、能任事，则可证之以《因人私记》等文。

② 全祖望《阳曲傅先生事略》(《鲒埼亭集》卷二六)："惟顾亭林之称先生曰'萧然物外，自得天机'，予则以为是特先生晚年之踪迹，而尚非其真性所在。卓尔堪曰：'青主盖时时怀翟义之志者'，可谓知先生者矣。"可见知人之难，即遗民也不即能知遗民。

③ 由刘雪崖《霜红龛集·例言》可知，傅山所作传奇内容多俗，其中"语少含蓄"(应即不雅驯)者，"古娱一见，即投诸火。诗文有类此者，概不收录"(《霜红龛集》附录三第 1247 页。按，古娱，待考)。傅氏不讳而他人讳，亦文人身后遭际之奇特者。倒令人想到傅氏本人是否尚有未传之奇？

才媛间的"风情",显然有质地的区别。至于上文说到的陈确,其笔下绝无傅山那一种村野气、俗文化气味。这里或许又可见出乡村式的北方,与城市较为发达的南方文化趣味的不同。

说"色"态度世俗,说"食"亦然。傅山自称"酒肉道人"(《帽花厨子传》);他确也颇不薄待自己的那副皮囊,非但不讳言口腹之欲,且写"吃"的津津有味,像是在蓄意冒渎雅人。如上文所录《失题》中的"烧饼煮茄"及"大锅粥",《趆趡喁陀南赋》(卷一)、《觙趌小赋》(卷二)、《无聊杂记》(卷七)的咏"合络"(《书张维遇志状后》所写"河漏",疑亦"饸饹")。他对于食,所欲不奢,写到的多属民间且地方性小食或野味,其乡土爱恋在上述表达中,也格外切实。由这类文字还可知,傅山虽言及"易代"即不胜怆痛,但并不即因此而自虐,其人的"遗民生涯",并不如人们所设想的那般枯寂。

傅山好"以道人说和尚家语"(卷二一《天泽碑》)。他虽于道学不契,对道学而"忠义"者却不吝称许。甚至谈及"门户",也不标榜超然,附和时论(参看卷一五《明李御史传》)。他撰《题三教庙》,用了调侃的口吻,说:"佛来自西方,客也,故中之;老子长于吾子,故左之;吾子主也,故右之。虽然,他三人已经坐定了,我难道拉下来不成?"(卷一八第545页。按,"吾子"即孔子。)非但于"三教"不设畛域,对三教外之教也不排攮,表现出包容的气量(时下所谓"同情之了解"),像是并无"异教"概念。① 在门户、宗派之争势同水火的明末,可算得异秉之尤"异"者。在我看来,唯其能如此,较之其时名士,是更"彻底"的名士,也是更诚实无伪的信徒。

傅山非但不以"出家"为佛徒的标志,且以为"真作佛者,即真佛牙亦不持"(《傅史》第772页)。由其文字看,傅山做"道人"同样不拘形迹,做得一派自在。《书扇寿文玄锡》曰:"不知玄锡之事天,不于其众

---

① 他强调夷夏之辨,但在信仰层面上,却又持论通达,重在"真"与境界之相通,而无论胡、华、佛、儒。《太原三先生传》说回教:"乃知其教之严净,非异端也。"说教中人:"今七十矣,而奉其教不衰,可不谓用力于仁者哉!"(第443页)其《书扇寿文玄锡》:"先生原西极人。西极之学,与耶苏同源而流少异。今互争正陪,然大都以事天为宗。"(卷一九第554页)

所匍伏之寺,而独于其屋漏,俨然临汝,无时不畏威惩往此。"(第554页)但"事天"而"独于其屋漏,俨然临汝"者,较之"匍伏"之"众",对宗教从来更有一份虔信。傅氏何尝独于信仰为然!他从未自放于礼法之外,面对礼法秩序,其神情无宁说有十足的庄重。这也应是《庄子》以还几千年间士的历史的结果。你看他以批评神宗为"大不敬"(卷一七《书神宗御书后》),即决不像是会有黄宗羲《明夷待访录·原君》的那种思路。他自说曾编"性史","深论孝友之理","皆反常之论"(《文训》),那"反常"多半也如不守戒律,更因了对经典的尊视、对义理的深求。这只要看他即使为佛家书碑,也呶呶说忠孝不已即可知。他自说"颇放荡,无绳检"(《跋忠孝传家卷》,卷一八第533页),也偶有狭邪之作,对儿女情事别具鉴赏态度,却又乏关于节烈的通达见识,如东南人士归有光、归庄等。你决不能想象其人能如钱谦益似的娶河东君之流"礼同正嫡"——且不论荒寒的北方有无可能滋养出河东君。他说如下话时的态度,是绝对严正的:"凡妄人略见内典一二则,便放肆,有高出三界意,又焉知先王之所谓礼者哉!礼之一字,可以为城郭,可以为甲胄,退守进战,莫非此物。"(《杂记二》,卷三七第1015—1016页)正是由纲常伦理,标定了其人"心灵自由"的限度。你不妨相信,叛逆性的伦理思想,倒是孕育在风流的南方,商业化、城市化水准较高的南方,有着风雅文士与旧院才媛的南方。其时北方优秀之士,常显示出土地般素朴的智慧,甚至不避"猥亵趣味",却可能有骨子里的迂陋。傅氏论书、训子,一副端人正士面孔。那为人艳称的旷达澹泊,是以道德自律为底子的。周作人虽"甚喜"傅山的思想文字,对其家训却不大以为然,也正因此(《〈钝吟杂录〉》,《风雨谈》)——由通达之士的不甚通达处,正可看出其人与其时其世的更深刻的精神联系。[1]

因而上文所说傅氏之洒脱、之不拘形迹,要与其自律之严、行事为人之不苟一起看,才读得明白傅山的。傅氏确也好说"作人"。其书法论往往即人格论。他一再强调的,是书写行为的严肃性。至于鄙赵孟

---

[1] 嵇曾筠《傅征君传》(《霜》附录一):"失偶时年二十七,眉甫五龄,旁无妾媵,誓不复娶。"丁宝铨所辑《傅青主先生年谱》系张氏卒于崇祯五年,傅山二十六岁。

颓的人格,甚至以早年学赵为"比之匪人"①,他自己也意识到过苛。对书艺尚如此,与南方名士之一味尚通脱者,意境自然大异。

傅山乃真名士。凡此豪杰气,侠气,痴情,及诸种大雅近俗处,均成其"真"。但这里以"名士"说傅山,恐非其人所乐闻。那时代实在不缺"名士",无宁说"名士"太多,故傅山讥假名士,说彼人"窃高阳之名,欺人曰:我酒狂。若令伯伦家荷锸见之,必以锸乱拍其头矣"(《老僧衣社疏》,卷二二第 606 页。按,伯伦,刘伶)。

遗民傅山

明人颇有属意山右人物者。与傅山同时的吴伟业《程昆仑文集序》就说过:"吾闻山右风气完密,人材之挺生者坚良廉悍,譬之北山之异材,冀野之上驷,严霜零不易其柯,修坂骋不失其步……抑何其壮也!"(《吴梅村全集》卷二九第 683 页)但要到明末傅山之出,山右才有更足为其地文化骄傲的人物。而当明清之际,傅山首先是以名遗民而为世人瞩目的。

傅氏并不自掩其遗民面目,无宁说有意彰显之。《霜》集卷一〇《风闻叶润苍先生举义》的"山中不诵无衣赋,遥伏黄冠拜义旗"、《甲申守岁》的"梦入南天建业都"、《右玄贶生日用韵》(乙酉)的"生时自是天朝闰,此闰伤心异国逢"、"一日偷生如逆旅",无不是其时"典型"的

---

① 《作字示儿孙》诗后记:"贫道二十岁左右,于先世所传晋、唐楷书法无所不临,而不能略肖。偶得赵子昂、香光诗墨迹,爱其圆转流丽,遂临之,不数过而遂欲乱真。此无他,即如人学正人君子,只觉觚棱难近;降而与匪人游,神情不觉其日亲日密而无尔我者然也。行大薄其为人,痛恶其书浅俗如徐偃王之无骨,始复宗先人四五世所学之鲁公而苦为之,然腕杂矣,不能劲瘦挺拗如先人矣。比之匪人,不亦伤乎!不知董太史何所见而遂称孟頫为五百年中所无——贫道乃今大解,乃今大不解。""然又须知赵却是用心于王右军者,只缘学问不正,遂流软美一途——心手之不可欺也如此。危哉!危哉!尔辈慎之。毫厘千里,何莫非然。"(《霜红龛集》卷四第 91—92 页。按,董太史,董其昌)傅山对其论赵之苛也有反省。《字训》:"予极不喜赵子昂,薄其人,遂恶其书。近细视之,亦未可厚非。熟媚绰约,自是贱态;润秀圆转,尚属正脉——盖自兰亭内稍变而至此。与时高下,亦由气运,不独文章然也。"(卷二五第 679 页)即属原情、平情之论。

遗民话语。他自说"耽读刺客游侠传"而"喜动颜色"（《杂记[三]》，卷三八第 1049 页），说"耿耿之中有所不忘，欲得而甘心者"（同上），也无不在有意示人以遗民心事，展布血性男子抑郁磊落的情怀。《巡抚蔡公传》、《汾二子传》等作的感人处，亦在其中的"遗民情结"。他的《仕训》（卷二五）等篇，更令人可知他所认为的遗民处易代之世的原则。"遗民"在傅山，并非一种特别的标识，借助一套特殊行为呈现。你由上文可知，他的"文人"及"名士"姿态中，无不寓有"遗民"身份自觉。事实上，一部《霜红龛集》的大部，均可读作这一"遗民"状态、经验的记录。"遗民"是时间现象，但有关的士人经验，却有不限于时间者。如上文已经说到的，傅山以他的文字，将士人生存体验的严酷性凸显了。

由《霜》集还可知傅山与同时南北名遗民（顾炎武、阎尔梅等）间的往还，彼此的精神慰藉与呼应。卷九《顾子宁人赠诗随复报之如韵》曰："秘读朝陵记，臣躬汗浃衫。"《奉祝硕公曹先生六十岁序》说阎尔梅（古古）"不应今世，汗漫去乡国。旧善骑射，今敛而不试。时寄豪诗酒间……"，"我方外之人，闻之起舞增气"（卷一九第 550—551 页）。而傅山本人作为名遗民，其所经验的情境的讽刺性，莫过于因他的"名"而为时主（清主）与众人（"满汉王公九卿贤士大夫逮马医夏畦市井细民"，参看嵇曾筠《傅征君传》等）所强。他于此证明了"世网"的难脱，欲"方外"的不能。这或许也是《庄子》之徒所能遭逢的最具讽刺性的情境。

至于他的说死说风节，则全在时论中，且较诸一般论者更有激切——这一层却显然与所谓"漆园家学"无涉。他好说"出处"之"大"，一言及忠义即辞情慷慨，以为关涉人之为"人"（参看卷二八《傅史》），与同时儒者所谓"存人道"，思路相通。本文开头即说傅山之为"文人"；但要由他的说"文行"之"一"，说"文章生于气节"（卷二七《历代名臣像赞·韩文公》），方可知他作为仪型的"文人"。他对他本人的风节也颇自负。《书金光明经忏悔品后》曰："山自遭变以来，浸浸四十年，所恶之人与衣服、言语、行事，未尝少为之婀娜将就，趑趄而从之……"（卷一七第 522 页）他的"遗民道德"，更有严于时流者。他不但宣称不欲人"诬以刘因辈贤我"，也不以吴澄、虞集等为然，《历代文选叙》讥此二人"弃其城而降于人之城"（卷一六），持论较同时遗民如孙奇逢、刘宗周等为苛。① 他的"赵孟頫论"的严重其辞，也令人可感遗民社会语境的紧张性：失节的忧惧，自我丧失的忧惧。上文已说到他的嫌恶"奴俗"。在他看来，赵孟頫应是媚俗之尤者，而媚俗也是一种失节，或正与失节于夷狄同一根柢。

作为遗民，傅山深刻地感受着他生存的时代，体验与表达着他对生存处境的感知。他一再描绘其时士所处言论环境，讽喻的笔墨间透出冷峻的现实感。在这方面，上文已提到的《书〈山海经〉后》最是奇文。该篇据《山海经》第一《南山经》"洵山……有兽焉，其状如羊而无口，不可杀也，其名曰䍺"，发挥道："可以杀者，职有口也，无口则无死地。文章士不必辄著述持论始为有口，始鼓杀身之祸，居恒一言半句，皆为宵人忌，皆是兵端。介母曰：言，身之文也。愚谓不但文，几以身为的而积人矢镞者。"（第514页）②将士人、文人处境之凶险，渲染得淋漓尽致。以下因《山海经》第二《西山经》"天山……有神焉，其状如黄囊，赤如丹火，六足四翼，浑敦无面目，是识歌舞，实为帝江也"说"囊"，更有妙解："老子曰：宁为腹，不为口。腹也者，中也，囊也。孔子亦曰：几事不密则害成，亦申括囊之谨。故囊者，天下之妙道也，然而自无口始；无口而后可囊，可不杀……不能无口而不见杀者，幸而已矣。人不杀，造物者杀之矣。""囊之时义至矣哉！然囊难能也，无口或可能也。"（第515—516页。郭璞、毕沅、郝懿行诸家均不及此义，参看袁珂《山海经校注》。）奇思妙想，一派愤世嫉邪者言，也可作为与清学家的训诂不同方法及旨趣之一例。这是一篇演绎寓言(《山海经》)的寓言：关于"言"的寓言。而具有讽刺意味的是，《霜》一集中刻露而尖锐的，却正是说

---

① 《训子侄》："著述无时亦无地，或有遗编残句，后之人诬以刘因辈贤我，我目几时瞑也！"（卷二五第671页）《杂记》一："薛文清公云：'许鲁斋无时不以致其君尧舜为心。'此语极可笑"，因不察"其君何君"（卷三六第993页）。傅山对元人也非一味作奇论。《祝榆关冯学师七十寿》曰："吕思诚三为祭酒，而以许衡为法衡世，所谓大有得于程、朱，而以道为己任者也。"（卷一九第552页）

② 郭璞注："禀气自然"；郝懿行云："不可杀，言不能死也；无口不食，而自生活"（参看袁珂《山海经校注》第15页，巴蜀书社，1993）。

言之为祸的这一篇。因而其说"言祸",也如龚自珍的说"避席畏闻文字狱",倒是表明了并不真惧祸,及意识到了可供言说的缝隙。同文篇末说到"诞"与"实"。"诞"乃现实本身的品性,"现实"尤非一大寓言。《书山海经后》说现实的荒谬,正系用了《庄子》式的智慧说《庄子》式的命题。由此等文字推测傅氏之于"漆园",他的终于"黄冠",也应当可得一解的吧。

傅氏生前身后,颇吸引了对他的诠释。其友戴廷栻所撰《石道人别传》(《霜》附录一)杂采传说,似已不以常人视傅山:傅氏当其世就已传奇化了。此传的精彩处,如说"道人习举子业,则读方外书;及为道人,乃复乙儒书而读之"(第1156页)。令人想见傅氏的文化姿态。至于郭铉所撰传,说傅氏"更著奇书,藏其稿于山中"(第1162页)——像是到死还特意留了悬念。其他,如赴阙讼冤,如黄冠,诸传所记互有异同,无非见仁见智,各见其所欲见。

在我看来,诸传状中,以善读明遗民著称的全祖望那篇《事略》(见上文)最得其人精神。全氏强调傅山的风骨气节,现世关怀,谓其人以学庄列为韬晦,记述其遗民遭际,剖露其遗民心事,所传也更是"遗民傅山"。但"遗民"毕竟不足以尽其人。清末如丁宝铨等人笔下的傅山,欲彰显其遗民精神而愈将其片面化了。① 片面化也罢,误读也罢,有意误解也罢,对傅山本人已无所损益,知人论世,照出的永远更是"读"者自己的期待以至面目。本文也难免于此,故题作"我读"。

---

① 傅山《霜红龛集》丁宝铨《序》(宣统三年)谓"《潜丘劄记》谓啬庐(按,傅山别号啬庐)长于金石遗文,尝谓此学足以正经史之伪而补其缺,厥功甚大(约原文)。按本朝庄氏(葆琛)、吴氏(荷屋),为用金文证经之巨子,毕氏(秋飒)、阮氏(文达公),为用石文考史之大宗,其源乃开于啬庐。由是以言,金石文证释经史,傅学也"。同文说颜元学风"啬庐所渐渍者也",说曾(文正)氏文派,"为啬庐宿所主张者",还说傅氏"昌言子学,过精二藏,乾嘉以后遂成风气",甚至说"近日之哲学实啬庐氏之支流与其余裔",似对傅氏的影响力有夸大。同文说:"然石庄《绎志》,谭氏访求于海壖扰攘之时;船山遗书,曾公雕刻在江皖糜烂之日,儒书讲习,卒赞中兴。啬庐贞谅,迥异怪诡。倘承学之士闻风兴起,则人心世道之已荡决者,或回澜于学术之流行,亦未可知。"宗旨本不在学术。

由《鱼山剩稿》看士人于明清之际的
伦理困境

《鱼山剩稿》刻成于康熙二十五年(本文据上海古籍出版社 1986 年影印本),著者熊开元,字玄年,号鱼山。熊开元最为人知的事迹,一是其崇祯十五年因弹劾首辅周延儒而下锦衣卫狱,险些送掉了性命,一是其于明亡之际投名僧灵岩储理洪(继起),以名臣为名僧。崇祯朝的姜埰、熊开元之狱,是其时朝野关注的事件,一时名臣因此狱而遭罢斥者,就有刘宗周、金光宸、徐石麒等。至于所谓"名臣"、"名僧",前者应指其人曾仕隆武朝为大臣。《明史》卷二五八本传:"福王召起吏科给事中。丁母艰,不赴。唐王立,起工科左给事中。连擢太常卿、左佥都御史,随征东阁大学士。"这在熊氏,实在是迟到的尊荣。为僧后的熊开元,"名"固然名了,实际处境像是也颇窘迫。黄宗羲曰其"甲辰,至乌目三峰寺,其知客如田夫,侍者如牧童,无异于三家村庵也"(《思旧录》,《黄宗羲全集》第一册第 393 页)。而他的逃禅却逃不脱法门纷争,也像是一种讽刺。同时卷入僧净的黄宗羲赠熊氏诗,曰:"脱得朝中朋党累,法门依旧有矛戈。"

一

《鱼山剩稿》卷一、卷二所载熊开元隆武朝奏疏,以"保全民命"为一大主题。不能不使后世感到"异议可怪"的,是熊氏身为隆武朝大臣,竟以"为民请命"的姿态主张"去兵食"。

征之当时的文献,及"与义"者事后的记述,军饷问题在其时的严重,确有后人所不能想见者。黄宗羲《行朝录》记隆武朝郑芝龙"奏军兴饷急,请两税内一石,预借银一两。民不乐从,反愆正供"。吏部主事王兆熊"沿门搜括,不输者榜其门为不义,于是闾里骚然"(《黄宗羲全集》第二册第114页)。熊氏不过在隆武朝朝不保夕之际,以"民不堪命",将"事不可为"这一残酷事实肯定了。当他说"竭天下物力以事一方,不啻胠蚊蚋之血填沧海"(《鱼山剩稿》第59—60页,以下引此书只注页码),说"一隅兵食几何?终日焦劳悉索,不过兵数万、饷数十百万耳,皇上能必此数万众一举而胜敌乎?如不胜且若何?……"(第83页)"竭四方之兵食"则结怨于民,"去兵食"则速亡。在清兵步步进逼之时,熊开元的主张竟是"与民休息"(第85页)![①] 当此之际熊开元的"为民请命",无宁说曲折地表明了对隆武朝"恢复"事业的放弃,惟此他才不必回答"不筹兵、饷又当如何"这一于小朝廷生死攸关的问题。熊开元在奏疏中所描绘的,正是如下的绝望情景:"今为旦夕不可久之计,几幸于窅冥不可知之胜负,而先亏万乘之义,结四海之疑……"(第84页)

"恢复"之为目标与"民生"之为关怀的难于一致,深刻化了其时士人的痛苦。熊开元以其方式解释了"为国"与"为民"的关系,声称"大要为国者恒言为民,必不能为民;为民者绝口不言为国,而即以为国"(第80页)。处当时的情势,熊氏自无暇作伦理的辨析。而"为国"—"为民"、"尊主"—"安民"作为伦理难题,也决非熊氏以其识力所能对付。即使到了事后,即隆武朝覆亡之后,他的有关文字,也仍然语意曲折,格格不吐。熊开元确有难以明言的苦衷:他显然将"安民"作为更重大的伦理目标,置诸"尊主"上(或以"安民"为"尊主"的条件)。论证的艰难,背后是选择的艰难。在《宋陆君实先生遗迹序》中,他自设问答:"或曰:必安民是务,太公倍北海称兵,箕子就西京论道,吾子许之乎?曰:不许也。何以不许?殷之可以安民者

---

① 熊氏这一时期的章奏一再申述此意。如曰"无兵不可以为军,无民将不可以为国"(第160页)。写于事后的《感事赘言二》也以"救民"为先务,说:"王者之师必先救民。戎仅存之民命,劳重困之民力,伤久竭之民财,而曰'吾欲收已去之天下',亦何以异于割身肉克肠而求体胰矣?"(第171页)

不一二足,不必武王,武王未尽善也。"(第439—440页)①戛然而止。其实讨论正应由这里开始,即欲保全"民命"而又保全"国命",当如何处置?

士人处其时选择的困境,由熊开元的友人金声于易代之际的遭际也可见一斑。《鱼山剩稿》为金声的侄子所刻(见上海古籍出版社版《出版说明》)。熊氏在奏疏中分析金声举义失败原由,有"其意不忍百姓之左衽也,而又不忍以多兵厚饷烦苦百姓"等语(第64页)。或应当说,正是不忍"烦苦百姓"之"仁",与恢复之为"义"的冲突,使金氏的败亡不可避免。"不忍"使书生区别于其时假义旗为劫掠的盗、匪,也预先注定了金声一流起事的结局。熊氏对此看得很透彻:"其不忍,仁也;其不敢,忠也(按,指'不敢以便宜行事擅抉去奸人')。惟忠与仁将以持万世,而不能支一时,则天实为之,非声罪也。"(第65页)

王夫之的"张巡、许远论"(参看本书第一章第一节),也申述了"仁"的原则。但无论熊开元还是王夫之,对"仁"之为更高的道德律令的强调,均严格限定了情境,谨慎地避免绝对化——也应因意识到问题本身的复杂性,与伦理观念系统本身的矛盾,系统内部诸理念的相互制约。

上述伦理冲突既不可能在原有观念架构中解决,又无可资凭借的新的思想资源,论说的艰难可知。困难在于如"仁"与"忠义"在"道德—价值"坐标上的位置(顺序)。王夫之在其晚年写作史论时,或也因已不必回避问题在现实中的尖锐性,其辨析较之熊开元更具深度。由"仁"这一根本原则出发,王夫之指张巡、许远守城为不仁,甚至径说较之"生民之生死","一姓之存亡"为"私"。他以两害("寇贼之扰"与"篡弑之逆")相权,蓄意将问题推到了极端(参看《读通鉴论》卷一七第669页)。对"仁"的极端强调,自应由明代政治经验、尤其易代之际的痛苦经验解释。"仁的原则"的提示,对于将"忠"、"义"一类价值绝

---

① 不唯对周武王,揆之以上述原则,其对贾谊、韩信、诸葛亮,皆有不以为然者。参看《鱼山剩稿》卷二《与冯渐卿征君》。

对化的偏蔽,无疑有警示意义。①

"恢复"之举的徒为民病,智者即知之也不便言之。熊氏言他人所未敢言——至少到这个时候,还未改其崇祯朝建言时的面目。当此之时,知不可而为,与知不可而不为,与知不可而直言其不可,都需要道德勇气。但熊氏知"不可"而毕竟有一度的"为",倒是愈加证明了士人在具体历史情境中选择之艰难。耐人寻味的是,明亡后为"名僧"的熊开元、方以智,均参与过"最后的抵抗"。看熊氏披缁前的章奏、杂文,令人不免想到的是,那种极直接的政治经验,是否正构成了其人最终皈依佛门的根据?

收入《鱼山剩稿》的《感事赘言》一组文字(该书卷二),应作于隆武、永历朝覆亡后,说举义得失,题旨严峻,是极切近的反思。在此熊氏讨论了惟此时才能充分展开的"应然",对敌我主客大小强弱形势的分析极清醒,其策略思想(如速战、用奇,及"因兵于敌"、"因饷于敌"、"因官于敌"等)亦极明智,可以作为士人的政治智慧的证明。书生何尝都不知兵!这里更值得探究的,倒是使书生明智之见终成"空谈"的情势。历史固然不能假设,但"应然"仍不失为一种反思角度,虽然其所设想种种,在鼎革之际的历史环境中,几乎不具可行性。

知不可为而又不得不为,即"知"("智",亦"理性")与"义"("道义责任")的冲突,也属当时士人中有普遍性的经历。熊氏此时章奏中说进退出处、托故言病,均可读作对矛盾心情的掩饰。你于此又看到了明清之际士人"与义"作为经验的复杂性,士人此一时期的政治经历之

---

① "国祚"—"民生"的价值对立(或曰分立),使王夫之的史论在某些极具敏感性的话题(如"篡")上,有越出常轨的思路。他说:"以在下之义而言之,则寇贼之扰为小,而篡弑之逆为大;以在上之仁而言之,则一姓之兴亡,私也,而生民之生死,公也。"(《读通鉴论》卷一七第669页)他据此为衡度,说晋东渡之后的政治动乱"祸止于上,而下之生遂不惊也"(同书同卷第668页),比较汉、魏之亡,以为魏之亡"害及士民者浅"(同书卷一〇第373页)。你在这里也遇到了对《孟子》命题的重申(同书说:"圣人之所甚贵者,民之生也。"卷一九第723页)。唐甄说战胜说"止杀",更近《老子》理路:战胜当以丧礼处之(参看《潜书·止杀》)。这里也有"国"的角度与"民"的角度。同书《厚本》:"国家之福,百姓之祸也;朝庭之所贺,仁人之所吊也"(第202页)。

为持久的反省之资。易代之际有关忠义、遗民的碑传文字,对知不可而为(常被比之为"挥鲁阳之戈")的勇毅,与"见几"、"知几"一类政治智慧,一并予以肯定。但那毕竟是事后的判断。至于熊开元在《感事赘言》中所说"与义"的条件,即同志者皆能"外此一身"、不计利害等等(参看第 167 页),也只能出诸事后的悬拟——任何一种真正的"运动",均不可能赖有参与者的道德纯洁性而展开。

熊开元当崇祯朝建言时并非言官,其隆武朝的奏疏,却颇能令人想见明代言官的所谓"风采"。至于洞见症结的犀利,议论的切直痛快,也足以令人推想其人处置政事的练达,对官邪民隐世情人心的洞悉。如引"道路所云'百姓少而官多,朝廷小而官大'"(第 61—62 页),如谓"彝盗之横,郡县教之、郡县逼之;郡县之贪,则廷臣教之、廷臣逼之也。臣尝有近喻:设十盗于此,自第十人捕至第二人,盗不衰,何也? 彼不以九人为惩,只以一人为劝也。能捕其第一人,则截然止矣"(第 74页),如说"立一法则长一奸,遣一差则增一虎"(第 216 页),均为精彩的议论。或许应当认为,熊开元的终于逃禅,倒是因了见事透彻吧。

二

易代之际士人选择的艰难与痛苦,不能不使宗法社会伦理系统内部的诸种矛盾尖锐化。上述"为国"与"为民"(这里的"为国"可代换为"为君"、为官家、皇家)、"仁"与"忠义",尚非其时士人伦理困境的全部。两难选择,更是在"君"、"亲"之间发生的。

前于此,刘宗周曾以其方式处置过此种难题。刘氏"将上书纠沈一贯,脱草以示友人,友人曰:'公有老亲,万一加以不测之祸,奈何?'先生默然,明日遂请终养。友人复来,讶之曰:'公昨且拟疏,今胡尔耶?'先生曰:'既以老亲故不得行其志,不告归更何待乎?'"(《刘子全书》卷四〇《刘子年谱录遗》)

到家破国亡之际,"与义"、"死义"仍不被士人普遍作为绝对的道德律令——尤其"亲在"的条件下。陈子龙于其友夏允彝殉难后,自陈其亲在不能尽忠的困境:"绝裾而行乎? 孑然靡依,自非豺狼,其能忍之！所以徘徊君亲之间，交战而不能自决也。悲夫！悲夫！老亲以八十之年，流离野死，忠孝大节，两置涂地，仆真非人哉！"（《报夏考功书》，《陈忠裕全集》卷二七）屈大均也说："予少遭变乱，沟壑之志积之四十余年，濡忍至今，未得其所，徒以有老母在焉耳。"（《屈沱记》，《翁山文钞》卷二）孙奇逢甚至依"不违亲"的原则，坦然劝说他人仕清（参看《蓝田知县乾行杨君墓志铭》，《夏峰先生集》卷六）。士人在其所处伦理困境中，毕竟艰难地进行了对合理性的探究，对其时道德律违反自然、人性的批评。

士人于此，不能不面对"忠"与"孝"的"位相"问题，回答何者为更根源性的道德义务。答案像是自明的：即如在"原父子之亲立君臣之义"（《日知录》卷六"爱百姓故刑罚中"条）这种说法中。看似自明者，在经历了明末的"忠义之盛"后，却有了重新辨析的必要。因此黄宗羲在其《明夷待访录·原臣》中，严格区分"事父"与"事君"，以臣与子并称为非，说："父子一气，子分父之身而为身。""君臣之名，从天下而有之者也。吾无天下之责，则吾在君为路人。"（《黄宗羲全集》第一册第5页）至于清初唐甄的有关批评，更有对于易代之际士人伦理实践的直接针对性。他说："昔者孔子之语其徒也，孝悌惟亟，而言忠或寡焉。江汉源而海委，孝悌源而忠委，有先委而后源者耶，有源盛而委竭者耶？"（《潜书》上篇《明悌》，第75页）[1]

也如在"为国"、"为民"的场合，上述伦理原则当遭遇具体情境时，仍有处置的艰难。你由易代之际士人处相似情境选择之不一，多少可窥知此中消息。然而伦理困境固然深刻化了一些士人的精神磨难，在另一些士人，却又提供了生存空间，使其有可能知其不可而不为。在诸种伦理难题上，原始儒学已预留了讨论的余地，活在明清之际的士人，并没有拒绝利用伦理系统的诸种缝隙。于是你在这一时期的文献中，随处可见"亲在"、"亲老"一类自辩；时论、士论以及事后的追述，则对

---

[1] 同篇说："昔者明之初亡也，人皆自以为伯夷。乡学之士，负薪之贱夫，何与于禄食之贵厚，有杀身以殉国者。当是之时，天下之言忠者，十人而九；孝之名不若忠之显大也。故当世之言孝者，千百人而一二。"唐氏以之为反常，不合理。

挺身与义与见几而退往往持"双重标准"（即"两称之"）。甚或有指摘死义有伤孝道者。此种逻辑推演下去，势必成为"失节"的辩护。熊开元就说过："李龙湖曰：王陵、赵苞，杀母逆贼。程明道曰：为赵苞计，唯有一降而已。皆仁人孝子根心之论。盖君，众所同，亲，我所独。一身去就，无系于国之存亡，而立判乎亲之生死，是尚可徘徊瞻顾，云方寸不乱耶？"（第242—243页）如吴伟业的将其应召解释为出诸老亲的旨意，也正赖有上述语境。

不以事亲作为"私"而与"公"作对立观，原始儒学即已提供了经典性事例，如舜的窃负而逃。明太祖"以孝治天下"，更尖锐化了上述矛盾。有明一代，廷臣有关"夺情"的屡次争论，文章都做在这一题目上——伦理体系的内在矛盾被用作了政争的有力武器。对立两项的设置，表达了对以君等同于"公"，以"忠"为绝对道德律令的质疑。"君""亲"间必其一的选择，也提示了君权的非至上性。顾炎武曰"有亡国有亡天下"，强调了"天下"与"国"在层次上的区分。"君"的直接关联在"国"、"社稷"，而"天下"则是较之"国"更上位的概念。上述层次区分，便于士人将"为天下"与"为君"、"为万民"与"为一姓"做对立观。在明清易代的特殊历史时刻，上述"天下"、"国"的语词选用，更寓有士确认其使命的严重含义。不妨承认，有关的理念与士人的伦理实践，有可能阻止"国家至上"观念的发生。而价值二元既使伦理系统无法克服其内在冲突，也因而使观念体系保持了一定的弹性与空隙。具挑战性的命题的提出，即赖有这种条件。

明清之际正由伦理矛盾的尖锐化，推动了士人的有关思考。这一时期士人对《孟子》命题——如有关"民—社稷—君"——的重提，则创造了使某些敏感话题得以展开的空间。士人更在个案诠释中，显示了其思想的生动性，对具体条件、情境的分析能力。给人印象尤为深刻的，是遗民思想家在试图解答伦理难题时显示的道德勇气。对此，我还将在谈到此一时期士人的"君主论"的场合再次涉及。

三

　　载入《鱼山剩稿》中的文字,自以卷三《罪由》及卷四自序《罪状本末》,最足惊心动魄。或许应当认为,《鱼山剩稿》的价值,首在其提供了有关明末司法黑暗的珍贵文献。《鱼山剩稿》不但收入了狱词等原始记录,且对司法程序、刑讯过程有详细叙述。《罪状本末》一篇,更备述入狱数月间所目睹身历种种,朝中狱中,幕前幕后;以及由大金吾、刑部官员,到门人百姓,对其案的诸种反应,可资考察其时的人情世态。但在我看来,熊氏有关文字的文献价值,尤在其对上述过程作用于人的心理、在此过程中人的精神斫丧的披露。熊氏的追述确也强调了其尊严所经受的蹂躏,厄难所造成的精神后果。

　　姜垓、熊开元案审理过程漫长曲折,其间充满了最高当局(人主)的直接干预,与人主与朝臣间的紧张(参看《明史》卷二二二吴邦辅传、卷二五五刘宗周传、卷二七五徐石麒传、黄宗羲《子刘子行状》等)。①《明史》卷九五刑法志三:"姜垓、熊开元下狱,帝谕掌卫骆养性潜杀之。养性泄上语,且言:'二臣当死,宜付所司,书其罪,使天下明知。若阴使臣杀之,天下后世谓陛下何如主?'会大臣多为垓等言,遂得长系。"上述情景在熊氏的记述中更见其生动:"金吾出,方沉吟道上,重封手敕忽从中使衔来,则令取开元、垓毕命,以病闻,密诏也。金吾不觉失容,语同列,同列曰:'熊某何可杀!⋯⋯'"(第343页)而此案的戏剧性还在于,即使到了熊开元所攻的周延儒已败,崇祯仍余怒不消(参看卷三《刑曹三谳》)。正是在有了上述经历之后,熊氏关于吴昌时狱,才能说圣上以己意擅为生杀,"爰书未上,遂付藁街,使环堵余生,人人莫必其命,未可以为训也"(第374页)。时人论熊氏之狱,往往不能出

---

① 黄宗羲所撰徐石麒神道碑铭,有关于姜、熊案背景及其时情势的分析(参看《黄宗羲全集》第十册第237—238页)。《明史》卷二五七冯元飙传曰:"熊开元欲尽发延儒罪,元飙沮止之,开元以是获重遣。"熊氏本人也一再分析。姜垓《敬亭集》附录熊氏《书传志后》曰:"今取公当日原疏观之,于中隐微特一阐发,以识公与同患,非无故。"

"恩怨"这一思路。熊氏对周延儒的被议处,却有超越个人利害的对其事性质(即崇祯的专断)的洞见①,即使在罢此楚毒后,仍坚持了他对于人主的批评尺度。

　　熊氏所记最令人印象深刻者,是有关"凌辱"的经验。这种凌辱包括如"与寇贼奸宄囚首一室",以柳斗押送刑部,"躬首卷踏,无复人理"(他比之为"牵猪入市");包括酷刑之为对人的恣意践踏;更应包括最高当局的权力意志对朝臣生命的蔑视(熊氏所谓"臣子死生在皇上呼吸间")。熊氏记录上述经验,屈辱感淋漓于文字间,足以解释熊氏对于此狱的不能释怀。我在其他处已谈到过有明一代的廷杖、诏狱作为对士人尊严的剥夺,这更是后人如我者的看法。其时的记述者及史家所乐道的,是士人承受苦难的道德勇气。道德化将事件的残酷性部分地消释、掩盖了,也因而熊氏所提供的创伤经验尤有其价值。

　　姜埰自著年谱及姜垓《被逮纪事》(均见《敬亭集》)可与熊氏所记互参。《年谱》记有"时京师大疫,上命刑部清狱,因释出得母子相见。仅十日,上召见司寇,责埰等罪状,不宜纵保。埰与开元名,御墨各交一叉,曰:'此两大恶。'司寇免冠请罪",亦令人可感崇祯以惩处姜、熊为怒气的发泄。姜埰以言官为言官辩,即因此而获罪②,岂非讽刺?其以言官撰《因事陈言疏》,批评诏狱,曰:"况夹梜笞敲,五毒备至;拲桎钮械,四体不完。处则系缧锒铛,寝则坎窨污湿。白日无光,青燐满壁。囚首垢面,隶卒得而蹴之,鬼物得而凌之,虫鼠得而侵之伍之……"(《敬亭集》卷七)——所状写正其日后所亲历。其尚以言官为"戍臣"(章正宸)乞"原"(同书同卷《戍臣可原疏》)。凡此,由事后看去,无不讽刺。

　　时人据以论姜、熊优劣的是,姜埰于明亡后自称"宣州老兵",嘱葬

<hr />

① 《鱼山剩稿》卷四:"但是事动关主德,数日前方论视师功,进延儒太师,任一子,今不谋卿士庶人,忽付议,将谓天下士无一足谋者,天下士亦必谓圣恩不可恃,上下弥缝,或由兹日炽,不独于国体乎有伤,则又开元所大痛也。"(第362页)

② 《恭读圣谕因明言职疏》即其因以得罪之一疏。其中"陛下固何所见而云然乎?"即触怒崇祯之一语。姜垓《被逮纪事》录崇祯语,谓姜"敢于诘问朕'何所见而云然',恣肆欺藐,莫此为甚"。

戍所，非但示人以"无怨"，且示以至死不渝的"忠"；"敬亭山房"、"宣州老兵"，即颇为人题咏。时论的逻辑是，崇祯愈苛酷不情，愈见出姜氏无条件的忠。姜垓《被逮纪事》记其兄"每至创撄痛烦，历呼高帝以下十五庙号以自解"：的是忠臣行径。归庄的《敬亭山房记》说熊开元"每言及先朝，不能无恨"，姜氏的"绝无怨怼君父之心"，"可谓厚矣"（《归庄集》卷六第361页）。魏禧同题之作，对臣子归过、归怨于主上大不以为然。文中说："同时有名臣，亦尝论时相，退而补牍，与面奏语前后不相蒙，上震怒，以为欺罔，几抵极刑，是以持两端得罪。其事与先生不同，而国亡后犹悻悻然不能释其怼怨，——先生盖不仅加人一等矣。"（《魏叔子文集》卷一六。按，先生指姜氏。）而在今人看来，即使姜氏出于至诚，吴梅村所谓"髀肉犹为旧君痛"（《东莱行》），也仍有肉麻之嫌，无宁说熊氏的反应，更合于人情之自然。

熊开元确也不讳其怨。即由《鱼山剩稿》，也可感其怨愤的深。

陈垣的《清初僧诤记》，引述了《蕙远杂记》所记如下一则熊氏轶事，曰熊氏"国变为僧，一日携侣游钟山，有楚僧石岩者独不往。及熊归，石岩问曰：若辈今日至孝陵，如何行礼？熊愕然，漫应曰：吾何须行礼！石岩大怒，叱骂不已。明日熊谒石岩谢过，岩又骂曰：汝不须向我拜，还向孝陵磕几个忏悔去"！石岩显然将熊氏的过孝陵不拜，与其入狱受杖联系了起来。屈大均也曾议论过熊开元为僧后过孝陵不拜事，曰："嗟夫！士大夫不幸而当君父之大变，僧其貌可也，而必不可僧其心若檗庵者。僧其心之至尽，而反得罪于君父者也。"（《书嘉兴三进士传后》，《翁山文外》卷九）可见其事流传之广，所引起反应之强烈。向经历了那样的惨毒者要求无怨，不过证明了时论的不情而已。熊开元性情刚烈，其不拜无宁说正是本色，倒是那责骂他的僧人，比遗民更遗民：当时的人们所能接受的，正是"遗民僧"，所谓"忠孝和尚"。

在另一视野中，可资比较的尚不止姜垓。吴蕃昌《开美祝子遗事》（《祝月隐先生遗书》）记祝渊以诸生建言被逮，"旧例：章奏经帝览后，未示可否，旋下阁臣票拟，以请定夺，而此疏独蒙先帝手书'祝渊可恶，通政司回话'九字于疏面，阁中因衍九字为三十余字上之，依拟下部。此语出开美亲语蕃者；且曰草茅无状，妄膺帝怒，然亲批疏稿，远被槛车,亦一时之异数也"①。御书"祝渊可恶",竟令祝氏引以为荣(与姜埰述及"御墨各交一叉",神情相似),其反应与熊氏何其不同!

虽不能无怨,却决不至于因此而冀明朝之亡。熊开元出狱后致书方岳贡,曰"开元尝以言获罪,沉沦万死,三缄其口,犹魂摇不免……由内探孤怀,尚有未尽洒之血","不忍坐视胥溺"(第221—222页)。明亡之际更仕隆武朝,受命于危难之际。此一时期熊氏的奏疏文章,依然恣肆淋漓,愤世疾邪的神情形诸字行间,并未稍改面目。熊氏与隆武,以"君臣遇合"为世俗艳称②,熊氏对隆武的评价,却极其清醒③。明乎此,对他的一意求退,也就不难理解。而吴伟业《书宋九青逸事》提到熊开元(鱼山)、郑友玄(澹石),却说:"两公用言事得罪,流离放废,又家在湖北,日逼狂寇,坎壈无聊生……鱼山欲逃诸老、佛,无当世意矣。"(《吴梅村全集》卷二四第607页)归庄亦以其为"具先几之识"者(《与檗庵禅师》,《归庄集》卷五第335页)。④ 也是其时的一种说法。明清之际的遗民僧如方以智、熊开元,各有复杂的世俗经历,其逃禅固然因抵抗的失败,也应缘于对政治的深刻失望。而有那一种世俗经历者,何尝能彻底"淡出"! 熊氏的卷入僧诤,亦势所必至。

施闰章《赠檗庵和尚》,有"看君出世好男子,旧是先朝骨鲠臣"句。而如上文所说,逃禅后的熊氏仍不免充当谈资。甚至全祖望,其《书熊鱼山给谏传后》,对熊氏也有微词(《鲒埼亭集》外编卷三〇)。但熊开

---

① 吴蕃昌《开美祝子遗事》(《祝月隐先生遗集》),记祝氏被逮过程、细节甚详,可作为考察类似事件及其时司法程序的参考。

② 《鱼山剩稿》所载隆武批答,其挽留熊氏,近于哀恳,如曰:"今以纶扉与卿,乃朕今夜四更所手敕,卿若不念朕、不佐朕,弃朕高尚,则可辞;不虑及太祖宗社,则可辞。若犹未也,则朕非以职荣卿,实实自求安身立命之助也。"(第105页)"天步多艰,朕倚卿如灵武之急李泌,奉天之急陆贽。"(第156页)隆武朝景象于此可见一斑。这也可解释熊氏一度的知不可而为。

③ 参看《鱼山剩稿》卷二《感事赘言一》、《感事赘言三》。

④ 但说熊氏自建言得祸后即已无"当世意",仍系据其人的归宿而推断。看其于罪谴之余《上方禹修阁老》(《鱼山剩稿》卷二),仍不能已于言,即可知其人的倔强顽梗。由《感事赘言》诸篇的痛言时事,陈述策略主张,念兹在兹,也表明了其到隆武覆亡仍在事局中。禅悦而系心政治、关切时事,也应因确有"不容已"吧。

元毕竟做了和尚，而不认为有必要殉小朝廷。即此举也仍不免于非议。以崇祯朝建言时的"小臣"做到了小朝廷的"大臣"，就有人来责以"大臣之道"，以其不死为落"第二义"（参看王夫之《搔首问》，《船山全书》第十二册第 627 页）——乱世人生的尴尬荒谬，由熊开元也可见一斑吧。

参考书目

《船山全书》，岳麓书社。

《黄宗羲全集》，浙江古籍出版社。

《明儒学案》，中华书局，1985。

《顾炎武诗文集》，中华书局，1983。

《日知录》，中州古籍出版社，1990。

《牧斋初学集》，上海古籍出版社，1985。

《牧斋有学集》，上海古籍出版社，1996。

《钱牧斋全集》，邃汉斋校刊。

《钱牧斋尺牍》，上海商务印书馆，1936。

钱谦益《列朝诗集小传》，上海古籍出版社，1983。

《吴梅村全集》，上海古籍出版社，1990。

刘宗周《刘子全书》，道光乙未刊本。

黄道周《黄漳浦集》，道光戊子刻本。

孙奇逢《夏峰先生集》，畿辅丛书。

傅山《霜红龛集》，山西人民出版社，1985。

方以智《通雅》，康熙丙午立教馆校镌。

     《浮山文集后编》，《清史资料》，中华书局，1985。

     《东西均》，中华书局，1962。

陈确《陈确集》，中华书局，1979。

张履祥《杨园先生全集》，道光庚子刊本。

李颙《二曲集》，光绪三年信述堂刊本。

陆世仪《桴亭先生遗书》，光绪乙亥刻本。

     《思辨录辑要》，正谊堂全书。

     《论学酬答》，小石山房丛书。

陈子龙《陈忠裕全集》，嘉庆八年刊本。

《陈子龙诗集》，上海古籍出版社，1983。

屈大均《翁山文外》，宣统二年上海国学扶轮社刊本。

《翁山文钞》，商务印书馆，1946。

《翁山佚文辑》，同上。

《广东新语》，中华书局，1985。

刘献廷《广阳杂记》，中华书局，1957。

吕留良《吕晚村先生文集》，同治八年序刊本。

杜濬《变雅堂遗集》，光绪二十年黄冈沈氏刊本。

徐枋《居易堂集》，1919年上虞罗氏刊本。

《归庄集》，上海古籍出版社，1984。

万斯同《石园文集》，四明丛书。

《祁彪佳集》，中华书局，1960。

张煌言《张苍水集》，中华书局，1959。

《瞿式耜集》，上海古籍出版社，1981。

朱之瑜《朱舜水集》，中华书局，1981。

《夏完淳集》，上海古籍出版社，1991。

谈迁《北游录》，中华书局，1981。

陈贞慧《陈定生先生遗书》，光绪乙未武进盛氏刻本。

黄宗会《缩斋文集》，上海古籍出版社，1983。

彭士望《树庐文钞》，道光甲申刊本。

魏禧《魏叔子文集》，《宁都三魏文集》，道光二十五年刊本。

魏礼《魏季子文集》，同上。

《易堂九子文钞》，道光丙申刊本。

钱澄之《藏山阁文存》，龙潭室丛书。

姜垛《敬亭集》，光绪己丑山东书局重刊。

孙枝蔚《溉堂集》，上海古籍出版社，1979。

朱鹤龄《愚庵小集》，上海古籍出版社，1979。

熊开元《鱼山剩稿》，上海古籍出版社，1986。

金声《金忠节公文集》，道光丁庆嘉鱼官署刊本。

李楷《河滨文选》，同治十年刊本。

恽日初《逊庵先生稿》，清末恽氏家刻本。

祝渊《祝月隐先生遗集》，适园丛书。

郑鄤《峚阳全集》，1932年刊本。

梁份《怀葛堂集》，民国胡思敬校刊本。

王馀佑《五公山人集》，康熙乙亥刻本。

刁包《用六集》，道光癸卯刊本。

张尔岐《蒿庵集蒿庵集捃逸蒿庵闲话》，齐鲁书社，1991。

陈瑚辑《从游集》，峭帆楼丛书。

　　　　《离忧集》，同上。

吴应箕《楼山堂集》，《贵池二妙集》，贵池先哲遗书，1920年刊本。

　　　　《留都见闻录》，贵池先哲遗书。

　　　　《启祯两朝剥复录》，同上。

刘城《峄桐集》，《贵池二妙集》，见上。

阎尔梅《阎古古全集》，北京中国地学会，1922。

王弘撰《砥斋题跋》，小石山房丛书。

张自烈《芑山文集》，豫章丛书。

冒襄《朴巢文选》，如皋冒氏丛书。

　　　　《巢民文集》，同上。

李邺嗣《杲堂诗文集》，浙江古籍出版社，1988。

金堡《遍行堂集》，上海国学扶轮社，1911。

《吕坤哲学选集》，中华书局，1962。

郑晓《今言》，中华书局，1984。

王锜、于慎行《寓圃杂记　谷山笔麈》，中华书局，1984。

余继登《典故纪闻》，中华书局，1981。

叶盛《水东日记》，中华书局，1980。

王世贞《弇山堂别集》，中华书局，1985。

焦竑《焦氏笔乘》，上海古籍出版社，1986。

　　　　《玉堂丛语》，中华书局，1981。

丁元荐《西山日记》，康熙己巳先醒斋刊本。

孙承泽《春明梦余录》，古香斋鉴赏袖珍本。

《研堂见闻杂录》，《烈皇小识》，上海书店，1982。

谈迁《国榷》,中华书局,1958。

查继佐《罪惟录》,浙江古籍出版社,1986。

李清《南渡录》,浙江古籍出版社,1988。

　《三垣笔记》,中华书局,1982。

《碑传集》、《碑传集补》,《清代碑传全集》,上海古籍出版社,1987。

《清史列传》,中华书局,1987。

《国朝先正事略》,岳麓书社,1991。

《明季北略》,中华书局,1984。

《明季南略》,中华书局,1984。

《小腆纪传》,中华书局,1958。

《小腆纪年附考》,中华书局,1957。

《明史纪事本末》,中华书局,1977。

罗学鹏编辑《广东文献》,同治二年春晖堂刊本。

杨士聪《甲申核真略》,浙江古籍出版社,1985。

文秉《先拨志始》,上海书店,1982。

徐秉义《明末忠烈纪实》,浙江古籍出版社,1987。

《颜元集》,中华书局,1987。

《颜元年谱》,中华书局,1992。

《李塨年谱》,中华书局,1988。

唐甄《潜书》,上海:古籍出版社,1955。

《戴名世集》,中华书局,1986。

陈维崧《湖海楼全集》,乾隆乙卯浩然堂刊本。

王源《居业堂文集》,道光辛卯刊本。

施闰章《施愚山集》,黄山书社,1993。

邵廷采《思复堂文集》,浙江古籍出版社,1987。

朱彝尊《曝书亭集》,国学整理社,1937。

　《静志居诗话》,人民文学出版社,1990。

《方苞集》,上海古籍出版社,1983。

阎若璩《潜邱劄记》,光绪戊子同文书局刊本。

江藩《国朝汉学师承记国朝宋学渊源记》,中华书局,1983。

陈梦雷《闲止书堂集钞》,上海古籍出版社,1979。

赵翼、姚元之《簷曝杂记竹叶亭杂记》，中华书局，1982。

段玉裁《明史十二论》，昭代丛书。

《魏源集》，中华书局，1976。

李慈铭《越缦堂日记》，上海商务印书馆，1920。

皮锡瑞《经学历史》，中华书局，1959。

全祖望《鲒埼亭集》，四部丛刊。

赵翼《陔馀丛考》，商务印书馆，1957。

　　《廿二史劄记》，中国书店，1987。

傅以礼《华筵年室题跋》，宣统元年刊本。

傅以礼辑《庄氏史案本末》，上海古籍书店，1981。

杨凤苞《秋室集》，光绪癸未湖州陆氏刻本。

张鉴《冬青馆甲集、乙集》，吴兴丛书。

陈寅恪《柳如是别传》，上海古籍出版社，1980。

陈垣《明季滇黔佛教考》，中华书局，1962。

　　《清初僧诤记》，《励耘书屋丛刻》，北京师范大学出版社，1982。

孟森《明清史论著集刊》，中华书局，1959。

　　《明清史论著集刊续编》，中华书局，1986。

　　《心史丛刊(外一种)》，岳麓书社，1986。

谢国桢《增订晚明史籍考》，上海古籍出版社，1981。

　　　《顾宁人先生学谱》，上海商务印书馆，1957。

孙静庵《明遗民录》，浙江古籍出版社，1985。

谢正光《明遗民传记索引》，上海古籍出版社，1992。

钱穆《中国近三百年学术史》，中华书局，1986。

《梁启超论清学史二种》(《清代学术概论》、《中国近三百年学术史》)，复旦大学出
　　　版社，1985。

容肇祖《明代思想史》，齐鲁书社，1992。

吴晗、费孝通等著《皇权与绅权》，天津人民出版社，1988。

《顾亭林诗集汇注》，上海古籍出版社，1983。

钱仲联主编《清诗纪事·明遗民卷》，江苏古籍出版社，1987。

余英时《士与中国文化》，上海人民出版社，1987。

《方以智晚节考》(增订版),台北允晨文化实业股份有限公司,1986。

关文发、颜广文《明代政治制度研究》,中国社会科学出版社,1995。

郭朋《明清佛教》,福建人民出版社,1982。

包遵彭主编《明史编纂考》,台湾学生书局,1968。

　　　　《明史考证抉微》,同上。

　　　　《明代政治》,同上。

刘凤云《清代三藩研究》,中国人民大学出版社,1994。

冯其庸、叶君远《吴梅村年谱》,江苏古籍出版社,1990。

任道斌《方以智年谱》,安徽教育出版社,1983。

马克斯·韦伯《儒教与道教》(中译本),江苏人民出版社,1995。

艾尔曼《从理学到朴学》(中译本),江苏人民出版社,1995。

沟口雄三《中国的思想》(中译本),中国社会科学出版社,1995。

《日本学者研究中国史论著选译》第 6 卷,中华书局,1993。

后　记

　　关于写作本书的缘起，我已反复说到。在近几年所写散文中，我对自己90年代初由中国现当代文学转向"明清之际"曾一再回溯。正如当年进入现代文学专业，只是为了摆脱那所我在其中任教的中学，涉足明清之际，也像是仅仅出于文学研究中的某种心理疲劳。但终于选定了这一带河岸作为停泊地，毕竟有更深的缘由，只是一时难以理清罢了。即使在这项研究进行了六年之后，将所做的工作诉诸清晰的说明，仍使我感到为难，尽管我也一再说过，"士大夫研究"是我本人的现代文学研究在同一方向上的延伸。我确也在从事现代文学研究时，就有意清理自己关于"士"的似是而非的成见；后来的经验证明，原有那些看似自明的概念，在限定了的时段中，遭遇了质疑与校正，现象的复杂性因而呈现出来。

　　至于明末清初在思想史上的重要性，已无需论证。庞朴先生在近年来发表的文章中还谈到，他"认为中国明清之际出现过启蒙思潮或者叫早期启蒙思潮"（《方以智的圆而神》，《传统文化与现代化》1996年第4期）。日本学者沟口雄三则认为，"如果就中国来看中国的近代历程"，那么明末清初政治上的君主观的变化，与经济上田制论的变化，"应被视为清末变化的根源"，"从这里寻找中国近代的萌芽，决不是没有根据"（《中国的思想》第111页）。但这仍然不是我选择"明清之际"的最初的原由。也如在现代文学研究中，我与题目的相遇，通常凭借的是直觉，是某种契合之感；我最初只是被明清之际的时代氛围与那一时期士大夫的精神气质吸引了。于是在几乎毫无准备、同时对自己的力量并无充分估量的情况下，我迈过了那道门限。

如本书上编这样将研究材料作为"话题"处理,以及有关话题的分类原则,也同样未经事先拟定。只是在这一角度的研究到了一个段落之后,才想到了如下的解释,即明清之际的上述"思想史意义"首先是士大夫经由"言论"提供的。言论通常在"话题"中展开,而"话题"则在具体的历史情境中展开。言论无不反映着其赖以生成的环境,包括话题在其中展开的言论环境。明清之际言论的活跃,赖有历史机缘,即如所谓"王纲解纽"所造成的某种松动,某些话题禁忌的解除;明代士风士习(及"左派王学")所鼓励的怀疑、立异倾向等。此外还有制度上的原因,尤其与"言论"关系较为直接的明代的监察制度。明清之际最初吸引了我的,就应当有其时活跃的言论环境、生动的言论方式,以至某些警策的议论。至于本书中所讨论的"话题"所体现的分类原则,自然更系于个人旨趣、个人的经验以及知识准备、理论视野,是由能力、训练、原有的研究基础事先规定了的。

"明清之际"是个起止不明确的时段。在这本书中,它大致指崇祯末年到康熙前期。写作本书上编诸章时,"明清之际"对于我,首先是一片活跃而喧嚣的言论之区。我在此分辨不同的声音,对语义做分类处理,以便发现、确认思想的线索。几乎从一开始,我就被"言论"所吸引。一个论题的拟定,通常是在遭遇了令我的精神为之一振的"说法"之后——我确也像在现当代文学中那样,会为某种出常的表达方式所吸引。我游弋在那些线装或洋装书的字行间,更像一个狩猎者,随时准备猎取言论及言论形式。这种情形其实与我原先的工作不无相似:当我在现当代文学作品中漫游时,也往往并无明确的目标,却同样充满期待,随时准备被特殊的智慧及智慧形式所激动。当然,在此后对言论材料依"话题"为线索梳理时,我已由最初的激情中脱出,努力于寻找言论背后的逻辑,言论与言论者的经验、与其时士人普遍经验的关联。我当然知道,将最初激动了我的言论材料编织成《说"戾气"》、《明清之际士人之死及有关死的话题》(分别发表于《中国文化》与《学人》,即本书第一章的第一、二节),决非事出偶然。更可能是,我的尚未分明的思考,被所遭遇的材料激活并明晰化了。

有关"戾气"的话题吸引了我的,首先不是那一时代的政治暴虐

后记

457

（这类描述是如此刺激，你在丁易关于"明代的特务政治"的著作中已领略过了），而是有关明代政治暴虐的"士"的批评角度，由此彰显的士的自我反省的能力，他们关于政治暴虐的人性后果、士的精神斫丧的追究，对普遍精神疾患的诊断，以及由此表达的对"理想人格"的向往。而易代之际被认为至为重大的节义问题（也即生死问题），令我关注的，则是怎样的历史情境与言论氛围，使得"死"成为"应当"甚至"必须"的，也即使得某种道德律令生效的条件。"用独"是王夫之的说法。借此题目，我试图清理其时士大夫与反清活动有关的经验描述；之所以大量引述王夫之，是因为王夫之的反省更具深度与力度，他以哲人与诗人的优异禀赋，将士当其时选择的困境与精神痛苦，表达得淋漓尽致。

"南北"作为话题，古老而常新。我在这里所关心的，是这一话题在明清之际特殊时段的展开，其时士人借诸这话题想说些什么，以及怎样说。使我的有关论题得以成立的，首先是明代政治史上与地域有关的材料，包括展开在朝堂上的南北论；吸引了我的，还有易代之际士人尤其"学人"对"播迁"的态度，播迁中主动的文化选择、地域认同。"世族"与"流品"在明清之际的语境中，是两个相关的话题。我的兴趣在于世族的衰落之为历史过程对士人存在状态的影响，士人保存其文化品性的努力。由更长的时段看，作为上述话题的背景的，是发生在漫长时期的"贵族文化"衰落、士的"平民化"的过程。士人对此的反应与对策，是值得考察的。至于"流品"这一概念的陌生化，在我看来，除了因于世族的衰落外，也应与知识者自我意识的削弱、士群体自我认识能力的蜕化有关。

"建文逊国"是有明"国初史"的一大公案。"易代"这一特殊背景复杂化了有关谈论的性质。我的兴趣在透露于士人的有关谈论的情感态度——对"故明"、对明代人主，以及士人的命运之感。我试图揭示的，是"建文逊国"这一发生于有明国初的事件，在二百余年间对士人心理的深刻影响，易代之际士人经由这一话题对明代历史的批判。

讨论上述话题，你不能不对那些话题赖以展开的言论环境发生兴趣。参与构成其时的言论场的，就有士人关于"言论"的言论。这无疑是一种悖论式的情境，所谓自身缠绕。士所表达的对言论的功能理解，直接关乎士的自我角色期待,他们的自我定位。你会发现,那种功能理解与角色意识,在你并不陌生。明清之际士人对其时代的言论行为的批评,也正在他们参与构成的言论环境中展开,甚至他们批评的态度、方式,也须由其时的言论条件来解释。梳理这类言论,我的着重处仍在与明代政治关系密切的方面:"言路"与"清议",即言官之于朝廷政治,言官政治对士人言论方式、态度的影响;清议在明代政治生活中。为了对有关现象做出解释,我尝试过对明代"言路"的制度考察,却因缺乏细密考辨的能力,不得不部分地放弃了预定目标,而满足于一般性的陈述。"模糊影响",或也是人文研究中常见的弊病。在这一论题中尚未及展开的,还有制义、策论以及章奏之为文体,对士人言论方式、议政方式的影响。尽管难以付诸论证,我仍然认为这一角度对于我的论题是不可缺少的。

在处理言论材料时,我力图复现那个"众声喧哗"的言论场,而非将其呈现为组织严密秩序井然的"公共论坛"。当然我也只能近似地做到这一点。即使像是没有明确的理论预设,当我搜集材料并将其整理排列时,仍然依照了一定的"秩序"。我所能做的,是尽可能保存相互牴牾的议论、陈述,因为我相信这将有利于发现,甚至有助于澄清。我的难题始终在理论工具的匮乏,这里有一代人文研究者难以克服的局限。也因此,我甚至不能实现我已隐隐"看到"的可能性。在写给友人的信中,我说,我其实很清楚,因为不懂得语言哲学,不懂得符号学、叙事学等等,阅读中不可避免的浪费。我很清楚,如若工具适用,一定能由文献中读出更多的东西。

我将继续"话题"的研究——明清之际士人的"君主论",他们的"井田、封建论",以及"文质论"、"异端论"等等。较之已纳入本书上编诸题,这无疑是一些更传统也更与儒学相关的话题,需要更耐心谨慎地对待。事实上,上述研究已在进行中,在搜集材料的过程中。不但诸多课题几乎同时进行,而且彼此衍生。因此随时处在饥渴状态,感到知识的匮乏,占有材料的不足,尤其是有关话题之为"史"的材料,那一话题下言论的积累。我深深体验到学养的不足、缺憾的无可弥补。

至于选择明遗民作为课题，也同样并非出于对这一现象的重要性的估量，而是因了涉足这一时期不久，我就被"人物"——顾炎武、黄宗羲、王夫之、傅山、方以智、陈确、魏禧等等——所吸引。"遗民"出自士人刻意的自我塑造、自觉的姿态设计。"遗民"须凭借一系列方式(记号)而自我确认，而为人所辨识。但在具体的研究中，我不想过分地强调遗民的特殊性，而更关心其作为"士"的一般品性。遗民不过是一种特殊历史机缘中的士。"遗民"是士与当世的一种关系形式，历史变动中士自我认同的形式。士对"历史非常态"的反应，往往基于士的普遍生存境遇与生存策略。上述认识使我一开始就尝试给有关"明遗民"的描述一个较为开阔的背景，尽管我在这里同样遇到了解释框架的限制。

困难自然还在知识准备的不足。余英时《方以智晚节考·增订版自序》说："唯余考密之晚节尚别有一重困难而为通常考证之所无者，即隐语系统之破解是已。以隐语传心曲，其风莫盛于明末清初。盖易代之际极多可歌可泣之事，胜国遗民既不忍隐没其实，又不敢直道其事，方中履所谓'讳忌而不敢语，语焉而不敢详'者，是也。""顾亭林在诸遗老中最为直笔，顾其诗中以韵目代字者亦往往而有。故考证遗民事迹者非破解隐语不为功。"而这一项工作在我，不过略及其浅层，限于学力，今后也未必能深入，因而决不敢自信读遗民真得了正解，何况遗民文字漶漫湮灭，更何况"文字"或适足以障蔽了所谓的"真实"呢！但我对于传统的考据之为方法，也并非无所保留。在本书的"余论"部分，我谈到了"以诗证史"的限度问题。在我看来，某些以引证丰赡而令人倾倒的考据之作，所证明的除著者的博学外，无宁说更是想象力、人事洞察力，以至"文学才能"；那些密集的材料所提供的，最终仍不过是诸种可能中的一种——即使其作为推测极富启发性。出于同样的考虑，我对自己本书中的推测、判断，也往往心存游移，对此你可以由本书的文字中读出。由此我想到了对于历史生活、事件，可以经由文字复原的程度；想到了为了保持某种解释的"开放性"，宜于采取的叙事态度。

我很清楚，关于明遗民，我所涉及的只是极有限的方面。友人谈到明遗民的主张为新朝所吸纳成为其制度建构的资源、他们的思想著作构成清初主流文化、他们本人在这过程中实现认同的过程——这无疑是明遗民命运中尤具戏剧性、讽刺性的方面,也是我的研究中尚待深入的方面。由有清一代看去,明清之际的士人(尤其名遗民)对明代的政治批判,其含义是复杂的,即如有关"言路"的批评,有关"党争"的批评,有关讲学、党社的批评,等等。但我也注意到,在其时所有较为重大的论题上,都有不同的议论;在看似一致的言论背后,也往往有前提、逻辑的参差。我所能够做的,或许仍然是呈现众声喧哗的言论场,并对言论背后的"动机"提供某种解释。至于本书描述处明清之际的遗民族群,置重心于其与故国(明代)的联系,也因我关于清代更少知识积累;而论证明遗民思想于有清一代制度的意义,须有明清两代制度的比较研究为依据。但即此你也可以相信,明遗民作为现象,还有相当大的研究余地。

在本书之后,我将以某些群体(如刘宗周及其门下,如江西易堂)为专题,继续对明清之际士人、对明遗民的研究。我也将进行与明末"士风"有关的研究(同时注意到这种研究的风险与限度),以便使本书中尚未深入的方面,得以在另一场合展开。

有学界前辈说到我的研究的意义,或许在将大量材料依我选择的题目整理了,给后续的有关研究提供了基础。当然,材料的拣取仍然受制于理论背景、工具。我对材料的整理的特别之处,无宁说在阅读的范围。我主要是由文集中取材的,而这一部分文献往往被史家与文学研究者搁置或舍弃。阅读文集是一种漫游,由一个人到另一个人,到某一群体;在漫游中倾听彼时士人间的窃窃私语(经由书札)、侃侃谈论(比如在史论中),甚至他们之间的诋诃、谩骂。对于人事的敏感(因而对文集的兴趣),不消说是在文学研究中养成的。

当然如上所说,我提供的决非无统属的材料,因而在排列材料时,不可避免地将我的眼光、视野的边界呈现了。而且为我所利用的文字材料极其有限,我尚未及做更广泛的涉猎,比如对于诗词歌赋,以及小说戏剧等等。这里也有学养、精力的限制,甚至不得已的取巧:文集中的文字作为表达的直接性、明确性,以及书札一类文字的某种"私人性",便于我的利用。我当然知道,为我暂时搁置的那一部分文字,对于我的目的至少是同等重要的,问题在于如何利用。我对自己解读古诗赋的能力心存疑虑,尤其穿透"形式层面"的能力。

同时我也发现,即使个人文集,甚至其中更"私人性"的文体如书札,也受制于那一时期的叙述方式、趣味——这在明清之际以至有清一代有关"忠义"、遗民的记述中尤为显明。你随处可感传统史法、正史书法对叙事的规范。我在本书第三章有关"建文逊国"的史述分析中,已说到了这一点。道德化,对精神事件的偏重,对生活的物质层面的漠视或规避(其后果包括了有关记载的阙略、统计材料的匮乏),都限制着对历史的"复原","生活"在文体、时尚的剪裁下,已不但支离而且单一化了。而"由史所不书处读史",有时不能不近于空谈。我自然明白困扰了我的绝非新问题,我只不过亲历了久已存在的困境罢了。

我的工作或许位于"思想史"研究的边缘上。在寻绎研究对象的思想史意义时,我不免想到是否正是"思想史"(有时即等于"理学史")的既定格局,限制了对"思想"的整理,使得大量生动的思想材料因无从纳入其狭窄的框架,而不能获取应有的"意义"。引起我兴趣的,通常更是一些像是未经系统化的思想材料,甚至为一般思想史弃而不用的材料。我相信"思想史"并非仅由那些已被公认的主题构成。或也由于文学研究中的积习,我力图把握"人与思想"的联结,在生动的"人的世界"寻绎"思想"之为过程。无论这样做有怎样的困难,我都认为其不失为值得致力的目标。

我自知严格的思想史的方法(是否有此"方法"?),对于我并不适宜。我在面对"明清之际"时,仍然是"文学研究者"。我曾力图摆脱那个角色,但后来半是无奈半是欣慰地发现,已有的学术经历与训练,正是我进入新的领域的钥匙。对于"人"的兴趣,始终是我做上述课题的动力:那一时期士人的心态,他们的诸种精神体验,以至我所涉及的人物的性情,由这些极具体的人交织而成的那一时期复杂的关系网络。即使对事件的研究,吸引了我的往往也是"心理"的方面,尽管我并非有意于"心态史"。一家刊物在有关我的论文的编辑说明中,说到"史料与体验的结合",这种说法并不使我感到鼓舞。"体验"在历史研究中似不具有方法论的意义。但"体验"或许确实是我暗中所凭借的。正是体验支持了"直觉",并为论说勾画了方向,甚至潜在地确定了论说的态度。"体验"将我与研究对象的联系个人化且内在化了。

我还应当说,我所选择的时段以其丰富性,扩大了我有关"历史"的概念。在研究中我对历史生活的日常的方面,有日益增长的兴趣。"鼎革"这一事件对于日常生活层面的影响,还远没有被描述出来。复现朝代更迭中广阔的社会生活图景,无疑是繁难而诱人的课题。阅读中我往往会被某些细节所吸引。比如见诸士人文集的有关赈灾的记述,在我看来,就可供做专题研究——不但据以研究灾变,而且借此考察暴露在灾变中的社会财富分配及社会各层的生活状况,考察士人借诸赈灾的民间政治的展开,士的民间组织与官方机构的关系,以至赈灾的技术性方面,从事赈济者的具体操作。

令人兴奋的是,明清之际历史生活的丰富性,其思想史意义,在被不断发掘出来。近期《学人》所刊王汎森先生关于明末修身之学对清末民初知识界的影响的分析(《中国近代思想中的传统因素》,《学人》第12辑,江苏文艺出版社,1997),就引起了我极大的兴趣。该文所谈到的刘宗周的《人谱》,也属于我正待研究的课题。

在近几年所做学术回顾中,我曾说到对当初不得已地选择学术心怀"感激";说到这种选择正是在作为"命运"的意义上,强制性地安排了我此后的人生;写到了那种"像是'生活在'专业中"的感觉,也写到了"认同"所构成的限制。我以为,学术有可能是一种积极的生活方式:经由学术读解世界,同时经由学术而自我完善。对于我更重要的或许是,学术有可能提供"反思"赖以进行的空间。人文学科因以"人"及其"关系"作为对象,所提供的一种可能,就是研究者经由学术过程不断加深对自己的认识。即如我上面所说到的诸种缺陷,倘若没有一定的反省条件,有可能永远不被察觉。我不便因此而宣称我的研究是所谓"为己之学"。但自我完善之为目的,确实使我并不需要为"耐得寂寞"而用力。我曾说到过"无人喝彩,从不影响我的兴致"。

学术作为生活方式,自有它的意境。在研究中我曾一再地被对象所激动。激动了我的，甚至有理学家那种基于学理的对于"人"的感情。我经由我所选择的题目，感受明清之际士人的人格、思想的魅力；在将那些人物逐一读解，并试图把握其各自的逻辑时，不断丰富着对于"人"的理解。作为艰苦的研究的补偿的，是上述由对象的思想以及文字引起的兴奋与满足。如顾炎武表达的洗练，如钱谦益、吴伟业、陈维崧式的生动，如王夫之议论的犀利警策。更令人陶醉的，还是那种你逐渐"进入"、"深入"的感觉。在这过程中甚至枯燥的"义理"，也会在你的感觉中生动起来。

尽管因素乏捷才，不能不孜孜矻矻，一点一滴地积累，这份研究工作仍然不总是枯燥乏味的。治学作为艰苦的劳动，从来有其补偿。清代朴学大师梅文鼎(定九)自说其治学状态，曰："鄙性于书之难读者，不敢辄置，必欲求得其说，往往至废寝食。或累日夕不能通，格于他端中辍，然终耿耿不能忘。异日或读他书，忽有所获，则亟存诸副墨。又或于篮舆之上，枕簟之间，篷窗之下，登眺之余，无意中眚然有触，而积疑冰释：盖非可以岁月程也。每翻旧书，辄逢旧境，遇所独解，未尝不欣欣自慰。然精神岁月，消磨几许——又黯然自伤。"(《绩学堂文钞》卷一《与史局友人书》，《续修四库全书》集部别集类)我想我熟悉类似的紧张与兴奋，紧张中生命的饱满之感，以及那种生命消耗中的犹疑与"自伤"。梅氏又说："往往积思所通，有数十年之疑。无复书卷可证，亦无友朋可问。而忽触他端，涣然冰释，亦且连类旁通，或乘夜秉烛，亟起书之。或一旦枕上之所得，而累数日书之不尽，引申不已，遂更时日。"(同卷《复沈超远书》)谁说"学术生涯"没有其特殊的诗意呢！

在本书完成之时，我感谢鼓励和帮助了我的友人，尤其平原、晓虹夫妇；感谢为我的有关研究提供了发表机会的刊物，《中国文化》、《学人》、《传统文化与现代化》、《上海文化》、《文学遗产》、《中国文化研究》、《社会科学阵线》等。由现当代文学研究到目下进行的研究，我始终得到师友、同行与出版界的鼓励。我不能不一再重复地说，我是幸运的。

1998 年 5 月

博雅英华